凝煉知識品味閱讀

計量經濟學導論I橫斷面篇：使用Python語言

林進益　著

五南圖書出版公司 印行

序　言

計量經濟學（econometrics）是一門相當有意思的學科，早期資訊不發達，我們大部分止於計量理論的探討或只是「跑跑迴歸」而已；不過，眞的僅是如此嗎？當代個人電腦或網路已非比尋常，大概是受到「大數據」觀念的影響，如今於網路上，大型或普通的檔案數據資料已相當充斥，若再來檢視計量經濟學，我們發現已不可同日而語了。最明顯的例子已出現在自由軟體如 Python 或 R 語言上。例如：檢視 Python 內模組 (linearmodels) 之 wage_panel 檔案，於該檔案內竟然有 52,320 個觀察值！類似的情況在 R 語言的程式套件如 AER 或 Ecdat 內，早已司空見慣了。

於計量經濟學的書籍內，如 Gujarati 與 Porter（2009）、Frees（2010）、Hill et al.（2011）、Wooldridge（2016, 2020）或 Stock 與 Watson（2020）等書亦已隨書提供了大量的數據樣本資料，尤其 Wooldridge（2020）更是提供了 115 檔數據資料，使得我們不得不重視電腦於計量經濟學內所扮演的角色。

計量經濟學屬於應用統計學的一環，顧名思義，就是屬於經濟學內的實證部分，原本就是需要從事資料整理、分析或估計等過程；可惜的是，我們似乎不習慣或不熟悉上述過程。本書的目的就是欲使用 Python 來重新檢視計量經濟學。以 Python 來學習計量經濟學至少有下列優點：

(1) 目前學習計量經濟學所使用的輔助工具大多使用如 Eviews 或 Stata 等商業套裝軟體。上述套裝軟體的功能當然不如程式語言。例如：閱讀上述計量的書籍，恐怕事先需要過濾、整理或分析所附的檔案數據資料，方能進入狀況。本書使用 Python，就是強調 Python 具有強大的資料處理能力。以 Python 來學習計量經濟學，的確恰如其分，適得其所。
(2) 利用 Python，本書底下介紹的計量經濟學內容將會大量地使用模擬方法，此大概是本書與上述 Wooldridge 等書最大的不同吧！
(3) 用模擬方法來輔助或取代數學證明，應該是當代書籍的特色之一吧！況且利用模擬的方法，其效果應該會比數學上的證明來得好，也更能讓讀者進入狀況。

(4) 筆者已經用 Python 寫了一系列財金或統計應用的書籍，如今透過本書，亦可看出 Python 的應用以及用處。
(5) 也許財金的輔助軟體（或程式語言）需要整合，今後只學一種就好。

於學生時期，每當筆者閱讀計量經濟學往往皆會覺得窒礙難行，究其原因可有：

(1) 我們需要一種閱讀或使用專業書籍內容（如計量經濟學等）的輔助工具，筆者依舊認爲該輔助工具就是程式語言。
(2) 爲何閱讀或欲使用計量經濟學內的觀念、方法或模型，需要輔助工具？除了數學證明之外，我們（如筆者）總想要進一步以模擬的方式驗證，筆者發現不使用程式語言的確窒礙難行。
(3) 當代計量經濟學如 Gujarati 與 Porter（2009）、Hill et al.（2011）、Stock 與 Watson（2020）或 Wooldridge（2020）等書是好的，但是它們的缺點卻是不強調實際操作；換句話說，初學者應該是一頭霧水，朦朧不清，無法明白（至少筆者當初就是如此）。
(4) Stock 與 Watson（2020）或 Wooldridge（2020）等書應該是使用 Stata 等商用套裝軟體，但是有些時候，筆者發現上述套裝軟體實在不符所需，更何況許多讀者未必擁有上述套裝軟體。
(5) 就筆者而言，Eviews 或 Stata 等商用套裝軟體應該是給熟悉計量經濟學的人使用，反而初學者使用上述商用套裝軟體往往會陷入「只是跑跑迴歸而已」的錯覺，「反正也不知原理原則，可以 run 就好了」。

本書將簡稱爲《計導 I》，希望下一本著作《計導 II》不久就會出現。《計導 I》的內容大多著重於計量經濟學內屬於橫斷面資料分析的部分，因爲屬於計量經濟學導論，故《計導 I》、《計導 II》的內容適合給初學者使用，只不過因大量使用 Python，故讀者最好有操作過 Python 的經驗。應該是無法避免的，學習計量經濟學的最好方式，就是能實際操作。筆者過去只是檢視理論部分而缺乏實際操作，此應該屬於比較沒有效率的學習方式。類似於筆者的一系列著作，《計導 I》、《計導 II》的內容是完全可以複製的，這也許是 Wooldridge 等書當初所忽略的部分吧！

《計導 I》全書共分 10 章。其內容爲：第 1 章說明何謂計量經濟學、資料的類型、計量經濟學的方法邏輯以及本書所使用的檔案數據資料。第 2 章利用簡單線性迴歸（SLR）模型說明計量經濟學的主要方法：OLS，以及如何於 Python 下操作。第

3 章則比較古典與新古典線性迴歸模型的基本假定，該章透過 SLR 模型簡單說明。第 4 章介紹 MLR 模型，該章的特色說明了複迴歸模型無法避免地會遇到線性重合的問題，並且進一步利用模擬的方法以比較解釋變數於存在不同程度的線性重合下的結果。第 5 章則完整介紹 NLRM 的基本假定，其中包括多元線性限制下的 F 檢定之應用。第 6 章進一步說明迴歸模型的大樣本推論以及 OLS 估計式之漸近有效性。第 7 章除了討論 MLR 模型的一些包括特殊函數型態（如對數函數、二次式以及交互變數型態）之外，該章亦說明了估計迴歸模型的預測部分。第 8 章檢視迴歸模型下的質性變數，其中包括因變數亦爲質性變數的情況。第 9 章則說明變異數異質的結果以及使用穩健的標準誤；另一方面，該章亦介紹如何使用 WLS 方法以及應用。第 10 章檢視模型設定問題，其中包括代理變數、因變數與自變數之衡量誤差、離群值與最小絕對誤差等。

由於是屬於計量經濟學導論，故讀者應該有學過基礎統計學的背景，不過爲了能迅速進入狀況，《計導 I》亦附有附錄 A~F 供讀者參考，其中附錄 A 有簡單介紹 Python 的一些與計量經濟學內容有關的指令；另一方面，也許讀者對於附錄 E 與 F 較不熟悉，但可以先練習看看。換句話說，也許讀者可以先閱讀《計導 I》內的附錄，上述附錄的特色是有使用正文內的模擬方法與技巧，此對於正文的瞭解應有助益。

《計導 I》的完成應該是筆者實現了多年來的想法，遍尋不到令人滿意的書籍，乾脆由筆者親自「操刀」，此應該也算是《計導 I》的特色吧！目前筆者正在撰寫《計導 II》，其中 panel data 的分析是頗吸引人的，期待《計導 II》很快就能與讀者見面。隨書亦附有兒子的一些作品，欣見兒子的繪畫風格已逐漸成形，與大家共勉之。感謝內人提供一些意見，筆者才疏識淺，倉促成書，錯誤難免，望各界先進指正。最後，祝　操作順利。

林進益

寫於屏東崁頂

2024/8/10

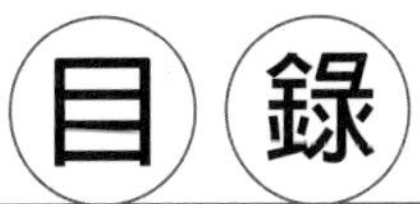

Contents

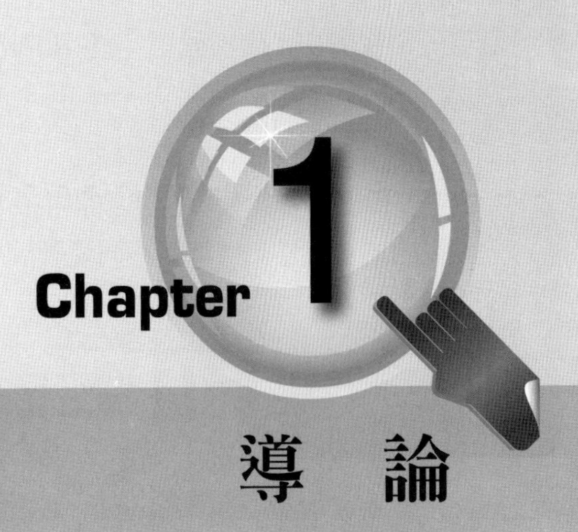

導論

如序言所述，本書將以 Python 介紹計量經濟學內屬於橫斷面數據資料（cross-sectional data）部分。計量經濟學內較完整介紹屬於橫斷面數據資料部分，應該可參考 Wooldridge（2010, 2020），不過 Wooldridge（2010）屬於較爲「進階的（advanced）」書籍，故可供查詢之用。雖然 Wooldridge（2020）屬於基礎或導論型的介紹，但是 Wooldridge 並未強調實際的操作方式；另一方面，上述書籍也欠缺使用模擬的方法。本書強調除了數學證明之外，使用 Python 以模擬的方式應該也可以達到異曲同工之妙；有意思的是，利用電腦來模擬並不如想像中的難。有關於 Python 的使用，除了可閱讀本書的附錄 A 之外，讀者亦可參考《資處》、《統計》或《財計》等書。

本章介紹計量經濟模型（econometric model）的本質、範圍及其所使用的方法邏輯。全章分成 4 部分說明，其中第 1 部分說明「何謂計量經濟學？」；第 2 部分則介紹資料的類型（資料結構）；第 3 部分則說明計量經濟學的方法邏輯；第 4 部分說明本書所使用的檔案數據資料。

1.1 何謂計量經濟學？

我們時常聽到「理論與實際（或實證）」，就經濟學而言，對應的「實證[①]」學科，就是計量經濟學；因此，簡單地說，計量經濟學就是欲拿實際的統計資料驗證經濟學的內容是否符合實際的學科，是故計量經濟學本身就是屬於應用統計學的

① 即拿實際資料檢視稱爲「實證」。

一環。

經濟學是研究不同變數間相互影響的學科，因此，顧名思義，計量經濟學所檢視的主題就是如何實證不同變數間相互影響的科學；換言之，上述主題可以簡單寫成：

$$y = f(x_1, x_2, \cdots, x_k, u) \tag{1-1}$$

其中 y 表示所欲檢視的標的或稱爲被解釋變數（explained variable），而 x_j ($j = 1, 2, \cdots, k$) 則稱爲解釋變數（explanatory variables）。例如：熟悉的需求函數可以寫成 (1-1) 式，其中例如：y 可以爲芒果的消費量，而 x_1 則表示芒果的價格、x_2 表示所得、x_3 表示其他水果價格、……。

當然，(1-1) 式的型態較爲籠統，一個較爲明確的型態可將 (1-1) 式寫成：

$$y = \beta_0 + \beta_1 x_1 + \beta_2 x_2 + \cdots + \beta_k x_k + u \tag{1-2}$$

(1-2) 式的特色可以分述如下：

(1) 顯然，(1-2) 式屬於 (1-1) 式的一個特例。

(2) 就 (1-2) 式而言，我們必須先明確定義清楚 y 與 x_j ($j = 1, 2, \cdots, k$) 的意思，然後再蒐集對應的樣本資料。

(3) 就 (1-2) 式而言，β_j 稱爲參數（parameters），β_j 通常是我們有興趣的部分，而 u 則稱爲誤差項（error term）或干擾項（disturbance）。明顯地，u 扮演著重要的角色，可以想像缺乏 u 的 (1-2) 式應該如何解釋？我們是否有足夠的資訊可以找到完整的 x_j 值，透過 (1-2) 式而以 x_j 來表示 y，更何況有些 x_j 值如偏好、素質或社會背景等，其實並不容易實際觀察到。

(4) 即使 y 與 x_j 可以完整地蒐集或觀察到，但是實際的 u 值卻不行。一般而言，我們將 u 視爲一種隨機變數（random variable），以彌補 y 無法由 x_j 充分表示的差距。

(5) 其實，不僅 u 是一種隨機變數，y 與 x_j 亦皆是一種隨機變數，只不過我們希望 y 與 x_j 皆存在對應的樣本觀察值或實現值，而 u 則表示 y 內無法觀察到的部分。因此，就統計學的觀點而言，(1-1) 式可視爲母體（population）的表現方式，而 (1-2) 式只是明確地展現母體的型態。

直覺而言，計量經濟學所欲研究的主題應該是熟悉的，例如：需求、供給、消費、成本或失業函數等之估計。不過，若仔細思考，上述熟悉的部分仍太過於狹隘，我們可以思考下列的例子。

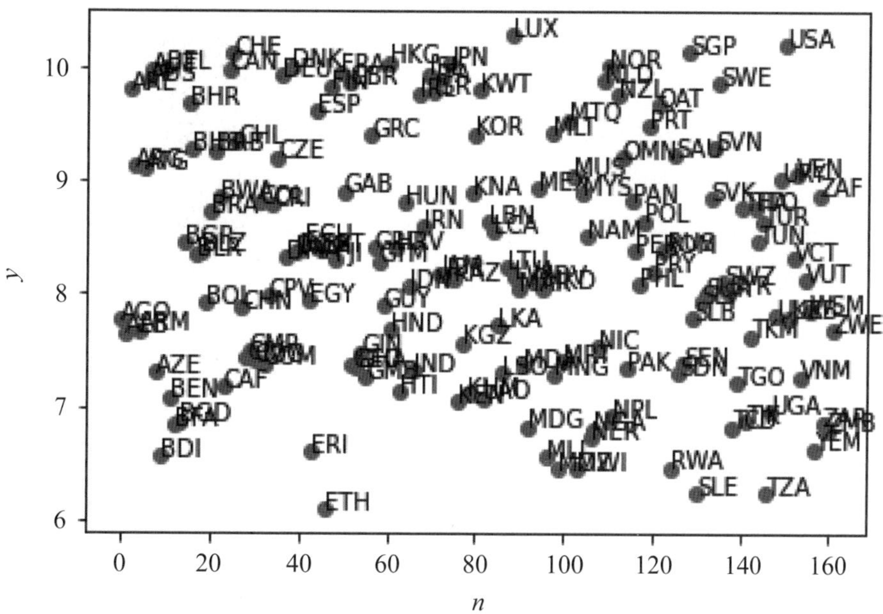

圖 1-1 不同國家之人均實質 GDP（對數值）

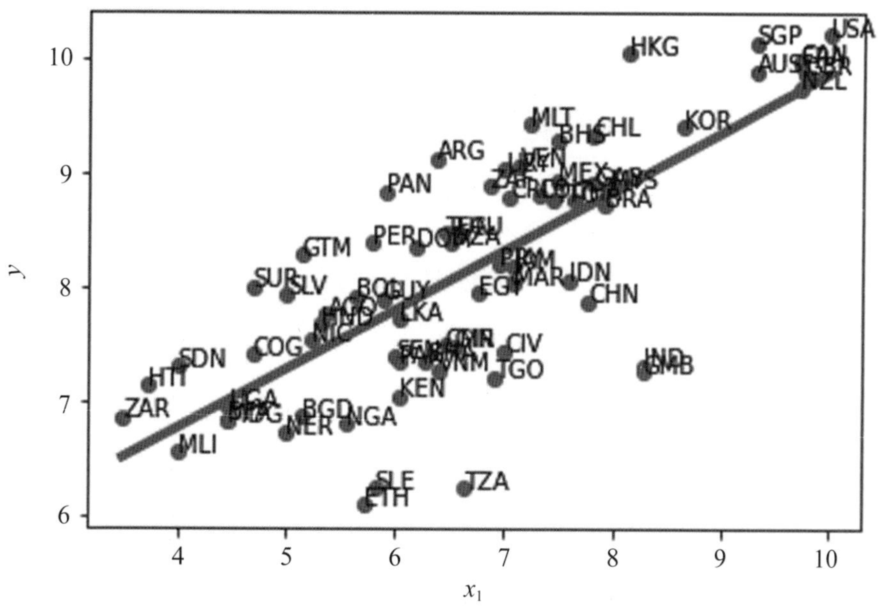

圖 1-2 x_1 與 y 的散佈圖，其中 y 為圖 1-1 內之人均實質 GDP（對數值）

例 1　不同國家之對數實質 GDP

圖 1-1 繪製出 1995 年之不同國家之人均對數實質 GDP 的情況[②]，令 y 表示人均對數實質 GDP，我們可以看出 y 的觀察值出現參差不齊，隱含著各國的人均實質 GDP 出現不一致的現象。一個有意思的問題：就 (1-1) 或 (1-2) 式而言，對應的 x_j 為何？換句話說，為何 y 的觀察值會出現雜亂不整齊？令 y 為被解釋變數，那對應的解釋變數 x_j 為何？

也許讀者會從生產技術、經濟制度、教育水準、人口數量或人民素質等因素檢視，不過其未必會優於計量經濟學的方法。例如：圖 1-2 將 y 按照 x_1 的大小重新排列，我們發現 y 與 x_1 之間竟然呈現正的關係，而且 y 不再雜亂無章；只是 x_1 究竟為何？除了 x_1 之外，是否存在其餘的 x_j？

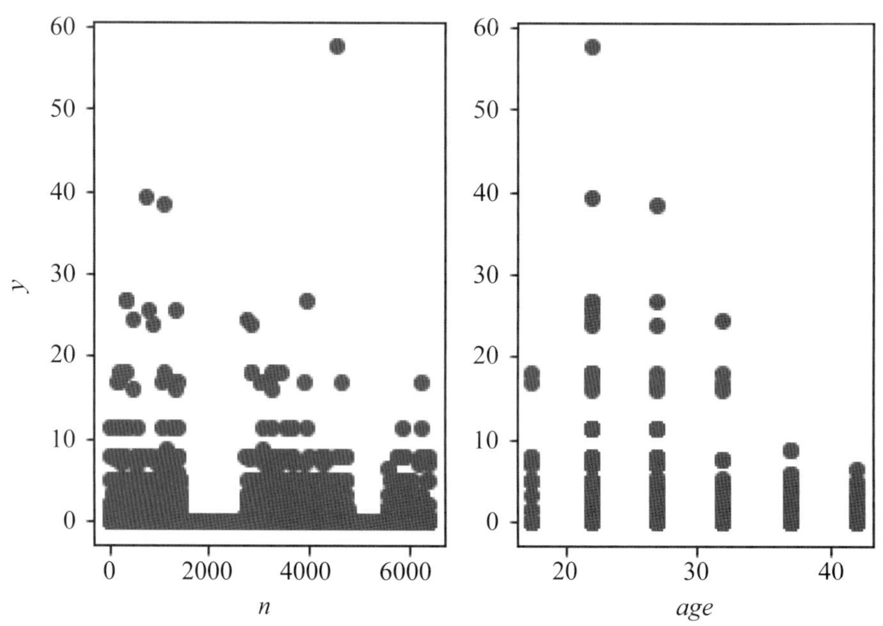

圖 1-3　y 表示用於婚外情的時間而 age 表示年齡

② 人均對數實質 GDP 之資料取自 Acemoglu et al.（2001），可以參考後者得知包括哪些國家？該資料可於第 1 位作者的網站下載。

例 2 婚外情

圖 1-3 的左圖繪製出 y 的情況，而右圖則繪製出 y 與年齡之間的散佈圖[3]。檢視 y 之觀察值，依舊出現不整齊的現象，不過若與年齡比較就比較清楚了。有意思的是，於上述檔案數據資料內，以年齡爲 22 歲最有可能出現婚外情的情況，其次是 27 歲。令 y 表示用於婚外情的花費時間，根據 (1-1) 或 (1-2) 式，那對應的 x_j 爲何？也許年齡並不是一個重要的解釋變數！

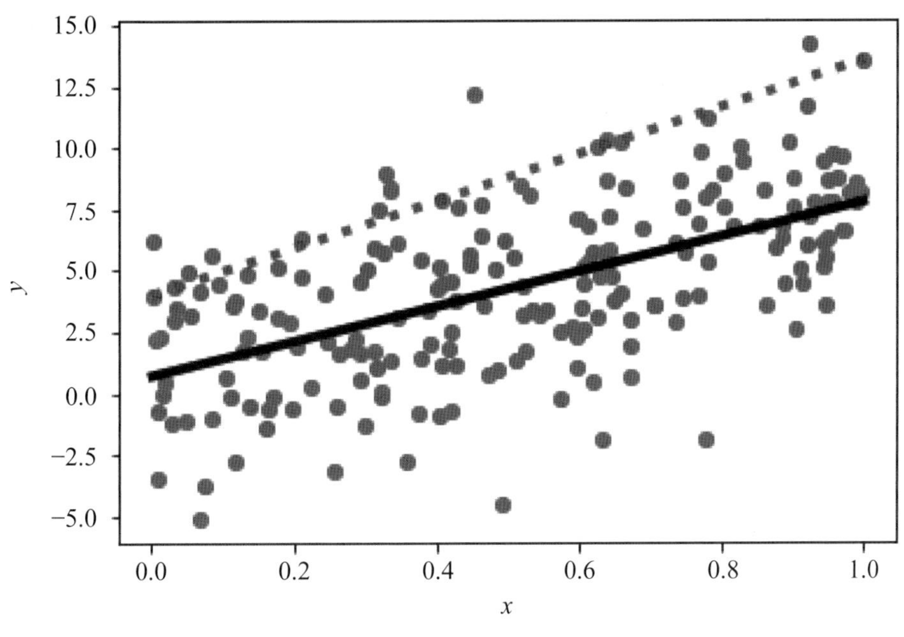

圖 1-4 x 與 y 的散佈圖

例 3 模擬

如前所述，y、x_j 與 u 皆爲隨機變數，隱含著事先可以用模擬的方式評估，故計量經濟學是一門科學而且是有效的方法，舉一個例子說明。令 $j = 1$，故 (1-2) 式內只有一個解釋變數 x。令 β_0 與 β_1 爲已知的參數值，我們事先可以先模擬出 x 與 u 的觀察值，再分別代入 (1-2) 式內可得 y 的觀察值，圖 1-4 進一步繪製出 x 與 y 的散佈圖，我們可以看出上述觀察值之間大致維持正的關係，其中虛線是以 x 與 y 的首尾觀察值所繪製的一條直線，而實線則使用計量經濟學的方法。用直線來表示 x

---

[3] 圖 1-2 的數據資料取自 Fair（1978），該檔案數據資料可於模組 (statsmodels) 內找到。

與 y 的「一堆」觀察值資料當然比較方便，只是圖內的虛線可以表示 x 與 y 之間的關係嗎？使用 x 與 y 的首尾觀察值資料來繪製能代表 x 與 y 之間的關係的直線，所持的根據或理由爲何？恐怕只是方便而已④。

至於圖 1-4 內的實線之繪製就不同了，我們可以看出該實線頗具代表性。本書的目的就是欲說明如何得出上述實線的方法。當然，解釋變數未必只有一個，同時 y 與 x_j 未必局限於皆屬於量化變數（quantitative variables），其亦有可能屬於質性變數（qualitive variables）。有關於後二變數，後面章節自然會說明量化變數與質性變數的差異。

從上述例子內，我們大概可以知道爲何需要（學習）計量經濟學了，或者爲何本書會出現，其理由至少可整理爲：

(1) 通常，被解釋變數爲我們所關心的事務或現象，透過對應的解釋變數使我們能更瞭解所關心的標的。
(2) 我們希望能找到有效的方法，我們發現使用模擬的方式來說明上述方法更具說服力。
(3) 政策或計畫的評估。
(4) 理論與實際。
(5) ……

圖 1-1 或 1-2 說明了有些時候我們會面對龐大且複雜的數據資料，事先使用 Python 來從事資料清理或處理可能比較方便，可以參考習題。

習題

(1) 就圖 1-1 內的檔案資料而言，若 y 表示人均之對數實質 GDP，則 y 之最大値與最小値分別爲何？哪一個國家？位於檔案內的哪一個位置？
(2) 就圖 1-3 內的檔案資料而言，我們如何知道最有可能出現婚外情的年齡是 22 歲？其他的年齡爲何？於不同的年齡之下，有與沒有出現婚外情的個數差距爲何？
(3) 試解釋如何產生圖 1-4 內的 y 之觀察值？若 u 的波動變大（或變小）了，結果爲何？

---

④ 即於平面空間內，任意兩點可繪製一條直線。

1.2 資料的類型

經濟資料大致可以分成橫斷面數據資料、時間序列數據資料（time series data）、合併橫斷面數據資料[⑤]（pooled cross sectional data）與panel data[⑥]四類，其中panel data 應該較爲陌生而且用 Python 來整理或分析可能較爲恰當。上述四類的特徵可以分述如下：

表 1-1 wage80 檔案

	nr	year	···	exper	hisp	occupation	wage
0	13	1980	···	1	0	9	3.311959
8	17	1980	···	4	0	2	5.343934
16	18	1980	···	4	0	4	4.553804
24	45	1980	···	2	0	7	6.646664
···	···	···	···	···	···	···	···
4328	12477	1980	···	4	0	6	9.147375
4336	12500	1980	···	4	0	2	2.64429
4344	12534	1980	···	2	0	5	6.296803
4352	12548	1980	···	5	0	7	3.097344

說明：可以參考本章所附之 wage80.xlsx。

橫斷面數據資料

橫斷面數據資料是指於某一固定時點所蒐集到的資料，之前如圖 1-1、圖 1-3 或甚至於圖 1-4 內的資料皆屬於橫斷面資料。橫斷面數據資料應該是一種容易見到的資料型態，其特色是於該資料內看不到「時間」因素。例如：表 1-1 列出 wage80 檔案之部分數據資料，該檔案是以一種資料框的型態呈現，其中第 1~3 欄內的資料皆可以設爲索引欄（見附錄 A）。我們從表 1-1 內可以看到 wage80 資料可以分成量化變數與類別變數兩種，即：

量化變數：如 wage 與 exper 等屬之。

質性變數：又稱爲類別變數（categorical variables）如 hisp 與 occupation 等屬之。

---

⑤ 合併橫斷面數據資料亦可稱爲混合橫斷面數據資料。

⑥ panel data 可稱爲追蹤資料，我們保留用前者表示。

顧名思義，量化變數的觀察值用數值表示，而該數值本身就有意義。例如：wage 與 exper 的觀察值分別爲 3.1 與 11，我們大概可以猜到每小時平均工資爲 3.1（美元）與工作經驗年數爲 11（年）。但是質性變數如 hisp 與 occupation 等就必須先檢視清楚其定義，特別是除了用 0 或 1 表示之外，occupation 更將職業分成至少 9 類，我們當然必須知道哪 9 類？有意思的是，雖說 wage80 資料內的變數觀察值蒐集的時間未必一致，但是公開的時間卻是一致。

時間序列數據資料

顧名思義，時間序列數據資料是指觀察值資料按照日曆時間如日、週、月、季或甚至於用年排序所展現的資料。例如：表 1-2 列出檔案 “cement” 的部分資料，詳細可檢視本章所附的 cement.xlsx 檔案資料[⑦]。我們可看出上述資料是一種月時間序列數據資料；或者說，透過下列指令，我們可以幫 “cement” 檔案建立時間排序如：

```
cement = woo.data('cement')
cement.shape # (312, 30)
nT = cement.shape[0]
index = pd.date_range(start="1964-01-01", periods=nT, freq='M') # 月
index1 = index.strftime("%y/%m")
cement.index = index1
cement.to_excel("C:\\all3\\Econ\\ch1\\cement.xlsx")
```

即 cement 檔案內共有 30 個變數（含年與月變數），而每一個變數內皆有 312 個觀察值（其中有些變數有缺值）。我們進一步幫上述檔案建立時間排序，如表 1-2 內的第 1 欄所示。

表 1-2　cement 檔案

	year	**month**	**prccem**	**ipcem**	**---**	**oct**	**nov**	**dec**
64/01	1964	1		0.47425	---	0	0	0
64/02	1964	2		0.53123	---	0	0	0
64/03	1964	3		0.64255	---	0	0	0

⑦ 該檔案數據資料取自 Wooldridge（2020），詳見 1.4 節。

	year	month	prccem	ipcem	---	oct	nov	dec
---	---	---	---	---	---	---	---	---
89/09	1989	9	1016	1.1951	---	0	0	0
89/10	1989	10	1017	1.2739	---	1	0	0
89/11	1989	11	1016		---	0	1	0
89/12	1989	12	1017		---	0	0	1

說明：可參考本章所附之 cement.xlsx 檔案資料。

時間序列數據資料是一種頗有意思的資料，不像橫斷面數據資料，此時「時間」扮演著重要的角色；也就是說，隨著時間的向未來延伸，時間序列數據資料亦不斷地持續演進，因此時間序列數據資料有可能呈現趨勢走勢，或走勢具有一定的持續性（persistent）。例如：圖 1-5 內的上圖繪製出 cement 檔案內的工業生產指數資料（ip）的時間序列走勢，我們發現該走勢具有相當程度的持續性，隱含著若欲預測未來工業生產指數走勢，最近幾個月工業生產指數的走勢不能被忽略，即現在工業生產指數與過去幾個月工業生產指數的相關程度相當高。

圖 1-5 內的下圖亦繪製出 cement 檔案內的水泥產業指數資料（ipcem）的時間序列走勢，我們發現該走勢有呈現明顯的季節性變化（seasonal variation）。

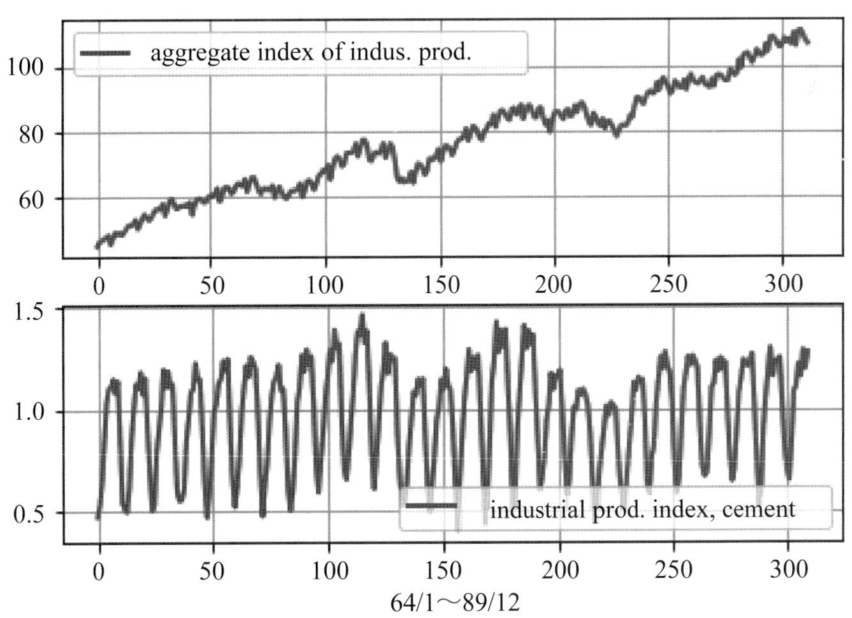

圖 1-5　工業生產指數與水泥產業指數資料之時間序列走勢圖

例如：表 1-2 內亦有列出如 oct、nov 與 dec 等季節性虛擬變數（seasonal dummy variables）的觀察值。如何考慮趨勢項或季節等因素，成爲時間序列數據分析一個有意思的課題，我們會在適當的章節內檢視。

合併橫斷面數據資料

合併橫斷面數據資料是相同橫斷面數據資料卻分成兩個不同時間點蒐集所合併而成。使用合併橫斷面數據資料的目的不言而喻，例如：一個新的經濟政策執行後，我們可以透過比較「執行前」與「執行後」的差異，以得知該經濟政策的效果爲何？

又例如：表 1-3 列出 cps78_85 資料的部分結果，明顯可看出上述資料是由 78 年的橫斷面資料合併 85 年的橫斷面資料而成[⑧]；或者，試下列指令：

```
woo.data('cps78_85',description=True)
cps = woo.data('cps78_85')
cps.to_excel('C:\\all3\\Econ\\ch1\\cps78_85.xlsx')
cps.shape # (1084, 15)
cps.loc[0:553]
```

讀者可以先檢視看看。再試下列指令：

```
cps78 = cps.loc[0:549]
cps78.shape # (550, 15)
cps85 = cps.loc[550:]
cps85.shape # (534, 15)
```

即我們反而可以將 cps78_85 檔案資料拆成如 cps78 與 cps85 兩個檔案資料。

表 1-3　cps78_85 **檔案**

	educ	south	nonwhite	---	age	year	y85	y85fem	---	y85union
0	12	0	0	---	25	78	0	0	---	0
1	12	0	0	---	47	78	0	0	---	0

⑧ cps78_85 亦取自 Wooldridge（2020），可以參考 1.4 節。

	educ	south	nonwhite	---	age	year	y85	y85fem	---	y85union
2	6	0	0	---	49	78	0	0	---	0
3	12	0	0	---	36	78	0	0	---	0
---	---	---	---	---	---	---	---	---	---	---
548	12	0	0	---	56	78	0	0	---	0
549	15	0	0	---	32	78	0	0	---	0
550	10	0	0	---	43	85	1	0	---	0
---	---	---	---	---	---	---	---	---	---	---
1081	18	0	0	---	32	85	1	0	---	0
1082	12	0	1	---	32	85	1	0	---	1
1083	12	0	0	---	27	85	1	0	---	0

說明：可參考本章所附之 cps78_85.xlsx 檔案資料。

panel data

panel data 又稱爲面板型數據資料或稱爲縱向數據資料（longitudinal data）。panel data 相當於合併橫斷面數據資料的擴充，即將後者的兩個檢視時點擴大爲不同時間序列時間點檢視；換言之，panel data 可視爲時間序列數據資料與橫斷面數據資料的混合。例如：可以參考表 1-4。

表 1-4　wage_panel 檔案

	nr	year	black	exper	hisp	…	occupation	wage
0	13	1980	0	1	0	…	9	3.311959
1	13	1981	0	2	0	…	9	6.37931
…	…	…	…	…	…	…	…	…
7	13	1987	0	8	0	…	2	5.307856
8	17	1980	0	4	0	…	2	5.343934
9	17	1981	0	5	0	…	2	4.564906
…	…	…	…	…	…	…	…	…
4350	12534	1986	0	8	0	…	5	10.82527
4351	12534	1987	0	9	0	…	5	10.41156
4352	12548	1980	0	5	0	…	7	3.097344

（接下頁）

（承上頁）

	nr	year	black	exper	hisp	…	occupation	wage
4353	12548	1981	0	6	0	…	5	3.712119
…	…	…	…	…	…	…	…	…
4358	12548	1986	0	11	0	…	5	5.731023
4359	12548	1987	0	12	0	…	5	4.334226

檢視表 1-4 內的 wage_panel 檔案之數據資料[9]，該檔案是合併 1980~1987 年之橫斷面資料而成；換言之，表 1-1 內的資料就是取自表 1-4 內屬於 1980 年的部分。因此，panel data 竟然是橫斷面數據資料與時間序列數據資料的合併，即從前者可看到後兩者的「影子」，的確相當吸引人，我們亦會在適當的章節內介紹。

例 1 時間序列資料框的模擬

試下列指令：

```
def Frame(N,d,freq1): # d: 日期 , freq1: 時間型態
    K = 4
    X = np.array(norm.rvs(0,1,N*K)).reshape(N,K)
    index = pd.date_range(d, periods=N,freq=freq1)
    frame = pd.DataFrame(X,columns=['A','B','C','D'],index = index)
    return frame
```

即 Frame(.) 是我們自設的函數，其可用於模擬 4 組標準常態分配的觀察值，其中輸入值 N、d 與 freq1 分別表示每組觀察值個數、日期與時間型態。我們來看如何使用，試下列指令：

```
np.random.seed(1234)
frameD = Frame(2,'2021-05-01','D')
frameD
#                A          B          C          D
# 2021-05-01  0.471435  -1.190976  1.432707 -0.312652
```

[9] 該檔案取自 Vella 與 Verbeek（1998），亦存於模組 (linearmodels) 的資料庫內。

```
# 2021-05-02  -0.720589   0.887163   0.859588 -0.636524
np.random.seed(5678)
frameM = np.round(Frame(2,'2021-05-01','M'),2)
frameM
#                  A      B      C      D
# 2021-05-31  -0.71  -0.02   0.32  -2.27
# 2021-06-30  -1.38   1.95  -0.56  -0.84
```

即 frameD 與 frameM 分別為日與月型態之時間序列資料。

例 2 panel data **之模擬**

再試下列指令：

```
def Panel(frame):
    N, K = frame.shape
    data = {
            "Values": frame.to_numpy().ravel("F"),
            "Variables": np.array(frame.columns).repeat(N),
            "Date": np.tile(np.array(frame.index), K),
            }
    return pd.DataFrame(data, columns=["Date", "Variables", "Values"])
```

即上述函數 Panel(.) 可用於模擬出 panel data 如：

```
dft = Panel(frameM)
dft
#           Date Variables  Values
# 0 2021-05-31         A   -0.71
# 1 2021-06-30         A   -1.38
# 2 2021-05-31         B   -0.02
# 3 2021-06-30         B    1.95
# 4 2021-05-31         C    0.32
```

```
# 5 2021-06-30        C     -0.56
# 6 2021-05-31        D     -2.27
# 7 2021-06-30        D     -0.84
```

換言之，上述 dft 相當於將例 1 的 frameM 編成 panel data 型態，隱含著若我們欲建立一種 panel data 應不是一件困難的事。

例 3　讀取 driving 檔案內的資料[10]

假定我們欲讀取 driving 內的資料，可以試下列指令：

```
woo.data('driving',description=True)
Driving = woo.data('driving')
Driving.index = Driving['state']
```

即可以將「州」改成索引，再試下列指令：

```
Driving.loc[3]
T3 = Driving.loc[3][['totfatrte','nghtfatrte','wkndfatrte']]
year = Driving.loc[3]['year']
T3['totfatrte'].head(2)
# state
#        334.840000
#        332.119999
# Name: totfatrte, dtype: float64
```

上述指令係找出第 3 州內之 totfatrte（總致死率）、nghtfatrte（夜間致死率）與 wkndfatrte（周末致死率）等資料，值得注意的是，上述資料係 1980~2004 年期間的年資料。我們可以繼續檢視 T3 內的敘述統計量如：

[10] driving 檔案亦取自 Wooldridge（2020）。

```
T3.describe()
#          totfatrte   nghtfatrte   wkndfatrte
# count  25.000000   25.000000   25.000000
# mean   23.713600   10.900800    5.479200
# std     4.317941    2.487969    1.302779
# min    19.700001    8.580000    4.070000
# 25%    20.190001    9.190001    4.620000
# 50%    21.670000   10.100000    5.300000
# 75%    26.700001   11.660000    5.700000
# max    34.840000   18.500000    9.530000
T3.mean()
# totfatrte     23.7136
# nghtfatrte    10.9008
# wkndfatrte     5.4792
# dtype: float64
T3.corr()
#              totfatrte  nghtfatrte  wkndfatrte
# totfatrte     1.000000    0.964982    0.898503
# nghtfatrte    0.964982    1.000000    0.965538
# wkndfatrte    0.898503    0.965538    1.000000
```

讀者可嘗試找出其他州之資料並計算對應的敘述統計量。

例 4 建立 panel data

續例 3，同理，亦可找出第 10 州內之資料如：

```
Driving.loc[10]
year1 = Driving.loc[10]['year']
T10 = Driving.loc[10][['totfatrte','nghtfatrte','wkndfatrte']]
```

我們嘗試建立一個 panel data 如：

```
state3 = ['state3']*len(year)
state10 = ['state10']*len(year1)
state = state3+state10
Year = np.concatenate((year,year1))
t3 = T3.to_numpy()
t10 = T10.to_numpy()
X = np.concatenate((t3,t10),axis=0)
X.shape
panel =  pd.DataFrame(X,index=[state,Year],columns=['totfatrte','nghtfatrte','wkndfatrte'])
panel
panel.head(2)
#                  totfatrte    nghtfatrte   wkndfatrte
# state3 1980   34.840000    18.500000       9.53
#          1981   32.119999    15.440001       7.90
panel.tail(2)
#                  totfatrte    nghtfatrte   wkndfatrte
# state10 2003   18.619999    9.150001       4.64
#            2004   18.650000    9.020000       4.47
```

可看出 panel 是一個資料框，而其索引欄分別有「州」與「年度」，我們繼續嘗試叫出其內之觀察值。例如：

```
panel.iloc[0]
# totfatrte          34.84
# nghtfatrte         18.50
# wkndfatrte          9.53
# Name: (state3, 1980), dtype: float64
panel['totfatrte']['state3'].head(2)
# 1980       34.840000
# 1981       32.119999
# Name: totfatrte, dtype: float64
panel['totfatrte']['state3'].tail(2)
```

```
# 2003       20.07
# 2004       20.02
# Name: totfatrte, dtype: float64
a = panel['totfatrte']['state3'].loc[1981]
# 32.119998931884766
# 或者
print(f'1981S3TOT: {a}\n') # Pi: 3.141592653589793
# 1981S3TOT: 32.119998931884766
```

讀者可以體會看看。

例 5 panel data **的另外一種表示方式**

續例 4，試下列指令：

```
P1 = Panel(panel)
P1.head(2)
#                    Date      Variables     Values
# 0  (state3, 1980)    totfatrte  34.840000
# 1  (state3, 1981)    totfatrte  32.119999
P1.tail(2)
#                    Date      Variables     Values
# 148  (state10, 2003)  wkndfatrte        4.64
# 149  (state10, 2004)  wkndfatrte.       4.47
```

可看出 P1 呈現出 panel data 的另外一種表示方式，即不僅索引欄，同時變數的觀察值的表現方式亦有不同。其實，上述 P1 與 panel 內之資料是互通的，即 P1 亦可透過下列指令轉換：

```
P2 = P1.pivot(index='Date', columns="Variables", values="Values")
P2.head(2)
# Variables        nghtfatrte   totfatrte    wkndfatrte
# Date
```

```
# (state10, 1980) 16.830000 28.990000 8.85
# (state10, 1981) 16.390001 29.890001 8.23
P2.tail(2)
# Variables nghtfatrte totfatrte wkndfatrte
# Date
# (state3, 2003) 9.77 20.07 5.31
# (state3, 2004) 9.17 20.02 4.35
```

即除了索引欄之外，P2 與 panel 內之資料的表現方式是相同的；當然，後者的索引欄的表現方式較方便叫出資料框內的資料，故可將前者的索引欄改為：

```
P2.index = panel.index
```

讀者可以檢視看看。

例 6 pd.pivot **與** pd.melt **指令**

續例 4，繼續試下列指令：

```
T3.columns = T3.columns+'3'
T10.columns = T10.columns+'10'
indexa = np.arange(1980,2005,1)
T3.index = T10.index = indexa
Df = pd.concat([T3,T10],axis=1)
Dff = Panel(Df)
Dff
D1 = Dff.pivot(index="Date", columns="Variables", values="Values")
D1
D2 = pd.melt(Df.reset_index(), id_vars=['index'], value_vars=Df.columns)
D2
D3 = D2.pivot(index="index", columns="variable", values="value")
D3
```

讀者可以體會檢視看看。

習題

(1) 何謂 panel data？試解釋之。
(2) 我們如何建立一個 panel data？試說明之。
(3) 試叫出本章所附的 andy.rda 檔案，該檔案屬於何種型態？如何叫出檔案內的資料？
(4) 續上題，將該檔案轉為資料框並儲存。
(5) 根據 CRS78_85 檔案內的數據資料，試回答下列問題：
  (i) 將該檔案拆成 1978 與 1985 年二檔數據資料，並且進一步計算各數據資料的基本統計量。
  (ii) 試分別繪製出 1978 與 1985 年之對數時薪之次數分配，結果為何？
  (iii) 試分別繪製出 1978 與 1985 年之女性與男性對數時薪之次數分配，結果為何？何者差異較大？

1.3 資料產生過程與其他情況不變

我們重新檢視 (1-1) 與 (1-2) 二式。(1-1) 式的重要性在於：若我們有興趣的標的為 y，則透過經濟理論或直覺，我們不是可以找出對應的 $x_j(j = 1, 2, \cdots, k)$ 嗎？一個理想的方式是 y 是否可用 x_j 表示？不過 (1-1) 式較為籠統，反而不如 (1-2) 式的「明確」。顯然，(1-2) 式是假定 $f(\cdot)$ 是一個線性函數。若 (1-2) 式可被接受的話，則 (1-2) 式豈不是可視為一種資料產生過程（data generation process, DGP）嗎？

顧名思義，DGP 如 (1-2) 式，我們是可以透過電腦產生 y 的觀察值；換言之，何謂 DGP？簡單地說，就是可以用電腦模擬出來的觀察值。例如：(1-2) 式內的 u 值可以透過模擬取得如：

```
np.random.seed(1234)
u1 = norm.rvs(0,1,2)
# array([ 0.47143516, -1.19097569])
np.random.seed(4444)
u2 = norm.rvs(0,5,2)
# array([10.242728    , -4.05005094])
```

```
np.random.seed(2222)
u3 = uniform.rvs(-5,10,2)
# array([ 2.2720018 , -2.11014515])
```

即上述 u1、u2 與 u3分別爲從標準常態分配、平均數與標準差分別爲 0 與 5 之常態分配以及介於 -5 至 5 之間的均等分配（uniform distribution）內抽取 2 個觀察值。上述 u1、u2 與 u3 的特色是事先我們無法預測其實現值爲何？如前所述，(1-2) 式內的 u 值可以表示 y 內無法觀察到的成分，我們可以利用抽取 u1、u2 與 u3 的方式取代 y 內的 u 值。

接下來，我們決定參數值爲：

```
beta0 = -2.55;beta1 = 0.495;beta2 = 0.3449;beta3 = 1.1024
sigma0 = 2.03
```

則一旦取得 x_1、x_2 與 x_3 的觀察值，不就可以模擬出 y 的觀察值嗎？假定上述 x_1、x_2 與 x_3 的觀察值可用下列的方式取得：

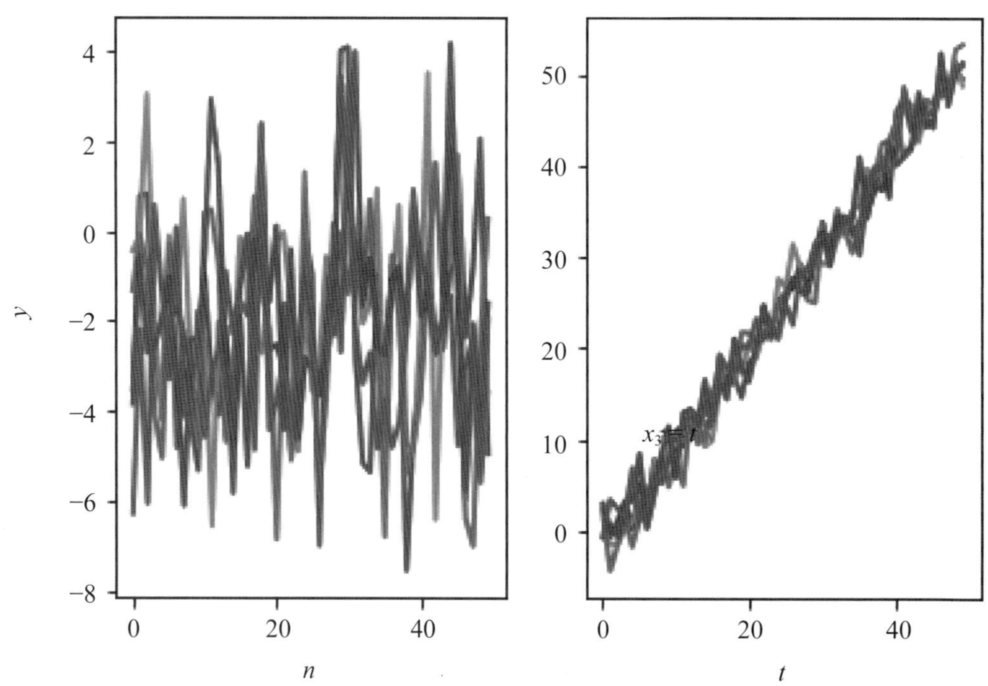

圖 1-6　橫斷面與時間序列數據資料的模擬，其中 u 為平均數與標準差分別為 0 與 2.03 之常態分配的觀察值（樣本數為 50）

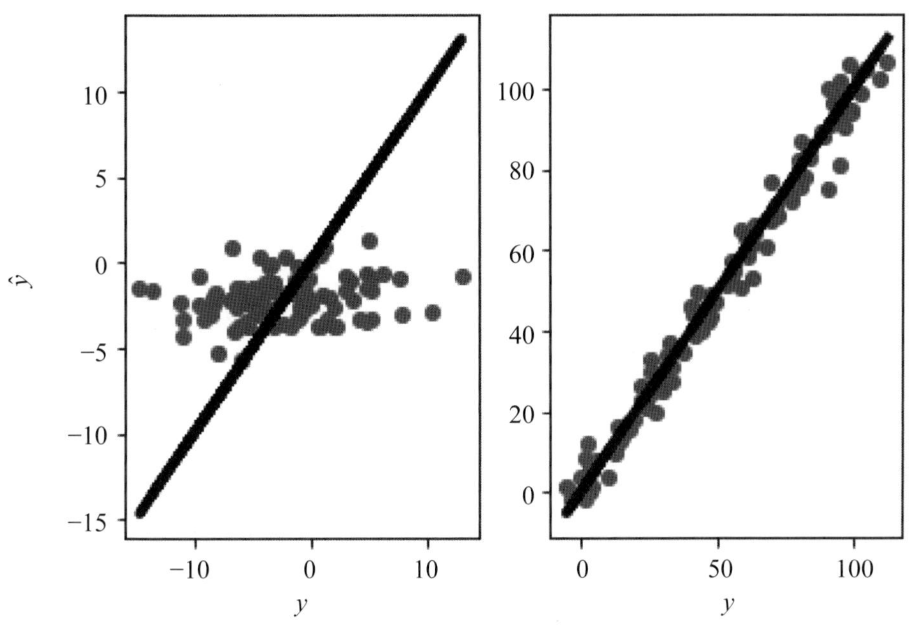

圖 1-7　圖 1-6 內 y 與 $\hat{y}$ 之間的散佈圖（樣本數為 100）

```
n = 50
np.random.seed(125)
x1 = uniform.rvs(0,1,n)
np.random.seed(222)
x2 = norm.rvs(0,1,n)
t = np.arange(0,n)
np.random.seed(18)
x3 = norm.rvs(0,1,n)
```

利用上述資訊，圖 1-6 分別繪製出（6 條）y 分別屬於橫斷面（左圖）與時間序列（右圖）數據資料的觀察值走勢，其中右圖內的 x_3 用時間 t 取代。我們可以發現橫斷面數據資料並無趨勢走勢，但是時間序列數據資料卻呈現趨勢走勢。讀者可以檢視所附檔案得知如何繪製圖 1-6 的結果。

我們可以進一步將 (1-2) 式改寫成：

$$\begin{aligned} y &= \beta_0 + \beta_1 x_1 + \beta_2 x_2 + \cdots + \beta_k x_k + u \\ &= \hat{y} + u \end{aligned} \tag{1-3}$$

即 $\hat{y} = \beta_0 + \beta_1 x_1 + \beta_2 x_2 + \cdots + \beta_k x_k$。根據圖 1-6 內的假定，圖 1-7 繪製出圖 1-6 內對應的 y 與 $\hat{y}$ 之間的散佈圖，其中對角直線隱含著 $y = \hat{y}$。我們發現相對於時間序列數據資料而言，似乎橫斷面數據資料內的 y 值較難用 $\hat{y}$ 表示；或者說，圖 1-3 內橫斷面數據資料內的 y 值波動幾乎是來自於 u 值的波動。圖 1-8 延續圖 1-7 的繪製，只不過將後者 x_i 值的波動變大，其餘不變（可以參考所附檔案）。我們發現時間序列數據資料的變化不大，但是從圖 1-8 內卻可看出橫斷面數據資料內的 y 值的波動可用 $\hat{y}$ 值解釋提高了，隱含著 y 值的波動可用 x_i 值來解釋的成分提高了。

現在我們舉一個例子。若考慮下列式子：

$$wage = f(educ, exper, union, u) \tag{1-4}$$

其中

wage：工資

educ：受正規教育的時間（以年計算）

exper：工作經驗（以年計算）

union：有無參與工會

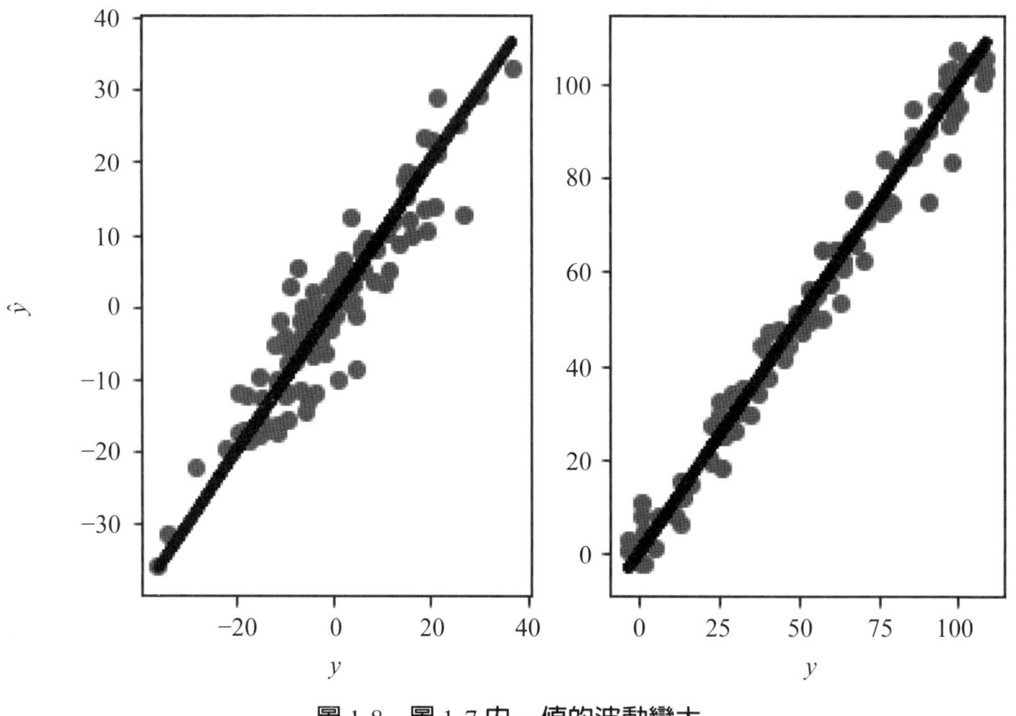

圖 1-8　圖 1-7 內 x_i 值的波動變大

即 (1-4) 式認爲影響工資的因素分別爲教育水準、工作經驗的年數與是否有參加工會；換句話說，此時也許我們會認爲 u 可以表示工人與生俱來的能力、勤奮程度、素質、家庭背景或其他等等不易檢視到的部分。

仍假定 $f(\cdot)$ 爲線性函數，則 (1-4) 式可改寫成：

$$\begin{aligned} y_1 &= \hat{y}_1 + u_1 = \beta_0 + \beta_1 x_1 + \beta_2 x_2 + \beta_3 x_3 + u_1 \\ y_2 &= \hat{y}_2 + u_2 = \beta_0 + \beta_1 x_1 + \beta_2 x_2 + \beta_3 x_3 + u_2 \end{aligned} \tag{1-5}$$

其中 $y_i\,(i = 1, 2)$ 表示根據 (1-4) 式模擬取得的 *wage* 值，x_1、x_2 與 x_3 則分別表示 *educ*、*exper* 與 *union*；另外，u_1 與 u_2 皆爲平均數爲 0 之常態分配觀察值，其中前者的標準差爲 1，而後者的標準差爲 2.02。換句話說，(1-5) 式內的 x_i 值分別使用前述之表 1-1 內的資料。

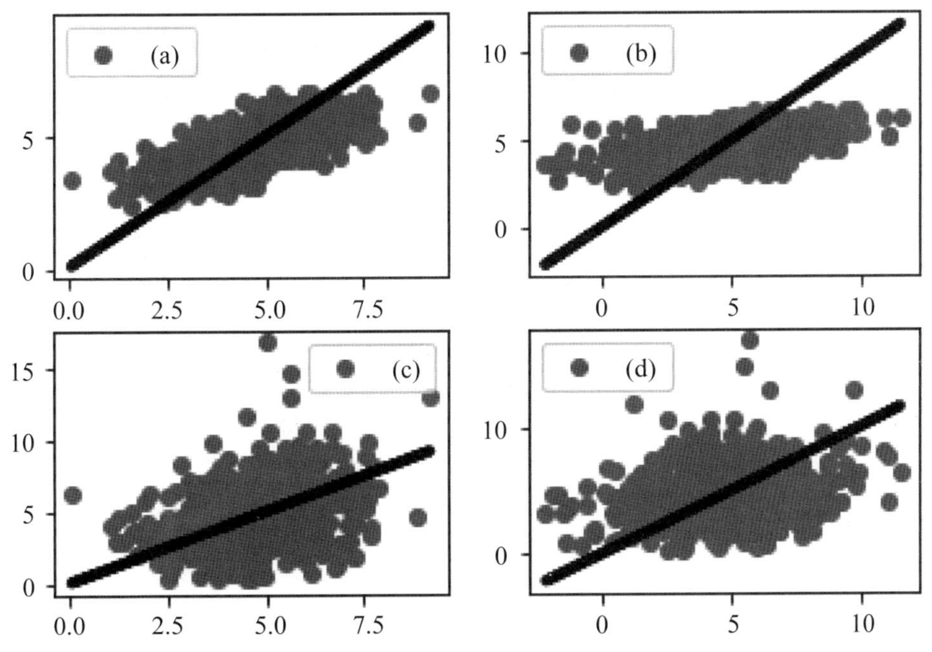

圖 1-9 (a)~(d) 分別為 y_1 與 $\hat{y}_1$、y_2 與 $\hat{y}_2$、$\hat{y}_1$ 與 y_r 以及 $\hat{y}_2$ 與 y_r 之間的散佈圖，其中 y_1 與 y_2 為 (1-4) 式的模擬值，而 y_r 則表示真實的工資

仍使用例如圖 1-6 內的參數值，圖 1-9 分別繪製出根據 (1-5) 式所得到的散佈圖。我們發現圖 1-9 的結果並不理想，我們當然懷疑：

(1) (1-4) 式內遺漏一些重要的解釋變數。
(2) 是否可以再提高樣本數。
(3) 是否存在有效的方法，而該方法可以估計 β_j 值？
(4) u 內之無法觀察到的因子，是否存在其他的變數可以取代？
(5) 是否存在有效的方法，而該方法可以消除 u 內之無法觀察到的因子。
(6) ……

上述說明了將 (1-2) 式視為 DGP 的優點，其實利用 Python 以模擬的方式事先檢視，可視為本書的特色；另一方面，於後面的章節內，我們亦可以使用模擬的方式檢視 (1-2) 式內參數的估計方法，此可謂當代學習計量經濟學的長處。

我們重新再檢視 (1-1) 式。一旦已建立 (1-1) 式，我們可以進一步檢視變數之間的因果關係（causality）；不過，若檢視的變數較多如 (1-1) 式，我們如何確定上述的因果關係呢？換言之，經濟學畢竟不是一門可以於研究室實驗的學科，我們如何控制其他的變數不變而取得二變數之間的因果關係？或者說，熟悉的基本經濟學如「需求法則（law of demand）」指的是：於其他情況不變下（ceteris paribus），正常財貨的價格與需求量呈現負的關係。我們是否能找出或設計出「於其他情況不變下」的環境？答案是有可能的。

重新檢視 (1-2) 式。若 (1-2) 式是正確的話，該式是描述欲檢視的標的 y 可以分成 x_j 與 u 兩部分，其中前者可以觀察到，而後者卻無法觀察到。若我們讓 (1-2) 式「變動」而參數值 β_j 固定不變，則 (1-2) 式可改寫成：

$$\Delta y = \beta_1 \Delta x_1 + \beta_2 \Delta x_2 + \cdots + \beta_k \Delta x_k + \Delta u \tag{1-6}$$

其中 Δ 表示變動量。令 $\Delta u = \Delta x_2 = \cdots = \Delta x_k = 0$，則：

$$\Delta y = \beta_1 \Delta x_1 \Rightarrow \frac{\Delta y}{\Delta x} = \beta_1 \tag{1-7}$$

我們如何解釋 (1-7) 式內的 β_1 值？其不是隱含著其他會影響 y 的因素固定不變，x_1（平均）增加一單位，y 會（平均）提高 β_1 單位嗎？

更有甚者，x_j ($j = 2, 3, \cdots, k$) 表示除了 x_1 之外，其餘會影響 y 的因素如 x_j 從 u 內被找出來，隱含著於其他情況不變（即 $\Delta u = 0$）以及控制 x_j 等不變之下，Δy 與 Δx 之間的關係為 β_1！沒想到，簡單如 (1-2) 式，背後竟隱含著經濟意義。

習題

(1) 何謂 DGP？試解釋之。

(2) 就 wage1 數據資料（Wooldridge 之資料檔案）而言，試計算：

(i) educ 的敘述統計量，其中最低與最高的年數爲何？

(ii) educ 等於 0，有幾位？

(iii) wage 的樣本平均數爲何？

(iv) wage1 數據資料是 1976 年的普查結果，若 1976 年與 2020 年的 CPI 分別爲 56.9 與 222（上述爲假定值），則 wage 的樣本平均數按照 2020 年物價計算爲何？

(v) 男性與女性分別有幾位？

(3) 續上題，試繪製出 wage 與 educ 之間的散佈圖，有何特色？

(4) 續上題，試將 wage1 內的數據資料根據 educ，由小至大排列，並計算 educ 等於 18 下之 wage 與 tenure 的平均數。

(5) 考慮 JTRAIN2 內之 re78 與 train 數據資料（Wooldridge 之資料檔案），兩種數據資料有何不同？試計算 re78 的平均數；其次，上述平均數可分爲「受過訓練」與「沒受過訓練」之平均數兩部分，其中後兩者分別爲何？

1.4 本書所使用的檔案數據資料

如序言所述，其實 Python 內許多模組已經存有非常多的檔案數據資料，使用上述檔案數據資料至少有下列的優點：

(1) 已經是屬於公開的資料，對應的誤差較低。

(2) 上述大多取自經濟文獻上的資料，其說服力較高。

(3) 我們從上述資料內可看出蒐集資料的重要性。

(4) 如何建立檔案數據資料。

(5) ……

換句話說，本書底下除了會使用 Python 模組內的資料之外，亦會參考一些著名書籍所附的資料[11]，是故檔案數據資料的來源應已足夠，重要的是，我們應如何

[11] 如 Gujarati 與 Porter（2009）、Frees（2010）或 Stock 與 Watson（2020）等書亦附有多檔的數據資料可參考。

使用？

於 Python 的模組內，當然以 Wooldridge 的檔案較爲特別。例如：Wooldridge（2016）檔案資料可藉由下列指令取得：

```
import wooldridge as woo
```

初次使用可先用：

```
pip install wooldridge
```

指令下載[12]。我們看看如何使用：

試下列指令：

```
woo.data()
# J.M. Wooldridge (2016) Introductory Econometrics: A Modern Approach,
# Cengage Learning, 6th edition.
#
# 401k      401ksubs    admnrev     affairs     airfare
# alcohol   apple       approval    athlet1     athlet2
…
# traffic2  twoyear     volat       vote1       vote2
# voucher   wage1       wage2       wagepan     wageprc
# wine
```

即上述模組所提供的是 Wooldridge（2016）內的 111 檔資料。我們先叫出其中一檔資料看看：

```
woo.data('wage1',description=True)
# name of dataset: wage1
# no of variables: 24
```

[12] 本書係使用 Spyder (IDE) 5.4.3 版本。

```
# no of observations: 526
# | wage      | average hourly earnings     |
# | educ      | years of education          |
…
# | lwage     | log(wage)                   |
# | expersq   | exper^2                     |
# | tenursq   | tenure^2                    |
# +----------+--------------------------------+
#
# These are data from the 1976 Current Population Survey, collected by
# Henry Farber when he and I were colleagues at MIT in 1988.
```

換言之，wage1 檔案內共有 24 個變數，其中每一變數內皆有 526 個觀察值；另外，值得注意的是，除了量化變數之外，wage1 檔案內亦包括類別變數，當然於使用之前我們要先瞭解每一變數，尤其後者的定義。

接著，我們檢視 wage1 檔案的內容：

```
wage1 = woo.data('wage1')
```

讀者可以檢視 wage1，或轉存於 Excel 檔如：

```
wage1.to_excel('C:\\all3\\Econ1\\ch1\\wage1.xlsx')
```

除了模組 (wooldridge) 之外，R 語言之程式套件（wooldridge）內亦有提供 Wooldridge（2020）內之 115 檔資料。試下列的 R 指令：

```
library(wooldridge)
data("wage1")
View(wage1)
save(wage1, file = "C:\\all3\\Econ\\ch1\\wage1.rda")
str(wage1)
wage1['lwage']
```

讀者可以逐一檢視上述指令的意思[13]；換言之，上述指令說明了將R語言內的wage1檔案存於 wage1.rda 內，我們透過下列 Python 指令將其叫出，如：

```
import pyreadr
result = pyreadr.read_r('C:\\all3\\Econ\\ch1\\wage1.rda')
Wage = result['wage1']
Wage['wage']
```

可以注意上述 result 所代表的意思。

另外，於本書第 1 章所附的檔案內，我們亦有提供 Stock 與 Watson（2020）內的 Growth 檔案，試下列指令：

```
Growth = pd.read_excel('C:\\all3\\Econ\\ch1\\Growth\\Growth.xlsx')
Growth1 = pd.read_stata('C:\\all3\\Econ\\ch1\\Growth\\Growth.dta')
```

可以留意如何讀取 Growth.dta 檔案[14]。

接下來，我們來看模組 (statsmodels) 內資料庫的檔案：

```
# List all 28 of the statsmodels datasets
print('Name                    Title')
print('----                    -----')
for attribute in dir(sm.datasets):
    # If the attribute is a module
    if str(type(getattr(sm.datasets, attribute))) == "<class 'module'>":
        # The utils module is not a dataset
        if attribute == 'utils':
            continue
        title = getattr(sm.datasets, attribute).TITLE
        print(f'{attribute:18s} {title}')
```

[13] 有關於 R 語言的操作，可以參考《財統》或《財數》。

[14] Hill et al.（2011）內亦提供 xxx.dta 檔案。

即該資料庫內存有 28 個檔案（可以參考使用手冊），我們叫出婚外情檔案如：

```
fair = sm.datasets.fair.load_pandas()
Fair = fair.data
Fair
```

其他檔案的使用可類推。

最後，檢視之前已使用的 wage_panel 檔案，其是存於模組 (linearmodels) 內，可檢視所附檔案。

例 1　使用 R 語言內程式套件的檔案數據資料

R 語言內程式套件如 AER 或 Ecdat 等內有許多檔案數據資料可供練習使用。例如：第 1 章所附的檔案內有 CigarettesB.rda 檔案，該檔案是取自 Baltagi（2002），我們來看如何讀取該檔案，即：

```
import pyreadr
Cigs = pyreadr.read_r('C:\\all3\\Econ\\ch1\\CigarettesB.rda')
type(Cigs)
# collections.OrderedDict
```

Cigs 是一種 “OrderedDict” 類型的資料結構，其可透過下列指令得知其內容：

```
CIGs = Cigs.items()
for key, value in CIGs:
    print(key, value)
```

讀者可以檢視看看。再檢視下列指令：

```
key # 'CigarettesB'
CIGs1 = value
```

其中 CIGs1 已是一個資料框型態，讀者可以繼續檢視其內的變數名稱與索引欄。

例 2 續例 1

一種簡單從 Cigs 叫出檔案的指令為：

```
CIGS = Cigs['CigarettesB']
```

讀者可以檢視 CIGS 的內容。

例 3 讀取 sas 檔案

於本章附錄內有 panel.sas7bdat 檔案，該檔案取自 Enders（2014），我們叫出該檔案如：

```
Enders = pd.read_sas('C:\\all3\\Econ\\ch1\\panel.sas7bdat')
Enders.head(2)
#        Date    Australia      Canada ... Netherlands        UK         US
# 0 b'1980Q1'   104.254202  103.116667 ...  106.226667  92.084101  97.444231
# 1 b'1980Q2'   105.517546  101.576667 ...  104.610000  95.320794  97.647559
```

我們將 Date 改為索引欄後，再刪除 Date 變數並將索引欄改成：

```
Enders.index = Enders['Date']
del Enders['Date']
N,K = Enders.shape
index = pd.date_range('1980Q1',periods=N,freq='Q')
Enders.index = index
Enders.head(2)
#              Australia      Canada ...         UK         US
# 1980-03-31  104.254202  103.116667 ...  92.084101  97.444231
# 1980-06-30  105.517546  101.576667 ...  95.320794  97.647559
```

可以注意索引欄已改變。

從上述可看出，當代學習計量經濟學的環境已與過去不可同日而語，我們的確已有太多資料可供練習、評估或比較（研究）之用，本書當然不會將它們排除。我們將使用許多檔案數據資料，其來源可寫成如：xx (W) 檔案、xx (Ecdat) 檔案與 xx (AER) 檔案等，其分別表示該檔案取自 Wooldridge（2020）、R 之程式套件（Ecdat）與程式套件（AER）。

另外，本書亦會使用一些書籍所附的檔案數據資料，上述檔案應該可以於網路上找到。我們應該不擔心檔案數據資料太過於複雜龐大，只擔心不知如何面對。

習題

(1) 於本章所附的檔案內有 “Table7_3.rda”，該檔案取自 Gujarati 與 Porter（2009），其中第 2~4 欄分別表示產出、勞動工時與資本支出（單位：千），而第 1 欄則爲地區。該檔案數據資料可用於估計例如：科布－道格拉斯生產函數（Cobb-Douglas production function）。試將該檔案的變數名稱改爲 “Area”、“Y”、“L” 與 “K”。

(2) 續上題，上述檔案的觀察值是否爲「數值」？若不是，如何改成數值？

(3) 續上題，試分別繪製出 L 對 Y 以及 K 對 Y 的散佈圖。

(4) 續上題，試分別繪製出 $\text{Log}(L)$ 對 $\log(Y)$ 以及 $\log(K)$ 對 $\log(Y)$ 的散佈圖，爲何要改成對數的型態？

(5) 試從 R 語言之程式套件（wooldridge）下載 COUNTYMURDERS 檔案，我們只分析 1996 年的情況。試回答下列問題：

(i) 於 1996 年，有多少國家出現 0 案謀殺案？有多少國家有出現至少 1 起執行死刑案？有執行死刑案的最多案件數爲何？

(ii) 上述檔案有哪兩個變數適合當作索引欄？

(iii) 令 y 與 x 分別表示 murders（謀殺案數）與 exec（死刑案數），試繪製出 x 與 y 的散佈圖。x 與 y 之間的關係是否爲正？

(6) 根據 BankWages (AER) 檔案內的數據資料，試回答下列問題：

(i) 將 *job* 與 *minority* 的觀察值改爲用 0 或 1 表示。

(ii) 將 BankWages 檔案按照 *job* 分成兩類檔案，兩類檔案內變數的觀察值個數分別爲何？

(7) 根據 PSID1982 (AER) 檔案內的數據資料，將 *gender*、*occupation*、*married* 與 *south* 的觀察值分別改爲用 0 或 1 表示，並計算 *wage*（工資）、*M*（男性）、*married*（已婚）、*Ow*（白領）與 *south*（來自南方）之間的樣本相關係數。

(8) 考慮 BudgetFood (Ecdat) 檔案內的數據資料，試回答下列問題：

(i) 如何找到食物總支出的觀察值？

(ii) 試繪製出家庭總支出與食物總支出之間的散佈圖，兩者的樣本相關係數爲何？

(iii) 按照家庭的大小分類（例如：以 3 分類），家庭總支出與食物總支出之間的樣本相關係數爲何？

(9) 考慮 Bwages (Ecdat) 檔案內的數據資料，試回答下列問題：

(i) 並無 *sex* 的觀察值資料，讀者能幫它建立觀察值資料嗎？如何做？

(ii) 續上題，按照性別分類，讀者認爲所分類的檔案，何者屬於男性？爲什麼？

(10) 於上述問題內不難看出我們曾要讀者將原來的檔案分類，若將已分類的檔案合併，豈不是變成合併的檔案？讀者認爲將檔案合併的目的爲何？

Chapter 2

簡單迴歸模型

簡單線性迴歸（simple linear regression, SLR）模型可用於檢視兩個變數之間的關係。當然，從事實證研究不會簡單地只檢視兩個變數之間的關係，不過簡單迴歸模型卻是迴歸分析的基礎，即愈瞭解本章的意涵，對於後續的章節的瞭解愈有助益。

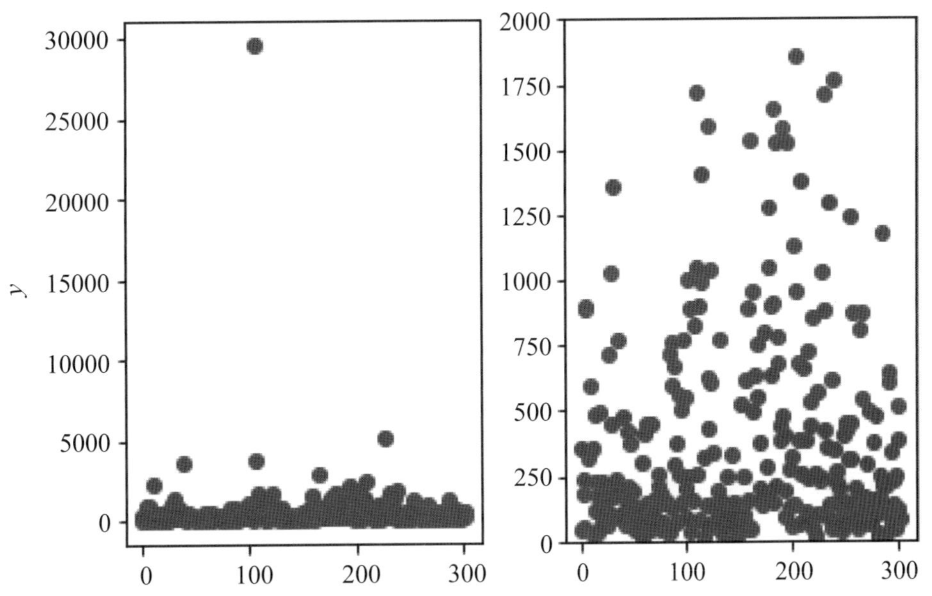

圖 2-1　y 之走勢，其中 y 表示加州 303 個縣之學生低於全國中位數數學成績人數，右圖只繪製 $y < 2,000$ 的範圍

2.1 簡單迴歸模型的定義

如前所述，經濟學是研究變數之間相互關係的學科，我們可以看出上述學科的應用層面頗廣。例如：圖 2-1 的左圖繪製出（美國）加州 303 個縣之學生低於全國中位數數學成績人數，該資料取自模組 (statsmodels, sm) 內的 star98 檔案，有關於該檔案的資訊，可用下列指令得知：

```
print(sm.datasets.star98.NOTE)
```

故其他 sm 的資料檔案可類推。

因左圖內存在異常值（outliers），故右圖只繪製出左圖之學生人數低於 2,000 人的部分。根據 (1-1) 式，令 y 表示低於全國中位數數學成績的學生人數，那對應的 x_j 爲何？我們可能會思考低收入家庭、非美裔學生或甚至於教師的薪資等因素。假定我們選擇低收入的學生比重並令之爲 x，則 y 與 x 的關係可寫成：

$$y = \beta_0 + \beta_1 x + u \tag{2-1}$$

其中 β_0、β_1 與 u 分別表示未知參數與誤差項。(2-1) 式的意義可以分述如下：

(1) 若 x 是正確的選項，則 y 豈不是可以用 x 表示？(2-1) 式應該是一種最簡單的表示方式。
(2) 當然，y 與 x 的關係並無法完全的確定，畢竟 (2-1) 式內並沒有包括其他的影響因素，故 (2-1) 式內用 u 取代其他的影響因素。
(3) u 亦包括無法觀察到的因素，如學生的素質、家庭背景或社區環境等。
(4) 若 u 表示其他的因素，則透過 (2-1) 式可得：$\Delta u = 0 \Rightarrow \Delta y = \beta_1 \Delta x$，即若其他情況不變，則 y 的變動爲 β_1 與 x 變動（Δx）的乘積，其中Δ表示變動量。
(5) β_1 稱爲 (2-1) 式的斜率值，β_1 值是我們最有興趣的部分，畢竟其可衡量 y 與 x 的關係程度；另一方面，β_0 表示常數項，於底下的分析可看出其角色。

我們稱 (2-1) 式爲一種二變數之線性迴歸模型或稱爲 SLR 模型，其中 y 可稱爲因變數（dependent variable）、被解釋變數（explained variable）、反應變數（response variable）、預測變數（predicted variable）或迴歸值（regressand）；至於 x 則可稱爲自變數（independent variable）、解釋變數（explanatory variable）、

控制變數（control variable）、預測因子變數（predictor variable）或迴歸因子（regressor or covariate）等。如前所述，u 可稱爲誤差項或干擾項。u 可表示其他影響因子；不過，於後面章節如複迴歸模型內，u 可以表示其他無法觀察到的影響因子或出乎意料之外的衝擊（shock）。從上述 y、x 與 u 的名稱大概可看出迴歸模型的用處。

例 1 一個簡單的工資方程式

(2-1) 式的觀念與建立方式可以推廣。例如：

$$wage = \beta_0 + \beta_1 educ + u \tag{2-2}$$

其中 $wage$ 與 $educ$ 分別表示時薪與受教育的年數，而 u 則可包括工作經驗、學習能力、目前工作年數或職業道德等等。

基本上，(2-1) 式可視爲檢視 y 與 x 之間簡單關係的母體迴歸模型（population regression model），其中 y、x 與 u 皆爲隨機變數，而 β_0 與 β_1 則爲未知的參數。由於 u 內存在無法觀察到的成分，故迴歸模型使用一些假定，即：

$$E(u) = 0 \tag{2-3}$$

即 u 的期望值等於 0（可以參考附錄 C）。直覺而言，因事先無法得知「高估」或「低估」，故平均而言，u 的平均數等於 0；或者說，因有 β_0 值充當「緩衝」，(2-3) 式的假定倒也合理。

我們來看第二個假定，即：

$$E(u \mid x) = E(u) \tag{2-4}$$

即 u 的期望值與 x 無關；或者說，u 的平均數獨立於 x。顯然，(2-4) 式的假定較 (2-3) 式「強烈」；不過，前者的重要性大於後者。我們重新檢視 (2-1) 式。直覺而言，y 可以分成 x 與 u，而後兩者應該無關才對。尤其是 β_1 值表示於其他情況不變下（即 $\Delta u = 0$），y 的斜率值；不過，若 x 與 u 有關，我們如何得到 $\Delta y = \beta_1 \Delta x$ 的結果？因若 x 與 u 有關，則 x 有變動 u 亦會變動；因此，(2-1) 式內最重要的假定應是 x 與 u

無關。

通常，我們使用相關係數計算二變數的相關程度，不過因相關係數只能衡量二變數的線性相關程度，是故 x 與 u 無關的假定不用相關係數等於 0，而反而用 (2-4) 式取代；換言之，(2-4) 式隱含著於 x 值固定下，u 的條件期望值等於 $E(u)$。圖 2-2 繪製出 (2-4) 式的結果，我們可以看出於不同的 x 值下，例如：x 等於 2、3 或 4，u 的條件期望值皆等於 $E(u)$。

其實，(2-4) 式的假定並非無懈可擊，想像 y 與 x 仍分別表示成績較低之學生人數與低收入家庭數，若 y 過高而 x 過低而引起教育單位的注意，給予適當的補貼，此時 (2-4) 式有可能不會成立；另一方面，亦有可能使得 y 的變異擴大了。例如：於圖 2-2 內，當 $x = 4$，u 的變異數變大了。

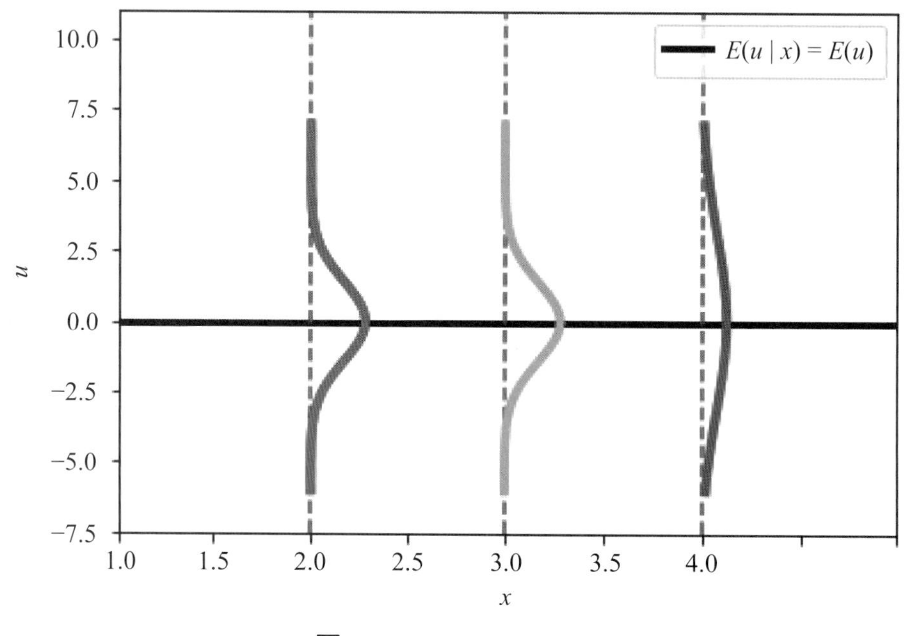

圖 2-2　$E(u \mid x) = E(u) = 0$

結合 (2-3) 與 (2-4) 二式，可得：

$$E(u \mid x) = 0 \tag{2-5}$$

即 u 的條件期望值等於 0。因此，透過 (2-5) 式，可得 (2-1) 式之母體迴歸函數（population regression function, PRF）為：

$$E(y \mid x) = \beta_0 + \beta_1 x \tag{2-6}$$

即 (2-6) 式的取得是對 (2-1) 式取條件期望值。根據 (2-6) 式，(2-1) 式可寫成：

$$\begin{aligned} y &= \beta_0 + \beta_1 x + u \\ &= E(y \mid x) + u \end{aligned} \tag{2-7}$$

對 (2-7) 式取條件期望值，可得：

$$\begin{aligned} E(y \mid x) &= E[E(y \mid x)] + E(u \mid x) \\ &= E(y \mid x) + E(u \mid x) \end{aligned} \tag{2-8}$$

可以參考附錄 C，故於 (2-8) 式內可看出 (2-5) 式的重要性，即 (2-5) 式隱含著 (2-6) 與 (2-7) 二式是相同的。根據重複期望值定理，可知 $E[E(u \mid x)] = E(u)$，故 (2-5) 式亦隱含著 (2-3) 式。

檢視 (2-6) 式，除了發現 y 之條件平均數為 x 的線性函數之外；另一方面，我們亦發現 β_0 與 β_1 皆有不同的解釋方式，其中前者竟然是於其他情況不變下，y 之條件平均數的「自發性」平均數①，而後者可解釋成「x 變動一單位，y 之條件平均數可變動 β_1 單位」。

上述 (2-6) 式的結果可利用圖 2-3 解釋。我們可看出如 $x = 2$ 對應的 $E(y \mid x = 2)$ 位於圖內的圓點處，不過此只是條件平均數，未必表示實際的 y 值，而後者有可能位於正方形點處；同理，讀者可解釋 $x = 3$ 或 $x = 4$的情況。是故，迴歸模型或分析的一個大貢獻是可以找出於 x 的條件下，y 之條件平均數，其中後者並不容易從直覺中得到。

① 此處「自發性」是指與 x 無關的平均數。

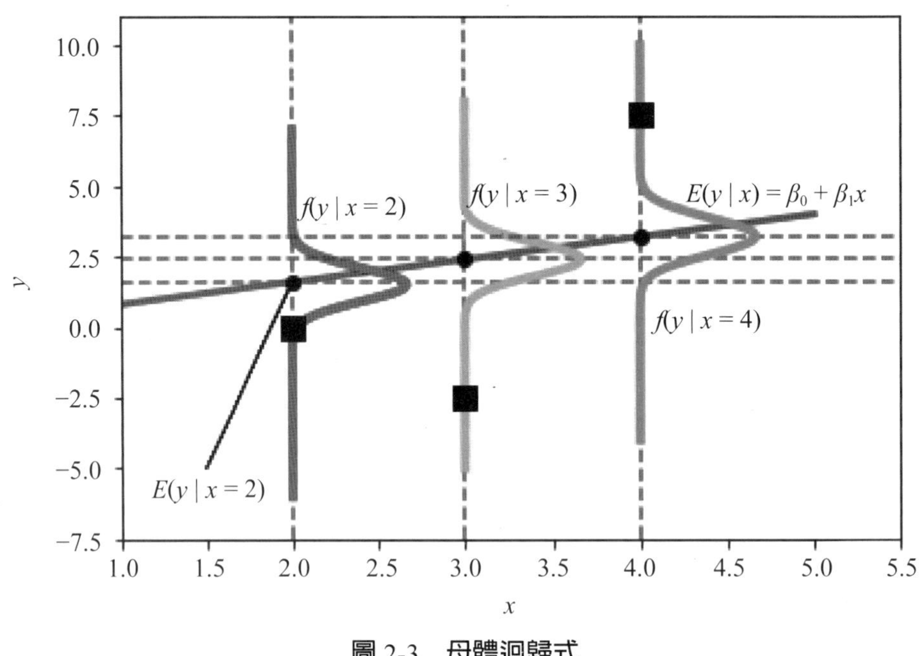

圖 2-3　母體迴歸式

綜合上述結果可發現 (2-5) 式的假定非常重要，因爲透過該式，我們竟然可以將 y 拆成「系統成分（systematic part）」與「非系統成分（unsystematic part）」二成分，其中前者可用 $E(y \mid x)$ 或 $\beta_0 + \beta_1 x$ 表示，而後者則以 u 表示（即 y 內無法用 x 解釋的成分）。系統成分與非系統成分的應用，有興趣的讀者可參考《財計》。

例 2　相關隨機變數的模擬

使用程式語言如 Python 容易模擬出獨立隨機變數的觀察值或實現值，但是於計量經濟學內可能需要使用具相關隨機變數的觀察值，我們如何透過 Python 取得後者的觀察值？檢視 (C-28) 式，我們不難以自設函數的方式表示：

```
def cor2(n,rho):
    u = norm.rvs(0,1,n)
    z = norm.rvs(0,1,n)
    x = rho*u+np.sqrt(1-rho**2)*z
    return pd.DataFrame({'x':x,'u':u,'z':z})
```

即 u 與 z 皆是不相關的標準常態隨機變數，但是 x 與 u 的相關係數爲 ρ，而 x 與 z 的相關係數爲 $\sqrt{1-\rho^2}$。我們舉一個例子：

```
np.random.seed(55)
df = cor2(1000,0.9)
np.sqrt(1-0.9**2)# 0.4358898943540673
df[['x','u']].corr().iloc[0,1] # 0.8962291484583715
df[['x','z']].corr().iloc[0,1] # 0.45236611545062605
df[['u','z']].corr().iloc[0,1] # 0.00981456520051413
```

讀者自然可判斷。

例 3 (2-5) **式的意義**

基本上 (2-5) 式的型態有些複雜，畢竟其有牽涉條件期望值的計算；不過，若用相關或（共）變異數程度檢視就較簡單了。換句話說，若 (2-5) 式成立，隱含著 x 與 u 無關；反之亦然（若 x 與 u 皆屬於常態隨機變數）。根據例 2，我們除了不難取得具相關的隨機變數觀察值之外，更可以利用 Python 取得條件期望值的觀察值（如條件平均數）。試下列指令：

```
n = 10000;rho = 0.8
np.random.seed(1234)
xu = cor2(n,rho)
xu['x'].describe()
j1 = xu['x'] <= -0.6
df1 = xu[j1]
df1['u'].mean()# -0.9691203178438356
```

即假定 x 與 u 的相關係數爲 0.8，可得 u 於 $x < -0.6$ 的條件之下的平均數約爲 -0.97，隱含著 $E(u \mid x) \neq 0$；換言之，若 x 與 u 存在相關，則 (2-5) 式有可能不會成立。我們再試：

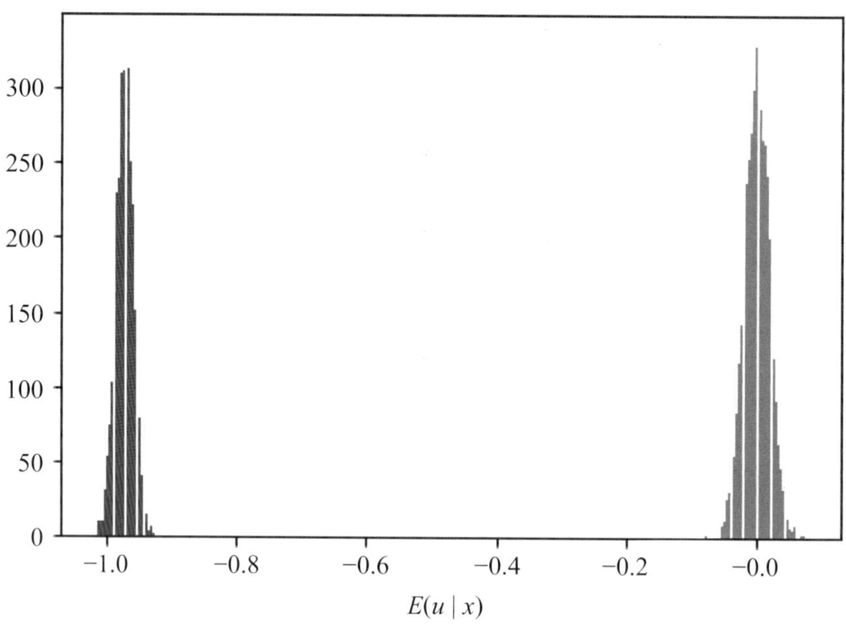

圖 2-4　$E(u \mid x) = 0$ 與 $E(u \mid x) \neq 0$

```
x1 = norm.rvs(0,1,n)
xu['x1'] = x1
xu['x1'].describe()
j2 = xu['x1'] <= -0.6
df2 = xu[j2]
df2['u'].mean()# -0.00270393768286191
```

即若 x 與 u 不存在相關，則 (2-5) 式能成立。

上述只檢視一種結果，若重複 N 次，不就可檢視 N 種結果嗎？圖 2-4 分別繪製出 $N = 5{,}000$ 之 $E(u \mid x) = 0$ 與 $E(u \mid x) \neq 0$ 的「樣本」結果，其中前者之 x 與 u 不存在相關而後者卻相關。我們發現若 x 與 u 存在相關，隱含著 $E(u \mid x) \neq 0$。因此，判斷 (2-5) 式是否成立，幾乎可用 $Cov(x, u) = 0$ 或 $Cov(x, u) \neq 0$ 檢視。

表 **2-1**　一個虛擬的資料

學生	**1**	**2**	**3**	**4**	**5**	**6**	**7**	**8**
GPA	2.8	3.4	3	3.5	3.6	3	2.7	3.7
ACT	21	24	26	27	29	25	25	30

習題

就表 2-1 內的學生 ACT（分數）與成績平均基點（grade point average, GPA）資料而言，試回答下列問題：

(1) 試將表 2-1 內的資料以一個資料框表示。
(2) 分別計算 ACT 與 GPA 之平均數與變異數。
(3) 分別計算 ACT 與 GPA 之共變異數與相關係數。
(4) 試繪製出 y 與 x 之間的散佈圖，其中 y 與 x 分別表示 ACT 與 GPA。
(5) 令 $u \sim N(0, 4)$ 與 $y = 7.72 + 5.65x + u = \hat{y} + u$，試繪製出 10 條 y 之模擬圖並與實際的 y 值比較。

2.2 OLS 估計式

就簡單的線性迴歸式如 (2-1) 式而言，我們可以使用普通的最小平方（ordinary least square, OLS）方法以估計未知的參數 β_0 與 β_1。本節分成兩部分說明，即第一部分說明 OLS 估計式的導出，而第二部分則介紹如何於 Python 下操作。

2.2.1 OLS 估計式的導出

我們先以一個簡單的例子說明。根據 (2-1) 式，我們可以先思考 y 的 DGP 如：

```
x = np.array([1,2,3,4,5])
beta0 = 2;beta1 = 5;n = 5
np.random.seed(1234)
u = norm.rvs(0,10,n)
y = beta0+beta1*x+u
Ey = beta0+beta1*x
data1 = pd.DataFrame({'x':x,'y':y})
```

換言之，令 $x = 1\sim5$、$\beta_0 = 2$、$\beta_1 = 5$ 以及 u 屬於平均數與標準差分別為 0 與 10 的常態分配，則可以模擬出 y 的觀察值，並繪製如圖 2-5 所示。由於 x、β_0 與 β_1 皆為已知，故根據 (2-6) 式可繪製出對應的 PRF，如圖 2-5 內的直線所示；另外，於圖 2-5 內，我們亦可以看到對應的 u_i 值。

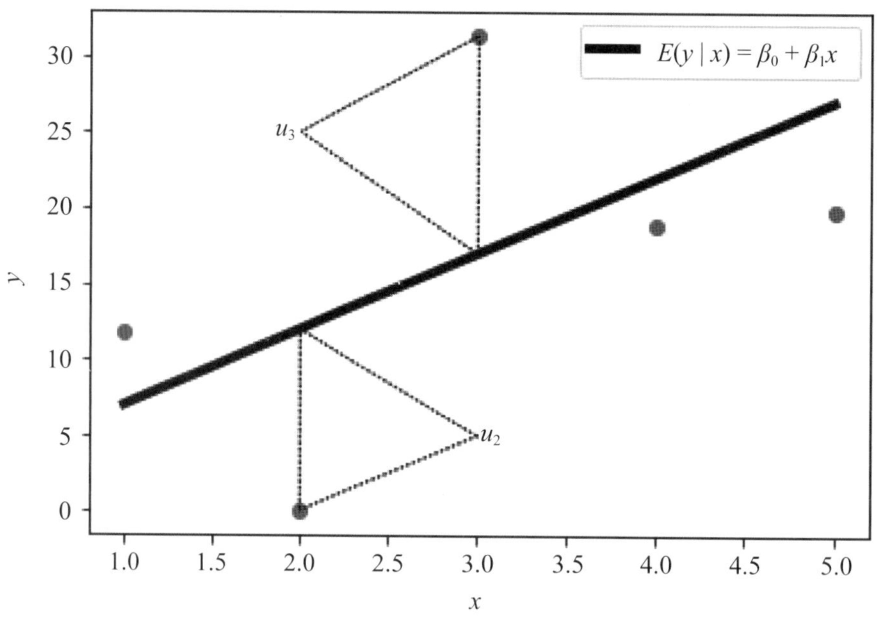

圖 2-5　母體迴歸式的模擬

可惜的是，於實際上，上述 PRF 與 u_i 值皆觀察不到，我們是否有辦法找出對應的樣本迴歸函數（sample regression function, SRF）？理所當然，可用 SRF 估計 PRF。答案是有的，即根據 (2-3) 與 (2-5) 二式的假定；換言之，(2-5) 式隱含著 x 與 u 無關，其可寫成：

$$Cov(u, x) = E(xu) = 0 \tag{2-9}$$

也就是說，利用 (2-3) 與 (2-9) 二式，我們可以找出對應的 SRF。

根據 (2-1) 式，可得 $u = y - \beta_0 - \beta_1 x$，分別代入 (2-3) 與 (2-9) 二式內，可得：

$$E(y - \beta_0 - \beta_1 x) = 0 \tag{2-10}$$

與

$$E[x(y - \beta_0 - \beta_1 x)] = 0 \tag{2-11}$$

即 (2-3) 與 (2-9) 二式的假定，背後竟隱含著 (2-10) 與 (2-11) 二式的限制。因 β_0 與 β_1 皆為未知的固定參數，倘若存在 x 與 y 的觀察值，如圖 2-5 所示，則透過 (2-10) 與 (2-11) 二式，豈不是可得 β_0 與 β_1 嗎？只是 (2-10) 與 (2-11) 二式皆用期望值 $E(\cdot)$ 表示。

根據本書的附錄 B 與 E 可知，可以用樣本平均數估計對應的期望值，即 (2-10) 與 (2-11) 二式的「樣本型態」可以寫成：

$$\frac{1}{n}\sum_{i=1}^{n}\left(y_i-\hat{\beta}_0-\hat{\beta}_1 x_i\right)=0 \tag{2-12}$$

與

$$\frac{1}{n}\sum_{i=1}^{n}x_i\left(y_i-\hat{\beta}_0-\hat{\beta}_1 x_i\right)=0 \tag{2-13}$$

其中 n 表示樣本個數。值得注意的是，於 (2-12) 與 (2-13) 二式，我們以 β_0 與 β_1 的對應估計值 $\hat{\beta}_0$ 與 $\hat{\beta}_1$ 取代；或者說，我們是使用 $\hat{\beta}_0$ 與 $\hat{\beta}_1$ 估計對應的 β_0 與 β_1。我們稱 (2-12) 與 (2-13) 二式為 SLR 模型的標準方程式（normal equations），即 $\hat{\beta}_0$ 與 $\hat{\beta}_1$ 的取得脫離不了上述標準方程式的限制。

求解 (2-12) 與 (2-13) 二式（見習題），可得：

$$\hat{\beta}_0=\overline{y}-\hat{\beta}_1\overline{x} \tag{2-14}$$

與

$$\hat{\beta}_1=\frac{\sum_{i=1}^{n}\left(x_i-\overline{x}\right)\left(y_i-\overline{y}\right)}{\sum_{i=1}^{n}\left(x_i-\overline{x}\right)^2} \tag{2-15}$$

我們稱 (2-14) 與 (2-15) 二式爲 (2-1) 式內 β_0 與 β_1 之 OLS 估計式[②]。利用圖 2-5 內的資料以及 (2-14) 與 (2-15) 二式，可得對應的 SRF 爲 $\hat{y} = 5.88 + 3.49x$，詳細的計算過程，可以參考表 2-2。讀者可以練習用 Python 計算看看。

表 2-2　一個簡單的線性迴歸模型

	x	y	Ey	$\hat{y}$	u	$\hat{u}$	a	b	a^2	c
0	1	11.71	7	9.37	4.71	2.34	-2	-4.65	4	9.29
1	2	0.09	12	12.87	-11.91	-12.78	-1	-16.27	1	16.27
2	3	31.33	17	16.36	14.33	14.97	0	14.97	0	0
3	4	18.87	22	19.85	-3.13	-0.98	1	2.51	1	2.51
4	5	19.79	27	23.35	-7.21	-3.55	2	3.43	4	6.87
合計	15	81.8	85	81.8	-3.2	0	0	0	10	34.94

說明：

(1) $Ey = E(y \mid x) = \beta_0 + \beta_1 x$。

(2) $\hat{y} = 5.88 + 3.49x$。

(3) $a = x - \overline{x}$、$b = y - \overline{y}$ 與 $c = (x - \overline{x})(y - \overline{y})$。

我們重新整理。(2-1) 式可稱爲 SLR 模型的母體迴歸式，其可重寫成：

$$y = E(y \mid x) + u = \beta_0 + \beta_1 x + u \tag{2-16}$$

而對應的樣本迴歸式爲：

$$y = \hat{y} + \hat{u} = \hat{\beta}_0 + \hat{\beta}_1 x + \hat{u} \tag{2-17}$$

其中 $\hat{u}$ 稱爲殘差值（residuals），其可用於估計對應的 u 值。圖 2-6 分別繪製出 (2-16) 與 (2-17) 二式以及 u 與 $\hat{u}$ 之間的關係。值得再次提醒的是：於實際應用上，我們是看不到 (2-16) 式，而只看到 (2-17) 式。

② 其實我們是使用動差法（method of moments）取得 OLS 估計式，而該估計式看不出使用「最小平方」的涵義。當然，我們亦可以使用「最小平方法」導出 OLS 估計式，可以參考附錄 E 或《財統》或《統計》等書。

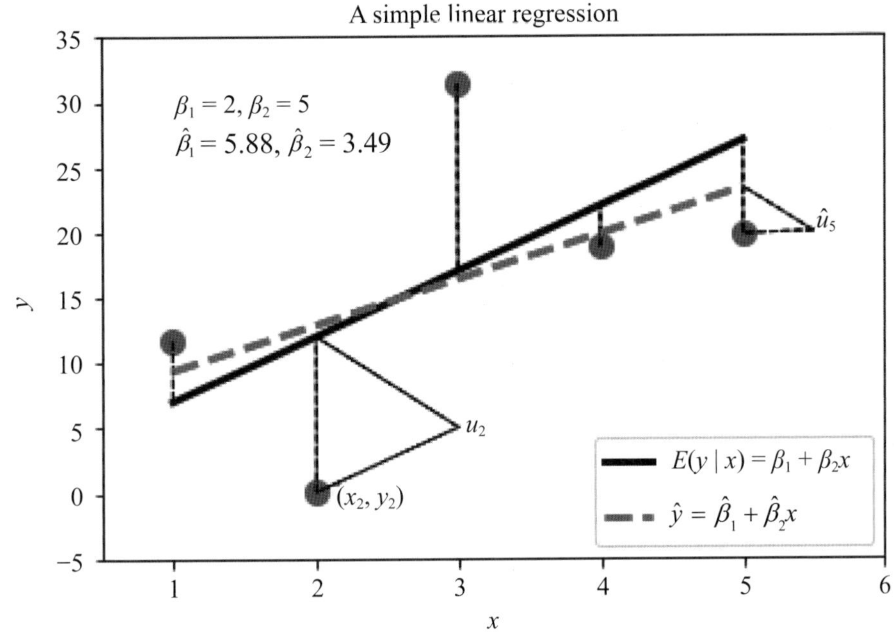

圖 2-6 母體迴歸式與樣本迴歸式

有關於 (2-16) 與 (2-17) 二式的特色，可以分述如下：

(1) 因 u 觀察不到，故不知 $\sum u$ 值爲何？但是爲了滿足 (2-12) 式，可知 $\sum \hat{u}$ 值等於 0。我們從表 2-2 內亦可看到上述結果。

(2) (2-13) 式隱含的不就是 $\sum \hat{u}x$ 等於 0 嗎？讀者亦可以驗證看看（習題）。

(3) 根據 (2-15) 式，$\hat{\beta}_1$ 亦可寫成 $\hat{\sigma}_{xy} / \hat{\sigma}_x^2$，而利用相關係數與共變異數之間的關係，$\hat{\beta}_1$ 又可寫成 $\hat{\rho}_{xy}\dfrac{\hat{\sigma}_y}{\hat{\sigma}_x}$，其中 $\hat{\sigma}_x$、$\hat{\sigma}_y$、$\hat{\sigma}_{xy}$ 與 $\hat{\rho}_{xy}$ 分別表示 x 的樣本標準差、y 的樣本標準差、x 與 y 的樣本共變異數以及 x 與 y 的樣本相關係數；換言之，$\hat{\beta}_1 = \hat{\rho}_{xy}\dfrac{\hat{\sigma}_y}{\hat{\sigma}_x}$ 隱含著 $\hat{\beta}_1$ 與 $\hat{\rho}_{xy}$ 具有相同的「正負號」，即 $\hat{\beta}_1 > 0 (< 0)$，隱含著 x 與 y 之間呈現正關係（負關係）。

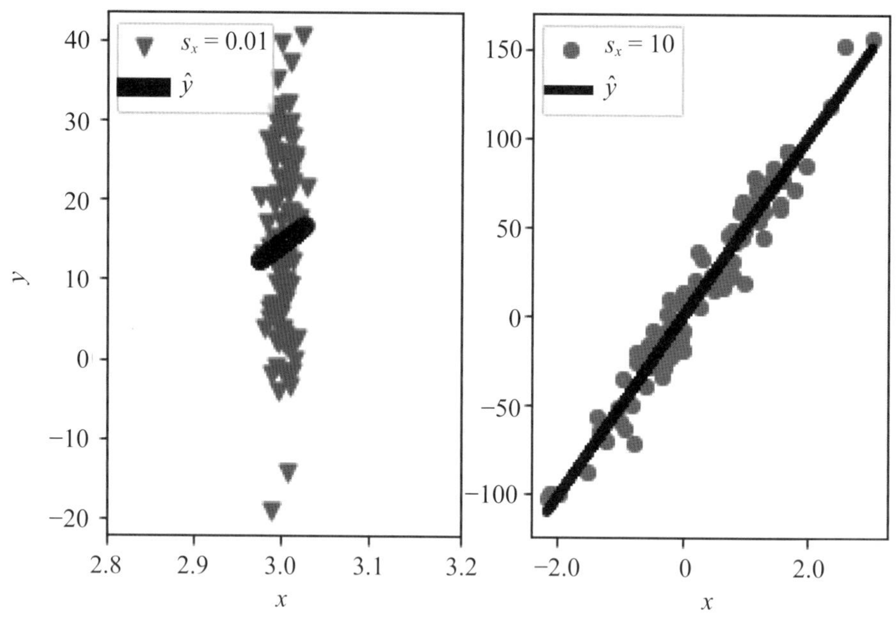

圖 2-7　$y = 2 + 5x + u$ 的兩個例子，其中 s_x 為 x 的樣本標準差

(4) 根據 (2-14) 式，可知樣本迴歸式 $\hat{y}$ 會通過點 $(\overline{x}, \overline{y})$ 與點 $(0, \hat{\beta}_0)$，因此利用例如「點斜式」亦可以繪製樣本迴歸式 $\hat{y}$，而該式的斜率值恰爲 (2-15) 式（習題）。

(5) 檢視 (2-15) 式內 $\hat{\beta}_1$ 估計式的分母部分，其提醒我們 $\sum(x-\overline{x})^2$ 或 x 的變異數不能太小。例如：考慮 $y = 2 + 5x + u$ 的例子，其中 u 屬於平均數與標準差分別爲 0 與 10 的常態分配。我們考慮兩種 x 的情況，其中之一是 x 屬於平均數與標準差分別爲 3 與 0.01 的常態分配（稱爲情況 1），而另一則是 x 屬於平均數與標準差分別爲 3 與 10 的常態分配（稱爲情況 2）。圖 2-7 分別繪製出上述情況 1 與 2 之 x 與 y 的散佈圖與對應的樣本迴歸式。我們發現於情況 1（左圖）之下，並不容易看出 x 與 y 之間的關係；反倒是情況 2（右圖），則可發現 y 的變異可經由 x 的波動解釋，此結果倒與第 1 章的結果一致。直覺而言，迴歸式如 (2-1) 式是希望 y 透過 x 來解釋，若後者的波動不大，自然不易解釋前者。

習題

(1) 就表 2-2 內的資料而言，試利用 (2-14) 與 (2-15) 二式計算對應的 β_0 與 β_1 參數。

(2) 利用表 2-2 內的資料，試計算 $\sum \hat{u}x$。

(3) 根據 (E-25) 與 (E-26) 二式（附錄 E），其可進一步寫成：

$$\begin{cases} n\hat{\beta}_0 + \sum x\hat{\beta}_1 = \sum y \\ \sum x\hat{\beta}_0 + \sum x^2\hat{\beta}_1 = \sum xy \end{cases}$$

試求解 $\hat{\beta}_1$。

(4) 使用表 2-2 內的資料並令 $\tilde{x} = x - \bar{x}$ 與 $\tilde{y} = y - \bar{y}$，使用 OLS 計算 $\tilde{y} = \tilde{\beta}_1\tilde{x} + \tilde{u}$ 內的 $\tilde{\beta}_1$ 值。

(5) 使用表 2-2 內的資料，試計算 $(\bar{x}, \bar{y})$ 與 $(0, \hat{\beta}_0)$ 之斜率值。

2.2.2 Python 的操作

現在我們來看如何於 Python 內操作。試下列指令：

```
from statsmodels.formula.api import ols
re1 = ols('y~x',data1).fit()
re1.summary()
```

即利用模組 (statsmodels) 內的 ols(.) 指令以及表 2-2 內的資料，可得 OLS 的估計結果而以 re1 表示，其中 re1 的內容於後面的章節內，自然會詳加解釋③。re1 的內容可透過下列的指令得知：

```
dir(re1)
```

而可以透過下列指令找出我們有興趣的部分，例如：

```
re1.params
# Intercept    5.877024
# x            3.494276
# dtype: float64
```

即 $\hat{\beta}_0$ 與 $\hat{\beta}_1$ 分別約為 5.88 與 3.49，此恰為表 2-2 或圖 2-6 內的結果。

③ 畢竟本書只是檢視屬於計量經濟學導論的範圍，故有些較深入的部分，本書並未介紹。

其實，模組 (statsmodels) 內亦有另外一種 OLS 的指令，即：

```
import statsmodels.api as sm
X = sm.add_constant(x)
re2 = sm.OLS(y,X).fit()
re2.summary()
dir(re2)
re2.params # array([5.8770236, 3.494276 ])
```

其中 re2 與上述 re1 的結果完全相同；換言之，讀者可以選擇其中之一操作[4]。

底下我們使用一個實際的資料來說明。考慮模組 (linearmodels) 內之 wage_panel 檔案，我們以 OLS 方法估計 1980 之因變數爲 *wage* 而自變數爲 *educ* 的簡單線性迴歸式，試下列指令：

```
from linearmodels.datasets import wage_panel
data = wage_panel.load()
print(wage_panel.DESCR)
data.columns
data['wage'] = np.exp(data['lwage'])
j80 = data['year'] == 1980
data80 = data[j80]
data80a = data80.sort_values(by=['educ'])
modelD = ols('wage~educ',data80a).fit()
modelD.summary()
```

再使用 sm.OLS(.) 指令估計：

```
exog = sm.add_constant(data80['educ'])
```

[4] 上述 ols(.) 與 sm.OLS(.) 兩種指令我們皆會使用，其中後者有牽涉到矩陣以及矩陣的操作，可以參考附錄 F。原則上，書內較少使用向量矩陣觀念，不過仍無法避免，讀者仍須擁有一些基本的矩陣觀念與操作。

```
modelD1 = sm.OLS(data80a.wage,exog).fit()
modelD1.summary()
```

讀者可檢視 modelD 與 modelD1 的結果完全相同。

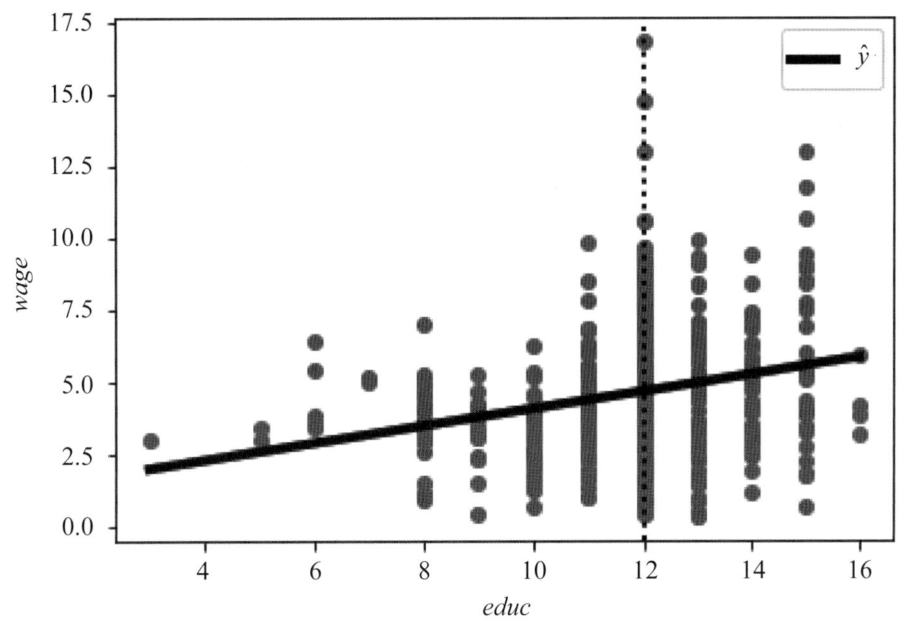

圖 2-8　*educ* 與 *wage* 之間的散佈圖

上述估計結果可寫成：

$$wage = 1.0835 + 0.2978educ \tag{2-18}$$

我們有興趣的是 *educ*（受教育年數）是否與 *wage*（工資）有關？(2-18) 式的估計結果可知若 *educ* = 0，則 *wage* 約為 1.08，不過於上述資料內，*educ* 並無等於 0 的可能，是故 β_0 的估計值只充當參考或可知 *wage* 的「計價單位」；另一方面，*wage* 與 *educ* 的斜率值約為 0.2978，隱含著若其他情況不變，*educ* 增加 1 年（即 $\Delta educ = 1$），*wage* 約上升 0.3。

圖 2-8 進一步繪製出 *educ* 與 *wage* 之間的散佈圖，我們可以看出相同的 *educ* 可能有不同的 *wage*，隱含著 (2-18) 式內忽略了其他重要的解釋變數。讀者可以思考圖 2-8 如何繪製？

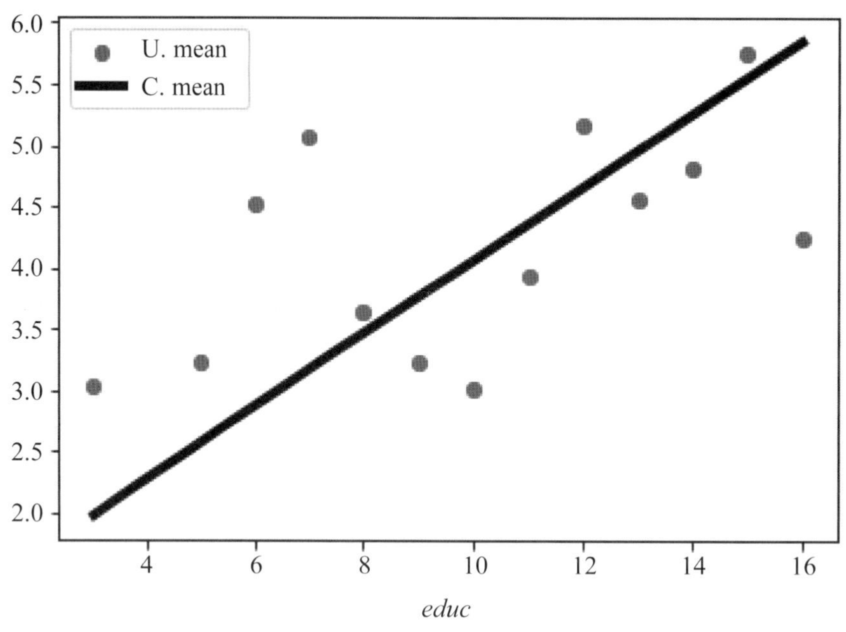

圖 2-9　條件平均數 1 與 2

例 1　兩種條件平均數

根據 (2-18) 式內的估計結果，我們見到於 *educ* 的條件之下，條件平均工資的計算。究竟其表示何意義？其又與於 *educ* 的條件之下的平均工資有何差別？例如：於 *educ* = 12 之下，平均工資約爲 5.171，我們姑且將其稱爲條件平均數 1；但是，根據 (2-18) 式可知對應的條件平均工資約爲 4.6566，姑且將其稱爲條件平均數 2。上述兩者的意義與差異分別爲何？

上述條件平均數 1 是指於樣本數爲 545 之下，其中 *educ* = 12 有 231 個觀察值，而其對應的平均工資約爲 5.171，其中並無包括 *educ* 對 *wage* 的影響。(2-18) 式則是指我們認爲 *educ* 會影響 *wage* 的前提下（即 *educ* 對 *wage* 的迴歸式），*educ* = 12 所對應的條件平均工資約爲 4.6566。是故，後者的意義與我們的直覺稍有不同。按照相同的計算方式，圖 2-9 繪製出條件平均數 1 與 2 的走勢，其中後者與圖 2-8 內的直線（SRF）一致。

例 2　1980 年與 1987 年的 SRF

我們已經知道 wage_panel 檔案內有包括 1980~1987 年之與 *wage* 有關的數據資料，即 (2-18) 式係估計 1980 年的 SRF，那如果估計 1987 年的 SRF 呢？換句話說，若使用上述檔案的 1987 年資料，仍使用 OLS 方法估計，可得：

$$wage = -0.9226 + 0.6906educ \tag{2-19}$$

比較 (2-18) 與 (2-19) 二式，我們發現後者的 β_1 之估計值上升了，隱含著隨著時間經過 *educ* 對 *wage* 的影響提高了。圖 2-10 分別繪製出 1980 年與 1987 年之對應的 SRF，我們發現後者的斜率值變大了。

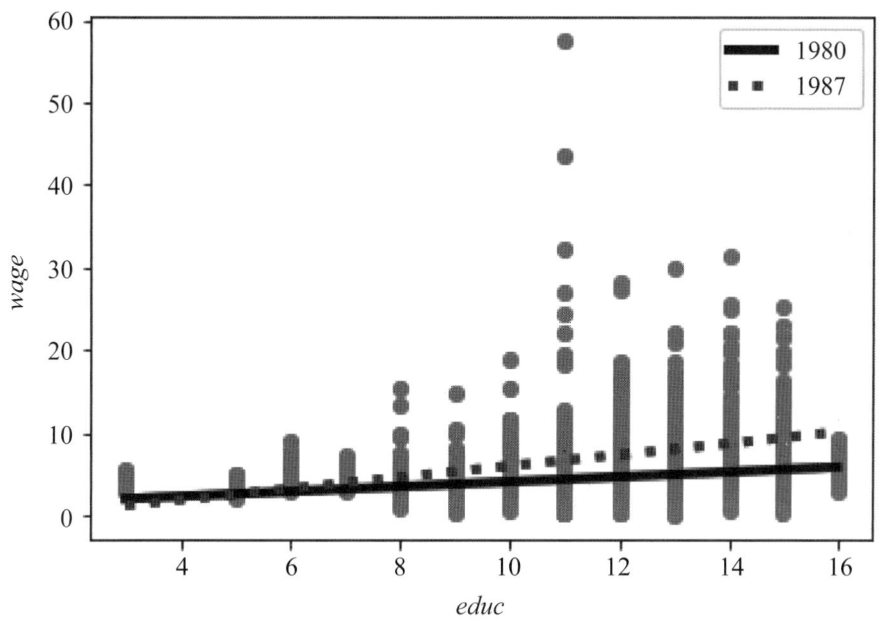

圖 2-10　1980 年與 1987 年之 SRF

習題

(1) 試敘述如何利用 Python 取得 OLS 估計值。

(2) BWGHT(W) 檔案內有美國於 1988 年期間蒐集嬰兒出生體重的資料（bwght）。令 y 表示 bwght，我們找出可以解釋 y 的解釋變數如 x，其中 x 表示母親於懷孕期間每天抽菸的數目（cigs）。試繪製出 y 與 x 之間的散佈圖。我們預期 β_1 值爲何？

(3) 續上題，令 $x = 10, 40$，則對應的 y 之條件預期值爲何？y 之實際值又爲何？

(4) 續上題，讀者認爲簡單迴歸式的估計有無用處？爲什麼？

(5) 假定 modelA 是使用 OLS 方法所得的估計結果，試下列指令：

```
X = modelA.model.exog
y1 = modelA.model.endog
```

則 X 與 y1 的結果為何？是否可用 X 與 y1 的觀察值從事 OLS 估計？

(6) 續上題，我們如何得出對應 SRF？

(7) 續上題，試下列指令：

```
yhat = modelA.fittedvalues
b = modelA.params
yfit = X.dot(b)
```

則 yhat 與 yfit 為何？我們如何合併上述兩者之觀察值？

(8) 就例 1 的檔案數據資料而言，如何得知 *educ* 的分類為何？若 *educ* = 10, 11，則對應的觀察值個數分別為何？

2.3 迴歸式的特徵

本節討論一些有關於迴歸式的特徵，其中包括配適值（fitted values）與殘差值的特色、迴歸式的配適度（goodness of fit）與其他的考量。

2.3.1 配適值與殘差值

我們重新檢視 (2-18) 式的情況，重寫估計結果為：

$$y = \hat{y} + \hat{u} = 1.0835 + 0.2978x + \hat{u} \tag{2-20}$$

其中 y 與 x 分別表示 *wage* 與 *educ*。我們稱 $\hat{y}$（SRF）為 y 之 OLS 估計配適值，而 $\hat{u}$ 則稱為估計迴歸式的殘差值；換言之，$\hat{u} = y - \hat{y}$。直覺而言，若我們稱估計迴歸式的配適度愈佳，則 y 與 x 之間的散佈圖應愈接近 $\hat{y}$，其中 $\hat{u}$ 值應愈低。例如：就 (2-18) 式的估計結果而言，圖 2-11 分別繪製出 x 與 y 以及 x 與 $\hat{u}$ 之間的散佈圖；另外，表 2-3 列出 (2-18) 式的部分結果。也許我們不易從後者看出配適度如何，但是從圖 2-11 內卻可看到其配適度並不佳，隱含著仍有改善的空間。

表 2-3 (2-18) 式的估計結果，其中 y 與 x 分別表示 *wage* 與 *educ*

	y	x	yhat	uhat	xuhat
0	3.02	3	1.98	1.05	3.14
1	3.42	5	2.57	0.84	4.22
2	3.02	5	2.57	0.45	2.26
3	3.4	6	2.87	0.53	3.2
…	…	…	…	…	…
543	5.91	16	5.85	0.07	1.05
544	3.15	16	5.85	-2.7	-43.17
合計	2500.04	6413	2500.04	0	0

說明：yhat、uhat 與 xuhat 分別表示 $\hat{y}$、$\hat{u}$ 與 $x \cdot \hat{u}$。

其實，我們從圖 2-11 的下圖隱約可看出 $\hat{u}$ 與 *educ* 呈現正相關，也許對應的 u 內存在另外會影響 *wage* 的解釋變數與 *educ* 有關。例如：根據上述 1980 年的檔案數據資料，我們發現 *educ* 與 *exper*（工作經驗）之間的樣本相關係數約爲 -0.58；當然，*exper* 應該會影響 *wage*，儘管兩者之間的樣本相關係數約只有 0.05。若 *exper* 亦會影響 *wage*，而 (2-16) 式明顯遺漏 *exper*，則 OLS 之估計式如 $\hat{\beta}_1$ 値合理嗎？若 $\hat{\beta}_1$ 値有偏誤，則對應的 $\hat{u}$ 値應該也是不合理，隱含著圖 2-11 的下圖有可能是錯誤的！

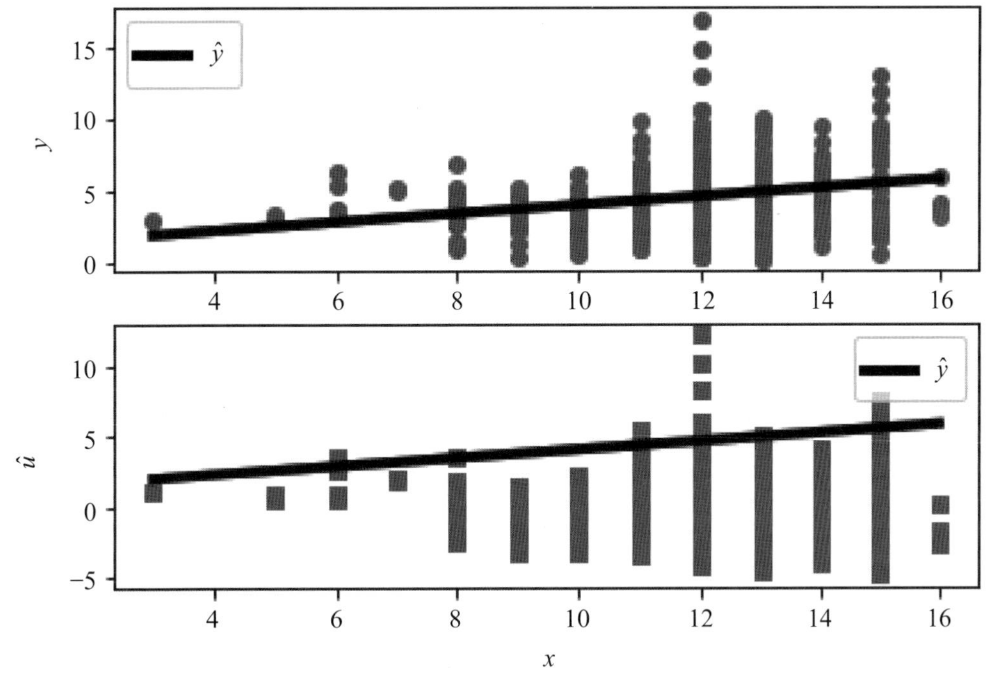

圖 2-11 x 與 y 以及 x 與 $\hat{u}$ 之間的散佈圖，其中 y 與 x 分別表示 *wage* 與 *educ*

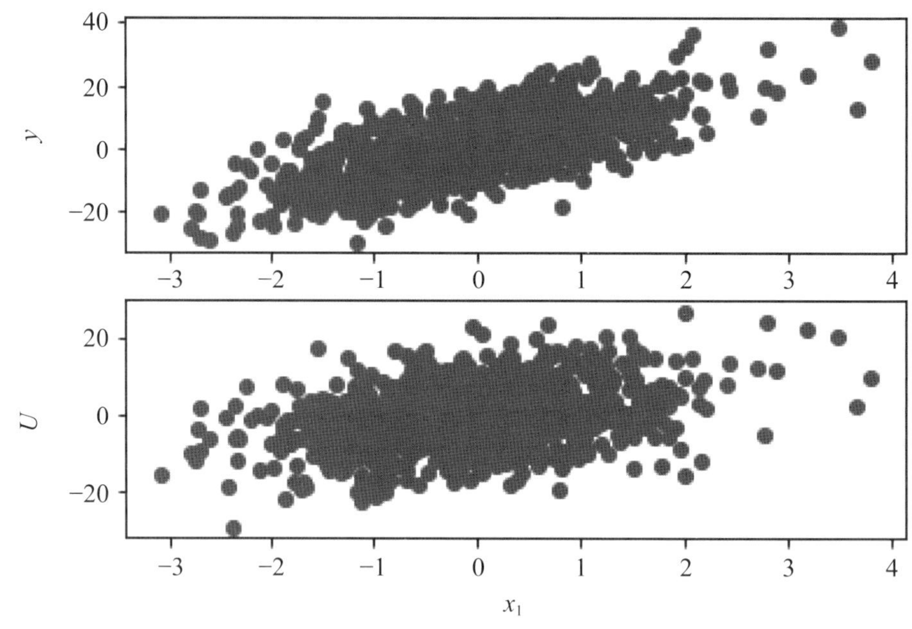

圖 2-12　x_1 與 y 以及 x_1 與 U 之間的散佈圖

爲了澄清上述的直覺，我們可以利用模擬的方式說明。考慮一個有兩個自變數的複線性迴歸式（後面章節會介紹複線性迴歸式）如：

$$y = \beta_0 + \beta_1 x_1 + \beta_2 x_2 + u \tag{2-21}$$

其中 x_1 與 x_2 的相關係數爲 0.5（經濟變數之間較少出現不相關的情況）。若忽略 x_2，故誤差項 $U = \beta_2 x_2 + u$ 內有 x_2 的成分，圖 2-12 分別繪製出一種 y 與 x_1 以及 x_1 與 U 之間的散佈圖；果然，圖 2-12 的下圖顯示出 x_1 與 U 之間呈現正的相關，隱含著 (2-5) 式並不能成立，亦隱含著 OLS 的估計式與對應的殘差值有偏誤，讀者可以檢視看看。

習題

(1) 試利用模擬出 (2-21) 式內之因變數、自變數與誤差項的觀察值。

(2) 續上題，若忽略 x_2，而只考慮 x_1 對 y 的迴歸式，則 OLS 估計式（值）是否存在偏誤？

(3) 續上題，若用對應的殘差值 $\hat{u}$ 估計 U 呢？

(4) 續上題，若以 OLS 估計 $\hat{u}$ 對 U 的迴歸式呢？結果爲何？

(5) 既然 OLS 估計式存在估計偏誤，那爲何表 2-3 內的結果又滿足「標準方程式」呢？試解釋之。

2.3.2 配適度

如前所述，OLS的估計必須符合「標準方程式」如(2-12)與(2-13)二式的限制，而上述二式隱含著：

$$\sum \hat{u} = 0 \tag{2-22}$$

與

$$\sum x\hat{u} = 0 \tag{2-23}$$

讀者當然可以嘗試證明 (2-22) 與 (2-23) 二式。敏感的讀者，其實應該已於表 2-3 內看出 (2-22) 與 (2-23) 二式的結果。

(2-22) 與 (2-23) 二式的重要性不言而喻，例如：利用 (2-20) 與 (2-22) 式可知 $\sum y = \sum \hat{y}$ 或 $\overline{y} = \overline{\hat{y}}$，讀者可以利用表 2-3 內的資料，說明上述結果；另外，$\hat{y}$ 與 $\hat{u}$ 之間的共變異數可寫成：

$$s_{\hat{y}\hat{u}} = \frac{\sum(\hat{y} - \overline{\hat{y}})(\hat{u} - \overline{\hat{u}})}{n-1}$$

亦可知 $s_{\hat{y}\hat{u}}$ 等於 0[5]。

---

[5] 即 $s_{\hat{y}\hat{u}} = \dfrac{\sum(\hat{y} - \overline{\hat{y}})(\hat{u} - \overline{\hat{u}})}{n-1} = \dfrac{\sum(\hat{\beta}_0 + x - \overline{y})\hat{u}}{n-1} = \dfrac{\hat{\beta}_0 \sum \hat{u} + \hat{\beta}_1 \sum x\hat{u} - \overline{y}\sum \hat{u}}{n-1} = 0$。

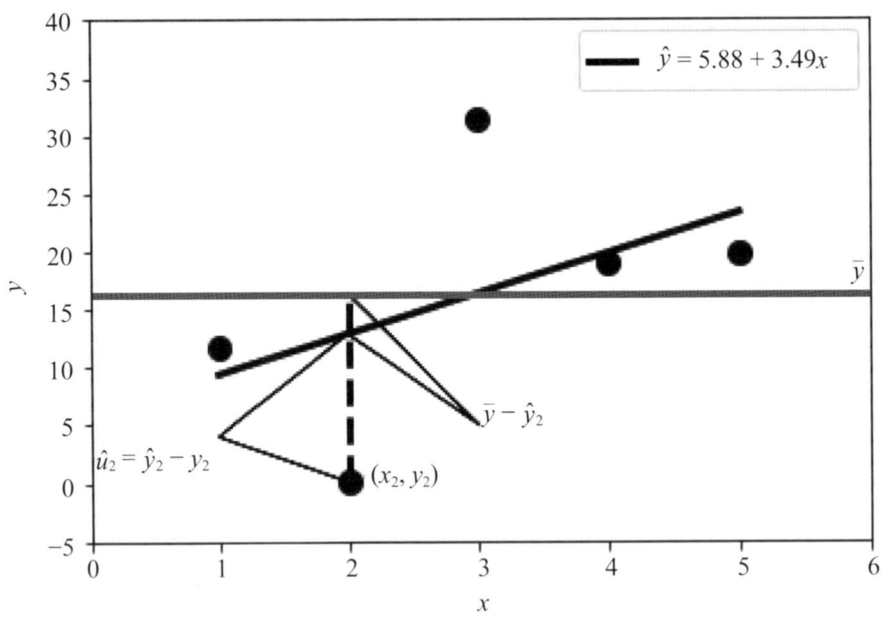

圖 2-13　表 2-2 的例子

根據 (2-20) 式以及 $s_{\hat{y}\hat{u}} = 0$ 隱含著 OLS 方法將 y 拆成 $\hat{y}$ 與 $\hat{u}$ 兩部分，而後兩者之間卻是無關的，此結果於財金領域的應用上是相當有意義的[6]；如此，可看出 (2-22) 與 (2-23) 二式的重要性。其實上述二式的重要性不僅於此，考慮 y_i 與 $\bar{y}$ 的差距如：

$$\begin{aligned} & y_i - \bar{y} \\ & = (y_i - \hat{y}) + (\hat{y} - \bar{y}) \end{aligned}$$

將上式平方後加總可得：

$$\begin{aligned} & \sum_{i=1}^{n}(y_i - \bar{y})^2 = \sum_{i=1}^{n}(y_i - \hat{y}_i)^2 + \sum_{i=1}^{n}(\hat{y}_i - \bar{y})^2 \\ & \Rightarrow SST = SSR + SSE \end{aligned} \tag{2-24}$$

[6] 例如：於《財計》的單指數模型（single-index model）內，透過 (2-20) 式，我們可將風險拆成系統風險與非系統風險兩部分。

其中 SST、SSE 與 SSR 分別稱爲總平方和（total sum of squared, SST）、解釋平方和（explained sum of squared, SSE）與殘差值平方和（residual sum of squared, SSR）[7]。上述三種平方和之間的關係可以透過表 2-2 內的資料，而以圖 2-13 說明。假定位於點 (x_2, y_2) 處，但是不知 y_2 值爲何，若不使用 x 的資訊，y 的預測值爲 $\overline{y}$（通常我們習慣用 $\overline{y}$ 當作未知 y_i 的預測值）；不過，若是使用 x 的資訊呢？簡單迴歸式提醒我們預測值爲 $\hat{y}_2$，因此使用迴歸式的用處是將預測變異爲 $|y_2 - \overline{y}|$ 縮短至 $|y_2 - \hat{y}_2|$。換句話說，利用圖 2-13 內的結果，大致可瞭解上述三種平方和所扮演的角色。

讀者可以嘗試證明 (2-24) 式，若有證明應該會發現到其中有用到 (2-22) 與 (2-23) 二式。本書較少用到「數學上的證明」，取代的是以「模擬」或用 Python 的計算取代。例如：就前述 *wage* 與 *educ* 的例子而言，可得：

```
y = data80a['wage'];x = data80a['wage']
SST =((y-y.mean())**2).sum()# 2640.398971761734
SSR = np.sum(uhat**2)# 2493.098411010972
SSE = SST-SSR # 147.3005607507621
np.sum((yhat80-y.mean())**2)# 147.30056075076246
```

自然可以看出符合 (2-24) 式。

從圖 2-13 內的結果可看出若 $\hat{u}_i$ 愈小（愈大），SSR 會愈小（愈大），隱含著 y_i 會愈接近（愈脫離）$\hat{y}_i$；是故，判斷估計迴歸式的配適度可利用 SSR 或 SSE 占 SST 的比重得知，即估計迴歸式的「判定係數（coefficient of determination）」可定義成：

$$R^2 = \frac{SSE}{SST} = 1 - \frac{SSR}{SST} \tag{2-25}$$

即 R^2 可用於計算估計迴歸式的配適度。於前述的迴歸估計結果內皆附有 R^2 的計算結果：

[7] SST 其實就是計算 y_i 與 $\overline{y}$ 之間的變異（想像 y_i 的樣本變異數的計算）；同理，SSE 爲 $\hat{y}_i$ 與 $\overline{y}$ 之間的變異。至於 SSR，則爲 $\hat{u}_i$ 的變異，即 $SSR = \sum \hat{u}_i^2$；換言之，「最小平方法」指的就是 SSR 最小，可以參考本書附錄 E。

```
R2 =(SST-SSR)/SST # 0.055787236067767365
modelD.rsquared # 0.055787236067767365
```

即 (2-18) 式對應的 R^2 值約爲 0.06。

由於 SSE 不超過 SST，故 R^2 值介於 0 與 1 之間；因此，檢視圖 2-14 的結果，可發現若 R^2 等於 1，隱含著所有的 x_i 與 y_i 皆位於 $\hat{y}_i$ 上，即對應的 $\hat{u}_i$ 皆爲 0；同理，若 R^2 等於 0，隱含著 x_i 與 y_i 無關，即對應的 $\hat{u}_i$ 皆爲 y_i。是故，我們嘗試解釋圖 2-8 內對應的 R^2 值約爲 0.06 的意思，其不是表示 x_i 與 y_i 之間的關係約有 6% 像一條直線嗎？隱含著 y_i 的 6% 變動可由 x_i 來解釋！因此，前述 *wage* 與 *educ* 的例子，其估計的 R^2 值約爲 6%，隱含著約有 94% 的 *wage* 的波動竟然無法解釋，即 *educ* 只能解釋約 6% 的 *wage* 變動。

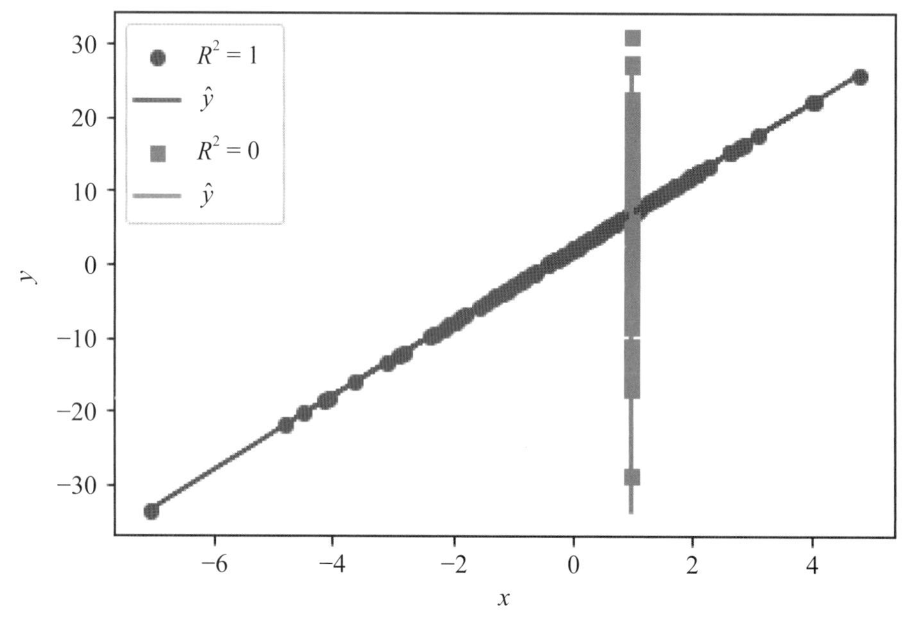

圖 2-14　兩個例子

就橫斷面資料而言，通常估計的 R^2 值並不高，隱含著影響因變數的解釋變數頗多而且不容易找到關鍵的重要解釋變數；但是，就 (2-18) 式而言，雖然對應的 R^2 值約爲 6%，明顯不高，不過該式不就顯示出 β_1 的估計值大於 0 嗎[8]？與我們的

[8] 因爲遺漏重要的解釋變數，故 OLS 估計值有估計偏誤，故只要求 β_1 的估計值之「正或負值符號」符合直覺。

直覺相符，隱含著若我們的興趣是 β_1 的估計值，似乎與 R^2 值的大小無關！當然，若我們的目的是從事對 *wage* 的預測，此時 R^2 值愈高愈佳。

我們依舊使用模擬的方式來驗證我們的直覺。令 $n = 1{,}000$、$\beta_0 = 2$、$\beta_1 = 4$ 以及 x 爲介於 0 與 1 之間之均等分配的隨機變數。我們考慮兩種情況，假定 u 屬於 IID 之常態分配的隨機變數（附錄 C），不過其中一個情況是 u 之平均數與標準差分別爲 0 與 $\sigma_0 = 1$ 而另外一個情況則是 0 與 $\sigma_0 = 10$。根據上述假定與 (2-1) 式，自然可以取得 x 與 y 的觀察值，再使用 OLS 方法估計以取得對應的 $\hat{\beta}_1$ 與 R^2 值。重複上述步驟 $N = 5{,}000$ 次，圖 2-15 繪製出上述模擬結果。

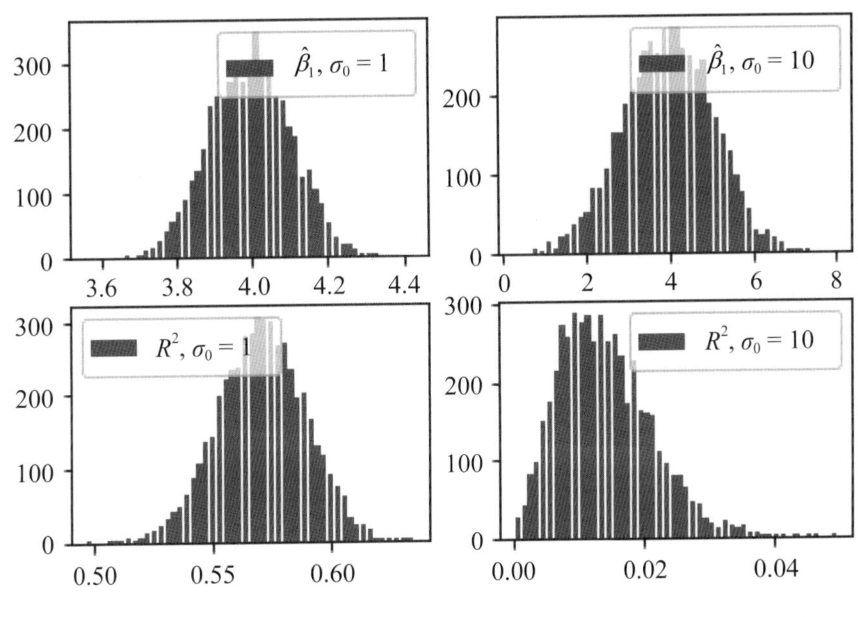

圖 2-15 $\hat{\beta}_1$ 與 R^2 的相對次數分配

檢視圖 2-15 的左圖與右圖的結果，我們發現上述 $\hat{\beta}_1$ 的相對次數之平均數皆接近於眞實值 β_1，隱含著就平均而言，兩種情況皆會估計到眞實值；不過，顯然 σ_0 值愈大，上述相對次數的離散程度愈大；有意思的是，σ_0 值愈大，對應的 R^2 值卻愈小，隱含著 R^2 值愈小只會影響 $\hat{\beta}_1$ 的變異數，而不會影響 $\hat{\beta}_1$ 的平均數。是故，圖 2-15 的結果提醒我們 R^2 值愈小未必表示估計不到 β_1 值！

例 1 通過原點的迴歸式？

直覺而言，通常我們會使用包括常數項的迴歸式，即若不包含常數項，相當於約束迴歸式必須通過原點，反而不容易符合「最小平方」的要求。例如：檢視圖

2-16 內的結果，其中虛線為皆通過原點的迴歸式，顯然後者未必能代表 x 與 y 之間的散佈情況。反觀圖內的 $\hat{y}$ 直線，該線是估計的迴歸線（SRF），其可用於代表 x 與 y 之間的關係；換言之，就 x 與 y 之間的「一堆資料」而言，我們是否可用一條直線取代？答案是可以的，用上述之 SRF 如 $\hat{y}$ 直線表示。

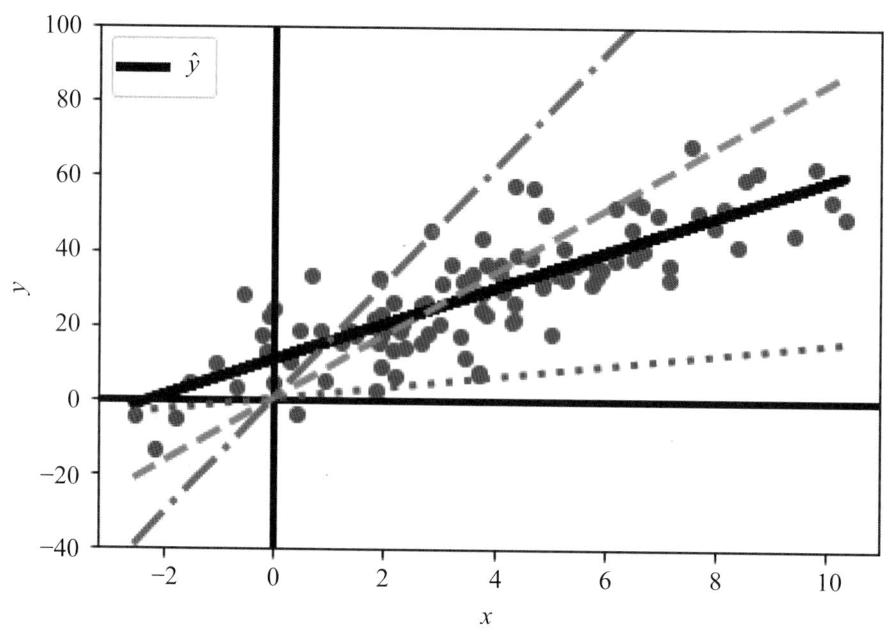

圖 2-16　通過原點的迴歸式

例 2　模擬

使用程式語言如 Python 的優點之一，是我們可以用模擬的方式說明或取代數學上的證明。例如：試下列指令：

```
beta0 = 10;beta1 = 5
np.random.seed(1269)
xc = 4+norm.rvs(0,3,100)
np.random.seed(111)
uc = norm.rvs(0,10,100)
yc = beta0+beta1*xc+uc
yc1 = beta1*xc+uc
Dc = pd.DataFrame({'y':yc,'x':xc,'y1':yc1})
```

可以注意 yc1 不含常數項而 yc 有包括常數項。我們進一步估計下列迴歸式：

```
Mc = ols('y~x',Dc).fit()
Mc.summary()
Mc1 = ols('y~x-1',Dc).fit()
Mc1.summary()
```

即 Mc1 為不含常數項的估計結果，可以注意其表示方式（用 "-1" 表示不含常數項）。我們取 Mc（含常數項）內的一些結果如：

```
yhatc = Mc.fittedvalues
R2c = Mc.rsquared # 0.6677236522805695
uhatc = Mc.resid
```

並嘗試說明 (2-22)~(2-24) 三式，即：

```
np.sum(uhatc)# -5.311306949806749e-13
np.sum(xc*uhatc)# -2.0108359422010835e-12
SSTc = np.sum((yc-np.mean(yc))**2)# 28347.625144863476
SSRc = np.sum(uhatc**2)# 9419.245349654728
SSEc = np.sum((yhatc-np.mean(yc))**2)# 18928.37979520876
SSRc+SSEc # 28347.625144863487
```

可以看出上述三式皆成立。

例 3 不含常數項的迴歸式

續例 2，試下列指令：

```
yhatc1 = Mc1.fittedvalues
R2c1 = Mc1.rsquared # 0.8774594941226201
uhatc1 = Mc1.resid
```

可回想 Mc1 爲不含常數項的估計迴歸式，值得注意的是，此時 R^2 約爲 0.877。再試下列指令：

```
np.sum(uhatc1)# 385.28064146554425
np.sum(xc*uhatc1)# 1.1723955140041653e-12
SSTc1 = np.sum((yc-np.mean(yc))**2)# 28347.625144863476
SSRc1 = np.sum(uhatc1**2)# 13460.981995915066
SSEc1 = np.sum((yhatc1-np.mean(yc))**2)# 36885.00305024368
np.var(yc)*100 # 28347.625144863476
SSRc1+SSEc1 # 50345.98504615875
```

可以看出除了 (2-23) 式仍成立之外，竟然 (2-22) 與 (2-24) 二式皆不成立；換言之，若估計迴歸式不含常數項，後二式竟然不成立。(2-24) 式不成立，隱含著 SST 無法拆成 SSR 與 SSE，那應如何計算 R^2 呢？我們計算下列四種 R^2，即：

```
1-np.sum(uhatc1**2)/SSTc1 # 0.6674121091206172
1-np.sum(uhatc1**2)/np.sum(yc**2)# 0.8774594941226201
np.sum(yhatc1**2)/np.sum(yc**2)# 0.87745949412262
np.sum((yhatc1-np.mean(yc))**2)/SSTc1 # 1.3011673063176212
```

可以看出 $1-\frac{\sum \hat{u}_c^2}{\sum y^2}$ 或 $\frac{\sum \hat{y}_c^2}{\sum y^2}$ 皆可以取代原本 R^2 的計算（即與 Mc1 所附的結果相同），其中 $\hat{u}_c$ 與 $\hat{y}_c$ 分別表示 uhatc1 與 yhatc1（即不包含常數項之對應的 $\hat{u}$ 與 $\hat{y}$）。有意思的是，若仍使用 (2-25) 式，估計的 R^2 有可能會小於 0 或大於 1；因此，不包括常數項的 R^2 計算，可以改用 (2-26) 式取代，即：

$$R_c^2 = 1-\frac{\sum \hat{u}_c^2}{\sum y^2} = \frac{\sum \hat{y}_c^2}{\sum y^2} \tag{2-26}$$

其中 R_c^2 表示不包括常數項的 R^2 值；換言之，若使用上述 Python 的模組，不含常數項迴歸式估計結果所附的就是 R_c^2 的計算結果。

例 4 蒙地卡羅模擬

如前所述，使用 Python 的優點之一是我們可以使用模擬方法，此處我們介紹於計量經濟學內常用的「蒙地卡羅模擬（Monte Carlo simulation）」方法。蒙地卡羅模擬方法的使用頗爲直接，即既然於例 1~3 內可以模擬出 y 的觀察值並估計對應的 R^2 值，那如果重複上述步驟 N 次呢？豈不是可以得到 N 個 R^2 值嗎？我們於繪製圖 2-15 時已經使用過。試下列指令：

```
N = 5000;n = 100
beta0 = 2;beta = 5
R2c = np.zeros(N)
R2 = np.zeros(N)
np.random.seed(1234)
for i in range(N):
    x =(3+norm.rvs(0,5,n))
    y = beta0+beta1*x+norm.rvs(0,10)
    Data = pd.DataFrame({'y':y,'x':x})
    model = ols('y~x-1',Data).fit()
    R2c[i] = model.rsquared
    uhat = model.resid
    SST = np.var(y)*n
    R2[i] = 1-np.sum(uhat**2)/SST
```

讀者可以嘗試解釋上述指令。上述指令是於 β_0、β_1 與 n 值爲已知之下，先分別模擬出 x 與 u 值，並且進一步取得 y 值，然後再估計不含常數項的簡單線性迴歸式，再分別計算對應的 R^2 與 R_c^2。上述的動作，重複 5,000 次；當然，於操作之前，我們必須先預設 R^2 與 R_c^2 的儲存空間。圖 2-17 分別繪製出 R^2 與 R_c^2 的直方圖，我們發現 R^2 的估計值有可能產生負值（即共有 31 個），而 R_c^2 的估計值全數介於 0 與 1 之間，隱含著不含常數項迴歸式之 R^2 計算應使用 (2-26) 式。

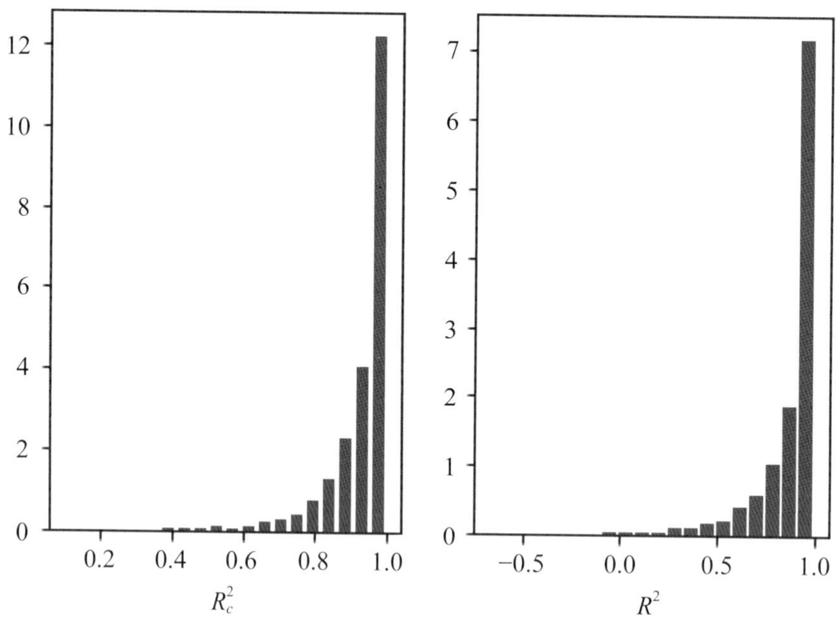

圖 2-17　R^2 與 R_c^2 值之直方圖

習題

(1) 於本章所附的檔案內有“Tabel2_8”檔案，該檔案取自 Gujarati 與 Porter（2009）。上述檔案內有 FOODEXP（食物支出）與 TOTALEXP（總支出）兩個變數的觀察值，試回答下列問題：

(i) 何者爲因變數？何者爲自變數？

(ii) 試分別繪製出自變數對因變數的散佈圖。

(iii) 試以 OLS 方法估計簡單的線性迴歸式，結果分別爲何？對應的 R^2 爲何？

(2) 試敘述本節的蒙地卡羅模擬方法步驟。

(3) 考慮第 1 章的婚外情檔案。令 $y = affairs$ 與 $x = age$，試以 OLS 估計 x 對 y 的迴歸式？結果爲何？$\hat{\beta}_1$ 與 R^2 分別爲何？R^2 值偏低是否隱含著估計的迴歸式沒用？

(4) 續上題，試繪製出 x 與 y 的散佈圖以及對應的 SRF。

(5) 使用 Airline(Ecdat) 檔案，試回答下列問題：

(i) 試找出 1977 年之檔案，內有多少個觀察值與變數？

(ii) 試找出 1979 年之前的檔案，內有多少個觀察值與變數？

(iii) 續上題，合併不同年之資料，試以 OLS 方法估計 *output* 對 *cost* 的迴歸式，結果爲何？上述方法稱爲合併 OLS(pooled OLS) 方法。

(iv) 合併所有不同年之資料，使用合併 OLS 方法估計 *output* 對 *cost* 的迴歸式，結果爲何？

(v) 找出航線 6 或 3 的資料，內有多少個觀察值與變數？試以 OLS 方法估計 *output* 對 *cost* 的迴歸式，結果爲何？

Chapter 3

簡單的新古典線性迴歸模型

於第 2 章內，我們已經多次使用模擬的方式說明 (2-1) 式內之 u、x 與 y 皆屬於隨機變數，甚至於發現使用 OLS 方法所得出的 $\hat{\beta}_1$ 與 $\hat{\beta}_2$ 亦皆屬於隨機變數，可以參考圖 2-15 的上圖。雖然我們是使用 Python 的模組指令估計，不過敏感的讀者應會注意到若將不同的樣本觀察值如 x 與 y 的實現值資料代入 (2-14) 與 (2-15) 二式內，仍然可以取得 β_0 與 β_1 的估計值；換句話說，不同的 x 與 y 的實現值卻有不同的 β_0 與 β_1 的估計值，隱含著後者亦皆是一種隨機變數。那爲何皆要使用 (2-14) 與 (2-15) 二式？因此，此處我們可以分別出估計式（estimators）與估計值（estimates）的不同，即前者亦是隨機變數，而後者則是上述隨機變數的實現值。

顯然，我們還沒介紹完，因爲我們如何知道 (2-14) 與 (2-15) 二式的使用比較有效？換句話說，第 2 章介紹 OLS 估計方法，按照統計學的步驟[①]，我們應繼續針對上述方法進行統計推論。於計量經濟學內，我們發現存在有「古典常態線性迴歸模型（classical normal linear regression model, CNLRM）」與「新古典（neo-classical）常態線性迴歸模型（NNLRM）」，而於符合 CNLRM 或 NNLRM 的假定下，OLS 估計式是最爲有效。

本章仍使用 SLR 模型說明，下一章我們再檢視一般的線性迴歸模型；因此，本章先說明簡單的 CNLRM(NNLRM) 簡稱爲 sCNLRM(sNNLRM)，而下一章則介紹一般的 CNLRM(NNLRM) 或 NLRM。

---

① 此可稱爲統計推論的古典理論（classical theory of statistical inference）。

3.1 sCLRM(sNLRM) 的假定

古典線性迴歸模型（classical linear regression model, CLRM）或新古典線性迴歸模型（NLRM）可說是當代計量經濟理論的基石，也許讀者會認爲 CLRM(NLRM) 的假定過於嚴苛，不過我們總是要先知道「最佳的模型」爲何？若無法滿足 CLRM(NLRM) 內之假定，我們再想辦法因應。

3.1.1 線性迴歸模型

sCLRM(sNLRM) 的第 1 個假定爲：

假定 1：線性迴歸模型

迴歸模型爲參數線性，不過卻允許變數非線性。

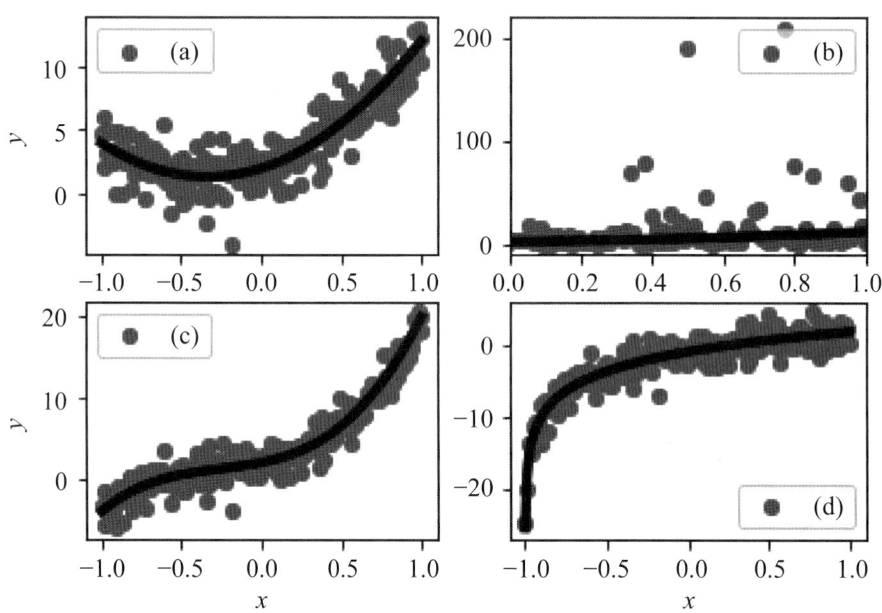

圖 3-1　變數非線性的例子，其中圖 (a)~(d) **之** PRF **分別為** $y = 2 + 4x + 6x^2$、$y = \exp(2 + 4x)$、$y = 2 + 4x + 6x^2 + 8x^3$ **與** $y = 2 + 4\log(x)$

首先，我們必須分別出變數非線性與參數非線性的區別：

變數非線性

參考圖 3-1，各小圖內的曲線（即 PRF）皆屬於變數非線性的例子，其他的例子如：

$$\log(y) = \alpha_0 + \alpha_1 x + \varepsilon \tag{3-1}$$

$$\log(y) = \beta_0 + \beta_1 \log(x) + u \tag{3-2}$$

$$y = \gamma_0 + \gamma_1 \frac{1}{x} + \eta \tag{3-3}$$

$\cdots$

其中 ε、u 與 η 皆屬於誤差項。上述變數非線性的特色是只要經過適度的轉換，就可變成線性迴歸式，故 CLRM 假定 1 內允許變數非線性的存在，底下自然會進一步說明。

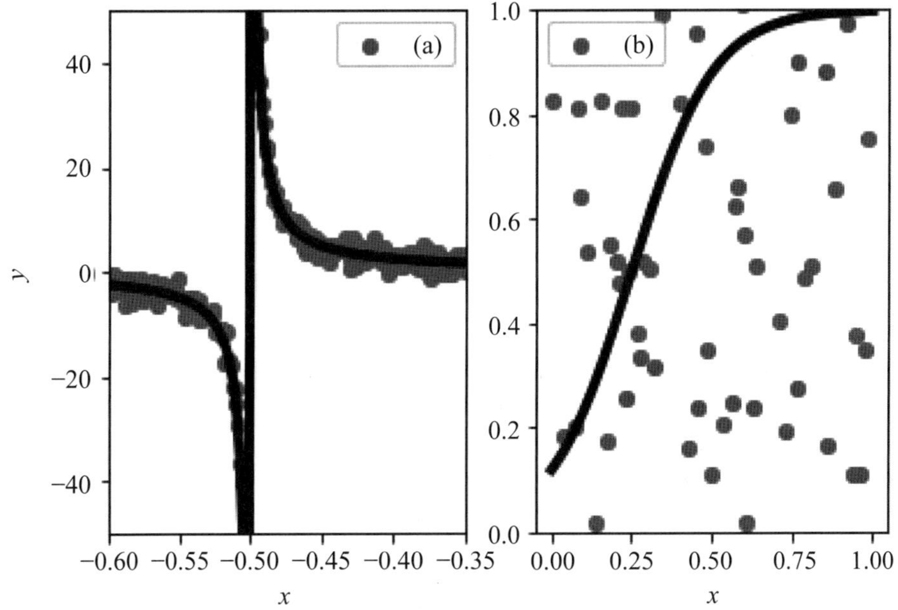

圖 3-2 參數非線性的例子，其中圖 (a)~(b) **之** PRF **分別為** $y = 1/(\delta_0 + \delta_1 x)$ **與** $y = 1/[1 + \exp(-\lambda_0 - \lambda_1 x)]$

參數非線性

檢視圖 3-2，我們發現自變數 x 並無法轉換成線性迴歸式，故圖內的 PRF 屬於非線性迴歸式。本書並未介紹非線性迴歸式。

重寫 (2-18) 式為：

$$\hat{Y} = 1.0835 + 0.2978educ$$
$$n = 545,\ R^2 = 0.056 \tag{3-4}$$

其中 $Y = wage$ 而 n 表示樣本個數。如前所述，β_1 的估計值約爲 0.3，隱含著於其他情況不變下，受教育年數額外提高 1 年，工資約會增加 0.3。此種結果當然不盡理想，畢竟無論受教育年數爲何，工資增加的幅度竟然皆相同，隱含著 (2-18) 或 (3-4) 式的設定仍有改善空間。

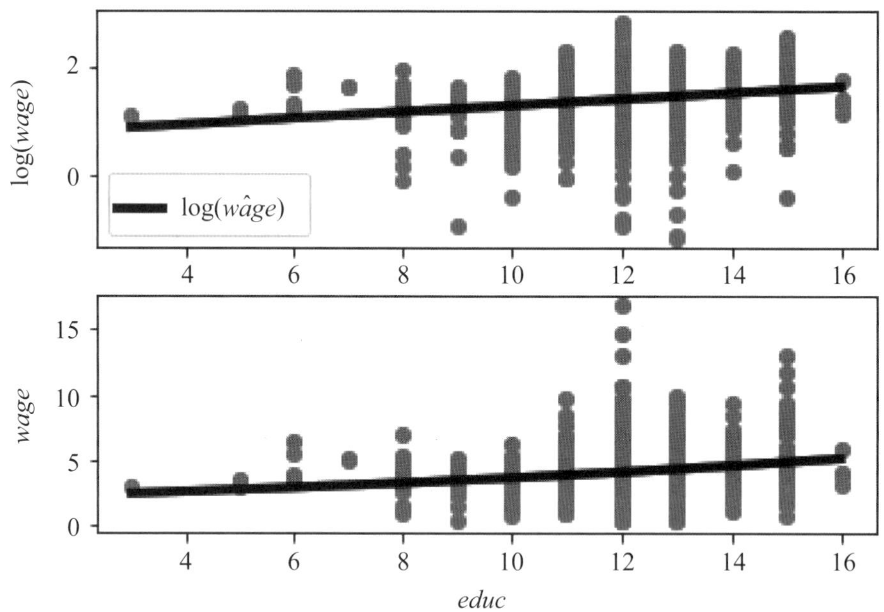

圖 3-3 *educ* **與** log(*wage*) **的散佈圖（上圖），其中下圖之曲線為** exp[log(*wage*)]

(3-1) 式提供一個可以選擇的標的。透過基本的微分技巧，可知若 $\Delta\varepsilon = 0$，則 $\alpha_1 \Delta x = \dfrac{1}{y}\Delta y$，隱含著於其他情況不變下，$x$ 增加一個單位，y 的變化可以用百分比（$\Delta y / y$）表示。仍使用上述 *wage* 與 *educ* 的數據資料，可得下列的估計迴歸式：

$$\hat{y} = 0.7135 + 0.0578x$$
$$n = 545,\ R^2 = 0.033 \tag{3-5}$$

其中 $y = \log(Y)$。根據 (3-5) 式，可知對應的 α_1 的估計值約爲 6%，隱含著於其他情況不變下，受教育的年限每提高 1 年，對應的工資約會增加 6%。值得注意的是，因爲因變數不同，(3-4) 與 (3-5) 二式內 R^2 值是不能比較的。

顯然 (3-5) 式是一種「固定成長率或報酬率固定模型（constant return model）」，因爲於不同的 x 值之下，y 的成長率或報酬率皆固定不變。我們檢視圖 3-3 的下圖可以發現對應的 SRF 爲 $\exp[\log(wage)]$ 已經不再是一條直線（讀者可檢視看看）；也就是說，雖說 (2-1) 式是簡單的線性迴歸模型，不過此處「線性」所包括的範圍甚廣[②]，即 x 或 y 可用非線性函數表示，還原後的 SRF 有可能並非一條直線。

表 3-1　**對數與半對數模型**

	因變數	自變數	$\boldsymbol{\beta_1}$
絶對數量	y	x	$\partial y / \partial x$
半對數	$\log(y)$	x	$(1/y)(\partial y / \partial x)$
半對數	y	$\log(x)$	$x\,(\partial y / \partial x)$
對數值	$\log(y)$	$\log(x)$	$(x/y)(\partial y / \partial x)$

(3-1) 式屬於一種半對數迴歸模型，另外一個「非線性」模型的例子是熟悉的「固定彈性模型（constant elasticity model）」。考慮一種指數迴歸模型（exponential regression model）如：

$$Y = \omega_0 X^{\beta_2} e^{u} \tag{3-6}$$

對 (3-6) 式取對數，可得：

$$\begin{aligned} &\log(Y) = \log(\omega_0) + \beta_1 \log(X) + u \\ &\Rightarrow y = \beta_0 + \beta_1 x + u \end{aligned} \tag{3-7}$$

其中 $\beta_0 = \log(\omega_0)$、$y = \log(Y)$ 與 $x = \log(X)$。(3-7) 式顯示出經過適當的轉換後，指數迴歸模型已轉換成線性迴歸式如 (2-1) 式。

我們舉一個例子說明。下載 CigarettesSW(AER) 檔案，該檔案取自 Stock 與 Watson（2020）。我們以 OLS 估計，可得 1985 年之結果爲：

---

② 即令 $z = \log(y)$ 代入 (3-1) 式內，可得 $z = \alpha_0 + \alpha_1 x + \varepsilon$，仍屬於「線性迴歸」模型的範圍。

$$\hat{p} = 9.2852 - 0.9848\log(rprice)$$
$$n = 48, R^2 = 0.245 \tag{3-8}$$

其中 $p = \log(packs)$ 與 *rprice* 分別表示平均每人香菸消費包數（對數型態）與實質香菸（每包）平均價格[③]。

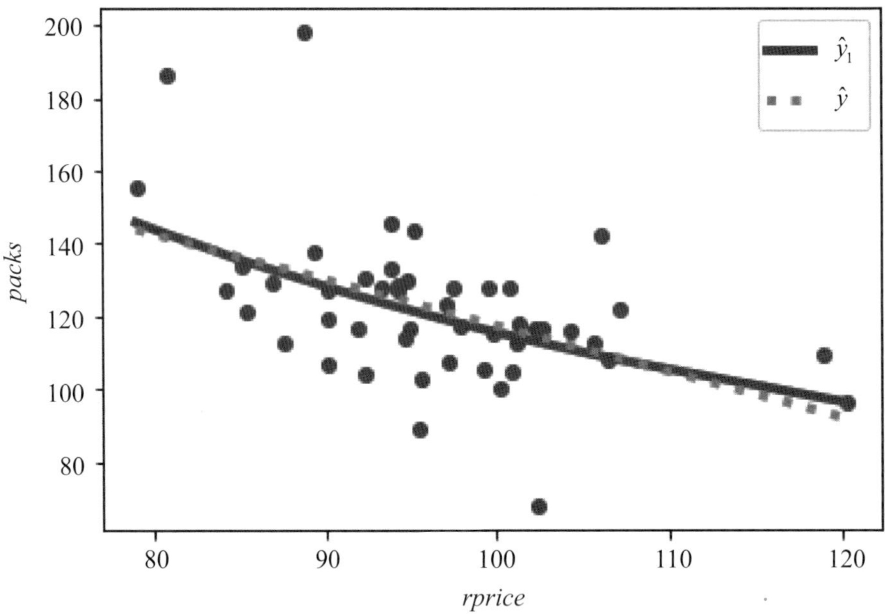

圖 3-4 *rprice* **與** *packs* **的散佈圖，其中** $\hat{y}_1$ **與** $\hat{y}$ **分別為** $\log(rprice)$ **對** $\log(packs)$ **以及** *rprice* **對** *packs* **的迴歸式之** SRF

根據表 3-1，(3-7) 式內的 β_1 可表示「彈性」，隱含著於其他情況不變之下，若 x 變動 1%，y 的變動爲 β_1（%）；換句話說，(3-8) 式隱含著香菸的需求價格彈性約爲 -1。根據 (3-8) 式，我們可將對應的 SRF「還原」，如圖 3-4 內的 $\hat{y}_1$ 所示；可以注意的是，$\hat{y}_1$ 是一條曲線。

(3-5) 與 (3-8) 二式分別爲表 3-1 內的半對數與對數模型，讀者可以練習其餘模型。我們發現表 3-1 內的模型皆屬於 sCLRM(sNLRM) 假定 1 內的線性迴歸模型；換言之，參數非線性如圖 3-2 內的函數型態並不是 sCLRM 所討論的範圍。因此，sCLRM 假定 1 的特色是於迴歸式內是 β_i 屬於線性化參數，即其不允許例如 $\beta_i^{\beta_j}$ 或

---

③ 實質價格爲香菸價格除以 CPI。

$\frac{1}{\beta_i - \beta_j}$ $(i \neq j)$ 等型態，但是卻允許例如 $\log(y)$、$\log(x)$、x^2 或 $\sqrt{x}$ 等非線性變數的存在。

例 1 Python **的操作**

試下列指令：

```
def log(x):
    return np.log(x)
modelD1a = ols('I(log(wage))~educ',data80a).fit()
modelD1a.summary()
```

其中 log(.) 係可計算對數值的自設函數指令。我們可以看出於 ols(.) 函數指令內欲使用 log(.) 必須於 I(.) 內使用；換言之，試下列指令：

```
modelD1b = ols('log(wage)~educ',data80a).fit()
modelD1c = ols('np.log(wage)~educ',data80a).fit()
modelD1c = ols('np.log(wage)~educ**2',data80a).fit()
modelD1d = ols('np.log(wage)~I(educ**2)',data80a).fit()
```

讀者可以逐一檢視，應可發現差異。

例 2 圖 1-2 **之再檢視**

重新檢視圖 1-2。我們使用 OLS 方法估計可得：

$$\hat{g} = 2.1736 + 3.1981\log(x_1)$$
$$n = 70, R^2 = 0.532 \tag{3-9}$$

其中 $g = logpgp95$ 而 x_1 係一種評估私有財產自由化的指標，即 x_1 的觀察值愈高表示私有財產自由化程度愈大[④]。因 x_1 的觀察值之最小值與最大值分別爲 3.5 與 10，

④ x_1 係一種評估私有國外投資被政府徵收的程度指標，即 x_1 的觀察值愈高表示被徵收的程度愈低，可以參考 Acemoglu et al.（2001）。

故 (3-9) 式亦將 x_1 以對數值的型態呈現。觀察值以對數值的型態表現，於應用計量經濟學內頗為常見，除了估計參數如 (3-9) 式排除以「絕對」的量數而以「相對」的量數解釋之外；其次，我們可以想像圖 1-2，若以原始資料（即不使用對數型態）繪製，縱軸的座標恐怕不易表示。底下，我們會再說明觀察值以對數值型態表現的特色。

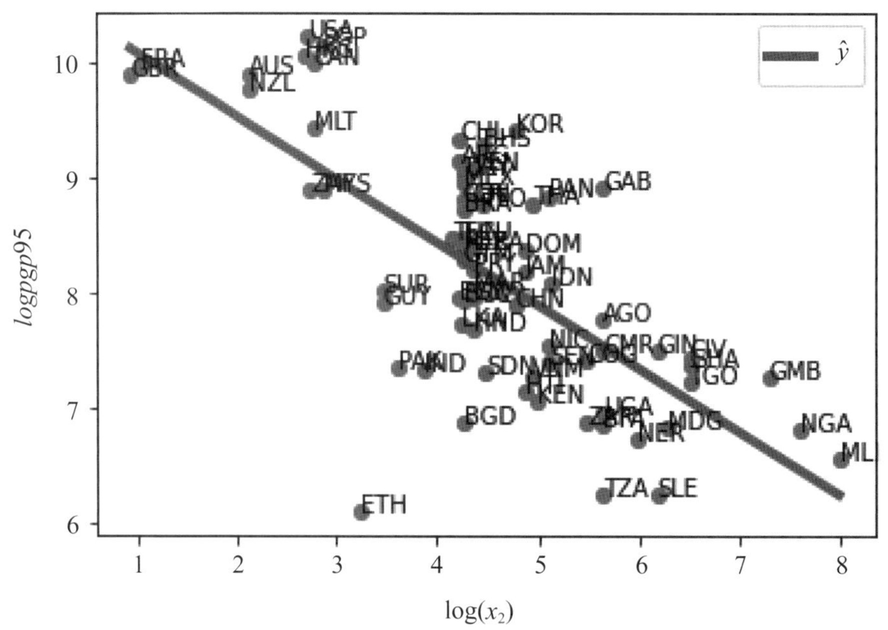

圖 3-5　*logem4* **與** *logpgp95* **的散佈圖，其中** $\hat{y} = logpgp95_1$

(3-9) 式內 $\log(x_1)$ 的參數估計值約為 3.1981，我們可以將其視為「人均實質 GDP 之自由化彈性」（屬於需求之價格彈性的推廣，讀者可以嘗試解釋），隱含著於其他情況不變之下，自由化程度愈低，人均實質 GDP 亦愈低。x_1 的找出或使用，的確讓人覺得有些意外。

另一個讓人意外的解釋變數是 x_2，其是表示估計的死亡率[⑤]。例如：圖 3-5 繪製出 $\log(x_2)$ 與 *logpgp95* 的散佈圖，我們發現估計的死亡率愈高，人均實質 GDP愈低。仍使用 OLS 方法估計，可得：

⑤ 於原來檔案內，*logem4* 就是 $\log(x_2)$。

$$\hat{g} = 10.6326 - 0.5483\log(x_1)$$
$$n = 70, R^2 = 0.494 \tag{3-10}$$

隱含著於其他情況不變之下，死亡率增加 1%，人均實質 GDP 會下降約 0.55%。我們發現似乎 $\log(x_1)$ 較 $\log(x_2)$ 更能解釋 *logpgp95* 的差異。

習題

(1) 令 $y = \beta_0 + \beta_1\log(x) + u$，試回答下列問題：
   (i) β_1 的意義爲何？
   (ii) 試模擬出 y 的觀察值。
   (iii) 試繪製 $\log(x)$ 與 y 的散佈圖，包括 y 之 PRF。
   (iv) 試繪製 x 與 y 的散佈圖，包括 y 之 PRF。

(2) 續上題，y 改成 $y = \beta_0 + \beta_1\sqrt{x} + u$，重做 (1)。

(3) 考慮 BudgetFood(Ecdat) 檔案內的數據資料，試回答下列問題：
   (i) 以 OLS 方法估計家庭總支出對食物支出的迴歸式，結果爲何？
   (ii) 以 OLS 方法估計家庭總支出（對數值）對食物支出（對數值）的迴歸式，結果爲何？
   (iii) 續上題，估計時會發生何問題？

(4) 考慮 caschool(Ecdat) 檔案內的數據資料，試回答下列問題：
   (i) 以 OLS 方法估計 *str* 對 *testscr* 的迴歸式，結果爲何？
   (ii) *testscr* 可改爲 log(*testscr*)，那 *str* 呢？是否應改爲 log(*str*)？
   (iii) 續上題，以 OLS 方法估計 *str* 對 log(*testscr*) 的迴歸式，結果爲何？
   (iv) 續上題，找出對應的 R^2 並繪製出 *str* 與 *testscr* 之間的散佈圖，其中應包括 (i) 與 (iii) 之 SRF。上述兩個 SRF 是否有差異？

3.1.2 條件誤差的假定

有關於 x 屬於固定數值或屬於隨機變數的假定可有：

假定 2：固定 x 值或 x 與 u 相互獨立

x 值可視爲固定數值或 x 與 y 皆可視爲隨機樣本（random sample）。就後者而言，假定 x 與 u 相互獨立，即 $Cov(x, u) = 0$。

表 3-2　不同 *educ* 下之 *wage*

	3	5	…	11	12	13	…	16
0	3.0243	3.4168	…	5.1055	4.6741	1.665	…	3.8108
1		3.0248	…	3.521	2.8506	4.8358	…	4.1401
2			…	5.2179	3.4597	3.2396	…	5.9131
3			…	6.16	4.769	4.7408	…	3.1493
4			…	3.2948	4.6091	5.6819	…	
…					…			
228					1.9812			
229					5.8533			
230					7.4651			

透過使用 Python，有些時候其實我們不難從事實驗性設計，即視 x 為固定數值。例如：仍使用 (2-18) 式所對應的觀察值資料，我們發現上述資料幾乎可視為於控制 *educ* 為固定數值之下，重複抽取 *wage* 的觀察值，即檢視表 3-2 內的結果。若 $educ = 12$，可得 231 個 *wage* 之觀察值，其餘可類推。此時當然視 *educ* 為固定數值而不是隨機變數。若 *educ* 值為固定數值，當然與 u 無關；可惜的是，於實際應用上，x 屬於隨機變數，我們著實無法控制其必須等於某一個數值，此時就必須假定 x 與 u 無關。讀者倒是可以思考如何利用 Python 以整理出表 3-2 的結果。

於文獻上，若 x 屬於固定數值，對應的迴歸式可稱為固定迴歸因子模型（fixed regressor models）；同理，若 x 屬於隨機變數，則對應的迴歸式可稱為隨機迴歸因子模型（stochastic regressor model）。通常，CLRM 假定固定迴歸因子模型，而隨機迴歸因子模型則可稱為新古典線性迴歸模型（neo-classical linear regression model, NLRM）。因 x 屬於隨機變數，故底下我們全部改用 sNLRM，不再使用 sCLRM。

假定 3：$E(u \mid x) = 0$ 或 $E(u) = 0$

若 x 屬於隨機變數，則 $E(u \mid x) = 0$；不過，若 x 不屬於隨機變數，則 $E(u) = 0$。

因我們幾乎視 x 屬於隨機變數，故 sNLRM 假定 3 為 $E(u \mid x) = 0$。根據第 2 章，$E(u \mid x) = 0$ 幾乎可視為 $Cov(x, u) = 0$；因此，若 $E(u \mid x) \neq 0$，則隱含著 x 與 u 有關。為何 x 會與 u 有關？一個合理的解釋是迴歸式有遺漏了重要的解釋變數，即 u 內沒有經過迴歸式「過濾乾淨」。

是故，違反 sNLRM 假定 3 幾乎可視爲一種檢視模型設置偏誤（specification bias）或設置誤差（specification error）的簡易方法。考慮下列模型：

$$y = \beta_0 + \beta_1 x_1 + \beta_2 x_2 + \varepsilon \tag{3-11}$$

而我們卻將 (3-11) 式視爲：

$$y = \beta_0 + \beta_1 x_1 + u \tag{3-12}$$

顯然，(3-12) 式遺漏了 x_2，即 $u = \beta_2 x_2 + \varepsilon$；因此，即使 ε 屬於 IID，但是 u 卻不屬於 IID。若 x_1 與 x_2 有關，則 $E(u \mid x_1) \neq 0$。我們已經知道若 $E(u \mid x_1) \neq 0$，則 OLS 的估計會產生偏誤，只是該偏誤究竟爲何？

我們舉一個例子說明。假定眞實的模型爲 (3-11) 式，而 x_1 與 x_2 皆屬於標準常態隨機變數，其中 x_1 與 x_2 的相關係數 $\rho = 0.8, 0.2$。若忽略 (3-11) 式而以 OLS估計 (3-12) 式，顯然後者遺漏了 x_2，使得 $E(u \mid x_1) \neq 0$。假定 β_0、β_1 與 u 之型態爲已知，自然可以模擬出 y 的觀察值。圖 3-6 分別繪製出 (3-12) 式內之 $\hat{\beta}_0$ 與 $\hat{\beta}_1$ 的相對次數分配圖，其特色可分述如下：

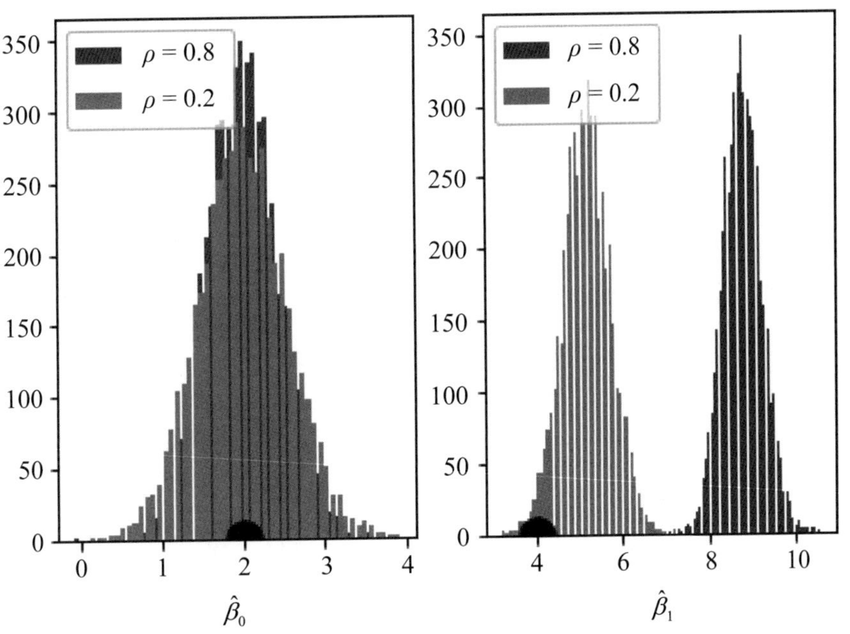

圖 3-6 $\hat{\beta}_0$ 與 $\hat{\beta}_1$ 的相對次數分配，其中黑點為真實值

(1) 若 $E(u \mid x_1) \neq 0$，OLS 的估計的確會產生偏誤。

(2) 於圖 3-6 的例子內，$\hat{\beta}_1$ 會高估 β_1，那是因我們假定 $\rho > 0$ 且 ρ 值愈大，估計偏誤愈大[⑥]。讀者可以練習若 $\rho < 0$，結果爲何（產生低估）。

(3) 可以注意的是，$\hat{\beta}_0$ 並未產生偏誤，其是否隱含著若存在 $x_j (j = 1, 2, 3)$ 三個解釋變數而我們遺漏 x_2，其中 x_1 與 x_2 有關而 x_2 與 x_3 無關，則 β_3 的估計不會產生偏誤？此留待下一章再檢視。

(4) 如前所述，因 β_1 的估計存在著偏誤，故我們無法利用 (3-12) 式的殘差值估計 u。

上述 $E(u \mid x_1) \neq 0$ 乍看之下似乎有用，然而因 u 觀察不到，故實用性並不高，我們只能藉由直覺或理論等判斷。有關於模型設置偏誤問題，我們倒是可以先提供一個簡單的例子。檢視 (2-1) 式，若我們誤用 $\log(x)$ 而非使用 x；另外，就 (3-1) 式而言，誤用 y 而非使用 $\log(y)$。上述誤設偏誤姑且分別稱爲情況 1 與情況 2，圖 3-7 分別繪製出情況 1（上圖）與情況 2（下圖）的一種例子，其中左圖爲對應的眞實情況，注意右圖之橫軸與縱軸的表示方式。換句話說，情況 1 誤用較低的 $\log(x)$，而情況 2 則誤用較大的 y 值，故顯然情況 2 會產生的偏誤較大。

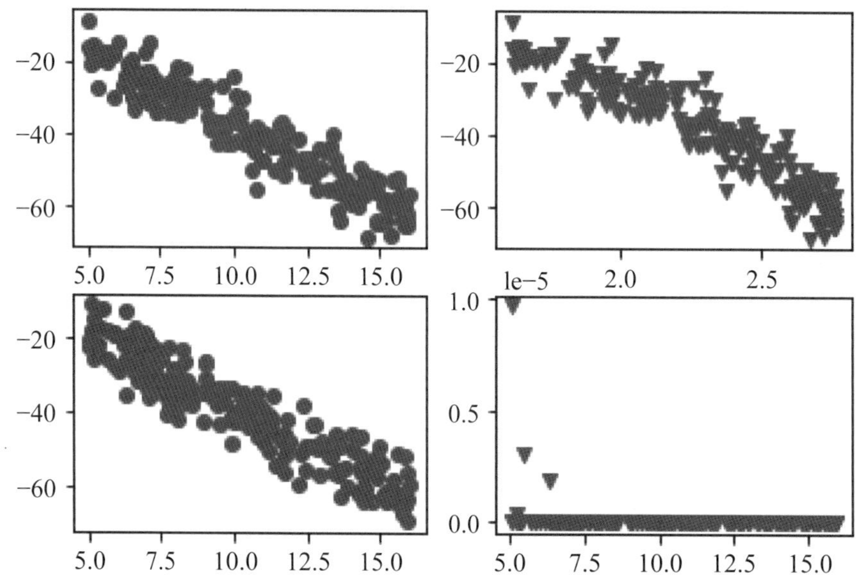

圖 3-7　情況 1 與情況 2 的設置偏誤，其中情況 1（上圖）與情況 2（下圖）以及左圖為對應的真實而右圖為誤用的情況

---

⑥ 本書屬於單色印刷，故若本書的圖形無法看清楚或無法分辨，可以找出所附的檔案重新於讀者的電腦內繪製，自然更清晰。

3.1.3 其餘假定

我們繼續說明 sNLRM 的假定。

假定 4：u 具有（條件）變異數同質性

於 x 的條件下，u 具有變異數同質性（homoscedasticity），即 $Var(u \mid x) = \sigma_0^2 > 0$。

變異數具同質性，即 $Var(u \mid x) = \sigma_0^2$ 爲固定數值：通常我們稱 $Var(u)$ 爲非條件變異數（unconditional variance）而稱 $Var(u \mid x)$ 爲條件變異數（conditional variance），上述兩者的差別可以參考圖 3-8 與 3-9[7]。

顧名思義，非條件變異數是於沒有任何條件限制下的變異數，原則上非條件變異數是觀察不到的，因爲我們所觀察到的幾乎皆是條件變異數[8]。例如：觀察圖 3-8 內的結果，可知於 $x = 1$ 或 $x = 2$ 的條件下，$Var(u \mid x)$ 或 $Var(y \mid x)$ 是不同的；或者說，圖 3-8 內的結果竟顯示出 $Var(u \mid x)$ 或 $Var(y \mid x)$ 隨 x 值的變化而有不同，故此時變異數具有異質性（heteroskedasity）。檢視圖 2-8 內的例子，應該會發現其絕非屬於變異數具有同質性的情況，即 $Var(u \mid x)$ 或 $Var(y \mid x)$ 隨 x 值（*educ*）的提高而擴大。

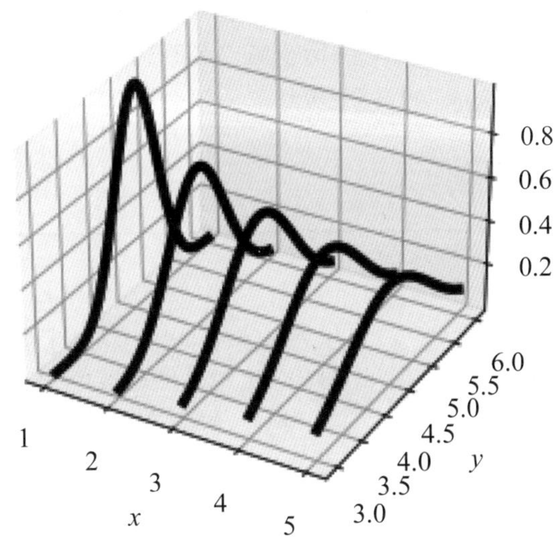

圖 3-8 $Var(u \mid x) \neq \sigma_0^2$

---

⑦ 圖 3-8 與 3-9 的繪製係取自《財計》，或可參考該書。

⑧ 例如：筆者現在的時間爲 2022/11/22，正逢 2022 年地方縣市長等選舉，整個街頭巷尾之熱鬧程度與平時不同，隱含著隨時受到不同條件的影響。

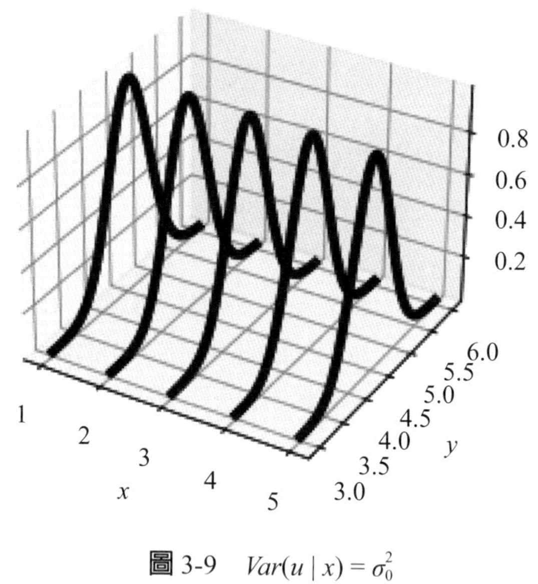

圖 3-9　$Var(u \mid x) = \sigma_0^2$

圖 3-9 內的結果顯示出變異數具有同質性的情況，我們可看出隨著 x 值的改變，$Var(u \mid x)$ 或 $Var(y \mid x)$ 的變化並不大。於 x 的條件下，sNLRM 假定 4 係假定迴歸式內的 u 之變異數固定不變（變異數具同質性）；不過，於實際上 u 具有變異數之同質性並不容易見到。例如：再檢視圖 2-8 的結果，應可發現於其他情況不變下，隨著 *educ* 的提高，*wage* 的波動變大了，隱含著變異數具有同質性的假定並不

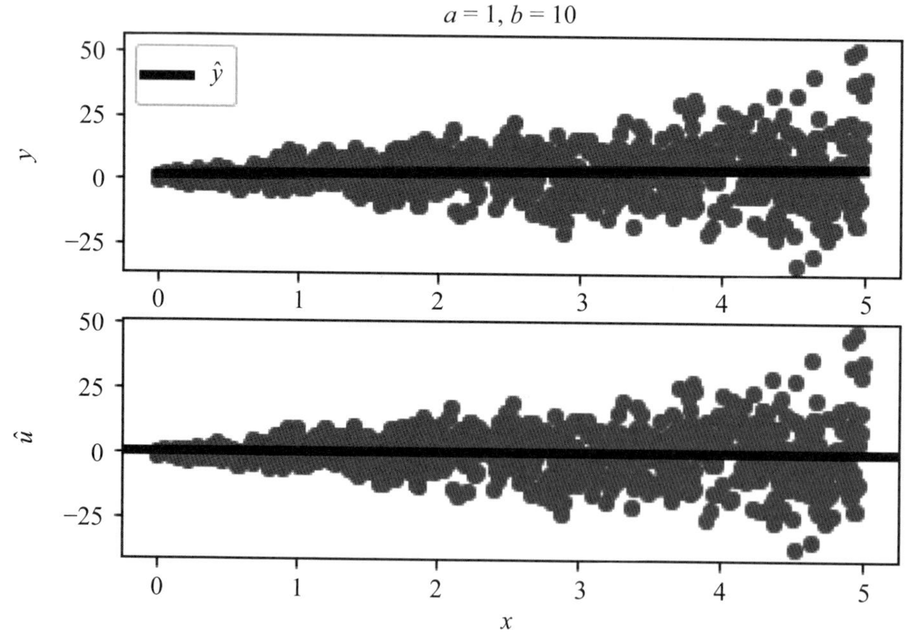

圖 3-10　$u = \sqrt{1+10x^2}z$，其中 z 與 $\hat{u}$ 分別為標準常態分配的隨機變數與殘差值

容易維持[⑨]。

我們舉一個例子說明。考慮下列的迴歸式：

$$y = 0.5 + x + u = 0.5 + x + \sigma z \tag{3-13}$$

其中 $\sigma = \sqrt{a + bx^2}$ 而 z 則爲標準常態分配的隨機變數。若 $b \neq 0$，因可看出 u 的變異數（即 σ）與 x 有關，故 (3-13) 式是一種變異數異質的迴歸模型。

若 (3-13) 式設置無誤，根據該式，我們不難於 $a = 1$ 與 $b = 10$ 之下，模擬出 x 與 y 的觀察值，而對應的散佈圖則繪製如圖 3-10 的上圖所示，其中 x 與 $\hat{y}$ 分別爲標準常態分配的隨機變數與迴歸式之 SRF。圖 3-10 的下圖繪製出以 OLS 方法估計 (3-13) 式所得之對應的殘差值 $\hat{u}$ 與 x 之間的散佈圖。我們從圖 3-10 內應可看出 sNLRM 假定 4 並不容易維持，其中的關鍵是 b 值。當 $b = 10$，(3-13) 式就是一種變異數異質的模型，而從圖 3-10 的下圖結果可看出變異數異質模型的特色（$\hat{u}$ 的波動不一）。

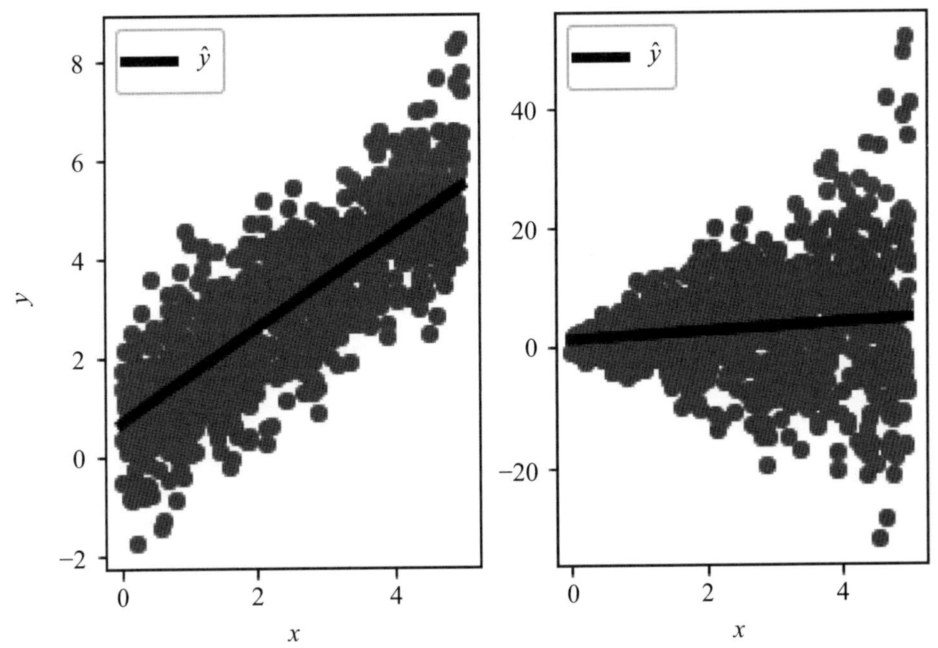

圖 3-11　x 與 y 之間的散佈圖，其中 $\hat{y}$ 為 SRF

⑨ 於其他情況不變下，隨著 *educ* 的提高，隱含著可以選擇的範圍變大了，故工資的波動範圍擴大了；同理，隨著 *educ* 的減少，反而工資的波動降低或維持一個固定的範圍。

我們繼續檢視 b 值所扮演的角色，可以參考圖 3-11。於 (3-13) 式與 $a = 1$ 之下，圖 3-11 繪製出 x 與 y 之間的兩種散佈圖，其中左與右圖分別可對應至 $b = 0$ 與 $b = 10$，即前者屬於變異數同質而後者則屬於變異數異質模型。圖 3-11 的結果可顯示出變異數異質與變異數同質的差異，可以注意圖 3-11 內縱軸的表示方式，我們發現若屬於變異數異質模型，y 的變異變大了。

假定 5：樣本數必須大於解釋變數個數

因本章只有一個解釋變數，故看不出假定 5 的特色，此可留待下一章再說明[10]。

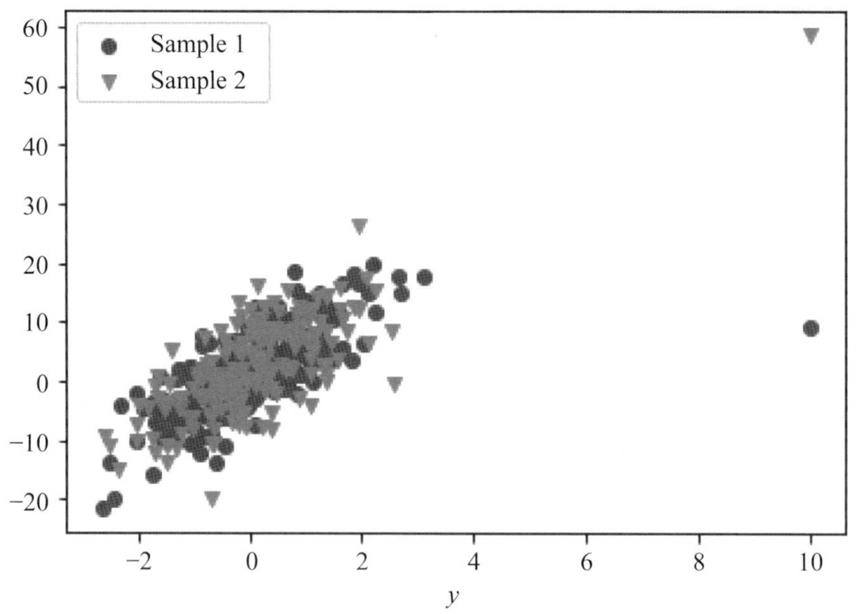

圖 3-12　樣本 1 與樣本 2 之散佈圖

假定 6：x 的變異數大於 0 且 x 內不存在異常值

於一個已知的樣本內，x 的觀察值必須不能完全相同，即 x 的變異數必須大於 0。其次，相對於 x 的其他觀察值而言，不存在有些 x 的觀察值太大。

[10] 由於本書只分析橫斷面資料，故我們並未檢視誤差項之序列相關（serial correlation）假定。誤差項存在序列相關，容易出現於時間序列資料內。橫斷面資料與時間序列資料分析的假定有些不同，此留待未來介紹。

於 (2-15) 式內，若 x 的觀察值皆相同，我們並不能計算 $\hat{\beta}_1$，故 x 的觀察值並不能全數相同，隱含著 x 的變異數必須大於 0；另一方面，根據圖 2-7，我們發現 x 的觀察值不能太集中，即 x 的變異數不能太小。我們考慮其他的一種情況，可以參考圖 3-12。

圖 3-12 內有 (x, y) 的兩種樣本觀察值資料，其中樣本 1 內只有 1 個 x 的觀察值「與眾不同」，至於樣本 2 內只有一組 (x, y) 的觀察值遠離其他組的觀察值。雖說樣本 1 與樣本 2 皆存在所謂的「異常值」，不過兩者的涵義卻是不同的，其中樣本 2 內的「異常值」應該屬於較為正常，因為 y 的觀察值有隨 x 的觀察值改變。至於樣本 1 內的異常值，那就不同了，因為 y 的觀察值並未隨之改變，隱含著 y 的 DGP 為未知（至少就模擬而言）。

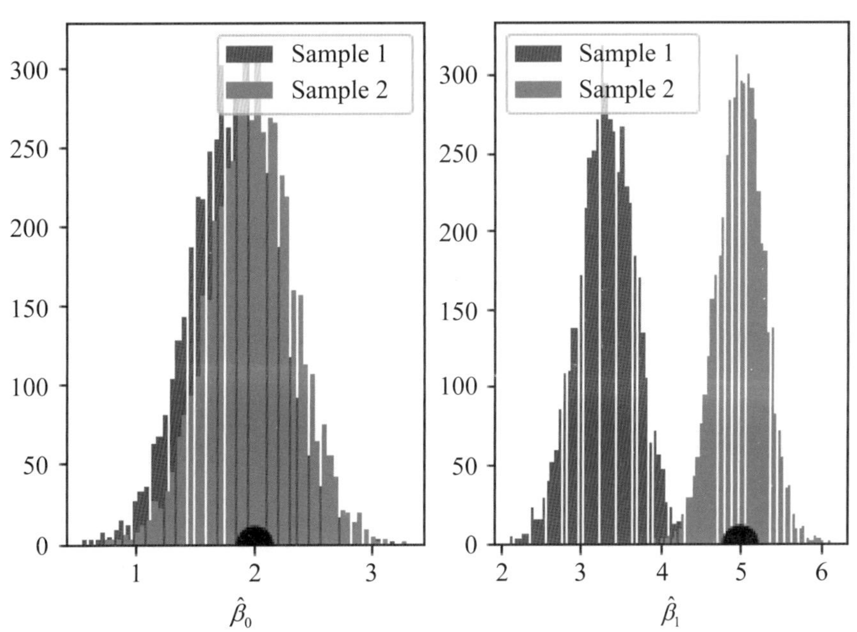

圖 3-13　樣本 1 與樣本 2 內之 $\hat{\beta}_0$ 與 $\hat{\beta}_1$ 之相對次數分配，其中黑點表示真實值

圖 3-13 分別繪製出樣本 1 與樣本 2 內之 $\hat{\beta}_0$ 與 $\hat{\beta}_1$ 之相對次數分配，我們發現樣本 1 內的異常值能左右 $\hat{\beta}_0$ 與 $\hat{\beta}_1$ 值，即有包括與不包括上述異常值，結果大不相同，即前者會脫離眞實值而後者仍能估計到眞實值（就平均而言）。至於樣本 2，那就不同了，從圖 3-13 內可發現就平均而言，$\hat{\beta}_0$ 與 $\hat{\beta}_1$ 皆能估計到眞實值。讀者倒是可以練習有包括與不包括上述「異常值」結果為何？

習題

(1) 就圖 3-6 而言，若 ρ 值改爲負數值，其餘不變，結果爲何？

(2) 就圖 3-12 而言，若刪除樣本 2 內之「異常值」，其餘不變，重做圖 3-13，結果爲何？

(3) 試舉一例說明若 u 存在變異數異質或 u 存在變異數同質，則 β_0 與 β_1 之估計的次數分配爲何？

(4) 續上題，若 u 存在變異數異質，則 β_0 與 β_1 之估計的變異數爲何？

3.2 不偏性與一致性

於基本統計學如《統計》內，我們已經知道估計式如 $\bar{x}$ 或 s^2 的抽樣分配（sampling distribution）具有小樣本（即有限樣本）特徵與大樣本特徵（可以參考附錄 C），類似的特徵亦存在於線性迴歸式內。本節將嘗試說明。

3.2.1 不偏性

於附錄 C 內，我們已經知道如何找出估計式 $\bar{x}$ 或 s^2 的抽樣分配並且指出 $\bar{x}$ 或 s^2 皆爲母體參數 μ 或 σ^2 的不偏估計式（unbiased estimators），寫成 $E(\bar{x}) = \mu$ 或 $E(s^2) = \sigma^2$。然而，於基本統計學如《統計》內，我們亦透過 LLN 或 CLT（central limit theorem）得知 $\bar{x}$ 或 s^2 皆爲母體參數 μ 或 σ^2 的一致性估計式（consistent estimators），究竟不偏估計式與一致性估計式的差異爲何？於簡單的線性迴歸模型內是否具有類似的性質？

於《統計》內，我們曾經說明 CLT。令 x 表示一種已知與未知母體的 IID 隨機變數，其中 x 的平均數與標準差分別爲 μ 與 σ，而 μ 與 σ 皆爲有限值。CLT 指出若從上述母體隨機抽取 n 個樣本，只要 n 夠大，則 $\bar{x}_n$ 的抽樣分配會接近於平均數與標準差分別爲 μ 與 $\sigma / \sqrt{n}$ 的常態分配。換句話說，若已知的母體屬於常態分配，則即使於有限樣本下，CLT 依舊成立，而若母體爲未知，則根據 CLT，$\bar{x}_n$ 屬於漸近分配。

是故，我們檢視 CLT 是否可以應用於迴歸分析。首先，(2-1) 式內的 u 是否有可能爲常態分配？因此，我們可以考慮 sNLRM 假定 7。

假定 7：常態分配

於 x 的條件下，母體 u 屬於平均數與變異數分別爲 0 與 σ_0^2 的常態分配，寫成 $u \mid x \sim N(0, \sigma_0^2)$。

因此，於簡單的線性迴歸模型內，若符合 sNLRM 假定 1~7，我們亦可以得到 $\hat{\beta}_0$ 與 $\hat{\beta}_1$ 爲母體參數 β_0 與 β_1 的不偏估計式，寫成：

$$E(\hat{\beta}_0) = \beta_0 \text{ 與 } E(\hat{\beta}_1) = \beta_1 \tag{3-14}$$

Gujarati 與 Porter（2009）或 Wooldridge（2020）有提供[⑪]：

$$\hat{\beta}_1 = \beta_1 + \frac{\sum_{i=1}^{n}(x_i - \bar{x})u_i}{\sum_{i=1}^{n}(x_i - \bar{x})^2} \tag{3-15}$$

的證明；我們當然不需贅述，取代的是，我們將以模擬的方式說明。顯然，根據 (3-15) 式，若 $E(u \mid x) \neq 0$，隱含著 u 與 x 有關，則 $\hat{\beta}_1$ 並不是母體參數 β_1 的不偏估計式，反而是一個偏的估計式。

有意思的是，根據 (3-15) 式與假定 7，$\hat{\beta}_1$ 竟亦是屬於平均數與變異數分別爲 β_1 與 σ_1^2 的常態分配，寫成：

$$\hat{\beta}_1 \sim N(\beta_1, \sigma_1^2) \tag{3-16}$$

其中 σ_1^2 表示 $\hat{\beta}_1$ 的抽樣分配之變異數，而 σ_1 則爲 $\hat{\beta}_1$ 之對應的標準誤。我們可以看出滿足 (3-16) 式，隱含著 $\hat{\beta}_1$ 是 β_1 的不偏估計式，即 $E(\hat{\beta}_1) = \beta_1$。

値得注意的是，於 sNLRM 假定 1~7 內，滿足不偏性的要求並不需要假定 4；也就是說，即使於變異數異質下，利用 sNLRM 之其他的假定，我們依舊可以得出 $\hat{\beta}_1$ 符合 (3-16) 式而且 $\hat{\beta}_1$ 具有不偏的性質。

我們使用模擬的方式說明，可以參考圖 3-14。類似於 (3-13) 式，我們將 (2-1) 式改爲：

$$y = \beta_0 + \beta_1 x + \sigma u \tag{3-17}$$

⑪ 我們較有興趣的是 $\hat{\beta}_1$ 的特徵，至於 $\hat{\beta}_0$ 的特徵則可參考上述文獻。

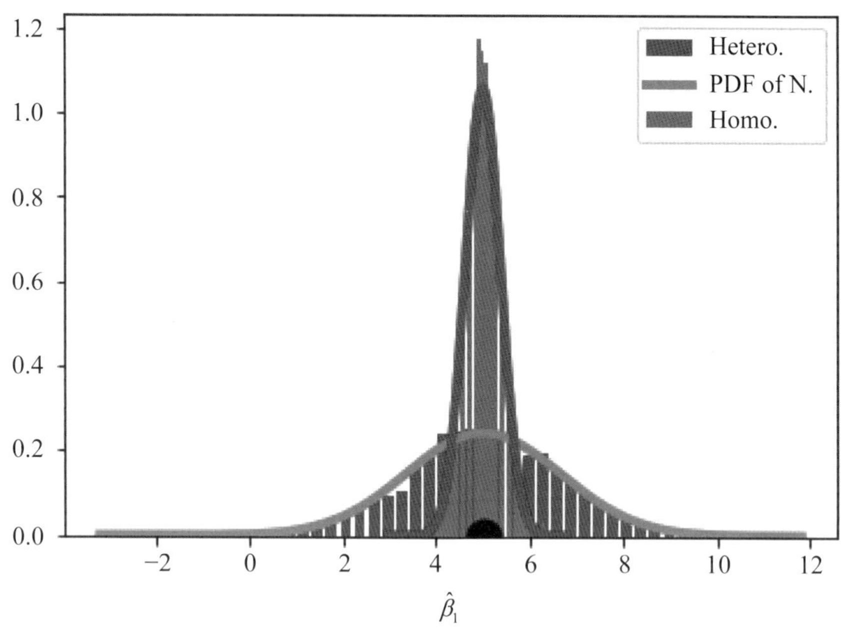

圖 3-14　**變異數同質**（Homo.）**與變異數異質**（Hetero.）**下的** $\hat{\beta}_1$ **之抽樣分配，其中黑點與曲線分別表示真實值與常態分配的** PDF

其中 x 與 u 皆為 IID 之標準常態隨機變數。令 $\sigma = \sqrt{a + bx^2}$（其中 $a = \sigma_0^2 > 0$），我們進一步考慮兩種情況：情況 1 為 $b \neq 0$ 與情況 2 為 $b = 0$。於 $n = 10$、$b = 10$、$\sigma_0 = 5$、$\beta_0 = 2$ 與 $\beta_1 = 5$ 之下，圖 3-14 分別繪製出變異數異質（情況 1）與變異數同質（情況 2）之 $\hat{\beta}_1$ 的抽樣分配。我們發現上述兩種情況不僅顯示出 $\hat{\beta}_1$ 為 β_1 的不偏估計式，同時 $\hat{\beta}_1$ 的抽樣分配亦屬於常態；不過，顯然情況 1 之 $\hat{\beta}_1$ 的變異數遠大於情況 2 之 $\hat{\beta}_1$ 的變異數，隱含著符合 sNLRM 假定 4，會使 OLS 估計式相對來得有效。或者說，違反 sNLRM 假定 4，並未影響 OLS 估計式的不偏性，而只是影響其有效性。

事實上，滿足 sNLRM 假定 1~6，可稱為橫斷面之高斯－馬可夫定理（Gauss-Markov theorem），而於該定理之下，OLS 估計式具有「最佳線性不偏性（best linear unbiased estimators, BLUE）」的性質。倘若符合高斯－馬可夫定理再加上 sNLRM 假定 7，則 OLS 估計式更具有「最佳不偏估計式（best unbiased estimators, BUE）」的性質。換句話說，違反 sNLRM 假定 4，OLS 估計式將不具有 BLUE 或 BUE 的特性。

OLS 估計式具有 BLUE 的性質是指 OLS 方法的「脫穎而出」。換句話說，如前所述，若滿足 sNLRM 假定 1~6，OLS 估計式對於迴歸式之參數值具有不偏的性質，不過既然 OLS 方法會較突出，不就是隱含著尚存在其他的估計方法，而其亦具有不偏的性質嗎？

我們舉一個例子說明。考慮一個符合 sNLRM 假定 1~6 的簡單線性迴歸式，如 $y = \beta_0 + \beta_1 x + \sigma_0 u$。因 $E(u \mid x) = 0$，故幾乎可以視 x 爲一個非隨機變數。令 $z_1 = x^2$ 與 $z_2 = \log(1 + x^2)$，考慮下列兩個 β_1 的估計式：

$$\tilde{\beta}_{1b} = \frac{\sum_{i=1}^{n}(z_{i1} - \overline{z}_{i1})y_i}{\sum_{i=1}^{n}(z_{i1} - \overline{z}_{i1})x_i} \text{ 與 } \tilde{\beta}_{1c} = \frac{\sum_{i=1}^{n}(z_{i2} - \overline{z}_{i2})y_i}{\sum_{i=1}^{n}(z_{i2} - \overline{z}_{i2})x_i} \tag{3-18}$$

若與 (2-15) 式比較，應可發現 (2-15) 與 (3-18) 二式皆屬於 (3-19) 式的一個特例，即：

$$\hat{\beta}_1 = \sum_{i=1}^{n} w_i y_i \tag{3-19}$$

其中 w_i 是一個非隨機變數[12]。我們可以看出 $\hat{\beta}_1$ 如 (3-19) 式，其實是一種線性的估計式。類似的情況亦可以推廣至如令 $z_3 = x^3$ 或 $z_4 = e^x$ 等情況上，即分別可得出 $\tilde{\beta}_{1d}$ 與 $\tilde{\beta}_{1e}$ 之估計式。

例如：圖 3-15 分別繪製上述簡單線性迴歸式內之 $\hat{\beta}_1$ 與 $\tilde{\beta}_{1i}$ $(i = b, c, d, e)$，其中 $\hat{\beta}_1$ 仍表示 OLS 估計式而 $\tilde{\beta}_{1i}$ 則表示其他的線性估計式。我們可以看出上述 5 個估計式皆爲 β_1 的不偏估計式；不過，$\tilde{\beta}_{1i}$ 的估計標準誤顯然偏高（可注意圖 3-15 內橫座標的差距），難怪 $\hat{\beta}_1$ 會脫穎而出。

---

[12] 就 (2-13) 式而言，因 $\sum_{i=1}^{n}(x_i - \overline{x}_1) = 0$，其可寫成：

$$\hat{\beta}_1 = \frac{\sum_{i=1}^{n}(x_i - \overline{x}_1)(y_i - \overline{y})}{\sum_{i=1}^{n}(x_i - \overline{x}_1)(x_i - \overline{x})} = \frac{\sum_{i=1}^{n}(x_i - \overline{x}_1)y_i - \overline{y}\sum_{i=1}^{n}(x_i - \overline{x}_1)}{\sum_{i=1}^{n}(x_i - \overline{x}_1)x_i - \overline{x}\sum_{i=1}^{n}(x_i - \overline{x}_1)} = \frac{\sum_{i=1}^{n}(x_i - \overline{x}_1)y_i}{\sum_{i=1}^{n}(x_i - \overline{x}_1)x_i}$$

故其型態類似於 (3-18) 式。

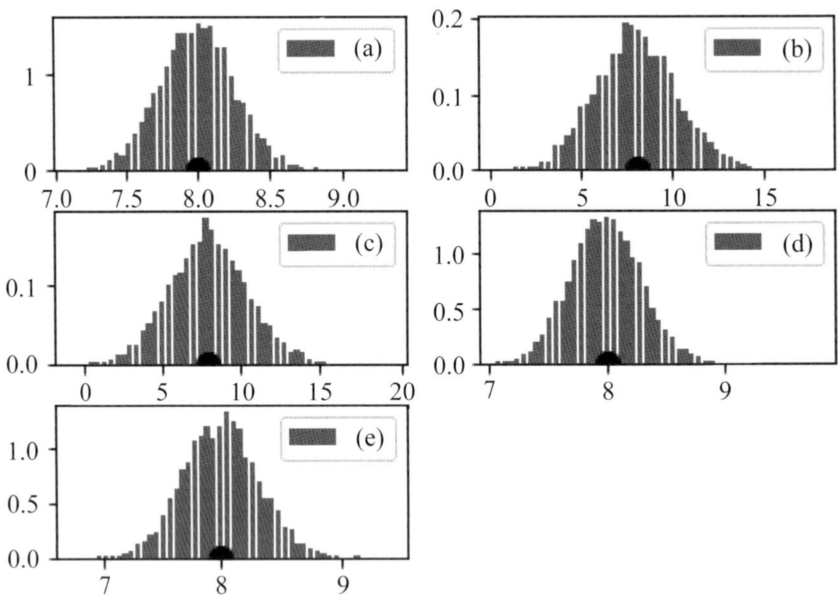

圖 3-15　不同線性估計式的抽樣分配，其中(a)~(e)可對應至OLS估計式與$z_i(i = 1, 2, 3, 4)$之估計式如 (3-18) 式

因此，就 (3-17) 式而言，若只考慮線性估計式，(3-19) 式進一步可寫成：

$$\widehat{\beta}_j = \sum_{i=1}^{n} w_{ij} y_i \tag{3-20}$$

其中 OLS 估計式如 $\hat{\beta}_j$ 可說是最佳的；也就是說，若符合 NLRM 假定 1-6，於眾多線性不偏估計式內，$\hat{\beta}_j$ 的估計標準誤（或變異數）是最低的。我們稱 $\hat{\beta}_j$ 爲具有 BLUE 的性質。

例 1　何謂不偏性？

敏感的讀者也許會注意到於圖 3-14 內，我們只使用 $n = 10$ 就可說明 $\hat{\beta}_1$ 具有不偏性的性質，隱含著不偏性的特徵似乎與 n 無關；或者說，若只有小樣本數（或有限樣本），滿足不偏性似乎成爲眾多估計式當中可以選擇的標的，即若是存在不偏的估計式，那爲何不用呢？

例 2 數學測驗與營養午餐計畫

考慮 MPE96(W) 檔案之數據資料，就 *math*10 與 *lnchprg* 變數的觀察值資料而言，前者表示高中 10 年級學生通過數學測驗的比重，而後者爲學生參與營養午餐計畫的比重。直覺而言，於其他情況不變下，上述兩者之間應呈現正的關係，即參與營養午餐計畫的學生比重愈大，學生通過數學測驗的比重應愈高。使用 (2-1) 式並使用 OLS 方法估計，可得：

$$\hat{m} = 32.1427 - 0.3189 lnchprg$$
$$n = 408, R^2 = 0.171 \tag{3-21}$$

其中 $m = math10$。檢視 (3-21) 式，可發現 $\hat{\beta}_1$ 值爲負數值與我們的直覺不符。爲何會出現 (3-21) 式的結果？一個合理的解釋是 (3-21) 式忽略了包括重要的解釋變數而該解釋變數與 *lnchprg* 之間呈現負關係，我們倒是可以用模擬的方式說明。令 $\beta_0 = 2$ 與 $\beta_1 = 0.55$，可得 $y = \beta_0 + \beta_1 x + \varepsilon$，其中 $\varepsilon = u + v$，x 爲標準常態隨機變數而 x 與 v 之間的相關係數爲 −0.8。圖 3-16 繪製出上述假定之 $\hat{\beta}_1$ 的抽樣分配，我們發現絕大部分 $\hat{\beta}_1$ 的實現值皆小於 0 且 $\hat{\beta}_1$ 值與眞實值 $\beta_1 = 0.55$ 有不小的差距，即 $\hat{\beta}_1$ 是偏的估計式。

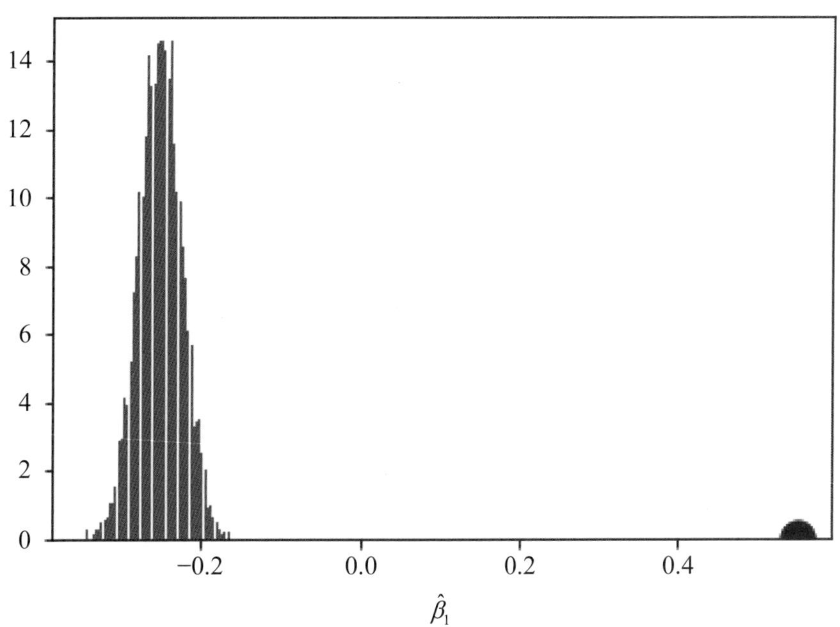

圖 3-16　$\hat{\beta}_1$ 的抽樣分配，其中黑點為真實值

例 3　常態分配的假定合理嗎？

再檢視 wage_panel 檔案，我們已經知道該檔案是由 1980~1987 年期間之包括 *wage* 與 *educ*（當然還有其他變數）之觀察值所構成。一個直覺的想法是不同年度的 *wage* 與 *educ* 之觀察值是否可以合併？若可以，樣本數不是可以提高嗎？換言之，若合併不同年度的觀察值，則每一種變數的觀察值個數可以提高至 4,360。直覺而言，合併不同年度的觀察值資料，有可能使得變異數同質轉爲變異數異質（後面的章節內會檢視合併與不合併的差別），但是合併的 OLS(pooled OLS) 估計式的不偏性可能不受影響。

使用合併的資料，我們分別考慮：

模型 1：$wage = \alpha_0 + \alpha_1 educ + \varepsilon$

模型 2：$\log(wage) = \beta_0 + \beta_1 educ + u$

再使用合併的 OLS 方法估計，可得對應的殘差值 $\hat{\varepsilon}$ 與 $\hat{u}$。圖 3-17 進一步繪製出 $\hat{\varepsilon}$ 與 $\hat{u}$ 的機率密度圖，我們發現 $\hat{u}$ 的機率密度竟然較爲接近常態分配，隱含著經濟變數若用對數型態表示，其較爲接近常態分配。

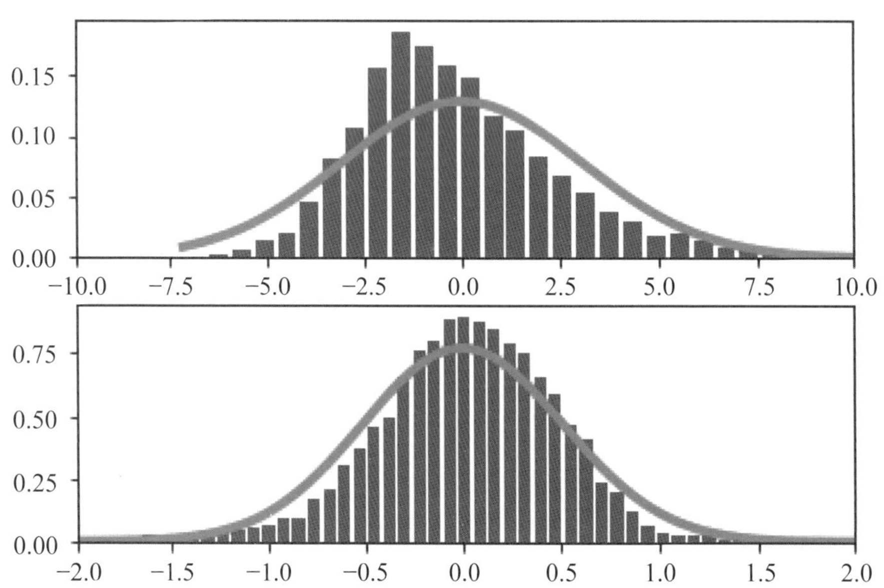

圖 3-17　**模型 1 與模型 2 之對應的殘差值 $\hat{\varepsilon}$（上圖）與 $\hat{u}$（下圖）的機率密度圖，其中曲線為對應的常態分配的 PDF**

若我們再進一步假定 ε 與 u 皆屬於平均數與標準差分別爲 0 與 σ_0 的常態分配，其中 σ_0 的估計可見 3.2.2 節。利用模型 1 與模型 2 之 SRF，圖 3-18 模擬出 50 種 $\hat{y}$ 的機率密度圖，其中模型 2 的 $\hat{y} = \exp[\log(wage) + \hat{u}]$。我們可以看出 ε 假定爲常態分配並不合理，因爲 *wage* 的估計值有可能出現負數值。反觀，假定 u 爲常態分配隨機變數，則 *wage* 的估計值接近於對數常態分配（lognormal distribution）[13]。

雖說如此，畢竟 ε 與 u 是觀察不到的，我們是以檢視 $\hat{\varepsilon}$ 與 $\hat{u}$ 取代；換言之，我們是藉由檢視 $\hat{u}$ 或 $\hat{\varepsilon}$ 的「樣本機率分配」判斷 u 或 ε 的機率分配，故是否屬於常態分配是一種須「實證」檢視的問題。

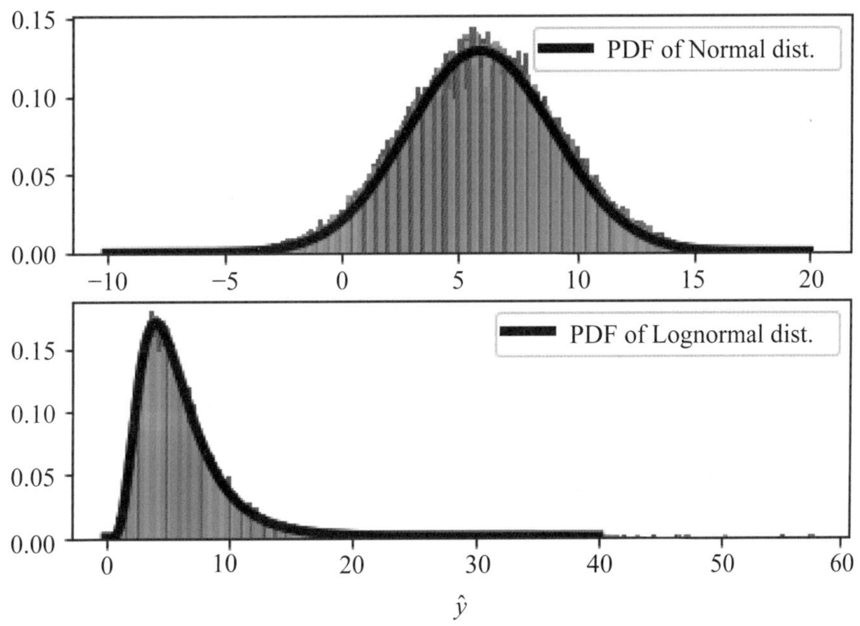

圖 3-18　模型 1 與模型 2 之 $\hat{y}$ 的模擬圖，其中 y 表示 *wage*

3.2.2 一致性

回想 sNLRM 假定 4，簡單的設定方式爲誤差項之變異數具有同質性，即 $\text{var}(u \mid x) = \sigma_0^2$ 爲固定數值，那我們如何估計 σ_0^2 呢？我們已經知道可用 $\hat{u}$ 估計 u，而因存在 (2-22) 與 (2-23) 二式，故我們考慮兩種樣本變異數 s_a^2 與 s^2，上述兩者皆可估

[13] 顧名思義，隨機變數 y 取過對數後屬於常態分配，則 y 爲對數常態分配的隨機變數。有關於對數常態分配於 Python 內的操作，可參考《統計》、《選擇》或《財計》。

計 σ_0^2，其中：

$$s_a^2 = \frac{\sum_{i=1}^{n}\hat{u}_i^2}{n} \text{ 與 } s^2 = \frac{\sum_{i=1}^{n}\hat{u}_i^2}{n-2} \tag{3-22}$$

我們稱 $n-2$ 爲自由度（degree of freedom），畢竟 $\hat{u}$ 的取得必須滿足 (2-22) 與 (2-23) 二式的限制；換言之，我們用 $\hat{u}$ 的樣本變異數估計 u 的變異數，只不過 s_a^2 沒有考慮而 s^2 有考慮到上述自由度。

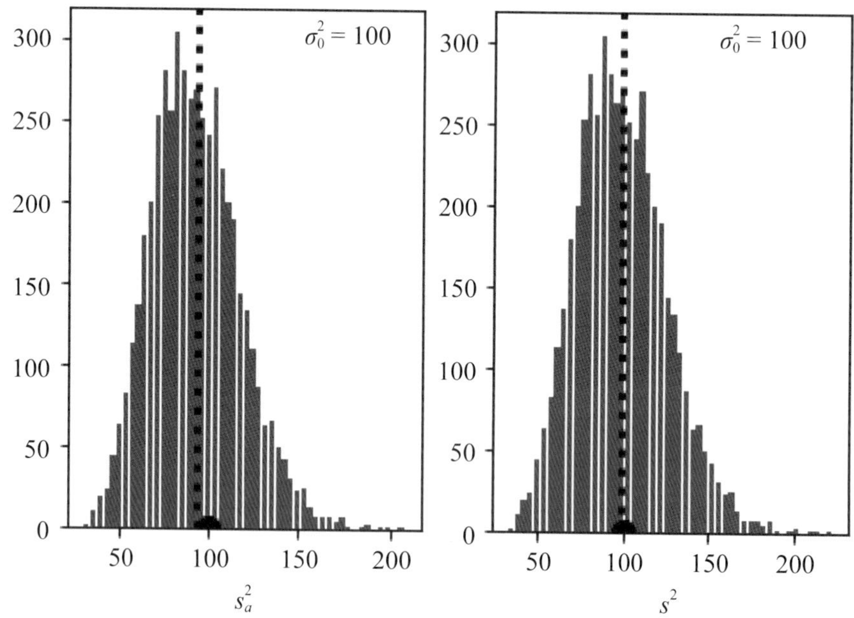

圖 3-19　s_a^2 與 s^2 的抽樣分配，其中黑點與虛線分別表示真實值與樣本平均數

我們仍使用前述之蒙地卡羅模擬方法說明 s_a^2 與 s^2 的差異。例如：圖 3-19 於 sNLRM 的基本假設下，分別繪製出 s_a^2 與 s^2 的抽樣分配，其中 $n = 30$ 與 $\sigma_0^2 = 100$。我們發現 s_a^2 的樣本平均數與眞實值有差異，但是 s^2 的樣本平均數卻接近於眞實值，隱含著 $E(s_a^2) \neq \sigma_0^2$ 與 $E(s^2) = \sigma_0^2$，即 s^2 是 σ_0^2 的不偏估計式。

爲了與 $\hat{u}$ 的表示方式一致，底下以 $\hat{\sigma}_0^2$ 取代上述的 s^2。利用 sNLRM 的基本假定，$\hat{\beta}_0$ 與 $\hat{\beta}_1$ 之抽樣分配的變異數可寫成：

$$Var(\hat{\beta}_0) = \sigma_{\beta_0}^2 = \frac{\sigma_0^2 n^{-1} \sum_{i=1}^{n} x_i^2}{\sum_{i=1}^{n} \left(x_i - \overline{x}\right)^2} \tag{3-23}$$

與

$$Var(\hat{\beta}_1) = \sigma_{\beta_1}^2 = \frac{\sigma_0^2}{\sum_{i=1}^{n} \left(x_i - \overline{x}\right)^2} \tag{3-24}$$

其中 $\sigma_0^2 = Var(u \mid x)$，詳細的證明可參考 Gujarat 與 Porter（2009）或 Wooldridge（2020）。我們仍使用蒙地卡羅模擬方法來說明 (3-23) 與 (3-24) 二式。

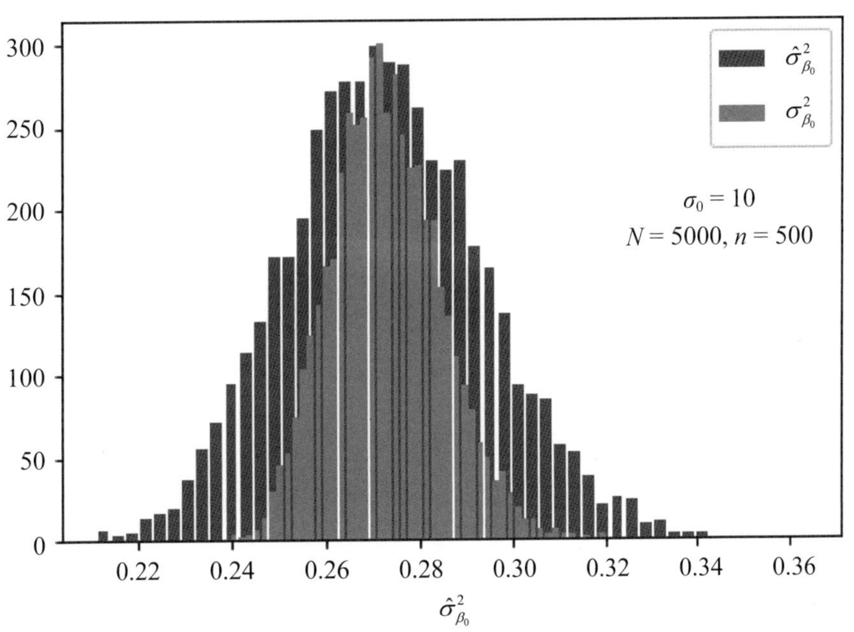

圖 3-20 $\hat{\sigma}_{\beta_0}^2$ 之抽樣分配，其中 N 與 n 分別表示模擬次數與樣本個數

假定誤差項之變異數具有同質性，即 $\sigma_0^2 = Var(u \mid x)$；另一方面，符合 sNLRM 的基本假定，我們用 $\hat{\sigma}_0^2$ 估計 σ_0^2。值得注意的是，即使誤差項之變異數具有同質性，不過因 x 是一個隨機變數，隱含著 (3-23) 與 (3-24) 二式內的 $\sigma_{\beta_0}^2$ 與 $\sigma_{\beta_1}^2$ 皆是一種抽樣分配。使用蒙地卡羅模擬方法，圖 3-20 與 3-21 分別繪製出 $\sigma_{\beta_0}^2$ 與 $\hat{\sigma}_{\beta_0}^2$ 以及

$\sigma^2_{\beta_1}$ 與 $\hat{\sigma}^2_{\beta_1}$ 的抽樣分配，當然我們皆用後者估計前者。我們發現圖 3-20 與 3-21 內的兩種抽樣分配非常接近，理所當然，若再提高樣本個數，上述兩種抽樣分配會更接近，讀者可以試試。

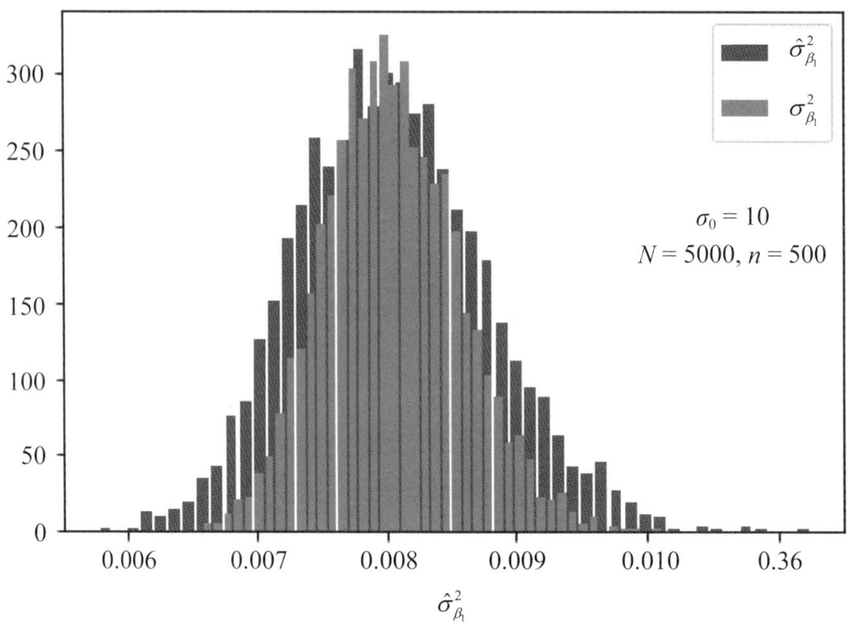

圖 3-21　$\hat{\sigma}^2_{\beta_1}$ 之抽樣分配，其中 N 與 n 分別表示模擬次數與樣本個數

我們嘗試解釋 (3-23) 與 (3-24) 二式，可以分述如下：

(1) 假定誤差項之變異數具有同質性，即 $\sigma_0^2 = Var(u \mid x)$，我們已經知道可用 $\hat{\sigma}_0$ 估計 σ_0，其中 $\hat{\sigma}_0$ 可稱爲估計的迴歸之標準誤（standard error of the regression, SER）。雖說 $\hat{\sigma}_0$ 並不是 σ_0 的不偏估計式，但是 $\hat{\sigma}_0$ 卻是 σ_0 的一致性估計式（consistent estimator）（可以參考例 1）。

(2) $\hat{\sigma}_0$ 可用於估計 y 經過 x 過濾後無法觀察到的因素（即 u）之標準差，即 $\hat{\sigma}_0$ 愈大隱含著觀察不到的 σ_0 值亦愈大，我們從 (3-23) 與 (3-24) 二式亦可看出 $\hat{\beta}_0$ 與 $\hat{\beta}_1$ 的變異數，特別是後者，亦會變大；換言之，$\hat{\sigma}_0$ 愈大隱含著更多影響因子沒有包括於迴歸內，此當然會影響到 β_1 估計的準確度。

(3) 於 (3-23) 與 (3-24) 二式內可看到 x 的變異數大小亦會影響到估計的準確度，我們從圖 2-7 的結果已知端倪，即 x 的變異數愈大，表示 x 的觀察值愈離散，反而 x 愈能估計到 y，故 β_0 與 β_1 估計的準確度會提高，隱含著 $\hat{\beta}_0$ 與 $\hat{\beta}_1$ 的變異數會下降；相反地，若 x 的變異數愈小，表示 x 的觀察值會愈集中，隱含著 $\hat{\beta}_0$ 與 $\hat{\beta}_1$ 的變異數會變大，反而 β_0 與 β_1 估計的準確度會下降。

(4) 假定誤差項之變異數具有同質性，而我們用 $\hat{\sigma}_0$ 估計 σ_0，故 (3-23) 與 (3-24) 二式可改寫成：

$$\hat{\sigma}^2_{\beta_0} = \frac{\hat{\sigma}^2 n^{-1}\sum_{i=1}^{n} x_i^2}{\sum_{i=1}^{n}\left(x_i - \bar{x}\right)^2} \tag{3-23a}$$

與

$$\hat{\sigma}^2_{\beta_1} = \frac{\hat{\sigma}^2}{\sum_{i=1}^{n}\left(x_i - \bar{x}\right)^2} \tag{3-24a}$$

其中稱 $se(\hat{\beta}_0) = \sqrt{\hat{\sigma}^2_{\beta_0}}$ 與 $se(\hat{\beta}_1) = \sqrt{\hat{\sigma}^2_{\beta_1}}$ 分別爲 $\hat{\beta}_0$ 與 $\hat{\beta}_1$ 之估計的標準誤。值得注意的是，(3-23a) 與 (3-24a) 二式只適用於誤差項之變異數具有同質性。就統計推論而言，我們當然對於 $se(\hat{\beta}_0)$ 與 $se(\hat{\beta}_1)$ 不陌生。後面章節將會進一步介紹 $se(\hat{\beta}_0)$ 與 $se(\hat{\beta}_1)$ 之估計的延伸。

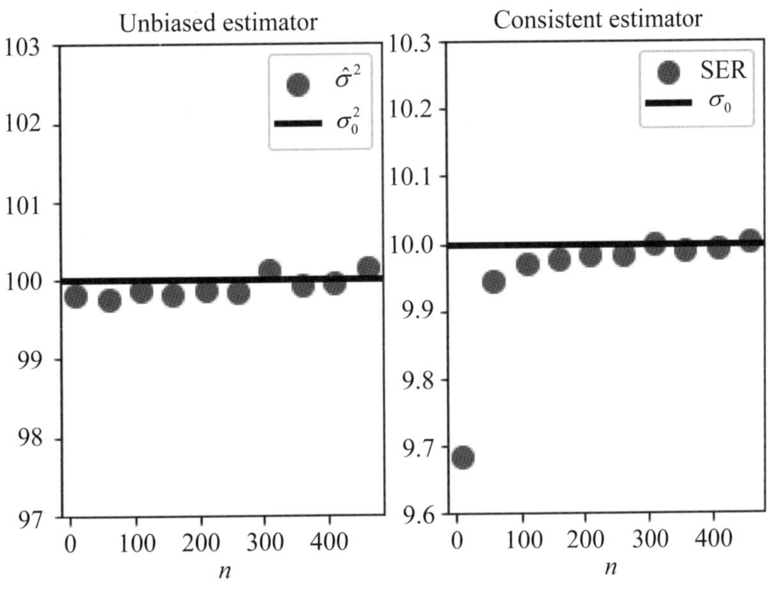

圖 3-22 不偏估計式與一致性估計式

例 1　不偏估計式與一致性估計式

於圖 3-19 內，雖然我們於固定的樣本個數 n 下，說明了 $\hat{\sigma}_0^2$ 是 σ_0^2 的不偏估計式；但是，我們仍存在下列疑問：

(1) 於小樣本下，是否 $\hat{\sigma}_0^2$ 仍是 σ_0^2 的不偏估計式？
(2) $\hat{\sigma}_0$ 是否是 σ_0 的不偏估計式？
(3) 究竟不偏估計式與一致性估計式有何不同？

爲了回答上述疑問，我們透過執行一個小型的蒙地卡羅模擬說明，其結果則繪製如圖 3-22 所示。我們發現於小樣本下，$\hat{\sigma}_0^2$ 仍是 σ_0^2 的不偏估計式（圖 3-22 的左圖），再次說明了不偏估計式的判斷與樣本個數無關；另外，從圖 3-22 的右圖內可看出雖然 $\hat{\sigma}_0$ 並不是 σ_0 的不偏估計式，但是 $\hat{\sigma}_0$ 卻是 σ_0 的一致性估計式，隱含著只要提高樣本個數，$\hat{\sigma}_0$ 終究會估計到 σ_0[14]。

上述例子說明了不偏估計式也許不可求，但是最起碼估計式須具備一致性的特性，否則豈不是「白忙一場」。

例 2　迴歸估計式的表示方式

仍使用 wage_panel 檔案內的數據資料，我們取 1985 年的資料，以 OLS 方法估計，可得：

$$\begin{aligned}\hat{w} &= 0.7532 + 0.0838educ \\ &\quad\;\; (0.147) \quad (0.012) \\ n &= 545, R^2 = 0.079, \hat{\sigma}_0 = 0.502\end{aligned} \tag{3-25}$$

其中 $w = \log(wage)$ 以及小括號內之值爲對應的標準誤。本書估計迴歸式的表示方式可寫成如 (3-25) 式所示，其中 (3-25) 式內的一些特徵可用下列指令求得：

[14] 不偏性的判斷係針對樣本統計量而一致性的判斷則針對母體統計量而言，其中前者如 $\dfrac{\sum(x-\bar{x})u}{n}$ 而後者則爲 $Cov(x,u)$，可以參考後面章節或附錄 E。

```
np.sqrt(modelW.mse_resid)# 0.5020203023622855
uhat = modelW.resid
k = len(modelW.params)
n = modelW.nobs # 545.0
sigma0hat = np.sqrt(np.sum(uhat**2)/(n-k))# 0.5020203023622855
```

另外，估計式的標準誤亦可為：

```
modelW.bse
# Intercept    0.146513
# educ         0.012316
```

讀者可檢視看看。

習題

(1) 於本章所附的檔案內有 CeoCompentation 檔案的數據資料，該檔案取自 Frees（2010）[15]。試回答下列問題：

(i) 該檔案內有多少變數之觀察值資料？試找出 CEO 之薪資 *COMP* 與公司股票 *VAL* 的觀察值。

(ii) 續上題，以 OLS 估計 *VAL* 對 *COMP* 的迴歸式，結果為何？

(iii) 續上題，以 OLS 估計 log(*VAL*) 對 log(*COMP*) 的迴歸式，結果為何？何模型較具說服力？

(iv) 續上題，試分別繪製出上述模型之自變數與因變數的散佈圖與對應的 SRF。

(v) 若殘差值可用於估計對應的誤差項，則何模型的殘差值較接近常態分配？

(vi) 試找出 *SALES* 變數，試計算 log(*SALES*) 與 log(*VAL*) 之間的樣本相關係數。

(vii) 上述簡單迴歸式內並未包括 log(*SALES*) 自變數，故 β_1 的估計值有可能出現高估或低估？為什麼？

(2) 試從 R 語言之程式套件（wooldridge）下載 COUNTYMURDERS 檔案，我們只分析 1996 年的情況。試回答下列問題：

[15] 可於 "https://instruction.bus.wisc.edu/jfrees/jfeesbooks/" 處下載。

(i) 於 1996 年，有多少國家出現 0 案謀殺案？有多少國家有出現至少 1 起執行死刑案？有執行死刑案的最多案件數為何？

(ii) 以 OLS 估計 $y = \beta_0 + \beta_1 x + u$，其中 y 與 x 分別表示 murders（謀殺案數）與 exec（死刑案數），其結果為何？R^2 的估計值為何？

(iii) 執行死刑對於謀殺案是否有產生威攝作用？試評估之。

(3) 再檢視 (2-14) 式，若 $\hat{\beta}_1 = 0$，則 $\hat{\beta}_0 = \bar{y}$；也就是說，利用樣本線性迴歸（SLR）亦可以計算 y 的樣本平均數。我們如何於 Python 內操作？試舉一例說明。

(4) 於 3.2.1 節內，我們有檢視 MEAP93(W) 檔案，考慮下列的母體迴歸式：

$$y = \beta_0 + \beta_1 \log(x) + u$$

其中 y 與 x 分別表示 math10 與 expend（學生的支出）。試回答下列問題：

(i) 我們如何於 MEAP93 檔案再加進 $\log(x)$ 變數？

(ii) β_1 值的意義為何？若 x 增加 10%，y 會提高多少？

(iii) 以 OLS 估計上述母體迴歸式，結果為何？

(iv) 試繪製 y 與 x 之間的散佈圖以及上述母體迴歸式之 SRF。

(v) β_0 與 β_1 之 OLS 估計式是否具有不偏性的性質？試評估之。

3.3 統計推論

有了常態分配的假定如 sNLRM 假定 7，我們可以得出 OLS 估計式抽樣分配的機率分配（我們只檢視簡單線性迴歸式內的 $\hat{\beta}_1$ 的抽樣分配）。換句話說，於 sNLRM 假定 1~7 之下，$\hat{\beta}_1$ 的抽樣分配可為平均數與變異數分別為 β_1 與 $Var(\hat{\beta}_1)$ 的常態分配，可寫成：

$$\hat{\beta}_1 \sim N(\beta_1, Var(\hat{\beta}_1)) \tag{3-26}$$

其中 $Var(\hat{\beta}_1)$ 可透過 (3-24) 或 (3-24a) 式取得。經過標準化，(3-26) 式可改寫成：

$$z_1 = \frac{\hat{\beta}_1 - \beta_1}{se(\hat{\beta}_1)} \sim N(0,1) \tag{3-27}$$

其中 $se(\hat{\beta}_1)=\sqrt{Var(\hat{\beta}_1)}$。

我們嘗試用模擬的方式說明 (3-27) 式。根據 (2-1) 式，假定符合 sNLRM 模型的假定與 σ_0 值爲已知，圖 3-23 繪製出 (3-27) 式的結果，我們發現即使使用小樣本如 $n=20$，$\hat{\beta}_1$ 之標準化的機率分配如 z_1 仍接近於常態分配。

當然，圖 3-23 只是在說明 (3-27) 式的存在，畢竟於該圖內假定 u 屬於常態分配以及 σ_0 爲已知。倘若 u 不屬於常態分配或 σ_0 爲未知，除了考慮使用非常態分配之外，我們可以使用 (3-24a) 式估計 $\hat{\beta}_1$ 的標準誤。於習題內，我們要讀者比較 u 屬於常態分配以及 u 屬於自由度爲 3 的卡方分配之情況。

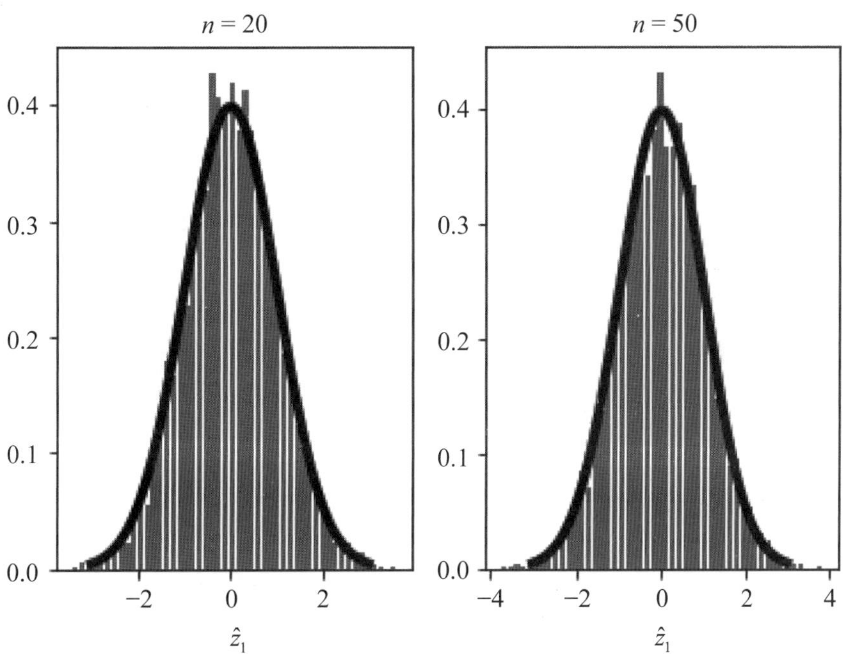

圖 3-23　$\hat{z}_1$ **的機率分配，其中** $\hat{z}_1=\dfrac{\hat{\beta}_1-\beta_1}{\sigma_{\beta_1}}$ **而** $\sigma_{\beta_1}^2=\dfrac{\sigma_0^2}{\sum_{i=1}^{n}(x_i-\bar{x})^2}$ **與曲線表示標準常態分配的** PDF

於附錄 D 內，我們已知可將 (3-27) 式轉以自由度爲 v 的 t 分配取代，即：

$$t_1=\frac{z_1}{\sqrt{\dfrac{\chi_v^2}{v}}} \tag{3-28}$$

其中 v 表示自由度，而 χ_v^2 則爲自由度爲 v 的卡方分配，即 χ_v^2 可寫成：

$$\chi_v^2 = \frac{v\hat{\sigma}_0^2}{\sigma_0^2} \tag{3-29}$$

於 SLR 模型內，可知 $v = n - 2$。(3-28) 式說明了 σ_0 爲未知，我們以 $\hat{\sigma}_0$ 取代 σ_0，透過卡方分配，可將 z_1 轉換成自由度爲 v 的 t 分配，故 (3-27) 式幾乎可視爲一種漸近分配，t 分配的漸近分配屬於常態分配。

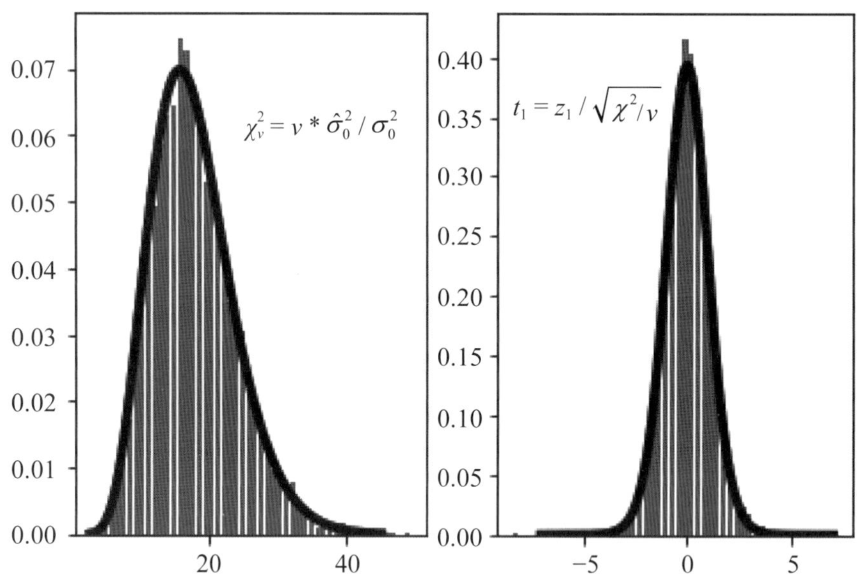

圖 3-24　χ_v^2 與 t_1 的模擬分配，其中曲線表示卡方分配（左圖）與 t 分配的 PDF 而 $n = 20$ 以及 u 屬於常態分配

我們仍使用模擬的方式說明 (3-28) 與 (3-29) 二式。考慮一個 SLR 模型如 (2-1) 式，我們仍專注於 $\hat{\beta}_1$ 的情況。於已知（參考所附檔案）與假定 u 屬於常態分配的條件下，圖 3-24 分別繪製出於 $n = 20$ 之下，χ_v^2 與 t_1 的模擬的機率密度分配，我們可以看出上述模擬的分配接近於對應的機率分配，此說明了 (3-28) 與 (3-29) 二式的可行性。

倘若 u 不屬於常態分配呢？此處，我們考慮一種可能，即令 $u = \sigma_0\varepsilon$，其中 ε 屬於平均數與變異數分別爲 0 與 1 的均等分配[16]，圖 3-25 進一步分別繪製出於 $n = 500$ 之下，χ_v^2 與 t_1 的模擬的機率密度分配。我們發現雖然前者的配適度不理想，但是後者顯然不受 u 不屬於常態分配的影響；可以注意的是，圖 3-25 內的 t 分配（右圖）已接近於常態分配。換言之，若 u 屬於常態分配，我們可以使用對應的 t 分配，不過若 u 不屬於常態分配，於大樣本數下，可使用漸近的常態分配。

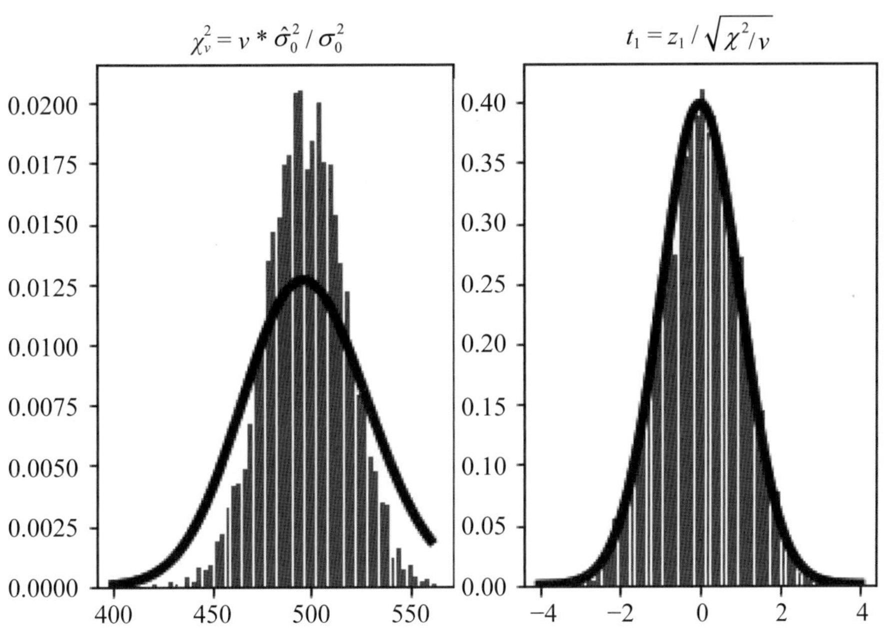

圖 3-25　χ_v^2 與 t_1 的模擬分配，其中曲線表示卡方分配（左圖）與 t 分配的 PDF 而 $n = 500$ 以及 u 不屬於常態分配

例 1　再談婚外情

再檢視第 1 章內的婚外情檔案，該檔案內有 *rate_marriage* 變數，其是將婚姻狀態分成 1~5 類，其中第 5 類爲最好而第 1 類最差，第 3 類「普通（不好不壞）」。顯然，*rate_marriage* 是一種質性變數，我們可以將其轉換成一種稱爲 *Poor* 的虛擬變數，即若 *rate_marriage* < 3，則 *Poor* $= 1$；同理，若 *rate_marriage* ≥ 3，則 *Poor* $= 0$。換句話說，*Poor* 是一種虛擬變數，其觀察值不是 0 就是 1。

---

[16] 令 ε_1 爲介於 0 與 1 之間的均等分配隨機變數，則 $\varepsilon = \sqrt{12}(\varepsilon_1 - 0.5)$。我們知道 $E(\varepsilon_1) = 0.5$ 與 $Var(\varepsilon_1) = 1/12$。

考慮下列的簡單線性迴歸式：

$$affairs = \beta_0 + \beta_1 Poor + u \tag{3-30}$$

其中 *affairs* 仍表示用於婚外情的時間。(3-30) 式可說是 (2-1) 式的延伸，即前者之自變數是一種二元的變數。

若再檢視 (3-30) 式，應可發現其是由兩個迴歸式所構成：

$$affairs = \beta_0 + u \tag{3-30a}$$

與

$$affairs = \beta_0 + \beta_1 + u \tag{3-30b}$$

其中 (3-30a) 與 (3-30b) 分別可對應至婚姻狀態「較佳」與「較差」的迴歸式。

我們再重新檢視婚外情檔案，透過 *Poor* 變數，豈不是將上述檔案分成兩類；或者，原來的婚外情檔案豈不是可視為婚姻狀態「較佳」的檔案與婚姻狀態「較差」的檔案的合併，原來我們時常在使用「合併」的檔案！

若使用 OLS 方法（此時可稱為合併的 OLS 方法）估計 (3-30) 式，可得：

$$\begin{gathered}\hat{a} = 0.6435 + 0.8805Poor \\ (0.028) \quad (0.108) \\ n = 6{,}366,\ R^2 = 0.01,\ \hat{\sigma}_0 = 2.192\end{gathered} \tag{3-31}$$

其中 $a = affairs$。我們發現 *Poor* 的估計參數值大於 0，此結果頗符合我們的直覺判斷；其次，再使用 OLS 方法估計，可得：

$$\begin{gathered}\hat{a} = 1.5472 - 0.0289age \\ (0.12) \quad (0.004) \\ n = 6{,}366,\ R^2 = 0.008,\ \hat{\sigma}_0 = 2.1946\end{gathered} \tag{3-32}$$

我們發現 *age* 的估計參數值小於 0，此結果是否符合我們的直覺判斷，倒見仁見智了。

例 2 t 檢定

續例 1，根據 (3-31) 式的結果，我們可以從事 t 檢定，即令 $H_0: \beta_1 = 0$ 與 $H_a: \beta_1 \neq 0$，則對應的 t 檢定統計量為 $t_1 = \dfrac{\hat{\beta}_1}{se(\hat{\beta}_1)} \approx 8.189$，對應的 p 值約為 0.000，兩者可合寫為 t 檢定統計量約為 8.189 [0.000] [17]，隱含著 *Poor* 的估計參數值顯著異於 0。同理，根據 (3-32) 式的結果，可知 *age* 的估計參數值所對應的 t 檢定統計量約為 −7.206 [0.000]，隱含著 *age* 的估計參數值顯著異於 0。

比較 (3-31) 與 (3-32) 二式的結果，可發現前者的估計參數之顯著性、R^2 或 $\hat{\sigma}_0$ 約略優於後者；雖然，上述二式之 R^2 值均不高，不過 *Poor* 會影響 *affairs* 的確是一個不爭的事實。

習題

(1) 就圖 3-23 或 (3-27) 式而言，試以模擬的方式而以底下二模型說明，其中模型 1 的誤差項是屬於常態分配，而模型 2 的誤差項則屬於自由度為 3 的卡方分配；當然，σ_0 為未知。

(2) 續上題，結果與圖 3-23 的差異為何？

(3) 就圖 3-25 而言，若 $n = 20$，則圖 3-25 會變成如何？

(4) 續上題，令 $\alpha = 0.005, 0.05, 0.1$，試分別計算 $n = 20$ 與 $n = 500$ 之 α 與 $1 - \alpha$ 的分位數，同時與對應的 t 分配的分位數比較。

(5) 就例 1 而言，試回答下列問題：

   (i) 按照 *Poor* 的分類，「婚姻狀態較差」與「婚姻狀態較佳」的檔案內變數的觀察值個數分別為何？

   (ii)「婚姻狀態較差」與「婚姻狀態較佳」的 *affairs* 的樣本平均數分別為何？

   (iii) (3-30a) 與 (3-30b) 二式的估計參數值分別表示何意義？我們如何使用 OLS 方法估計？

---

[17] 本書底下皆以小括號內之值表示標準誤而中括號內之值表示對應的 p 值。

Chapter 4

複線性迴歸模型：線性重合

第 2~3 章的簡單線性迴歸模型由於只有一個解釋變數 x，我們著實很難解釋於其他情況不變下（$\Delta u = 0$），x 與 u 無關；換言之，sNLRM 內的假定 3（即 $E(u \mid x) = 0$），其實很難成立，成爲 sNLRM 無法自圓其說的缺點。例如：利用 wage_panel 檔案內的 1983 年之數據資料，考慮下列的複線性迴歸（multiple linear regression, MLR）模型如：

$$y = \beta_0 + \beta_1 x_1 + \beta_2 x_2 + u \tag{4-1}$$

其中 y、x_1 與 x_2 分別表示 *wage*、*educ*、與 *exper*（工人工作經驗）。

就 (4-1) 式而言，若 x_2 亦是一個重要的解釋變數，而第 2~3 章只檢視簡單的迴歸模型，如 $y = \beta_0 + \beta_1 x_1 + u$，則豈不是隱含著上述 u 內有包括 x_2 嗎？我們來看 x_1 與 x_2 之間的關係。仍使用上述檔案的數據資料，圖 4-1 繪製出 x_1 與 x_2 之間的散佈圖，應會發現 x_1 與 x_2 之間絕非沒有關係[①]；因此，若 (4-1) 式是眞實的模型，則使用簡單的迴歸模型，豈不是忽略了重要的解釋變數嗎？另一方面，若 x_1 與 x_2 之間存在關係，則使用 OLS 方法估計簡單迴歸模型的參數會產生偏的估計值，即後者的估計會失眞。如此，可看出簡單迴歸模型的缺點以及複迴歸模型的重要性。

① 從圖 4-1 內大致可看出 x_1 與 x_2 之間存在負的關係（其樣本相關係數約爲 −0.58），隱含著受教育年數（即 x_1）愈短，反而工作經驗（即 x_2）愈長。

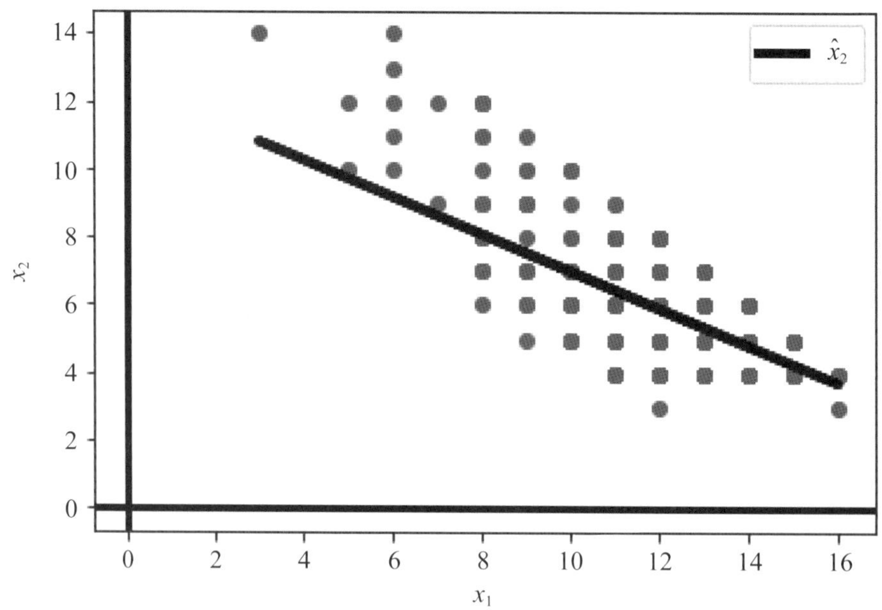

圖 4-1 x_1 **與** x_2 **之間的散佈圖，其中** x_1 **與** x_2 **分別表示** *educ* **與** *exper*

雖說如此，若 (4-1) 式爲眞，我們可以利用上述檔案資料以 OLS 方法估計 (4-1) 式，不過因 x_1 與 x_2 之間具有相關，其究竟會不會影響 OLS 的估計？倘若 x_1 與 x_2 之間具有高度或輕微的相關，則 OLS 的估計又會有何差異？此大概是本章想要瞭解的部分。

本章或之後章節將介紹 MLR 模型，其特色可以分述如下：

(1) 從上述例子內可看出複迴歸模型相當於，從簡單迴歸模型的 u 內找出重要的解釋變數，使得上述 u 愈接近於「無法觀察到的成分」。
(2) 若 u 愈接近於「無法觀察到的成分」，隱含著重要的解釋變數已從 u 內單獨地被找出，故迴歸模型愈接近於眞實模型。
(3) 被解釋變數與解釋變數皆可轉換成特殊的函數型態。
(4) sNLRM 的基本假定必須修改。
(5) 仍使用 OLS 方法估計 MLR 模型內的參數値。
(6) ……

雖說 MLR 具有上述特色，不過有一個迫切需要澄清的觀念：顧名思義，複迴歸模型內有兩個以上的自變數，那自變數之間存在著相關對複迴歸模型究竟有何影響？畢竟我們並不容易找到完全不相關的解釋變數！直覺而言，若自變數之間存在著相關，那參數值 β_j 的意義不是難確定了嗎？即其他會影響 y 的自變數固定不變（含 x_i），$x_j(i \neq j)$ 變動一單位會引起 y 變動 β_j 單位；但是，若 x_i 與 x_j 有關，β_j 的意義不是模糊了嗎？因此，面對複迴歸模型，首先必須先瞭解自變數之間存在的線性重合（multicollinearity）問題。

4.1 MLR 模型

本節分成四個部分介紹。第一部分介紹 MLR 模型的特色以及如何使用 Python 估計；第二部分則導出 MLR 模型下的 OLS 估計式；第三部分則介紹著名的 Frisch-Waugh 定理，我們發現複迴歸模型的參數值應使用 Frisch-Waugh 定理解釋。最後，第四部分簡單介紹 MLR 模型下的 t 檢定。

4.1.1 MLR 模型的特色

MLR 模型的一般式可寫成：

$$y = \beta_0 + \beta_1 x_1 + \beta_2 x_2 + \cdots + \beta_k x_k + u \tag{4-2}$$

其中 $\beta_j(j = 0, 1, \cdots, k)$ 表示固定的未知參數，而 u 仍表示誤差項或干擾項；換言之，除了 y 之解釋變數 $x_j(j = 1, 2, \cdots, k)$ 之外，仍存在一些無法觀察到的因素會影響 y，故 (4-2) 式內仍必須包括 u。

(4-2) 式的特色可以分述如下：

(1) 被解釋變數 y 與解釋變數 x_j 皆可用不同的函數型態表示，例如：

$$\log(y) = \beta_0 + \beta_1 \log(x_1) + \beta_2 x_2 + \beta_3 x_2^2 + u \tag{4-3}$$

我們已經知道線性迴歸模型並不受限於 y 與 x_j 的非線性轉換，例如：令 $ly = \log(y)$、$w_1 = \log(x_1)$ 或 $w_2 = x_2^2$ 代入 (4-3) 式內後，可發現仍屬於 (4-2) 式內的範圍。

(2) 就 (4-3) 式而言，若參數 β_j 皆不等於 0，則於其他情況不變下，$\beta_1 = \dfrac{\partial y}{\partial x_1}\dfrac{x_1}{y}$ 表示 y 與 x_1 之間的彈性，而 $\beta_2 = \dfrac{1}{y}\dfrac{\partial y}{\partial x_2}$ 表示 x_2 增加一單位下，y 會增加 β_2% 單位，至

於 β_3 的意義，則可參考例 3。

(3) (4-3) 式提醒我們 MLR 模型，如 (4-2) 式的應用範圍其實頗廣泛，其中「線性」係針對參數 β_j 而言，並不包括解釋變數 x_j 的非線性。(4-3) 式提供一個可參考的例子。

(4) MLR 模型如 (4-2) 式的主要假定可用下列的條件預期式表示，即：

$$E(u \mid x_1, \cdots, x_k) = 0 \tag{4-4}$$

隱含著無法觀察到的誤差項 u 與解釋變數 x_j 之間毫無關係；或者說，若解釋變數內其中有 x_j 與 u 有關聯，則 (4-4) 式不成立，OLS 估計式會有偏誤。

換句話說，(4-4) 式是一個重要的假定，若其成立隱含著我們幾乎已找出被解釋變數與解釋變數之間的關係。

例 1 Python 的操作

於底下的說明內，自然可以看出，若滿足 NLRM 的基本假定，我們依舊可以使用 OLS 方法估計 MLR 模型內的參數。此處，於 MLR 模型之下，我們先來看如何於 Python 內操作 OLS 方法。試下列指令：

```
CEO = pd.read_csv('C:\\all3\\Econ\\ch3\\Ceocompensation.csv')
CEOa = CEO.sort_values('VAL')
CEOa['logComp'] = np.log(CEOa['COMP'])
CEOa['logVal'] = np.log(CEOa['VAL'])
CEOa['logSales'] = np.log(CEOa['SALES'])
ModelC1 = ols('logComp~logVal+logSales',CEOa).fit()
ModelC1.summary()
exog_vars = ['logVal','logSales']
Exog = sm.add_constant(CEOa[exog_vars])
ModelC2 = sm.OLS(CEOa.logComp,Exog).fit()
ModelC2.summary()
```

即我們使用第 3 章之 CEO 薪資檔案，可記得本書有兩種方式可以取得 OLS 的估計結果，讀者可以檢視看看，應注意上述指令內複迴歸式的表示方式。

例 2 I(.) **的使用**

續例 1，再試下列指令：

```
ModelC3 = ols('logComp~logVal+logSales+EXPER',CEOa).fit()
ModelC3.summary()
CEOa['EXPERsq'] = CEOa['EXPER']**2
ModelC4 = ols('logComp~logVal+logSales+EXPER+EXPERsq',CEOa).fit()
ModelC4.summary()
ModelC5 = ols('logComp~logVal+logSales+EXPER+I(EXPER**2)',CEOa).fit()
ModelC5.summary()
ModelC6 = ols('logComp~logVal+logSales+EXPER+EXPER**2',CEOa).fit()
ModelC6.summary()
```

讀者可以逐一檢視，可以注意 ModelC6 與 ModelC3 的結果完全相同。

例 3 非線性

續圖 4-1 的例子，考慮下列的迴歸式：

$$y = \beta_0 + \beta_1 x_1 + \beta_2 x_1^2 + u \tag{4-5}$$

其中 y 與 x_1 仍分別表示 *wage* 與 *educ*。於其他情況不變下，可得 $\frac{\partial y}{\partial x_1} = \beta_1 + 2\beta_2 x_1$，即 x_1 的變動引起 y 的反應並非固定數值，反而是 β_1、β_2 以及 x_1 的函數。接著，我們繼續使用 OLS 方法估計 (4-5) 式：

```
model3 = ols('y~x1+x12',data1).fit()
model3.summary()
yhat3 = model3.fittedvalues
betahat3 = model3.params
```

可得：

$$\hat{y} = 4.89 - 0.38x_1 + 0.04x_1^2$$

並且 $\dfrac{\partial \hat{y}}{\partial x_1} = \hat{\beta}_1 + 2\hat{\beta}_2 x_1$，其中 $\hat{\beta}_1 = -0.38$ 與 $\hat{\beta}_2 = 0.04$ 分別爲 β_1 與 β_2 的 OLS 估計值，而其估計結果則繪製如圖 4-2 所示。我們可看出於其他情況不變下，x_1 的變動所引起 y 的邊際反應（即 $\partial y / \partial x_1$）並非固定數值，反而隨 x_1 的增加而遞增。

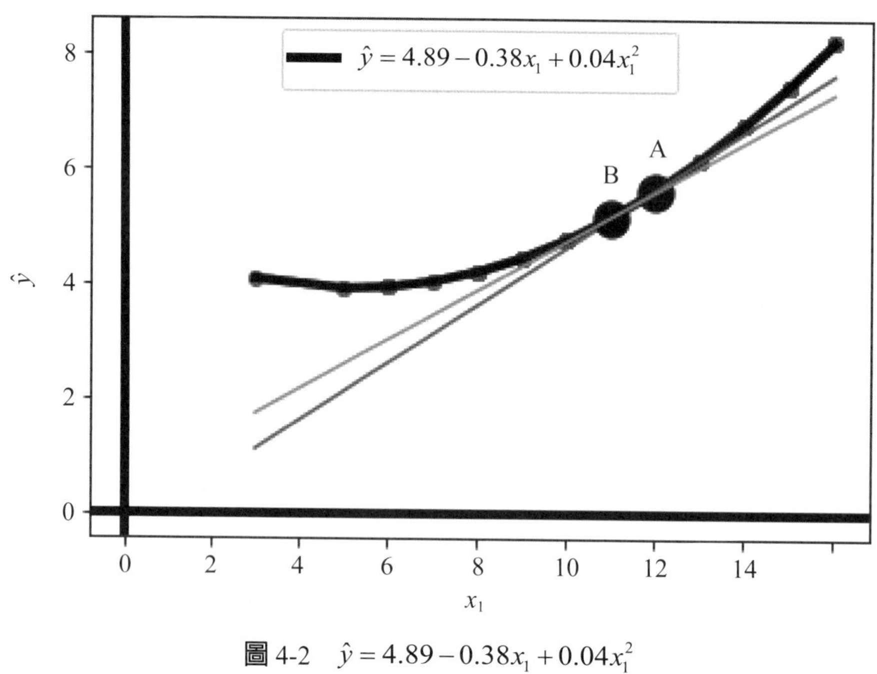

圖 4-2　$\hat{y} = 4.89 - 0.38x_1 + 0.04x_1^2$

我們舉圖 4-2 內之點 A 與 B 的例子說明，其中點 A 與 B 所對應的受教育年數分別爲 12 與 11 年。我們發現上述點 A 與 B 所對應的切線斜率並不相同，前者約爲 0.50 而後者則約爲 0.43，顯然前者大於後者，隱含著若受教育年數爲 12 年，此時檢視 $\partial y / \partial x_1$ 值會大於受教育年數爲 11 年的 $\partial y / \partial x_1$ 值，此種結果頗與我們的直覺一致；換句話說，迴歸模型改用 (4-5) 式表示，竟可以估計 $\partial y / \partial x_1$ 值的變化。

4.1.2 OLS 之估計

我們仍使用 OLS 方法以估計 (4-2) 式所對應的參數值，並且進一步檢視 OLS 估計之架構。延續本書之附錄 E，顧名思義，(4-2) 式所對應的「最小平方加總值」

可寫成：

$$\min_{\hat{\beta}_0,\hat{\beta}_1,\cdots,\hat{\beta}_k} L=\sum_{i=1}^{n}\left(y_i-\hat{y}_i\right)^2=\sum_{i=1}^{n}\left(y_i-\hat{\beta}_0-\hat{\beta}_1x_{i1}-\cdots-\hat{\beta}_kx_{ik}\right)^2 \tag{4-6}$$

其中 y 之配適值或 SRF 可寫成：

$$\hat{y}=\hat{\beta}_0+\hat{\beta}_1x_1+\cdots+\hat{\beta}_kx_k \tag{4-7}$$

其中 $\hat{\beta}_j$ 爲 $\beta_j(j=0,1,\cdots,k)$ 之 OLS 估計值。換言之，(4-6) 式隱含著有 $k+1$ 個未知參數 $\hat{\beta}_j$，而 (4-6) 式所對應的極小化之第一階條件（本書附錄 E）可寫成：

$$\sum_{i=1}^{n}\left(y_i-\hat{\beta}_0-\hat{\beta}_1x_{i1}-\cdots-\hat{\beta}_kx_{ik}\right)=0 \tag{4-8}$$

與

$$\begin{aligned}&\sum_{i=1}^{n}x_{i1}\left(y_i-\hat{\beta}_0-\hat{\beta}_1x_{i1}-\cdots-\hat{\beta}_kx_{ik}\right)=0\\&\vdots\\&\sum_{i=1}^{n}x_{ik}\left(y_i-\hat{\beta}_0-\hat{\beta}_1x_{i1}-\cdots-\hat{\beta}_kx_{ik}\right)=0\end{aligned} \tag{4-9}$$

(4-8) 與 (4-9) 二式類似於 (2-12) 與 (2-13) 二式；換言之，(4-2) 式之對應的「標準方程式」共有 $k+1$ 條方程式，如 (4-8) 與 (4-9) 二式所示；也就是說，我們使用 OLS 方法估計 (4-2) 式，背後竟隱含著須滿足 $k+1$ 條方程式的限制。

由於 β_j 爲未知之固定參數，故根據 (4-2) 式可知：

$$\Delta y=\beta_1\Delta x_1+\beta_2\Delta x_2+\cdots+\beta_k\Delta x_k+\Delta u \tag{4-10}$$

故可知 (4-10) 式內參數 β_j 的意義。例如：若 $\Delta u=\Delta x_2=\cdots=\Delta x_k=0$，可得 $\beta_1=\dfrac{\Delta y}{\Delta x_1}$，其可解釋成於其他情況不變下，$\beta_1$ 爲 x_1 變動而引起 y 的反應程度。最後，我們可用 $\beta_1=\partial y/\partial x_1$ 表示上述意義。同理，可解釋 $\beta_j=\partial y/\partial x_j$ 的意義。

我們繼續檢視 (4-8) 與 (4-9) 二式，其特色可為：

(1) 將 (4-7) 式代入 (4-8) 式內，可得 $\sum_{i=1}^{n}(y_i - \hat{y}_i) = \sum_{i=1}^{n}(\hat{u}_i) = 0$，其中 $\hat{u}$ 表示殘差值；是故，(4-8) 式隱含著殘差值之加總等於 0。
(2) 因 $\hat{y}$ 可用於估計 PRF，如 $y = \beta_0 + \beta_1 x_1 + \beta_2 x_2 + \cdots + \beta_k x_k$ 而 $\hat{u}$ 可用於估計 u，故實際觀察值 y 可拆成由 $\hat{y}$ 與 $\hat{u}$ 所構成，即 $y = \hat{y} + \hat{u}$，隱含著 $\sum y = \sum \hat{y}$ 與 $\overline{y} = \overline{\hat{y}}$。
(3) 透過 (4-7) 式，可知複迴歸之 SRP 會通過點 $(\bar{x}_1, \bar{x}_2, \cdots, \bar{x}_k, \bar{y})$。
(4) (4-8) 與 (4-9) 二式亦可改寫成 $\sum \hat{u} = 0$ 與 $\sum x\hat{u} = 0$，即類似於 (2-22) 與 (2-23) 二式。
(5) 解釋變數 x_j 與 $\hat{u}$ 之間的（樣本）共變異數皆為 0。

因此上述 (4-8) 與 (4-9) 二式的特色，幾乎可視為簡單迴歸式內，如 (2-12) 與 (2-13) 或 (2-22) 與 (2-23) 二式的延伸。

我們舉一個例子說明。考慮科布－道格拉斯生產函數（Cobb-Douglas production function）如：

$$Y = AL^{\beta_1}K^{\beta_2} \tag{4-11}$$

其中 Y、L、K 與 A 分別表示產出、勞動投入、資本投入與生產技術。於某段時間內 A 可為固定數值，最起碼其可將 L 與 K 的乘積轉換以 Y 的單位表示。因 (4-11) 式內並無誤差項，故可將 (4-11) 式改為：

$$Y = AL^{\beta_1}K^{\beta_2}e^{u} \tag{4-12}$$

對 (4-12) 式取對數值，可得：

$$\log(Y) = \beta_0 + \beta_1\log(L) + \beta_2\log(K) + u \tag{4-13}$$

其中 $\beta_0 = \log(A)$。從 (4-13) 式內可看出於 (4-11) 式內加進誤差項如 (4-12) 式所示，只是一種權宜之計[②]。(4-13) 式內的參數值如 β_1 與 β_2 是有意義的，即前者可以表示

② (4-12) 式亦有可能為 $Y = AL^{\beta_1}K^{\beta_2} + u$，本書並未考慮此種情況。

（於其他情況不變下）勞動投入的產出彈性，而後者則表示資本投入的產出彈性；值得注意的是，$\beta_1 + \beta_2 = 1$，隱含著固定的規模報酬（constant return to scale）。

考慮 Gujarati 與 Porter（2009）內的 CobbDoug 檔案數據資料[③]，該檔案是取美國 2005 年之 51 州製造業之產出、勞動工時與資本投入資料。使用上述檔案數據資料，以 OLS 方法估計，可得：

$$\begin{aligned}\hat{y} &= 3.8876 + 0.4683\log(L) + 0.5213\log(K)\\ &\quad\ (0.396)\quad\ (0.099)\qquad\qquad (0.097)\\ n &= 51, R^2 = 0.964, \bar{R}^2 = 0.963, \hat{\sigma}_0 = 0.2668\end{aligned} \tag{4-14}$$

其中 $y = \log(Y)$ 而 $\bar{R}^2$ 的意義底下會說明。使用個別的 t 檢定檢視 $H_0: \beta_j = 0$，可以發現 (4-14) 式內的估計參數值皆顯著異於 0。例如：$\log(L)$ 的估計參數值約爲 0.4683，隱含著於其他情況不變下，特別是 $\log(K)$ 不變之下，$\log(L)$ 增加 1%，$\log(Y)$ 會提高約 0.47%。$\log(L)$ 的估計參數值之對應的 t 檢定統計量約爲 4.734 [0.000]，故明顯拒絕 $H_0: \beta_1 = 0$ 的情況。

4.1.3 Frisch-Waugh 定理

就圖 4-1 而言，我們已經知道 *educ* 與 *exper* 存在負的關係（兩者之間的樣本相關係數約爲 -0.58），此時若只估計 *educ* 對 *wage* 的簡單線性迴歸式，對應的估計參數應有偏差；或者說，若眞實的模型是 (4-1) 式，而我們只估計 $y = \alpha_0 + \alpha_1 x_1 + \varepsilon$，令後者之 OLS 估計爲 $\tilde{y} = \hat{\alpha}_0 + \hat{\alpha}_1 x_1$，而前者之 OLS 估計爲 $\hat{y} = \hat{\beta}_0 + \hat{\beta}_1 x_1 + \hat{\beta}_2 x_2$，我們不難說明或證明：

$$\hat{\beta}_1 = \hat{\alpha}_1 - \hat{\beta}_2 \hat{\delta}_1 \tag{4-15}$$

其中 $\hat{x}_2 = \hat{\delta}_0 + \hat{\delta}_1 x_1$。

(4-15) 式說明複迴歸模型與簡單迴歸模型之估計參數之間的關係，讀者可以思考 $\hat{\beta}_2$ 爲何？例如：我們不難說明 (4-15) 式的結果，即：

③ 原始檔案名稱爲 Table7.3 檔案，不過使用該檔案需經過適度的轉換，可以參考所附檔案。

```
betahatf = ModelCo1.params
modelf4 = ols('LY~LL',Cobb1).fit()
modelf4.params[1] # 0.9795048672414614
modelf5 = ols('LK~LL',Cobb1).fit()
betahatf[1]+betahatf[2]*modelf5.params[1] # 0.9795048672414629
```

上述指令說明了 $\hat{\alpha}_1 = \hat{\beta}_1 + \hat{\beta}_2\hat{\delta}_1$，可以看出 (4-15) 式的成立。(4-15) 式隱含著若 x_1 與 x_2 之間有關係（即 $\hat{\delta}_1 \neq 0$），簡單與複迴歸之 OLS 估計之間會存在差異。例如：圖 4-3 繪製出 log(*K*) 與 log(*L*) 之間的散佈圖，我們可看出 log(*K*) 與 log(*L*) 之間存在高度的正相關，故若令 log(*Y*)、log(*L*) 與 log(*K*) 分別為 y、x_1 與 x_2 的話，則對應的 $\hat{\alpha}_1$ 與 $\hat{\beta}_1$ 之間存在著差異。

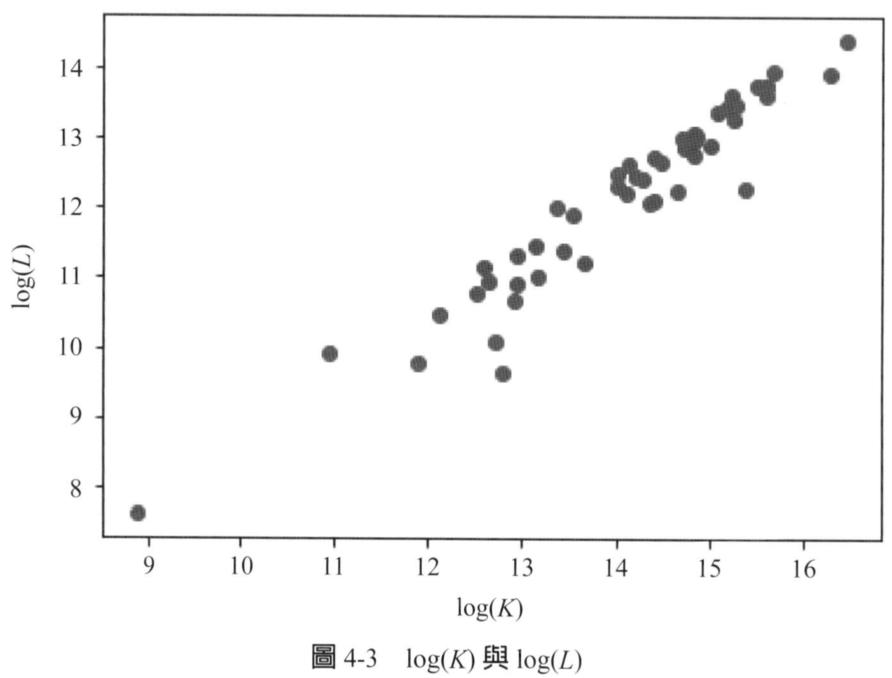

圖 4-3 log(*K*) 與 log(*L*)

於尚未進一步說明 (4-15) 式之前，我們介紹另外一種可以模擬出具有相關的常態分配觀察值的方法，先試下列指令：

```
def Vr(V): # V.shapc(2,2)
    s1 = np.sqrt(V[0,0]);s2 = np.sqrt(V[1,1])
    r12 = V[0,1]/(s1*s2)#
    return r12
M1 = np.array([0,0]);M1a = np.array([1,4])
V1 = np.array([[1, 0.5],[0.5, 1]]);V2 = np.array([[1, -0.5],[-0.5, 1]])
Vr(V1)# 0.5
Vr(V2)# -0.5
```

即上述 V1 與 V2 可以對應至兩個變數之間的相關係數分別爲 0.5 與 -0.5。我們再試下列指令：

```
np.random.seed(1234)
XY1 = mvn.rvs(mean=M1,cov=V1,size=10000)
np.cov(XY1,rowvar=False)
# array([[0.99812639, 0.49769996],
#        [0.49769996, 0.98378955]])
np.random.seed(2589)
XY2 = mvn.rvs(mean=M1a,cov=V2,size=10000)
np.cov(XY2,rowvar=False)
# array([[ 0.98513504, -0.50115813],
#        [-0.50115813,  0.99554564]])
```

即根據上述 V1 與 V2 的設定，可以輕易地模擬出共變異數亦分別爲 0.5 與 -0.5 的常態分配觀察值，其中每一觀察值序列的變異數皆爲 1。圖 4-4 分別繪製出上述觀察值之間的散佈圖；因此，按照上述方式，我們可以輕易地模擬出平均數不同下之不同相關程度的常態分配觀察值。是故，上述以多變量常態分配的模擬方式較第 3 章的模擬方法更爲一般化。

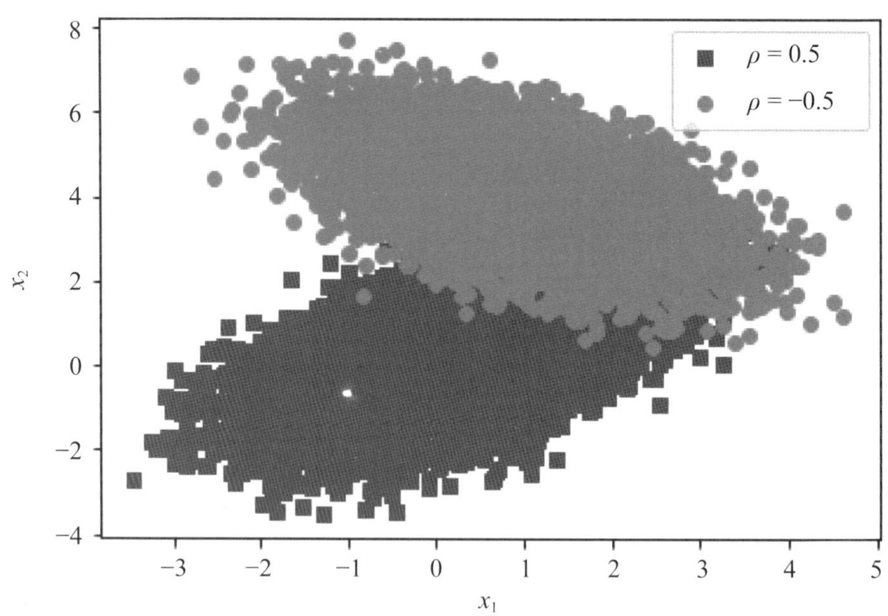

圖 4-4　x_1 與 x_2 之間的散佈圖，其中 x_1 與 x_2 為相關係數分別為 0.5 與 -0.5 的常態分配觀察值

利用上述的模擬方法，我們可以檢視於 x_1 與 x_2 不同相關程度下，簡單與複迴歸估計之間的關係，可以參考圖 4-5，其中該圖的特色爲：

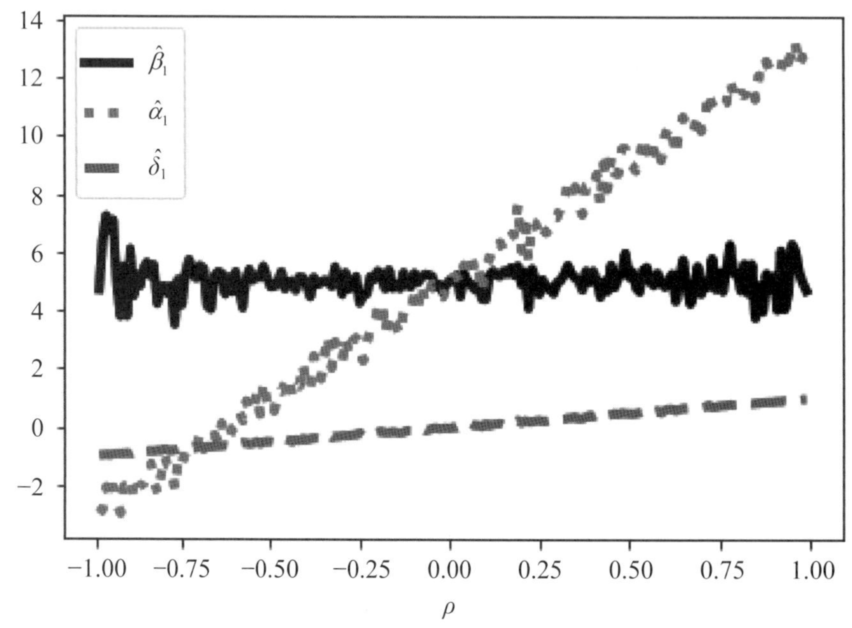

圖 4-5　$\tilde{\beta}_1$ 與 $\hat{\beta}_1$ 之間的關係

(1) 於 x_1 與 x_2 不同相關程度下，相對於 $\hat{\alpha}_1$ 而言，於圖 4-5 內可看出複迴歸估計值 $\hat{\beta}_1$ 變化不大；但是，若將上述 $\hat{\beta}_1$ 值繪製成直方圖，如圖 4-6 所示，應會發現上述 $\hat{\beta}_1$ 值還是有些變化。不過，值得注意的是，圖 4-6 只是於不同相關程度下各模擬一次的結果。

(2) 從圖 4-5 內可看出簡單與複迴歸估計值（即 $\hat{\alpha}_1$ 與 $\hat{\beta}_1$ 值）存在差異的條件爲 x_1 與 x_2 之間的相關程度。換言之，若 x_1 與 x_2 之間的正相關程度愈大，則 $\hat{\alpha}_1$ 大於 $\hat{\beta}_1$；同理，若 x_1 與 x_2 之間的負相關程度愈大，則 $\hat{\alpha}_1$ 小於 $\hat{\beta}_1$；換句話說，簡單迴歸忽略了 x_2，若 x_1 與 x_2 之間的相關程度愈大，則 $\hat{\alpha}_1$ 將不再具有不偏性。

(3) 有意思的是，若 x_1 與 x_2 之間不存在相關，則 $\hat{\alpha}_1$ 等於 $\hat{\beta}_1$。

(4) 於圖 4-5 內，亦可看出 (4-15) 式的成立，讀者可以檢視看看。

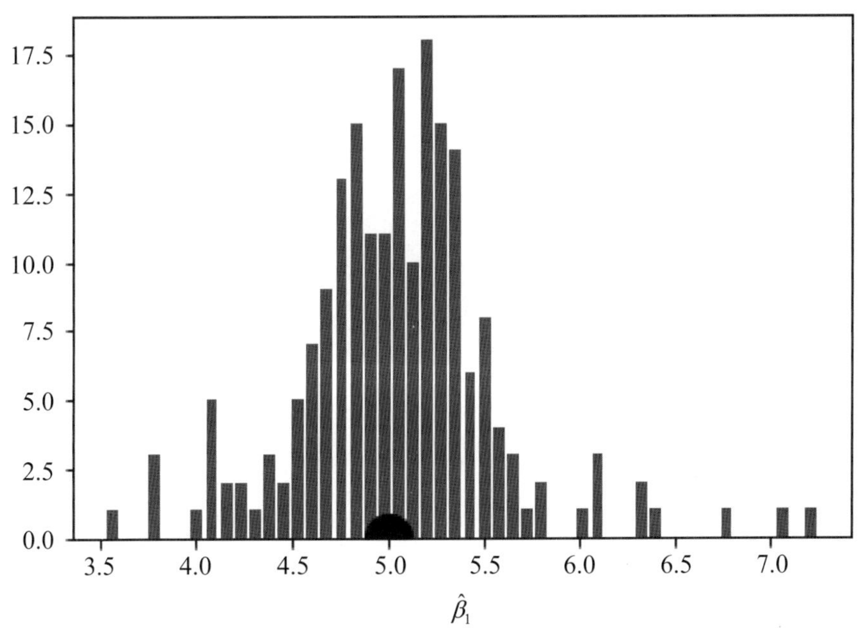

圖 4-6　不同相關程度（x_1 與 x_2 之間）下 $\hat{\beta}_1$ 的直方圖，其中黑點為真實值

我們再來檢視圖 4-6 的結果，可記得該圖係估計不同相關程度（x_1 與 x_2 之間）下 $\hat{\beta}_1$ 的可能結果，我們發現 $\hat{\beta}_1$ 的波動不算小，隱含著 $\hat{\beta}_1$ 的標準誤可能與 x_1 與 x_2 之間的相關程度有關，故我們嘗試再使用模擬的方式說明。

令 ρ_{12} 表示 x_1 與 x_2 之間的相關係數，我們不難於 ρ_{12} 之下模擬出 x_1 與 x_2 或甚至於 y 的觀察值；當然須符合 (4-4) 式。仍以 OLS 方法估計 (4-1) 式，重複上述過程 $N = 5{,}000$ 次，可得圖 4-7。圖 4-7 的結果讓人有些意外，其特色可爲：

(1) $|\rho_{12}|$ 値愈大並不影響 $\hat{\beta}_1$ 的不偏性；換句話說，只要 x_1 與 x_2 之間不是完全的線性重合，即使 x_1 與 x_2 之間存在著相關，$\hat{\beta}_1$ 仍具有不偏性。
(2) $|\rho_{12}|$ 値愈大，$\hat{\beta}_1$ 的標準誤愈大。
(3) ρ_{12} 値爲正數値抑或是負數値，對應的 $\hat{\beta}_1$ 的抽樣分配頗爲類似。
(4) 讀者可以檢視 $\hat{\beta}_2$ 的情況，應該與 $\hat{\beta}_1$ 的情況類似。

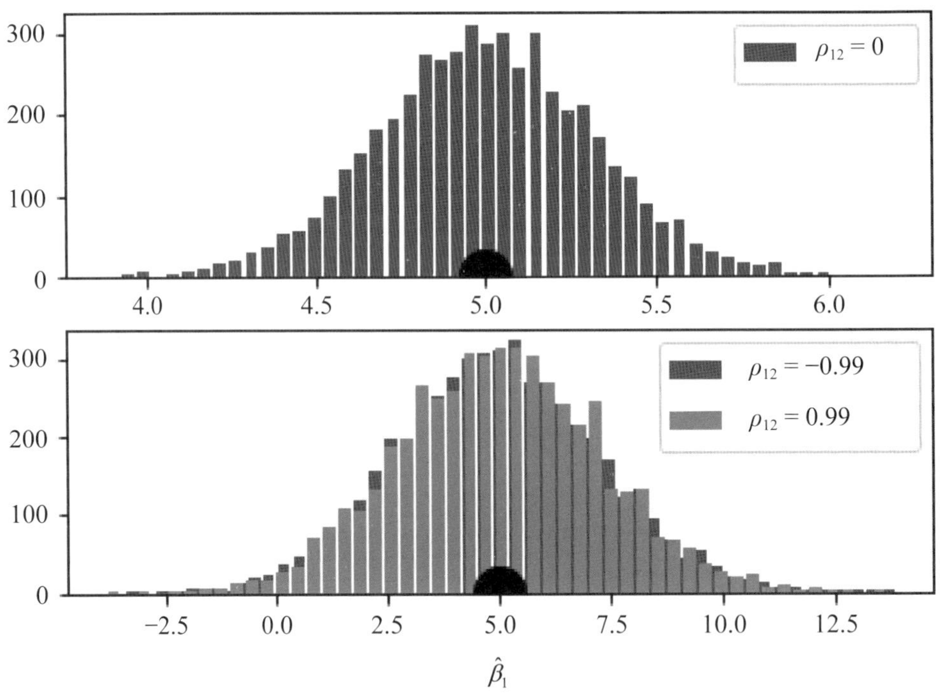

圖 4-7　$\hat{\beta}_1$ 的直方圖，其中黑點為真實值而 ρ_{12} 表示 x_1 與 x_2 之間的相關係數

知道如何模擬具相關的觀察值以及具相關的自變數對迴歸式的影響後，我們可以來看 Frisch-Waugh 定理④。

Frisch-Waugh 定理

利用上述 (4-14) 式的估計結果，我們嘗試解釋 $\hat{\beta}_1$ 與 $\hat{\beta}_2$ 的意義。我們只解釋前者，至於後者的意義可類推。從 (4-14) 式內可知 $\hat{\beta}_1$ 約爲 0.4683，隱含著於其他會影響 $\log(Y)$ 的因素不變下，$\log(L)$ 提高 1%，$\log(Y)$ 約會增加 0.47%。究竟上述結

④ Frisch-Waugh 定理最早是由 Frisch 與 Waugh（1933）提出證明，而 Lovell（1963）將其延伸或一般化，故 Frisch-Waugh 定理亦可稱爲 Frisch-Waugh-Lovell 定理。

果於複迴歸內表示何意思？畢竟 log(*K*) 亦會影響 log(*Y*)。試下列指令：

```
ModelCo1 = ols('LY~LL+LK',Cobb1).fit()
ModelCo1.params[1] # 0.4683322045842955
modelf1 = ols('LY~LK',Cobb1).fit()
uhatf1 = modelf1.resid
modelf2 = ols('LL~LK',Cobb1).fit()
uhatf2 = modelf2.resid
dataf1 = pd.DataFrame({'y':uhatf1,'x':uhatf2})
modelf3 = ols('y~x',dataf1).fit()
modelf3.params[1] # 0.46833220458429314
```

上述指令可分三個步驟說明：

步驟 1：於 log(*Y*) 內剔除掉 log(*K*) 的成分，剩下的部分稱爲 $\hat{u}_1$。即其相當於 log(*K*) 對 log(*Y*) 做一個簡單迴歸[5]並且保留對應的殘差值 $\hat{u}_1$。

步驟 2：於 log(*L*) 內剔除掉 log(*K*) 的成分，剩下的部分稱爲 $\hat{u}_2$。即其相當於 log(*L*) 對 log(*K*) 做一個簡單迴歸並且保留對應的殘差值 $\hat{u}_2$。

步驟 3：試下列的迴歸式，如 $\hat{u}_1 = \lambda_0 + \lambda_1 \hat{u}_2 + \varepsilon$，則 λ_1 的 OLS 估計值約爲 0.4683。

因此，可得 $\hat{\lambda}_1 = \hat{\beta}_1$；換言之，$\beta_1$ 的 OLS 估計值相當於從 log(*Y*) 與 log(*L*) 內分別剔除掉 log(*K*) 的成分後，再計算 log(*L*) 對 log(*Y*) 的影響。同理，讀者可解釋 β_2 的 OLS 估計值的意義。

上述 Frisch-Waugh 定理[6]是重要的，因爲該定理及時幫我們回答前述的困惑，即 β_j 的意義爲：於 y 與 x_j 內先除去屬於 $x_i (i \neq j)$ 的成分，剩下的部分分別稱爲「殘差 y」與「殘差 x_j」，然後再估計後者對前者的迴歸式。是故，若複迴歸式內的自變數之間屬於完全的線性重合，隱含著 x_j 可爲 x_i 的線性組合，即[7]：

---

⑤ 我們統一寫法：x_2 對 y 做一個簡單迴歸，表示因變數爲 y 而自變數爲 x_2；同理，x_2 對 x_1 做一個簡單迴歸，表示因變數爲 x_1 而自變數爲 x_2。

⑥ 亦可參考 Wooldridge（2020）、《財統》或《財時》。

⑦ 若 $x_j (j = 1, 2, \cdots, k)$ 可以形成一個完全的線性關係，隱含著：

$$\lambda_1 x_1 + \lambda_2 x_2 + \cdots + \lambda_k x_k = 0$$

其中 λ_j 爲參數，λ_j 未必爲 0。若是 x_j 屬於一個不完全的線性關係，則可於上述式子內再加上一個誤差項。

$$x_j = \delta_1 x_1 + \cdots + \delta_{j-1} x_{j-1} + \delta_{j+1} x_{j+1} + \cdots + \delta_k x_k \quad (4\text{-}16)$$

亦隱含著 β_j 並不存在；因此，只要不是屬於完全的線性重合，我們倒是可以解釋 β_j 的意義[8]。

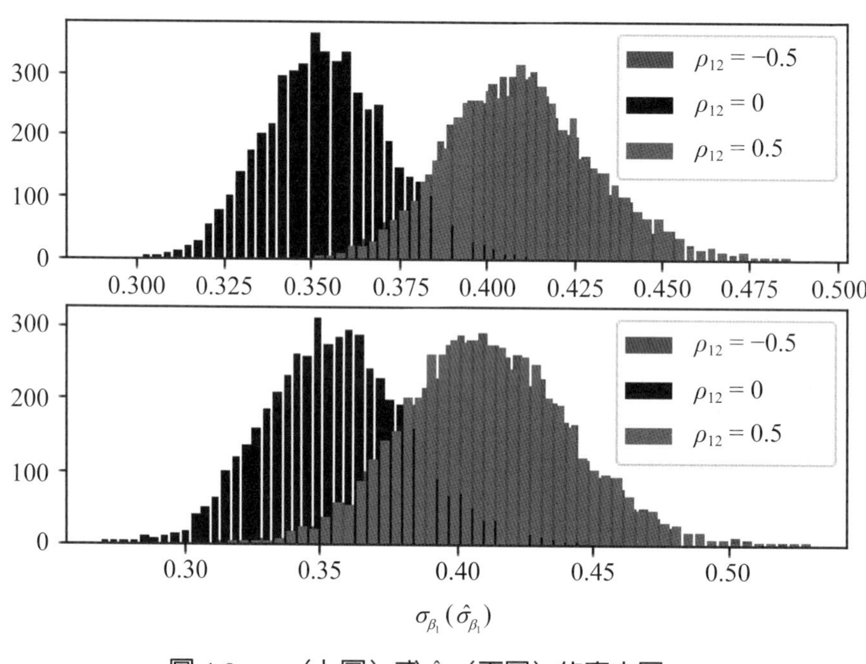

圖 4-8　σ_{β_1}（上圖）或 $\hat{\sigma}_{\beta_1}$（下圖）的直方圖

例 1　$\hat{\beta}_1$ 的標準誤

顯然 MLR 模型如 (4-1) 式內的 $\hat{\beta}_1$ 的標準誤會受到 ρ_{12} 的影響，我們不難證明 $\hat{\beta}_1$ 的標準誤[9]可寫成：

$$\sigma_{\beta_1} = \sqrt{\frac{\sigma_0^2}{SST_1(1-\rho_{12}^2)}} \quad (4\text{-}17)$$

[8] 有些時候，我們還是用 $\partial y / \partial x_j = \beta_j$ 的方式解釋，不過應記得 Frisch-Waugh 定理。

[9] 例如：可以參考 Gujarati 與 Porter（2009）。

其中 $SST_1 = \sum_{i=1}^{n}(x_{1i} - \overline{x}_1)$ 表示 x_1 的離散程度，而若 σ_0 爲固定數值（變異數同質），則 σ_0 的不偏估計式可寫成：

$$\hat{\sigma}_0 = \sqrt{\frac{SSR}{n-k-1}} \tag{4-18}$$

即就 (4-1) 式而言，相當於 $k = 2$，隱含著 (4-1) 式的 OLS 估計必須符合三條標準方程式的限制。以 $\hat{\sigma}_0$ 取代 σ_0，故 (4-17) 式的估計可寫成：

$$\hat{\sigma}_{\beta_1} = \sqrt{\frac{\hat{\sigma}_0^2}{SST_1(1-\rho_{12}^2)}} \tag{4-19}$$

從 (4-17) 或 (4-19) 式內可看出 $\hat{\beta}_1$ 的標準誤受到三個因素的影響，即除了 σ_0 變大或 SST_1 縮小之外，x_1 與 x_2 的相關係數 ρ_{12} 變大亦會使得 $\hat{\beta}_1$ 的標準誤變大。例如：圖 4-8 分別繪製出於不同 ρ_{12} 值下，σ_{β_1}（上圖）或 $\hat{\sigma}_{\beta_1}$（下圖）的直方圖，我們可以看出於 σ_0 與 SST_1 不變之下，ρ_{12} 值愈大，$\hat{\beta}_1$ 的標準誤愈大。另一方面，我們亦可以從 (4-17) 或 (4-19) 式內看出 ρ_{12} 爲正數值或負數值對 $\hat{\beta}_1$ 的標準誤的影響頗爲一致。

例 2 Frisch-Waugh 定理的應用

於 4.1.2 節內，我們已經知道 $\overline{\hat{y}} = \overline{y}$ 而且複迴歸之 SRP 會通過點 $(\overline{x}_1, \overline{x}_2, \cdots, \overline{x}_k, \overline{y})$ 處，隱含著 $\hat{\beta}_0 = \overline{y} - \hat{\beta}_1\overline{x}_1 - \hat{\beta}_2\overline{x}_2$，故 (4-1) 式的 OLS 估計可寫成：

$$\hat{y} - \overline{y} = \hat{\beta}_1(x_1 - \overline{x}_1) + \hat{\beta}_2(x_2 - \overline{x}_2) \tag{4-20}$$

即 (4-20) 式說明了因變數與自變數經過對應的「離均差（deviation from mean）」轉換後，$\hat{\beta}_1$ 與 $\hat{\beta}_2$ 值仍是不變。利用 Frisch-Waugh 定理可以解釋 (4-20) 式。我們已經知道迴歸式內只有常數項而無因變數，使用 OLS 方法估計，相當於計算因變數的樣本平均數，因此 (4-20) 式內的「離均差變數」的觀察值相當於除去「常數項」後之殘差值，而 (4-20) 式可視爲兩個自變數殘差值對因變數殘差值之複迴歸式的 OLS 估計之 SRF！

4.1.4 t 檢定

因 log(L) 與 log(K) 之估計參數值加總約為 0.9896 接近於 1，故我們好奇 (4-14) 式的結果是否符合固定規模報酬？令：

$$H_0:\beta_1+\beta_2=1 \text{ 與 } H_a:\beta_1+\beta_2\neq 1 \tag{4-21}$$

我們發現存在有多種的方式可以檢定上述假設，可以分述如下：

方法 1

面對 (4-21) 式內的假設，對應的 t 檢定統計量可寫成：

$$t_{\hat{\beta}_1+\hat{\beta}_2}=\frac{\hat{\beta}_1+\hat{\beta}_2-1}{\hat{\sigma}(\hat{\beta}_1+\hat{\beta}_2)} \tag{4-22}$$

其中 $\hat{\sigma}(\hat{\beta}_1+\hat{\beta}_2)=\hat{\sigma}_{\hat{\beta}_1+\hat{\beta}_2}$ 為 $\hat{\beta}_1+\hat{\beta}_2$ 之抽樣分配的標準誤，其可進一步寫成：

$$\hat{\sigma}^2(\hat{\beta}_1+\hat{\beta}_2)=\hat{\sigma}^2_{\hat{\beta}_1+\hat{\beta}_2}=\hat{\sigma}^2_{\hat{\beta}_1}+\hat{\sigma}^2_{\hat{\beta}_2}+2Cov(\hat{\beta}_1,\hat{\beta}_2) \tag{4-23}$$

因此，欲檢定 (4-21) 式，我們必須計算 (4-22) 與 (4-23) 二式。於所估計的模型內，倒也有提供 $\hat{\sigma}^2_{\hat{\beta}_1}$、$\hat{\sigma}^2_{\hat{\beta}_2}$ 或 $Cov(\hat{\beta}_1,\hat{\beta}_2)$ 的計算結果，例如：

```
dir(ModelCo1)
ModelCo1.cov_params()
```

其中 ModelCo1 為 (4-14) 式的估計結果。我們可以透過 dir(ModelCo1) 得知 ModelCo1 內有何資訊可以取得。ModelCo1.cov_params() 是指可以取得 (4-14) 式內之估計參數的共變異數矩陣，我們進一步找出其內之元素：

```
s212 = ModelCo1.cov_params().iloc[2,1]
s211 = ModelCo1.cov_params().iloc[1,1]
s222 = ModelCo1.cov_params().iloc[2,2]
se12 = np.sqrt(s211+s222+2*s212)# 0.0276264959960 7204
```

即 $Cov(\hat{\beta}_1, \hat{\beta}_2)$ 的估計值約為 0.0276。接下來，計算 (4-22) 式之 t 檢定統計量為：

```
tstat =(ModelCo1.params[1]+ModelCo1.params[2]-1)/se12 # -0.3760405081722345
n = ModelCo1.nobs
k = len(ModelCo1.params)
p_value = 2*(t.cdf(tstat,df=n-k))
# 0.7085437408597348
```

即 (4-15) 式對應的 t 檢定統計量與 p 值分別約為 -0.376 與 0.7085，寫成 -0.376 [0.7085]，隱含著無法拒絕 (4-15) 式內的虛無假設，顯示出 (4-14) 式的估計生產函數結果隱含著固定規模報酬。

方法 2

我們應該可以不用計算 (4-23) 式以得出對應的標準誤，即 (4-13) 式可再改寫成：

$$\log(Y) = \beta_0 + \beta_1 \log(L) + \beta_2 \log(K) + u$$
$$\Rightarrow \log(Y) = \beta_0 + (\beta_1 + \beta_2)\log(L) + \beta_2(\log(K) - \log(L)) + u \qquad (4\text{-}24)$$

故若以 OLS 方法估計 (4-24) 式，該式內之 $\log(L)$ 的標準誤應與使用 (4-23) 式計算的結果一致；換言之，使用原始檔案內的數據資料，以 OLS 方法估計 (4-24) 式，可得：

$$\hat{y} = \underset{(0.396)}{3.8876} + \underset{(0.028)}{0.9896}\log(L) + \underset{(0.097)}{0.5213}\log(k)$$
$$n = 51,\ R^2 = 0.964,\ \overline{R}^2 = 0.963,\ \hat{\sigma}_0 = 0.2668 \qquad (4\text{-}25)$$

其中 $k = K / L$。可以注意 (4-25) 式內的 $\log(L)$ 之估計參數與對應的標準誤結果，與使用方法 1 的估計結果一致。

方法 3

模組 (statsmodels) 提供一個簡易且好用的檢定方法，可以用於檢定簡單或複雜的假設型態，試下列指令：

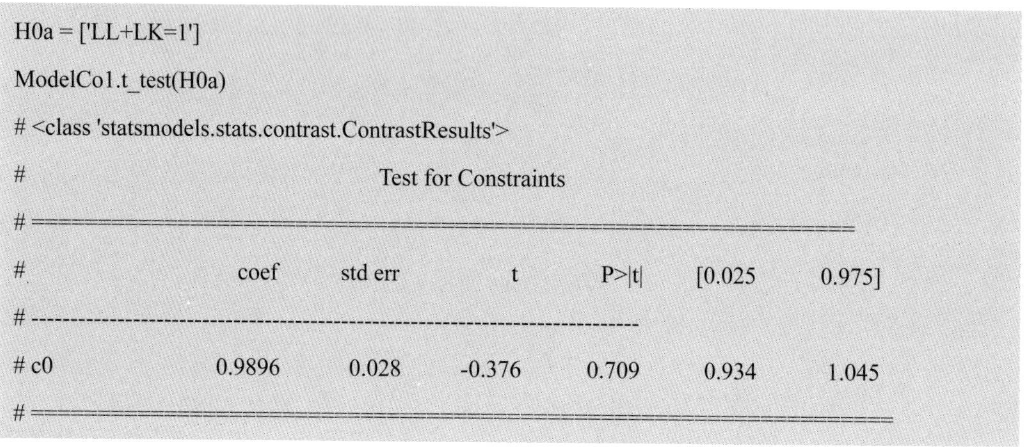

```
H0a = ['LL+LK=1']
ModelCo1.t_test(H0a)
# <class 'statsmodels.stats.contrast.ContrastResults'>
#                              Test for Constraints
# ==============================================================================
#                 coef    std err          t      P>|t|      [0.025      0.975]
# ------------------------------------------------------------------------------
# c0            0.9896      0.028     -0.376      0.709       0.934       1.045
# ==============================================================================
```

可發現上述結果與方法 1 與方法 2 的結果完全相同。再試：

```
H0b = ['LL=0.5']
ModelCo1.t_test(H0b)
H0c = ['LL=0.5','LK=0.5']
ModelCo1.t_test(H0c)
```

讀者可以逐一檢視。

我們重新回來檢視 (4-14) 式的結果。(4-14) 式的 R^2 值相當高，幾乎接近於 1，隱含著估計迴歸式的配適度相當好，不禁讓人懷疑 (4-14) 式的正確性？果然，若計算 $\log(L)$ 與 $\log(K)$ 的樣本相關係數，可發現該相關係數高達 96%；換言之，(4-14) 式可能存在嚴重的線性重合問題。直覺而言，解決上述線性重合問題，可以除去 $\log(L)$ 或 $\log(K)$ 其中一個自變數。

若屬於固定規模報酬，隱含著 $\beta_1 + \beta_2 = 1$，代入 (4-18) 式內，可得：

$$\log(Y_l) = \beta_0 + \beta_2 \log(k) + u \tag{4-26}$$

其中 $Y_l = Y / L$；因此，(4-26) 式的因變數與自變數已分別改用勞動之「人均產出」Y_l 與勞動之「人均資本」k 表示。

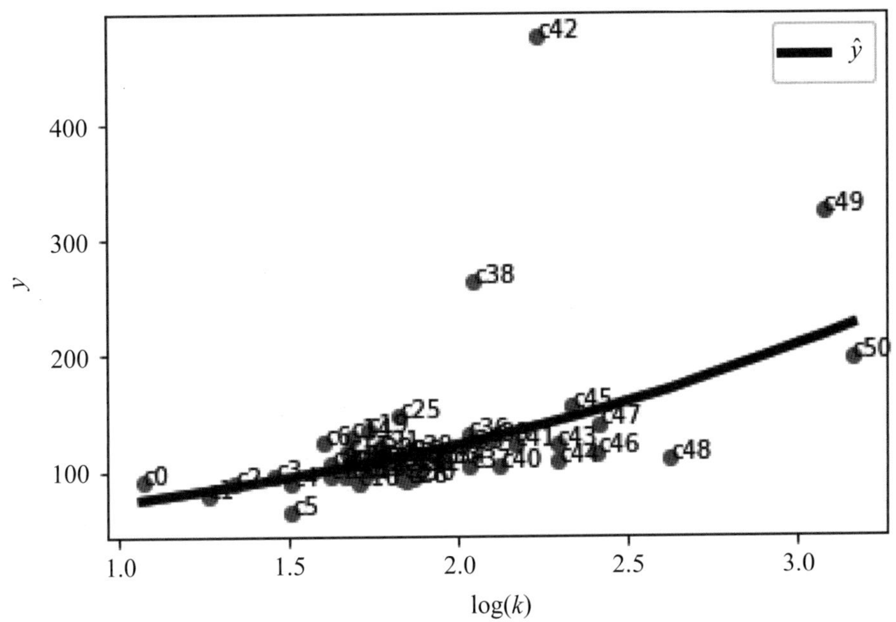

圖 4-9　log(k) **與** Y_l **的散佈圖，其中** $\hat{y}_l$ **係根據** (4-27) **式的** SRF **轉換而來**

仍使用上述檔案數據資料，以 OLS 方法估計 (4-26) 式，可得：

$$\hat{y}_l = 3.7562 + 0.5238\log(k)$$
$$(0.185) \quad (0.096)$$
$$n = 51, R^2 = 0.379, \hat{\sigma}_0 = 0.2644 \tag{4-27}$$

其中 $y_l = \log(Y_l)$。我們發現 (4-27) 式內的 log(k) 之估計參數值約為 0.5238，隱含著於其他情況不變之下，勞動的人均資本上升 1%，勞動的人均產出約會增加0.52%；另一方面，我們亦發現上述估計參數值顯著異於 0。

(4-27) 式的 R^2 值約為 0.379，圖 4-9 進一步繪製出 log(k) 與 Y_l 之間的散佈圖，其中 $\hat{y}$ 係根據(4-27)式的SRF轉換而來[10]。我們可以看出圖 4-9 內的配適度並不佳；或者說，估計的生產函數如 $\hat{y}_l$ 的報酬遞增現象並不明顯，隱含著樣本數似乎有些不足。

我們重新整理。面對上述結果，可有：

---

⑩ 圖 4-9 係按照 k 值由小至大排列，故州的名稱可參考所附檔案。

(1) (4-14) 式的結果的確相當吸引人，若我們的目標是預測 $\log(Y)$ 或 Y，則 β_j 的意義爲何，可能較不重要；此時，嚴重的線性重合也許不會造成問題。其次，即使存在嚴重的線性重合使得估計參數的標準誤變大，但是在後者之下，估計參數值仍顯著異於 0，此時存在嚴重的線性重合並不礙事。

(2) 自變數之間存在著高度相關，此時我們就難解釋 $\partial y / \partial x_j = \beta_j$ 的意義了。β_j 的意義變成模糊，表現出來就是 $\hat{\beta}_j$ 的抽樣分配的標準誤變大，隱含著 β_j 的估計之準確度（或顯著性）降低了；換句話說，當面對估計參數值皆不顯著異於 0 的複迴歸模型時，除非是選擇到不適當的解釋變數，否則有可能是解釋變數之間存在著高度相關。

(3) 若自變數之間存在著高度相關，我們可以使用 Frisch-Waugh 定理解釋 β_j 的意義；雖然於數學上 $\partial y / \partial x_j = \beta_j$ 仍成立，不過經濟（自）變數之間往往存在著相關，或者我們已經皆視 $x_j(j = 1, 2, \cdots, k)$ 爲隨機變數了，我們如何控制 $x_i(i \neq j)$ 固定不變？

(4) 自變數之間存在著相關也未必沒有好處，此時估計迴歸式的 R^2 或 $\overline{R}^2$ 值會較高（下一節會說明）。

(5) 除非存在完全的線性重合，否則 $\hat{\beta}_j$ 的不偏性並不會受到自變數之間存在著相關的影響。

(6) 自變數之間存在著正或負相關，對 $\hat{\beta}_j$ 的標準誤的影響是雷同的，但是對 R^2（或 $\overline{R}^2$）或 $\hat{\sigma}_0$ 的影響則不一定。

(7) ……

例 1 香菸的銷售

根據 Cigar(Ecdat) 檔案，我們合併 1963~1992 年的數據資料，以 OLS 方法估計，可得：

$$\begin{aligned}
\hat{s} &= \underset{(0.111)}{3.124} - \underset{(0.032)}{0.832}\log(price) + \underset{(0.046)}{0.127}\log(cpi) \\
&+ \underset{(0.029)}{0.544}\log(ndi) - \underset{(0.005)}{0.028}\log(pop) \\
n &= 1{,}380,\ R^2 = 0.418,\ \overline{R}^2 = 0.416,\ \hat{\sigma}_0 = 0.172
\end{aligned} \tag{4-28}$$

其中 $s = \log(sales)$ 以及 *sales*、*price*、*cpi*、*ndi* 與 *pop* 分別表示人均香菸的銷售量，香菸的價格、CPI、人均可支配所得與人口數。我們發現 (4-28) 式內各估計參數值皆顯著異於 0。

(4-28) 式的估計結果頗有意思，因為 log(*price*) 與 log(*cpi*)、log(*price*) 與 log(*ndi*) 以及 log(*cpi*) 與 log(*ndi*) 之間的樣本相關係數分別約為 0.97、0.95 與 0.97，隱含著 (4-28) 式內存在著高度的線性重合問題，不過因 log(*price*)、log(*cpi*) 與 log(*ndi*) 的估計參數值皆顯著異於 0，隱含著 β_j 的估計之顯著性並未被破壞，何況我們已經知道高度的線性重合未必會影響 OLS 估計的不偏性。我們的確不易看出上述高度的線性重合會造成何問題？會讓人挑剔的是上述 1963~1992 年期間的數據資料之合併是否合理？畢竟不同年度的狀態或結構應該不同，為了取得更多的樣本資料而合併不同年度的資料，值得再商榷。

例 2 實質變數

續例 1，因 $log(rprice) = log(price / cpi)$，其中 *rprice* 表示實質香菸價格，於 (4-28) 式內，我們嘗試考慮 $H_0: \beta_1 = -\beta_2$ 的檢定，可得對應的 t 檢定統計量約為 -18.868 [0.000]，故拒絕上述虛無假設，隱含著 (4-28) 式的另一個缺點是其無法進一步將 log(*price*) 與 log(*cpi*) 合併為 *log*(*rprice*)。

習題

(1) 利用 (4-14) 式的估計結果，試檢視對應的「標準方程式」是否成立？

(2) 考慮下列的母體迴歸式：

$$\log(wage) = \beta_0 + \beta_1 jc + \beta_2 univ + \beta_3 exper + u \tag{4a}$$

其中 *jc* 表示二專的修習年數、*univ* 表示四技（或大學）的修習年數與 *exper* 為工作經驗，而被解釋變數 *wage* 則表示工資水準；換言之，(4a) 式的目的在於欲瞭解四技（或大學）二專的修習年數對於薪資的影響，故對應的假設為：

$$\begin{cases} H_0: \beta_1 - \beta_2 = 0 \\ H_a: \beta_1 - \beta_2 < 0 \end{cases} \tag{4b}$$

利用 TWOYEAR(W) 檔案數據資料，試回答下列問題：

(i) 以 OLS 方法估計 (4a) 式，結果爲何？$\beta_j (j = 1, 2, 3)$ 的估計參數是否顯著異於 0？

(ii) 續上題，若欲檢定 (4b)，可以有多少檢定方法？

(iii) 續上題，檢定的結果爲何？顯著水準爲 5%。

(iv) (4a) 式內自變數之間的相關係數爲何？是否會影響題 (i) 的估計結果？

(3) 根據 HPRICE1(W) 檔案的數據資料，使用 OLS 方法估計下列複迴歸式：

$$\log(price) = \beta_0 + \beta_1 sqrft + \beta_2 bdrms + u$$

試回答下列問題：

(i) 上述之估計結果爲何？

(ii) 令 $\theta = 150\beta_1 + \beta_2$，則 θ 的估計值爲何？

(iii) 我們如何估計 θ 的估計式之標準誤？於 $H_0 : \theta = 0$ 之下，θ 之檢定統計量爲何？

(iv) 試計算 θ 之 95% 信賴區間估計。

(4) 使用前述 wage_panel 檔案內之 1983 年的數據資料，試回答下列問題：

(i) 以 OLS 方法估計 *educ* 與 *exper* 對 *wage* 的複線性迴歸式，結果爲何？

(ii) 續上題，試以 t 檢定檢視 $H_0 : \beta_1 - \beta_2 = 0$ 的結果。

(iii) 續上題，試以 t 檢定檢視 $H_0 : \beta_1 = 0, \beta_2 = 0$ 的結果。我們可以使用 t 檢定檢視上述檢定嗎？

(5) 續例 2，試將 (4-28) 式的 log(*price*) 改用 log(*rprice*) 取代，重新估計，結果爲何？若 log(*ndi*) 亦改成對應的實質變數呢？

(6) 續上題，試回答下列問題：

(i) 試分別找出 1992 與 1991 年的數據資料，以前者重新估計 (4-28) 式，結果爲何？爲何會出現嚴重的線性重合問題？

(ii) 續上題，考慮 $H_0 : \beta_1 = -\beta_2$ 的檢定，結果爲何？

(iii) 續上題，利用 1992 與 1991 年的數據資料重做題 (5)，結果爲何？

4.2 配適度與線性重合

至今，我們並未強調 R^2 之估計大小所扮演的角色，初學計量經濟學的人，也許會過度強調 R^2 估計的重要性，不過仍須注意下列：

(1) 底下會提到用 R^2 的估計大小以決定合適的解釋變數，有可能會出現「似是而非」的結果。

(2) NLRM 的假定（下一章會介紹）並沒有要求 R^2 的估計值必須大於某個門檻；也就是說，R^2 其實只是 y 的變動可由 $x_j(j = 1, 2, \cdots, k)$ 解釋的估計比重而已。雖說之前的不少估計模型內的 R^2 估計值偏低，不過其未必表示影響 y 的變數沒有掌握，更未必隱含著 u 與解釋變數之間存在著相關。換句話說，NLRM 假定與 R^2 的估計大小無關。

(3) 相對於 y 的變異數而言，R^2 的估計值偏低未必表示 u 的變動過大，有些時候，若樣本數夠大，即使未能控制好無法觀察到的影響因子，我們仍能準確地估計到偏效果。

(4) 因此，R^2 的估計值偏低也許表示我們仍無法掌握 y 波動的影響因子，但是卻不影響我們欲解釋的一些其他現象；也就是說，R^2 的估計與OLS不偏的性質無關。

(5) 雖說如此，R^2 的估計值偏低，對於欲使用迴歸模型從事預測而言，當然愈困難。

4.2.1 配適度

類似於簡單迴歸模型，總平方和（SST）、解釋平方和（SSE）與殘差值平方和（SSR）可定義成：

$$\sum_{i=1}^{n}\left(y_i-\bar{y}\right)^2=\sum_{i=1}^{n}\left(y_i-\hat{y}_i\right)^2+\sum_{i=1}^{n}\left(\hat{y}_i-\bar{y}\right)^2$$
$$\Rightarrow SST = SSR + SSE$$

而判定係數可為：

$$R^2=\frac{SSE}{SST}=1-\frac{SSR}{SST} \tag{4-29}$$

不過上述 R^2 亦可定義成：

$$R^2=\frac{\left[\sum_{i=1}^{n}\left(y_i-\bar{y}\right)\left(\hat{y}_i-\bar{\hat{y}}\right)\right]^2}{\left[\sum_{i=1}^{n}\left(y_i-\bar{y}\right)^2\right]\left[\sum_{i=1}^{n}\left(\hat{y}_i-\bar{\hat{y}}\right)^2\right]} \tag{4-29a}$$

即 y 與 $\hat{y}$ 之間的相關係數平方亦可視爲 R^2。

我們亦舉一個例子說明。考慮 CRIME1(W) 檔案內 *narr*86（1986 年罪犯被逮捕的次數）、*pcnv*（1986 年之前罪犯被捕而定罪的比重）、*ptime*86（1986 年罪犯在監獄的月數）與 *qemp*86（罪犯於 1986 年有工作的季數）變數之數據資料。我們考慮下列的複迴歸式：

$$narr86 = \beta_0 + \beta_1 pcnv + \beta_2 ptime86 + \beta_3 qemp86 + u \tag{4-30}$$

直覺而言，上述參數 $\beta_j (j = 1, 2, 3)$ 應皆爲負數值。

使用 OLS 方法估計 (4-30) 式，可得：

$$\begin{aligned} \hat{n}_1 &= \underset{(0.033)}{0.7118} - \underset{(0.041)}{0.1499} pcnv - \underset{(0.009)}{0.0344} ptime86 - \underset{(0.010)}{0.1041} qemp86 \\ n &= 2{,}725,\ R^2 = 0.0413,\ \overline{R}^2 = 0.04,\ \hat{\sigma}_0 = 0.8416 \end{aligned} \tag{4-31}$$

其中 n_1 = *narr*86。上述估計結果頗符合我們事先的直覺判斷，而且 β_j 的估計值皆顯著異於 0；不過，(4-31) 式內三個解釋變數可以解釋 *narr*86 的變動大概只有 4.13%。

我們練習 (4-29a) 式的估計結果而以自設的函數計算，即：

```
def R2(yg1,yhatg1):
    yg1bar = np.mean(yg1)
    yhatg1bar = np.mean(yhatg1)
    R2N = np.sum((yg1-yg1bar)*(yhatg1-yhatg1bar))
    R2D = np.sum((yg1-yg1bar)**2)*np.sum((yhatg1-yhatg1bar)**2)
    return R2N**2/R2D
yg1 = CRIME1['narr86']
R2(yg1,modelG2.fittedvalues)# 0.04219385157543254
```

當然，亦可使用下列指令：

```
(np.corrcoef(yg1,yhatg1)[0,1])**2 # 0.04132330770123043
```

其中 yhatg1= modelG2.fittedvalues 表示 (4-31) 式（即 modelG2）的 SRF。我們發現上述計算結果非常接近。

額外再考慮 CRIME1 檔案內的 *avgsen*（判刑定罪所需的平均月分）變數觀察值，我們分別加入 (4-30) 與 (4-31) 二式內，可得：

$$\hat{n}_1 = 0.7068 - 0.1508pcnv - 0.0374ptime86 - 0.1033qemp86 + 0.0074avgsen$$
$$(0.033) \quad (0.041) \qquad (0.009) \qquad (0.010) \qquad (0.005)$$
$$n = 2{,}725,\ R^2 = 0.042,\ \overline{R}^2 = 0.041,\ \hat{\sigma}_0 = 0.8414 \tag{4-32}$$

(4-32) 式的估計結果大致與 (4-31) 式的結果雷同，唯一例外的是 β_4 的估計值大於 0（約 0.007），隱含著於其他情況不變下，判刑定罪所需的平均月分愈長，犯罪的次數變多；不過 β_4 的估計值並不顯著異於 0，隱含著似乎可以不用考慮於 (4-30) 或 (4-31) 式內再額外加進 *avgsen* 變數。

其實，若仔細比較 (4-31) 與 (4-32) 二式的估計結果，應可發現 $\beta_j (j = 1, 2, 3)$ 的估計值差距不大，另一方面 (4-32) 式內的 R^2 估計值有微幅的提高或 $\hat{\sigma}_0$ 值有些微的下降，此大概是複迴歸模型的特色，即於模型內多加入解釋變數，不管加入的變數是否有解釋 y 的能力，R^2 估計值總是會上升。我們嘗試再解釋後者的結果。假定取平均數與標準差分別為 0 與 10 的常態分配觀察值（其個數與 y 相同）並用 x_5 表示，然後再加入 (4-32) 式內估計，仍可得 R^2 估計值仍會微幅地上升，但是此時 $\hat{\sigma}_0$ 值反而不降反升（讀者可以檢視看看）！

例 1 SSR 會隨解釋變數的個數增加遞減

考慮下列兩個分別稱為 H1 與 H2 的複迴歸模型：

$$\begin{cases} y = \beta_0 + \beta_1 x_1 + \beta_2 x_2 + u \\ y = \beta_0 + \beta_1 x_1 + \beta_2 x_2 + \beta_3 x_3 + \varepsilon \end{cases} \tag{4-33}$$

其中 $\beta_3 = 0$ 而 u 與 ε 分別為對應的誤差項。試下列指令：

```
beta0 = 2;beta1 = 5;beta2 = 10;beta3 = 0
N = 5000;n = 1000
np.random.seed(2526)
XY = mvn.rvs(mean=M1,cov=V1,size=n)
x1 = XY[:,0];x2 = XY[:,1];x3 = norm.rvs(0,20,n)
np.random.seed(2569)
Y = beta0+beta1*x1+beta2*x2+beta3*x3+norm.rvs(0,10,n)
Data = pd.DataFrame({'y':Y,'x1':x1,'x2':x2,'x3':x3})
modelH1 = ols('y~x1+x2',Data).fit()
modelH1.rsquared # 0.6186560277318043
np.sqrt(modelH1.mse_resid)# 10.258972637902682
SSRH1 = np.sum((modelH1.resid)**2)# 104930.7800264802
modelH2 = ols('y~x1+x2+x3',Data).fit()
modelH2.rsquared # 0.6186609928386959
np.sqrt(modelH2.mse_resid)# 10.264054612763692
SSRH2 = np.sum((modelH2.resid)**2)# 104929.41382542043
modelH2.rsquared # 0.6278121224821367
SSRH2 = np.sum((modelH2.resid)**2)# 104546.76731186346
```

應可發現模型 H1 與模型 H2 所對應的 R^2 估計值分別約爲 0.618656 與 0.61866；顯然後者微量大於前者。上述結果與前述的 CRIME1 檔案內例子類似，就模型 H2 而言，即使 x_3 無任何解釋能力，不過若於模型 H1 加入 x_3，對應的 R^2 估計值竟然會增加。我們從 (4-28) 式亦可看到另外一面，即若 SST 固定不變，則 R^2 估計值上升隱含著 SSR 值的下降，即從上述結果可看出 SSRH2 低於 SSRH1。

上述 $\hat{\sigma}_0$ 值的估計結果倒是讓人感到意外，竟然 H2 的 $\hat{\sigma}_0$ 值大於對應的 H1 的 $\hat{\sigma}_0$ 值，此種結果倒是與我們的直覺一致，加入毫無解釋能力的自變數只會增加沒有必要的「干擾」，故迴歸式的標準誤反而會提高。

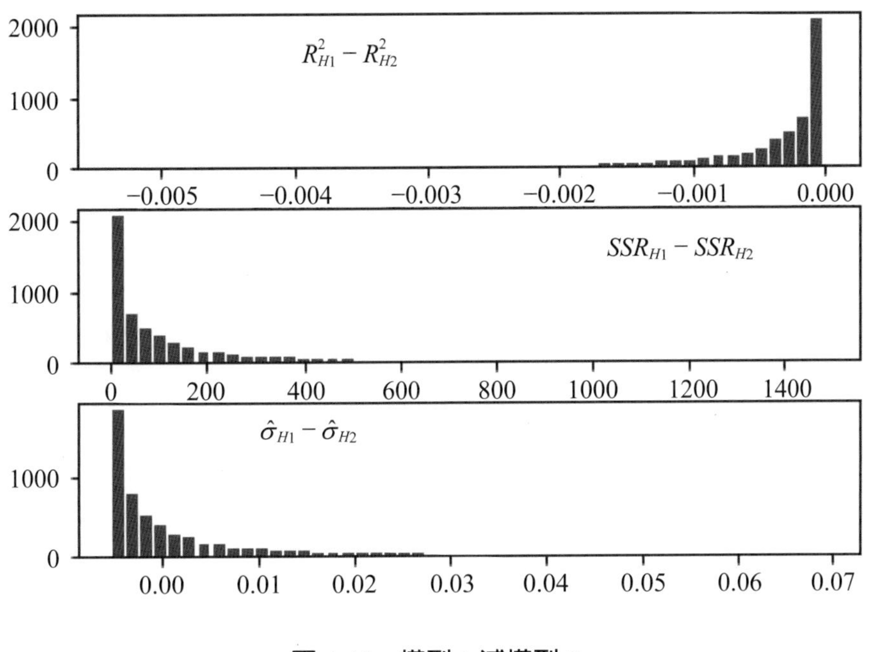

圖 4-10 模型 1 減模型 2

例 2 蒙地卡羅模擬

續例 1，我們只用一次模擬結果說明。若重複 N = 5,000 次呢？圖 4-10 分別繪製出上述模擬結果，其中上圖爲模型 H1 與模型 H2 所對應的 R^2 估計值之相減，而中圖則爲二模型 SSR 之差異；至於下圖，則是二模型的 $\hat{\sigma}_0$ 值相減。我們可以看出即使於迴歸模型內加進毫無解釋能力的解釋變數，其對應的 R^2 估計值竟然會增加，隱含著對應的 SSR 會下降；但是，二模型之 $\hat{\sigma}_0$ 值差異，雖說上述差異之平均數爲正數值，但是仍有部分爲負數值。

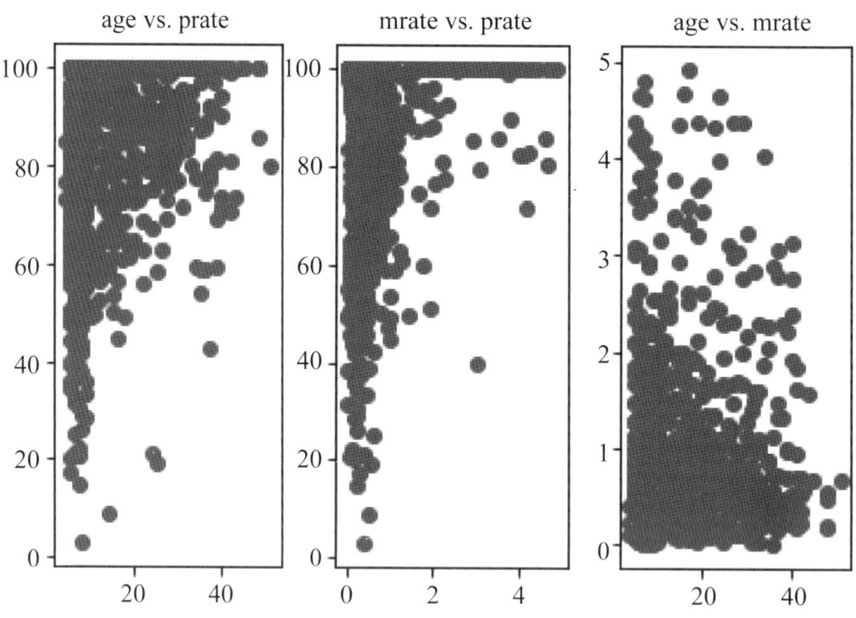

圖 4-11 *age* **與** *prate*、*mrate* **與** *prate* **以及** *age* **與** *mrate* **之間的散佈圖**

例 3　參與 401K 的退休金（養老金）計畫

考慮 401K(W) 檔案內的如 *prate*（參與退休金計畫比率）、*mrate*（提撥比率）[11] 與 *age*（年齡）等變數數據資料。直覺而言，*mrate* 與 *age* 對於 *prate* 皆有正向的解釋效果，即提撥比率與年齡愈大，參與退休金計畫比率愈高。例如：圖 4-11 分別繪製出 *age* 與 *prate*、*mrate* 與 *prate* 以及 *age* 與 *mrate* 之間的散佈圖，可發現左圖與中圖皆顯示其內二變數大致呈現正的關係；值得注意的是，右圖亦顯示出 *age* 與 *mrate* 之間呈現正的關係，其對應的樣本相關係數約爲 0.12。

根據上述數據資料，利用 OLS 方法，可估得下列簡單迴歸式爲：

$$\begin{aligned}\hat{p} &= 83.075 + 5.861 mrate \\ &\quad\ (0.563) \quad (0.527) \\ n &= 1{,}534,\ R^2 = 0.075,\ \bar{R}^2 = 0.074,\ \hat{\sigma}_0 = 16.0853\end{aligned} \tag{4-34}$$

其中 $p = prate$。於 (4-34) 式內可看出 *mrate* 的估計參數值約爲 5.861 且顯著異於 0；

[11] 例如：若 *mrate* 等於 0.75，表示員工提交 1（元），公司提撥 0.75（元）予退休金計畫。

但是，從圖 4-11 內可看出 *age* 與 *prate* 亦存在正的關係，故我們考慮兩種情況：於 (4-34) 式分別加進 x_3 與 *age* 自變數，其中 x_3 仍爲平均數與標準差分別爲 0 與 10 之常態分配隨機變數（抽取相同個數之觀察值），估計後分別可得：

$$\hat{p} = 83.0718 + 5.8802 mrate - 0.0508 x_3 \text{（情況 1）}$$
$$(0.563) \quad (0.527) \qquad (0.041)$$
$$n = 1{,}534, R^2 = 0.0756, \overline{R}^2 = 0.0744, \hat{\sigma}_0 = 16.0823$$

與

$$\hat{p} = 80.119 + 5.5213 mrate + 0.2431 age \text{（情況 2）}$$
$$(0.779) \quad (0.526) \qquad (0.045)$$
$$n = 1{,}534, R^2 = 0.0922, \overline{R}^2 = 0.0911, \hat{\sigma}_0 = 15.9373$$

雖然，比較 (4-34) 式與上述情況 1 與 2 的結果，應可以看出加進 *age* 變數所帶來 R^2 的提高幅度大於 x_3 變數所帶來 R^2 的提高幅度；不過，我們應注意 x_3 與 *mrate* 無關，但是 *age* 卻與 *mrate* 有關。我們發現加進有關的重要解釋變數竟然有助於 R^2 的提高！

4.2.2 調整的 R^2

於尚未介紹之前，我們先檢視表 4-1 的結果，該表是假定母體爲一個簡單迴歸式如 $y = \beta_0 + \beta_1 x_1 + \sigma_0 u$，而我們分別用 Model 0~3 估計，其中 $x_j(j = 1, 2, 3, 4)$ 與 u 皆是不相關的標準常態隨機變數。於 $n = 50$ 與 $\sigma_0 = 5, 20$ 之下，表 4-1 分別列出各估計結果的 R^2、$\overline{R}^2$、*SSR* 與 $\hat{\sigma}_0^2$ 值，其中稱 $\overline{R}^2$ 爲調整的 R^2（adjusted R-squared），表 4-1 結果的特色爲：

表 4-1　$y = \beta_0 + \beta_1 x_1 + \sigma_0 u$ ($n = 50$)

	$\sigma_0 = 5$				$\sigma_0 = 20$			
	R^2	$\overline{R}^2$	SSR	$\hat{\sigma}_0^2$	R^2	$\overline{R}^2$	SSR	$\hat{\sigma}_0^2$
0	0.3077	0.2933	1383.095	28.8145	0.0033	-0.0175	22129.53	461.0318
1	0.3402	0.3122	1318.117	28.045	0.0501	0.0097	21089.86	448.7205
2	0.3414	0.2984	1315.819	28.6048	0.0518	-0.0101	21053.1	457.6762

（接下頁）

（承上頁）

	$\sigma_0 = 5$				$\sigma_0 = 20$			
	R^2	$\overline{R}^2$	SSR	$\hat{\sigma}_0^2$	R^2	$\overline{R}^2$	SSR	$\hat{\sigma}_0^2$
3	0.3433	0.2849	1312.108	29.158	0.0544	−0.0296	20993.73	466.5273

說明：

(1) 第 1 欄表示 Model 0~3。

(2) x_j(j = 1, 2, 3, 4) 與 u 皆是不相關的標準常態隨機變數。

(3) Model 0：以 OLS 估計 $y = \beta_0 + \beta_1 x_1 + u$。

(4) Model 1：以 OLS 估計 $y = \beta_0 + \beta_1 x_1 + \beta_2 x_2 + u$。

(5) Model 2：以 OLS 估計 $y = \beta_0 + \beta_1 x_1 + \beta_2 x_2 + \beta_3 x_3 + u$。

(6) Model 3：以 OLS 估計 $y = \beta_0 + \beta_1 x_1 + \beta_2 x_2 + \beta_3 x_3 + \beta_4 x_4 + u$。

(1) 當 σ_0 變大，R^2 的估計值變小，此與我們的直覺一致，隱含著即使使用眞實模型如 Model 0 估計，當 σ_0 變大，R^2 的估計值亦會偏低。

(2) $\overline{R}^2$ 的估計有可能產生負數值，不過此可透過提高樣本數 n 改善。

(3) 如前所述，當迴歸模型加進不相關的解釋變數，此時 R^2 的估計值仍會逐漸上升或 SSR 會逐漸下降，不過 $\overline{R}^2$ 與 $\hat{\sigma}_0$ 值卻未必。

(4) 如前所述，R^2 的估計值偏低與 β_1 的估計並不衝突；換言之，根據表 4-1 內的假定，同時令 $\sigma_0 = 20$ 與 $n = 500$，圖 4-12 分別繪製出 Model 0~3 內 $\hat{\beta}_1$ 的抽樣分配，我們發現 $\hat{\beta}_1$ 仍是 β_1 的不偏或一致性估計式。

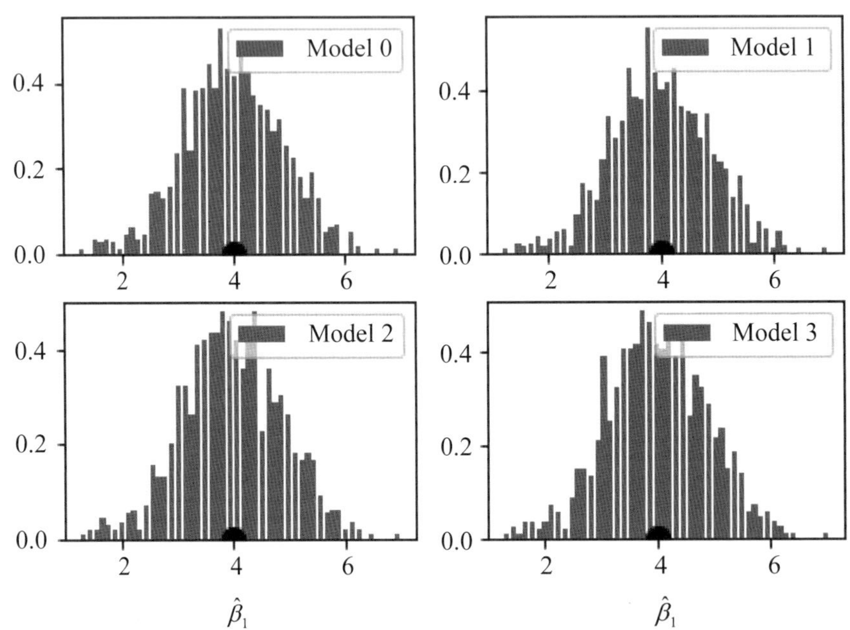

圖 4-12 $\hat{\beta}_1$ 的抽樣分配，其中黑圓點表示真實值

現在，我們介紹 $\overline{R}^2$。可回想 R^2 可寫成：

$$R^2 = 1 - \frac{SSR / n}{SST / n} \tag{4-35}$$

(4-35) 式可與 (2-25) 式比較。寫成 (4-35) 式的型態除了方便 R^2 的計算之外，我們可以進一步知道母體 R^2 的型態，即令 σ_0^2 與 σ_y^2 分別爲 u 與 y 之母體變異數，故根據 (4-35) 式，母體 R^2 可寫成：

$$\rho^2 = 1 - \frac{\sigma_0^2}{\sigma_y^2} \tag{4-36}$$

其中 ρ^2 表示母體 R^2。(4-36) 式表示母體 y 的變異可以由自變數解釋的成分。

因 SSR / n 與 SST / n 並不是 σ_0^2 與 σ_y^2 的不偏估計式，反而 $SSR / (n-k-1)$ 與 $SST / (n-1)$ 才是，是故 (4-35) 式可以進一步改寫成：

$$\overline{R}^2 = 1 - \frac{SSR / (n-k-1)}{SST / (n-1)} \tag{4-37}$$

故稱 $\overline{R}^2$ 爲調整的 R^2；因此，簡單地說，$\overline{R}^2$ 是經由自由度調整的 R^2。

通常，$\overline{R}^2$ 亦可稱爲校正型的 R^2（corrected R-squared），似乎隱含著 $\overline{R}^2$ 優於 R^2，不過若從統計學的觀點來看，$\overline{R}^2$ 並不是 R^2 的不偏估計式，畢竟兩個不偏估計式「相除」未必隱含著仍具有不偏估計式的性質。

我們會使用 $\overline{R}^2$ 指標，最主要是來自表 4-1 的結果。如前所述，於迴歸式內加入毫不相關的解釋變數，不僅 SSR 會下降，同時 R^2 的估計亦會上升，不過從 $\hat{\sigma}_0^2 = SSR / (n-k-1)$ 的計算可看出端倪，即增加解釋變數隱含著 $df = n-k-1$ 會下降使得 $\hat{\sigma}_0^2$ 上升，但是增加解釋變數亦會使得 SSR 下降，故對 $\hat{\sigma}_0^2$ 的整體效果不定。直覺而言，若增加解釋變數會使得 SSR 下降幅度較大，表示迴歸式的配適度提高，自然會使得 $\hat{\sigma}_0^2$ 下降。類似的情況，亦可用於解釋 $\overline{R}^2$ 的估計。

我們亦舉一個例子說明。考慮 (3-31) 與 (3-32) 二式，我們發現 *Poor* 與 *age* 皆會影響 *affairs*，因此可以使用 OLS 方法估計複迴歸式，可得：

$$\hat{a} = 1.5688 + 0.9538Poor - 0.032age$$
$$(0.119) \quad (0.107) \qquad (0.004)$$
$$n = 6{,}366, R^2 = 0.0202, \overline{R}^2 = 0.0199, \hat{\sigma}_0 = 2.1813 \tag{4-38}$$

其中 $a = affairs$。通常，使用複迴歸模型估計，我們習慣以 $\overline{R}^2$ 取代 R^2 的估計。

現在，我們大概可以解釋 (4-38) 式的意義了。可以注意 (4-38) 式內的參數估計值皆顯著異於 0，我們發現上述估計參數值結果合乎我們的預期（原來所謂的不偏性就是大概與我們的預期一致）。唯一讓我們意外的是，(4-38) 式的 $\overline{R}^2$ 估計值偏低，隱含著 *affairs* 的變異未必完全可由 (4-38) 式內的解釋變數解釋，即造成 *affairs* 的因素眾多，*Poor* 與 *age* 只是其中兩個可以解釋的變數，否則上述二變數的估計參數應該不顯著異於 0 才對！

上述例子再一次說明 $\overline{R}^2$ 估計值偏低與我們可以證明 *Poor* 與 *age* 有可能造成 *affairs* 現象的結論並不衝突。

表 4-2　(4-40) 式內自變數之間的樣本相關係數

	years	***gamesyr***	***bavg***	***hrunsyr***	***rbisyr***
years	1	0.5624	0.1973	0.3802	0.4871
gamesyr	0.5624	1	0.3191	0.6138	0.8487
bavg	0.1973	0.3191	1	0.1906	0.3291
hrunsyr	0.3802	0.6138	0.1906	1	0.8907
rbisyr	0.4871	0.8487	0.3291	0.8907	1

例 1　職業棒球大聯盟內球員薪水的複線性迴歸式

考慮下列的美國職業棒球大聯盟內球員薪水的迴歸式：

$$\log(salary) = \beta_0 + \beta_1 years + \beta_2 gamesyr + \beta_3 bavg + \beta_4 hrunsyr + \beta_5 rbisyr + u \tag{4-39}$$

其中 *salary*、*years*、*gamesyr*、*bavg*、*hrunsyr* 與 *rbisyr* 分別表示（1993 年）的總薪資、加入大聯盟的年資、年平均上場次數、打擊率、年全壘打數與年打點數。讀者可以判斷上述參數值的符號爲何？

根據 MLB1(W) 檔案內的數據資料，使用 OLS 方法估計，可得：

$$\hat{s} = \underset{\substack{(0.289)\\[0.000]}}{11.1924} + \underset{\substack{(0.012)\\[0.000]}}{0.0689}years + \underset{\substack{(0.003)\\[0.000]}}{0.0126}gamesyr + \underset{\substack{(0.001)\\[0.376]}}{0.001}bavg$$
$$+ \underset{\substack{(0.016)\\[0.369]}}{0.0144}hrunsyr + \underset{\substack{(0.007)\\[0.134]}}{0.0108}rbisyr$$
$$n = 353, R^2 = 0.628, \bar{R}^2 = 0.622, \hat{\sigma}_0 = 0.7266 \tag{4-40}$$

其中 $s = \log(salary)$。(4-40) 式是本書另外一種估計迴歸式的表示方式，可記得中括號內之值表示對應的 t 檢定統計量的 p 值；換言之，從 (4-40) 式內可輕易看出只有 *years* 與 *gamesyr* 的估計參數值顯著異於 0。有意思的是，(4-40) 式對應的 $\bar{R}^2$ 值約為 0.622，隱含著該式的配適度並不差。

因 (4-40) 式內有 5 個自變數，一個直覺的反應是上述 5 個自變數之間的相關程度如何？表 4-2 列出上述 5 個自變數之間的樣本相關係數，我們發現存在不低的相關程度。例如：*hrunsyr* 與 *rbisyr* 或 *gamesyr* 與 *rbisyr* 之間的樣本相關係數分別約為 0.8907 與 0.8487。究竟自變數之間存在高度的相關會對 (4-40) 式有何影響？於 4.1.2 節內，我們已經知道自變數之間存在相關，估計參數的標準誤會變大，使得估計參數值趨向於不顯著異於 0。那 R^2、$\bar{R}^2$ 或甚至於 $\hat{\sigma}_0$ 值呢？其是否會受到自變數之間存在相關的影響？

表 4-3　因變數為 *log(salary)* 之複線性迴歸模型

	(4-36) 式	**(4-37) 式**	**(4-38) 式**
Constant	11.192* (0.289)	11.021* (0.266)	11.278* (0.274)
years	0.0689* (0.012)	0.0677* (0.012)	0.0697* (0.012)
gamesyr	0.0126* (0.003)	0.0158* (0.002)	0.0112* (0.002)
bavg	0.0010 (0.001)	0.0014 (0.001)	0.0007 (0.001)
hrunsyr	0.0144 (0.016)	0.0359* (0.007)	

（接下頁）

（承上頁）

	(4-36) 式	(4-37) 式	(4-38) 式
rbisyr	0.0108 (0.007)		0.0165* (0.003)
n	353	353	353
$\bar{R}^2$	0.622	0.621	0.623
$\hat{\sigma}_0$	0.7266	0.7279	0.7264

說明："*" 表示於 $\alpha = 0.05$ 之下，顯著異於 0。

例 2 利用 $\bar{R}^2$ 值來選擇最適模型嗎？

考慮下列式子：

$$\log(salary) = \beta_0 + \beta_1 years + \beta_2 gamesyr + \beta_3 hrunsyr + u \tag{4-41}$$

與

$$\log(salary) = \beta_0 + \beta_1 years + \beta_2 gamesyr + \beta_3 bavg + \beta_4 rbisyr + u \tag{4-42}$$

因 (4-41) 與 (4-42) 二式內其中一個式子並非另一個式子的特例，故 (4-41) 與 (4-42) 二式屬於非包含模型（non-nested model）。直覺而言，面對非包含模型如 (4-41) 與 (4-42) 二式，我們如何判斷上述二式之優劣？用 $\bar{R}^2$ 估計值之大小嗎？可能需要再深思熟慮。

其實 (4-41) 或 (4-42) 式皆爲 (4-40) 式的一個特例。我們再根據 MLB1 檔案，以 OLS 方法估計 (4-41) 與 (4-42) 二式，其結果列於表 4-3。表 4-3 的結果讓人迷惑，原因就在於若使用 $\bar{R}^2$ 的大小當作最適模型的選擇依據，則最適模型的選擇順序分別爲 (4-42)、(4-40) 與 (4-41) 式，顯然 (4-40) 式優於 (4-41) 式。於例 1 內，我們已經知道 *hrunsyr* 與 *rbisyr* 之間的（樣本）相關係數接近於 90%，故 (4-40) 式可能已陷入「線性重合」陷阱，我們亦可以從表 4-3 內看出端倪，即 (4-40) 式內的 *hrunsyr* 與 *rbisyr* 的估計參數值皆不顯著。不過若捨棄其中之一，如 (4-41) 或 (4-42) 式所示，可發現 *hrunsyr* 或 *rbisyr* 的估計式卻皆顯著異於 0。

値得注意的是，(4-41) 與 (4-42) 二式內 $\bar{R}^2$ 與 $\hat{\sigma}_0$ 估計值，其實差距不大，尤其是我們說 (4-42) 式優於 (4-41) 式，恐怕有些牽強，隱含著若單獨使用 $\bar{R}^2$ 或 $\hat{\sigma}_0$ 的大小當作最適模型的選擇依據，未必是很恰當。

例 3 再談 CEO 薪資

再考慮第 3 章內之 CEO 薪資之檔案數據資料，以 OLS 方法估計，可得：

$$\hat{C} = 836.0731 + 0.1581VAL + 0.0681SALES$$
$$(107.975) \quad (0.432) \qquad (0.017)$$
$$n = 100, R^2 = 0.142, \overline{R}^2 = 0.125, \hat{\sigma}_0 = 797.88 \tag{4-43a}$$

與

$$\hat{c} = 6.5004 + 0.0729\log(VAL) + 0.051Sales$$
$$(0.082) \quad (0.027) \qquad (0.001)$$
$$n = 100, R^2 = 0.219, \overline{R}^2 = 0.203, \hat{\sigma}_0 = 0.568 \tag{4-43b}$$

其中 $C = COMP$ 與 $c = \log(COMP)$。*Sales* 爲 *SALES* / 100，即改用億元計價[12]。

比較 (4-43a) 與 (4-43b) 二式，可發現除了 (4-43a) 式內 *VAL* 之估計參數值不顯著異於 0 之外，其餘的估計參數值皆顯著異於 0。值得注意的是，因被解釋變數不同，(4-43a) 與 (4-43b) 二式內的 $\overline{R}^2$ 或 $\hat{\sigma}_0$ 值是不能比較的。圖 4-13 分別繪製出 *SALES* 與 *COMP* 以及 *Sales* 與 log(*COMP*) 之間的散佈圖；另外，於 *VAL* 或 log(*VAL*) 值固定下，該圖亦繪製出對應的 SRF。直覺而言，檢視縱軸或橫軸的座標差異，似乎右圖較受青睞。

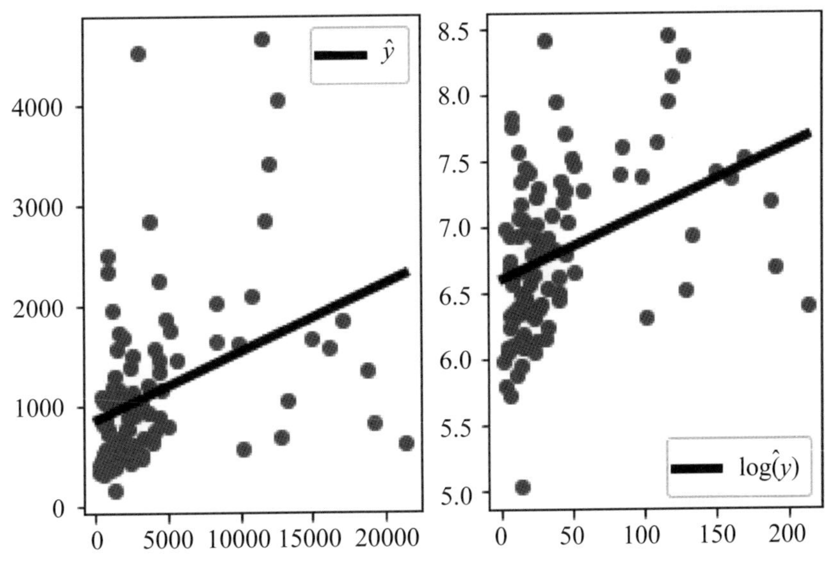

圖 4-13 *SALES* **與** *COMP* **以及** *Sales* **與** log(*COMP*) **之間的散佈圖，其中** $y = COMP$

[12] (4-36b) 式內的自變數若仍使用 *VAL* 與 *SALES* 變數，則估計參數值會非常小，故使用 (4-36b) 式內自變數取代。由於用電腦計算不是用手算，故因變數或自變數的計價單位改變並不造成困擾。

例 4　$\bar{R}^2$ 最大或 $\hat{\sigma}_0$ 最小

其實，若我們再檢視 (4-37) 式，可得 $\bar{R}^2 = 1 - \dfrac{\hat{\sigma}_0^2}{SST/(n-1)}$，即於 $SST/(n-1)$ 固定下，$\bar{R}^2$ 最大豈不是隱含著 $\hat{\sigma}_0$ 最小嗎？換句話說，若以 $\bar{R}^2$ 最大當作不同模型[13]的選擇標的基準，其結果應與 $\hat{\sigma}_0$ 最小爲選擇基準相同？恐怕未必，因爲具有相關的自變數對 $\bar{R}^2$ 與 $\hat{\sigma}_0$ 的影響未必一致。

習題

(1) 表 4-2 內的樣本相關係數矩陣倒是可以提供我們模擬出一個具有 5 個相關自變數（多變量常態分配）的 MLR 模型，如何做？假定誤差項屬於（條件）變異數同質。

(2) 續上題，試以 OLS 方法估計，結果爲何？對應的 $\bar{R}^2$ 與 $\hat{\sigma}_0$ 值分別爲何？

(3) 續上題，若自變數全數改用不相關的標準常態分配隨機變數取代，仍以 OLS 方法估計，結果爲何？對應的 $\bar{R}^2$ 與 $\hat{\sigma}_0$ 值又分別爲何？

(4) 假定一個 MLR 模型內有三個自變數，其中 x_1 與 x_2、x_1 與 x_3 以及 x_2 與 x_3 之間的相關係數分別爲 -0.5、0.6 與 -0.9，我們如何模擬出上述因變數與自變數的觀察值？假定誤差項屬於（條件）變異數同質。

(5) 續上題，試以 OLS 方法估計，結果爲何？對應的 $\bar{R}^2$ 與 $\hat{\sigma}_0$ 值分別爲何？

(6) 續上題，若自變數之間的相關係數皆改爲正數值，仍試以 OLS 方法估計，結果爲何？對應的 $\bar{R}^2$ 與 $\hat{\sigma}_0$ 值分別爲何？若自變數全數改用不相關的標準常態分配隨機變數取代，結果又爲何？

(7) 考慮 Gujarati 與 Porter（2009）的小孩死亡率檔案[14]，我們打算估計下列複迴歸式：

$$CM = \beta_0 + \beta_1 PGNP + \beta_2 TFR + u$$

其中 CM、$PGNP$ 與 TFR 分別表示小孩死亡率（每千人）、人均 GNP 以及總生育率，試回答下列問題：

---

[13] 如例 3 所述，不同模型的因變數型態應相同。

[14] Gujarati 與 Porter（2009）內之表 6-4 檔案。

(i) 上述檔案爲本章所附之 F2.rda，該檔案型態爲何？爲何需要轉換？

(ii) 試以 OLS 方法估計上式，結果爲何？估計參數值是否符合我們的預期？是否顯著異於 0？

(iii) 考慮 *FLR* 變數（其是指婦女的識字率程度），是否是一個合理的解釋變數？*FLR* 與 *TFR* 之間的樣本相關係數爲何？

(iv) 上述迴歸式再加進 *FLR* 自變數，再以 OLS 方法估計，結果爲何？$\overline{R}^2$ 與 $\hat{\sigma}_0$ 值的變化又爲何？是否應該包括 *FLR* 自變數？

4.3 線性重合

若與 SLR 模型比較，我們必須檢視 MLR 模型內的 k 個自變數之間是否存在著相關？如前所述，若 k 個自變數之間存在著相關，我們可以藉由 Frisch-Waugh 定理解釋複迴歸式內 β_j 的意義，故除非 $\hat{\beta}_j$ 的顯著性受到影響，否則自變數之間存在著相關應該沒有什麼大礙。本節嘗試藉由模擬的方式說明（或整理）若自變數之間存在著相關，估計迴歸式內之 $\hat{\beta}_j$ 的不偏性、$\hat{\beta}_j$ 的標準誤、R^2（或 $\overline{R}^2$）值與 $\hat{\sigma}_0$ 值的變化。

4.3.1 相關的自變數

我們先來看表 4-4 與 4-5 的例子。上述表內的資料是取自模組 (statsmodels) 的資料庫內之 statecrime 檔案。該檔案是調查美國 51 州於 2009 年之 *violent*（暴力型犯罪率）的相關資料。由於觀察值資料皆爲正數值，故爲了檢視方便，表 4-4 與 4-5 內的觀察值資料皆以對數值的型態呈現。

首先我們先檢視上述檔案內的 6 個變數觀察值之間的樣本相關係數，其結果列於表 4-4。我們發現上述 6 個變數觀察值之間的相關程度頗高，例如：log(*violent*) 與 log(*murder*)（謀殺率）以及 log(*violent*) 與 log(*single*)（單身家庭）之間的樣本相關係數分別約爲 0.82 與 0.74，而 log(*single*) 與 log(*murder*) 之間的樣本相關係數則約爲 0.83。圖 4-14 繪製出後兩者之間的散佈圖，我們可以看出兩者之間的相關程度相當密切；或者說，*violent* 與 *murder* 之間非常有關，而 *murder* 又與 *single* 脫離不了，最後 *violent* 與 *single* 之間有關[15]。

---

[15] 圖 4-14 內之數字是根據檔案的索引欄順序，即 "8" 表示華盛頓哥倫比亞特區。

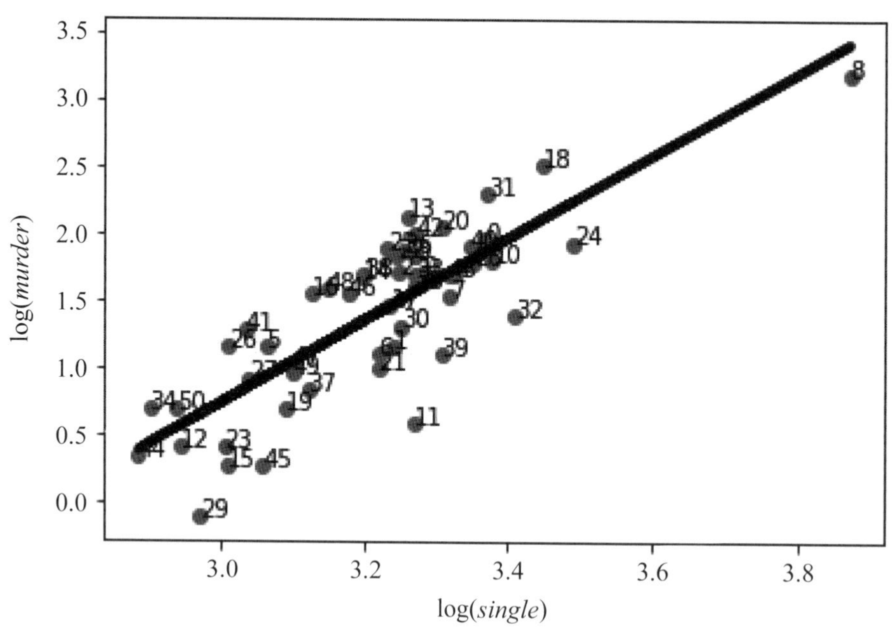

圖 4-14 log(*single*) 與 log(*murder*) 之間的散佈圖

表 4-4 *Crime* 檔案內變數觀察值之間的樣本相關係數

	lv	lm	lh	lp	ls	lu
lv	1	0.8223	-0.4874	0.3846	0.7438	0.5039
lm	0.8223	1	-0.6688	0.6198	0.8263	0.311
lh	-0.4874	-0.6688	1	-0.7211	-0.6334	-0.1865
lp	0.3846	0.6198	-0.7211	1	0.4694	-0.1363
ls	0.7438	0.8263	-0.6334	0.4694	1	0.4055
lu	0.5039	0.311	-0.1865	-0.1363	0.4055	1

說明：第 1 欄內的變數名稱分別爲 *violent*、*murder*、*hs_grad*、*poverty*、*single* 與 *urban*，上述變數皆以對數型態表示。

大致知道上述 6 個變數之間的相關程度之後，我們有興趣下列的複線性迴歸模型如：

$$\log(violent) = \beta_0 + \beta_1 \log(murder) + \beta_2 \log(hs\_grad) + \beta_3 \log(poverty) + \beta_4 \log(single) + \beta_5 \log(urban) + u \tag{4-44}$$

其中 *hs_grad*、*poverty* 與 *urban* 分別表示高中以上學歷比重、貧窮率與都市化程度。我們可以先思考 $\beta_j(j = 1, \cdots, 5)$ 的意義分別爲何？因 (4-44) 式內的自變數之間的相關程度並不低，故應避免使用 $\partial y / \partial x_j = \beta_j$ 的方式解釋。

表 4-5　因變數為 log(*violent*)，$n = 51$

	M 1	M 2	M 3	M 4	M 5	M 6	M 7	M 8
C.	-3.48 (7.59)	-1.28 (7.07)	-7.41 (9.19)	2.44 (7.10)	-1.19 (0.82)	4.30* (0.75)	-1.71 (5.34)	-0.89 (0.81)
x_1	0.53* (0.11)	0.59* (0.08)				0.58* (0.08)	0.59* (0.07)	
x_2	1.44 (1.50)	1.16 (1.45)	1.24 (1.83)	-0.68 (1.44)			1.23 (1.18)	
x_3	-0.001 (0.27)	-0.02 (0.26)	0.49 (0.30)		0.36 (0.23)	-0.14 (0.22)		
x_4	0.31 (0.38)		1.54* (0.35)	1.66* (0.35)	1.46* (0.33)			1.76* (0.27)
x_5	0.30* (0.11)	0.32* (0.11)	0.38* (0.13)	0.29* (0.12)	0.37* (0.13)	0.29* (0.10)	0.32* (0.09)	0.28* (0.12)
$\bar{R}^2$	0.73	0.73	0.59	0.60	0.62	0.73	0.75	0.60
$\hat{\sigma}_0$	0.25	0.25	0.30	0.31	0.30	0.25	0.24	0.30

說明：

(1) *C.* 表示常數項，而 $x_j(j = 1, \cdots, 5)$ 分別表示 *murder*、*hs_grad*、*poverty*、*single* 與 *urban*，x_j 係用對數的型態表示。

(2) "*" 表示於顯著水準爲 5% 之下不顯著異於 0。

根據 (4-44) 式，我們有多種模型可以選擇，我們皆以 OLS 方法估計，其結果分別列於表 4-5，該表的特色爲：

(1) 檢視 M 1 的結果，即 (4-44) 式的 OLS 估計結果，該結果應與我們的直覺一致，因爲我們已經知道自變數之間存在並不低的相關程度，雖說 $\hat{\beta}_j$ 仍具不偏性但是對應的標準誤較大，故應該有不少的估計參數值不顯著異於 0。果然，只有 log(*murder*) 與 log(*urban*) 的估計參數值顯著異於 0，其餘的估計參數值皆不顯著異於 0。比較意外的是 log(*hs_grad*) 的估計參數值雖然不顯著，但是其值卻爲正數值，「高學歷具有暴力犯罪的傾向？」。

(2) 因 log(*murder*) 與 log(*single*) 之間具有高的正相關，故 M 2 刪除 log(*single*) 而 M 3 除去 log(*murder*)，其餘保留。於 M 3 內，我們發現 log(*single*) 的估計參數值顯著異於 0，顯示出 log(*single*) 可以取代 log(*murder*)，不過因 $\bar{R}^2$ 或 $\hat{\sigma}_0$ 值不如 M 1，故 M 3 略劣於 M 1。

(3) 同理，因 log(*hs_grad*) 與 log(*poverty*) 之間的樣本相關係數約爲 -0.72，故 M 4 不考慮 log(*poverty*) 而 M 5 刪除 log(*hs_grad*)，我們發現 log(*hs_grad*) 與 log(*poverty*) 的估計參數值雖然仍不顯著異於 0，但是其符號已經與我們的直覺一致。例如：於 M 4 內，log(*hs_grad*) 的估計參數值小於 0，隱含著其他情況不變（$\Delta u = 0$）以及除去其他的影響因子後（含因變數），單純 log(*hs_grad*) 與 log(*violent*) 之間的關係爲 -0.68，該結果倒與兩者之間的樣本相關係數約爲 -0.67 一致；同理，可檢視 M 5 的 log(*poverty*) 的估計參數值。

(4) M 6 與 M 7 再使用 log(*murder*) 而不考慮 log(*single*) 解釋變數，我們又發現 log(*hs_grad*) 與 log(*poverty*) 的估計參數值與我們的直覺不一致，隱含著 log(*single*) 是一個不該忽略的解釋變數。

(5) M 8 刪除不顯著的解釋變數而只保留 log(*single*) 與 log(*urban*) 兩個解釋變數，其中後者的估計參數值約爲 0.28（「暴力犯罪型的都市化彈性」），隱含著其他情況不變（$\Delta u = 0$）以及於 log(*violent*) 與 log(*urban*) 內扣除掉其他的影響因素後，都市化[16]提高 1%，暴力犯罪率約會提高 0.28%。我們發現除了 *single* 之外，*urban* 亦是一個重要的解釋變數。

(6) 除了 M 8 之外，其實 M 4 與 M 5 亦提供了重要的資訊。

若使用 $\bar{R}^2$ 或 $\hat{\sigma}_0$ 爲選擇不同模型的指標，可能會選擇下列模型：

$$\begin{aligned} \hat{v} &= \underset{(0.35)}{3.86} + \underset{(0.06)}{0.54}\log(murder) + \underset{(0.09)}{0.32}\log(urban) \\ n &= 51, R^2 = 0.74, \bar{R}^2 = 0.73, \hat{\sigma}_0 = 0.24 \end{aligned} \tag{4-45}$$

其中 $v = \log(violent)$。即若與表 4-5 內的模型比較，(4-45) 式的 $\bar{R}^2$ 值最大或 $\hat{\sigma}_0$ 值最低；不過，因 *murder* 屬於 *violent*，故反而 M 8、M 4 或 M 5 較爲重要。

---

[16] 居住人口 50,000 以上稱爲已都市化。

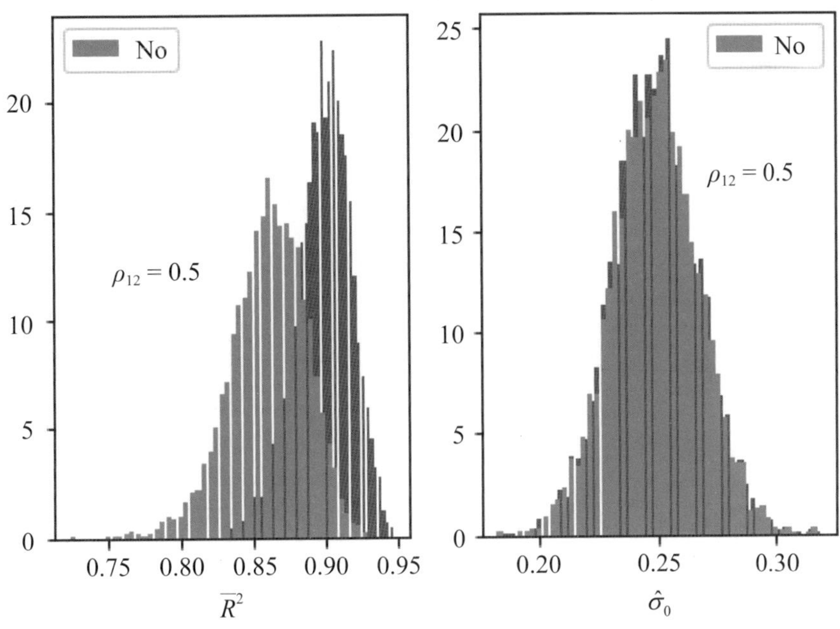

圖 4-15　$\bar{R}^2$ 與 $\hat{\sigma}_0$ 的抽樣分配，其中 No 指 x_1 與 x_2 不存在著相關

上述結果說明了於 MLR 模型內無法避免地會遇到自變數之間存在相關的情況，或是自變數之間存在著相關，未必表示迴歸的估計參數值一定會不顯著異於 0。我們再來看自變數之間存在著相關的 MLR 模型還會發生何事？例如：以 (4-45) 式或表 4-5 內的 M 8 爲架構，令 ρ_{12} 仍表示 x_1 與 x_2 的相關係數以及以 (4-45) 式的估計參數值爲 $\boldsymbol{\beta} = [\beta_0, \beta_1, \beta_2]$；另外，假定誤差項屬於（條件）變異數同質而令 $\sigma_0 = 0.25$，故母體迴歸式的自變數分別爲 x_1 與 x_2，其中後兩者皆屬於標準常態隨機變數，圖 4-15 分別繪製出以 OLS 方法估計母體迴歸式之對應的 $\bar{R}^2$ 與 $\hat{\sigma}_0$ 的抽樣分配，其中樣本數 $n = 100$ 與 $u \sim IIDN(0, \sigma_0^2)$。

我們發現存在著相關的 MLR 模型與不存在著相關的 MLR 模型的 $\bar{R}^2$ 值之抽樣分配竟然不同；換句話說，存在著相關的 MLR 模型的 $\bar{R}^2$ 值普遍較高，而且上述兩者的差異竟與 ρ_{12} 值的大小或正負值有關，讀者可以嘗試模擬看看（習題）。因此，重新檢視 (4-14) 式，若 $\log(L)$ 與 $\log(K)$ 毫不相關，應該估計的迴歸式之 $\bar{R}^2$ 值會較低。若解釋變數皆是被解釋變數的重要解釋變數的話，解釋變數之間具有相關應該比毫不相關的解釋變數更能解釋被解釋變數的波動。

圖 4-15 的結果亦透露出一個重要的訊息，那就是 σ_0 的估計（即 $\hat{\sigma}_0$）與 ρ_{12} 值無關，隱含著於相關的 MLR 模型下，利用 $\bar{R}^2$ 值或 $\hat{\sigma}_0$ 值的高低來選擇適當的模型指標，結果有可能不同。

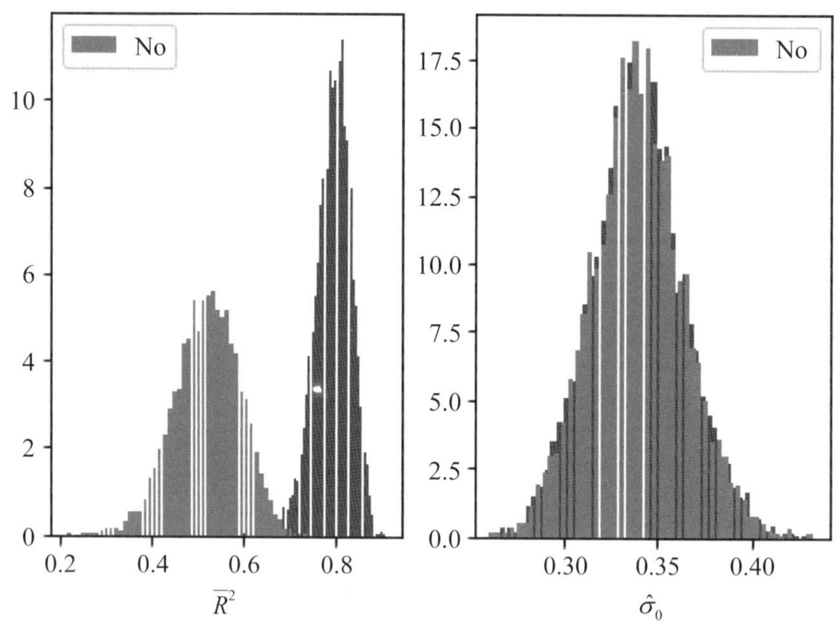

圖 4-16　$\overline{R}^2$ 與 $\hat{\sigma}_0$ 的抽樣分配，其中 No 指三個自變數皆不存在著相關

我們再舉一個例子。考慮 4.2.2 節內習題 (7) 的檔案。以 OLS 方法估計，可得：

$$\begin{aligned} &\hat{c} = 5.6355 - 0.0061FLR - 0.2784\log(PGNP) + 0.2252TFR \\ &\quad (0.399) \quad (0.002) \qquad (0.051) \qquad\qquad (0.036) \\ &n = 64, R^2 = 0.795, \overline{R}^2 = 0.785, \hat{\sigma}_0 = 0.3404 \end{aligned} \tag{4-46}$$

其中 $c = \log(CM)$。我們發現 (4-46) 式內的估計參數值皆顯著異於 0，且與我們的直覺一致。例如：FLR 的估計參數值約為 -0.0061，隱含著單純 FLR 與 $\log(CM)$ 之間的關係約為 -0.0061（即 FLR 提高 1%，CM 約會下降 0.0061%）（提高婦女的識字率會降低小孩的死亡率）。其他自變數的估計參數值的解釋類似。

值得注意的是，(4-46) 式內的自變數之間仍存在高度的相關，即 FLR 與 $\log(PGNP)$、$\log(PGNP)$ 與 TFR 以及 FLR 與 TFR 之間的樣本相關係數分別約為 0.6076、-0.397 與 -0.626。是故，(4-46) 式再一次顯示出具高度相關的 MLR 模型未必皆有不顯著的解釋變數。類似於圖 4-15，我們仍利用 (4-46) 式的架構，特別是使用 (4-46) 式內自變數之間的樣本共變異數矩陣，透過模擬的方式，圖 4-16 分別繪製出 $\overline{R}^2$ 與 $\hat{\sigma}_0$ 的抽樣分配，我們依舊得出具相關的 MLR 模型的 $\overline{R}^2$ 較高，但是 $\hat{\sigma}_0$ 值仍不受影響的結論。

因此，若估計參數值皆顯著異於 0，自變數之間存在高度的相關似乎是無害的。

例 1 男勞工的月薪

考慮模組 (linearmodels) 的 wage 檔案內的數據資料，以 OLS 方法估計，可得：

$$\begin{aligned}\hat{w} &= 5.518 + 0.078educ + 0.016exper + 0.0002exper^2 \\ &\quad (0.125)\ (0.007) \qquad (0.014) \qquad (0.001) \\ n &= 934, \bar{R}^2 = 0.128, \hat{\sigma}_0 = 0.393\end{aligned} \tag{4-46a}$$

其中 $w = \log(wage)$。我們發現 (4-46a) 式內的 *exper* 與 $exper^2$ 的估計參數值皆不顯著異於 0，此的確有些奇怪，不過應該可以瞭解爲何會如此，即計算 *exper* 與 $exper^2$ 之間的樣本相關係數，竟然高達 97.61%，隱含著 (4-46a) 式存在高度的線性重合，以致於估計參數值的標準誤偏高，使得 *exper* 與 $exper^2$ 的估計參數值皆較不顯著。

解決 (4-46a) 式內的線性重合問題是除去 *exper* 或 $exper^2$，當然選擇後者，重新估計，可得：

$$\begin{aligned}\hat{w} &= 5.496 + 0.075educ + 0.015exper + 0.013tenure \\ &\quad (0.111)\ (0.007) \qquad (0.003) \qquad (0.003) \\ n &= 934, \bar{R}^2 = 0.152, \hat{\sigma}_0 = 0.388\end{aligned} \tag{4-46b}$$

我們發現 (4-46b) 式的估計參數值皆顯著異於 0。(4-46b) 式的特色是額外再考慮 *tenure*（任職年資）自變數，讀者亦可以檢視除去 *tenure* 後，*exper* 的估計參數值依然顯著異於 0，隱含著 *exper* 會影響 log(*wage*)，亦隱含著 (4-46a) 式因線性重合問題隱藏了 *exper* 會影響 log(*wage*) 的事實。

例 2 婦女的時薪

考慮模組 (linearmodels) 的 mroz 檔案內的數據資料，以 OLS 方法估計，可得：

$$\begin{aligned}\hat{w} &= -0.522 + 0.108educ + 0.042exper - 0.0008exper^2 \\ &\quad (0.199)\ (0.014) \qquad (0.013) \qquad (0.0004) \\ n &= 428, \bar{R}^2 = 0.151, \hat{\sigma}_0 = 0.666\end{aligned} \tag{4-46c}$$

我們亦發現 (4-46c) 式內的估計參數值皆顯著異於 0。比較 (4-46a) 與 (4-46c) 二式，可發現如 (4-46a) 式，除了 *educ* 之外，*exper* 與 *tenure* 等自變數亦會影響男性勞工的月薪；有意思的是，我們看不出 *exper* 存在報酬遞減的現象。

至於婦女的時薪方程式如 (4-46c) 式，我們發現除了 *educ* 之外，*exper* 亦會影響婦女的時薪而且後者竟然存在報酬遞減的現象。值得注意的是，mroz 檔案內 *exper* 與 $exper^2$ 之間的樣本相關係數亦高達 95.25%，隱含著 (4-46c) 式亦存在高度的線性重合，不過從該式內可看出 *exper* 與 $exper^2$ 的顯著性較強，故即使有線性重合問題，後兩者的估計參數值仍顯著異於 0。換句話說，若因高度的線性重合而刪除 *exper* 與 $exper^2$ 內其中一個自變數，我們會忽略了婦女的時薪方程式的特色。

4.3.2 再談 $\hat{\beta}_j$ 的標準誤

(4-19) 式應該可以延伸。考慮 (4-2) 式，OLS 估計式 $\hat{\beta}_j$ 之變異數可寫成：

$$Var(\hat{\beta}_j) = \frac{\sigma_0^2}{SST_j\left(1 - R_j^2\right)}, j = 1, 2, \cdots, k \tag{4-47}$$

其中 $SST_j = \sum_{i=1}^{n}(x_{ij} - \overline{x}_j)^2$ 表示 x_j 的離散平方和，而 R_j^2 則表示其他解釋變數對 x_j 之迴歸式的 R^2。當然 (4-47) 式仍需要誤差項屬於（條件）變異數同質性的假定。

我們來檢視 (4-47) 式[17]。(4-47) 式說明了 OLS 估計式之變異數 $Var(\hat{\beta}_j)$ 可拆成由 σ_0^2、SST_j 與 R_j^2 等三個部分所構成，可以分述如下：

(1) 誤差項之（條件）變異數 σ_0^2。σ_0 值愈大（小），OLS 估計式的抽樣分配變異數會愈大（愈小）。我們舉一個例子說明。假定 $\mathbf{x} = (x_1, x_2, x_3)$ 屬於平均數向量元素皆爲 0 以及共變異數矩陣爲 V1 的多變量常態分配的隨機變數[18]；另一方面，假定 u 屬於平均數與標準差分別爲 0 與 σ_0 的常態分配。於已知的眞實值 $\boldsymbol{\beta} = [2, 4, 6, 8]$ 之下，我們可以分別模擬出 $\mathbf{x}$、u 或甚至於 y 的觀察值，然後再使用 OLS 方法估計對應的參數值。如此的動作，可以重複 N 次，自然可以得出 OLS 估

[17] (4-47) 式的證明可以參考 Wooldridge（2020），我們仍使用模擬的方式說明。

[18] $V_1 = \begin{bmatrix} 4 & 3 & 4.8 \\ 3 & 9 & 9.6 \\ 4.8 & 9.6 & 16 \end{bmatrix}$。

計式的抽樣分配。例如：圖 4-17 分別繪製出 σ_0 值等於 5 與 10 的 $\hat{\beta}_1$ 的抽樣分配。我們可以看出後者（σ_0 值等於 10）所對應的抽樣分配的變異數較大。面對上述結果，也許我們有可能可以從 σ_0 內再找出更多的解釋變數以降低上述抽樣分配的變異數，此當然是未來努力的方向。

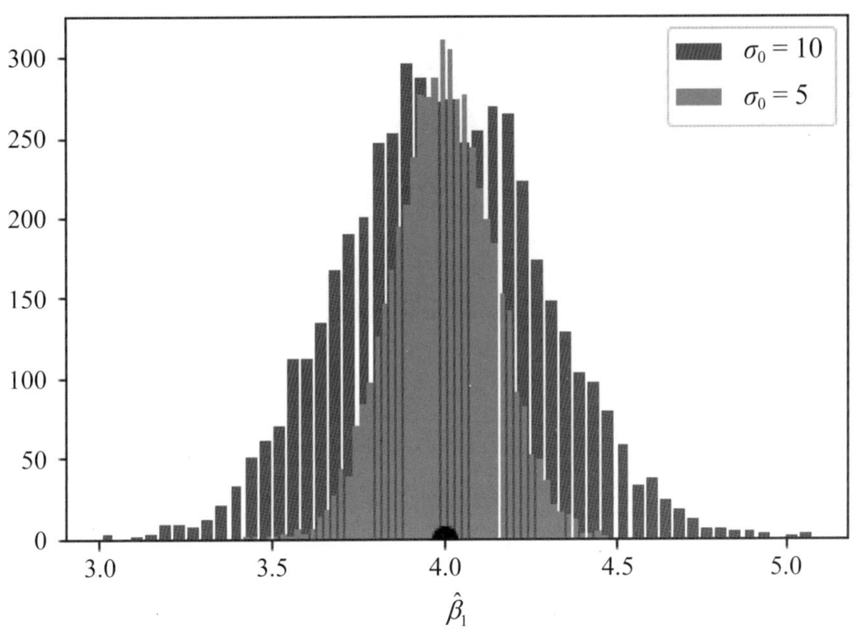

圖 4-17　不同 σ_0 值下，$\hat{\beta}_1$ 的抽樣分配，其中黑點為真實值

(2) x_j 的離散平方和 SST_j。我們已經知道 SST_j 愈小，表示 x_j 的離散愈小，隱含著 y 的變異愈難透過 x_j 解釋，故 $\hat{\beta}_j$ 的抽樣分配的變異數將愈大；同理，SST_j 愈大，對應的 $\hat{\beta}_j$ 抽樣分配的變異數將愈小。我們亦透過模擬的方式說明，先試下列指令：

```
V2 = Cov3([1,3,4],r)
```

即 V2 只是將前述 V1 內的第 1 個變數（即 x_1）的變異數由 2 改為 1，其餘不變（檢視所附檔案）。類似於圖 4-17，圖 4-18 分別繪製出於 V1 與 V2 下，$\hat{\beta}_1$ 的抽樣分配，我們可以發現後者的變異數較大。面對 SST_j 較小的情況，也許我們可以透過增加樣本數解決。

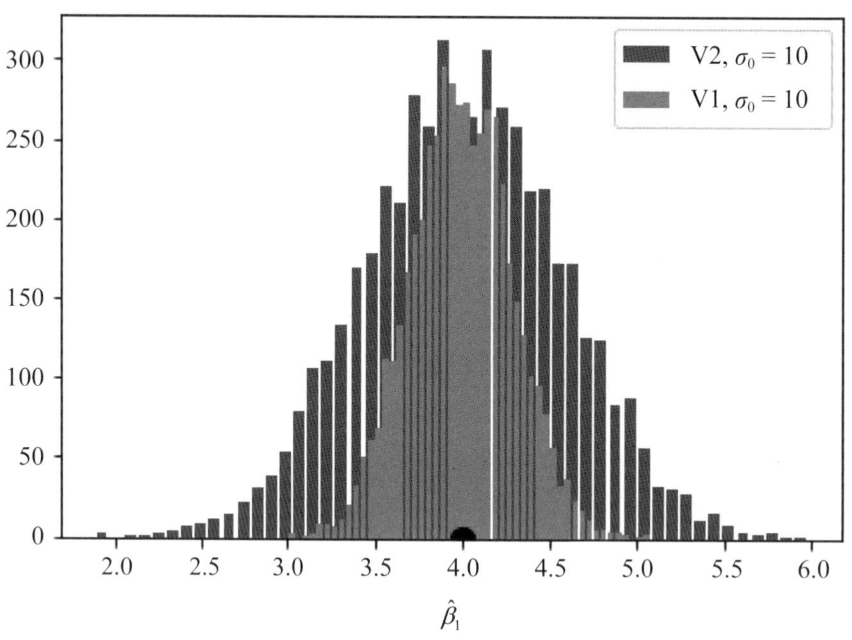

圖 4-18　於 V1 與 V2 下，$\hat{\beta}_1$ 的抽樣分配，其中黑點為真實值

(3) 解釋變數之間的線性組合 R_j^2。R_j^2 大概是 $Var(\hat{\beta}_j)$ 內最麻煩的部分，我們先試下列我們自設的函數：

```
def se1(data):
    nT,k = data.shape
    model = ols('y~x1+x2+x3',data).fit()
    sigmahat = np.sqrt(model.ssr/(nT-k))
    x1bar = np.mean(data['x1'])
    SSTx1 = np.sum((data['x1']-x1bar)**2)
    model1 = ols('x1~x2+x3',data).fit()
    R12 = model1.rsquared
    sebeta1 = sigmahat/np.sqrt(SSTx1*(1-R12))
    se = sigmahat/np.sqrt(SSTx1)
    VIF1 = 1/(1-R12)
    return sebeta1,se,R12,VIF1
```

可以參考 (4-51) 式，即上述 se1(.) 函數可用於計算 $se(\hat{\beta}_1)$（即 $\hat{\beta}_1$ 的標準誤）。讀者當然可以以自設函數的方式計算如 $se(\hat{\beta}_2)$ 等。我們可以看出 R_1^2 相當於使用 OLS 估計下列的迴歸式：

$$x_1 = \alpha_0 + \alpha_1 x_2 + \alpha_2 x_3 + \varepsilon \tag{4-48}$$

其中 ε 爲平均數與標準差分別爲 0 與 σ_1 的隨機變數（誤差項）。就 (4-48) 式而言，若 $\sigma_1 = 0$，則 x_1 可視爲 x_2 與 x_3 的線性組合，此時 $R_1^2 = 1$；換言之，R_1^2 可用以判斷 x_2 與 x_3 之間的線性組合程度（用 x_1 來表示），即若 $R_1^2 = 0$，隱含著 σ_1 值相當大。因此，我們可以透過 σ_1 值瞭解迴歸式內解釋變數之間的線性組合程度，可以參考圖 4-19。我們發現當 σ_1 值愈小，表示 x_2 與 x_3 之間的線性組合程度愈嚴重，隱含著 R_1^2 值愈大（圖 4-19 的右圖），而 $se(\hat{\beta}_1)$ 則愈大（圖 4-19 的左圖）。

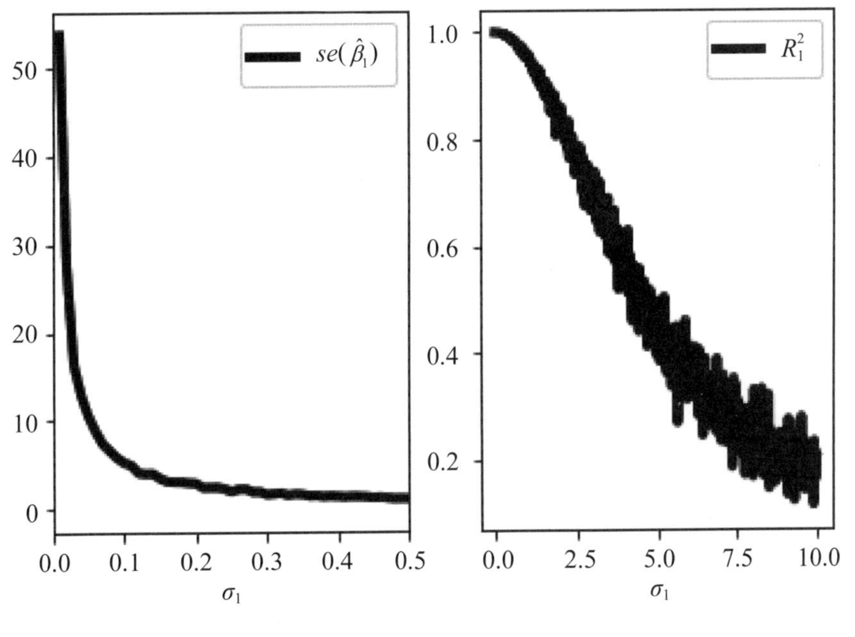

圖 4-19　不同 σ_1 值下，$se(\hat{\beta}_1)$ 與 R_1^2

因此，從上述分析可知 σ_0、SST_j 與 R_j^2 值之高低強弱皆會影響到 $se(\hat{\beta}_j)$ 的大小；雖說如此，我們發現似乎解釋變數之間的線性重合問題更加讓人印象深刻，我們進一步檢視。

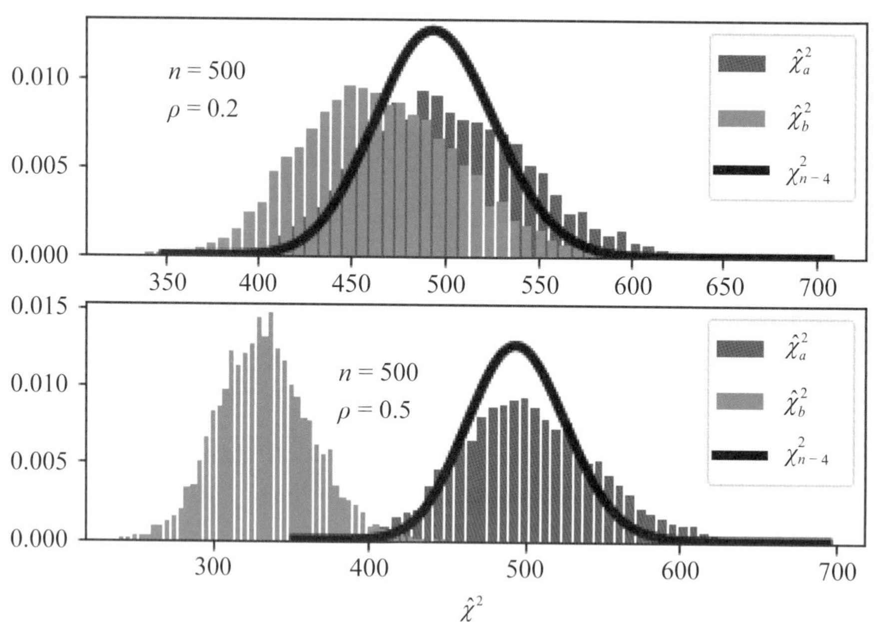

圖 4-20　χ_a^2 與 χ_b^2 的抽樣分配，其中 χ_{n-4}^2 為自由度為 $n-4$ 的卡方分配 PDF

根據 (4-47) 式，$\hat{\beta}_j$ 的變異數可改寫成：

$$Var(\hat{\beta}_j) = \frac{\sigma_0^2}{SST_j} VIF_j \tag{4-49}$$

其中

$$VIF_j = \frac{1}{\left(1 - R_j^2\right)} \tag{4-50}$$

我們稱 VIF 爲變異數膨脹因子（variance inflation factor, VIF）。如前所述，我們會使用 $\hat{\sigma}_0^2 = \frac{\sum_{i=1}^{n} \hat{u}^2}{n-(k+1)}$ 估計 σ_0^2；換言之，$Var(\hat{\beta}_j)$ 的估計式可改寫成：

$$Var(\hat{\beta}_j) = \hat{\sigma}_{\hat{\beta}_j}^2 = \frac{\hat{\sigma}_0^2}{SST_j} VIF_j = \hat{\sigma}_j^2 VIF_j \tag{4-51}$$

其中 $\hat{\sigma}^2_{\hat{\beta}_j}$ 與 $\hat{\sigma}^2_j$ 的差異，在於後者並未包括 VIF_j。我們嘗試檢視 $\chi^2_b = \dfrac{\sigma^2_0}{\hat{\sigma}^2_{\hat{\beta}_1}}$ 與 $\chi^2_a = \dfrac{\sigma^2_0}{\hat{\sigma}^2_1}$ 的抽樣分配，可以參考圖 4-20。

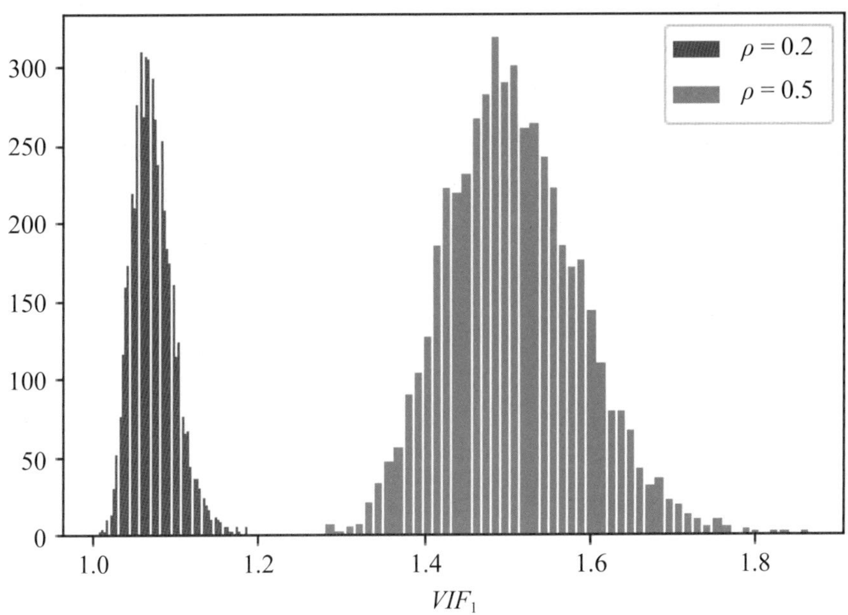

圖 4-21　圖 4-20 對應的 VIF_1 抽樣分配

仍延續如圖 4-17 的例子，即 $\mathbf{x} = (x_1, x_2, x_3)$，圖 4-20 考慮兩種情況，其中之一是 x_i 與 $x_j (i, j = 1, 2, 3)$ 之間的相關係數皆為 0.2，而另外一種情況則是 x_i 與 $x_j (i, j = 1, 2, 3)$ 之間的相關係數皆為 0.5。我們發現隨著上述 x_i 與 x_j 之間的相關係數的提高，χ^2_b 竟然脫離 χ^2_a，其中後者接近於自由度為 $n - 4$ 的卡方分配之 PDF。我們發現 VIF_j 的提高會使得 $\hat{\sigma}^2_{\hat{\beta}_j}$ 與 $\hat{\sigma}^2_j$ 之間的差異變大。

從圖 4-20 內可看出 VIF_j 所扮演的角色；或者說，圖 4-21 繪製出與圖 4-20 所對應的 VIF_1 的抽樣分配。我們可看出隨著 x_i 與 x_j 之間的相關係數的提高，隱含著 R^2_1 的上升，最後導致 VIF_1 的提高。

例 1　嚴重的線性重合

試下列指令：

```
np.random.seed(7777)
XY1 = mvn.rvs(mean=M1,cov=V1,size=n)
x1 = XY1[:,0];x2 = XY1[:,1];x3 = XY1[:,2]
y = beta[0]+beta[1]*x1+beta[2]*x2+beta[3]*x3+norm.rvs(0,10,n)
np.random.seed(1111)
x1a = 0.5*x2+0.8*x3+norm.rvs(0,0.001,n)
data = pd.DataFrame({'y':y,'x1':x1a,'x2':x2,'x3':x3})
VIF1 = 1/(1-se1(data)[2])# 21099152.254116006
```

即 $\boldsymbol{\beta} = [2, 4, 6, 8]$。我們可看出於 x_1 幾乎爲 x_2 與 x_3 的線性組合之下，上述 R_1^2 估計值竟然接近於 1，隱含著 VIF_1 接近於「無窮大」；另一方面，亦同時出現高數值的 $\hat{\beta}_1$ 估計標準誤。於上述情況下，若繼續估計迴歸式可得：

```
ModelA = ols('y~x1+x2+x3',data).fit()
ModelA.params
# Intercept     2.418661
# x1          632.248927
# x2         -310.165855
# x3         -496.706512
```

可看出 OLS 估計值皆出現較大的數值，顯然 OLS 估計式的不偏性被破壞。接下來，我們檢視上述 OLS 估計值所對應的估計標準誤，即：

```
ModelA.bse
# Intercept     0.541475
# x1          553.108516
# x2          276.556329
# x3          442.492221
```

可看出各參數的估計標準誤亦出現較大的數值。值得注意的是，上述 $\hat{\beta}_1$ 的估計標準誤數值接近於前述用 se1(.) 函數所計算的結果。

例 2 輕度的線性重合

續例 1，我們繼續檢視幾乎不存在線性重合的情況，即：

```
np.random.seed(999)
x1b = 0.5*x2+0.8*x3+norm.rvs(0,30,n)
datab = pd.DataFrame({'y':y,'x1':x1b,'x2':x2,'x3':x3})
1/(1-se1(datab)[2])# 1.0181684868755896
ModelB = ols('y~x1+x2+x3',datab).fit()
```

可看出 $\hat{\sigma}^2_{\hat{\beta}_1}$ 與 $\hat{\sigma}^2_1$ 幾乎相等，而且 R^2_1 估計值接近於 0，隱含著 VIF_1 值接近於 1。

例 3 嚴重的線性重合（續）

續例 1、2，再試下列指令：

```
np.random.seed(8585)
x1c = 0.5*x2+0.8*x3+norm.rvs(0,1.47,n)
datac = pd.DataFrame({'y':y,'x1':x1c,'x2':x2,'x3':x3})
1/(1-se1(datac)[2])# 10.748841904485124
ModelC = ols('y~x1+x2+x3',datac).fit()
```

我們可看出 datac 內有出現嚴重的線性重合，畢竟 x_1 約有 91% 的比重是 x_2 與 x_3 之間的線性組合所組成，即 R^2_1 估計值約爲 0.91，隱含著對應的 VIF_1 值約爲 10.75；另一方面，我們亦可看出 $\hat{\sigma}^2_{\hat{\beta}_1}$ 與 $\hat{\sigma}^2_1$ 之間的差距頗爲顯著，其分別約爲 0.377 與 0.115。讀者可以進一步比較上述 ModelA~ModelC 估計結果之差異。

例 4 解釋變數之間高度相關

我們來看解釋變數之間存在高度相關的情況，試下列指令：

```
V3 = Cov3([1,1,1],[0.9,0.9,0.9])
np.random.seed(5555)
XY3 = mvn.rvs(mean=M1,cov=V3,size=n)
x1 = XY3[:,0];x2 = XY3[:,1];x3 = XY3[:,2]
```

```
np.random.seed(3333)
y = beta[0]+beta[1]*x1+beta[2]*x2+beta[3]*x3+norm.rvs(0,10,n)
datad = pd.DataFrame({'y':y,'x1':x1,'x2':x2,'x3':x3})
1/(1-se1(datad)[2])# 6.589954149740038
```

即上述三個解釋變數之間的相關係數皆爲 0.9，則此時 $\hat{\sigma}^2_{\hat{\beta}_1}$ 與 $\hat{\sigma}^2_1$ 分別約爲 1.1 與 0.43，而對應的 R^2_1 估計值約爲 0.85，隱含著 VIF_1 値約爲 6.59。我們繼續檢視：

```
ModelD = ols('y~x1+x2+x3',datad).fit()
ModelD.params
# Intercept    1.175272
# x1           4.855139
# x2           4.665235
# x3           9.518985
ModelD.bse
# Intercept    0.432713
# x1           1.100929
# x2           1.100177
# x3           1.122037
```

我們可看出 x_i 與 $x_j(i, j = 1, 2, 3)$ 之間存在高度相關，OLS 估計式對應的標準誤亦變大。

習題

(1) 就 (4-2) 式而言，令 $k = 4$，我們如何利用 Frisch-Waugh 定理解釋 $\hat{\beta}_2$ 的意思？試舉一例說明。

(2) 就 (4-1) 式而言，若 x_1 與 x_2 的相關係數爲 $\rho_{12} = -0.9$，而其餘符合 NLRM 的假定（參考第 5 章），試回答下列問題：

(i) $\hat{\beta}_1$ 是否仍是不偏估計式？

(ii) $\overline{R}^2$ 値是否較 $\rho_{12} = 0$ 之對應的 $\overline{R}^2$ 値高？

(iii) $\hat{\sigma}_0$ 値是否較 $\rho_{12} = 0$ 之對應的 $\hat{\sigma}_0$ 値相同？

(3) 根據 CEOSAL2(W) 檔案，我們用 OLS 方法估計下列迴歸式：

$$\log(y) = \beta_0 + \beta_1\log(x_1) + \beta_2\log(x_2) + u$$

其中 y、x_1 與 x_2 分別表示 *salary*（CEO 年薪）、*sales*（公司銷售額）與 *mktval*（公司市場價值）。試回答下列問題：

(i) 上述估計結果為何？是否與直覺相符？

(ii) 於上述迴歸式內再加進解釋變數 x_3，其中 x_3 表示 *profits*（公司利潤），重新以 OLS 方法估計，結果為何？

(iii) 續 (ii)，再加進解釋變數 x_4，其中 x_4 表示 *ceoten*（CEO 於該公司之年資），重新以 OLS 方法估計，結果為何？

(iv) 試分別比較上述三個估計模型內 $\bar{R}^2$ 值、SSR 與模型之估計標準誤之變化，並且進一步解釋之。

(v) y 與 $x_j(j = 1, 2, 3, 4)$ 之間的樣本相關係數為何？

(vi) 就讀者而言，最後可接受的模型為何？為什麼？

(4) 續上題，若最後選擇的模型是：

$$\log(salary) = \beta_0 + \beta_1\log(sales) + \beta_2\log(mktval) + \beta_3 ceoten + u$$

試回答下列問題：

(i) 以 OLS 方法估計上式，結果為何？各估計參數值是否顯著異於 0？

(ii) 續上題，自變數之間的樣本相關係數為何？

(iii) 續上題，R_j^2 與 $VIF_j(j = 1, 2, 3)$ 分別為何？

(5) 利用 BWGHT(W) 檔案，使用下列複迴歸式：

$$y = \beta_0 + \beta_1 x_1 + \beta_2 x_2 + u$$

其中 y、x_1 與 x_2 分別表示 *bwght*（嬰兒出生體重）、*cigs*（母親於懷孕期間每日抽菸數）與 *faminc*（家庭收入）。試回答下列問題：

(i) 使用 OLS 方法，估計上述複迴歸式，結果為何？是否合乎直覺？

(ii) x_1 的估計標準誤為何？

(iii) 根據 (4-47) 式，$\hat{\sigma}_1$ 與 VIF_1 分別為何？

(iv) 試自設函數以計算 (3-31) 式。

(6) 令 $s_1 = 2$、$s_2 = 3$、$s_3 = 4$、$r_{12} = 0.5$、$r_{13} = 0.8$ 與 $r_{23} = 0.6$，其中 s_i 表示第 i（個）變數之標準差而 r_{ij} 爲第 i, j（個）變數之間的相關係數，其中 $i, j = 1, 2, 3$。利用上述條件，試分別以自設一個三變數的共變異數矩陣函數以及相關係數矩陣函數表示。

(i) 令 $s_1 = s_2 = s_3 = 1$、$r_{12} = 0.1$、$r_{13} = 0.3$ 與 $r_{23} = 0.2$，重做上述過程，結果爲何？另令 $r_{13} = 0.9$ 與 $r_{23} = 0.3$，重做上述過程，結果又爲何？

(ii) 爲何有時無法取得 **X** 的觀察值？

(7) 令下列的共變異數：

$$\mathbf{V} = \begin{bmatrix} 1 & 0.5837 & 0.8549 \\ 0.5837 & 1 & 0.7003 \\ 0.8549 & 0.7003 & 1 \end{bmatrix}$$

根據 **V**，試模擬出平均數皆爲 0 之多變量常態分配的觀察值。

(8) 續上題，令上述模擬值爲 **X**，給予 **β** 與 **u** 值，自然可以模擬出 **y** 值。試舉一例說明 $y = \beta_0 + \beta_1 x_1 + \beta_2 x_2 + \beta_3 x_3 + u$。使用 OLS 方法估計上述複迴歸式，分別計算 β_i 之估計值的對應的估計標準誤與 VIF_i，其中 $i = 1, 2, 3$。

新古典線性迴歸模型

本章擴充第 3 章的 s(N)NLRM 假定，即我們檢視一般化的 MLR 模型的基本假定，或稱爲 NLRM 假定。也許 NLRM 假定的最大特色是於 MLR 模型內允許自變數之間存在著相關，而此特色較容易於實際的應用上遇到，畢竟經濟變數之間是有關係的，MLR 模型內各個自變數之間是毫不相關的情況，我們反而不容易見到。

除了介紹 NLRM 假定之外，本章的第 2 個特色是說明 MLR 模型的有限樣本的統計推論，下一章將介紹 MLR 模型的漸近（asymptotic）統計推論。

5.1 NLRM 的基本假定

本節討論 NLRM 下之 OLS 估計式的（有限樣本）統計特徵。我們將重新檢視 sNLRM 的基本假定（第 3 章）；或者說，NLRM 的基本假定可視爲前者的延伸。另外，我們檢視 NLRM 所衍生的一些問題。

5.1.1 OLS 估計式的不偏性

NLRM 的假定有：

NLRM 假定 1：線性化參數

我們重寫 (4-2) 式爲：

$$y = \beta_0 + \beta_1 x_1 + \beta_2 x_2 + \cdots + \beta_k x_k + u \tag{5-1}$$

其中 $\beta_j(j = 0, 1, 2, \cdots, k)$ 爲固定的未知參數，而 u 爲誤差項或干擾項。(5-1) 式可

視爲母體迴歸模型或眞實模型（true model），隱含著我們估計迴歸模型，其實就是欲估計 (5-1) 式。(5-1) 式的特色是 β_j 屬於線性化參數，即其不允許例如：$\beta_i^{\beta_j}$ 或 $\frac{1}{\beta_i - \beta_j}(i \neq j)$ 等型態，而卻允許例如 $\log(y)$、$\log(x_i)$、x_i^2 或 $\sqrt{x_i}$ 等非線性變數的存在。

NLRM 假定 2：隨機抽樣

(5-1) 式內 y、$x_j(j = 1, 2, \cdots, k)$ 與 u 皆爲隨機變數，其中 y 與 x_j 的觀察值爲隨機抽樣的結果，即可寫成：

$$y_i = \beta_0 + \beta_1 x_{i1} + \beta_2 x_{i2} + \cdots + \beta_k x_{ik} + u_i \tag{5-2}$$

其中下標 i 表示觀察值而 x 下標的第 2 個數字則表示變數本身。通常，我們用 (5-1) 式取代 (5-2) 式。既然 y 與 x_j 的實現值皆爲隨機抽樣的結果，隱含著事先不知其結果，或是重新抽樣結果可能不同，故我們才可以用電腦的抽樣值取代。因 u 表示 y 內無法觀察到的因素或成分，故理所當然亦將 u 視爲隨機變數。最後，值得一提的是，(5-1) 式應包括常數項，即 $\beta_0 \neq 0$，隱含著若 y 與 x_j 資料不會通過「原點」，而我們誤認 $\beta_0 = 0$（即不包括常數項），則 β_j 的估計應會產生偏誤。

若模型的設定無誤，使用 OLS 方法估計 (5-1) 式[①]，可寫成：

$$\hat{y} = \hat{\beta}_0 + \hat{\beta}_1 x_1 + \hat{\beta}_2 x_2 + \cdots + \hat{\beta}_k x_k \tag{5-3}$$

與

$$y = \hat{y} + \hat{u} \tag{5-4}$$

其中稱 $\hat{y}$ 與 $\hat{u}$ 爲 SRF 與殘差值，SRF 可用於估計 PRF 而 $\hat{u}$ 可用於估計 u。PRF 可以寫成：

$$E(y \mid x_1, \cdots, x_k) = \beta_0 + \beta_1 x_1 + \beta_2 x_2 + \cdots + \beta_k x_k \tag{5-5}$$

---

① 至目前爲止，我們並未列出 β_j 之 OLS 估計式 $\hat{\beta}_j$ 的公式，此留待以後用矩陣表示時再說明（附錄 F）。雖說沒有介紹 $\hat{\beta}_j$ 的公式，不過我們已經使用 Python 估計或計算，故此時有無公式並不重要。

我們可以看出 SLR 模型的延伸。

如前所述，y、x_j 與 u 皆可視爲隨機變數，自然 OLS 的估計式 $\hat{\beta}_j$ 亦可視爲隨機變數；也就是說，透過電腦的模擬，我們可以進一步檢視 $\hat{\beta}_j$ 之抽樣分配的特徵。

NLRM 假定 3：x_j 不存在完全線性重合

一般而言，迴歸式允許 x_j 之間存在相關，但是卻不允許 x_j 之間存在完全的相關。我們先看一個例子。試下列指令：

```
M1 = np.array([0,0])
V1 = np.array([[1, 0.9],[0.9, 1]])
V2 = np.array([[1, 1],[1, 1]])
Vr(V1)# 0.9
Vr(V2)# 1
```

可知 V1 與 V2 內變數之間的相關係數分別爲 0.9 與 1。再試下列指令：

```
np.random.seed(1234)
XY1 = mvn.rvs(mean=M1,cov=V1,size=10000)
np.random.seed(1234)
XY2 = mvn.rvs(mean=M1,cov=V2,size=10000)
```

即從二元常態分配內各抽取觀察值，其中 XY1 與 XY2 內觀察值之間的樣本相關係數分別接近於 0.9 與 1。接下來，分別取得 y 的觀察值爲：

```
beta0 = 2;beta1 = 5;beta2 = 6
np.random.seed(999)
y1 = beta0+beta1*XY1[:,0]+beta2*XY1[:,1]+norm.rvs(0,10,10000)
np.random.seed(999)
y2 = beta0+beta1*XY2[:,0]+beta2*XY2[:,1]+norm.rvs(0,10,10000)
```

然後估計迴歸式爲：

```
data1 = pd.DataFrame({'y':y1,'x1':XY1[:,0],'x2':XY1[:,1]})
data2 = pd.DataFrame({'y':y2,'x1':XY2[:,0],'x2':XY2[:,1]})
model1 = ols('y~x1+x2',data1).fit()
model2 = ols('y~x1+x2',data2).fit()
```

先檢視 model1 的參數估計值可得：

```
model1.params
# Intercept    2.046396
# x1           5.439803
# x2           5.610903
```

再檢視 model2 的參數估計值可得：

```
model2.params
# Intercept    2.044676e+00
# x1           1.018877e+07
# x2          -1.018876e+07
```

可發現model1的參數估計值「還算正常」，但是model2的參數估計值竟然幾乎「發散」；因此，若解釋變數之間接近於完全線性重合，OLS 估計值幾乎不存在。

事實上，經濟變數之間難免存在相關，至於完全線性相關是否存在呢？考慮下列三種情況：

$$y = \beta_0 + \beta_1 x_1 + \beta_2 x_2 + u \text{（情況 A）}$$

其中 y、x_1 與 x_2 分別表示學校成績、家庭支出與家庭所得。

$$y = \beta_0 + \beta_1 x_1 + \beta_2 x_2 + u \text{（情況 B）}$$

其中 y、x_1 與 x_2 分別表示消費支出、可支配所得（以萬元計）與可支配所得（以千元計）。

再來

$$y = \beta_0 + \beta_1 x_1 + \beta_2 x_1^2 + u \text{（情況 C）}$$

就上述情況 A 與 B 而言，家庭支出與家庭所得以及可支配所得用萬元或用千元爲計算單位，皆可視爲 x_1 與 x_2 接近於完全線性相關，故若以 OLS 方法估計情況 A 與 B 內的參數，應該會估計不到；至於情況 C，因 x_1 與 x_1^2 並非屬於完全線性相關，故使用 OLS 方法，倒是可以估計到對應的參數。只是，情況 C 反而讓我們聯想到：

$$\log(y) = \beta_0 + \beta_1 \log(x_1) + \beta_2 \log(x_1^2) + u \text{（情況 D）}$$

因 $\log(x_1^2) = 2\log(x_1)$，故情況 D 仍存在完全的線性重合問題，不過倒是可以改爲：

$$\log(y) = \beta_0 + \beta_1 \log(x_1) + \beta_2 [\log(x_1)]^2 + u \text{（情況 E）}$$

即情況 E 並不存在完全的線性重合情況。其實，完全的線性重合情況尚包括下列的情況 F：

$$y = \beta_0 + \beta_1 x_1 + \beta_2 x_2 + \beta_3 x_3 + u \text{（情況 F）}$$

其中 $x_3 = ax_1 + bx_2$。例如：x_1 與 x_2 表示支出 A 與 B，而 x_3 表示總支出，則情況 F 仍出現完全的線性相關情況。

NLRM 假定 4：$E(u \mid x_1, \cdots, x_k) = 0$

考慮前述的情況 C，假定其屬於眞實的模型。若我們欲估計情況 C，但是卻漏掉了包括 x_1^2 之估計，顯然 NLRM 假定 4 並不成立。我們舉一個例子說明。

考慮下列式子：

```
beta0 = 2;beta1 = 5;beta2 = 6
np.random.seed(1269)
x1 = norm.rvs(0,13,500)
np.random.seed(3333)
y = beta0+beta1*x1+beta2*x1**2+norm.rvs(0,10,500)
```

```
Data = pd.DataFrame({'y':y,'x1':x1,'x2':x1**2})
ModelA = ols('y~x1',Data).fit()
ModelA.params
# Intercept   936.240042
# x1           30.923007
```

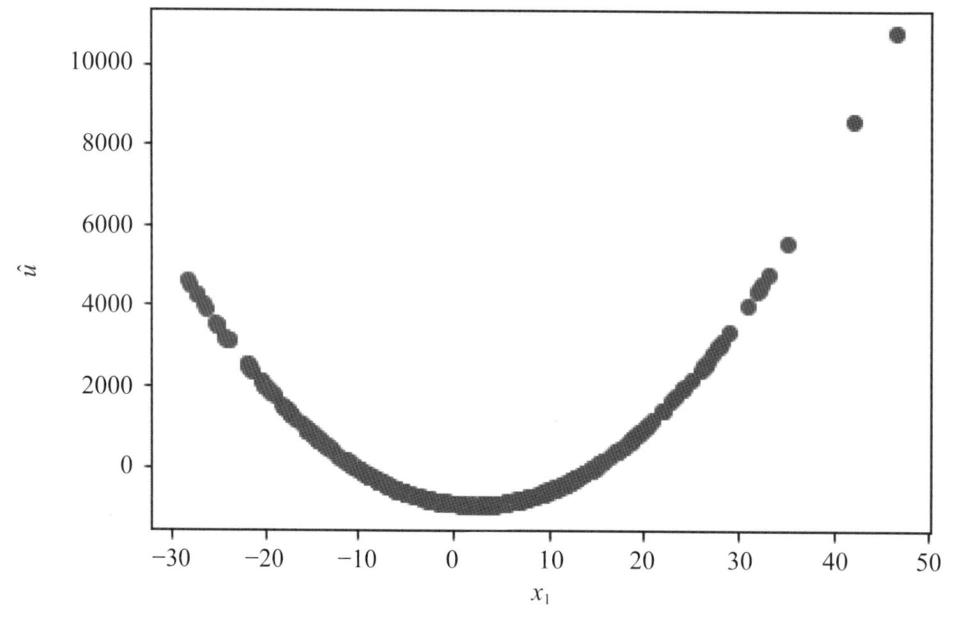

圖 5-1　Model A 之殘差值與 x_1 之間的散佈圖

顯然上述 y 值是根據前述情況 C 所產生，而 Model A 的估計卻忽略 x_1^2，故 β_0 與 β_1 值的估計產生極大的偏誤。我們知道上述估計偏誤是因違反 NLRM 假定 4 或忽略重要的解釋變數所造成的。我們繼續檢視 Model A 之殘差值與 x_1 之間的關係如：

```
uhatA = ModelA.resid
np.corrcoef(uhatA,x1)[0,1] # 1.5984832192274616e-16
```

可發現 Model A 之殘差值與 x_1 之間的相關係數估計值接近於 0，不過上述兩者仍存在明顯的相關，如圖 5-1 所示，隱含著上述相關係數估計值只能「偵測」直線相關程度，但是卻不能用於衡量非線性關係。

我們繼續檢視 NLRM 的假定。仍延續 sNLRM 的假定 5 與 6，即：

NLRM 假定 5：樣本數必須大於解釋變數個數。

NLRM 假定 6：x_j 的變異數大於 0 且 x_j 內不存在異常值。

NLRM 假定 5 是指就 (5-1) 式而言，$n > k$，即樣本數必須大於自變數的個數，此頗符合直覺判斷，畢竟若 $n = 4$ 欲估計 $k = 5$ 個參數值，應該是不可能的。至於 NLRM 假定 6 則是與 OLS 的估計式的有效性有關，可以參考例 2。通常 OLS 之估計式的不偏性的性質是指須滿足 NLRM 假定 1~5，即符合後者，OLS 的估計式具有不偏的特性。

例 1 OLS 估計式的不偏性

考慮 (5-1) 式，令 $k = 2$ 以及 x_1 與 x_2 之間的相關係數爲 -0.5。我們考慮 u 屬於非常態且變異數爲異質的情況，即 $u = \sigma\sqrt{12}u_1$，其中 $\sigma = \sqrt{1+x_1^2}$ 與 u_1 爲介於 0 與 1 之間的均等分配隨機變數[②]。令 $n = 1{,}000$ 以及 x_1 與 x_2 皆屬於常態分配隨機變數，圖 5-2 分別繪製出 $\hat{\beta}_j$ 的抽樣分配，我們發現除了 $\hat{\beta}_0$ 之外，$\hat{\beta}_1$ 與 $\hat{\beta}_2$ 的不偏性特性並未

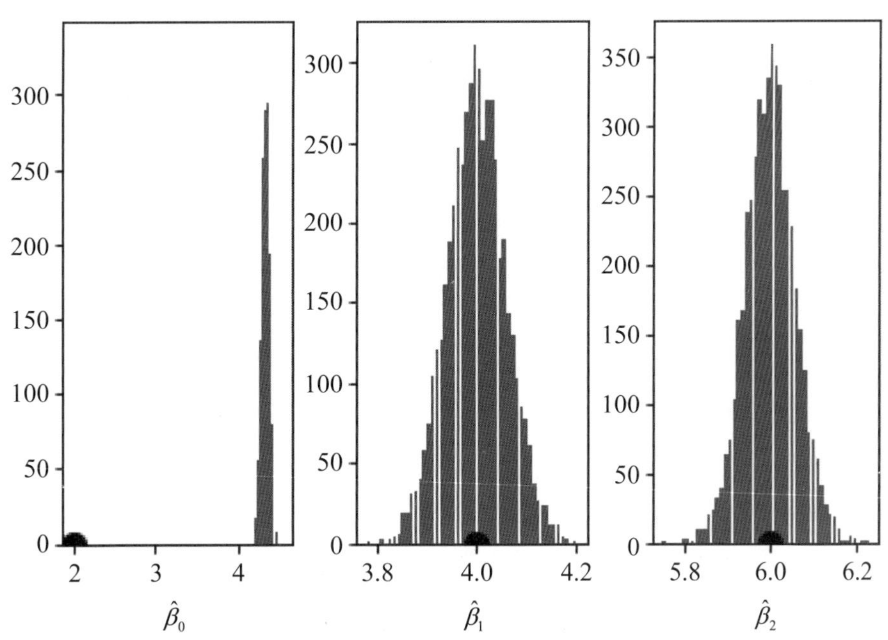

圖 5-2 $\hat{\beta}_j$ 的抽樣分配，其中黑點表示真實值

② u_1 的變異數等於 1/12。

被破壞；換句話說，即使自變數存在著相關、u 屬於非常態而且變異數為異質的條件下，$\hat{\beta}_j$ 依舊具有不偏性的特性[③]。

例 2 存在異常值

使用圖 5-2 內的設定方式，我們只是更改 x_1 與 x_2 內的第 500 與 501 個觀察值皆為 100，其餘不變，圖 5-3 亦分別繪製出 $\hat{\beta}_j$ 的抽樣分配，我們發現後者的不偏性仍然存在；事實上，存在異常值與自變數存在著相關類似，皆只會提高 $\hat{\beta}_j$ 的標準誤但是並不影響 $\hat{\beta}_j$ 的不偏性。

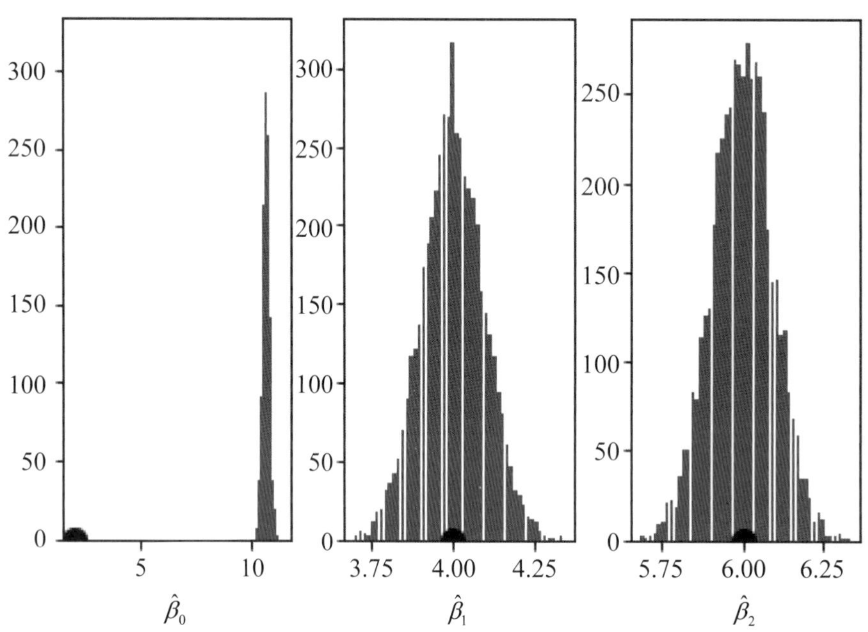

圖 5-3 存在異常值之下，$\hat{\beta}_j$ 的抽樣分配，其中黑點表示真實值

例 3 包括不相干的自變數

仍令 (5-1) 式內的 $k = 2$，若包括不相干的自變數 x_3，例如：x_3 為 $IIDN(0, \sigma_3^2)$，即 x_3 並不會影響 y，但是於估計時我們卻將其視為一個解釋變數，圖 5-4 分別繪製出含與不含 x_3 下之 $\hat{\beta}_1$ 的抽樣分配，我們可以看出包含不相干的自變數，其對應的

③ 於習題內，我們要求讀者更改 u 的假定，使得 $\hat{\beta}_0$ 亦具有不偏性的性質。

$\hat{\beta}_1$ 仍具有不偏的性質，不過對應的標準誤略高。

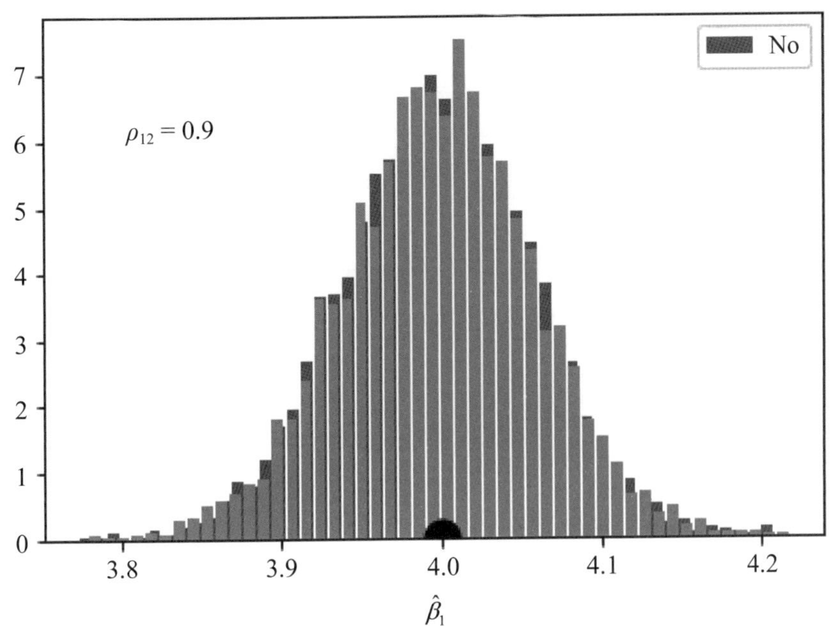

圖 5-4 $\hat{\beta}_1$ 的抽樣分配，其中 “No” 表示不含 x_3

例 4 包括不相干的自變數（續）

考慮 Greene（2012）的 TableF9.2 檔案數據資料[④]，以 OLS 方法估計，可得：

$$\begin{aligned}
\hat{A} &= 32.60 + 71.26 Income - 3.03 Age + 54.65 Ownrennt - 121.55 Selfempl \\
&\quad (121.27)\ (18.98) \qquad (3.74) \qquad (63.03) \qquad\qquad (130.35) \\
n &= 100, \overline{R}^2 = 0.133, \hat{\sigma}_0 = 273.99
\end{aligned} \tag{5-6}$$

其中 $A = Avgexp$ 而 *Avgexp*、*Income*、*Age*、*Ownrennt* 與 *Selfempl* 分別表示平均月信用卡支出、所得、年齡、是否擁有自用住宅以及是否爲自由業。檢視 (5-6) 式的結果，應可發現 *Income* 的估計參數值顯著異於 0，而其餘三個自變數的估計參數值則皆不顯著異於 0；因此，就估計參數值之顯著性而言，上述三個自變數似乎是多餘的。我們可以分成 4 個階段來看 (5-6) 式，即第 1 階段的估計迴歸式只有 *Income*

④ 可使用 Google 查詢，該檔案的部分數據資料亦可在模組 (statsmodels) 的資料庫內找到。

自變數，然後第 2~4 階段再逐一加進 *Age*、*Ownrennt* 與 *Selfempl* 等自變數，我們發現 *Income* 對應的標準差竟然逐漸上升，隱含著每一階段增加一個多餘的自變數，竟然使得 *Income* 的標準差逐漸上升！讀者可以檢視看看。

習題

(1) 試說明 $\hat{\beta}_j$ 具有不偏的性質需要哪些條件？

(2) 我們如何讓圖 5-2 內的 $\hat{\beta}_0$ 具有不偏的特性？

(3) 就圖 5-4 的例子而言，$\bar{R}^2$ 或 $\hat{\sigma}_0$ 值是否會受到包括 x_3 的影響？

(4) 續上題，若 x_3 的波動變大呢？

5.1.2 變異數異質

接著，我們來看變異數同質的假定。

NLRM 假定 7：變異數同質

於不同的解釋變數條件下，u 的（條件）變異數為固定數值且大於 0，即 $Var(u \mid x_1, \cdots, x_k) = \sigma_0^2 > 0$。

令 **X** 表示所有的 $(x_1, \cdots, x_k)$，NLRM 假定 7 描述 $Var(u \mid \mathbf{x}) = \sigma_0^2 > 0$，即 u 的條件變異數為一個固定數值，其不受 **X** 的影響。

就橫斷面迴歸式而言，NLRM 假定 1~7 可稱為高斯－馬可夫假定（Gauss-Markov assumptions）；換言之，至目前為止，我們僅局限於橫斷面資料分析的檢視，當然時間序列資料分析或 panel data 分析的假定較上述高斯－馬可夫假定複雜，我們留待未來再介紹。

若高斯－馬可夫假定再加上 NLRM 假定 7，則可稱為高斯－馬可夫定理，而於該定理之下，$\hat{\beta}_j$ 具有 BLUE 的性質；換言之，若違反 NLRM 假定 7，雖然不影響 $\hat{\beta}_j$ 的不偏性，但是最低之 $\hat{\beta}_j$ 的變異數或標準誤顯然會遭破壞。有關於後者，我們亦分成兩個情況來看，即底下仍令 (5-1) 式的 $k = 2$、x_1 與 x_2 之間的相關係數為 ρ_{12} 以及 u 存在變異數異質[5]。

[5] 即令 $u = \sigma z$，其中 $\sigma = \sqrt{1 + x_1^2}$ 而 z 為標準常態分配的隨機變數。

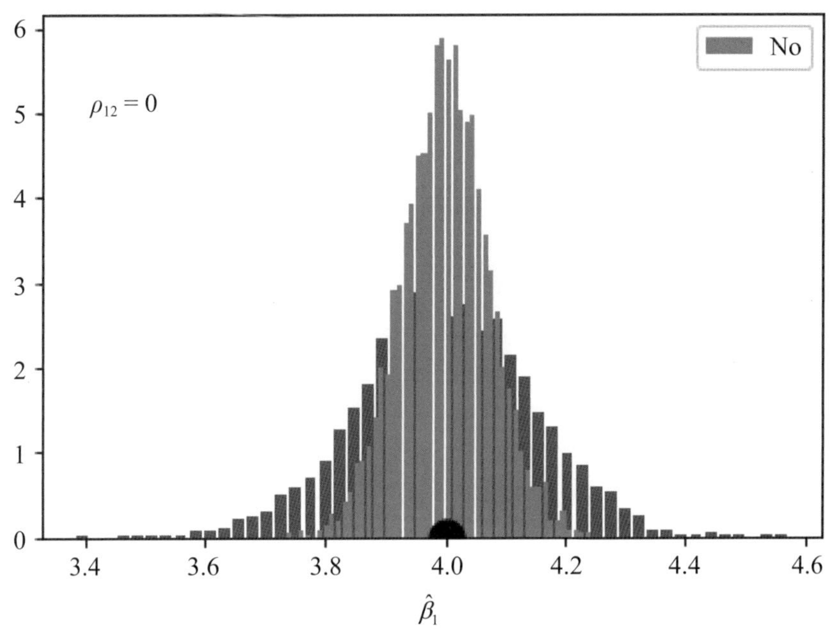

圖 5-5　$\hat{\beta}_1$ **的抽樣分配，其中** "No" **表示變異數同質與黑點表示真實值**

情況 1：自變數之間不存在相關

圖 5-5 分別繪製出於自變數之間不存在相關之下，變異數異質與變異數同質之 $\hat{\beta}_1$ 的抽樣分配，我們可以看出兩者之 $\hat{\beta}_1$ 仍具有不偏性的特色，但是變異數異質的 $\hat{\beta}_1$ 的標準誤卻較大，即誤差項具有變異數異質，會提高估計迴歸式的標準誤 $\hat{\sigma}_0$ ，使得對應的 $\hat{\beta}_1$ 的標準誤變大；另一方面，因 $\hat{\sigma}_0$ 的提高反而會使得對應的 $\overline{R}^2$ 值下降。例如：於圖 5-5 的假定下，圖 5-6 分別繪製出 $\overline{R}^2$ 與 $\hat{\sigma}_0$ 的抽樣分配，我們發現變異數異質的 $\overline{R}^2$ 較小而對應的 $\hat{\sigma}_0$ 值較大。

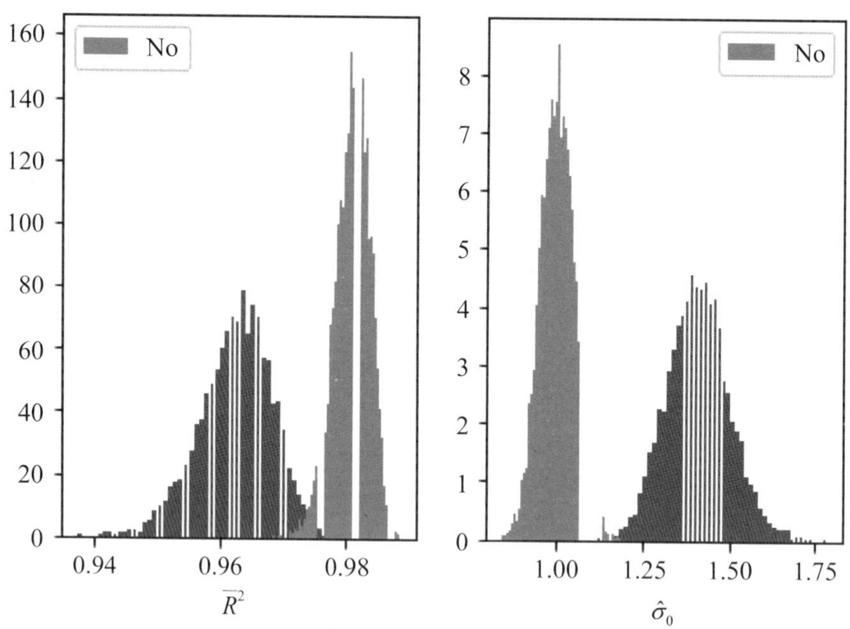

圖 5-6　於 $\rho_{12} = 0$ 之下 $\overline{R}^2$ 與 $\hat{\sigma}_0$ 的抽樣分配，其中 "No" 表示變異數同質

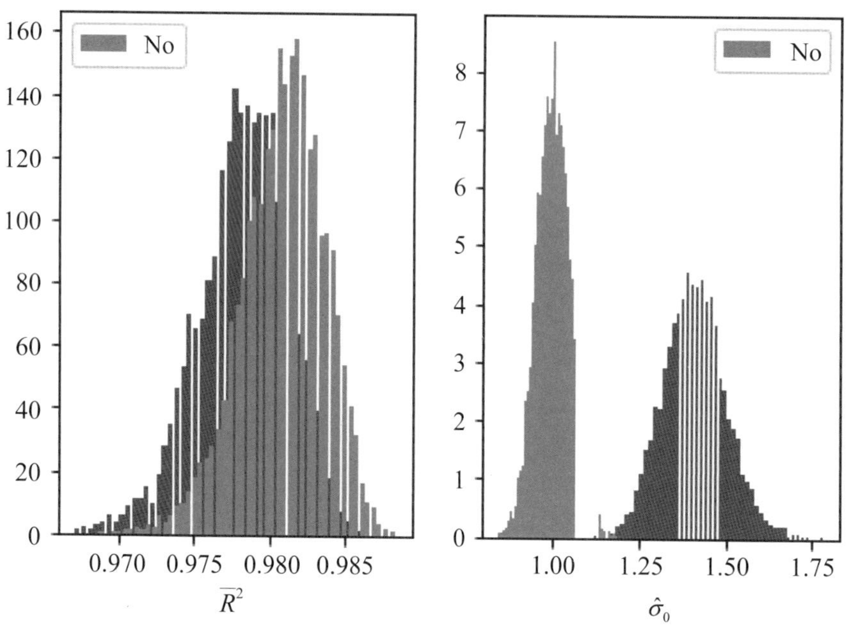

圖 5-7　於 $\rho_{12} = 0.8$ 之下 $\overline{R}^2$ 與 $\hat{\sigma}_0$ 的抽樣分配，其中 "No" 表示變異數同質

情況 2：自變數之間存在相關

仍使用情況 1 內的假定，不過更改 $\rho_{12} = 0.8$，其餘不變。我們已經知道 $\rho_{12} \neq 0$ 會使得 $\hat{\beta}_j$ 的標準誤變大，另外變異數異質亦會提高上述標準誤，故情況 2 較情況 1 之 $\hat{\beta}_j$ 的標準誤更大，隱含著於情況 2 之下，我們較難估計到眞實的參數值。

有意思的是，$\rho_{12} \neq 0$ 會拉高估計迴歸式的 $\bar{R}^2$ 值，但是變異數異質卻又會拉低 $\bar{R}^2$ 值，故於情況 2 之下，$\bar{R}^2$ 值的大小端視上述兩種力道而定。例如：檢視圖 5-7 內的左圖，我們發現有可能變異數異質的力道較強；至於圖 5-7 內的右圖，因 $\rho_{12} \neq 0$ 並不影響 $\hat{\sigma}_0$ 值，故圖 5-6 與圖 5-7 的右圖其實是相同的。

因此，高斯－馬可夫定理其實可以分成「嚴格」與「非嚴格」兩種，前者要求自變數之間不存在著相關，而後者則允許自變數之間有相關，畢竟於相同的條件下，前者的標準誤較小。

假定符合 NLRM 假定 7，我們再來看看會發生何事？比較 (3-24) 與 (4-47) 二式，我們發現忽略重要的解釋變數對 OLS 估計式之變異數的影響，即假定眞實的模型爲 $y = \beta_0 + \beta_1 x_1 + \beta_2 x_2 + u$，而對應的 OLS 估計爲 $\hat{y} = \hat{\beta}_0 + \hat{\beta}_1 x_1 + \hat{\beta}_2 x_2$；但是，我們卻忽略 x_2，而只估計 $\tilde{y} = \tilde{\beta}_0 + \tilde{\beta}_1 x_1$。顯然，若 $\beta_2 \neq 0$，則 $\tilde{\beta}_1$ 相當於忽略重要的解釋變數，故除非 $Cov(x_1, x_2) = 0$，否則 $\tilde{\beta}_1$ 是一個偏的估計式；另一方面，$\hat{\beta}_1$ 是一個不偏的估計式（甚至於 $\beta_2 = 0$ 之下），故若以「不偏性」作爲判斷依據，$\hat{\beta}_1$ 優於 $\tilde{\beta}_1$。

上述例子若用 (3-24) 與 (4-47) 二式計算對應的變異數可得：

$$Var(\hat{\beta}_1) = \frac{\sigma_0^2}{SST_1\left(1 - R_1^2\right)} \text{ 與 } Var(\tilde{\beta}_1) = \frac{\sigma_0^2}{SST_1}$$

其中 R_1^2 爲 x_2 對 x_1 之簡單迴歸式的 R^2 值。是故，除非 x_1 與 x_2 完全不相關，通常 $Var(\tilde{\beta}_1)$ 會小於 $Var(\hat{\beta}_1)$；換言之，若 x_1 與 x_2 之間存在著相關，則我們有下列結果：

(1) 若 $\beta_2 \neq 0$，則 $\tilde{\beta}_1$ 是偏的而 $\hat{\beta}_1$ 是不偏的估計式，同時 $Var(\tilde{\beta}_1) < Var(\hat{\beta}_1)$。
(2) 若 $\beta_2 = 0$，則 $\tilde{\beta}_1$ 與 $\hat{\beta}_1$ 皆是不偏的估計式，同時 $Var(\tilde{\beta}_1) < Var(\hat{\beta}_1)$。

顯然上述第二個結果是吸引人的，即若 x_2 不會影響 y，於迴歸式內包括 x_2 反而會因線性重合問題而導致 $Var(\hat{\beta}_1)$ 較大。

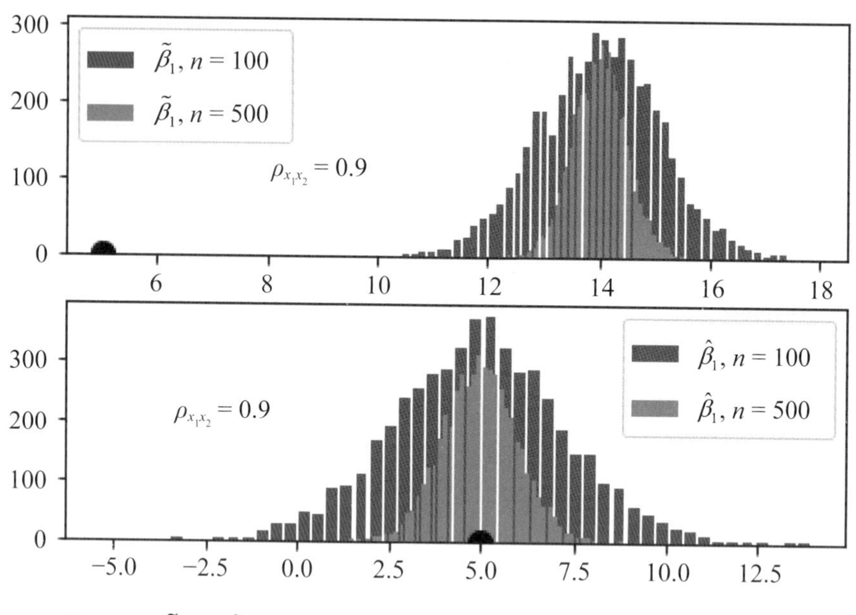

圖 5-8　$\tilde{\beta}_1$ 與 $\hat{\beta}_1$ 的抽樣分配（上與下圖），其中黑點為真實值

比較麻煩的是上述第一個結果，即若 $\beta_2 \neq 0$，我們已經知道 $\tilde{\beta}_1$ 會產生偏誤（例如：檢視圖 4-5），不過因 $Var(\tilde{\beta}_1)$ 小於 $Var(\hat{\beta}_1)$，故反而出現有偏誤但是變異數較小的兩難。下列三點可支持 $\hat{\beta}_1$ 較受人青睞，即：

(1) 直覺而言，$\tilde{\beta}_1$ 會產生偏誤，並不會受到樣本數的影響，即樣本數增加，並不會降低上述偏誤，可以參考圖 5-8。

(2) 但是就變異數而言就不同了，例如：圖 5-8 分別繪製出於不同樣本數下的 $\tilde{\beta}_1$ 與 $\hat{\beta}_1$ 的抽樣分配（上與下圖），我們發現樣本數的提高，的確降低上述抽樣分配的變異數，但是 $\tilde{\beta}_1$ 的偏誤依舊。有意思的是，圖 5-8 的結果係根據 x_1 與 x_2 之間的相關係數爲 0.9 所繪製而成，我們發現樣本數的提高竟然可以降低線性重合所導致的變異數之變大。因此，於大樣本下，$\hat{\beta}_1$ 較優。

(3) 上述 $Var(\hat{\beta}_1)$ 與 $Var(\tilde{\beta}_1)$ 的計算忽略了 σ_0 之估計，就 $Var(\tilde{\beta}_1)$ 的估計而言，若 $\beta_2 \neq 0$，顯然誤差項的估計必須包括 x_2，故 $Var(\tilde{\beta}_1)$ 值有偏差。

5.1.3 OLS 估計式的抽樣分配

其實，於前面的章節內，我們已經用模擬的方式得出 OLS 估計式的抽樣分配了，現在繼續找出 $\hat{\beta}_j$ ($j = 1, 2, \cdots, k$) 的機率分配。例如：考慮 (5-1) 式，應可看出 $\hat{\beta}_j$ 的條件機率分配取決於 u 之機率分配。此處，我們介紹常態分配的假定。

NLRM 假定 8：常態分配

於 $x_j(j = 1, 2, \cdots, k)$ 的條件下，母體 u 屬於平均數與標準差分別爲 0 與 σ_0 的常態分配，可寫成 $u \mid x_1, \cdots, x_k \sim N(0, \sigma_0^2)$。

NLRM 假定 8 是一個較 NLRM 假定 1~7 更爲「嚴格」的假定；也就是說，根據 NLRM 假定 8，除了 $E(u \mid x_1, \cdots, x_k) = 0$ 與 $Var(u \mid x_1, \cdots, x_k) = \sigma_0^2$ 之外，更進一步強調 $u \mid x_1, \cdots, x_k$ 屬於常態分配。由於 u 與 $x_j(j = 1, 2, \cdots, k)$ 無關以及條件變異數爲固定常數，故 NLRM 假定 8 相當於隱含著 NLRM 假定 4 與 7 的成立。或者說，NLRM 假定 1~8 算是完整的假定，因我們可以進一步進行統計推論。

就橫斷面分析而言，NLRM 假定 1~8 可稱爲新古典線性模型假定，或稱爲 NLRM 的 8 個假定；換言之，NLRM 假定相當於高斯－馬可夫假定再加上誤差項屬於常態分配的假定。於 NLRM 假定下，OLS 估計式 $\hat{\beta}_j(j = 1, 2, \cdots, k)$ 相對上較高斯－馬可夫假定下來得有效，即於前者的假定下，$\hat{\beta}_j$ 具有最小變異不偏估計式的特性，隱含著就所有的不偏估計式而言，$\hat{\beta}_j$ 具有最小變異數的特性。

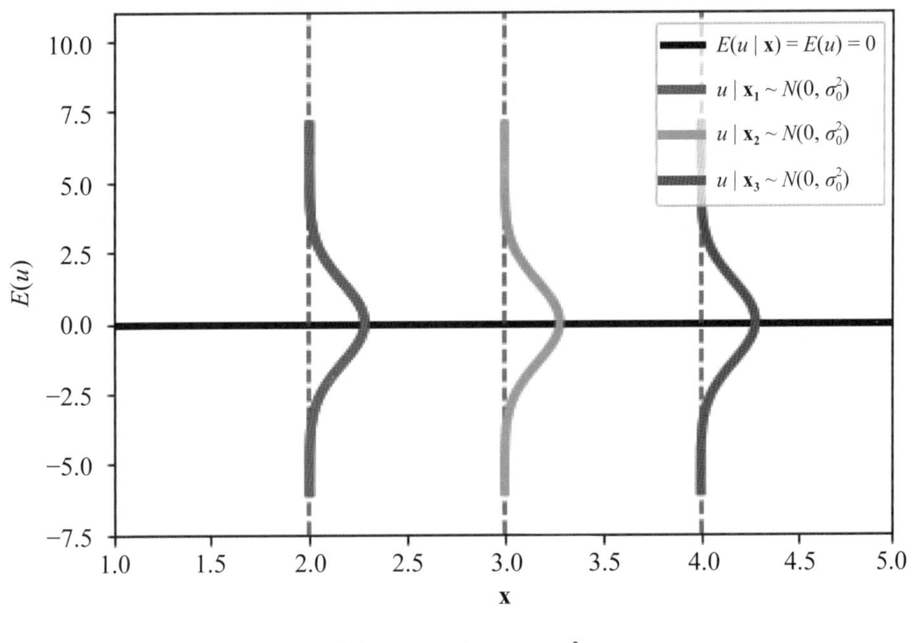

圖 5-9　$u \mid \mathbf{x} \sim N(0, \sigma_0^2)$

令 $\mathbf{x} = (x_1, x_2, \cdots, x_k)$，我們先看 NLRM 假定 8 的特色，可以參考圖 5-9。我們可以看出 u 與 $\mathbf{x}$ 無關，隱含著 $\mathbf{x}$ 爲其他値，如 $\mathbf{x}_j (j = 1, 2, 3)$ 並不影響 $E(u) = 0$ 的結果；另一方面，從圖 5-9 內亦可看出於 $\mathbf{x}_j$ 的條件下，不僅 u 的機率不變，同時該機率分配的變異數亦維持不變。

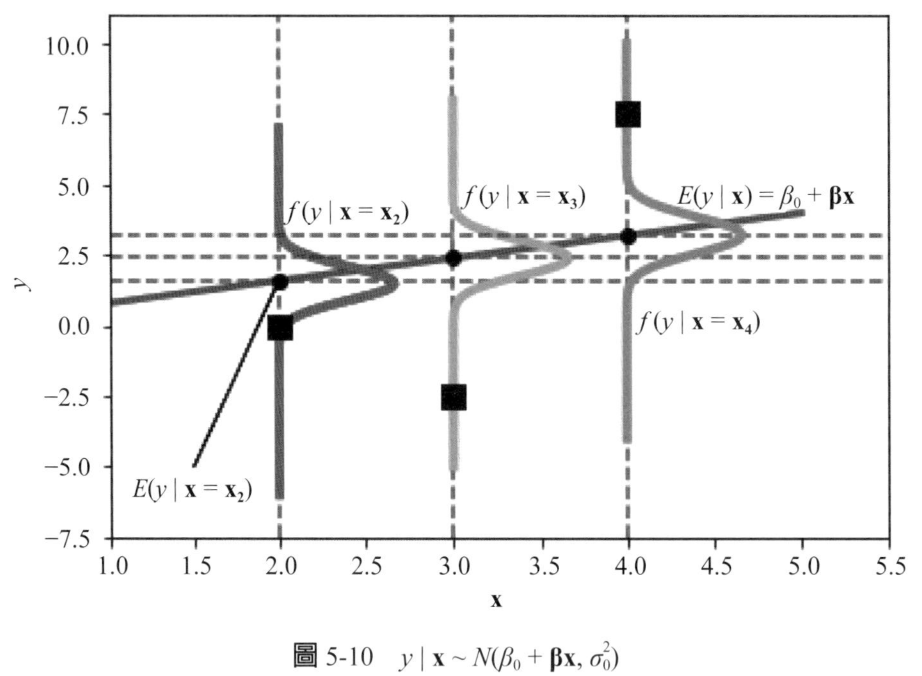

圖 5-10　$y \mid \mathbf{x} \sim N(\beta_0 + \boldsymbol{\beta}\mathbf{x}, \sigma_0^2)$

透過 NLRM 假定，我們自然可以得出 y 的（條件）分配爲：

$$y \mid \mathbf{x} \sim N(\beta_0 + \boldsymbol{\beta}\mathbf{x}, \sigma_0^2) \tag{5-7}$$

其中 $\boldsymbol{\beta} = (\beta_1, \beta_2, \cdots, \beta_k)$，即 y 亦爲常態分配，其中平均數與變異數分別爲 $\beta_0 + \boldsymbol{\beta}\mathbf{x}$ 與 σ_0^2。因此，於 $\mathbf{x}$ 的條件下，y 屬於平均數爲 $x_j (j = 1, 2, \cdots, k)$ 的線性組合與變異數爲固定數值的常態分配，可以參考圖 5-10[6]。

[6] 於附錄 F 內，我們有使用矩陣的型態表示，目前暫時用例如：$\beta_0 + \boldsymbol{\beta}\mathbf{x}$ 表示，其中 $\boldsymbol{\beta} = (\beta_0, \beta_1, \cdots, \beta_k)$ 與 $\mathbf{x} = (x_1, x_2, \cdots, x_k)$。

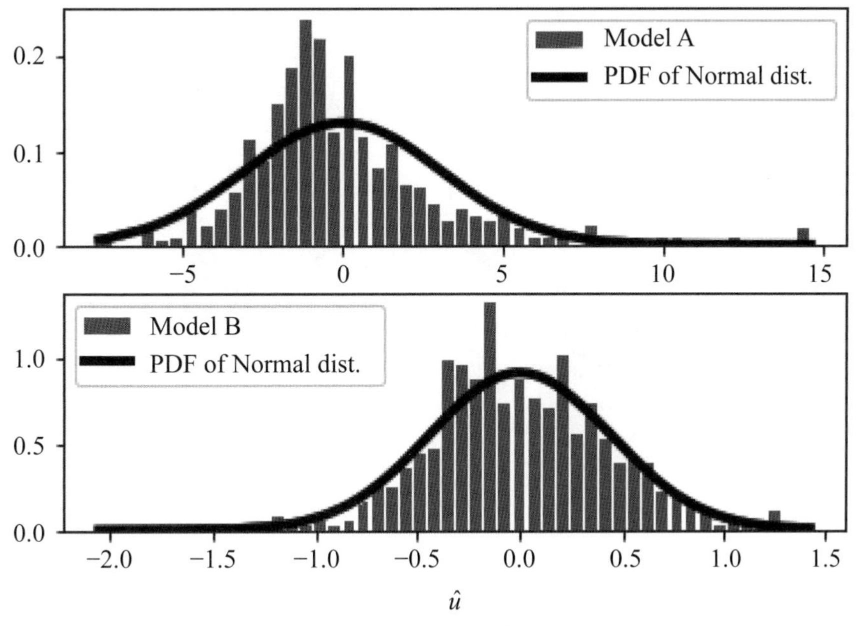

圖 5-11 $\hat{u}$ 與 $\hat{\varepsilon}$ 之機率分配

從圖 5-10 內可看出 $y \mid \mathbf{x}$ 之機率分配爲常態的可能。我們舉一個例子說明。考慮 WAGE1(W) 檔案內的數據資料，我們分別考慮下列兩個迴歸模型：

$$wage = \beta_0 + \beta_1 educ + \beta_2 exper + \beta_3 tenure + u \text{（Model A）}$$

與

$$\log(wage) = \alpha_0 + \alpha_1 educ + \alpha_2 exper + \alpha_3 tenure + \varepsilon \text{（Model B）}$$

我們分別使用 OLS 方法估計上述二模型，圖 5-11 分別繪製出 Model A 與 B 之殘差值 $\hat{u}$ 與 $\hat{\varepsilon}$ 的機率分配。當然，我們是使用 $\hat{u}$ 與 $\hat{\varepsilon}$ 估計對應的誤差項 u 與 ε。我們發現似乎 Model B 的 $\hat{\varepsilon}$ 較爲接近常態分配。圖 5-12 繼續繪製出 *wage* 對 *wage* 以及 log(*wage*) 對 log(*wage*) 之間的散佈圖，我們發現後者（右圖）較爲接近於圖 5-10，其中前者（左圖）似乎顯示出 u 之變異數並非固定數值。

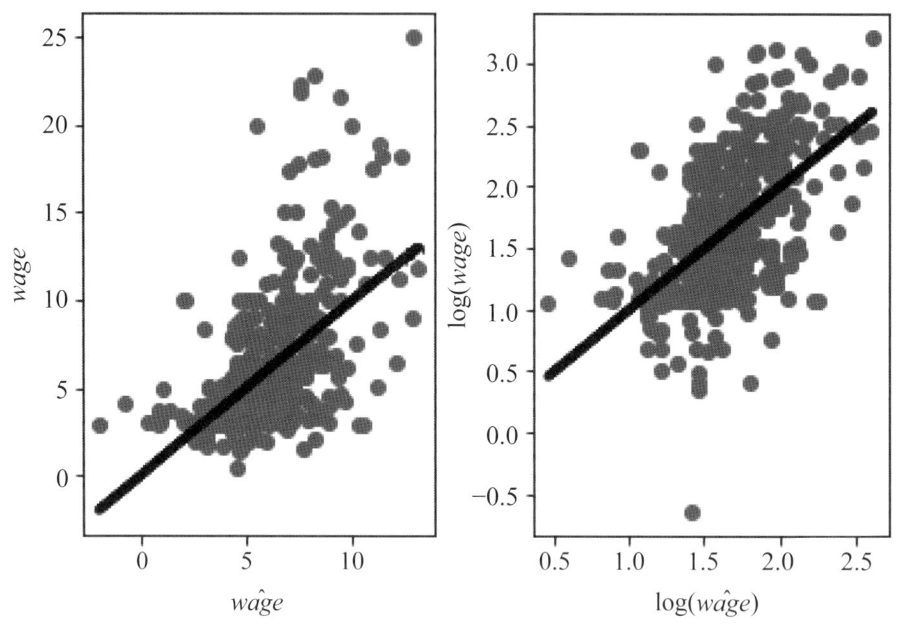

圖 5-12 *wage* **對** *wage* **以及** log(*wage*) **對** log(*wage*) **之間的散佈圖**

上述例子提醒我們具有下列特色：

(1) 嚴格來說，NLRM 假定 8 只是一個簡易的假定，畢竟透過該假定，我們可以進一步進行估計參數的統計推論。

(2) 當然，我們無法事先知道 u 的機率分配爲何？有可能接近於常態分配，亦有可能不是。

(3) 有些時候透過函數的轉換，即因變數用對數值表示會較爲接近於常態分配，即「價格或工資」用「價格或工資對數值」表示，會較爲接近於常態分配，如上述 Model B 所示。

(4) 實際上，誤差項 u 或 ε 是觀察不到的，通常我們是使用對應的殘差值 $\hat{u}$ 或 $\hat{\varepsilon}$ 取代；換言之，我們是藉由檢視 $\hat{u}$ 或 $\hat{\varepsilon}$ 的「樣本機率分配」判斷 u 或 ε 的機率分配，故是否屬於常態分配是一種須「實證」檢視的問題。

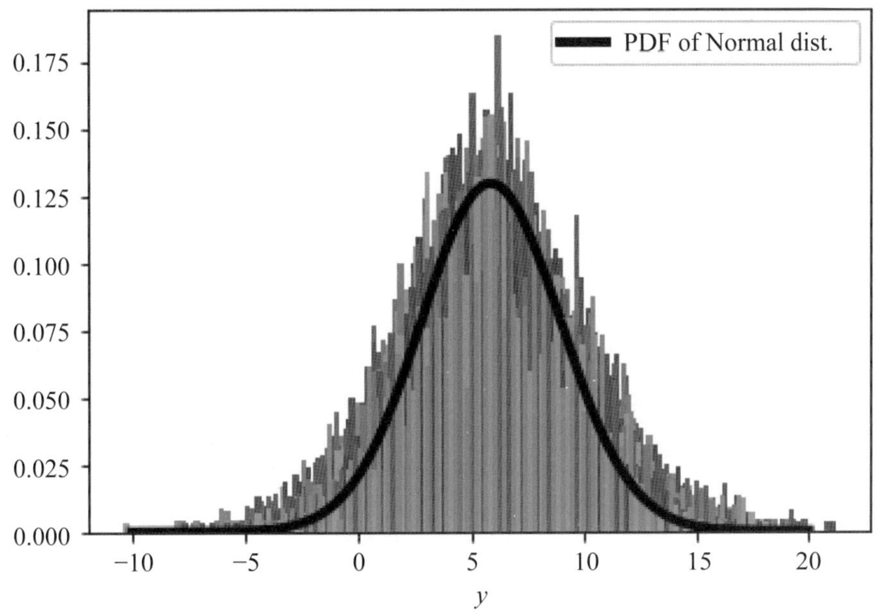

圖 5-13 Model A **下** y **的模擬，其中** y **表示** wage

根據 (5-7) 式以及上述 Model A 與 B 的估計結果，我們可以模擬出對應的 y 觀察值；換句話說，Model A 與 B 的估計結果可寫成：

$$wage = wage + \hat{u} \text{（Model A）} \tag{5-8}$$

與

$$\log(wage) = \log(wage) + \hat{\varepsilon} \text{（Model B）} \tag{5-9}$$

我們當然可以將 (5-9) 式還原，即：

$$wage = e^{\log(wage)+\hat{\varepsilon}} \text{（Model B）} \tag{5-10}$$

因此，利用 $wage$、$\hat{u}$、$\log(wage)$ 與 $\hat{\varepsilon}$ 等資訊，透過 NLRM 假定 8，我們可以模擬出對應的 wage 觀察值，其中 $\hat{u}$ 與 $\hat{\varepsilon}$ 可用於估計對應的 σ_0。

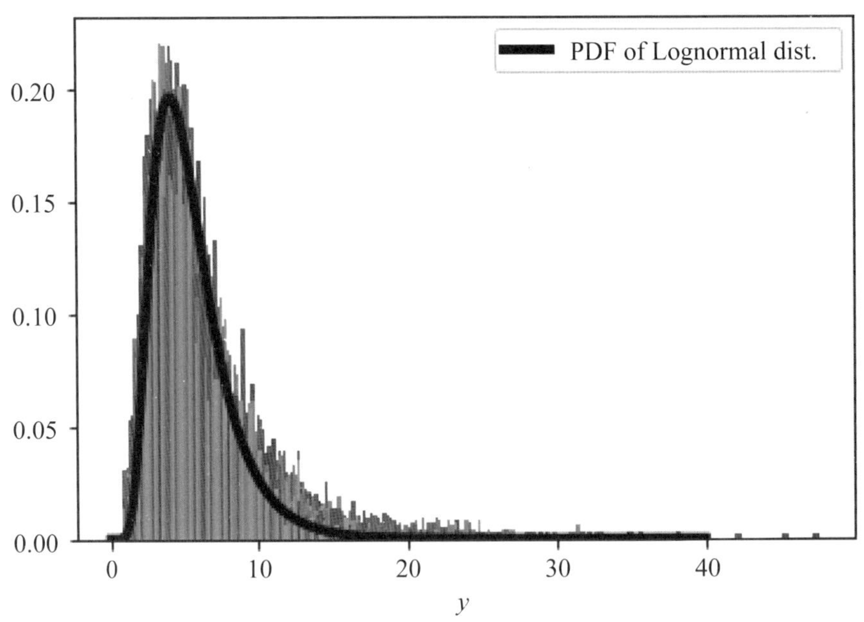

圖 5-14　Model B 下 y 的模擬，其中 y 表示 wage

圖 5-13 與 5-14 分別繪製出 (5-8) 與 (5-10) 二式的模擬結果⑦。我們發現 u（因變數爲 *wage*）不適合而 ε（因變數爲 log(*wage*)）則較適合假定爲常態分配，畢竟從圖 5-13 內可看出 *wage* 竟然有可能爲負數值。若假定 ε 屬於常態分配，根據 (5-10) 式，上述 Model B 隱含著 *wage* 屬於對數常態分配，我們從圖 5-14 可看出其 PDF 形狀⑧。

有了常態分配的假定如 NLRM 假定 6，我們可以得出 OLS 估計式抽樣分配的機率分配。

$$\hat{\beta}_j \sim N(\beta_j, Var(\hat{\beta}_j)) \tag{5-11}$$

其中 $Var(\hat{\beta}_j)$ 可透過 (4-51) 式取得。經過標準化，(5-11) 式可改寫成：

⑦ 圖 5-13 與 5-14 係根據 (5-8) 與 (5-10) 二式模擬的 50 種 y 之觀察值的直方圖所繪製而成，其中 $\hat{u}$ 與 $\hat{\varepsilon}$ 皆用於估計常態分配內的標準差 σ_0；換句話說，上述 y 之觀察值的模擬係分別於 $\hat{W}$ 與 $\hat{w}$（$W = wage$ 與 $w = \log(wage)$）爲已知下，再加上常態分配的觀察值而得。

⑧ y 經過取對數後屬於常態分配，可寫成 $x = \log(y)$，其中 x 爲常態分配而 y 爲對數常態分配的隨機變數。

$$\frac{\hat{\beta}_j - \beta_j}{se(\hat{\beta}_j)} \sim N(0,1) \tag{5-12}$$

其中 $se(\hat{\beta}_j) = \sqrt{Var(\hat{\beta}_j)}$。

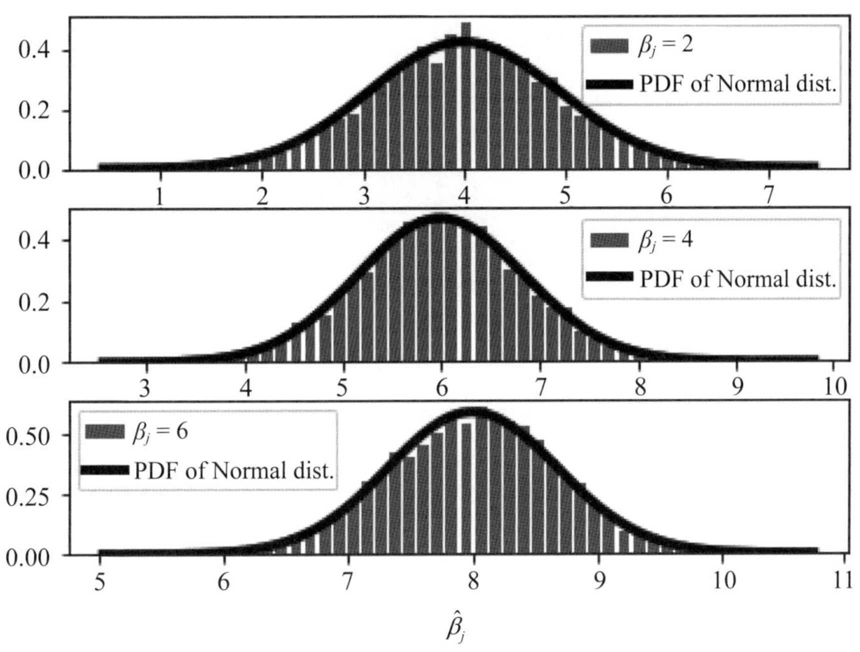

圖 5-15 (5-11) 式的模擬

我們不難用模擬的方式說明 (5-11) 與 (5-12)二式。令 $\boldsymbol{\beta} = [2, 4, 6, 8]$ 與 $\sigma_0 = 10$。x_1 與 x_2、x_1 與 x_3 以及 x_2 與 x_3 之間的相關係數分別為 0.5、0.6 與 0.8；另外，令 x_1、x_2 與 x_3 的標準差分別為 2、3 與 4。於 $n = 50$ 與 u 為平均數與標準差分別為 0 與 σ_0 之常態分配隨機變數下，圖 5-15 與圖 5-16 分別繪製出 (5-11) 與 (5-12) 二式的模擬結果，我們發現 $\hat{\beta}_j$ ($j = 1, 2, 3$) 的確接近於常態分配。讀者可參考所附的檔案得知上述二圖如何繪製。上述二圖的特色是允許自變數之間存在著相關，不過因只檢視 3 個解釋變數的情況，讀者自然可以擴充至分析解釋變數個數為 k 的情況。

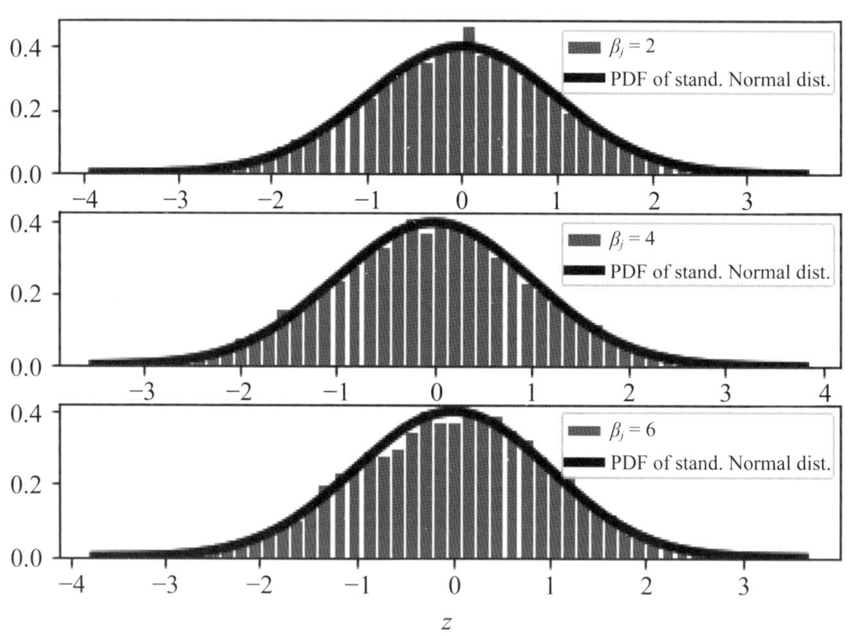

圖 5-16　(5-12) 式的模擬，其中 z 為標準常態分配隨機變數

例 1　OLS 估計式 $\hat{\beta}_j$ 與 $\beta_j(j = 1, \cdots, k)$ 之間的關係

根據 Wooldridge（2020），$\hat{\beta}_j$ 與 $\beta_j(j = 1, \cdots, k)$ 之間存在下列關係，即：

$$\hat{\beta}_j = \beta_j + \sum_{i=1}^{n} w_{ij} u_i \tag{5-13}$$

其中 $w_{ij} = \hat{r}_{ij} / SSR_j$，$\hat{r}_{ij}$ 表示其他解釋變數對第 j 個解釋變數之迴歸的殘差值，而 SSR_j 則爲對應的上述迴歸式之 SSR。(5-13) 式隱含著 $\hat{\beta}_j$ 與 β_j 之間的「偏誤（bias）」爲解釋變數 x_j 的函數，搭配 NLRM 假定 2 與 8，使得上述「偏誤」具有獨立常態隨機變數的特性[9]。我們仍使用模擬的方式說明(5-13)式，即使用圖 5-15 內的假定，圖 5-17 分別繪製出「偏誤」的抽樣分配以及根據 (5-13) 式所得出的 $\hat{\beta}_j$ ($j = 1, 2, 3$) 的抽樣分配，讀者應該可以發現前者接近於常態分配，而後者則與圖 5-15 的結果

[9] 因 NLRM 假定 2 描述解釋變數 $x_j(j = 1, \cdots, k)$ 爲隨機抽樣的結果，隱含著 x_j 是獨立的隨機變數；另一方面，u 是常態分配隨機變數，故根據 (5-13) 式，「偏誤」可視爲獨立的常態分配隨機變數。

完全相同。

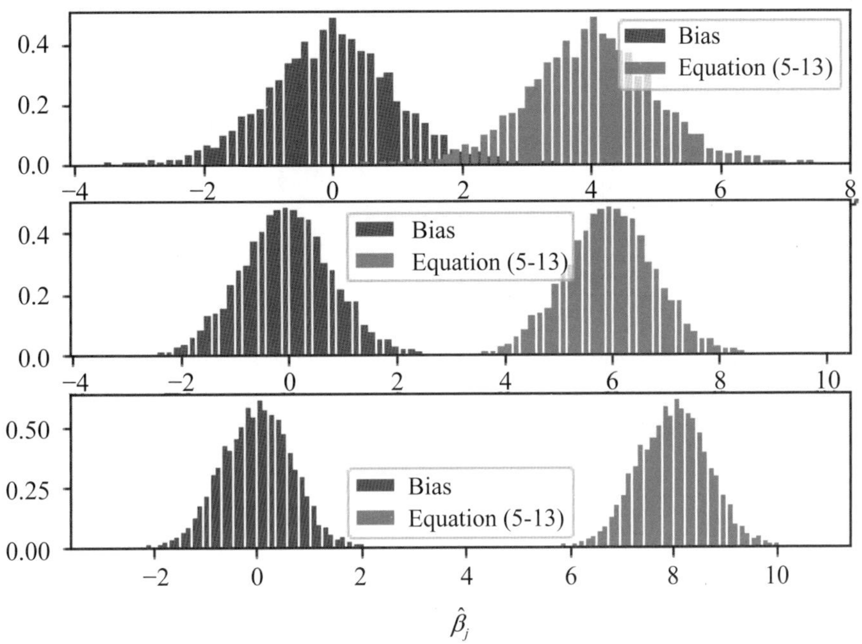

圖 5-17 （由上至下）$\hat{\beta}_j\,(j = 1, 2, 3)$ 的估計偏誤與抽樣分配

例 2 誤差項屬於均等分配

圖 5-18 分別繪製出根據 (5-12) 式的 $\hat{\beta}_j$ 之標準化後的抽樣分配，其中 Normal 是指依舊使用圖 5-15 內的假定，而 Uniform 只不過將 $u \sim N(0, \sigma_0^2)$ 改爲 $u = \sigma_0\sqrt{12}(u_1 - \bar{u}_1)$，其餘不變，其中 u_1 爲介於 0 與 1 之間的均等分配隨機變數。我們可以看出於 Uniform 的假定下，除了 $\hat{\beta}_0$ 之標準化後的抽樣分配並不是熟悉的標準常態分配之外，其餘 $\hat{\beta}_j$ 之標準化後的抽樣分配接近於標準常態分配。於此例可看出 u 屬於常態分配的假定也許是多餘的。

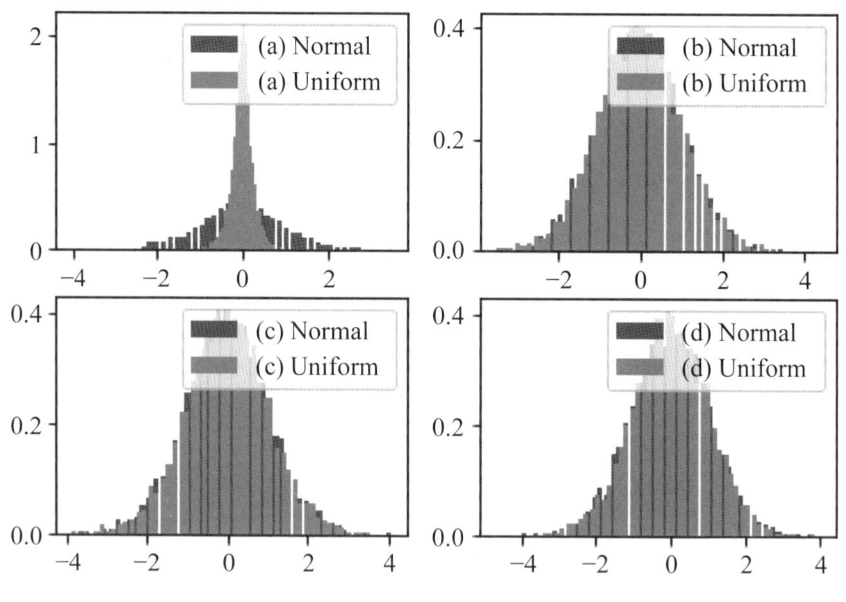

圖 5-18　圖 (a)~(d) 分別為 β_j 之標準化後的抽樣分配，其中 $j = 0, 1, 2, 3$

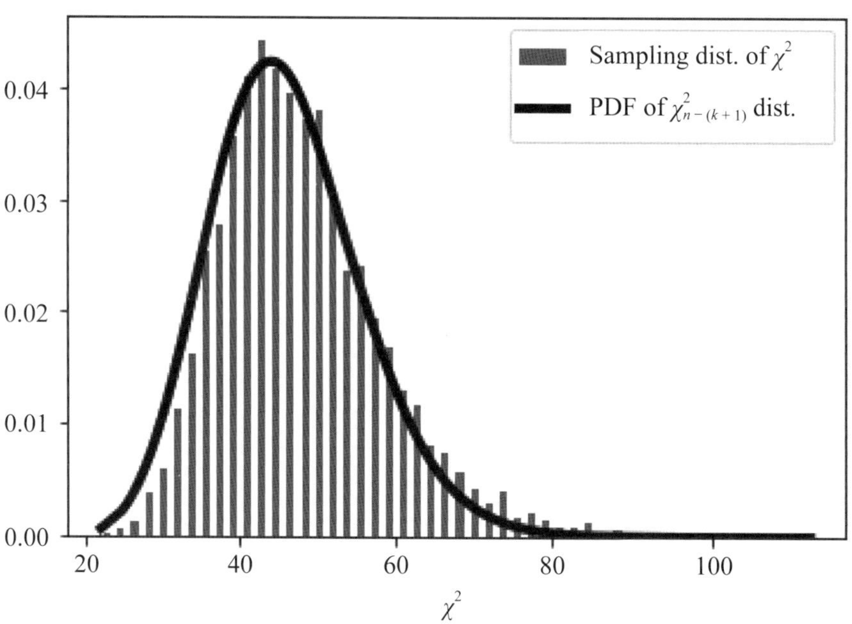

圖 5-19　卡方檢定統計量 χ^2 之抽樣分配

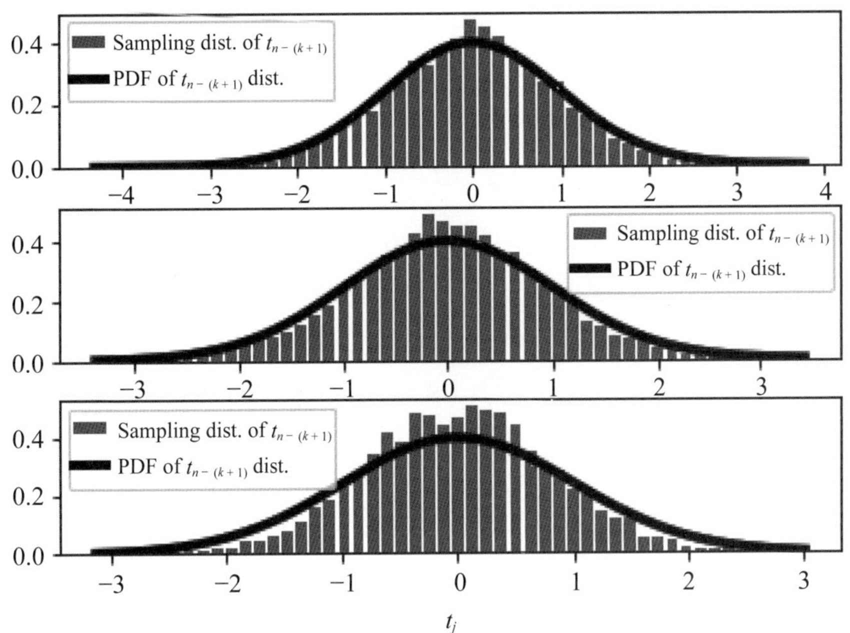

圖 5-20 （由上至下）$\hat{\beta}_j\,(j = 1, 2, 3)$ 之 t 檢定統計量 t_j 之抽樣分配

例 3 參數的假設檢定：t 分配

根據 NLRM 假定 1~8，我們可以進一步檢視 OLS 估計參數的統計推論。敏感的讀者也許會注意到圖 5-16 是使用眞實值 σ_0 計算對應的標準誤，於實際上，我們是使用 $\hat{\sigma}_0$ 估計 σ_0，故圖 5-16 的結果必須重新計算，即用 $\hat{\sigma}_0$ 取代 σ_0。

於附錄 D 內，我們已經知道卡方檢定統計量 χ^2 的抽樣分配接近於自由度為 $n-(k+1)$ 的卡方分配，即：

$$\chi^2 = \frac{\sigma_0^2\left[n-(k+1)\right]}{\hat{\sigma}_0^2} \sim \chi^2_{n-(k+1)} \tag{5-14}$$

就圖 5-16 的例子而言，$k = 3$；換言之，利用圖 5-16 的結果，圖 5-19 進一步繪製出上述卡方檢定統計量 χ^2 的抽樣分配，我們發現 (5-14) 式的結果的確存在並無誤。有了 (5-12) 與 (5-14) 二式，可得 t 分配如：

$$t_j = \frac{\dfrac{\hat{\beta}_j - \beta_j}{sd(\hat{\beta}_j)}}{\sqrt{\dfrac{\chi^2}{v}}} \sim t_v \tag{5-15}$$

其中 v 表示自由度，於上述的例子內 $v = n - (k+1)$。我們亦用 df 表示 v。

結合圖 5-16 與圖 5-18 的結果，圖 5-20 分別繪製出 $\hat{\beta}_j$ ($j = 1, 2, 3$) 之 t 檢定統計量 t_j 之抽樣分配，我們發現上述抽樣分配接近於自由度爲 $n - (k + 1)$ 的 t 分配。是故，我們可以使用 t 分配來檢定 $\hat{\beta}_j$ 的結果。

習題

(1) 仍考慮 WAGE1(W) 檔案，考慮下列的迴歸式：

$$\log(wage) = \beta_0 + \beta_1 educ + \beta_2 exper + \beta_3 tenure + u \tag{5-16}$$

試回答下列問題（顯著水準爲 5%）：

(i) 以 OLS 估計 (5-16) 式，結果爲何？

(ii) 續上題，*exper* 的估計參數值是否顯著異於 0？對應的 t 檢定統計量與 p 值分別爲何？

(iii) 續上題，試檢定 *exper* 的估計參數值是否有可能小於 0？結果爲何？

(iv) 續上題，試計算 β_2 的 95% 信賴區間估計值。

(v) 續上題，β_2 是否有可能等於 β_3？試檢定之。

(2) 其實 (5-13) 式我們並不陌生，試於 (2-1) 式的條件下，利用 (2-15) 式說明 (5-13) 式。

(3) 試利用 (5-13) 式說明 (4-47) 式。

(4) 利用 DISCRIM(W) 內的檔案數據資料，試計算 $\log(x_1)$、x_2 與 x_3 之間的樣本相關係數矩陣，其中 x_1、x_2 與 x_3 分別表示 *income*（家庭所得）、*prpblck*（黑人集中之比重）與 *prppov*（貧窮之比重）。哪一個相關係數較大？

(5) 續上題，根據上述樣本相關係數矩陣以及令平均數向量內之元素皆爲 0，透過多變量常態分配，我們自然可以模擬出具有相關的觀察值如 **X**，其中 **X** 是一個 $n \times 3$ 的矩陣。利用 **X**，我們可以設計一個小型的線性複迴歸模型，其中解釋變數爲 **X**。若 u 與 **X** 無關，以 OLS 方法估計上述模型，β_i 的估計式是否仍具不偏性？試繪製出 β_i 的估計式的抽樣分配。

(6) 考慮下列符合 NLRM 基本假定的複迴歸式如：

$$y = \beta_0 + \beta_1 x_1 + \beta_2 x_2 + \beta_3 x_3 + u$$

可得：

$$E(\hat{\beta}_1) = \beta_1 + \beta_3 \frac{\sum_{i=1}^{n} \hat{r}_{i1} x_{i3}}{\sum_{i=1}^{n} \hat{r}_{i1}^2} \tag{5a}$$

其中 $\hat{\beta}_1$ 為 β_1 之 OLS 估計式以及 $\hat{r}_1$ 為 x_2 對 x_1 迴歸式（x_2 為解釋變數）的殘差值。試使用一個小型的蒙地卡羅模擬方法說明 (5a) 式。

(7) 使用 MEAPSINGLE(W) 檔案內的數據資料，試以 OLS 方法估計 $y = \beta_0 + \beta_1 x_1 + u$，其中 y 與 x_1 分別表示 *math4*（數學成績）與 *pctsgle*（單親家庭比重）。試回答下列問題：

(i) β_1 的估計值為何？其會高估或低估？

(ii) 以 OLS 方法估計 $y = \beta_0 + \beta_1 x_1 + \beta_2 \log(x_2) + \beta_3 x_3 + u$，其中 x_2 與 x_3 分別表示 *medinc*（家庭中位數所得）與 *free*（符合免費午餐的比重）。β_1 之估計值的變化如何？為何 x_2 要用對數值表示？

(iii) 續上題，試分別計算 β_2 與 β_3 之估計標準誤內之 *VIF* 值，其隱含何事？

(iv) 續上題，試計算 $\log(x_2)$ 與 x_3 之間的樣本相關係數，該相關係數高嗎？

(v) 續上題，就讀者而言，應捨棄 $\log(x_2)$，抑或是 x_3？為什麼？

5.2 多元線性限制檢定：F 檢定

第 4 章已敘述了 t 檢定於迴歸分析的應用，本節將繼續介紹 F 檢定。於迴歸分析內，F 檢定可應用於檢視 $\beta_i(i = 0, 1, \cdots, k)$ 之多重假設之檢定。

5.2.1 多餘解釋變數的檢定

我們已經知道如何檢定多餘的單一解釋變數（即該解釋變數對於被解釋變數沒有解釋效果）：用 t（分配）檢定。倘若已控制其他的解釋變數，但是仍存在多個多餘的解釋變數呢？答案是用 F（分配）檢定。例如：考慮下列的複線性迴歸式如：

$$Sales = \beta_0 + \beta_1 Perperhh + \beta_2 Medchyr + \beta_3 Medhvl + \beta_4 Prcrent + \beta_5 Prc55p$$
$$\beta_6 Hhmedage + \beta_7 Medinc + \beta_8 Pop + u \quad (5\text{-}17)$$

其中 *Sales*、*Perperhh*、*Medchyr*、*Medhvl*、*Prcrent*、*Prc55p*、*Hhmedage*、*Medinc* 與 *Pop* 分別表示彩券的銷售量、每戶平均人口數、受教育年數（中位數）、房屋中位數價值、租房子的比重、55 歲以上、家庭的中位數年齡、估計的家庭中位數所得以及人口數。

假定我們認爲只有 *Medchyr*、*Medhvl* 與 *Pop* 等自變數會影響 *Sales*，其餘自變數並不顯著，即我們欲檢定：

$$H_0 : \beta_1 = 0, \beta_4 = 0, \beta_5 = 0, \beta_6 = 0, \beta_7 = 0 \quad (5\text{-}18)$$

理所當然，(5-18) 式的對立假設爲 H_0 不成立。(5-18) 式包括 5 個排除限制：若虛無假設成立，表示上述 5 個自變數對於 *Sales* 並無解釋能力，故可排除於 (5-17) 式之外；另一方面，(5-18) 式屬於一種多重（多元）的限制，我們可將其稱爲一種多重假設檢定（multiple hypotheses test）或稱爲聯合假設檢定（joint hypotheses test）。

若 (5-18) 式爲眞，隱含著 (5-17) 式可改寫成：

$$Sales = \beta_0 + \beta_1 Medchyr + \beta_2 Medhvl + \beta_3 Pop + u \quad (5\text{-}19)$$

我們可以看出 (5-19) 式就是 (5-17) 式的受限制模型（restricted model）；同理，就 (5-19) 式而言，(5-17) 式反而變成不受限制模型（unrestricted model）。

瞭解不受限制模型與受限制模型之間的關係後，我們可以定義 F 檢定統計量爲：

$$F = \frac{(SSR_r - SSR_{ur})/q}{SSR_{ur}/(n-k-1)} \sim F_{q,n-k-1} \quad (5\text{-}20)$$

其中 SSR_r 與 SSR_{ur} 分別表示受限制模型與不受限制模型的 SSR，而 q 與 $n-k-1$ 則分別表示虛無假設的限制個數以及不受限制模型的自由度。(5-20) 式說明了 F 檢定統計量的抽樣分配屬於分子與分母自由度分別爲 q 與 $n-k-1$ 的 F 分配。

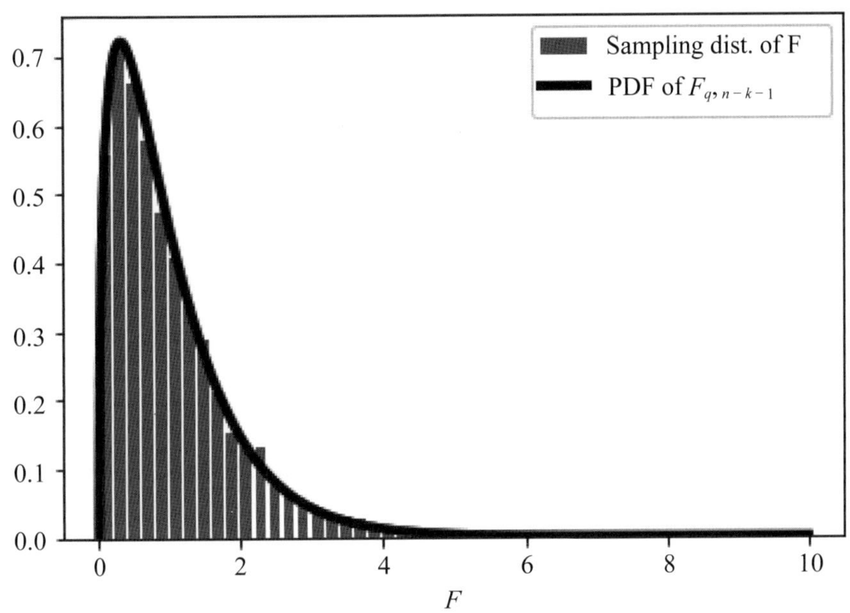

圖 5-21　F 檢定統計量之抽樣分配

我們當然仍使用蒙地卡羅模擬的方式來說明 (5-20) 式，可以參考圖 5-21。於 $N = 5{,}000$、$n = 100$、$k = 5$ 與 $q = 3$ 之下，圖 5-21 繪製出 F 檢定統計量之抽樣分配的直方圖，我們可以看出上述直方圖接近於分子與分母自由度分別爲 3 與 96 的 F 分配 PDF，讀者可以參考所附檔案。

若檢視 (5-20) 式，可知 F 爲正數值且若虛無假設不成立，F 值會愈大；因此，(5-20) 式的檢定屬於右尾檢定[10]。換句話說，我們倒是可以再複習 F 分配的使用（可以參考附錄 D）。例如：圖 5-22 繪製出分子與分母自由度分別爲 3 與 60 的 F 分配之 PDF。因屬於右尾檢定，故拒絕區位於右側，即若 $\alpha = 0.05$，可知臨界點約爲 2.76，如圖 5-22 所示。讀者可以練習看看，若 $\alpha = 0.01$，則臨界點爲何？答案：約爲 4.13。

[10] 直覺而言，SSR_r 會大於 SSR_{ur}，即受限制的誤差平方和大於不受限制的誤差平方和，隱含著不受限制的誤差較小。另一方面，若拒絕虛無假設，SSR_r 與 SSR_{ur} 之間的差距會擴大；同理，若虛無假設爲眞，SSR_r 與 SSR_{ur} 之間的差距會縮小。

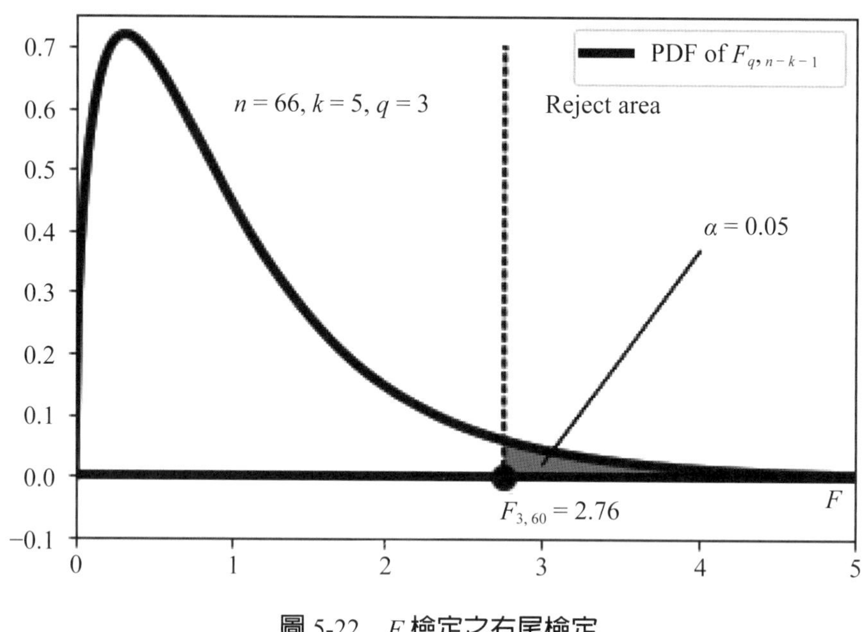

圖 5-22　*F* **檢定之右尾檢定**

我們舉一個例子說明。考慮圖 5-23 內的 Q（產出）與 TC（總成本）之間的散佈圖[11]，以 OLS 方法估計，可得：

$$\hat{T} = -46.0643 + 30.16Q - 3.84Q^2 + Q^3$$
$$(126.06) \quad (73.15) \quad (11.36) \quad (0.50)$$
$$n = 100, \bar{R}^2 = 0.87, \hat{\sigma}_0 = 327.04 \tag{5-21}$$

其中 $T = TC$。我們可以看出 Q 與 Q^2 的估計參數值皆不顯著異於 0，只有 Q^3 的估計參數值顯著異於 0，隱含著邊際成本仍是產出的函數。

[11] 圖 5-23 內的資料是虛構的，可以檢視所附檔案。

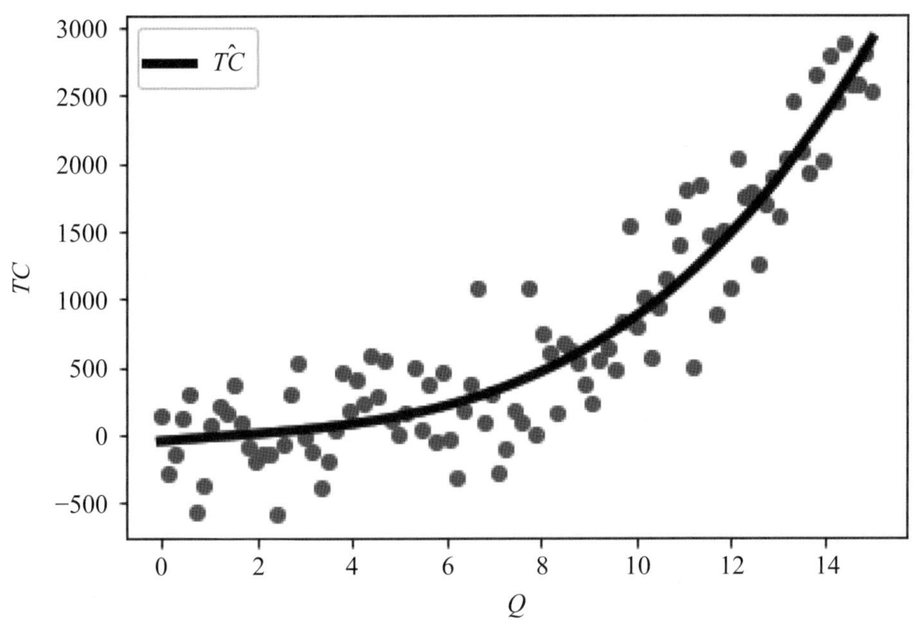

圖 5-23 Q **與** TC **之間的散佈圖，其中** TC **為估計迴歸式的** SRF

我們打算檢定 H_0：$\beta_1 = \beta_2 = 0$，若視 (5-21) 式爲不受限制模型，則受限制的模型爲：

$$\begin{aligned} \hat{T} &= 10.13 + 0.86Q^3 \\ &\quad(43.13)\quad(0.03) \\ n &= 100, \bar{R}^2 = 0.87, \hat{\sigma}_0 = 324.07 \end{aligned} \tag{5-22}$$

根據 (5-20) 式，可得對應的 F 檢定統計量約爲 0.11 [0.89]，故顯然無法拒絕上述虛無假設。

類似於 t 檢定，模組 (statsmodels) 內亦提供簡易的操作指令，即：

```
H0 = ['Q=0','Q2=0']
modelCa.f_test(H0)
# <class 'statsmodels.stats.contrast.ContrastResults'>
# <F test: F=0.11417650605165036, p=0.8922214396498528, df_denom=96, df_num=2>
```

其中 modelCa 就是 (5-21) 式的估計結果。我們可以看出上述檢定結果與我們的檢定結果完全相同，隱含著使用前者的確比較方便。

我們用實際的樣本資料檢視看看。考慮 Frees（2010）所提供的 WiscLottery 檔案內的數據資料，就 (5-19) 式而言，使用 OLS 方法估計，可得：

$$\begin{aligned}\hat{S} &= 4.18e+04 - 3{,}830.04Medschyr + 127.52Medhvl + 0.65Pop \\ &\quad (1.58e{+}04)(1{,}355.13) \qquad (38.62) \qquad (0.06) \\ n &= 51, \bar{R}^2 = 0.82, \hat{\sigma}_0 = 3{,}444.67\end{aligned} \tag{5-23}$$

其中 $S = Sales$。我們發現上述估計參數值皆顯著異於 0；或者說，彩券的銷售竟然與受教育年數、房屋的價值或人口數有關。我們亦以 F 檢定檢視 (5-18) 式，可得對應的 F 檢定統計量約為 0.32 [0.90]，故不拒絕 (5-18) 式內的假設。

上述 F 檢定統計量亦可用 R^2 的型態表示，可回想 $SSR_r = SST(1 - R_r^2)$ 與 $SSR_{ur} = SST(1 - R_{ur}^2)$ 的關係，其中 R_r^2 與 R_{ur}^2 分別為受限制模型與不受限制模型的 R^2。將上述關係代入 (5-20) 式內，整理後可得：

$$F = \frac{\left(R_{ur}^2 - R_r^2\right)/q}{\left(1-R_{ur}^2\right)/\left(n-k-1\right)} = \frac{\left(R_{ur}^2 - R_r^2\right)/q}{\left(1-R_{ur}^2\right)/df_{ur}} \tag{5-24}$$

可以注意 (5-24) 式仍只適用於檢定多餘的解釋變數。延續 (5-23) 式的例子，可得：

```
R2ur = ModelL1.rsquared
R2r = ModelL1a.rsquared
nb = ModelL1.nobs
kb = len(ModelL1.params)
dfb = nb-kb;qb = 5
Fbn =(R2ur-R2r)/qb;Fbd =(1-R2ur)/dfb
Fb = Fbn/Fbd # 0.31778654306472304
1-f.cdf(Fb,dfn=qb,dfd=dfb)# 0.8994311312917282
```

其中 ModelL1 與 ModelL1a 分別為 (5-17) 與 (5-19) 二式之 OLS 之估計結果。我們可以看出 (5-20) 與 (5-24) 二式的檢定結果完全相同。

例 1 t **分配與** F **分配之間的關係**

前述 t 檢定是適用於單一參數的檢定，而 F 檢定則應用於 q 種參數的聯合檢定，但是若 $q = 1$ 呢？即是否亦可以使用 F 檢定單一參數呢？於統計學內（例如：可參考《財時》之附錄），可知：

$$t_v^2 = F_{1,v} \tag{5-25}$$

即自由度爲 v 之 t 檢定統計量的平方恰等於分子與分母自由度分別爲 1 與 v 之 F 檢定統計量，我們亦使用模擬的方式說明 (5-25) 式，可以參考圖 5-24。

於圖 4-24 內，我們隨機抽取自由度爲 30 的 t 分配 10,000 個觀察值後以直方圖的方式呈現；然後再繪製分子與分母自由度分別爲 1 與 30 的 F 分配之 PDF 曲線，我們發現上述直方圖與 PDF 曲線頗爲接近，如此說明了 (4-52) 式。我們再實際檢驗，試下列指令：

```
df = 30
alpha = np.array([0.1,0.05,0.01])
t1 = t.ppf(1-alpha,df=df)**2
# array([1.71718753, 2.88069454, 6.03813429])
f1 = f.cdf(t1,dfn=1,dfd=df)
# array([0.8 , 0.9 , 0.98])
f.ppf(f1,dfn=1,dfd=df)
# array([1.71718753, 2.88069454, 6.03813429])
```

可記得 t 分配屬於對稱的分配，而 F 分配則屬於右偏的分配，故應會體會出上述指令的意義；不過，再試下列指令：

```
f.ppf(1-alpha,dfn=1,dfd=df)
# array([2.88069452, 4.17087679, 7.56247609])
t.ppf(1-alpha/2,df=df)**2
# array([2.88069454, 4.17087679, 7.56247609])
```

讀者可解釋看看。

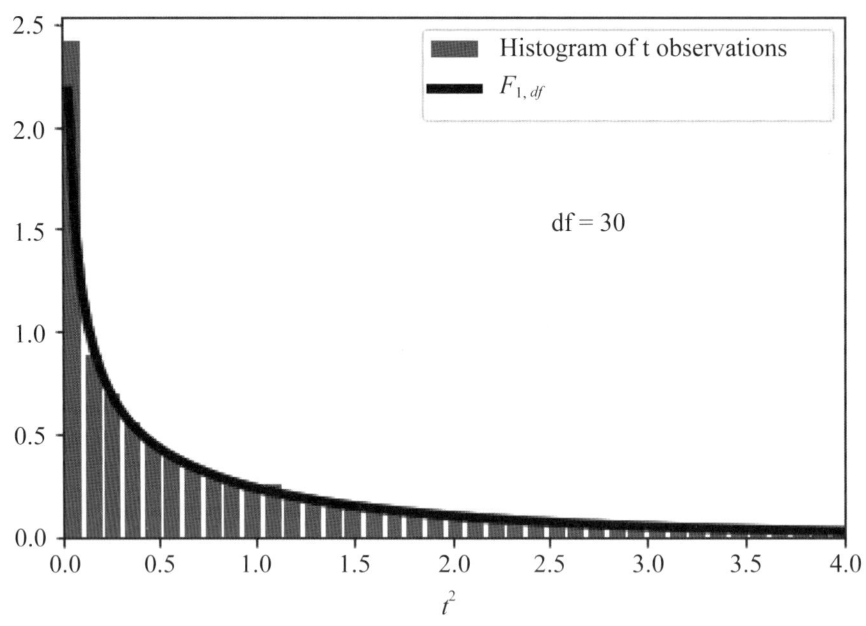

圖 5-24　t 分配與 F 分配之間的關係

例 2 *TC* **檔案**

延續圖 5-23 內的檔案數據資料。試下列指令：

```
modelCbb = ols('TC~Q+Q2',data).fit()
R2urc = modelCbb.rsquared
qc = 1;kc = 2
dfurc = modelCbb.nobs-kc-1
modelCba = ols('TC~Q',data).fit()
R2rc = modelCba.rsquared
Fcn =(R2urc-R2rc)/qc
Fcd =(1-R2urc)/dfurc
Fc = Fcn/Fcd # 91.8935108287318
modelCbb.tvalues[2]**2 # 91.89351082873165
```

可看出 t 檢定統計量的平方恰等於 F 檢定統計量。

5.2.2 整體迴歸式顯著性之 F 檢定

考慮複線性迴歸模型的一般式如 (5-1) 式，若虛無假設爲：

$$H_0: \beta_1 = \beta_2 = \cdots = \beta_k = 0 \tag{5-26}$$

而對立假設爲上述 H_0 不成立，即其中 $\beta_j \neq 0$。(5-26) 式隱含著所有的解釋變數 $x_i(i = 1, 2, \cdots, k)$ 對於 y 並無解釋能力，即 (5-26) 式亦可寫成 $E(y \mid x_i, \cdots, x_k) = \beta_0$。因此，若 (5-1) 式視爲不受限制模型，則限制模型可寫成：

$$y = \beta_0 + u \tag{5-27}$$

而對應的 F 檢定統計量可寫成：

$$F = \frac{(R_{ur}^2 - R_r^2)/k}{(1 - R_{ur}^2)/n - k - 1} = \frac{R^2/k}{(1 - R^2)/n - k - 1} \tag{5-28}$$

其中 $R^2 = R_{ur}^2$ 爲熟悉的 R^2 如 (2-25) 式，而就 (5-27) 式而言，因 $x_j(j = 1, 2, \cdots, k)$ 無解釋能力，故 $R_r^2 = 0$。

因用於檢定所有的解釋變數 x_j 的解釋能力，故 (5-28) 式相當於整體迴歸式顯著性（overall significance of the regression）之檢定；是故，若結論爲不拒絕虛無假設，隱含著現有的解釋變數已無解釋能力，我們必須另外再找其他的解釋變數。許多套裝軟體如 Eviews 或 Stata 等迴歸估計結果，皆附有上述整體迴歸式顯著性檢定，自然 Python 也不例外。例如：

```
ModelL1 = ols('SALES~PERPERHH+MEDSCHYR+MEDHVL+PRCRENT \
              +PRC55P+HHMEDAGE+MEDINC+POP',Lottery).fit()
ModelL1.fvalue  # 26.254206355955784
ModelL1.f_pvalue  # 8.40708097385956e-14
R2urL1 = ModelL1.rsquared # 0.0387481821028407
nL1 = ModelL1.nobs
kL1 = len(ModelL1.params)
Lottery['ones'] = np.ones(int(nL1))
```

```
ModelL1A = ols('SALES~ones-1',Lottery).fit()
R2rL1 = ModelL1A.rsquared
F1 =((R2urL1-R2rL1)/(kL1-1))/((1-R2urL1)/(nL1-kL1))# 26.254206355955798
1-f.cdf(F1,dfn=kL1-1,dfd=nL1-kL1)# 8.404388296412435e-14
F2 =(R2urL1/(kL1-1))/((1-R2urL1)/(nL1-kL1))# 26.254206355955798
```

其中 ModelL1 爲 (5-17) 式之 OLS 估計結果。從上述指令可看出 (5-28) 式的成立。

5.2.3 一般的線性限制檢定

考慮下列的例子：

$$\log(price) = \beta_0 + \beta_1\log(assess) + \beta_2\log(lotsize) + \beta_3\log(sqrft) + \beta_4 bdrms + u \qquad (5\text{-}29)$$

其中 *price*、*assess*、*lotsize*、*sqrft* 與 *bdrms* 分別表示房價、售前房子估計、地坪大小、房子大小與房間數。假定我們認爲上述評估 *assess* 是合理的，而 *lotsize*、*sqrft* 與 *bdrms* 等變數對於房價 log(*price*) 並無助益，此相當於欲檢定下列假設：

$$H_0 : \beta_1 = 1, \beta_2 = 0, \beta_3 = 0, \beta_4 = 0 \qquad (5\text{-}30)$$

換言之，(5-30) 式內含 3 個多餘的自變數限制外加 $\beta_1 = 1$，故總共有 4 個限制；因此，(5-30) 式與多餘的變數如 (5-18) 式的檢定並不相同。我們應如何檢定 (5-30) 式呢？

我們可以先估計不受限制模型如 (5-29) 式，另外受限制模型相當於將 (5-30) 式代入 (5-29) 式內，即若 (5-29) 式可寫成：

$$y = \beta_0 + \beta_1 x_1 + \beta_2 x_2 + \beta_3 x_3 + \beta_4 x_4 + u \qquad (5\text{-}31)$$

則限制模型爲：

$$y - x_1 = \beta_0 + u \qquad (5\text{-}32)$$

不過因 (5-31) 與 (5-32) 二式內的因變數並不相同，故我們無法使用 (5-28) 式而只能使用 (5-20) 式檢定，即 (5-30) 式內有 4 個限制，即 $q = 4$；另一方面，(5-29) 或 (5-31) 式內的自由度爲 $n - 5$，即 $df_{ur} = n - 5$。我們再分別估計 (5-29) 與 (5-32) 二式以取得對應的 SSR_{ur} 與 SSR_r。

我們以 HPRICE1(W) 檔案說明。使用 OLS 方法分別估計 (5-29) 與 (5-32) 二式，可得：

$$
\begin{aligned}
\hat{p} = & -0.063 + 0.948\log(assess) + 0.019\log(lotsize) \\
& \quad (0.612) \quad (0.147) \qquad\qquad (0.038) \\
& \quad [0.919] \quad [0.000] \qquad\qquad [0.620] \\
& \quad -0.000\log(sqrft) + 0.03bdrms \\
& \quad (0.000) \qquad\qquad (0.022) \\
& \quad [0.996] \qquad\qquad [0.187] \\
n = & \, 88, R^2 = 0.771
\end{aligned}
\tag{5-33}
$$

與

$$
\begin{aligned}
\hat{p}_a = & -0.085 \\
& \quad (0.016) \\
& \quad [0.000] \\
n = & \, 88, R^2 = 0.00
\end{aligned}
\tag{5-34}
$$

其中 $p = \log(price)$ 與 $p_a = \log(price) - \log(assess)$。(5-33) 與 (5-34) 二式對應的指令爲：

```
HPRICE1 = woo.data('HPRICE1')
Modelj = ols('lprice~lassess+llotsize+sqrft+bdrms',HPRICE1).fit()
HPRICE1['lpMla'] = HPRICE1['lprice']-HPRICE1['lassess']
HPRICE1['Constant'] = np.ones(len(HPRICE1['lprice']))
Modelk = ols('lpMla~Constant-1',HPRICE1).fit()
SSRur = np.sum(Modelj.resid**2)
SSRr = np.sum(Modelk.resid**2)
```

故根據 (5-20) 式，可得：

```
q = 4
dfur = Modelj.nobs-q-1
Fn =(SSRr-SSRur)/q
Fd = SSRur/dfur
F = Fn/Fd # 0.5252118668899005
alpha = 0.05
f.ppf(1-alpha,dfn=q,dfd=dfur)# 2.4816614292470063
1-f.cdf(F,dfn=q,dfd=dfur)# 0.7174650560690582
```

因此，F 檢定統計量約爲 0.53，而於 $\alpha = 0.05$ 之下，F 分配的臨界值約爲 2.48 [0.72]，故無法拒絕 (5-30) 式內的虛無假設。

例 1 使用 f_test(.) 指令

就 (5-30) 式的虛無假設而言，我們亦可以使用下列的指令檢定：

```
H0 = ['lassess=1','ilotsize=0','sqrft=0','bdrms=0']
Modelj.f_test(H0)
# <class 'statsmodels.stats.contrast.ContrastResults'>
# <F test: F=0.5252118668872658, p=0.7174650560709782, df_denom=83, df_num=4>
```

即使用迴歸估計模型內的 f_test(.) 指令，其結果亦完全相同。使用 f_test(.) 與 t_test(.) 指令（第 4 章）的確比較方便。

習題

(1) 下列哪一個因子會造成 OLS 之 t 或 F 檢定的無效？

(i) 變異數之異質；(ii) 忽略重要的解釋變數；(iii) 解釋變數之間的相關係數高達 0.99。

(2) 考慮一個複迴歸式如 $y = \beta_0 + \beta_1 x_1 + \beta_2 x_2 + u,\ u \sim N(0, \sigma_0^2)$，其中 $x_i (i = 1, 2)$ 與 u 無關，不過 x_1 與 x_2 之間的相關係數高達 0.99。試模擬出 t 與 F 檢定統計量的抽樣分配，其特色爲何？

(3) 續上題，是否可以估計上述複迴歸式的參數值？

(4) 就上述彩券的檔案而言，試回答下列問題：

(i) 試將索引欄改為 ZIP，並將 (5-17) 式的因變數與自變數分別改用 y 與 x_j(j = 1, ⋯, 8) 表示。

(ii) 試計算 y 與 x_j 之間的樣本相關係數，最高與次高分別為何？

(iii) 就 (5-23) 式而言，若將因變數改為對數型態，OLS 的估計結果為何？若再將 x_8 改為 $\log(x_8)$，OLS 的估計結果又為何？

(5) 考慮 MEAP93(W) 檔案，以 OLS 方法估計下列迴歸式：

$$\log(salary) = \beta_0 + \beta_1 \log(totcomp / salary) + u$$

試回答下列問題：

(i) 上述之估計結果為何？如何解釋 β_1 之估計值？

(ii) 試分別列出上述估計迴歸式之 t 與 F 之檢定統計量。

(iii) 令 t_1 表示 β_1 之檢定統計量，其與 (ii) 內之 F 檢定統計量之間有何關係？

(iv) 利用上述迴歸式之估計結果，試計算 (5-24) 式，該式的意義為何？

(v) 利用上述迴歸式之估計結果，試計算 (5-28) 式，該式的意義為何？其對應的 p 值為何？

(6) 續上題，於上述簡單迴歸式內再額外加進 $\log(enroll)$ 與 $\log(staff)$ 兩個解釋變數，估計的結果為何？試分別用 t 檢定檢視下列假設：$H_0 : \beta_{bs} = 0$、$H_0 : \beta_{bs} = -1$ 與 $H_0 : \beta_{bs} = \beta_{lenroll}$，其中 bs 為 $\log(totcomp / salary)$。

(7) 續上題，於上述複迴歸式內再額外加進 $droprate$ 與 $gradrate$ 兩個解釋變數，估計的結果為何？試檢定 $H_0 : \beta_{droprate} = \beta_{gradrate} = 0$，$\alpha = 0.05$。

Chapter 6

複迴歸分析：OLS 之漸近性

前面章節所描述的是 OLS 估計式的有限樣本或小樣本特徵（small properties）。例如：於高斯－馬可夫的前 5 種假定下，OLS 估計式具有不偏性的性質就是一種有限樣本特徵，其特色是無論樣本數 n 爲何，上述不偏性的性質依舊存在。同理，於高斯－馬可夫的 7 種假定下（NLRM 假定 1~7），OLS 估計式是最佳線性不偏估計式亦屬於一種有限樣本特徵。

更有甚者，第 5 章強調再加上 NLRM 假定 8（即 u 屬於獨立於解釋變數 $\mathbf{x}$ 的常態分配），我們竟然可以找出 OLS 估計式的明確分配（於 $\mathbf{x}$ 的條件下）；換言之，第 5 章描述 OLS 估計式的抽樣分配屬於常態分配，根據附錄 D，我們自然可以使用 t 與 F 分配（就 t 與 F 之檢定統計量而言）。不過，若 u 不屬於常態分配，則 t 與 F 之檢定統計量就未必屬於 t 與 F 分配。

事實上，除了有限樣本特徵外，另外尚有估計式與對應檢定統計量之漸近特徵（asymptotic properties）或稱爲大樣本特徵（large properties），即上述特徵並不是定義於某一特定樣本數，而是隨著樣本數的變大，OLS 估計式竟然具有令人滿意的大樣本特徵。我們發現隨著樣本數的變大，反而不需要常態分配的假定，t 與 F 之檢定統計量的抽樣分配漸近於 t 與 F 分配。

6.1 一致性

雖說不偏性的性質頗符合我們的直覺判斷，但是符合不偏性的估計式卻未必容易找到。例如：雖然我們知道 $\hat{\sigma}_0^2$ 是 σ_0^2 的不偏估計式，但是 $\hat{\sigma}_0$ 卻是 σ_0 的偏估計式（見第 3 章）；換言之，雖說若符合 NLRM 假定 1~5，OLS 估計式是一種不偏的估計式，但是某些情況如於時間序列模型（後面章節會介紹）下，OLS 估計式卻未必仍屬於不偏估計式。不過，於後面章節內，我們仍會介紹一些偏但是卻有用的估計式。

不偏估計式雖然吸引人，不過卻難找到，而一些估計式雖然有用如 $\hat{\sigma}_0$，但是其卻屬於偏的估計式；因此，我們只好退而求其次，即目前幾乎所有的經濟學家已達成一個共識，那就是估計式最起碼需具有一致性的性質。換句話說，若估計式不符合一致性的要求，則該估計式並沒有什麼用處[①]！

我們有許多方式可以描述估計式之一致性，正式的定義或說明可以參考附錄 E。此處，我們提供一個直覺的想法。考慮下列的迴歸式如：

$$y = \beta_0 + \beta_1 x_1 + \beta_2 x_2 + \beta_3 x_3 + \beta_4 x_4 + u \tag{6-1}$$

其中 $x_1 \sim U(0, 1)$、$x_i(i = 2, 3, 4)$ 屬於多變量常態分配[②]以及 $u \sim \chi^2(4)$；顯然，(6-1) 式內的假定符合 NLRM 假定 1~7。

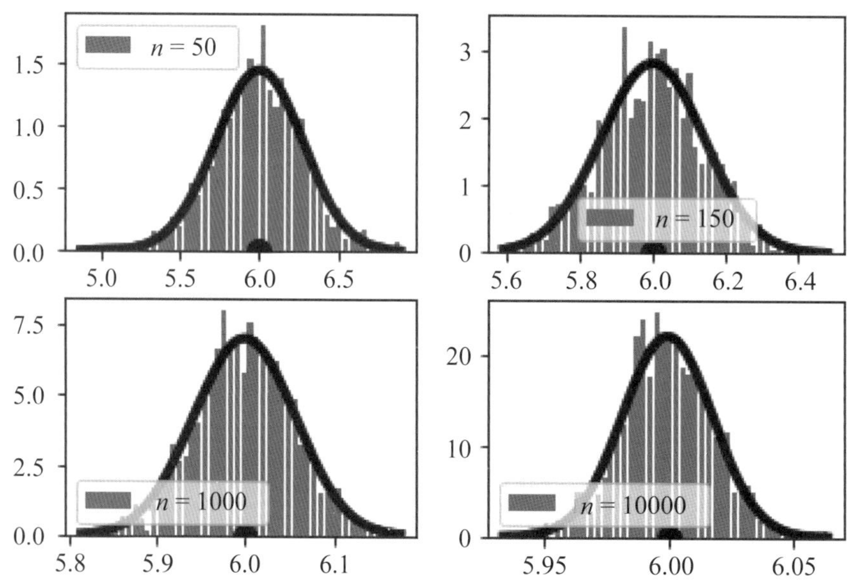

圖 6-1　$\hat{\beta}_2$ 的抽樣分配，其中黑點表示真實值以及 $\rho_{12} = 0.5$、$\rho_{13} = 0.8$ 與 $\rho_{23} = 0.6$，ρ_{ij} 分別為 x_i 與 x_j 的相關係數

① 例如：射擊時準頭失真（如瞄準器歪了），再怎麼射擊皆不可能命中。

② 可以參考所附檔案，其中 x_i 之間的相關係數最大爲 0.8。

根據 (6-1) 式以及於不同的樣本數（n）之下，圖 6-1 分別繪製出 $\hat{\beta}_2$ 的抽樣分配，該圖除了顯示出 $\hat{\beta}_2$ 不僅是 β_2 的不偏估計式之外，同時亦顯示出 $\hat{\beta}_2$ 亦是 β_2 的一致性估計式，其中後者的特性是：$n \to \infty$，$\hat{\beta}_2$ 竟趨向於 β_2（比較圖內各小圖之橫軸差距）。

圖 6-1 的結果或優點是顯而易見的，畢竟我們面對的是固定的樣本數，當樣本數逐漸增加，一致性的估計式會逐漸接近於眞實值；或者說，也許我們並不容易提高樣本數，此時若沒有使用模擬的方式，也許並不容易看出估計式的一致性特色。若估計式不具一致性特色，此時再多增加樣本數也徒勞無功。

因此，估計式具一致性特色是重要的，我們可以檢視於 NLRM 假定 1~7 下，OLS 估計式 $\hat{\beta}_j$ 爲 β_j 之一致性估計式。我們仍透過用模擬的方式說明。考慮一個簡單的迴歸式如：

$$y = \beta_0 + \beta_1 x + u \tag{6-2}$$

根據 (2-15) 式，可知：

$$\hat{\beta}_1 = \beta_1 + \frac{\sum_{i=1}^{n}(x_i - \bar{x})y_i}{\sum_{i=1}^{n}(x_i - \bar{x})^2} = \beta_1 + \frac{n^{-1}\sum_{i=1}^{n}(x_i - \bar{x})u_i}{n^{-1}\sum_{i=1}^{n}(x_i - \bar{x})^2} = \beta_1 + \frac{s_{xu}}{s_{xx}} \tag{6-3}$$

根據 LLN（附錄 E），可知：

$$plim(s_{xu}) = Cov(x, u) \text{ 與 } plim(s_{xx}) = Cov(x, x) = Var(x) \tag{6-4}$$

即 $Cov(x, u)$ 與 $Var(x)$ 的一致性估計式分別爲 s_{xu} 與 s_{xx} [③]。

我們知道若符合 NLRM 假定 4 與 6，即 $Var(x) \neq 0$ 與 $Cov(x, u) = 0$，則根據 (6-2) 與 (6-3) 二式，$\hat{\beta}_1$ 爲 β_1 之一致性估計式，寫成：

$$plim(\hat{\beta}_1) = \beta_1 + \frac{Cov(x,u)}{Var(x)} = \beta_1 \tag{6-5}$$

③ 於附錄 E 內，達到一致性的條件是 $Var(x) < \infty$ 與 $Var(u) < \infty$。於本書，我們幾乎很少碰到 $Var(x) = \infty$ 或 $Var(u) = \infty$ 的情況。

我們舉一個例子說明。就 (6-2) 式而言，令 $\beta_0 = 2$、$\beta_1 = 5$ 與 $u = (10/n)x + z$，其中 x 與 z 分別是不相關的標準常態隨機變數而 n 則表示樣本數。根據上述假定，於固定的 n 之下，可知 $s_{xu} \neq 0$，不過隨著 n 的增加，$Cov(x, u)$ 逐漸會接近於 0；換言之，根據上述假定，我們應該已經知道 OLS 的估計式 $\hat{\beta}_1$ 是一種偏不過卻是 β_1 的一致性估計式。例如：於不同的 n 與上述假定下，圖 6-2 分別繪製出 $\hat{\beta}_1$ 的抽樣分配，我們亦見識到一種偏不過卻具有一致性估計式的情況。

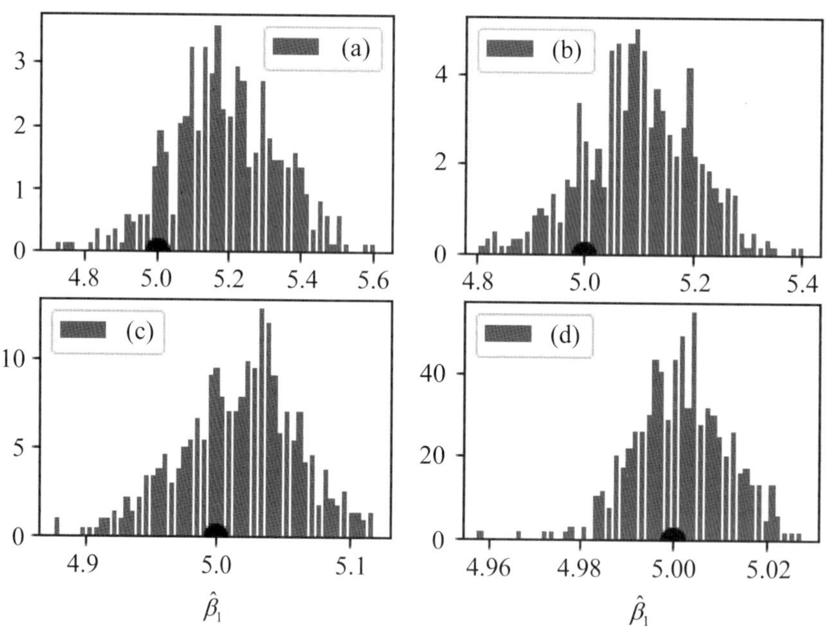

圖 6-2 $plim(\hat{\beta}_1) = \beta_1$，**其中黑點為真實值以及圖** (a)~(d) **對應的樣本數分別為** 50、100、500 **與** 10,000

上述 (6-2) 式的例子或圖 6-2 的結果，自然可以擴充至檢視複迴歸模型的情況。我們重新檢視圖 6-2 背後的假定。首先，檢視 NLRM 假定 3，該假定係排除解釋變數之間可能存在完全的線性重合。我們發現除非模型有誤設，否則完全的線性重合應該較爲少見，讀者倒是可以思考於一個複迴歸模型，若解釋變數之間存在高度的相關，OLS 估計式具有一致性的特性是否會被破壞（習題）？

接下來，檢視 NLRM 假定 4。我們發現圖 6-2 的背後假定係使用 $E(u) = 0$ 與 $Cov(x, u) = 0$。換言之，NLRM 假定 4 似乎較爲抽象，不像後者的假定那麼直接；因此，可有 NLRM 假定 4'：

NLRM 假定 4'

$E(u) = 0$ 與 $Cov(x_j, u) = 0$，其中 $j = 1, 2, \cdots, k$。

NLRM 假定 4' 較 NLRM 假定 4「弱」，即後者隱含著前者。就 NLRM 假定 4 而言，其隱含著任意 x_j 的函數與 u 無關；不過，NLRM 假定 4' 仍較明顯，畢竟其可對應至迴歸式的標準方程式，如 (4-8) 與 (4-9) 二式所示，隱含著 OLS 估計式的導出有受到 NLRM 假定 4' 的限制。或者說，直覺而言，若違反 NLRM 假定 4，我們大概會直接聯想到 $Cov(x_j, u) \neq 0$；是故，似乎 NLRM 假定 4' 較 NLRM 假定 4「合理」。

雖說如此，我們仍保留 NLRM 假定 4，其理由可有：

(1) 顯然，NLRM 假定 4 所涵蓋的範圍較 NLRM 假定 4'「廣」，就檢視 OLS 估計式的性質而言，我們當然需要有較大應用範圍的假定。例如：如前所述，x^2 或 $\log(x)$ 等非線性函數皆屬於「線性迴歸式」的範圍，故若只使用 NLRM 假定 4'，豈不是仍需針對上述非線性函數做一些額外的假定嗎？

(2) 根據 (2-5)~(2-6) 二式，可看出 NLRM 假定 4 的重要性，即根據該假定，可得：

$$E(y \mid x_1, \cdots, x_k) = \beta_0 + \beta_1 x_1 + \cdots + \beta_k x_k \tag{6-6}$$

即透過 NLRM 假定 4，我們可以得到 PRF，但是 PRF 並不容易從直覺取得。

瞭解一致性估計式的性質之後，我們進一步檢視不具有一致性估計式的情況。最明顯的例子，就是忽略重要的解釋變數。考慮下列的迴歸式：

$$y = \beta_0 + \beta_1 x_1 + \beta_2 x_2 + v \tag{6-7}$$

假定 (6-7) 式是一個眞實的模型，其中該式符合 NLRM 假定 1~5 以及 v（誤差項）與 x_1（或 x_2）無關。我們知道 (6-7) 式內的 OLS 估計式是一種一致性估計式。

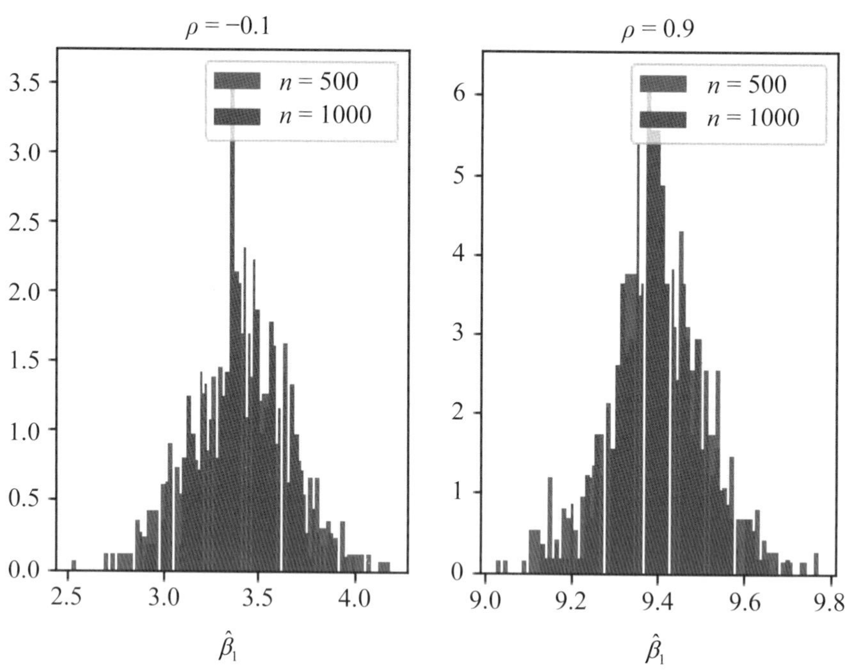

圖 6-3　$\tilde{\beta}_1$ 的抽樣分配，其中 $\beta_1 = 4$ 以及 ρ 表示 x_1 與 x_2 的相關係數

若忽略 x_2，可知我們只估計簡單迴歸式，如 $y = \beta_0 + \beta_1 x_1 + u$，其中 $u = \beta_2 x_2 + v$。令 $\tilde{\beta}_1$ 表示上述簡單迴歸式之 OLS 估計式，根據 (6-5) 式，可得：

$$plim(\tilde{\beta}_1) = \beta_1 + \beta_2 \delta_1 \tag{6-8}$$

其中 $\delta_1 = \dfrac{Cov(x_1, x_2)}{Var(x_1)} = \rho_{12}\dfrac{\sigma_2}{\sigma_1}$，即 ρ_{12} 與 σ_i 分別表示 x_1 與 x_2 的相關係數與 x_i 的母體標準差。

於 (6-8) 式內，可看出 $\tilde{\beta}_1$ 是否屬於一致性的估計式，取決於 ρ_{12} 與 $\sigma_i (i = 1, 2)$ 的大小。例如：於固定的 σ_i 之下，圖 6-3 分別繪製出於不同 ρ_{12} 與 n 之下，$\tilde{\beta}_1$ 之抽樣分配，我們發現只要 $\rho_{12} \neq 0$，即使樣本數較大，$\tilde{\beta}_1$ 並不是 β_1 的一致性估計式，其中 ρ_{12} 值愈大，$\tilde{\beta}_1$ 值離 β_1 值愈遠；另一方面，若 $\rho_{12} > 0 (< 0)$，$\tilde{\beta}_1$ 會產生高估（低估）的情況。

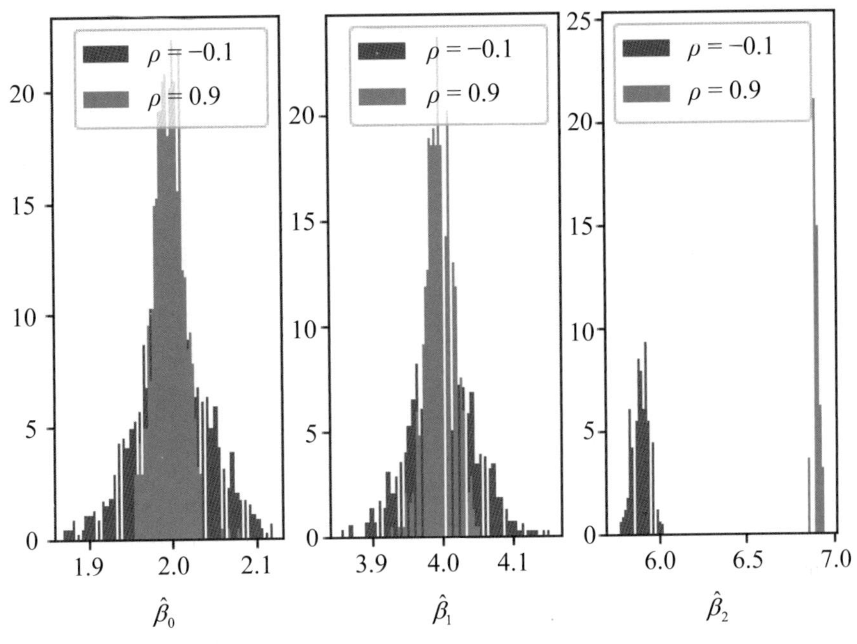

圖 6-4　$\hat{\beta}_j$ (j = 0, 1, 2) **之抽樣分配，其中** β_j = 2, 4, 6

我們再思考另外一種情況。仍考慮 (6-7) 式，只不過假定 x_1 與 x_2, v 無關，但是 x_2 與 v 卻有關（以 ρ 表示上述相關程度），若以 OLS 方法估計 (6-7) 式，直覺而言，$\hat{\beta}_j$ 的估計式為何？圖 6-4 分別繪製出上述結果，我們發現 $\hat{\beta}_0$ 與 $\hat{\beta}_1$ 仍是一致性估計式，但是 $\hat{\beta}_2$ 卻不是，即若 $\rho > 0(< 0)$，$\hat{\beta}_2$ 亦會產生高估（低估）的情況，而高估（低估）程度仍視 ρ 值的大小而定。有意思的是，隨著圖 6-4 內 ρ 值的提高，$\hat{\beta}_j$ 的抽樣分配的標準差竟然縮小，此應該是使用模擬方法的另一個收穫。

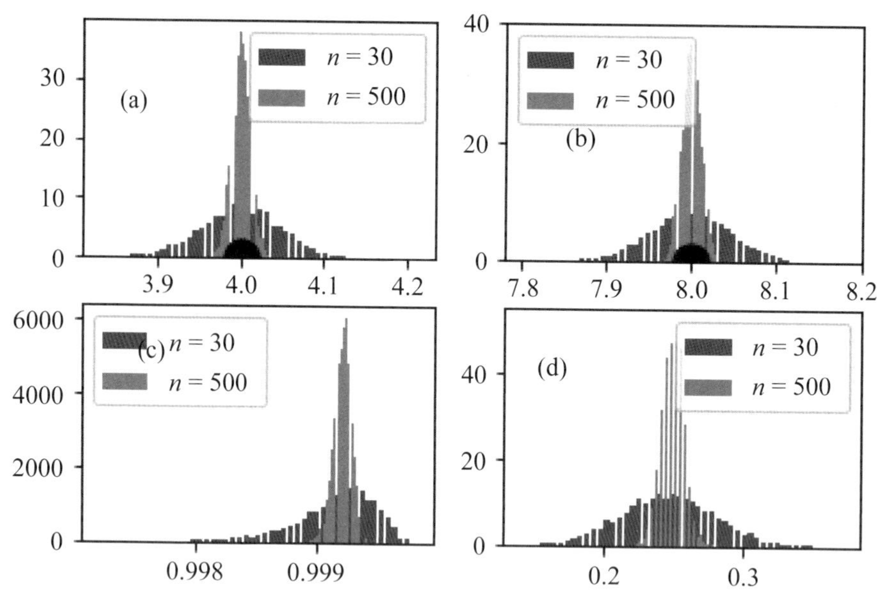

圖 6-5 $\rho_{12} = 0$，其中 (a)~(d) 分別表示 $\hat{\beta}_1$、$\hat{\beta}_2$、$\overline{R}^2$ 與 $\hat{\sigma}_0$ 的抽樣分配

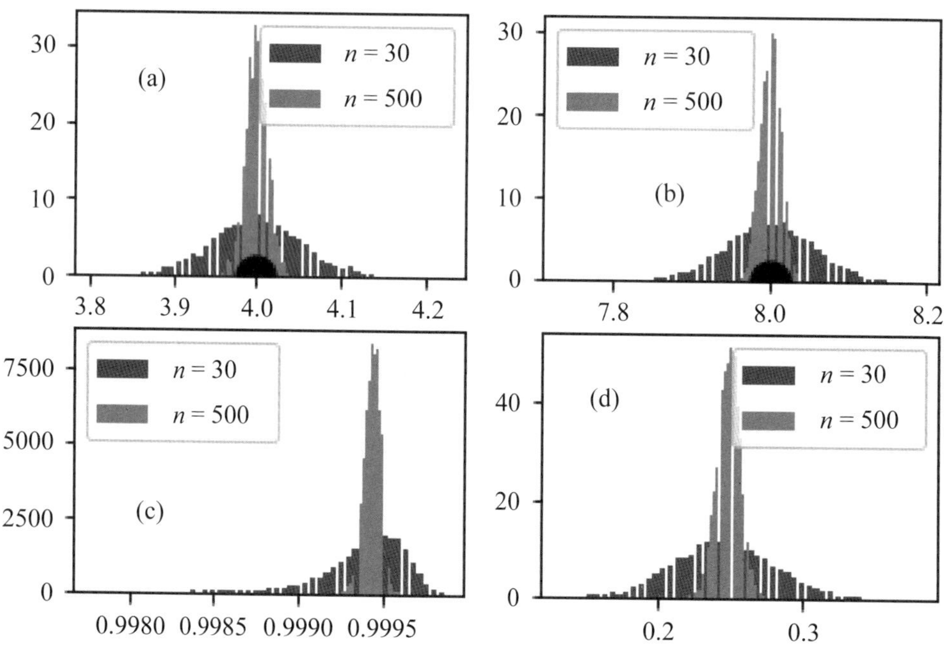

圖 6-6 $\rho_{12} = 0.5$，其中 (a)~(d) 分別表示 $\hat{\beta}_1$、$\hat{\beta}_2$、$\overline{R}^2$ 與 $\hat{\sigma}_0$ 的抽樣分配

例 1 不同樣本數

考慮一個符合 NLRM 假定 1~8 的 MLR 模型如 $y = \beta_0 + \beta_1 x_1 + \beta_2 x_2 + u$，其中 x_1 與 x_2 之間的相關係數爲 ρ_{12}。我們分別考慮 $n = 30, 500$ 兩種情況。圖 6-5 分別繪製出於 $\rho_{12} = 0$ 之下，$\hat{\beta}_1$、$\hat{\beta}_2$、$\overline{R}^2$ 與 $\hat{\sigma}_0$ 的抽樣分配。我們可以看出來 OLS 的估計式不僅是不偏同時亦是一致性的估計式。値得注意的是，當樣本數變大，我們發現 $\hat{\beta}_1$、$\hat{\beta}_2$、$\overline{R}^2$ 與 $\hat{\sigma}_0$ 的抽樣分配的標準誤皆縮小了。

例 2 不同樣本數與線性重合

續例 1，當 ρ_{12} 値變大如 $\rho_{12} = 0.5$，其餘不變，我們繪製如圖 6-6 所示，我們仍可看出 OLS 的估計式不僅是不偏同時亦是一致性的估計式，不過其對應的標準誤變大了；雖說如此，若樣本數變大，其亦有縮小標準誤的功能。我們發現 $\overline{R}^2$ 與 $\hat{\sigma}_0$ 的抽樣分配的標準誤亦會隨樣本數的變大而縮小。

例 3 房價與焚化廠的距離

就 (6-7) 式而言，令 y、x_1 與 x_2 分別表示房價、離焚化廠的距離以及房子的品質（如房子的大小、房間數量、浴室數目或社區素質等）。理所當然，x_1 與 x_2 之間的相關係數大於 0，即離焚化廠的距離愈遠，房子的品質愈佳。我們發現若忽略 x_2 而只估計簡單的迴歸式，OLS 估計值會產生高估的情況。

例 4 不偏性與一致性

於 (6-3)~(6-5) 三式內可看出，不偏性與一致性之差異，即若 $0 < s_{xx} < \infty$ 與 $s_{xu} \neq 0$，則 $\hat{\beta}_1$ 爲 β_1 之偏估計式；同理，若 $0 < Var(x) < \infty$ 與 $Cov(x, u) \neq 0$，則 $\hat{\beta}_1$ 並不是 β_1 之一致性估計式。

習題

(1) 於圖 6-1 內，我們發現當 $n \rightarrow \infty$，則 $\hat{\beta}_j \rightarrow \beta_j$。利用圖 6-1 內的假定，試繪製出當 $n \rightarrow \infty$，t_j 的抽樣分配，其中 t_j 爲 $\hat{\beta}_j$ 的檢定統計量，其結果爲何？

(2) 若將圖 6-6 內的 ρ_{12} 值改爲 $\rho_{12} = 0.9$，其餘不變，結果爲何？$\hat{\sigma}_0$ 是否會改變？$\overline{R}^2$ 呢？$\overline{R}^2$ 的標準誤會變大或變小？

(3) $plim(\hat{\sigma}_0^2) = \sigma_0^2 \Rightarrow plim(\hat{\sigma}_0) = \sigma_0$。當 $E(\hat{\sigma}_0^2) = \sigma_0^2$，則 $E(\hat{\sigma}_0)$ 爲何？試舉一個例子說明。

(4) 就 (4-38) 式的檔案而言，試回答下列問題：

(i) 試計算 *rate_marriage*、*yrs_married* 與 *Age* 三變數觀察值之間的樣本相關係數，其中前兩者分別表示婚姻狀態（*rate_marriage* 值愈低表示愈差）與已結婚年數，有何涵義？

(ii) 若忽略 *rate_marriage*，而只估計 $affairs = \beta_0 + \beta_1 \, yrs\_married + u$，則 β_1 的估計值會產生高估或低估？

6.2 漸近常態與大樣本推論

一致性估計式雖說是統計推論內一個非常重要的條件，不過單獨依賴一致性估計式，並不能進行統計推論；換言之，就後者而言，我們需要 OLS 估計式 $\hat{\beta}_j$ 的抽樣分配。第 5 章已指出若滿足 NLRM 假定 1~8，則 $\hat{\beta}_j$ 的抽樣分配屬於常態分配。

換言之，$\hat{\beta}_j$ 的抽樣分配屬於常態分配是取決於誤差項 u 之假定爲常態分配，若 u 屬於非常態分配，則 $\hat{\beta}_j$ 的抽樣分配不再屬於常態分配；連帶地，$\hat{\beta}_j$ 的 t 檢定統計量不再屬於 t 分配，F 檢定統計量亦不再屬於 F 分配。因此，就統計推論而言，NLRM 假定 8 似乎是一個重要的假定。

如前所述，若滿足 NLRM 假定 8，隱含著於 $x_j(j = 1, \cdots k)$ 的條件下，y 亦屬於常態分配；不過，y 爲可以觀察到的「觀察值」但是 u 卻觀察不到，故我們倒是透過一些蒐集到的資料檢視 NLRM 假定 8 的合理性。可惜的是，所觀察到的資料未必皆屬於常態分配。

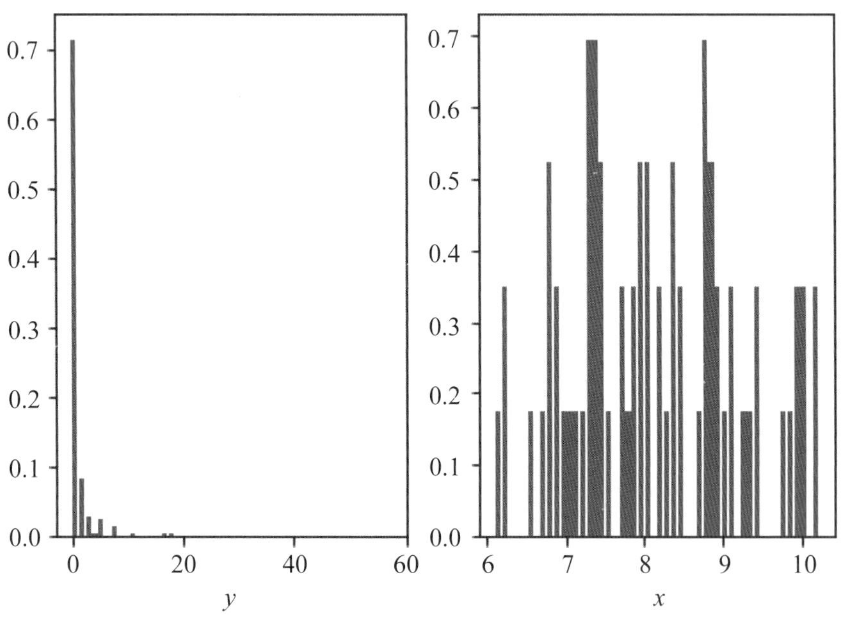

圖 6-7 x 與 y 的直方圖，其中 x 為 Affairs 檔案內的 *affairs* 數據資料，而 y 則為圖 1-1 內人均實質 GDP（對數值）數據資料

例如：於 (4-38) 式與圖 1-1 內，我們分別有使用 *affairs* 與人均實質 GDP（對數值）數據資料當作因變數（y），而圖 6-7 則繪製出上述二數據資料的直方圖，我們可以看出上述資料絕非屬於常態分配。我們知道常態分配的假定與 OLS 估計式的不偏性，甚至於與 OLS 估計式之 BLUE 性質無關，但是上述假定卻與 t 或 F 檢定之「精準」檢定有關，則若無法滿足 NLRM 假定 8，是否意謂著上述 t 或 F 檢定無法採用？答案當然是否定的，即若 NLRM 假定 8 無法成立，我們可以訴諸於使用 CLT 而可有漸近常態分配（asymptotic normality）的結果（附錄 E）。

若滿足高斯－馬可夫假定（NLRM 假定 1~7），可知：

(1) $\sqrt{n}\left(\hat{\beta}_j-\beta_j\right)\overset{a}{\sim}N\left(0,\sigma_0^2/a_j^2\right)$，其中 σ_0^2/a_j^2 爲 $\sqrt{n}\left(\hat{\beta}_j-\beta_j\right)$ 的漸近變異數（asymptotic variance）而 $a_j^2=plim\left(n^{-1}\sum_{i=1}^{n}\hat{r}_{ij}^2\right)$，其中 $\hat{r}_{ij}$ 爲 x_j 對其他自變數迴歸（因變數爲 x_j）之殘差值。上述 $\hat{\beta}_j$ 之抽樣分配明顯屬於漸近常態分配。

(2) $\hat{\sigma}_0^2$ 是 σ_0^2 的一致性估計式。

(3) 就任意 j 而言，可得：

$$\frac{\left(\hat{\beta}_j-\beta_j\right)}{sd(\hat{\beta}_j)}\overset{a}{\sim}N(0,1) \tag{6-9}$$

與

$$\frac{\left(\hat{\beta}_j-\beta_j\right)}{se(\hat{\beta}_j)}\overset{a}{\sim}N(0,1) \tag{6-10}$$

其中 $sd(\hat{\beta}_j)=\sigma_0/\sigma_j$ 與 $se(\hat{\beta}_j)=\hat{\sigma}_0/\sigma_j$。

我們仍使用模擬的方式來說明上述結果。考慮一個滿足 NLRM 假定 1~8 的線性複迴歸模型如：

$$y=\beta_0+\beta_1x_1+\beta_2x_2+\beta_3x_3+\sigma_0u \tag{6-11}$$

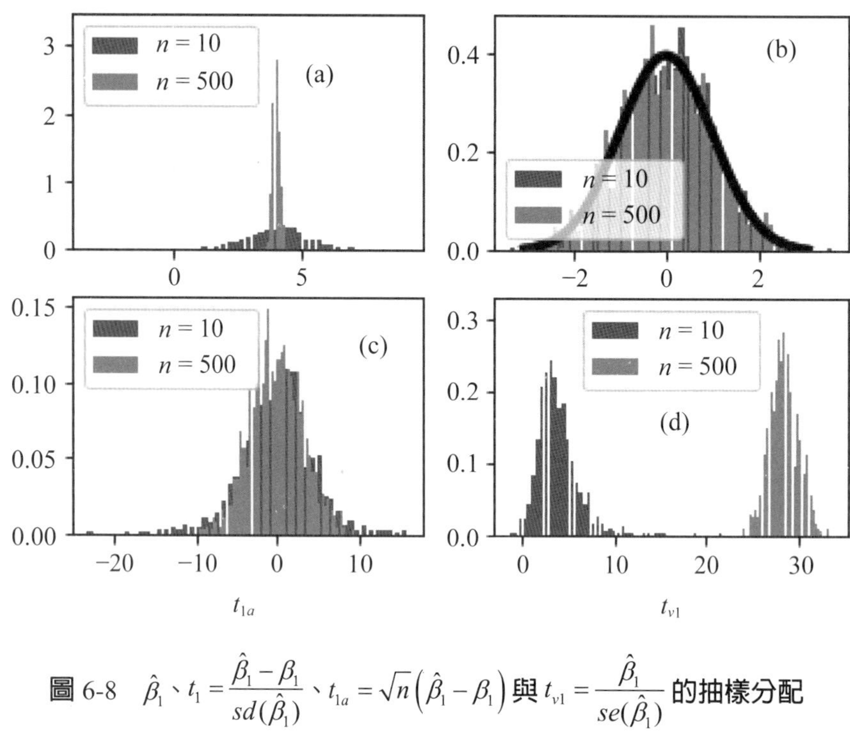

圖 6-8 $\hat{\beta}_1$、$t_1 = \dfrac{\hat{\beta}_1 - \beta_1}{sd(\hat{\beta}_1)}$、$t_{1a} = \sqrt{n}\left(\hat{\beta}_1 - \beta_1\right)$ **與** $t_{v1} = \dfrac{\hat{\beta}_1}{se(\hat{\beta}_1)}$ **的抽樣分配**

其中 u 是 $N(0,1)$ 的隨機變數。(6-11) 的特色是我們將迴歸式的誤差項拆成 σ_0 與 u 二項（其實我們已經多次用過）。以 OLS 方法估計 (6-11) 式而我們的興趣集中於 $\hat{\beta}_1$ 的抽樣分配，該抽樣分配則繪製如圖 6-8 所示。圖 6-8 的結果可以分述如下：

(1) $\hat{\beta}_1$ 是 β_1 的一致性估計式，如圖 (a) 所示。我們可以看出隨著樣本數 n 的提高，$\hat{\beta}_1$ 的抽樣分配愈向 β_1 集中。

(2) 使用 (6-9) 式的用處。我們發現隨著 n 的提高，t_1 或 t_{1a} 的抽樣分配竟然與 n 無關，即無論 n 爲何，對應的 t_1 或 t_{1a} 的抽樣分配幾乎重疊，可以參考圖 (b) 與 (c)，其中圖 (b) 內之曲線爲標準常態分配的 PDF。上述結果說明了漸近分配的存在；或者說，上述結果可視爲 CLT 於迴歸分析內的延伸。

(3) 實際上，我們是使用 (6-10) 式，畢竟需估計 σ_0 值。t_{v1} 就是 $\hat{\beta}_1$ 對應的 t 檢定統計量，因不同 n 值對應的 t 檢定統計量並不相同，故圖 (d) 內 t_{v1} 抽樣分配的位置並不相同。

(4) 讀者可以比較 σ_0^2 / a_1^2 與 (4-47) 式內之 $Var(\hat{\beta}_1) = \dfrac{\sigma_0^2}{SST_1\left(1 - R_1^2\right)}$ 之間的關係。

(5) 圖 6-8 的目的是欲說明漸近分配的存在，即 $t = \dfrac{\hat{\beta}_j - \beta_j}{se(\hat{\beta}_j)} \overset{a}{\sim} t_{df}$，其中 $df = n - k - 1$ 表示自由度，其缺點是仍假定 u 屬於常態分配。若 u 不屬於常態分配呢？讀者可以思考看看（習題）。

習題

(1) 於 (6-9) 式內，我們有何方式可以計算 $sd(\hat{\beta}_j)$？試舉一例說明。

(2) 試舉一例說明 $\dfrac{\hat{\beta}_j - \beta_j}{sd^1(\hat{\beta}_j)} \overset{a}{\sim} N(0,1)$ 與 $\dfrac{\sqrt{n}\left(\hat{\beta}_j - \beta_j\right)}{sd^2(\hat{\beta}_j)} \overset{a}{\sim} N(0,1)$，其中 $sd^1(\hat{\beta}_j)$ 與 $sd^2(\hat{\beta}_j)$ 的差別為何？提示：參考 (6-9) 與 (6-10) 二式。

(3) 試舉一例說明 $\dfrac{\hat{\beta}_j - \beta_j}{se^1(\hat{\beta}_j)} \overset{a}{\sim} N(0,1)$ 與 $\dfrac{\sqrt{n}\left(\hat{\beta}_j - \beta_j\right)}{se^2(\hat{\beta}_j)} \overset{a}{\sim} N(0,1)$，其中 $se^1(\hat{\beta}_j)$ 與 $se^2(\hat{\beta}_j)$ 的差別為何？提示：參考 (6-9) 與 (6-10) 二式。

(4) 於圖 6-8 內，我們假定 u 屬於常態分配，若 u 屬於均等分配呢？試舉一例說明。提示：$x \sim U(a, b)$，可知 $Var(x) = \dfrac{(b-a)^2}{12}$。

(5) 考慮 BWGHT(W) 檔案內的數據資料，試回答下列問題：

(i) 試分別繪製 bwght(lbwght) 變數之觀察值（全部以及前半部）的直方圖。上述觀察值是否屬於常態分配？

(ii) 試以 OLS 方法估計 $lbwght = \beta_0 + \beta_1 cigs + \beta_2 lfaminc + u$，試計算 $\hat{\beta}_1$ 的估計標準誤。

(iii) 續 (ii)，若使用一半的資料估計呢？

6.3 LM 檢定

5.2.1 節曾經介紹多餘解釋變數的 F 檢定，我們發現該檢定亦可以用拉氏乘數（Lagrange multiplier, LM）檢定或稱為「分數（score）」檢定取代。基本上，LM（檢定）統計量是屬於一種「於限制條件下極大化」的結果④，LM 檢定之導出倒是不需

④ 或是於限制的條件下，計算最大概似值（maximum likelihood），其中最大概似估計法（maximum likelihood estimation, MLE）可以參考例如：《財統》。

要迴歸誤差項屬於常態分配的假定。

LM（檢定）統計量類似於上述 F 檢定的導出，兩者皆只依賴高斯－馬可夫假定。考慮下列符合高斯－馬可夫假定的母體複迴歸線性模型：

$$y = \beta_0 + \beta_1 x_1 + \cdots + \beta_k x_k + u \tag{6-12}$$

我們有興趣欲檢定下列的虛無假設，即：

$$H_0 : \beta_{k-q+1} = \cdots = \beta_k = 0 \tag{6-13}$$

即 k 個解釋變數內，最後 q 個解釋變數對 y 無影響。

如前所述，LM（檢定）統計量的導出只需估計受 (6-13) 式限制的迴歸式，即受限制的估計迴歸式為：

$$y = \tilde{\beta}_0 + \tilde{\beta}_1 x_1 + \cdots + \tilde{\beta}_k x_{k-q} + \tilde{u} \tag{6-14}$$

其中 $\tilde{u}$ 為對應的殘差值。利用 $\tilde{u}$，再估計下列迴歸式：

$$\tilde{u} = \beta_0 + \beta_1 x_1 + \cdots + \beta_k x_k + \varepsilon \tag{6-15}$$

(6-15) 式可視為一種輔助迴歸式（auxiliary regression），其特色是我們對於 (6-15) 式內的 β_j 估計值並不在意，反而有興趣的是 (6-15) 式對應的 R^2 之估計。

直覺而言，若 (6-13) 式為真，(6-15) 式對應的 $\hat{R}^2$（R^2 之估計值）應接近於 0，隱含著 $\tilde{u}$ 與 (6-15) 式內的解釋變數無關；相反地，若上述 $\hat{R}^2$ 之估計值不接近於 0，則 $\hat{R}^2$ 之估計值應多大，才會讓我們認為 (6-13) 式有可能「被拒絕」，此乃典型的統計檢定問題，我們發現可用自由度為 q 的卡方分配檢視，其中 LM 之檢定統計量可為 $n\hat{R}^2$。

我們仍以模擬的方式說明上述的 LM 檢定。令 $k = 5$、$\beta_i \neq 0 (i = 0, 1, 2, 3)$、$\beta_4 = \beta_5 = 0$ 與 $x_j (j = 1, \cdots, k)$ 與 u 無關。如前所述，LM 檢定統計量的導出不需要常態分配的假定，故我們假定 $u = \sigma_0 \sqrt{12}(U - 0.5)$，其中 U 表示介於 0 與 1 之間的均等分

配隨機變數[5]。我們的目的在於檢定下列的虛無假設，即：

$$H_0: \beta_4 = \beta_5 = 0 \tag{6-16}$$

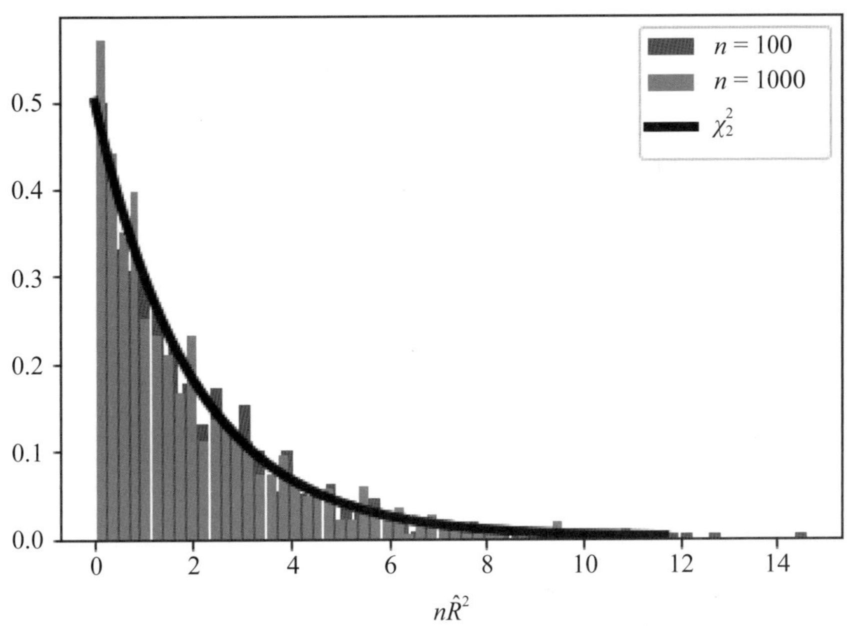

圖 6-9　LM 檢定統計量的抽樣分配

令 $N = 1{,}000$（模擬的次數）與 $n = 100, 1{,}000$，根據上述 LM 檢定統計量的導出過程，圖 6-9 分別繪製出不同 n 之下，LM 檢定統計量的抽樣分配；爲了比較起見，圖 6-9 內亦繪製出自由度爲 $q = 2$ 的卡方分配的 PDF 曲線，我們發現上述 LM 檢定統計量的抽樣分配的確接近於卡方分配。是故，圖 6-9 的結果隱含著 LM 檢定統計量屬於一種大樣本檢定或是漸近檢定。

我們整理 LM 檢定的執行步驟，可以分述如下：

(1) 於 (6-13) 式的限制下，以 OLS 方法估計受 (6-13) 式限制的迴歸式，可得 (6-14) 式；可以注意的是，此時 $\tilde{u}$ 應與 (6-14) 式內的解釋變數無關。
(2) 以 $\tilde{u}$ 取代 (6-12) 式內的 y，再以 OLS 方法估計，可得對應的 $\hat{R}^2$。
(3) 令檢定統計量 $LM = n\hat{R}^2$，LM 的抽樣分配應會接近於自由度爲 q 的卡方分配。

---

[5] U 的平均數與變異數分別爲 0 與 1/12。

(4) 比較 LM 與適當的卡方分配臨界值，可以注意的是，此時屬於右尾檢定。

從上述步驟內可看出於執行 LM 檢定下，不受限制迴歸模型的自由度 $(n-k-1)$ 並未扮演任何角色；另一方面，因 $LM = n\hat{R}^2$，LM 檢定統計量又可稱爲「$n-R-squared$」統計量。

我們亦舉一個例子說明 LM 檢定。考慮 Ruud（2000）的 Wage 檔案，我們打算估計下列的複線性迴歸式：

$$\log(w) = \beta_0 + \beta_1 ed + \beta_2 ex + \beta_3 fe + \beta_4 nw + \beta_5 un + \beta_6 wk + u \tag{6-17}$$

其中 w、ed、ex、fe、nw、un 與 wk 分別表示時薪、受教育年數、工作經驗、女性、非白人、工會成員與非時薪給付等變數。我們有興趣的是欲檢定下列假設：

$$H_0: \beta_3 = \beta_4 = \beta_6 = 0$$

其中對應的對立假設則是上述虛無假設不成立；換句話說，於控制其他會影響 $\log(w)$ 的因素不變下，我們欲檢視 fe、nw 與 wk 對 $\log(w)$ 是否有影響？

我們先以 OLS 方法估計下列的輔助迴歸式：

$$\log(w) = \beta_0 + \beta_1 de + \beta_2 ex + \beta_5 un + u$$

取得對應的殘差值 $\tilde{u}$，再以 OLS 方法估計下列的迴歸式：

$$\tilde{u} = \beta_0 + \beta_1 ed + \beta_2 ex + \beta_3 fe + \beta_4 nw + \beta_5 un + \beta_6 wk + \varepsilon$$

取得對應的 $\hat{R}^2$ 值約爲 0.1179。因 $n = 1{,}289$，故檢定統計量 $LM = n\hat{R}^2 \approx 151.96$。利用自由度爲 $q = 3$ 的卡方分配，可計算 $LM \approx 151.96$ 所對應的 p 值約爲 0。因此，無論 α 值爲何，我們發現拒絕虛無假設。

上述 LM 檢定當然亦可以使用 F 檢定如 (5-20) 式所示，可得對應的 F 檢定統計量約爲 57.11 [0.00]。我們發現兩種檢定結果頗爲類似，隱含著 F 檢定亦可以用 LM 檢定取代。

習題

(1) 以 n = 10, 30 取代圖 6-9 內的 n 值，其餘不變，重新繪製圖 6-9 的結果。結果爲何？LM 檢定統計量的抽樣分配爲何？

(2) 續上題，LM 檢定屬於一種大樣本檢定嗎？

(3) 考慮 CRIME1(W) 檔案內 *narr*86（1986 年罪犯被逮捕的次數）、*pcnv*（1986 年之前罪犯被捕而定罪的比重）、*ptime*86（1986 年罪犯在監獄的月數）、*qemp*86（罪犯於 1986 年有工作的季數）、*avgsen*（起訴定罪的平均月數）與 *tottime*（1986 年之前，罪犯滿 18 歲後在監獄的總月數）變數之數據資料。考慮下列的不受限制迴歸式：

$$narr86 = \beta_0 + \beta_1 pcnv + \beta_2 avgsen + \beta_3 tottime + \beta_4 ptime86 + \beta_5 qemp86 + u$$

而我們有興趣的是欲檢定下列假設：

$$H_0 : \beta_2 = \beta_3 = 0$$

換句話說，於控制其他會影響 *narr*86 的因素不變下，我們欲檢視 *avgsen* 與 *tottime* 對 *narr*86 是否有影響？試回答下列問題：

(i) 輔助迴歸式爲何？

(ii) LM 檢定內的 $\hat{R}^2$ 值與檢定統計量分別爲何？是否會拒絕虛無假設？

(iii) 使用 F 檢定，結果爲何？

(4) 考慮下列的 MLR 模型如：

$$bwght = \beta_0 + \beta_1 cigs + \beta_2 parity + \beta_3 faminc + \beta_4 motheduc + \beta_5 fatheduc + u$$

其中 *bwght*、*cigs*、*parity*、*faminc*、*motheduc* 與 *fatheduc* 分別表示嬰兒出生體重、母親於懷孕期間每天平均吸菸數、胎數、年家庭所得、母親受教育年數與父親受教育年數。使用 BWGHT(W) 檔案內的數據資料，試回答下列問題：

(i) BWGHT 檔案內是否存在缺值？除去缺值後各變數的觀察值爲何？

(ii) 續上題，使用上述檔案，試以 OLS 估計上式，*motheduc* 與 *fatheduc* 的估計參數值是否顯著異於 0？

(iii) 令 $H_0 : \beta_4 = \beta_5 = 0$，試使用 LM 檢定，結果爲何？

(iv) 續上題，若改用 F 檢定呢？

6.4 OLS 的漸近有效性

我們曾用圖 3-15 的結果說明高斯－馬可夫定理，即若符合 NLRM 假定 1~8，OLS 估計式具有 BLUE 的性質，隱含著 OLS 估計式的有效性，不過於圖 3-15 內，我們是假定誤差項 u 屬於常態分配。倘若 u 不屬於常態分配呢？我們發現若符合高斯－馬可夫定理，即使 u 不屬於常態分配，於大樣本下，OLS 估計式仍具有漸近的有效性。

考慮一個符合高斯－馬可夫定理的簡單線性迴歸式，如 $y = \beta_0 + \beta_1 x + u$。我們延續圖 3-15 的作法，除了 OLS 估計式 $\hat{\beta}_1$ 之外（我們只考慮 β_1 的估計式），尚存在其他的估計式，例如：

$$\tilde{\beta}_1 = \frac{\sum_{i=1}^{n}\left(z_i - \bar{z}\right) y_i}{\sum_{i=1}^{n}\left(z_i - \bar{z}\right) x_i} \tag{6-18}$$

其中 $z = 1/(1 + |x|)$。根據 (6-18) 式，不難得出：

$$\tilde{\beta}_1 = \beta_1 + \frac{n^{-1}\sum_{i=1}^{n}\left(z_i - \bar{z}\right) u_i}{n^{-1}\sum_{i=1}^{n}\left(z_i - \bar{z}\right) x_i} \tag{6-19}$$

因 z 是 x 的函數，故只要 NLRM 假定 4 成立（即 x 與 u 無關），隱含著 z 亦與 u 無關，故 $\tilde{\beta}_1$ 不僅是 β_1 的不偏估計式，同時亦是 β_1 的一致性估計式。

根據 (6-19) 式，我們亦不難取得 $\tilde{\beta}_1$ 的變異數爲：

$$Var\left(\tilde{\beta}_1\right) = \sigma_0^2 \frac{Var(z)}{\left[Cov(z,x)\right]^2} \tag{6-20}$$

其中類似於 (6-4) 式，可知：

$$plim(s_{zu}) = Cov(z, u) \text{ 與 } plim(s_{zz}) = Cov(z, z) = Var(z) \tag{6-21}$$

畢竟 u 未必屬於常態分配，故我們只能透過 (6-18) 式取得 $\tilde{\beta}_1$ 的漸近分配，並且將 (6-20) 式視爲 $\tilde{\beta}_1$ 的漸近變異數。

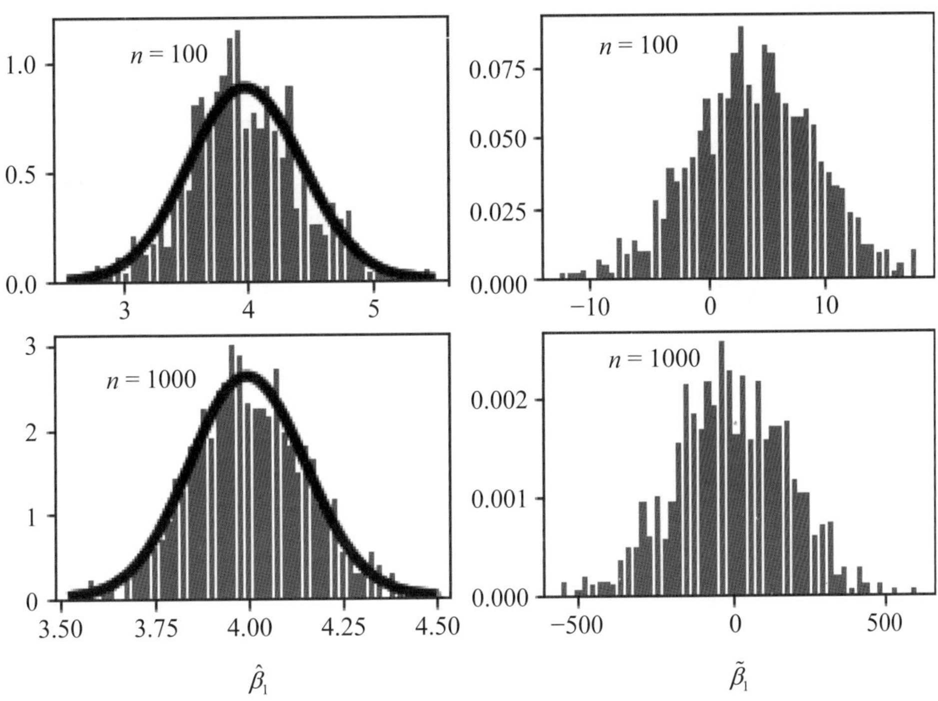

圖 6-10　$\hat{\beta}_1$ **與** $\tilde{\beta}_1$ **的抽樣分配，其中** $u = \sigma_0\sqrt{12}U$（U **為介於** 0 **與** 1 **之間的均等分配隨機變數）**

類似 (6-20) 式的導出，(6-3) 式亦可寫成：

$$Var\left(\hat{\beta}_1\right) = \sigma_0^2 \frac{Var(x)}{\left[Cov(x,x)\right]^2} = \frac{\sigma_0^2}{Var(x)} \tag{6-22}$$

其中 $Cov(x, x) = Var(x)$。比較 (6-20) 與 (6-22) 二式，可知 $Var\left(\hat{\beta}_1\right) \le Var\left(\tilde{\beta}_1\right)$，即 $\hat{\beta}_1$ 具有漸近有效的性質[6]。

我們舉一個例子說明。仍考慮上述簡單迴歸式，不過假定 $u = \sigma_0\sqrt{12}(U - 0.5)$，

⑥ 利用柯西不等式（Cauchy-Schwarz inequality）可知 $[Cov(z,x)]^2 \le Var(z)Var(x)$，隱含著 $\frac{Var(z)}{\left[Cov(z,x)\right]^2} \ge \frac{1}{Var(x)}$。

其中 U 爲介於 0 與 1 之間的均等分配隨機變數。圖 6-10 分別繪製出 $\hat{\beta}_1$ 與 $\tilde{\beta}_1$ 之抽樣分配。我們可以看出即使 u 不屬於常態分配，於大樣本數下，$\hat{\beta}_1$ 的抽樣分配仍漸近於常態分配。値得注意的是，從圖 6-10 內我們亦可看到，即使使用大樣本數，$\tilde{\beta}_1$ 的抽樣分配有可能屬於常態分配，不過後者的估計標準誤太大了。

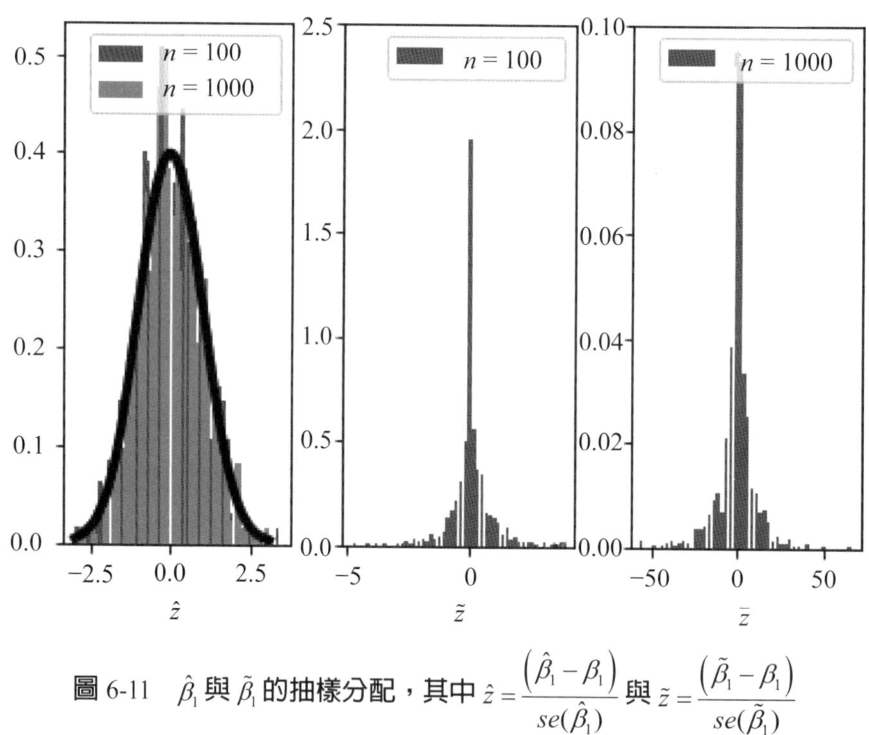

圖 6-11　$\hat{\beta}_1$ 與 $\tilde{\beta}_1$ 的抽樣分配，其中 $\hat{z} = \dfrac{(\hat{\beta}_1 - \beta_1)}{se(\hat{\beta}_1)}$ **與** $\tilde{z} = \dfrac{(\tilde{\beta}_1 - \beta_1)}{se(\tilde{\beta}_1)}$

利用圖 6-10 內的結果，我們進一步模擬並繪製出 $\left(\hat{\beta}_1 - \beta_1\right)/se(\hat{\beta}_1)$ 與 $\left(\tilde{\beta}_1 - \beta_1\right)/se(\tilde{\beta}_1)$ 的抽樣分配，如圖 6-11 所示，不過該圖是以標準化的型態呈現。我們發現前者之標準化接近於標準常態分配，但是後者卻不是[⑦]。

雖說我們沒有使用數學證明，不過於圖 6-10 或 6-11 內可看出 $\hat{\beta}_1$ 的抽樣分配的估計標準誤皆小於其他的估計式，如 $\tilde{\beta}_1$ 的估計標準誤；如此，可有 OLS 之漸近有效性質：於高斯－馬可夫假定下，$\hat{\beta}_j$ 與 $\tilde{\beta}_1$ $(j = 0, 1, \cdots, k)$ 分別表示 OLS 估計式與其他如 (6-18) 式的估計式，則 $a.Var\sqrt{n}\left(\hat{\beta}_j - \beta_j\right) \le a.Var\sqrt{n}\left(\tilde{\beta}_j - \beta_j\right)$，隱含著 OLS 估計式擁有最低的漸近變異數，其中 $a.Var$ 表示漸近變異數。

---

⑦ 利用 (6-20) 與 (6-22) 二式分別可估計取得圖 6-11 內的 $se(\hat{\beta}_1)$ 與 $se(\tilde{\beta}_1)$。若圖形不清楚，讀者可自行繪圖。

習題

(1) 我們如何取得 $a.Var\sqrt{n}\left(\hat{\beta}_j - \beta_j\right)$ 與 $a.Var\sqrt{n}\left(\tilde{\beta}_j - \beta_j\right)$ 之估計值？試分別敘述之。

(2) 就圖 6-10 而言，令 $u = \sigma_0 Z$，其中 Z 為標準常態分配隨機變數，試繪製出 $\tilde{\beta}_1$ 的抽樣分配，有何特徵？

(3) 就圖 6-10 而言，令 $z = x^2$，試繪製出 $\tilde{\beta}_1$ 的抽樣分配，有何特徵？

(4) 續上題，若令 $u = \sigma_0 Z$，其餘不變，試繪製出 $\tilde{\beta}_1$ 的抽樣分配，有何特徵？

(5) 考慮一個 MLR 模型如 $y = \beta_0 + \beta_1 x_1 + \beta_2 x_2 + u$。假定符合 NLRM 假定 1~7，而且 x_1 與 x_2 的相關係數為 0.9；另外，考慮 $u = \sigma_0 z$ 與 $u_1 = \sigma_0\sqrt{12}(U - 0.5)$，其中 z 與 U 分別表示標準常態隨機變數與介於 0 與 1 之間的均等分配隨機變數。令 $n = 30$，試回答下列問題：

(i) 分別使用 u 與 u_1 是否會影響 $\hat{\beta}_1$、$\overline{R}^2$ 與 $\hat{\sigma}_0$ 的抽樣分配？

(ii) 比較 x_1 與 x_2 的相關係數分別為 0 與 0.9 之 $\hat{\beta}_1$ 的 t 檢定統計量的抽樣分配，何者之 t 檢定統計量較大？為什麼？

(iii) 續上題，u 與 u_1 的假定是否會影響 $\hat{\beta}_1$ 的 t 檢定統計量的抽樣分配？

(6) 續上題，令 $n = 500$，其餘不變，會有何結果出現？

(7) 使用 ECONMATH(W) 檔案內的數據資料，試以 OLS 估計下列迴歸式：

$$score = \beta_0 + \beta_1 colgpa + \beta_2 actmth + \beta_3 acteng + u$$

試回答下列問題：

(i) NLRM 假定 8 是否成立？

(ii) 試計算上述式子內的因變數之間的樣本相關係數，何者的相關程度較大？

(iii) 若 NLRM 假定 8 無法成立，則欲檢定 $H_0 : \beta_3 = 0$，對應的 t 檢定是否可信賴？

複迴歸分析：其他問題

本章可分成兩部分介紹，其中第一部分檢視一些有關於複迴歸分析的一些課題。雖說上述課題較爲鬆散，結構上不如前面章節內容的完整，不過於實證分析上，上述課題的確不容被忽略；因此，本章之第一部分可視爲前面章節的擴充或延伸。本章之第二部分則介紹有關於迴歸模型的預測（prediction）課題。

7.1 數據單位對 OLS 估計的影響

本節分成兩部分，首先檢視數據資料單位改變對 OLS 估計值、估計參數標準誤、R^2 估計值、迴歸之估計標準誤、t 或 F 檢定統計量等的影響。第二部分則檢視貝他（beta）係數。

7.1.1 數據單位不同

考慮 BWGHT(W) 檔案內的數據資料，並以 OLS 方法估計，可得：

$$\hat{b} = \hat{\beta}_0 + \hat{\beta}_1 cigs + \hat{\beta}_2 faminc \tag{7-1}$$

其中 $b = bwght$ 以及 $bwght$、$cigs$ 與 $faminc$ 分別表示嬰兒出生體重（單位：盎司）、懷孕期間日抽菸的數量（單位：根）以及家庭收入（單位：以千元計）。(7-1) 式的結果，可參考表 7-1 內的第 1 欄。

根據表 7-1，可知 cigs 對應的參數估計值約爲 −0.4634，隱含著孕婦若每日多抽 5 根香菸，嬰兒出生體重約會降低 0.4635(5) = 2.317 盎司。因 cigs 對應的 t 檢定

統計量約爲 −5.06，故 cigs 的影響非常顯著。

假定嬰兒出生體重改以「磅」衡量。令 *bwghtlbs* =*bwght* /16，即 (7-1) 式內的因變數改用 *bwghtlbs* 取代，則對應的 OLS 估計等統計量會如何？例如：

$$\hat{b}_1 = \hat{\beta}_0 / 16 + (\hat{\beta}_1 / 16) cigs + (\hat{\beta}_2 / 16) faminc$$

其中 b_1 = *bwght*/16。顯然，上式除以 16，可表現在估計參數（除以 16）的反應上，我們可以對照表 7-1 內的第 1 與 2 欄的差異。例如：第 2 欄的截距估計值約爲 7.3109，乘上 16，自然可得第 1 欄的截距估計值[①]。換句話說，因變數以 *bwghtlbs* 表示（第 2 欄），因 cigs 對應的參數估計值約爲 −0.0289，故孕婦若每日多抽 5 根香菸，嬰兒出生體重約會降低 0.0289(5) = 0.1445 磅，後者相當於 0.1445(16) = 2.312 盎司，與之前計算 2.317 盎司有些微的差距，不過上述差距仍是使用「約略值」所造成的，即第 1 與 2 欄的估計參數之間是可以轉換的。

表 7-1　數據單位的效果

因變數	**(1) *bwght***	**(2) *bwghtlbs***	**(3) *bwght***
自變數			
cigs	-0.4634 (0.0916)	-0.0289 (0.0057)	--
packs	--	--	-9.268 (1.832)
faminc	0.0927 (0.0292)	0.0058 (0.0018)	0.0927 (0.0292)
截距	116.974 (1.049)	7.3109 (0.0656)	116.974 (1.049)
樣本數	1,388	1,388	1,388
R^2	0.0298	0.0298	0.0298
SSR	557,485.51	2177.6778	557,485.51
SER	20.063	1.2539	20.063

說明：

(1) 小括號內之值表示對應的估計標準誤。

(2) *bwghtlbs* 表示 *bwght* 以磅衡量。

① 會存在些微差距，那是「4 捨 5 入」差異所造成的。

至於 t 檢定統計量或顯著性呢？從表 7-1 內，我們可以看到因估計參數所對應的估計標準誤亦隨之調整，即第 2 欄的標準誤會縮小 1/16 倍，隱含著第 1 與 2 欄所對應的 t 檢定統計量其實是相等的。圖 7-1 進一步繪製出第 1 與 2 欄內的迴歸模型的殘差值，亦可看出二模型殘差值之間的轉換；換言之，令 Model 1 的殘差值爲 $\hat{u}_i$，則 Model 2 的殘差值爲 $\hat{u}_i / 16$。

是故，因殘差值衡量單位的不同，連帶地使得 SSR 與迴歸的標準誤（standard error of regression, SER）亦有所不同，其中 Model 1 的 SSR 爲 $\sum \hat{u}^2$ 而 Model 2 的 SSR 則爲 $\sum (\hat{u}/16)^2$。因 $\text{SER} = \hat{\sigma}_0 = \sqrt{\text{SSR}/(n-k-1)}$，故於表 7-1 內可看出 Model 2 的 SER 小了 1/16 倍。值得注意的是，Model 2 的殘差值較小並不是表示模型的配適度提高，此只是衡量單位不同所造成的結果，我們可以看出二模型的 R^2 估計值仍是相同的。

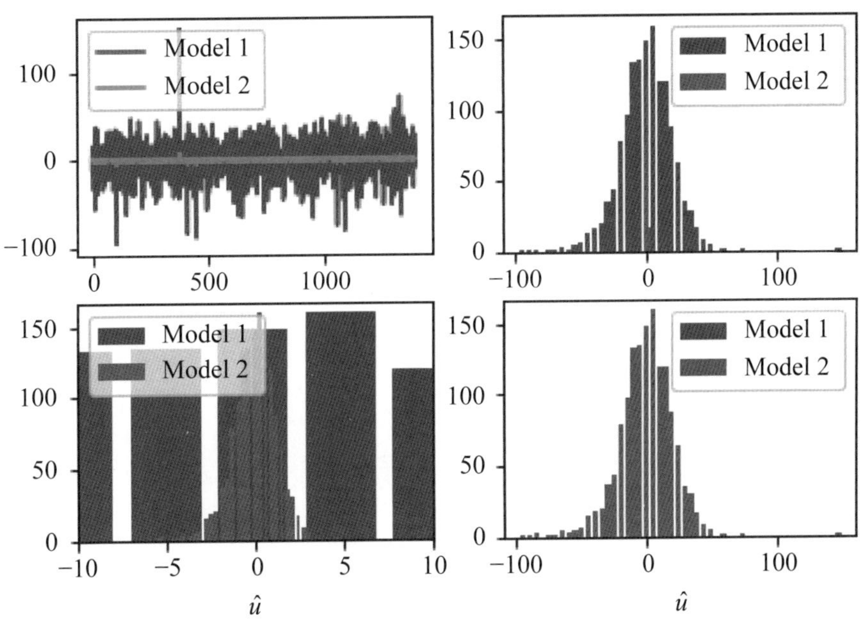

圖 7-1　Model 1 與 2 的殘差值，其中 Model 1 與 2 分別為表 7-1 的第 1 與 2 欄，左下圖為右上圖的放大，右下圖是將 Model 2 的殘差值乘以 16

現在再檢視 (7-1) 式。我們將香菸用「盒」表示（即 1 盒香菸內有 20 根香菸），即 $packs = cigs / 20$，重新估計 (7-1) 式，可得：

$$\hat{b} = \hat{\beta}_0 + (20\hat{\beta}_1)(cigs / 20) + \hat{\beta}_2 faminc = \hat{\beta}_0 + (20\hat{\beta}_1) packs + \hat{\beta}_2 faminc$$

即截距與 *faminc* 的參數估計值不變，但是 *packs* 的估計值卻是 *cigs* 估計值的 20 倍，該結果則列於表 7-1 的第 3 欄。直覺而言，*packs* 與 *cigs* 不須同時為解釋變數，若皆為解釋變數，反而存在完全線性重合問題，且估計參數值並無意義。

除了 *packs* 的估計參數之外，我們發現 *packs* 的估計標準誤（第 3 欄）是 (7-1) 式內 *cigs* 的估計標準誤（第 1 欄）的 20 倍；因此，上述兩者所對應的 t 檢定統計量是相同的，隱含著不管是用 *cigs* 或 *packs*，對應的顯著性檢定是相同的。

上述例子說明了於迴歸模型內因變數與自變數單位改變所造成的結果。於計量經濟學內，變數單位改變是屢見不鮮。例如：於 (7-1) 式內，*faminc* 是用千元計算，若改以元計算，我們預期結果為何？

於 (7-1) 式內，因變數以 log(*bwght*) 或是自變數以 log(*faminc*) 取代，因 log(*cy*) = log(*c*) + log(*y*)，我們預期除了估計參數的意義不同之外，截距項如 β_0 的估計值亦會隨之改變。

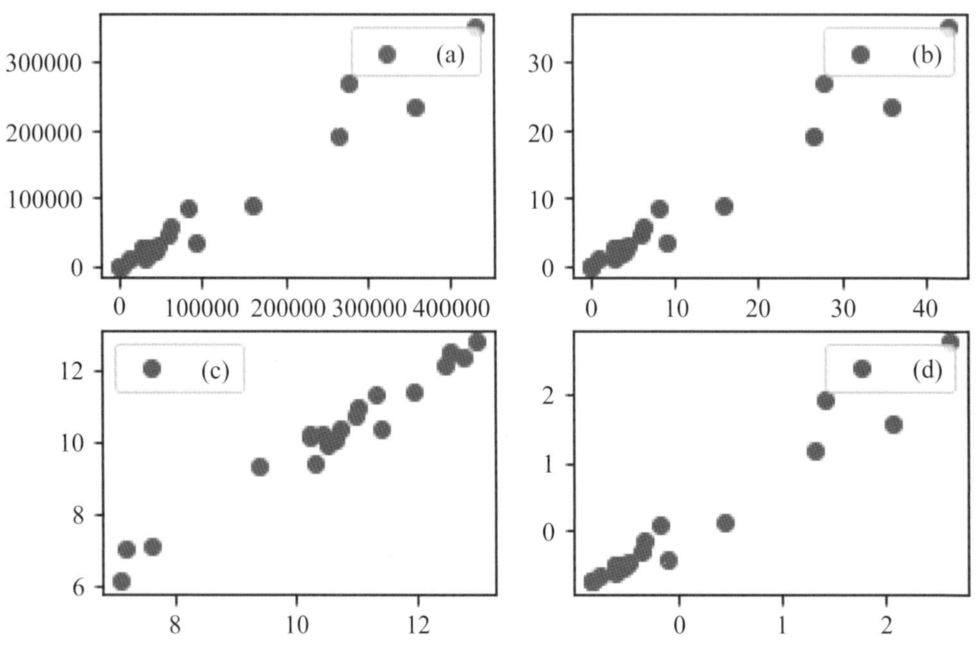

圖 7-2　能源的總消費與實質 GDP 之間的散佈圖，其中 (a)~(d) 對應至模型 (a)~(d)

例 1 能源的總消費

根據 Baltagi（2002）的 Energy 檔案內的數據資料，以 OLS 方法估計下列三個模型，可得：

$$\begin{gathered}\text{模型 (a)}\\ \hat{E} = -3{,}169.19 + 0.78RGDP\\ (6{,}384.69)\quad (0.04)\\ n = 20,\ R^2 = 0.96,\ \hat{\sigma}_0 = 22{,}006.38\\ \text{模型 (b)}\\ \hat{e}_1 = -0.3169 + 0.78rgdp\\ (0.638)\quad (0.04)\\ n = 20,\ R^2 = 0.96,\ \hat{\sigma}_0 = 2.2006\\ \text{模型 (c)}\\ \hat{e} = -0.7783 + 1.04\log(RGDP)\\ (0.481)\quad (0.05)\\ n = 20,\ R^2 = 0.97,\ \hat{\sigma}_0 = 0.33\end{gathered}$$

其中 $E = EN$、$e_1 = en$ 與 $e = \log(EN)$。EN 與 $RGDP$ 分別表示能源的總消費與實質 GDP，而 $en = (1/10e + 5)EN$ 與 $rgdp = (1 / 10e + 5)RGDP$。圖 7-2 分別繪製出上述三模型之自變數與因變數的散佈圖，我們發現圖內四小圖的散佈圖有些類似，不過應可注意橫軸與縱軸座標的差異。

7.1.2 貝他係數

7.1.1 節說明了迴歸模型內變數之數據資料單位改變的結果[2]，而我們對於圖 7-2 內的模型 (c) 倒是印象深刻，因爲該模型內對應的 β_1 値已無計價單位；至於模型 (d)，我們先看其估計結果：

$$\begin{gathered}\text{模型 (d)}\\ \hat{E}_1 = -0.00 + 0.98zRGDP\\ (0.05)\quad (0.05)\end{gathered}$$

[2] 因我們已用 Python 估計或計算，故單位的改變並不會產生困擾。

$$n = 20, R^2 = 0.96, \hat{\sigma}_0 = 0.22$$

其中 E_1 與 $zRGDP$ 分別爲 EN 與 $RGDP$ 的標準化；換句話說，我們倒是希望能有一種方式能擺脫數據資料單位改變所造成的困擾，或是能將各變數的單位衡量一致化，我們發現貝他係數的轉換能滿足上述的要求。貝他係數其實就是將變數「標準化」的一種過程，例如：將變數 x 標準化，

$$z = \frac{x - \mu}{\sigma} \Rightarrow x = \mu + z\sigma \Rightarrow dx = \sigma dz \tag{7-2}$$

其中 μ 與 σ 爲 x 之期望值與標準差。(7-2) 式說明了 x 的變動可用若干 x 的標準差表示，我們將 (7-2) 式的 z 值稱爲 z 分數（z-score）。

考慮一個以 OLS 估計的迴歸式：

$$\hat{y}_i = \hat{\beta}_0 + \hat{\beta}_1 x_{i1} + \hat{\beta}_2 x_{i2} + \cdots + \hat{\beta}_k x_{ik} + \hat{u}_i \tag{7-3}$$

(7-3) 式減對應的平均數，可得：

$$\hat{y}_i - \overline{y} = \hat{\beta}_1(x_{i1} - \overline{x}_1) + \hat{\beta}_2(x_{i2} - \overline{x}_2) + \cdots + \hat{\beta}_k(x_{ik} - \overline{x}_k) + \hat{u}_i \tag{7-4}$$

可以注意 $\hat{u}$ 的平均數等於 0。(7-4) 除以 s_y，可得：

$$\left(\frac{\hat{y}_i - \overline{y}}{s_y}\right) = \frac{s_1}{s_y}\hat{\beta}_1\left(\frac{x_{i1} - \overline{x}_1}{s_1}\right) + \frac{s_2}{s_y}\hat{\beta}_2\left(\frac{x_{i2} - \overline{x}_2}{s_2}\right) + \cdots + \frac{s_k}{s_y}\hat{\beta}_k\left(\frac{x_{ik} - \overline{x}_k}{s_k}\right) + \frac{\hat{u}_i}{s_y} \tag{7-5}$$

$$\Rightarrow z_{\hat{y}} = \hat{b}_1 z_{x_1} + \hat{b}_2 z_{x_2} + \cdots + \hat{b}_k z_{x_k} + \frac{\hat{u}_i}{s_y} \tag{7-6}$$

其中 s_y 與 s_j 分別表示 y 與 $x_j (j = 1, 2, \cdots, k)$ 的（樣本）標準差。可以注意 (7-5) 式內並無常數項。

(7-5) 或 (7-6) 式相當於將 (7-3) 式內的每一個變數標準化，而 (7-6) 式內的參數估計值（即 $\hat{b}_j$）可稱爲標準化係數（standardized coefficients）或稱爲貝他係數。$\hat{b}_j$ 可解釋成：於其他不變的情況下，x_j 變動一個單位的標準差，會引起 y 變動 $\hat{b}_j$ 個單

位的標準差。是故，以 (7-6) 式的方式呈現不僅擺脫了 y 或 x_j 之原先單位衡量不一致的困擾，同時亦與 x_j 的單位衡量無關。有意思的是，於 (7-3) 式內，$\hat{\beta}_j$ 值最大，未必表示對應的 x_j 解釋能力最大；但是，於 (7-6) 式內，$\hat{b}_j$ 值愈大，隱含著對應的 x_j 解釋能力愈大，畢竟於估計前 (7-6) 式內的解釋變數已被轉換成具有相等重要性的情況。

如前所述，上述模型 (c) 之估計係數亦與單位的衡量無關，不過上述估計的迴歸式仍存在著限制。例如：一個地區或全國的支出或所得變動也許頗大，但是就個人而言，卻未必如此，故對應的彈性估計可能會失真，此時以 (7-6) 式的估計取代也許有用。

是故，我們可以比較上述模型 (a)~(d) 的相似與相異處；或者，讀者可以解釋各模型內參數的意義。

例 1　空氣汙染與房價

考慮 HPRICE2(W) 檔案內的數據資料，我們先以 OLS 方法估計，可得：

$$\hat{p} = 2.09e + 04 - 2{,}706.4nox - 153.6crime + 6{,}735.5rooms$$
$$-1{,}026.81dist - 1{,}149.2stratio \qquad (7\text{-}7)$$

其中 $p = price$。(7-7) 式若改成 (7-6) 式的型態可得：

$$\hat{p}_z = -0.340znox - 0.143zcrime + 0.514zrooms - 0.235zdist - 0.270zstratio \qquad (7\text{-}8)$$

其中 $p_z = zprice$，而變數名稱有加上 z 表示貝他值。顯然，我們不易解釋 (7-7) 式內估計參數的意思，但是 (7-8) 式的解釋反而較爲直接且清楚[③]。例如：檢視 *znox* 的估計參數約爲 −0.34，隱含著於其他情況不變下，空氣中的二氧化氮數增加一個標準差，房價會降低 0.34 個標準差；同理，*zcrime* 的估計參數約爲 −0.143，隱含著於其他情況不變下，犯罪率提高一個標準差，房價會降低 0.143 個標準差。我們可以看出哪一個因素對房價的影響較大？或者說，就 (7-7) 或 (7-8) 式內的影響房價因素而言，（於其他情況不變下）我們發現房子的空間（如 *rooms*）對房價的影響最大。

---

③ 我們保留模型 (d) 之常數項估計，可看出後者的估計接近於 0，故與 (7-6) 式類似；換句話說，使用貝他係數估計的迴歸式亦可保留常數項之估計，如此對應的 R^2 值方有意義。

此結果的確不易於 (7-7) 內看出端倪。

比較 (7-7) 與 (7-8) 二式的結果，應可發現上述兩者之 t 檢定統計量、F 檢定統計量或 R^2 等估計值皆相同，不過其他如 SSR 或 SER 如 $\hat{\sigma}$ 等卻不相同。

例 2 於 HPRICE2 檔案內加進貝他變數

續例 1，(7-8) 式的估計需要將 (7-7) 式內的所有變數標準化，此不難用一個 Python 指令達成：

```
HPRICE = woo.data('HPRICE2')
k = HPRICE.shape[1]
col = HPRICE.columns
for j in range(k):
    x = HPRICE[col[j]]
    HPRICE['z'+col[j]] = (x-np.mean(x))/np.std(x)
ModelH2 = ols('zprice~znox+zcrime+zrooms+zdist+zstratio',HPRICE).fit()
ModelH2.summary()
```

讀者可檢視看看。

例 3 拔靴法

於前面章節內，我們有多次使用（蒙地卡羅）模擬方法取得估計式的抽樣分配，而於統計學或計量經濟學內，尚有拔靴法（bootstrapping）亦可取得樣本統計量的抽樣分配。拔靴法亦可稱爲「重新取樣（resampling）」的抽樣方法；或者，簡單地說，拔靴法的精髓在於使用「抽出放回」的抽樣方法[4]。於 Python 內，抽出放回的指令爲：

```
x = [1,2,3,4]
np.random.choice(x,5,replace=True)
# array([2, 1, 4, 3, 3])
```

④ 有關於拔靴法的意義可參考《財時》；至於抽出放回（或稱爲重新取樣）的抽樣方法則可參考《財統》。

```
np.random.choice(x,5,replace=True)
# array([3, 4, 4, 1, 4])
```

即 x 內有 1~4 元素。上述指令是指從 x 內以抽出放回的方式，隨機抽出 5 個觀察值。若我們希望每次皆抽取相同的觀察值，則可試下列指令：

```
np.random.seed(1234)
np.random.choice(x,5,replace=True)
# array([4, 4, 3, 2, 1])
```

即每次抽取必須使用相同的「根部」。

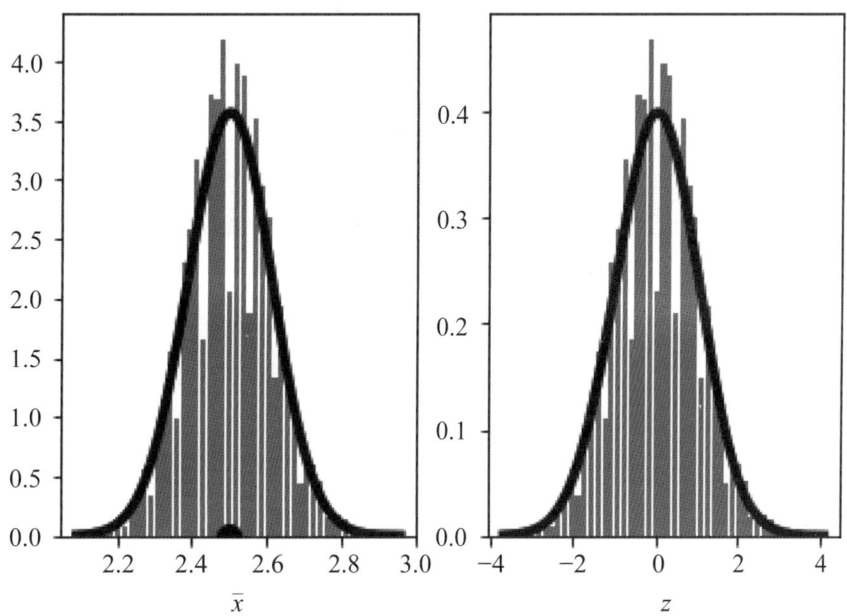

圖 7-3　$\bar{x}$ 與 $z = \sqrt{n}(\bar{x} - \mu) / \sigma$ 的抽樣分配，其中黑點為 μ 值

如前所述，拔靴法以抽出放回的抽樣方式可取得估計式的抽樣分配。以上述 x 爲例，我們從 x 以抽出放回的方式抽取 n 個樣本，故相當於將 x 視爲母體。計算 x 的平均數與標準差分別約爲 2.5 與 1.12，此相當於母體的平均數（μ）與標準差（σ）分別約爲 2.5 與 1.12。假定從 x 內抽取 n = 100，並且計算對應的樣本平均數 $\bar{x}$，重複 B = 10,000 次，可得 B 個 $\bar{x}$，圖 7-3 的左圖進一步繪製出上述 $\bar{x}$ 的抽樣分配，

我們可以看出 $\bar{x}$ 應該爲 μ 的不偏與一致性估計式。圖 7-3 的右圖亦進一步繪製出 $z=\sqrt{n}(\bar{x}-\mu)/\sigma$ 的漸近分配，我們可以看出該漸近分配接近於標準常態分配（圖內曲線爲標準常態分配的 PDF）。

換句話說，圖 7-3 的結果相當於以拔靴法說明 LLN 與 CLT 的存在，其特色是「母體」竟然只有 4 個觀察值，我們發現拔靴法的使用居然事先不需要什麼假定！

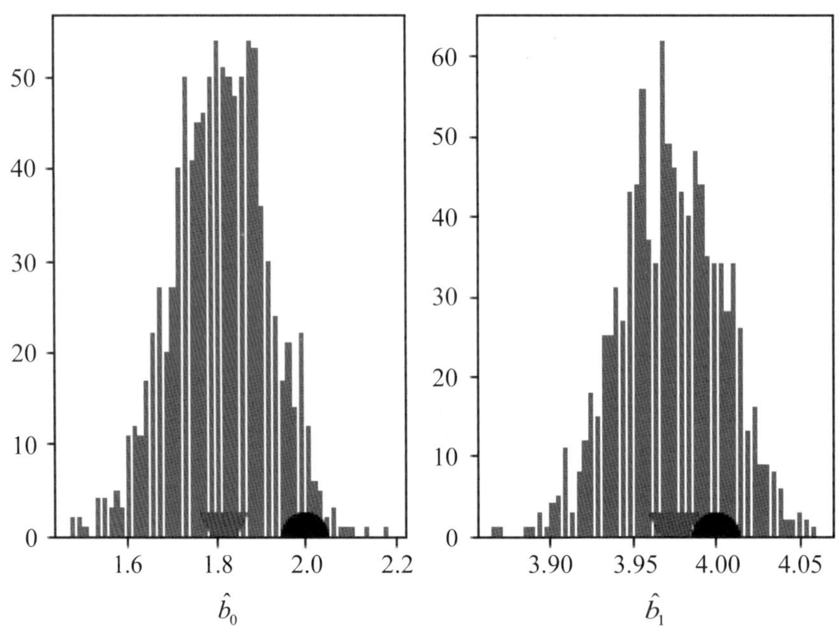

圖 7-4　$\hat{b}_0$ 與 $\hat{b}_1$ 的抽樣分配，其中圓點與倒三角形分別表示 β_i 與 $b_i(i=0,1)$

例 4　拔靴法與迴歸模型

既然拔靴法的使用所需要的假定較少，我們倒是可以將其應用於迴歸分析內。考慮一個簡單的迴歸模型如 $y=2+4x+u$，其中 $x=N(0,9)$ 與 $u=N(0,1)$。利用 OLS 方法，可估得 $\hat{\beta}_0\approx 1.82$、$\hat{\beta}_1=3.97$、$\hat{\sigma}(\hat{\beta}_0)\approx 0.1081$ 與 $\hat{\sigma}(\hat{\beta}_1)\approx 0.0304$。因 u 屬於常態分配，故可以進一步取得 β_0 與 β_1 的 95% 信賴區間估計分別約爲 [1.6017, 2.0308] 與 [3.9137, 4.0345]。

我們當然不知 $y = 2 + 4x + u$，不過卻只知 y 與 x。使用拔靴法，此相當於視 y 與 x 等爲已知母體，則可以執行下列步驟[5]：

(1) 根據 y 與 x，以 OLS 方法估計 $y = \beta_0 + \beta_1 x + u$ 並令 b_0 與 b_1 分別爲 β_0 與 β_1 爲 OLS 估計值；另一方面，令 $\hat{u}$ 表示上述估計迴歸模型的殘差值。
(2) 令 $e = \sqrt{n/(n-2)}\hat{u}$。
(3) 於 e 內，以抽出放回的方式抽取 n 個觀察值，並令其爲 $\hat{e}$。
(4) 令 $y = b_0 + b_1 x + \hat{e}$，取得 y 之後，再以 OLS 估計上述迴歸式（如 x 對 y 的迴歸），取得 b_0 與 b_1 的 OLS 估計值爲 $\hat{b}_0$ 與 $\hat{b}_1$。
(5) 重複步驟 (3) 與 (4)，B 次。

我們姑且將上述步驟稱爲「拔靴迴歸」步驟。

我們發現上述拔靴迴歸步驟可以產生 $\hat{b}_0$ 與 $\hat{b}_1$ 的抽樣分配，此與之前使用蒙地卡羅方法所產生的 OLS 估計式的抽樣分配不同，其中後者需要使用機率分配的假定，但是「拔靴迴歸」卻不需要。例如：令 $n = 100$ 與 $B = 10{,}000$，使用上述拔靴迴歸步驟，圖 7-4 分別繪製出 $\hat{b}_0$ 與 $\hat{b}_1$ 的抽樣分配。我們可以看出因只使用 $n = 100$ 的 y 與 x 資料，拔靴法的使用並不容易估計到眞實值（即 β_i），但是我們卻可以利用圖 6-3 的結果取得 β_i 的區間估計值，以 95% 信賴區間爲例，可得：

```
np.quantile(bstar[:,0],[0.025,0.975],axis=0)
# array([1.60017992, 2.01048271])
np.quantile(bstar[:,1],[0.025,0.975],axis=0)
# array([3.91074798, 4.03072236])
```

上述結果頗接近之前的 β_0 與 β_1 的 95% 信賴區間估計。其實，我們亦可以計算圖 7-4 內 $\hat{b}_0$ 與 $\hat{b}_1$ 的抽樣分配的標準誤（標準差），上述數值竟然頗接近於 $\hat{\sigma}(\hat{\beta}_0)$ 與 $\hat{\sigma}(\hat{\beta}_1)$。眞神奇！

---

⑤ 該步驟可參考《財時》。

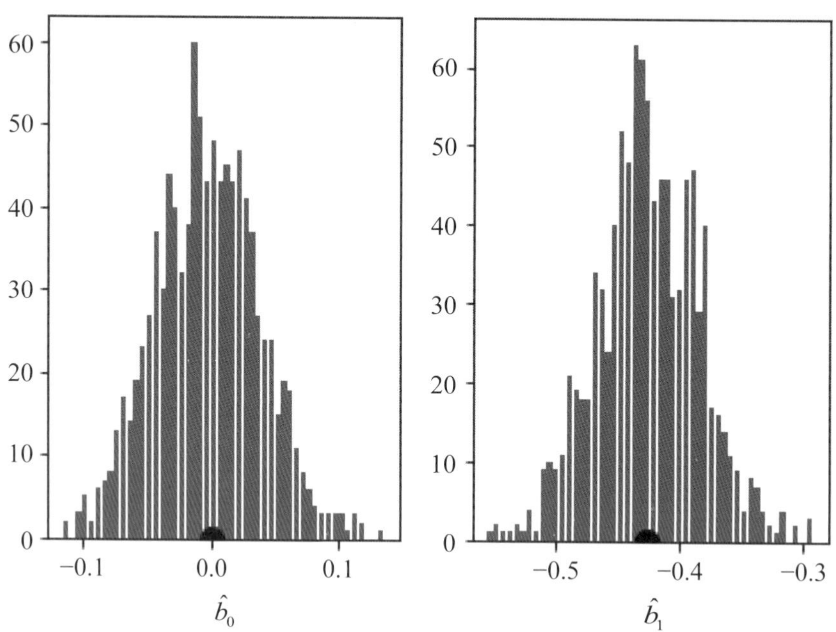

圖 7-5　$\hat{b}_0$ 與 $\hat{b}_1$ 的抽樣分配，其中黑點表示對應的 OLS 估計值

例 5　空氣汙染與房價（續）

例 4 說明了不使用常態分配的假定，使用拔靴法依舊可以取得 OLS 參數的信賴區間估計。延續例 2 之 HPRICE2 檔案。爲了說明起見，我們只考慮簡單迴歸式如 $zprice = \beta_0 + \beta_1 znox + u$。若以 OLS 估計，根據 NLRM 假定 8，可得 β_0 與 β_1 之 95% 信賴區間估計分別約爲 [−0.0792, 0.0792] 與 [−0.5052, −0.3469]。

我們嘗試使用例 4 之「拔靴迴歸」步驟，可得 $\hat{b}_0$ 與 $\hat{b}_1$ 的抽樣分配，繪製如圖 7-5 所示。根據圖 7-5 的結果，進一步取得 b_0 與 b_1 的 95% 信賴區間估計分別約爲 [−0.0792, 0.078] 與 [−0.5057, −0.3412]，該結果倒接近於 β_0 與 β_1 之 95% 信賴區間估計。因此，NLRM 假定 8 似乎是多餘的。

習題

(1) 試比較 (7-7) 與 (7-8) 二式的 SER 估計值。

(2) 何謂拔靴迴歸？試說明之。

(3) 於圖 7-3 內，若將 $n = 100$ 改爲 $n = 1{,}000$，其餘不變，結果爲何？

(4) 於例 4 內，若改以 $u \sim U(0,1)$ 與 $B = 1{,}000$ 取代，結果爲何？

(5) 我們可用何種方式取得 OLS 估計參數的估計標準誤？試說明之。

7.2 一些特殊函數型態的檢視

於實證分析或計量經濟學內，我們經常碰到因變數或自變數以對數的型態呈現；或者，解釋變數有可能以二次式的方式表示。於前面的章節內，多少有遇到上述的情況，不過那時我們並沒有多加檢視或探討。本節進一步檢視看看。

7.2.1 對數函數型態

我們嘗試解釋下列迴歸式的參數值：

$$\log(price) = \beta_0 + \beta_1 \log(nox) + \beta_2 rooms + u \tag{7-9}$$

我們已經知道 (7-9) 式內的 β_1 表示 *nox* 對 *price* 的價格彈性，而 β_2 則表示 *rooms* 對 *price* 的變動率（半－價格彈性）。

根據前述之 HPRICE2 檔案內的數據資料，以 OLS 方法估計 (7-9) 式，可得：

$$\hat{p} = 9.23 - 0.718\log(nox) + 0.306 rooms \tag{7-10}$$

其中 $p = \log(price)$。是故，若 *rooms* 固定不變，*nox* 增加 1%，*price* 會下跌 0.718%；另一方面，若 *nox* 維持不變，當 *rooms* 增加 1（間），*price* 會上升 30.6%。

於其他情況不變下，上述房間數增加 1 間，房價會上升 30.6% 的估計結果有些奇怪。例如：

```
Hprice2 = woo.data('HPRICE2')
Modelh = ols('lprice~lnox+rooms',Hprice2).fit()
betahat = Modelh.params
x1 = Hprice2['lnox']
yhat1 = betahat[0]+betahat[1]*x1[0]+betahat[2]*3
yhat2 = betahat[0]+betahat[1]*x1[0]+betahat[2]*4
yhat3 = betahat[0]+betahat[1]*x1[0]+betahat[2]*5
y1 = np.exp(yhat1);y2 = np.exp(yhat2);y3 = np.exp(yhat3)
((y2-y1)/y1)# 0.3578713681712837
((y3-y2)/y2)# 0.3578713681712863
```

於控制 *lnox* 不變下，我們發現房間數由 3 增至 4 間或者由 4 增至 5 間，房價的增加幅度皆約為 35.79% 而並非 30.6%，隱含著使用 $\hat{\beta}_2 \approx 0.306$ 來預測會失真；換言之，我們不難取得 (7-11) 式[6]，

$$\frac{y_i}{y_{i-1}} - 1 = \exp\left[\hat{\beta}_2(x_i - x_{i-1})\right] - 1 \tag{7-11}$$

例如：

```
np.exp(betahat[2])-1 # 0.35787136817128506
np.exp(betahat[2]*2)-1 # 0.8438146524993577
((y3-y1)/y1)#  0.8438146524993573
```

即房間數由 3 增至 4 間，房價的增加幅度約為 35.79%，而房間數由 3 增至 5 間，房價的增加幅度則約 84.38%。如此可看出經由 (7-11) 式調整的重要性。

雖說如此，若變動的幅度不大，則 (7-11) 式的重要性自然降低。例如：於 (7-10) 式內再額外加進 *stratio* 變數，可得：

$$\hat{p} = 10.36 - 0.645\log(nox) + 0.257rooms - 0.051stratio \tag{7-12}$$

即 $\hat{\beta}_3 \approx -0.051$，代入類似於 (7-11) 式的計算方式，可得（於控制 *nox* 與 *rooms* 不變下）當 *stratio* 增加 1，房價會約下降 5%，與 (7-12) 式的結果差距不大。

迴歸變數用對數型態表示應是有其普遍或方便性，我們進一步檢視其優點，可分述如下：

(1) 若經由 (7-11) 式的調整，其實用對數型態來預測因變數百分比的變動是頗方便的。例如：再檢視 (7-10) 式，於控制 *nox* 不變之下，當房間數由 3 間增至 13 間，房價預估約會漲 20 倍！

---

[6] 因：

$$\Delta\log(y) = \hat{\beta}_2\Delta x \Rightarrow \left[\log(y_i) - \log(y_{i-1})\right] = \hat{\beta}_2(x_i - x_{i-1}) \Rightarrow \log(y_i / y_{i-1}) = \hat{\beta}_2(x_i - x_{i-1})$$

$$\Rightarrow (y_i / y_{i-1}) - 1 = \exp\left[\hat{\beta}_2(x_i - x_{i-1})\right] - 1$$

可得 (7-11) 式。

(2) 於經濟學內，我們知道有弧彈性（arc elasticity）的計算方式，顯然弧彈性的計算方式受限於期初或期末變數大小的影響；是故，以對數型態表示反而較輕易可取得彈性之計算。

(3) 使用對數型態，可擺脫變數之計算單位不同或計算單位變化所帶來的困擾。

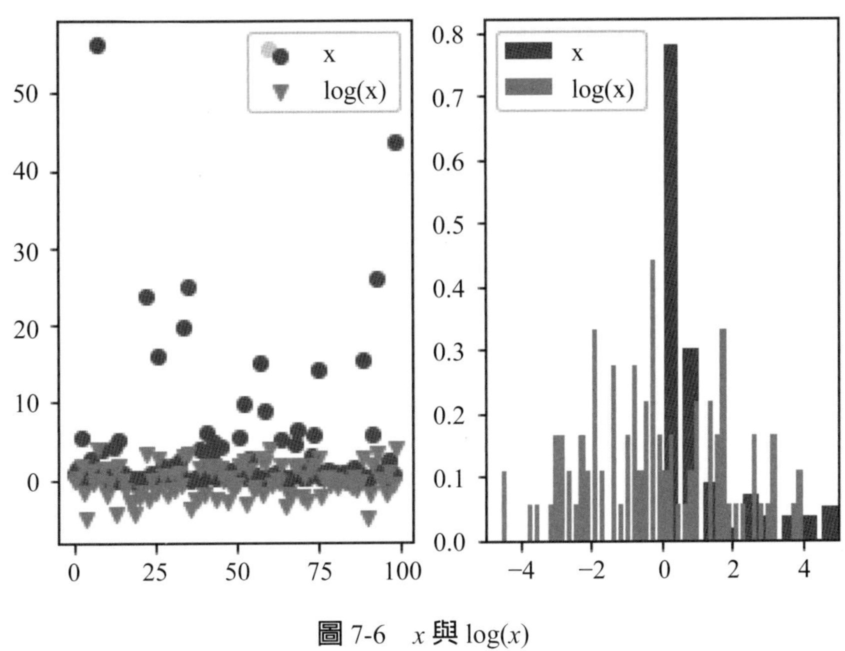

圖 7-6　x 與 $\log(x)$

(4) 可以參考圖 7-6 內的左圖，通常變數如圖內的 x 之實現值有可能出現變異數有異質的困擾；另外，圖 7-6 內的右圖卻顯示出 x 的觀察值有可能屬於右偏的情形，但是取過對數後的 x 的觀察值，上述困擾卻可降低。換句話說，以 $\log(x)$ 的型態呈現，較易符合 NLRM 的假定。

(5) 有些變數，如貨幣數量、廠商的年銷售量、職業球員之薪資或人口數等，上述變數的觀察值可能存在頗大的差距；不過，若以對數型態表示，可縮短上述差距。

(6) 未必以對數的型態呈現就沒有缺點。例如：若 y 值介於 0 與 1 之間，但是 $\log(y)$ 值卻可能出現異常值，如圖 7-7 所示。

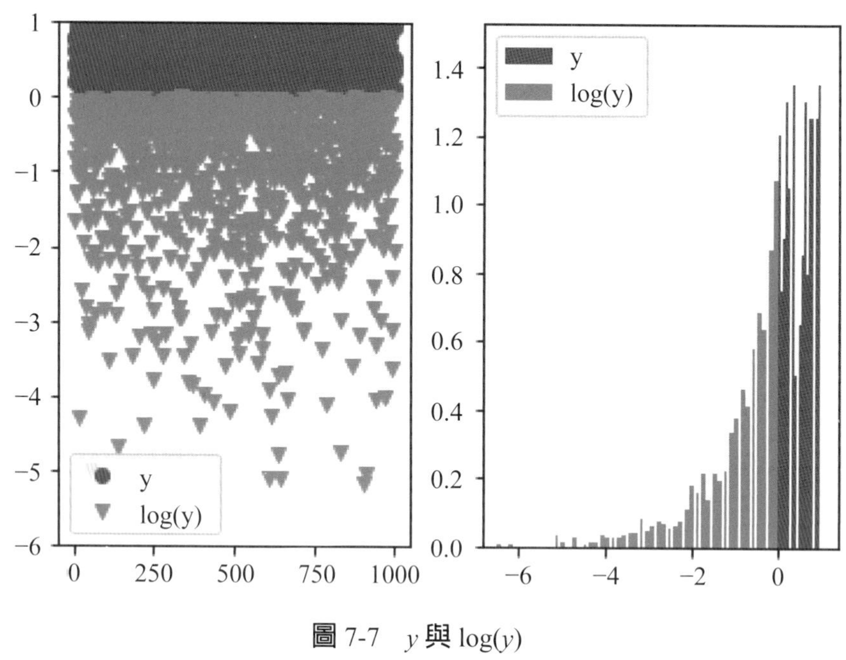

圖 7-7　y 與 $\log(y)$

習慣上，迴歸變數倒未必一定要以對數的型態表示，可以分述如下：

(1) 若變數的觀察值為正數值如用「錢」為單位，通常以對數的型態表示，例如：工資、薪水、廠商銷售額或廠商市場價值等。另外，人口數、就業員工數或學校註冊人數等，亦習慣用對數的型態表示。
(2) 變數的觀察值如用「年」為單位，如受教育年數、工作經驗年數、年資或年齡等，則傾向於用原來的變數觀察值表示。
(3) 變數的觀察值如用「比率」為單位，如失業率、參與率、通過率或犯罪率等，則可用原來的變數觀察值或對數值表示，其中前者占大多數[7]。

7.2.2 二次式模型

二次式函數（quadratic function）常被用於應用經濟學內以掌握遞增或遞減效果。例如：考慮一個簡單的情況，即：

$$y = \beta_0 + \beta_1 x + \beta_2 x^2 + u \tag{7-13}$$

[7] 值得注意的是，例如：對失業率 u 取對數值，其變動如 $\Delta u = \log(9) - \log(8) \approx 0.1178$，相當於失業率會變動 $e^{\Delta u} \approx 0.125$。

即 y 只受到 x 的影響，不過後者卻以二次式的型態表示。

雖說，(7-13) 式就是一個複迴歸模型，不過我們無法控制 x^2 固定不變，而單獨只讓 x 變動；因此，β_1 的估計值不再只是表示 y 與 x 之間的斜率值，後者之大小仍需視 x 而定。換言之，若以 OLS 方法估計 (7-13) 式，可得 $\hat{y}=\hat{\beta}_0+\hat{\beta}_1 x+\hat{\beta}_2 x^2$，進一步可知 $\Delta\hat{y}/\Delta x=\hat{\beta}_1+2\hat{\beta}_2 x$，即 y 與 x 之間的斜率值取決於 β_1 與 β_2 的估計值。

於許多應用上，通常 $\hat{\beta}_1>0$ 與 $\hat{\beta}_2<0$。例如：根據 Ruud（2000）之 Wage 內的數據資料，以 OLS 方法估計，可得：

$$\begin{gathered}\hat{w}=7.06+0.552ex-0.011ex^2\\ (0.59)\ (0.063)\quad (0.001)\\ n=1{,}289,\ \overline{R}^2=0.066,\ \hat{\sigma}_0=7.63\end{gathered} \tag{7-14}$$

上述估計顯示出 *exper* 對 *wage* 有遞減的影響，可以參考圖 7-8[⑧]。

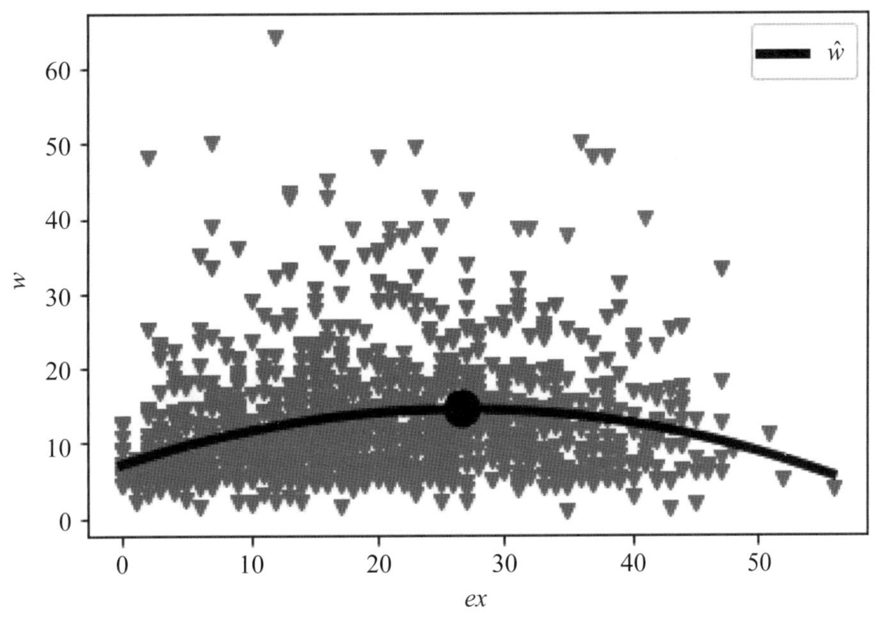

圖 7-8 ex 與 w 之間的散佈圖以及 SRF 如 w

⑧ 爲了繪製圖 7-8，我們可以將 Wage 內的數據資料依 ex 的大小重新排列，即：

```
Wage1 = Wage.sort_values(by=['ex'])
```

利用 Wage 與 Wage1，(7-14) 式的估計結果應相同。

於圖 7-8 內，SRF 如 (7-14) 式具有拋物線的形狀，其中圓點為對應的最大值 $exper^*$，其可為[⑨]：

$$exper^* = -\hat{\beta}_1 / (2\hat{\beta}_2) \tag{7-15}$$

其中 $\hat{\beta}_1 = 0.552$ 與 $\hat{\beta}_2 = -0.01$，故 $ex^* \approx 26.64$。於圖 7-8 內，(7-15) 式的意義不言而喻，即若 $ex < ex^*$，可知 $\Delta\hat{w} > 0$；不過，當 $ex > ex^*$，則 $\Delta\hat{w} < 0$[⑩]。

我們發現 ex 愈大，ex 愈高所帶來的 w 增加幅度竟然小於 0，此結果當然令人感到奇怪；不過，若再檢視 (7-14) 式，可發現該式其實只有一個解釋變數，即 (7-14) 式若再加入解釋變數 ed，可得：

$$\begin{aligned} \hat{w} &= -10.87 + 0.46ex - 0.0071ex^2 + 1.36ed \\ &\quad\;(1.028)\;(0.055)\quad\;(0.001)\qquad(0.068) \\ n &= 1{,}289, \bar{R}^2 = 0.29, \hat{\sigma}_0 = 6.655 \end{aligned} \tag{7-16}$$

我們發現 $\bar{R}^2$ 值已明顯上升。我們檢視 ed 所帶來的影響。例如：令 $ed = 9$，代入 (7-16) 式，可得 $\hat{w}_1 = -10.87 + 0.46ex - 0.0071ex^2 + 1.36(9)$，圖 7-9 繪製出上述結果，可發現 $\hat{w}$ 已明顯上升。

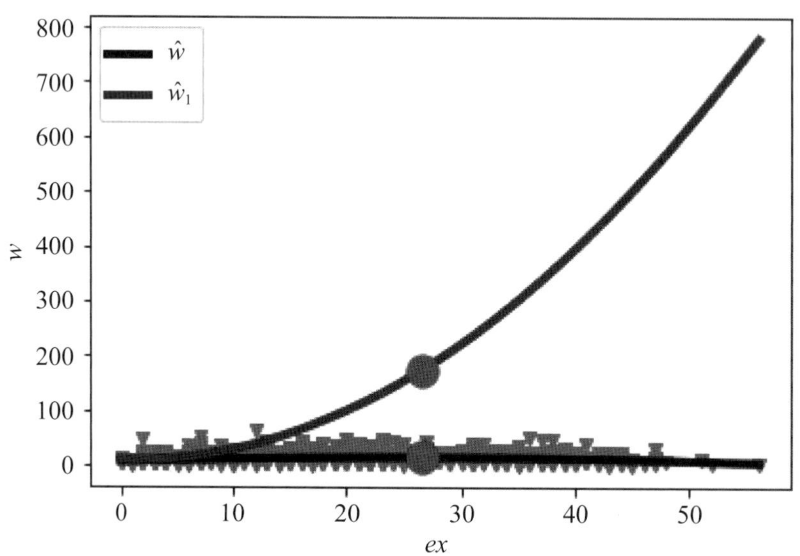

圖 7-9　*ex* 與 *w* 之間的散佈圖以及加進 *ed* = 9 的 SRF，後者以 w_1 表示

---

⑨ 考慮 $\hat{y} = \hat{\beta}_0 + \hat{\beta}_1 x + \hat{\beta}_2 x^2$，最大化條件分別為 $\partial\hat{y}/\partial x = 0$ 與 $\partial^2/\partial x^2 < 0$，故可知：$\partial\hat{y}/\partial x = \hat{\beta}_1 + 2\hat{\beta}_2 x = 0 \Rightarrow x = -\hat{\beta}_1/(2\hat{\beta}_2)$。

⑩ 令 $exper = 20, 21, 40, 41$，根據 (7-14) 式，可知 $\hat{y} \approx 13.96, 14.08, 12.56, 12.27$。

例 1 房間數與房價

再考慮前述之 HPRICE2 檔案內的數據資料，以 OLS 方法估計可得：

$$\hat{p} = 11.26 - 0.821 rooms + 0.089 rooms^2 + 0.237\log(dist)$$
$$(0.584)(0.183) \qquad (0.014) \qquad (0.026)$$
$$n = 506, \bar{R}^2 = 0.5, \hat{\sigma}_0 = 0.289 \tag{7-17}$$

其中 $p = \log(price)$。我們有興趣的是 *rooms* 與 $rooms^2$ 的對應參數估計值分別約爲 −0.821 與 0.089，我們發現上述兩者所對應的 t 檢定統計量分別約爲 −4.5 與 6.34，顯然上述二解釋變數所對應的參數值皆顯著異於 0。

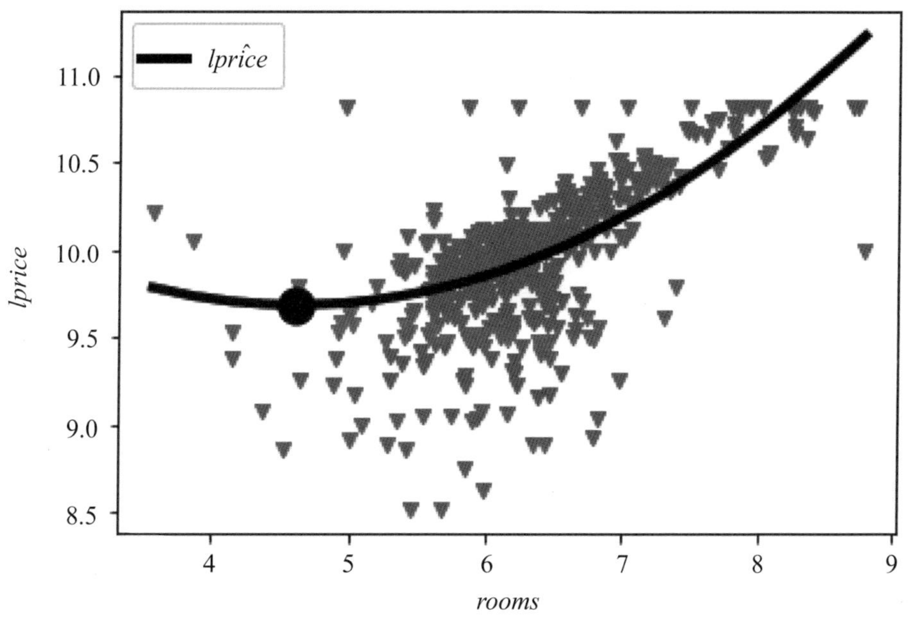

圖 7-10　*rooms* 與 *lprice* 之間的散佈圖，其中 *lprice* = log(*price*) 以及圓點為 $rooms^*$

令人納悶的是，因 *rooms* 的參數估計值小於 0，故根據 (7-15) 式，可知 $rooms^* \approx 4.62$，隱含著房間數小於 4.62，於其他條件不變下，額外房間數增加，房價竟然會下降！的確比較奇怪，可以參考圖 7-10。我們發現當房間數超過 $rooms^*$，額外房間數增加，房價會以遞增的速度上升，但是當房間數小於 $rooms^*$，額外房間數減少，房價反而亦會上升。於習題內，我們要求讀者再額外增加解釋變數，重新檢視看看。

雖說如此，若檢視 HPRICE2 內的數據資料，可發現於 506 個樣本資料中，只有 6 個樣本資料的房間數小於 $rooms^*$，約只占 1%，故 (7-17) 式內的 *rooms* 參數估計值其實可以被忽略。

習題

(1) 試於 (7-17) 式內額外再加進解釋變數 *stratio*，結果為何？試繪製其圖形。

(2) 續上圖，若再額外加進其餘解釋變數呢？結果為何？

(3) 使用 HPRICE2 內的數據資料，試估計：

$$\log(price) = \beta_0 + \beta_1 \log(nox) + \beta_2 [\log(nox)]^2 + u$$

結果為何？如何解釋 β_2？

(4) 續上題，若額外再加進 *rooms*、$rooms^2$ 與 *stratio* 等解釋變數，結果為何？試繪製類似於圖 7-9 的圖形。

(5) 使用 KIELMC(W) 檔案內的數據資料，試估計：

$$\log(price) = \beta_0 + \beta_1 \log(dist) + \beta_2 \log(land) + u$$

試回答下列問題：

(i) 上述估計結果為何？試繪製 $\log(dist)$ 與 $\log(price)$ 之間的散佈圖以及對應的 SRF。

(ii) 額外再加入解釋變數 $[\log(dist)]^2$，結果為何？令 $\log(land) = 10.63$，試繪製對應的 SRF。

(iii) 續上題，SRF 之最大值約為何？

(iv) 若再額外加入解釋變數 $\log(intst)$ 與 $[\log(intst)]^2$，結果為何？

(v) 若再額外加入解釋變數 *age*、*rooms* 與 *baths*，結果為何？

(6) 使用 Stock 與 Watson（2020）之 CASchools 檔案內的數據資料，試回答下列問題：

(i) 試以 OLS 估計 $testscore = \beta_0 + \beta_1 str\_s + u$，其中 *testscore* 與 *str_s* 分別表示平均分數與生師比，結果為何？

(ii) 額外加入 str_s^2 自變數，估計結果為何？

(iii) 最適的 *str_s* 值為何？應如何計算？

(iv) 額外加入 str_s^3 自變數，估計結果爲何？若不顯著可刪除。

(v) 試繪製出 *str_s* 與 *testscore* 之間的散佈圖以及估計迴歸式的 SRF。

(7) 續上題，試回答下列問題：

(i) 試以 OLS 估計 $testscore = \beta_0 + \beta_1 str\_s + \beta_2 ell\_frac\_s + u$，其中 *ell_frac_s* 表示英文科目之學習比重，結果爲何？

(ii) 試分別加進 str_s^2 與 str_s^3 兩個自變數，重新估計，結果爲何？

(iii) 續上題，取 $ell\_frac\_s \geq 0.1$ 的部分，重新估計，結果爲何？

(iv) 續上題，試繪製出 *str_s* 與 *testscore* 之間的散佈圖以及估計迴歸式的 SRF，後者的形狀爲何？

7.2.3 交互作用項

考慮下列模型：

$$y = \beta_0 + \beta_1 x_1 + \beta_2 x_2 + \beta_3 x_1 x_2 + u \tag{7-18}$$

(7-18) 式的特色是多了一項交互作用項（interaction）變數如 $x_1 x_2$。加入交互作用變數是合理的。例如：y、x_1 與 x_2 分別表示工資、受教育年數與工作經驗年數，則根據 (7-18) 式可得：

$$\frac{\partial y}{\partial x_1} = \beta_1 + \beta_3 x_2 \text{ 與 } \frac{\partial y}{\partial x_2} = \beta_2 + \beta_3 x_1 \tag{7-19}$$

即於其他不變的情況（含 $\Delta x_2 = 0$），x_1 增加 1 年，y 會增加 $\beta_1 + \beta_2 x_2$；同理，可解釋 $\frac{\partial y}{\partial x_2}$ 的意義。因此，(7-18) 或 (7-19) 式隱含著 y 的提高受到其餘變數的影響。

利用虛構的資料[11]，以 OLS 方法估計，可得：

$$\begin{aligned} \hat{y} &= -11.68 + 0.69x_1 + 0.29x_2 - 0.01x_1 \cdot x_2 \\ &\quad\ (1.48) \quad (0.15) \quad (0.16) \quad (0.02) \\ n &= 500, \bar{R}^2 = 0.13, \hat{\sigma}_0 = 5.19 \end{aligned} \tag{7-20}$$

---

[11] 即令 x_1 爲介於 5 與 15 之間而 x_2 爲介於 0 與 15 之間的整數，若從 x_1 與 x_2 內以抽出放回的方式分別抽取 n 個觀察值，則透過一些假定不難得出 y 亦有 n 個觀察值。

我們發現於顯著水準為 10% 之下，x_1 與 x_2 的估計參數值皆顯著異於 0，但是 $x_1 \cdot x_2$ 的估計參數值並不顯著異於 0。使用 F 檢定檢視 H_0：$\beta_2 = \beta_3 = 0$，我們發現拒絕上述虛無假設。

根據 (7-20) 式，我們進一步可得：

$$\frac{\partial y}{\partial x_1} = 0.69 - 0.01x_2 \tag{7-21}$$

隱含著工資報酬的遞減，不過 (7-21) 式的解釋恐怕須謹慎。例如：若 $x_2 = 3$，可得 $\frac{\partial y}{\partial x_1} = 0.69 - 0.01(3)$，但是若 $x_2 = 13$ 呢？值得注意的是，(7-21) 式的取得，背後的假定為 $\Delta x_2 = 0$，若 $x_2 = 3$ 又怎麼會出現 $x_2 = 13$ 呢？換言之，$\Delta x_2 = 0$ 與 $x_2 = 3$ 或 $x_2 =$ 13 並不一致。

我們如何處理上述的不一致現象？一個取巧的方式是，重新估計可得：

$$\begin{aligned} \hat{y} &= -11.68 + 0.59x_1 + 0.29x_2 - 0.01x_1(x_2 - a) \\ &\quad\;\; (1.48) \quad (0.08) \quad (0.16) \quad (0.02) \\ n &= 500, \bar{R}^2 = 0.13, \hat{\sigma}_0 = 5.19 \end{aligned} \tag{7-21a}$$

其中 $a = 9$。可以注意 (7-21a) 式內 x_1 的估計參數值與對應的標準誤已改變，而其餘的特徵與 (7-20) 式相同。根據 (7-21a) 式，可得：

$$\frac{\partial y}{\partial x_1} = 0.59 - 0.01(x_2 - 9) \tag{7-22}$$

因此，若 $x_2 = 9$，$\frac{\partial y}{\partial x_1} = 0.59$，此恰為 (7-21a) 式內 x_1 的估計參數值；另外，亦可看出上述估計參數值顯著異於 0。

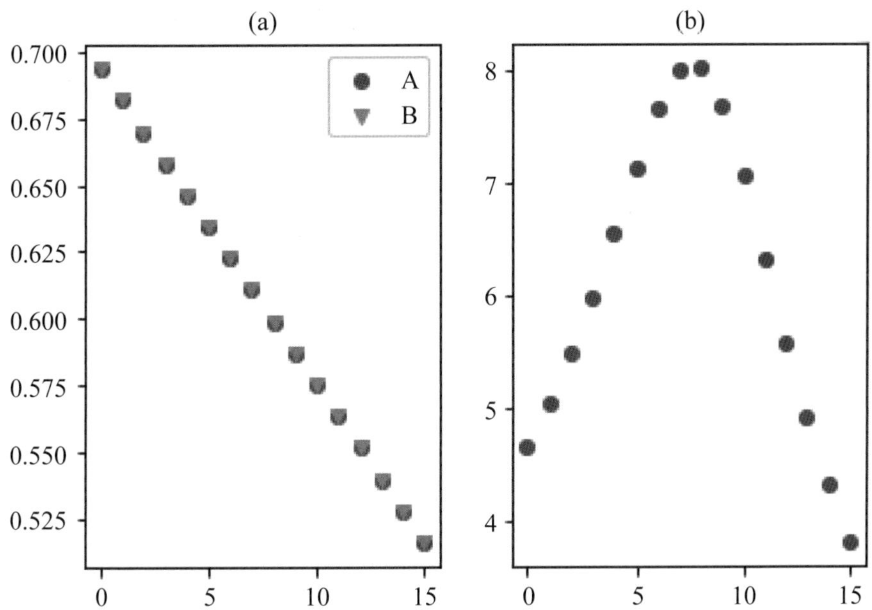

圖 7-11 圖 (a)~(b) 分別表示不同 x_2 值之下，對 $\partial y / \partial x_1$ 的影響以及 $\hat{\beta}_1$ 之對應的 t 檢定統計量

是故，使用 (7-21a) 式的優點爲不僅可以得到單一個 x_2 之觀察值對 $\partial y / \partial x_1$ 的影響，同時亦可以檢定後者的顯著性。類似於 (7-21a) 式，我們可以取不同的 x_2 之觀察值取代式內的 a 值，重新估計，估計的結果則繪製如圖 7-11 所示。於圖 7-11 的圖 (a) 內，A 表示類似於 (7-21a) 式的估計而 B 則表示 (7-20) 式的估計結果，我們發現上述兩種結果完全相同，隱含著 (7-19) 式並沒有錯。另一方面，圖 7-11 的圖 (b) 亦繪製出不同 x_2 觀察值下，$\hat{\beta}_1$ 值之對應的 t 檢定統計量，我們發現 $\hat{\beta}_1$ 值皆顯著異於 0[12]，隱含著使用 (7-21a) 式的優點是可以檢視 $\hat{\beta}_1$ 值的顯著性。讀者可以檢視 $\partial y / \partial x_2$ 的結果。

我們舉一個實際的資料檢視看看。仍考慮 Ruud（2000）之 Wage 檔案內的數據資料，以 OLS 方法估計，可得：

$$\begin{aligned} \hat{w}_1 &= 0.6 + 0.11ed + 0.02ex - 0.0004ed \cdot ex \\ &\quad (0.13)(0.01) \quad (0.01) \quad (0.00) \\ n &= 1{,}289, \bar{R}^2 = 0.277, \hat{\sigma}_0 = 0.5 \end{aligned} \tag{7-23}$$

[12] 一個簡單的判斷方式：若 t 值大於 $|2|$，對應的參數估計值應該會顯著異於 0。

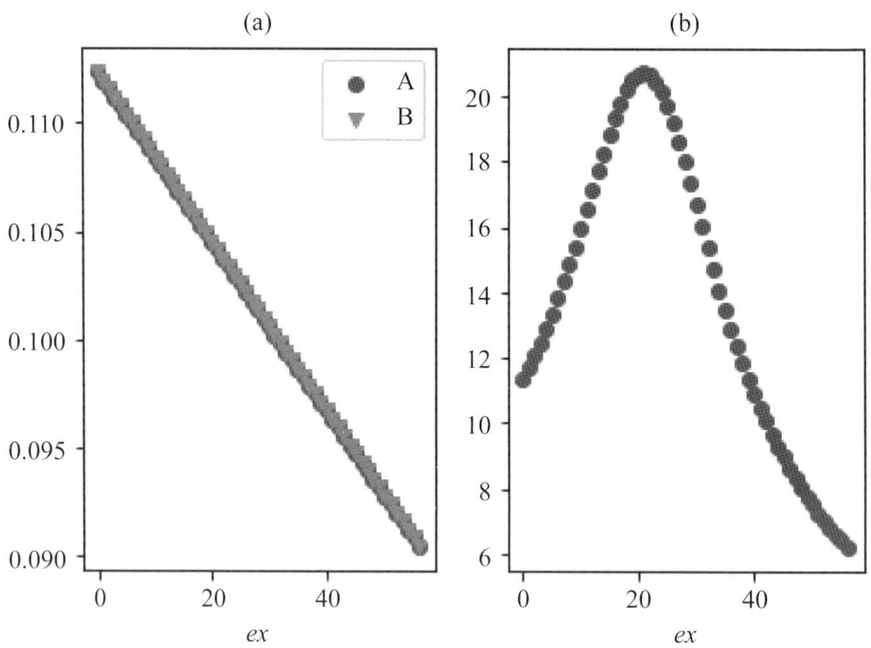

圖 7-12　圖 (a)~(b) 分別表示不同 ex 值之下，對 $\partial w / \partial ed$ 的影響以及 $\hat{\beta}_1$ 之對應的 t 檢定統計量

其中 $w_1 = \log(w)$。我們可以看出 ed 與 ex 內的估計參數值皆顯著異於 0，不過 $ed \cdot ex$ 的估計參數值卻不顯著異於 0。考慮下列的假設：

$$H_0 : \beta_1 = 0, \beta_3 = 0 \text{、} H_0 : \beta_2 = 0, \beta_3 = 0 \text{ 與 } H_0 : \beta_1 = 0, \beta_2 = 0, \beta_3 = 0$$

利用 F 檢定，可發現皆拒絕上述虛無假設，隱含著雖然 $ed \cdot ex$ 的估計參數值不顯著異於 0，但是我們卻不能遺漏。

利用類似於 (7-21a) 式的設定方式，我們檢視不同 ex 觀察值下，$\partial \log(w) / \partial ed$ 的結果，其可繪製如圖 7-12 所示。我們發現圖 7-11 與圖 7-12 的結果非常類似。值得注意的是，於不同 ex 觀察值之下，$\hat{\beta}_1$ 值皆顯著異於 0，但是 $\hat{\beta}_2$ 值卻皆維持固定不變。讀者亦可以檢視於不同 ed 之觀察值下，$\partial \log(w) / \partial ex$ 的結果。

另舉一個例子。根據 ATTEND(W) 檔案內的數據資料，我們打算估計下列式子：

$$\begin{aligned} stndfnl = \beta_0 + \beta_1 atndrte + \beta_2 priGPA + \beta_3 ACT + \beta_4 priGPA^2 \\ + \beta_5 ACT^2 + \beta_6 priGPA \cdot atndrte \end{aligned} \tag{7-24}$$

其中 *stndfnl*、*atndrte*、*priGPA* 與 *ACT* 分別表示標準化期末成績、出席率、上大學前的 GPA 成績與 ACT 分數。使用 *stndfnl* 衡量的目的，當然是想要知道相對於班上而言，學生的學習績效。除了 *priGPA* 與 *ACT* 的二次式之外，(7-24) 式的特色是多了一項交互作用項如 *priGPA* · *atndrte*，隱含著 *stndfnl* 有可能受到 *atndrte* 以及過去的學習績效（以 *priGPA* 衡量）的影響，即：

$$\frac{\partial stndfnl}{\partial atndrte} = \beta_1 + \beta_6 priGPA \tag{7-25}$$

顯然，就 (7-25) 式而言，若 $priGPA = 0$，$\partial stndfnl / \partial atndrte = \beta_1$；不過，若 $priGPA > 0$，則 *atndrte* 對 *stndfnl* 的影響除了 β_1 之外，尚存在 $\beta_6 priGPA$ 項。

是故，顧名思義，考慮交互作用項，就是我們懷疑 *atndrte* 與 *priGPA* 有關，其中後者亦有可能影響前者。例如：圖 7-13 分別繪製出 *priGPA* 與 *atndrte*（左圖）以及 *ACT* 與 *atndrte* 之間的散佈圖，我們發現前者呈現正關係而後者則爲負關係。我們進一步計算 *atndrte* 與 *priGPA* 以及 *ACT* 與 *atndrte* 之間的樣本相關係數，其中前者約爲 42.72% 而後者則約爲 −15.64%，隱含著 *priGPA* 與 *ACT* 所扮演的角色並不相同。

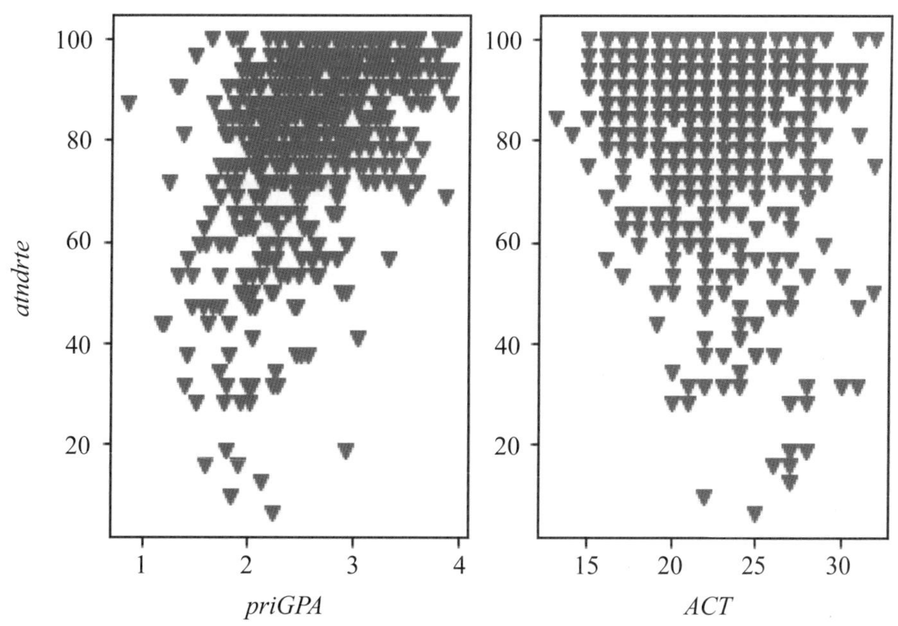

圖 7-13　*priGPA*, *ACT* 與 *atndrte* 之間的散佈圖

我們嘗試以 OLS 方法估計 (7-24) 式，可得：

$$\hat{s} = 2.05 - 0.0067 atndrte - 1.63 priGPA - 0.128 ACT + 0.296 priGPA^2$$
$$(1.36)(0.0102) \quad (0.48) \quad (0.098) \quad (0.101)$$
$$+ 0.0045 ACT^2 + 0.0056 priGPA \cdot atndrte$$
$$(0.0022) \quad (0.0043)$$
$$n = 680, \bar{R}^2 = 0.222, \hat{\sigma}_0 = 0.873 \tag{7-26}$$

其中 $s = stndfnl$。(7-26) 式的估計結果是讓人有些意外，即 *atndrte* 與 $priGPA \cdot atndrte$ 的估計參數並不顯著異於 0（即對應的 t 檢定統計量不拒絕 $H_0 : \beta_1 = 0$ 與 $H_0 : \beta_6 = 0$）；但是，若檢視聯合檢定如 $H_0 : \beta_1 = \beta_6 = 0$，可得對應的 F 檢定統計量約爲 4.32 [0.014]，故可知於顯著水準爲 5% 之下，會拒絕上述聯合虛無假設。換句話說，(7-26) 式的估計結果顯示出個別的 t 檢定與聯合的 F 檢定並不一致。

面對上述單獨 t 檢定與聯合 F 檢定結果的不一致，那我們如何處理 *atndrte* 對 *stndfnl* 的偏效果（partial effect）呢？於 (7-25) 式內，我們可以看出上述偏效果取決於 *priGPA* 值的大小。例如：就 *priGPA* 的觀察值而言，其對應的樣本平均數約爲 2.59，代入 (7-25) 式內，可得 *atndrte* 對 *stndfnl* 的偏效果約爲 0.0078[13]，隱含著若 *atndrte* 增加 10%，*stndfnl* 約會提高 0.078 個標準差；同理，於 (7-25) 式內，再分別代入 *priGPA* 之樣本最小值與最大值（分別約爲 0.86 與 3.93），可得上述偏效果分別約爲 −0.0019 與 0.0152，故上述偏效果與 *priGPA* 值的大小有關。

那我們如何檢定上述偏效果呢？類似於是將 (7-24) 式內的交互作用項改用 $(priGPA - r) \cdot atndrte$ 項取代，即當 *priGPA* 等於 r，*atndrte* 對 *stndfnl* 的影響完全可用 β_1 表示。例如：若 r 等於 2.59，以 OLS 方法重新估計 (7-24) 式，可得：

$$\hat{s} = 2.05 + 0.0078 atndrte - 1.63 priGPA - 0.128 ACT + 0.296 priGPA^2$$
$$(1.36) \ (0.003) \quad (0.48) \quad (0.098) \quad (0.101)$$
$$+ 0.0045 ACT^2 + 0.0056 (priGPA - 2.59) \cdot atndrte \tag{7-27}$$
$$(0.0022) \quad (0.0043)$$
$$n = 680, R^2 = 0.229$$

[13] 根據 (7-26) 式，可知 $-0.0067 + 0.0056(2.59) \approx 0.0078$

比較 (7-26) 與 (7-27) 二式，可發現只有 β_1 的估計值與對應的標準誤有差別，其餘皆不變；換言之，就 (7-27) 式而言，β_1 的估計值所對應的 t 檢定統計量約為 2.94 [0.003]，顯然會拒絕虛無假設為 $\beta_1 = 0$ 的情況。同理，若 r 等於 0.86 或 3.93，則 β_1 的估計值所對應的 t 檢定統計量分別約為 −0.29[0.77] 或 2.06 [0.039]，隱含著當 r 愈大，β_1 值有可能大於 0。

我們可以取 *priGPA* 的觀察值的其餘樣本特徵，例如：令 r 表示 *priGPA* 的第 q 個分位數，其中 $q = 0, 0.1, 0.2, \cdots, 1$，圖 7-14 分別繪製出 β_1 的估計值以及對應的 t 檢定統計量與 p 值。我們發現於 $\alpha = 0.05$ 之下，若 *priGPA* 的觀察值大於對應的 0.2 個分位數，則 β_1 的估計值皆能顯著地大於 0。換句話說，圖 7-11 的結果顯示出：*priGPA* 值愈小，*atndrte* 的確對 *stndfnl* 沒有影響，不過當 *priGPA* 值愈大，*atndrte* 對 *stndfnl* 卻有顯著的影響。

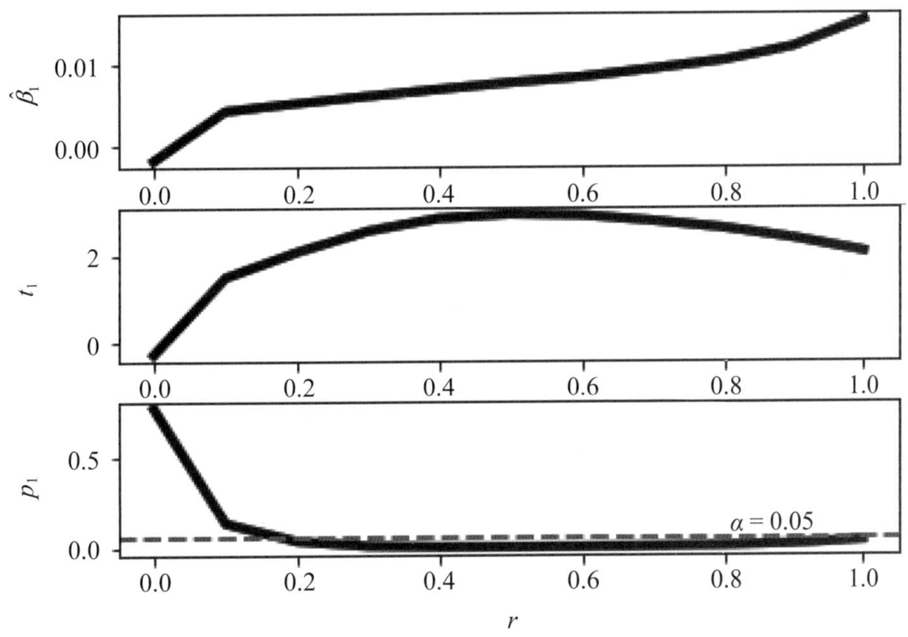

圖 7-14　不同 r 之下的 $\hat{\beta}_1$，其中 t_1 與 p_1 為對應的 t 檢定統計量與 p 值

例 1　*ACT* 的角色

於 (7-27) 式內，若以 $(ACT - r) \cdot atndrte$ 取代其內之交互作用項，圖 7-15 分別繪製出 β_1 的估計值以及對應的 t 檢定統計量與 p 值，我們發現若以 $\alpha = 0.05$ 為基準，r 必須為大於 $ACT_{0.6}$，其中 $ACT_{0.6}$ 是 ACT 為第 60 個百分位數，*atndrte* 才對 *stndfnl*

有顯著的影響。

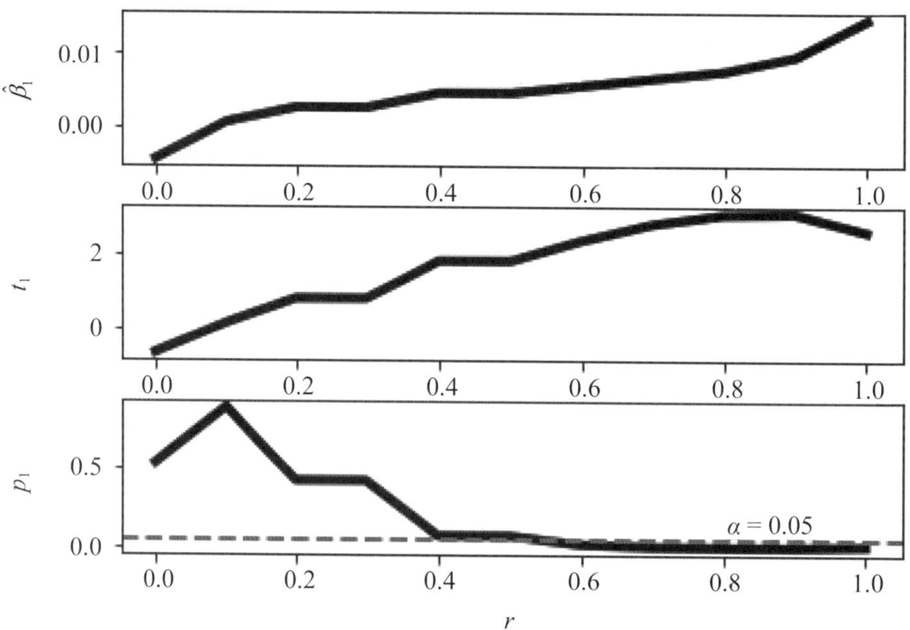

圖 7-15　不同 $r(ACT)$ 之下的 $\hat{\beta}_1$，其中 t_1 與 p_1 為對應的 t 檢定統計量與 p 值

7.3 預測

本節分成兩部分介紹。首先，我們可以根據估計的迴歸式從事預測，並取得預測的信賴區間；第二部分則檢視因變數爲對數型態所衍生的估計問題。

7.3.1 預測區間

現在我們檢視迴歸分析內的預測課題，我們先從 SLR 模型開始，自然可以延伸至 MLR 模型。考慮一個符合 sCNLRM 假定的 SLR 模型如：

$$y = \beta_0 + \beta_1 x + u \tag{7-28}$$

我們已經知道 OLS 估計式如 $\hat{\beta}_0$ 與 $\hat{\beta}_1$ 具有 BLUE 的性質。假定未來新的觀察值 y_0 亦根據 (7-28) 式產生，即：

$$y_0 = \beta_0 + \beta_1 x_0 + u_0 \tag{7-29}$$

則y_0之所謂的「最佳線性不偏預測值（best linear unbiased predictor, BLUP）」爲何？

根據 (7-29) 式，u_0 的最佳預測值爲 0，故 y_0 之 BLUP 爲 $\beta_0 + \beta_1 x_0$，寫成：

$$E(y_0 \mid x_0) = \beta_0 + \beta_1 x_0 \tag{7-30}$$

因 x_0 屬於未來值，故可用隨機變數表示，使得 $E(y_0 \mid x_0) = \beta_0 + \beta_1 x_0$ 亦屬於隨機變數，其中 $E(y_0 \mid x_0)$ 的變異數爲：

$$\sigma_{E(y_0)} = \sigma_0 \sqrt{\frac{1}{n} + \frac{(x_0 - \bar{x})^2}{\sum_{i=1}^{n}(x_i - \bar{x})^2}} \tag{7-31}$$

另一方面，根據 (7-29) 與 (7-30) 二式，可知預測誤差爲 $u_0 = y_0 - E(y_0 \mid x_0)$，其中 $E(u_0) = 0$，而其變異數爲：

$$\sigma_{y_0} = \sigma_0 \sqrt{1 + \frac{1}{n} + \frac{(x_0 - \bar{x})^2}{\sum_{i=1}^{n}(x_i - \bar{x})^2}} \tag{7-32}$$

我們可以看出 (7-31) 與 (7-32) 二式的差異[⑭]就是 σ_0。

因 $\hat{\beta}_0$ 與 $\hat{\beta}_1$ 具有 BLUE 的性質，故 $\beta_0 + \beta_1 x_0$ 的 BLUE 爲 $\hat{\beta}_0 + \hat{\beta}_1 x_0$，即 $\hat{y}_0$ 可用於估計 $E(y_0 \mid x_0)$，其中 $\hat{y}_0 = \hat{\beta}_0 + \hat{\beta}_1 x_0$；另一方面，我們使用 $\hat{\sigma}_0$ 估計 σ_0，其中前者可參考 (4-18) 式。換句話說，以 $\hat{\sigma}_0$ 取代 (7-31) 與 (7-32) 二式內的 σ_0，$\sigma_{E(y_0)}$ 與 σ_{y_0} 分別可用 $\hat{\sigma}_{E(y_0)}$ 與 $\hat{\sigma}_{y_0}$ 表示。

我們舉一個例子說明。考慮下列的資料[⑮]：

x	2	6	8	8	12	16	20	20	22	26
y	58	105	88	118	117	137	157	169	149	202

⑭ (7-31) 與 (7-32) 二式的證明可參考 Gujarati 與 Porter（2009）。

⑮ 取自《統計》。

我們以 OLS 估計 (7-28) 式，可得 $\hat{y}=60+5x$。我們進一步計算 $E(y\mid x)$ 與 y 的樣本內之 95% 預測區間，其結果則繪製如圖 7-16 所示。我們從上述圖內可看出於 $x_0=\bar{x}$ 處，對應的預測區間最短；相反地，若 x_0 離 $\bar{x}$ 愈遠，則對應的預測區間愈大。此例說明了若欲使用估計的迴歸式預測因變數 y 值，x_0 離 $\bar{x}$ 愈近，其準確度愈高。

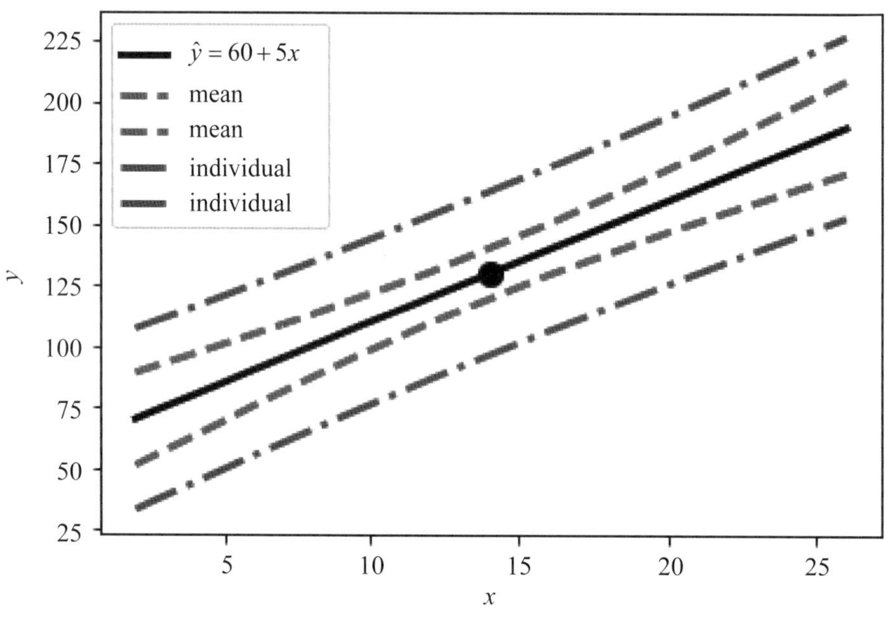

圖 7-16　x **與** y **之間的關係，其中黑點為** $\left(\bar{x},\bar{\hat{y}}\right)$

於上述的計算過程內，$\hat{\sigma}_{E(y_0)}$ 與 $\hat{\sigma}_{y_0}$ 的計算較為繁雜，可用我們自行設計的 Python 函數指令計算，即：

```
def syhat(model,x,x0):
    e = model.resid
    n = model.nobs;k = len(model.params)
    SSE = np.sum(e**2);s = np.sqrt(SSE/(n-k))
    xbar = np.mean(x);SSx = np.sum((x-xbar)**2)
    syhat0 = s*np.sqrt((1/n+(x0-xbar)**2/SSx))
    spred = s*np.sqrt((1+1/n+(x0-xbar)**2/SSx))
    return [syhat0,spred]
```

其中 model 是 OLS 方法的估計結果。

其實，上述過程利用模組 (statsmodels) 內的估計迴歸之函數指令亦可得到相同的結果，即試下列指令：

```
pred = model.get_prediction()
predS = pred.summary_frame()
predS.columns
# Index(['mean', 'mean_se', 'mean_ci_lower', 'mean_ci_upper', 'obs_ci_lower',
#        'obs_ci_upper'],
#        dtype='object')
```

即可使用 model.get_prediction() 指令取得預測的相關資訊。讀者不妨利用上述資訊繪製圖 7-16 的結果。

假定 $x_0 = 25, 23, 26$ 與 $y_0 = 150, 170, 180$，我們可以執行下列的預測：

```
xnew = np.array([25,23,26])
ynew = np.array([150,170,180])
Xnew = sm.add_constant(xnew)
ynewpred = model.predict(Xnew)
# array([185., 175., 190.])
predm = model.get_prediction(Xnew)
predmS = predm.summary_frame()
#     mean   mean_se   mean_ci_lower   mean_ci_upper  obs_ci_lower  obs_ci_upper
# 0   185.0  7.737353  167.157631      202.842369     148.457536    221.542464
# 1   175.0  6.811632  159.292349      190.707651     139.450994    210.549006
# 2   190.0  8.222586  171.038683      208.961317     152.898342    227.101658
```

讀者可以嘗試解釋上述指令的意思並且進一步計算對應的預測誤差爲何？或者可以對照看看：

```
syhat(model,x,25)
# [7.737353379802661, 15.846660131521206]
```

```
syhat(model,x,23)
# [6.811631776952476, 15.415846634706405]
syhat(model,x,26)
# [8.222585693865268, 16.089155213775452]
```

我們舉一個實際的例子說明。考慮 Gujarati 與 Porter（2009）的小孩死亡率檔案，以 OLS 方法估計，可得：

$$\begin{aligned}\hat{C} &= 168.31 - 1.768FLR - 0.006PGNP + 12.869TFR \\ &\quad (32.892)\ (0.248) \qquad (0.002) \qquad\quad (4.191) \\ n &= 64,\ \bar{R}^2 = 0.735,\ \hat{\sigma}_0 = 39.13\end{aligned} \tag{7-33}$$

其中 $C = CM$。我們可以看出 (7-33) 式內的估計參數值皆顯著異於 0[16]。例如：考慮 FLR 的估計參數值約爲 -1.768，其對應的 t 檢定統計量約爲 -7.129 [0.000]，故顯著水準若爲 1%，顯然拒絕虛無假設爲 $\beta_1 = 0$ 的情況。上述估計參數值隱含著於其他情況不變下，除去其他的影響因素後，婦女的識字率上升 1%，小孩（5 歲以下）的死亡約會降低 1.768 人（每千人）。其他的估計參數值的意義可類推。

令 $FLR_0 = 51.18, 29$、$PGNP_0 = 1{,}401.25, 300$ 與 $TFR_0 = 5.55, 4.61$，代入 (7-33) 式內，可得 $\hat{C}$ 分別約爲 141.52 與 174.70；不過因缺乏 $\hat{\sigma}_{E(y_0)}$ 與 $\hat{\sigma}_{y_0}$ 之估計，使得我們無法直接利用 (7-33) 式計算 $\hat{C}$ 的信賴區間，畢竟利用後者來預測比單獨使用 $\hat{C}$ 來得有用。

因 (7-33) 式內有 3 個自變數，故對應的 $\hat{\sigma}_{E(y_0)}$ 與 $\hat{\sigma}_{y_0}$ 自然不能再使用 (7-31) 與 (7-32) 式，不過於前述的例子內我們已經發現可用 .get_prediction(.) 指令取得 (7-33) 式之對應的 $\hat{\sigma}_{E(y_0)}$ 以及 $\hat{E}(y_0 \mid x_0)$ 與 $\hat{y}_0 \mid x_0$ 的 95% 信賴區間；換言之，試下列指令：

```
Exog = pd.DataFrame({'FLR':[51.18,29],
                     'PGNP':[1401.25,300],'TFR':[5.55,4.61]})
Exog1 = sm.add_constant(Exog)
predF = ModelFA.get_prediction(Exog1)
predFS = predF.summary_frame()
```

[16] 上述檔案我們曾在 4.2.2 節的習題內檢視過。

```
np.round(predFS,4)
#        mean   mean_se   mean_ci_lower   mean_ci_upper   obs_ci_lower   obs_ci_upper
# 0  141.5173    4.8914        131.7330        151.3016        62.6339       220.4006
# 1  174.7049    9.8096        155.0828        194.3270        94.0087       255.4011
```

其中 ModelFA 爲 (7-33) 式的估計結果。值得注意的是，Exog 必須使用資料框或矩陣的型態。上述指令計算出 $\hat{E}(y_0 \mid x_0)$、$\hat{\sigma}_{E(y_0)}$ 以及 $\hat{E}(y_0 \mid x_0)$ 與 $\hat{y}_0 \mid x_0$ 的 95% 信賴區間。讀者可以計算 $\hat{\sigma}_{y_0}$ 爲何以及驗證上述區間估計值。

Wooldridge（2020）曾經提出一個可以計算 $\hat{\sigma}_{E(y_0)}$ 的方式，即令一組新變數如 $FLR0 = FLR - 51.18$、$PGNP0 = PGNP - 1{,}401.25$ 與 $TFR0 = TFR - 5.55$，重新估計，可得：

$$\begin{aligned} \hat{C} &= \underset{(4.891)}{141.52} - \underset{(0.248)}{1.768}FLR0 - \underset{(0.002)}{0.006}PGNP0 + \underset{(4.191)}{12.869}TFR0 \\ n &= 64, \bar{R}^2 = 0.735, \hat{\sigma}_0 = 39.13 \end{aligned} \tag{7-34}$$

比較 (7-33) 與 (7-34) 二式，可發現除了常數項之外，其餘如參數估計值（對應的標準誤）、$\bar{R}^2$ 或 $\hat{\sigma}_0$ 等估計值皆相等；或者說，檢視 (7-34) 式的常數項與標準誤，其就是於 $FLR0$、$PGNP0$ 與 $TFR0$ 的條件下，$\hat{C}$ 與 $se(\hat{C})$（即 $\hat{\sigma}_{E(y_0)}$）。因此，於 95% 的信賴水準下，對應的預測信賴區間爲 $\hat{C} \pm 2se(\hat{C})$，其約爲 [131.73, 151.3]。讀者可以對照看看。

上述結果應該可以延伸，即若固定 $PGNP$ 與 $TFR0$ 值，我們不是可以找出每一個 FLR 值所對應的 $\hat{C}$ 與 $se(\hat{C})$，甚至於對應的 95% 信賴區間估計值嗎？圖 7-17 的上圖繪製出上述結果，我們發現該圖頗符合直覺判斷；也就是說，根據圖 7-17 的下圖，我們發現當 FLR 值接近於平均數，對應的 $se(\hat{C})$ 最小，使得 $\hat{C}$ 的信賴區間較窄，不過當 FLR 值離平均數愈遠，對應的 $se(\hat{C})$ 逐漸變大，故 $\hat{C}$ 的信賴區間愈寬[17]，我們從圖 7-17 的上圖可看出上述結果。

圖 7-17 係繪製出 (7-33) 式的預測區間，上述預測區間其實就是 SRF（條件平均數）的信賴區間；雖說如此，我們有興趣的未必局限於「條件平均數如 $E(y \mid c,$

[17] 根據圖 7-17 的下圖，$se(\hat{C})$ 最小出現於 FLR 值約爲 50，而 FLR 的樣本平均數則約爲 51.19，上述兩者會有差距是因額外考慮了 $PGNP$ 與 TFR 等因素。

⋯)」之預期，反而有可能更看重「個別資料如 y_i」之預期。

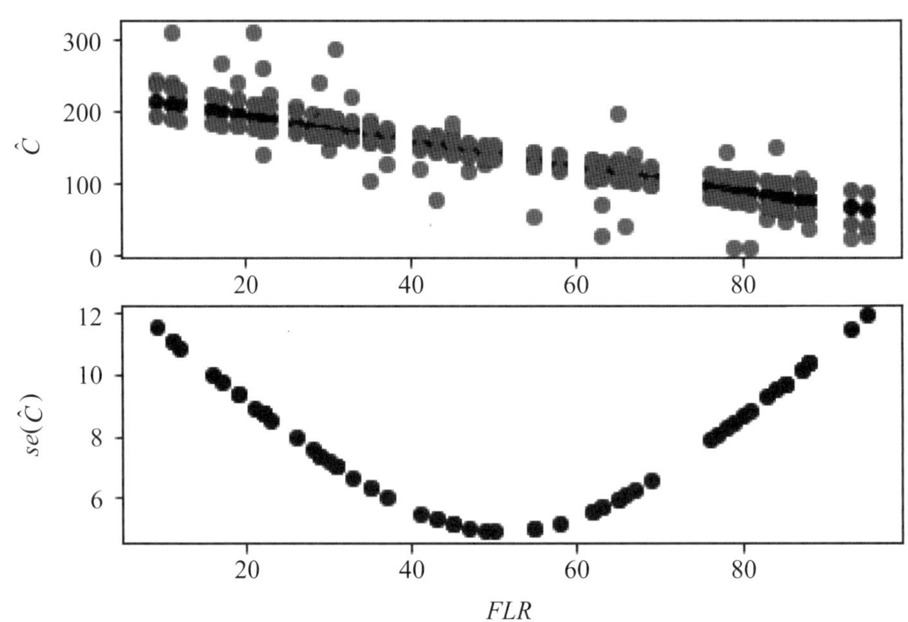

圖 7-17　*FLR* 與 $\hat{C}$ 以及 *FLR* 與 $se(\hat{C})$ 之間的散佈圖

令 y^0 表示我們想要建構的預測區間標的，於 $x_j^0\,(j = 1, 2, \cdots, k)$ 的條件下，即母體迴歸式可爲：

$$y^0 = \beta_0 + \beta_1 x_1^0 + \beta_2 x_2^0 + \cdots + \beta_k x_k^0 + u^0 \tag{7-35}$$

使用 OLS 方法估計 (7-35) 式，可得：

$$\hat{y}^0 = \hat{\beta}_0 + \hat{\beta}_1 x_1^0 + \hat{\beta}_2 x_2^0 + \cdots + \hat{\beta}_k x_k^0 \tag{7-36}$$

利用 $\hat{y}^0$ 預測 y^0，對應的預測誤差 e^0 可爲：

$$e^0 = y^0 - \hat{y}^0 = (\beta_0 + \beta_1 x_1^0 + \cdots + \beta_k x_k^0) + u^0 - \hat{y}^0 \tag{7-37}$$

$$= (\beta_0 - \hat{\beta}_0) + (\beta_1 - \hat{\beta}_1) x_1^0 + \cdots + (\beta_k - \hat{\beta}_k) x_k^0 + u^0 \tag{7-38}$$

因 OLS 具有不偏性的性質，即 $E(\hat{\beta}_i)=\beta_i$，故 $E(e^0)=0$（因 $E(u^0)=0$）；另一方面，根據 (7-37) 式，可得：

$$e^0 = y^0 - \hat{y}^0 = \left[(\beta_0+\beta_1 x_1^0+\cdots+\beta_k x_k^0)-\hat{y}^0\right]+u^0$$

$$= \left[-\left(\hat{y}^0 - E(y\,|\,x_1^0,\cdots,x_k^0)\right)\right]+u^0 \tag{7-39}$$

又因 u^0 與 $\hat{y}^0$ 無關，故根據 (7-39) 式可知 e^0 的變異數可寫成：

$$Var(e^0)=Var(\hat{y}^0)+Var(u^0)=Var(\hat{y}^0)+\sigma_0^2 \tag{7-40}$$

其中 $Var(u^0)=\sigma_0^2$。

我們從 (7-39) 或 (7-40) 式內可看出 e^0 的變異數可以拆成兩部分：系統與非系統成分，前者可由迴歸式或 OLS 方法掌握，而後者則純粹來自於誤差項；換言之，即使符合 NLRM 假定，隱含著 OLS 方法具有 BLUE 或 BUE 性質，隱含著 $Var(\hat{y}^0)$ 可以較小，不過因存在 σ_0^2，使得 e^0 的變異數仍會較大。例如：根據圖 7-17 的例子，於 (7-33) 或 (7-34) 式內可知 $\hat{\sigma}_0 \approx 39.13$，代入 (7-40) 式內可得對應的標準誤，進一步可得對應的 95% 預測區間，可繪製如圖 7-18 所示。我們可看出 $\hat{C}_i$（個別觀察值）的 95% 預測區間較 $\hat{C}$（條件平均數）的 95% 預測區間寬。

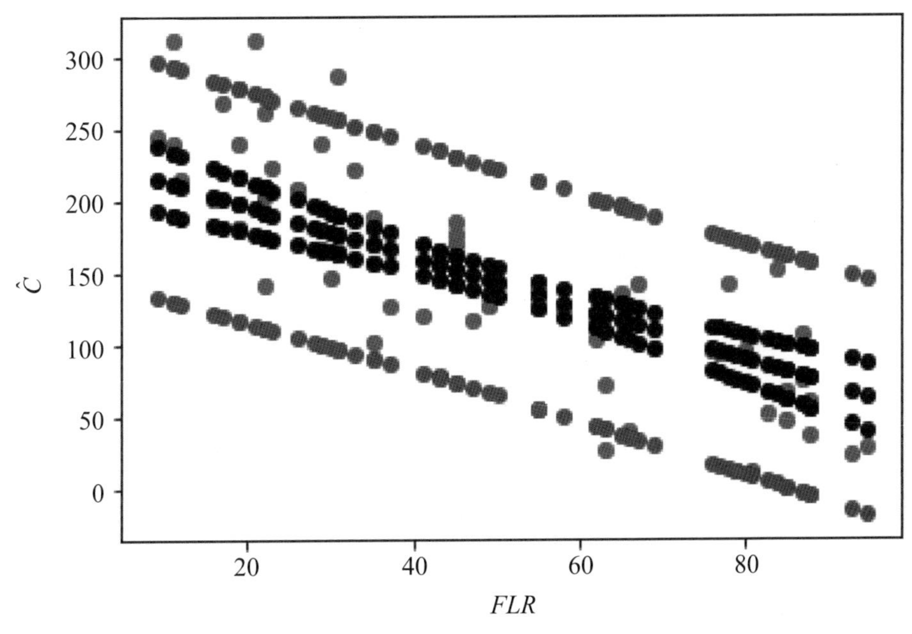

圖 7-18　$\hat{C}$ 與 $\hat{C}_i$ 的 95% 預測區間

例 1 殘差值分析

通常，我們可以透過檢視因變數的眞實值是否高於或低於迴歸的預測值，以取得額外的有用資訊。例如：透過檢視迴歸之殘差值，計量經濟學倒是提供一種買房的輔助工具。考慮 HPRICE1(W) 內的檔案資料，以 OLS 方法估計，可得：

$$\hat{p} = -21.77 + 0.0021 lotsize + 0.1228 sqrft + 13.8525 bdrms \tag{7-41}$$

其中 $p = price$。根據 (7-41) 式的估計結果，圖 7-19 分別繪製出 *price* 與 $\hat{p}$ 以及 *price* 與 $\hat{u}$（殘差值）之間的散佈圖；換句話說，若 (7-41) 式的結果是可信賴的，則 $\hat{p}$ 與 $\hat{u}$ 豈不是提供一些有用的資訊。例如：檢視圖 7-19 內的點三角形，該點的資訊為：*price*（實際房價）、$\hat{p}$（預期房價）、*lotsize*（地坪大小）、*sqrft*（房子大小）與 *bdrms*（房間數）分別約為 111、231.03、4,315、1,535 與 4，故該點表示對房價產生最大的高估值約為 120.03（即 $\hat{u}$ 之最小值約為 −120.03）。同理，讀者亦可以檢視其他點的資訊。

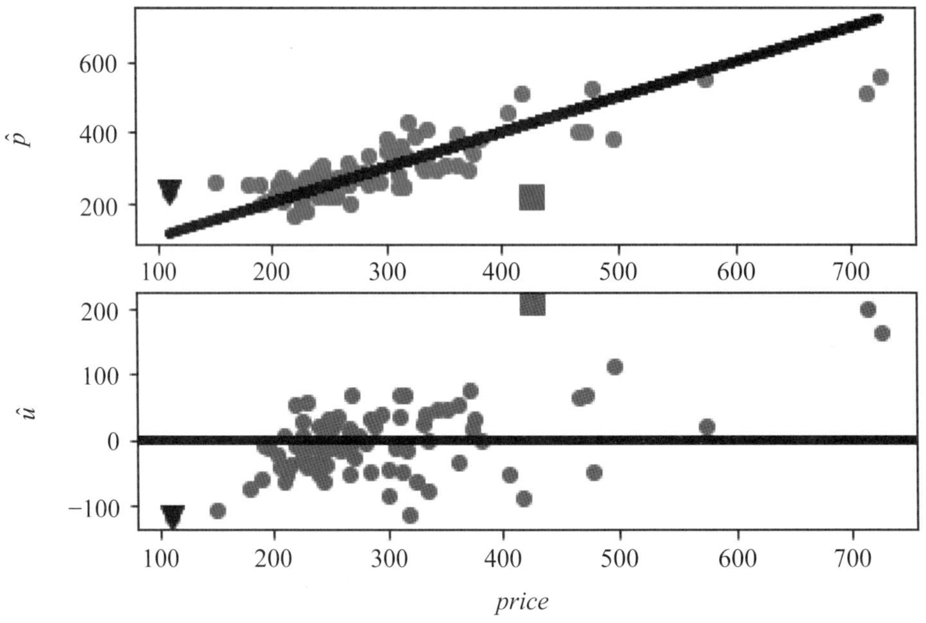

圖 7-19　殘差值分析，其中 $\hat{u}$ 之最小值與最大值分別以點三角形與點正方形表示

7.3.2 因變數是 log(y)

考慮下列的迴歸式：

$$\log(y) = \beta_0 + \beta_1 x_1 + \beta_2 x_2 + \cdots + \beta_k x_k + u \tag{7-42}$$

即 (7-42) 式的特色是因變數用對數的型態表示。根據 (7-42) 式，可知：

$$\begin{aligned} y &= \exp(\beta_0 + \beta_1 x_1 + \cdots + \beta_k x_k + u) \\ &= \exp(\beta_0 + \beta_1 x_1 + \cdots + \beta_k x_k)\exp(u) \end{aligned} \tag{7-43}$$

若使用 OLS 方法估計 (7-42) 式，可得：

$$\begin{aligned} &\hat{y}_1 = \hat{\beta}_0 + \hat{\beta}_1 x_1 + \hat{\beta}_2 x_2 + \cdots + \hat{\beta}_k x_k \\ &\Rightarrow \hat{y} = \exp(\hat{y}_1) \end{aligned} \tag{7-44}$$

其中 $y_1 = \log(y)$。比較 (7-43) 與 (7-44) 二式，雖然 $\hat{\beta}_i$ 是 β_i 的不偏估計式，但是 (7-44) 式仍忽略 $\exp(u)$ 項，故使用 (7-44) 式會低估（因 $\exp(u) \geq 0$）。

就 (7-44) 式而言，雖說符合我們的直覺判斷，不過因忽略 $\exp(u)$ 項，使得我們必須「校正」(7-44) 式。我們可以從兩個方向來看：

(1) 若 u 屬於常態分配，則 $\exp(u)$ 屬於對數常態分配。我們知道若 $u \sim N(0, \sigma^2)$，則 $E(\exp(u)) = \exp(\sigma^2 / 2)$。是故，(7-42) 式若符合 NLRM 假定 1~8，可得[18]：

$$E\left(y \mid x_1, \cdots, x_k\right) = \exp\left(\sigma_0^2 / 2\right)\exp\left(\beta_0 + \beta_1 x_1 + \cdots + \beta_k x_k\right) \tag{7-45}$$

面對 (7-45) 式，仍使用 OLS 可得：

$$\hat{y} = \exp\left(\hat{\sigma}_0\right)\exp\left(\hat{y}_1\right) = \exp\left(\hat{\sigma}_0\right)\exp\left(\hat{\beta}_0 + \hat{\beta}_1 x_1 + \cdots + \hat{\beta}_k x_k\right) \tag{7-46}$$

---

[18] 即：

$$x \sim N(\mu, \sigma^2) \Rightarrow E(e^x) = e^{\mu + \sigma^2/2}$$

讀者不難於網路上找到上式。

其中 $\hat{\sigma}_0$ 表示迴歸式的（估計）標準誤。因 $\hat{\sigma}_0$ 爲 σ_0 的一致性估計式，透過附錄 E 可知 (7-46) 式內的 $\hat{y}$ 亦是 $E(y \mid x_1, \cdots, x_k)$ 的一致性估計式。

(2) 當 u 不屬於常態分配，若 u 與 x_i 之間相互獨立，則 (7-45) 式可改寫成：

$$E(y \mid x_1, \cdots, x_k) = \alpha_0 \exp(\beta_0 + \beta_1 x_1 + \cdots + \beta_k x_k) \tag{7-47}$$

因此，若使用 OLS 方法估計，可得：

$$\hat{y} = \hat{\alpha}_0 \exp\left(\hat{\beta}_0 + \hat{\beta}_1 x_1 + \cdots + \hat{\beta}_k x_k\right) \tag{7-48}$$

其中

$$\hat{\alpha}_0 = \frac{1}{n} \sum_{i=1}^{n} \exp(\hat{u}_i) \tag{7-49}$$

其中 $\hat{u}$ 爲對應的殘差值。Duan（1983）將 (7-49) 式稱爲一種「塗抹的估計式（smearing estimator）[19]」。

(3) 就 (7-49) 式而言，存在另外一種計算方式，即令 $\hat{m} = \exp(\hat{\beta}_0 + \hat{\beta}_1 x_1 + \cdots + \hat{\beta}_k x_k)$，考慮 $\hat{m}$ 對 y 的迴歸式（不含常數項），對應的參數 α_0 之估計式爲：

$$\tilde{\alpha}_0 = \left(\sum_{i=1}^{n} \hat{m}_i^2 \right)^{-1} \left(\sum_{i=1}^{n} \exp(\hat{m}_i y_i) \right) \tag{7-50}$$

其中稱 $\tilde{\alpha}_0$ 爲 α_0 之偏但是卻是一致性估計式。

我們舉一個例子說明。我們知道 $u \sim N(0, \sigma^2) \Rightarrow E(e^u) = e^{\sigma^2/2}$，我們不難用 $\log(e^u)$ 的樣本標準差估計 σ。例如：令 $\sigma = 0.1$ 與 $\sigma = 0.5$，我們從常態分配內抽取二組 u 之觀察值，圖 7-20 分別繪製出對應的 e^u 的抽樣分配（$n = 1{,}000$），我們發現上述 $\log(e^u)$ 的樣本標準差接近於 0.1 與 0.5。

[19] 我們可以看出若 $\hat{u}_i$ 皆爲 0，則 $\hat{\alpha}_0 = 1$，不過 $\hat{u}_i$ 皆爲 0 幾乎不曾見過。

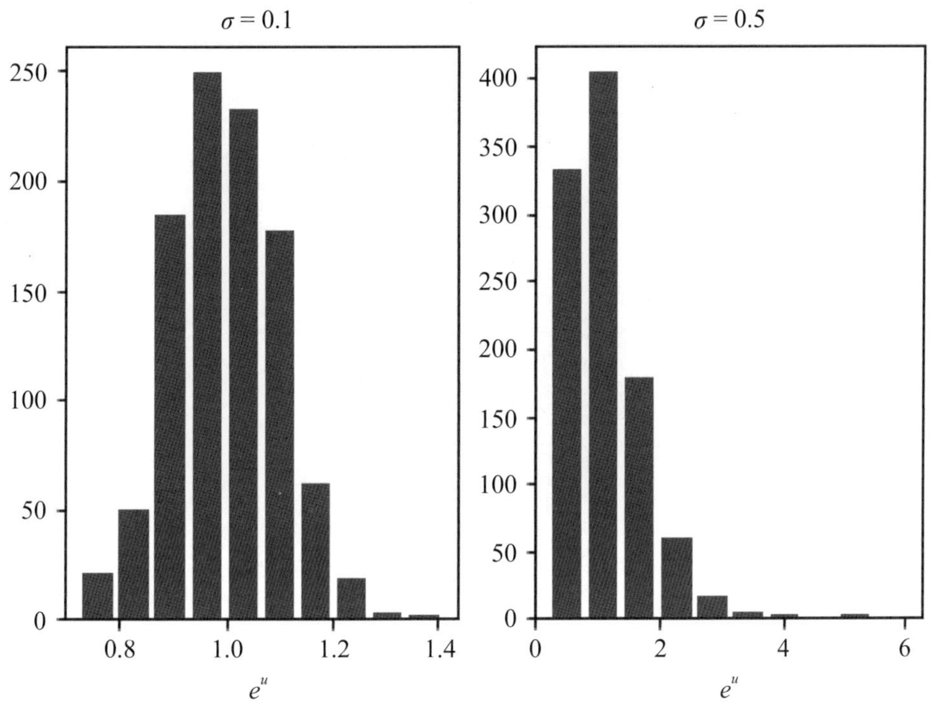

圖 7-20 e^u **之抽樣分配，其中** $u \sim N(0, \sigma_0^2)$

接下來，我們分成 u 屬於常態分配與不屬於常態分配檢視。令 x 與 u 皆是獨立的標準常態隨機變數，而 U 則爲介於 0 與 1 之間的獨立均等分配隨機變數[20]；另外，令 $Y = \exp(\beta_0 + \beta_1 x + \sigma_0 u)$ 以及 $Y = \exp(\beta_0 + \beta_1 x + \sigma_0 \sqrt{12}U)$，而以 OLS 方法估計得 $\hat{y}_a = \hat{\beta}_0 + \hat{\beta}_1 x$。我們分別根據 (7-44)、(7-46)、(7-48)、(7-49) 與 (7-50) 等式取得 $\hat{y}$，並且進一步計算對應的 y 與 $\hat{y}$ 之樣本平均數，圖 7-21 與 7-22 分別繪製出結果，並進一步列表如表 7-2 所示。

---

[20] 可回想 U 的變異數爲 1/12。

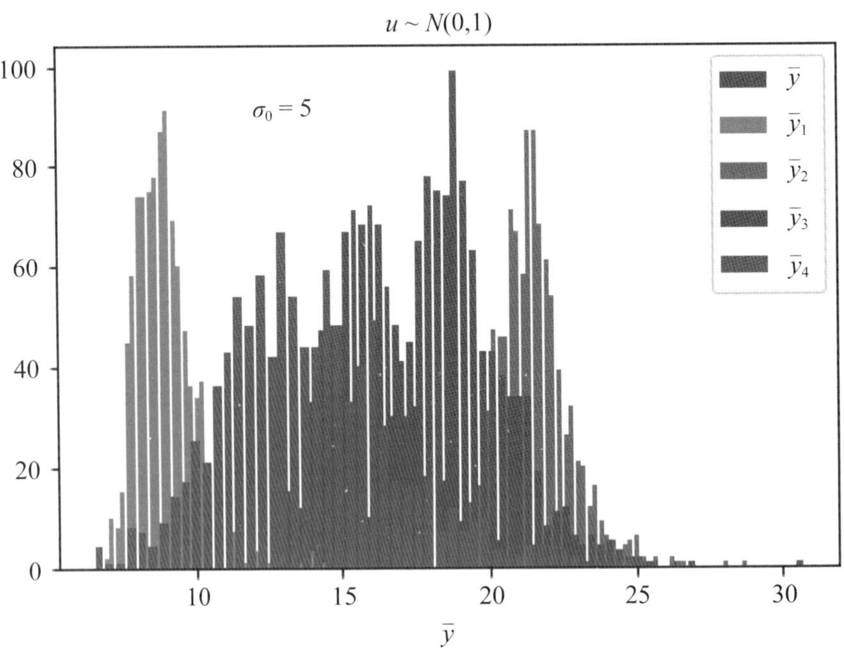

圖 7-21　$\bar{y}$ 的抽樣分配，其中 $\bar{y}_i$ 可參考表 7-2

表 7-2　$Y = \exp(\beta_0 + \beta_1 x + \sigma_0 u)$ 與 $Y = \exp(\beta_0 + \beta_1 x + \sigma_0 \sqrt{12} U)$（$n = 1{,}000$）

	$\bar{y}$	$\bar{y}_1$	$\bar{y}_2$	$\bar{y}_3$	$\bar{y}_4$
			$u \sim N(0,1)$		
mean	16.47	9.04	21.55	19.12	13.82
std	2.06	1.13	1.24	1.76	2.96
			$U \sim U(0,1)$		
mean	22.82	17.73	30.23	23.54	21.41
std	1.28	1.19	1.25	1.19	2.38

說明：

(1) mean 與 std 分別表示平均數與標準差。

(2) $y = \log(Y)$。

(3) $\bar{y}_1$ 與 $\bar{y}_2$ 分別表示使用 (7-44) 與 (7-46) 式取得 y 之預測值之平均數。

(4) $\bar{y}_3$ 與 $\bar{y}_4$ 分別表示使用 (7-49) 與 (7-50) 式搭配 (7-48) 式取得 y 之預測值之平均數。

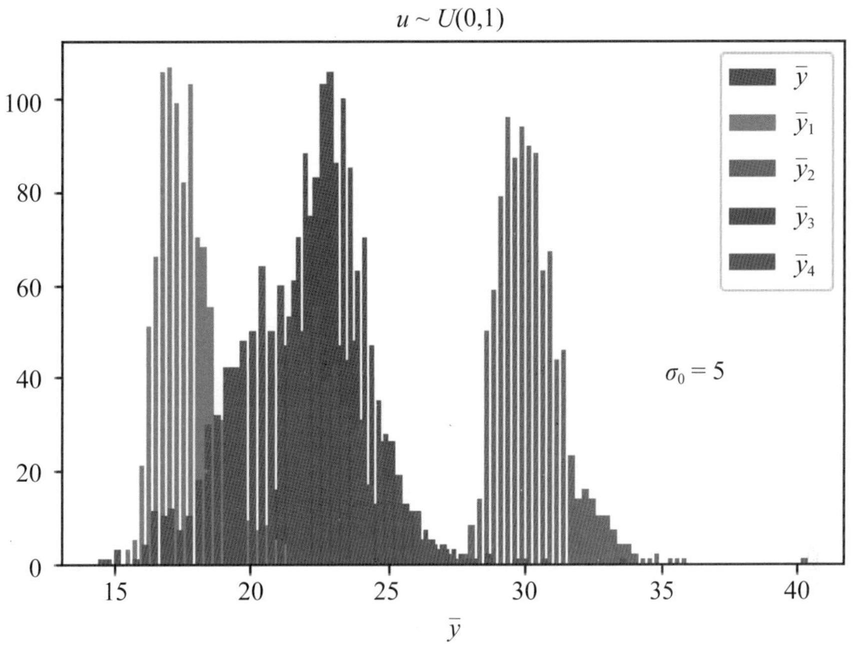

圖 7-22　$\bar{y}$ 的抽樣分配，其中 $\bar{y}_i$ 可參考表 7-2

根據圖 7-21~7-22 與表 7-2 的結果，我們發現就預測 $\bar{y}$ 而言，不管 u 是否爲常態分配，使用 (7-44) 式有可能會產生低估，而使用 (7-49) 式則有可能產生高估現象；另一方面，相對於利用 (7-46) 式而言，使用 (7-49) 與 (7-50) 式搭配 (7-48) 式取得 $\hat{y}$ 值，其對應的平均數較接近於 $\bar{y}$，不過 (7-50) 式對應的標準差稍大。是故，無論 u 是否屬於常態分配，我們發現 (7-49) 式的估計似乎較爲有效。

例 1　小孩死亡率檔案

再考慮前述之小孩死亡率檔案內的數據資料，以 OLS 方法估計，可得：

$$\begin{aligned}\hat{c} &= 6.098 - 0.222\log(FLR) - 0.281\log(PGNP) + 0.2392TFR \\ &\quad (0.480)\ (0.097) \qquad\quad (0.052) \qquad\qquad (0.034) \\ n &= 64, \bar{R}^2 = 0.782, \hat{\sigma}_0 = 0.343\end{aligned} \tag{7-51}$$

其中 $c = \log(CM)$ 與 $C = CM$。我們發現上述估計參數皆能顯著異於 0。

根據 (7-49) 與 (7-50) 二式，我們進一步可估得 $\hat{\alpha}_0 \approx 1.0546$ 與 $\tilde{\alpha}_0 \approx 0.9644$。假定 $FLR0 = 51.18$、$PGNP0 = 1{,}401.25$ 與 $TFR0 = 5.55$ 代入 (7-51) 式內，可得 $\hat{c} \approx 4.521$

以及 $\hat{C} \approx 91.92$。根據 (7-49)、(7-50) 與 (7-46) 等式，亦分別可得 CM 之預測值分別約爲 96.94、88.65 與 97.48，可看出上述預測值稍有不同。

例 2 不同模型之 R^2 比較

考慮下列模型：

$$y = \beta_0 + \beta_1 x_1 + \beta_2 x_2 + \cdots + \beta_k x_k + u \tag{7-52}$$

顯然 (7-52) 式與 (7-42) 式並不相同，其中後者的因變數以對數的型態表示。面對 (7-42) 與 (7-52) 二式，若使用 OLS 方法估計，上述二式的 R^2 值並無法直接比較；換言之，就 (7-51) 式而言，其對應的 R^2 值約爲 0.793，我們如何將上述 R^2 值轉換成類似於 (7-52) 式型態的 R^2 值？

至少有兩種方式可以進行上述的轉換：

(1) 可回想 (7-50) 式的計算，它屬於 $\hat{m}$ 對 y 的迴歸式，即其使用原始資料的型態，即對應的 R^2 值相當於 $\hat{m}$ 與 y 之間的樣本相關係數平方，故若使用例 1 內的資料，可估得 R^2 值約爲 0.722。重寫 (7-33) 式，可得：

$$\hat{C} = 168.31 - 1.768FLR - 0.006PGNP + 12.869TFR \tag{7-53}$$

對應的 R^2 值約爲 0.747，隱含著 (7-53) 式稍優於 (7-51) 式。

(2) 上述 (1) 的方法並不需要 α_0 的估計。接下來的方法是使用 SSR 的計算。假定我們使用 (7-49) 式，則對應的殘差值爲 $\hat{r} = \hat{y} - \hat{\alpha}_0 \exp(\hat{y}_1)$，故 R^2 值可寫成：

$$R^2 = 1 - \frac{\sum_{i=1}^{n} \hat{r}_i^2}{\sum_{i=1}^{n} (y_i - \bar{y})^2} \tag{7-54}$$

是故，根據 (7-51) 式的估計結果以及利用 (7-54) 式，對應的 R^2 值之計算約爲 0.65；同理，若使用 (7-50) 式以取得 α_0 的估計值，再利用 (7-54) 式可得對應的 R^2 值亦約爲 0.69，上述二結果仍然小於 (7-53) 式內的 R^2 值，再次顯示後者的型態較優。

例 3 預測區間

根據 (7-42) 式，若欲取得對應的估計 $1-\alpha$ 的預測信賴區間（假定 u 屬於常態分配），可寫成：

$$P(c_l \leq y_1^0 \leq c_u) = 1-\alpha \tag{7-55}$$

其中 $y_1^0 = \log(y^0) = \beta_0 + \beta_1 x_1^0 + \cdots + \beta_k x_k^0 + u^0$ 表示於 $x_i^0 (i = 1, \cdots, k)$ 與 u^0 下，$y_1 = \log(y)$ 之預測值；另外，$c_l = \hat{y}_1^0 - t_{\alpha/2} se(\hat{y}_1^0)$ 與 $c_u = \hat{y}_1^0 + t_{\alpha/2} se(\hat{y}_1^0)$（$t_{\alpha/2}$ 表示 t 分配之右尾面積爲 $\alpha/2$）。根據 (7-55) 式，因指數函數屬於嚴格遞增，故可知：

$$P\left(e^{c_l} \leq y^0 \leq e^{c_u}\right) = 1-\alpha \tag{7-56}$$

我們以上述例 1 的例子說明。首先，根據 7.3.1 節的方法，可得 $\hat{y}_1^0$ 與 $se(\hat{y}_1^0)$ 分別約爲 4.521 與 0.053；另一方面，從 (7-51) 式內可知 $\hat{\sigma}_0 = 0.343$，而根據 (7-40) 式，可得 $\sqrt{Var(e^0)}$ 之估計值約爲 0.347。是故，於 $\alpha = 0.05$ 之下，我們可有兩個預測信賴區間：[82.72, 102.15] 與 [45.94, 183.93]，顯然後者較前者寬。

習題

(1) 使用 CEOSAL2(W) 檔案內的數據資料，以 OLS 方法估計：

$$\log(salary) = \beta_0 + \beta_1 \log(sales) + \beta_2 \log(mktval) + \beta_3 ceoten + u$$

結果爲何？$\hat{\alpha}_0$ 與 $\tilde{\alpha}_0$ 值分別爲何？

(2) 續上題，假定 $mktval0 = 10{,}000$、$sales0 = 5{,}000$ 與 $ceoten0 = 10$，則 $salary$ 之預測值分別爲何？

(3) 續上題，就對數型態如題 (1) 內的式子與 (7-52) 式的型態，依 R^2 值判斷，何者較優？

(4) 續上題，若 $mktval0 = 10{,}000$ 與 $ceoten0 = 10$，$sales0$ 值介於 2,000~8,000，則 $\hat{y}$ 值與校正值分別爲何？

(5) 續上題，若 $mktval0 = 10{,}000$ 與 $ceoten0 = 10$，試分別計算於每一個 $sales$ 下之 $salary$ 的 95% 預測區間並繪製出對應的圖形。

(6) 考慮小孩子死亡率檔案，根據 (7-34) 式，令 $FLR0 = 51.18$ 與 $TFR0 = 5.55$，試分別計算於每一個 *PGNP* 下之 *CM* 的 95% 預測區間並繪製出對應的圖形。

(7) 若使用圖 7-22 內的假定與作法，試使用 $n = 10 \sim 1,000$，分別計算 $\bar{y}$ 與 $\hat{y}$ 差距之絕對值並繪製出其圖形。

Chapter 8
質性資料

至目前爲止，我們所處理的大多屬於量性資料（quantitative information）。例如：時薪、受教育年數、大學平均成績、空氣內的汙染數、廠商的銷售額或是罪犯被逮的次數等皆屬於量性資料，其特色是從資料名稱大概就知道觀察值或實現值的意思。當然，上述量性資料提供了有用的資訊；有些時候，我們會將上述量性資料以對數的型態呈現，其對應的變動量則以百分比表示。

雖說如此，我們所面對的絕非只有量性資料，我們仍須處理質性資料（qualitative information）。於質性資料內，我們必須先瞭解質性資料的意義，單獨檢視質性資料的觀察值或實現值反而不知其意思。本章將檢視迴歸分析內有關於質性資料所產生的情況。

8.1 質性資料

通常，質性資料來自於二元資料的型態。例如：勞工的性別、婚姻狀態、是否擁有電腦、是否有參與退休金計畫或是一個國家（地區）是否存在死刑等皆屬於質性資料型態。就上述質性資料所提供的資訊而言，我們可以使用一種二元變數（binary variable）或是一種「0-1 變數（zero-one variable）」表示，不過於計量經濟學內則稱上述變數爲虛擬變數（dummy variables）[①]。

既然虛擬變數又稱爲 0-1 變數，我們當然必須先決定何者爲 1，或何事件之值等於 0，不過因屬於二元變數，知道其中一面，自然另一面就知曉。我們先舉一個

① 虛擬變數亦可稱爲分類變數（categorical variables）。

例子說明：

```
data = np.array([[5, 'M', 1],[3, 'F', 3],[1, 'F', 2],[7, 'M', 1],[7, 'F', 1]])
df = pd.DataFrame(data=data, columns=['y', 'gender', 'x'])
Dummy = pd.get_dummies(df['gender'])
df1 = pd.concat([df,Dummy], axis=1)
df1.head(2)
#     y gender  x  F  M
# 0  5   M      1  0  1
# 1  3   F      3  1  0
```

即 df 內的 F 與 M（變數）分別就是一個虛擬變數，F 值等於 1 表示女性（等於 0 表示男性）；同理，M 值等於 1 表示男性（等於 0 表示女性）。我們發現利用 Python，倒也容易將質性變數轉爲虛擬變數。

再試下列指令：

```
dummies = pd.get_dummies(df['gender']).rename(columns=lambda x: 'gender_' + str(x))
df2 = pd.concat([df, dummies], axis=1)
df2.head(2)
df2.drop(['gender'], inplace=True, axis=1)
df2
```

讀者猜 df2 爲何？

表 8-1　WAGE1 檔案內的部分資料

n	*wage*	*educ*	*exper*	*female*	*married*
0	3.1	11	2	1	0
1	3.24	12	22	1	1
2	3	11	2	0	0
3	6	8	44	0	1
---	---	---	---	---	---
523	4.67	15	13	0	1

n	*wage*	*educ*	*exper*	*female*	*married*
524	11.56	16	5	0	1
525	3.5	14	5	1	0

8.1.1 單一虛擬自變數

當然，虛擬變數未必只可用 0 或 1 表示，不過「正面或者反面」用 0 或 1 表示的確比較方便。例如：檢視 WAGE1(W) 檔案內的數據資料，表 8-1 列出部分結果，我們發現 *female* 與 *married* 皆是屬於虛擬變數，即 $female = 1$ 表示女性以及 $married = 1$ 表示已婚；理所當然，$female = 0$ 與 $married = 0$ 分別表示男性與未婚。換言之，就男性或未婚而言，我們皆不需要再以另外一個變數表示。

虛擬變數的用處，顯而易見。根據表 8-1，以 OLS 方法估計，可得：

$$
\begin{aligned}
\hat{w} &= 0.623 + 0.507educ - 2.273female \\
&\quad (0.673) \quad (0.05) \qquad\quad (0.279) \\
n &= 526, \bar{R}^2 = 0.256, \hat{\sigma}_0 = 3.186
\end{aligned} \tag{8-1}
$$

其中 $w = wage$。於 (8-1) 式內可知 *female* 的估計參數顯著異於 0。(8-1) 式的特色是同時包括女性與男性的預期時薪方程式，例如：令 $educ0 = 8$ 代入 (8-1) 式內，可得女性與男性的預期時薪分別約爲 2.4 與 4.67；同理，若考慮不同的 *educ* 值，分別可得女性與男性的預期時薪方程式，如圖 8-1 內的 $\hat{w}_f$ 與 $\hat{w}_m$ 所示。換句話說，於不同的 *educ* 值下，$\hat{w}_f$ 與 $\hat{w}_m$ 之間的差距，就表現於 $\hat{\beta}_0 + \hat{\beta}_2$ 與 $\hat{\beta}_0$ 之間的差距。

就 (8-1) 式而言，當然可以改爲估計下列式子：

$$
\begin{aligned}
\hat{w} &= -1.651 + 0.507educ + 2.273male \\
&\quad (0.652) \quad (0.05) \qquad\quad (0.279) \\
n &= 526, \bar{R}^2 = 0.256, \hat{\sigma}_0 = 3.186
\end{aligned} \tag{8-2}
$$

其中 $male = 1$ 表示男性，*male* 亦是一種虛擬變數。讀者可以嘗試解釋 (8-2) 式的意義，其應與 (8-1) 式相同。

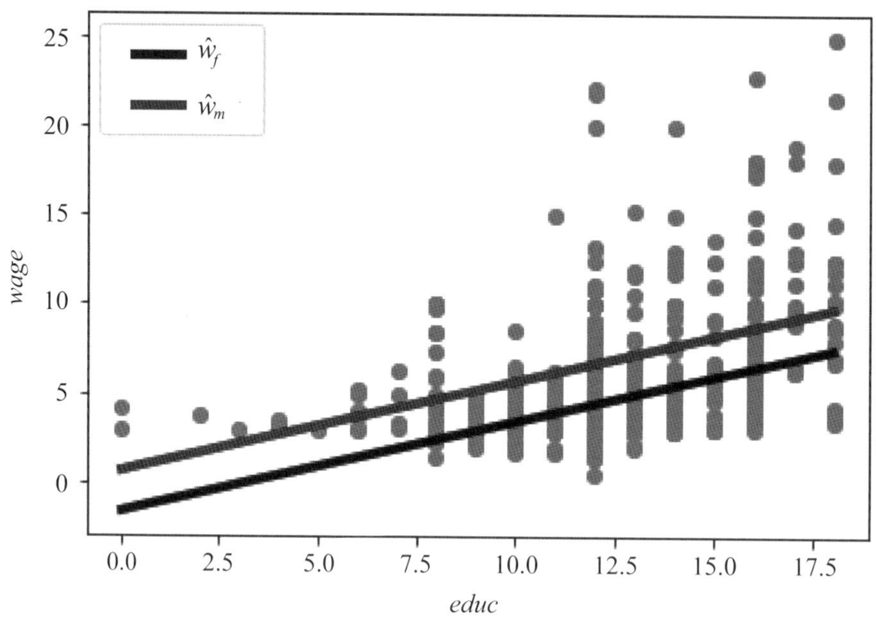

圖 8-1　$\hat{w}_f$ **與** $\hat{w}_m$**，其中前者為女性而後者為男性的預期時薪**

接下來，再考慮下列的估計：

$$\hat{w} = -0.343 + 0.507educ + 0.965male - 1.308female$$
$$(0.432) \quad (0.05) \qquad (0.266) \qquad (0.248)$$
$$n = 526, \bar{R}^2 = 0.256, \hat{\sigma}_0 = 3.186 \tag{8-3}$$

雖說 (8-3) 式的結果與 (8-1) 或 (8-2) 式的結果頗為類似，不過因 $female + male = 1$，隱含著解釋變數之間存在完全的線性重合，使得 (8-3) 式的結果無法信賴。事實上，除了完全的線性重合問題之外，於 (8-3) 式內，我們亦發現似乎常數項的估計是多餘的[②]。上述情況我們稱為「虛擬變數陷阱（dummy variable trap）」，隱含著同類型的虛擬變數，我們只需考慮其中之一即可。

最後，考慮下列的估計：

$$\hat{w} = 0.507educ + 0.623male - 1.651female$$
$$(0.05) \qquad (0.673) \qquad (0.652) \tag{8-4}$$

② 即 $male = 1$ 或 $female = 1$ 可看出常數項是多餘的。

(8-3) 與 (8-4) 二式的差異是前者有包括常數項而後者則無。根據 (8-4) 式，可知當 $male=1$ 與 $female=0$ 以及 $male=0$ 與 $female=1$，分別可得：

$$\begin{cases} \hat{w}_m = 0.507 educ + 0.623 \\ \hat{w}_f = 0.507 educ - 1.651 \end{cases} \tag{8-5}$$

可看出 (8-5) 式分別屬於 (8-1) 或 (8-2) 式內的一個特例。值得注意的是，(8-4) 式並不存在所謂的「虛擬變數陷阱」，即從 (8-5) 式內，可看出 (8-4) 式只是 (8-1) 與 (8-2) 式的組合；雖說如此，畢竟沒有包括常數項，一些如 R^2 等指標之計算並不值得信賴，故通常我們不使用 (8-4) 式，而只使用 (8-1) 或 (8-2) 式的估計。

例 1 男性與女性的平均時薪差距

使用上述 WAGE1 檔案內的數據資料，以 OLS 方法估計，可得：

$$\begin{aligned} \hat{w} &= -1.568 - 1.811 female + 0.572 educ + 0.025 exper + 0.141 tenure \\ &\quad (0.725)\ (0.265) \qquad\quad (0.049) \qquad (0.012) \qquad\quad (0.021) \\ n &= 526, \bar{R}^2 = 0.359, \hat{\sigma}_0 = 2.958 \end{aligned} \tag{8-6}$$

我們可看出 (8-6) 式內參數估計值皆顯著異於 0，不過因 *educ*、*exper* 與 *tenure* 等變數之觀察值皆沒有出現 0，故 (8-6) 式內常數項估計值並無意義。有意思的是 *female* 的參數估計值約為 −1.811，其表示於相同 *educ*、*exper* 與 *tenure* 的水準下，男性與女性的預期時薪差距（即平均時薪差距）約為 1.811，我們知道上述差距是排除 *educ*、*exper* 與 *tenure* 等因素所造成的。

有趣的是，若再次估計，可得：

$$\begin{aligned} \hat{w} &= 7.1 - 2.51 female \\ &\quad (0.21)(0.303) \\ n &= 526, R^2 = 0.116, \hat{\sigma}_0 = 3.476 \end{aligned} \tag{8-7}$$

其中常數項與 *female* 的參數估計值皆顯著異於 0。於 (8-7) 式內，可知男性的平均時薪約為 7.1 而女性的平均時薪則約為 4.59（7.1 − 2.51）；事實上，上述兩者就是男性與女性的（樣本）平均時薪。換句話說，解釋變數若為虛擬變數，如 (8-7) 式所示，該虛擬變數之估計參數所對應的 t 檢定，其實就是兩個樣本平均數差異之檢定。

比較 (8-6) 與 (8-7) 二式，我們可以看出前者之男性與女性的（樣本）平均時薪差距約為 2.51 而後者的差距則約為 1.81，上述兩者的差距可由 *educ*、*exper* 與 *tenure* 等因素解釋。

例 2 專案評估

例 1 可說是一種政策分析（policy analysis）的例子，畢竟從該例子內可看出藉由虛擬變數的使用，可讓我們評估：於勞動市場內是否存在性別差異（性別歧視）。底下，我們亦透過虛擬變數的使用，舉例說明專案評估的可行性。使用 GPA1(W) 檔案，以 OLS 方法估計，可得表 8-2 的結果，其中 *PC* 是一個虛擬變數。

表 8-2 的結果可用於評估一種專案，該專案係認為學生擁有個人電腦有助於提高 *colGPA* 的成績，其中 Model 1 可視為控制組而 Model 2~4 則為實驗組或處理組（對照組）；另外，選擇 *hsGPA* 與 *ACT* 當作控制變數。

表 8-2 因變數為 *colGPA*

	Model 1	Model 2	Model 3	Model 4
常數項	1.286* (0.341)	1.264* (0.333)	1.382* (0.3)	2.363* (0.259)
PC		0.157* (0.057)	0.159* (0.057)	0.164* (0.062)
hsGPA	0.454* (0.096)	0.447* (0.094)	0.474* (0.088)	
ACT	0.009 (0.011)	0.009 (0.011)		0.026* (0.011)
n	141	141	141	141
$\bar{R}^2$	0.164	0.202	0.204	0.076
$\hat{\sigma}_0$	0.340	0.333	0.332	0.358

說明：

(1) *PC* 等於 1 表示學生擁有個人電腦（等於 0 表示沒有擁有個人電腦）。

(2) "*" 表示於顯著水準為 5% 之下，估計參數顯著異於 0。

比較表 8-2 內的 Model 1 與 2 結果，可看出學生擁有個人電腦的確有助 *colGPA* 成績的提升，即 *PC* 的估計參數約為 0.157（於顯著水準為 5% 之下，顯著異於

0），隱含著於其他情況不變下，學生擁有個人電腦平均可提高 *colGPA* 成績約 15.7%。於其他情況不變下，Model 3 與 4 比較 *hsGPA* 與 *ACT* 兩個控制變數，我們發現 *ACT* 控制變數的影響效果較小，例如：比較 Model 2 與 3，其中後者忽略（除去）*ACT* 控制變數，反而優於前者（比較二模型之 $\bar{R}^2$ 或 $\hat{\sigma}_0$ 值）；另一方面，若忽略 *hsGPA* 控制變數，於 Model 4 內可看出其結果不如 Model 2 或 3。

例 3 對數時薪方程式

再使用 WAGE1 檔案，使用 OLS 方法，可得：

$$\begin{aligned}\hat{w}_1 = {} & 0.417 - 0.297 female + 0.08 educ + 0.029 exper - 0.0006 exper^2 \\ & (0.099)\ (0.036) \qquad (0.007) \qquad (0.005) \qquad (0.000) \\ & 0.0317 tenure - 0.0006 tenure^2 \\ & (0.007) \qquad (0.000) \\ n = {} & 526, \bar{R}^2 = 0.434, \hat{\sigma}_0 = 0.4\end{aligned} \tag{8-8}$$

其中 $w_1 = \log(wage)$。讀者可檢視 (8-8) 式的估計參數值皆顯著異於 0。因因變數爲對數型態，故 (8-8) 式內 *female* 估計參數值約爲 -0.297，可解釋成：於其他情況不變下（特別是除去 *educ*、*exper* 與 *tenure* 等變數之影響後），女性的平均時薪約低於男性的平均時薪的 29.7%。

或者，根據 (8-8) 式，可得：

$$\hat{w}_{1,f} - \hat{w}_{1,m} = -0.297 \tag{8-9}$$

(8-9) 式亦可改用「簡單報酬率」的計算方式[③]：

③ 即：(8-9) 式隱含著：

$$\log\left(\frac{\hat{w}_f}{\hat{w}_m}\right) = \log\left(1 + \frac{\hat{w}_f}{\hat{w}_m} - 1\right) = \log\left(1 + \frac{\hat{w}_f - \hat{w}_m}{\hat{w}_m}\right) = -0.297$$

$$\Rightarrow \frac{\hat{w}_f - \hat{w}_m}{\hat{w}_m} = e^{-0.297} - 1 \approx -0.257$$

後者即爲簡單報酬率的計算方式。

$$\Rightarrow \frac{\hat{w}_f - \hat{w}_m}{\hat{w}_m} = e^{-0.297} - 1 \approx -0.257$$

即就平均時薪而言，女性較男性約低於 25.7%。

習題

(1) 試計算 WAGE1 內女性與男性的平均時薪。

(2) 試於 WAGE1 檔案內建立一個 gender 變數，而該變數內之女性與男性分別用 F 與 M 表示。

(3) 續上題，試於 WAGE1 檔案內分別建立一個 F 與 M 變數，其中後兩者分別用 1 與 0 表示。

(4) 本書光碟內有 *train*1 檔案，試將 *sex* 與 *embarked* 變數分別改用虛擬變數表示。

(5) 使用 SLEEP75(W) 檔案內的數據資料，令因變數爲 *sleep* 而自變數分別爲 *totwrk*、*educ*、*age*、age^2 與 *male*，試以 OLS 方法估計，結果爲何？我們如何檢定 *age* 與 age^2 無顯著影響？

(6) 考慮 401KSUBS(W) 內的檔案資料，試回答下列問題：

(i) 試分別計算 *nettfa* 之平均數、標準差、最小值與最大值。

(ii) 試檢定符合與不符合 401(k) 計畫資格之 *nettfa* 的平均數差異，$\alpha = 0.05$。提示：可以參考《統計》，我們有兩種方式可以計算 t 檢定統計量合併的標準誤（pooled standard error），即 $se_1 = \sqrt{s_p\left(\frac{1}{n_1}+\frac{1}{n_2}\right)}$ 與 $se_2 = \sqrt{\left(\frac{s_1^2}{n_1}+\frac{s_2^2}{n_2}\right)}$，其中 $s_p^2 = \frac{(n_1-1)s_1^2+(n_2-1)s_2^2}{n_1+n_2-2}$。

(iii) 續上題，其實亦可以使用一個簡單迴歸式檢定，應如何做？其是使用 se_1 或是 se_2？

8.1.2 多個虛擬變數

迴歸式內當然亦可以包括多個虛擬變數，例如：於 (8-8) 式內亦可再加入 *married* 虛擬變數（見表 8-1）。迴歸式內出現二個虛擬變數，使得我們可以考慮四種情況，如表 8-3 所示。

表 8-3　性別與婚姻的分類

	female	*male*
married	*marrfem*	*marrmale*
single	*singfem*	*singmale*

說明：例如：*marrfem* 表示已婚女性，其餘可類推。

根據表 8-3，我們進一步可將 (8-8) 式改成估計為：

$$\begin{aligned}\hat{w}_1 &= \underset{(0.1)}{0.321} + \underset{(0.055)}{0.213}marrmale - \underset{(0.058)}{0.198}marrfem - \underset{(0.056)}{0.11}singfem + \underset{(0.007)}{0.079}educ \\ &\quad + \underset{(0.005)}{0.027}exper - \underset{(0.000)}{0.0005}exper^2 + \underset{(0.007)}{0.029}tenure - \underset{(0.000)}{0.0005}tenure^2 \\ n &= 526, \overline{R}^2 = 0.453, \hat{\sigma}_0 = 0.393 \end{aligned} \tag{8-10}$$

換句話說，為了避免產生虛擬變數陷阱，(8-10) 式不需要再額外加入 *singmale* 虛擬變數。

於顯著水準為 5% 之下，讀者可以檢視 (8-10) 式內的估計參數皆顯著異於 0。我們嘗試解釋 (8-10) 式內估計參數的意思。例如：於其他情況不變下，已婚男性的時薪約較單身男性時薪高 21.3%；另一方面，於相同的情況如 *educ*、*tenure* 或 *exper* 等之下，已婚女性的時薪約較單身男性時薪低 19.8%。

根據 (8-10) 式，我們亦可以進一步檢視單身女性與已婚女性的平均時薪差異，即令 $H_0: \beta_2 = \beta_3$，當然我們可以使用 4.1.4 節的方法檢定上述假設，不過上述檢定可透過更改 (8-10) 式內的虛擬變數內容取代，即考慮下列估計：

$$\begin{aligned}\hat{w}_1 &= \underset{(0.2)}{0.123} + \underset{(0.055)}{0.411}marrmale + \underset{(0.058)}{0.198}singmale + \underset{(0.056)}{0.088}singfem + \underset{(0.007)}{0.079}educ \\ &\quad + \underset{(0.005)}{0.027}exper - \underset{(0.000)}{0.0005}exper^2 + \underset{(0.007)}{0.029}tenure - \underset{(0.000)}{0.0005}tenure^2 \\ n &= 526, \overline{R}^2 = 0.453, \hat{\sigma}_0 = 0.393 \end{aligned} \tag{8-11}$$

比較 (8-10) 與 (8-11) 二式，可發現二式只有虛擬變數的估計參數有差異，其餘的估計皆相同。就上述二式而言，可以注意 (8-10) 式的常數項表示單身男性（*singmale*）的平均時薪，而 (8-11) 式的常數項則表示已婚女性（*marrfem*）的平均時薪，故後

者內的 β_3（*singfem* 之參數），豈不是表示已婚女性與單身女性平均時薪之差異嗎？因此，(8-10) 式內的 $H_0: \beta_2 = \beta_3$，相當於 (8-11) 式內的 $H_0: \beta_3 = 0$；換言之，於 (8-11) 式內，$\hat{\beta}_3$ 與 $se(\hat{\beta}_3)$ 分別約爲 0.088 與 0.056，故對應的 t 檢定統計量約爲 1.679 [0.092]。讀者可與 (8-10) 式的檢定對照。

接下來，我們考慮一種順序的虛擬變數（ordinal dummy variable）的使用。顧名思義，順序的虛擬變數是一種順序的變數（ordinal variable）。我們舉一個例子說明。重新檢視模組 (statsmodels) 內的 affairs 檔案，雖說該檔案我們已經使用多次，不過並未多解釋；其實，該檔案內有多個順序的虛擬變數，例如：

rate_of_marriage

按照婚姻的狀態分成 1~5 類，其中 1：很差；2：差；3：正常；4：良好；5: 非常好。

religious

依宗教信仰程度分成 1~4 類，其中 1：無宗教信仰；2：溫和；3：一定程度；4：強烈。

educ

依教育水準分成 6 類：其中 9：小學；12：高中；14：二專；16：大學；17：研究所；18：研究所以上。

occupation

依職業分成 1~6 類，其中 1：學生；2：務農、工人或其他等；3：白領階級等；4：如老師、作家、藝術家或工程師等；5：管理階層等；6：專家等。

occupation_husb

先生的職業如 *occupation*。

根據上述檔案內的數據資料，使用 OLS 方法估計，可得：

$$\hat{a} = \underset{(0.24)}{3.485} - \underset{(0.028)}{0.421} rate\_marriage - \underset{(0.009)}{0.017} age - \underset{(0.008)}{0.016} yrs\_married$$
$$- \underset{(0.031)}{0.246} religious + \underset{(0.029)}{0.054} occupation$$
$$n = 6{,}366,\ \overline{R}^2 = 0.054,\ \hat{\sigma}_0 = 2.143 \tag{8-12}$$

其中 $a = affairs$ 與 *yrs_married* 表示已婚的年數。於顯著水準爲 10% 之下，(8-12) 式內的估計參數值皆顯著異於 0。畢竟如 *rate_of_marriage*、*religious* 與 *occupation* 等變數皆屬於虛擬變數，我們並不容易解釋 (8-12) 式內估計參數值的意義，不過估計參數的符號也許符合我們的直覺想法。例如：婚姻狀態不佳或宗教信仰薄弱，有可能會有婚外情；另外，職業類別屬於非勞力密集的亦有可能產生婚外情。

再舉一個例子。考慮 Gujarati 與 Porter（2009）之 Indian 的週薪檔案的數據資料④，以 OLS 方法估計，可得：

$$\hat{w}_i = \underset{(0.171)}{3.607} + \underset{(0.005)}{0.03} AGE - \underset{(0.144)}{0.667} DSEX + \underset{(0.165)}{0.152} DE2 + \underset{(0.165)}{0.5} DE3$$
$$+ \underset{(0.267)}{0.627} DE4 + \underset{(0.127)}{0.307} DPT$$
$$n = 113,\ \overline{R}^2 = 0.474,\ \hat{\sigma}_0 = 0.608 \tag{8-13}$$

其中 $w_i = \log(WI)$ 以及 *WI*、*AGE*、*DSEX*、*DE2*、*DE3*、*DE4* 與 *DPT* 分別表示週薪、勞工年齡、性別（$DSEX = 1$ 爲男性）、小學學歷、高中學歷、高中學歷以上以及正式員工（$DPT = 1$ 表示領正式職員薪，而 $DPT = 0$ 表示領暫時的週薪）；換言之，後 5 者皆爲虛擬變數，其觀察值不是 1 就是 0。

我們發現除了 *DE2* 之外，(8-13) 式內的估計參數值皆顯著異於 0（顯著水準爲 5%）。有意思的是，女性的週薪竟然較男性高；另一方面，(8-13) 式亦顯示出勞工年齡、學歷以及職員薪皆與週薪之間呈現正向的關係，此倒與我們的直覺相符。

例 1 合併

比較 (8-12) 與 (8-13) 二式，可發現後者之 *DE2*、*DE3* 與 *DE4* 等三個自變數似

④ 該檔案取自 GP 之 Table9_7。

乎可以合併，即我們可以檢視 $H_0: \beta_3 = \beta_4 = \beta_5$ 的情況，上述假設可用下列的 OLS 估計檢定：

$$\begin{aligned}\hat{w}_i &= 3.571 + 0.031AGE - 0.641DSEX + 0.369DE + 0.34DPT \\ &\quad (0.17) \quad (0.005) \qquad (0.143) \qquad\quad (0.122) \qquad (0.127) \\ n &= 113, \bar{R}^2 = 0.465, \hat{\sigma}_0 = 0.613 \end{aligned} \tag{8-14}$$

其中 $DE = DE2 + DE3 + DE4$。我們發現 (8-14) 式內的 DE 之估計參數值顯著異於 0，隱含著 DE 存在的可能；換句話說，若 (8-13) 式之 F 檢定檢視上述假設，對應的 F 檢定統計量約為 1.904 [0.154]，明顯不拒絕上述虛無假設。比較 (8-13) 與 (8-14) 二式的估計結果，可發現二式的結果非常接近，不過就 $\bar{R}^2$ 或 $\hat{\sigma}_0$ 值而言，似乎 (8-13) 式略勝一籌。

令 $DE1 = DE2 + 2DE3 + 3DE4$，重新估計，可得：

$$\begin{aligned}\hat{w}_i &= 3.602 + 0.03AGE - 0.67DSEX + 0.224DE + 0.306DPT \\ &\quad (0.163)\ (0.005) \qquad (0.14) \qquad\quad (0.062) \qquad (0.126) \\ n &= 113, \bar{R}^2 = 0.482, \hat{\sigma}_0 = 0.603 \end{aligned} \tag{8-15}$$

即 $DE1$ 是合併的虛擬變數，其內有 0~3 的觀察值分別表示小學以下、小學、高中與高中以上學歷。有意思的是，(8-15) 式內的估計參數值皆顯著異於 0（顯著水準為 5%），但是就 $\bar{R}^2$ 或 $\hat{\sigma}_0$ 值而言，似乎優於 (8-13) 式。

例 2　拆成 0 與 1 虛擬變數

例 1 是將 0 與 1 虛擬變數合併成非 0 與 1 虛擬變數；同理，我們不是亦可以將後者轉換成前者嗎？以 (8-12) 式為例，令 $Mi(i = 1, 2, 3, 4, 5)$，分別表示 $rate\_marriage$ 之 5 類，即 $M1 = 1$ 表示 $rate\_marriage = 1$，其餘為 0；$M2 = 1$ 表示 $rate\_marriage = 1$，其餘為 0；其餘可類推。重新以 OLS 方法估計，可得：

$$\begin{aligned}\hat{a} &= 1.378 + 1.002M1 + 1.302M2 + 1.032M3 + 0.316M4 - 0.016age \\ &\quad (0.217)\ \ (0.22) \qquad (0.123) \qquad (0.08) \qquad (0.061) \qquad (0.009) \\ &\quad -0.017yrs\_married - 0.244religious + 0.052occupation \\ &\quad (0.008) \qquad\qquad\quad (0.031) \qquad\qquad (0.029) \\ n &= 6{,}366, \bar{R}^2 = 0.057, \hat{\sigma}_0 = 2.14 \end{aligned} \tag{8-16}$$

為了避免產生完全的線性重合，(8-16) 式並未加進 $M5$。我們發現 (8-16) 式的估計參數值皆顯著異於 0（顯著水準為 10%）。比較意外的是，$M3$ 的估計參數值接近於 $M1$ 與 $M2$，而 $M4$ 的估計參數值則與 $M3$、$M2$ 或 $M1$ 有差距。我們嘗試檢定 $H_0: \beta_3 = \beta_4$，結果對應的 t 與 F 檢定統計量分別約為 8.758 [0.000] 與 76.708 [0.000]，明顯拒絕上述假設；另一方面，我們亦欲檢定 $H_0: \beta_1 = \beta_2 = \beta_3$，可得對應的 F 檢定統計量約為 2.14 [0.12]，顯然無法拒絕上述假設。

雖說 (8-12) 與 (8-16) 二式的估計結果頗為接近，但是就 $\overline{R}^2$ 或 $\hat{\sigma}_0$ 值而言，似乎後者優於前者。

例 3 法學院的排名

考慮 LAWSCH85(W) 檔案內的數據資料，以 OLS 方法估計，可得：

$$
\begin{aligned}
\hat{s} = &\ \underset{(0.411)}{9.165} + \underset{(0.053)}{0.7}top10 + \underset{(0.039)}{0.594}r11\_25 + \underset{(0.034)}{0.375}r26\_40 + \underset{(0.028)}{0.263}r41\_60 \\
&+ \underset{(0.132)}{0.132}r61\_100 + \underset{(0.003)}{0.0057}LSAT + \underset{(0.074)}{0.014}GPA \\
&+ \underset{(0.026)}{0.036}\log(libvol) + \underset{(0.025)}{0.0008}\log(cost) \\
n = &\ 136, \overline{R}^2 = 0.905, \hat{\sigma}_0 = 0.086
\end{aligned}
\tag{8-17}
$$

其中 $s = \log(salary)$ 而 $salary$ 表示中位數薪資，而 $top10$、$r11\_25$、$r26\_40$、$r41\_60$ 與 $r61\_100$ 皆是虛擬變數，其分別表示法學院的排名（如 $top10$ 表示排名前 10 名，$r11\_25$ 表示排名前 11 至 25 名，其餘類推）。

換句話說，(8-17) 式考慮法學院排名對其畢業生就業薪資的影響，只是我們如何將法學院排名的順序納入迴歸式內？我們可以使用順序的虛擬變數，例如：$top10$ 表示排名前 10 名，故只要落入前 10 名內，則 $top10$ 等於 1，否則為 0；其餘的虛擬變數可類推。因上述檔案內並無 $r61\_100$ 虛擬變數觀察值，利用 Python，我們不難幫其建立對應的虛擬變數，例如：

```
Lawsch85 = woo.data('LAWSCH85')
k = ((Lawsch85['rank'] <= 100) & ((Lawsch85['rank'] > 60)))*1
Lawsch85['r61_100'] = k
```

即於 LAWSCH85 檔案內，建立一個名稱爲 *r*61_100 的虛擬變數。

於 (8-17) 式內，可看出虛擬變數的估計參數值皆顯著異於 0。例如：(8-17) 式內的 *r*61_100 的估計參數值約爲 0.132 的意思是顯而易見的，即於其他情況不變（包括除去 *SAT*、*GPA*、*libvol* 與 *cost* 等因素的影響）下，排名落於 61 至 100 名的預期中位數薪資約較排名落於 100 名之外的預期中位數薪資高 13.2%；另外，檢視 *top*10 的估計參數值約爲 0.7，隱含著法學院排名前 10 名的預期中位數薪資與排名落於 100 名之外的預期中位數薪資差距竟然超過 100%[5]。

例 4 BEAUTY(W) 檔案

考慮 BEAUTY(W) 檔案內的數據資料，以 OLS 方法估計，可得：

$$\begin{aligned}\hat{w} = &-0.014 - 0.144 belavg + 0.003 abvavg + 0.08 educ + 0.049 exper \\ &(0.095)\quad (0.044) \qquad (0.032) \qquad (0.006) \qquad (0.005) \\ &-0.001 exper^2 + 0.191 union + 0.133 goodlth + 0.167 bigcity - 0.267 service \\ &(0.000) \qquad (0.032) \qquad (0.056) \qquad (0.034) \qquad (0.033) \\ n = &1{,}260, \bar{R}^2 = 0.314, \hat{\sigma}_0 = 0.493 \end{aligned} \tag{8-18}$$

其中 $w = \log(wage)$ 以及 *belavg*、*abvavg*、*union*、*goodlth*（健康）、*bigcity* 與 *service* 等皆爲 0 與 1 之虛擬變數。比較特別的是 *belavg* 與 *abvavg* 等虛擬變數，其是根據外表吸引力分成 1~5 級，其中 *belavg* 表示 1~2 級，而 *abvavg* 則表示 4~5 級。

(8-18) 式的估計結果，倒是提供了一個有趣的現象，即該式內只有 *abvavg* 的估計參數不顯著異於 0，其餘估計參數倒是皆顯著異於 0；比較特別的是，外貌較不吸引人（即 *belavg*）的估計參數竟然爲負數值，隱含著於其他情況不變下，外貌較差的，其預期時薪竟然低 14.4%！

我們嘗試將上述數據資料按照性別分類，即 BEAUTY 檔案內每一個變數總共有 1,260 個觀察值，其中男性共有 824 而女性有 436 個觀察值；換言之，男性之估計可爲：

$$\begin{aligned}\hat{w} = &0.367 - 0.139 belavg - 0.019 abvavg + 0.069 educ + 0.053 exper \\ &(0.117)\quad (0.052) \qquad (0.037) \qquad (0.007) \qquad (0.005)\end{aligned}$$

[5] 即 $e^{0.7} - 1 \approx 1.014$。

$$-0.001exper^2 + 0.115union + 0.008\text{goodlth} + 0.166\text{bigcity} - 0.199service$$
$$(0.000) \quad (0.036) \quad (0.069) \quad (0.039) \quad (0.044)$$
$$n = 824, \bar{R}^2 = 0.266, \hat{\sigma}_0 = 0.463 \tag{8-19}$$

而女性之估計則爲：

$$\hat{w} = -0.0866 - 0.124belave + 0.056abvavg + 0.075educ + 0.028exper$$
$$(0.141) \quad (0.065) \quad (0.048) \quad (0.009) \quad (0.007)$$
$$-0.001exper^2 + 0.284union + 0.132goodlth + 0.188bigcity - 0.186service$$
$$(0.000) \quad (0.053) \quad (0.08) \quad (0.054) \quad (0.046)$$
$$n = 436, \bar{R}^2 = 0.278, \hat{\sigma}_0 = 0.445 \tag{8-20}$$

比較 (8-18)~(8-20) 三式，雖說三式的估計結果頗爲類似，不過我們仍發現存在一些差異，即檢視 (8-19) 與 (8-20) 二式內的 *belavg* 的估計參數所對應的 t 檢定統計量分別約爲 −2.67[0.008] 與 −1.896[0.059]，隱含著於顯著水準 5% 之下，前者顯著異於 0 而後者則不顯著異於 0，隱含著於其他情況不變下，男性的外表較不吸引人，竟然預期時薪會較低！

習題

(1) 根據前述之 affairs 檔案，試回答下列問題：

(i) 我們將 *rate_marriage* 拆成 $Mi(i = 1, 2, 3, 4, 5)$，試以 OLS 方法估計 Mi 對 *rate_marriage* 的迴歸式，讀者預期會發生何事？

(ii) 試以 OLS 方法估計 $Mk(k = 1, 2, 3, 4)$ 對 *rate_marriage* 的迴歸式，讀者預期會發生何事？

(iii) 試計算 *rate_marriage* 與 $Mi(i = 1, 2, 3, 4, 5)$ 之間的樣本相關係數，其中後者的相關程度爲何？

(iv) 將 *rate_marriage* 拆成 Ma 與 Mb 兩個 0 與 1 之虛擬變數，其中前者爲 *rate_marriage* = 1, 2 與 *rate_marriage* = 4, 5，並以 Ma 與 Mb 取代 (8-16) 式內的 $Mk(k = 1, 2, 3, 4)$，重新估計，結果爲何？是否優於 (8-16) 式？

(2) 續上題，仔細檢視 *affairs* 的觀察值，其是否有包括 0？除去 *affairs* 內具有 0 的觀察值，並將檔案令爲 affairs1。試比較 affairs1 內 *affairs* 與 log(*affairs*) 的直方圖，有何不同？

(3) 續上題，試使用 affairs1 檔案重新估計 (8-12) 與 (8-16) 二式，其中因變數改為 $\log(affairs)$，結果為何？

(4) 考慮模組 (statsmodels) 內的 statecrime 檔案內的數據資料，試回答下列問題：

(i) 試分別計算 *white* 與 *urban* 的基本敘述統計量。

(ii) 試以 OLS 方法估計 $\log(violent) = \beta_0 + \beta_1 single + \beta_2 urban + \beta_3 white + u$，結果為何？

(iii) 續上題，令 $Non = 1$ 表示 $white \leq 50$ 以及 $Ur = 1$ 表示 $urban \geq 50$，即 *Non* 與 *Ur* 皆為 0 與 1 之虛擬變數，並以兩者分別取代 *white* 與 *urban*，重新估計，結果為何？

(iv) 續上題，何者較好？常數項的估計值表示何意思？

(5) 考慮模組 (linearmodels) 的 wage_panel 檔案內的數據資料，我們打算估計：

$$\log(wage) = \beta_0 educ + \beta_1 exper + \beta_2 exper^2 + \beta_3 black + \beta_4 married + \beta_5 union + \beta_6 hisp + u$$

試以 OLS 方法估計 1980 年與 1987 年之上述迴歸式，結果為何？若合併 1980~1987 年的資料，重新估計，結果為何？

(6) 考慮模組 (linearmodels) 的 mroz 檔案內的數據資料，試回答下列問題：

(i) 該檔案內變數觀察值的個數為何？

(ii) 取婦女於勞動市場內的檔案，則該檔案內變數觀察值的個數為何？

(iii) 試分別繪製出 $\log(wage)$、*hours* 與 $\log(hours)$ 的直方圖，何者最接近常態分配？

(iv) 試以 OLS 方法估計因變數為 $\log(wage)$，而以 $\log(hours)$、*kidslt6*、*kidsge6*、*age*、*hushrs* 與 *huswage* 等為自變數的迴歸式，結果為何？何變數的估計參數值顯著異於 0？

(7) 續上題，考慮下列的迴歸式：

$$\log(wage) = \beta_0 + \beta_1 educ + \beta_2 exper + \beta_2 exper^2 + u$$

試回答下列問題：

(i) 試以 OLS 方法估計上式，結果為何？

(ii) 續上題，上述婦女擔心工資會受到哪些因素的影響？小孩數、稅率、家庭所得抑或是丈夫工資？

(iii) 續上題，稅率或家庭所得會影響婦女的工資嗎？哪一個較爲重要？

(iv) 續上題，於上述迴歸式內額外再加進家庭所得與丈夫工資等自變數，重新估計，結果爲何？

(v) 家庭所得與丈夫工資等自變數是否應改爲對數型態？爲什麼？

(8) 考慮模組 (linearmodels) 的 wage 檔案內的數據資料，考慮下列的迴歸式：

$$\log(wage) = \beta_0 + \beta_1 educ + \beta_2 exper + \beta_2 tenure + u$$

試回答下列問題：

(i) 試以 OLS 方法估計上式，結果爲何？爲何上式不額外再考慮 $exper^2$ 自變數？

(ii) 續上題，若欲額外再加入一個自變數，就 *black*、*married* 與 *age* 等三個變數而言，哪一個優先考慮？第二個優先的變數爲何？

(iii) 續上題，若額外加進上述三個自變數，重新估計，結果爲何？

8.2 虛擬變數之交互影響與跨群差異之檢定

本節分成兩部分介紹：第一是檢視迴歸式存在虛擬變數之交互影響；第二部分則介紹跨群迴歸函數差異之檢定。

8.2.1 虛擬變數之交互影響

根據 (8-11) 式內的檔案 WAGE1，考慮下列式子：

$$\log(wage) = \beta_0 + \beta_1 female + \beta_2 educ + \cdots + u \tag{8-21}$$

於圖 8-1 內，我們已經知道 (8-21) 式內的男性與女性之對數平均時薪方程式具有相同的斜率值 β_2，隱含著於其他情況不變下，男性或女性勞工之多受教育 1 年，預期之平均時薪皆會增加 $100\beta_2\%$；換句話說，於 (8-21) 式內，我們看到上述男性或女性之對數平均時薪方程式的截距並不相同，不過方程式之斜率值卻是相同的。

直覺而言，受教育年資對薪資的影響有可能會因性別而有差異，因此 (8-21) 式的設定方式可以進一步改進。考慮下列式子：

$$\log(wage) = (\beta_0 + \delta_0 female) + (\beta_1 + \delta_1 female)educ + \cdots + u \quad (8\text{-}22)$$

$$= \beta_0 + \beta_1 educ + \delta_0 female + \delta_1 female \cdot educ + \cdots + u \quad (8\text{-}23)$$

顯然從 (8-22) 或 (8-23) 式內可看出男性或女性之對數平均時薪方程式的截距與斜率值皆不相同。

(8-22) 或 (8-23) 式可看出牽涉到虛擬變數之交互作用項如 $\delta_1 female \cdot educ$ 的意義，即 $H_0: \delta_1 = 0$，相當於欲檢定 log(*wage*) 與 *educ* 之間的斜率值與性別無關。我們舉一個例子說明，可以參考圖 8-2。令 $\beta_0 = 0.825$、$\beta_1 = 0.077$ 與 $\delta_0 = -0.36$，圖 8-2 的左圖與右圖分別繪製出 $\delta_1 = -0.1$ 與 $\delta_1 = 0.1$，我們可以看出 $\delta_1 \neq 0$，隱含著上述斜率值，男性與女性並不相同。

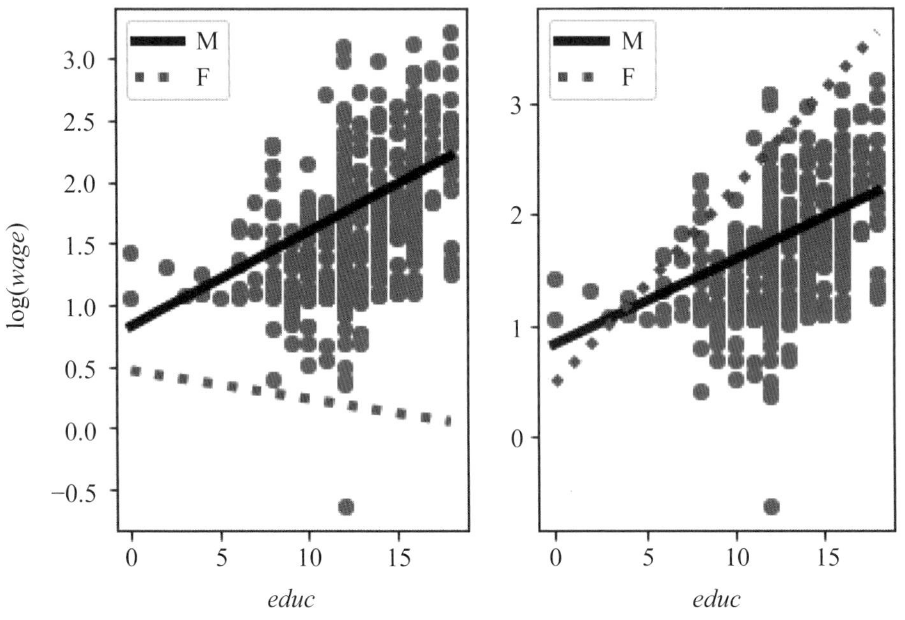

圖 8-2　男性與女性之（對數）平均時薪方程式（$\beta_0 = 0.825$、$\beta_1 = 0.077$ 與 $\delta_0 = -0.36$），其中左圖與右圖之 δ_1 值分別為 −0.1 與 0.1

考慮較爲實際的情況。仍使用 WAGE1 檔案內的數據資料，使用 OLS 方法估計，可得：

$$\hat{w} = \underset{(0.119)}{0.389} - \underset{(0.168)}{0.227} female + \underset{(0.008)}{0.082} educ - \underset{(0.013)}{0.0056} female \cdot educ$$

$$+ 0.029exper - 0.0006exper^2 + 0.032tenure - 0.0006tenure^2$$
$$(0.005) \quad (0.000) \quad (0.007) \quad (0.000)$$
$$n = 526, \bar{R}^2 = 0.433, \hat{\sigma}_0 = 0.4 \tag{8-24}$$

根據 (8-24) 式的結果，可知於控制 *exper* 與 *tenure* 不變下，男性之受教育的預期平均時薪約爲 0.082（約 8.2%），而女性則約爲 0.082 − 0.0056 = 0.0764（約 7.64%），兩者之間的 t 檢定統計量約爲 −0.426[0.67]，隱含著上述兩者之差距並不顯著異於 0，即男性與女性之受教育的預期平均時薪差距並不明顯。例如：圖 8-3 分別繪製出於 *exper* = 10 與 *tenure* = 5 之下的 $\hat{w}$ 方程式，可看出上述二方程式幾乎平行。

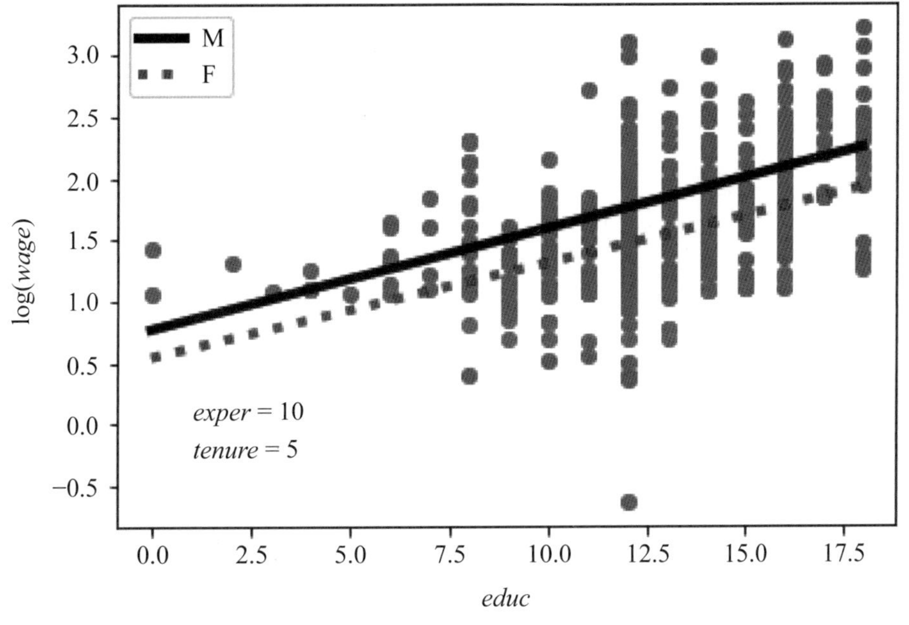

圖 8-3　於 *exper* = 10 與 *tenure* = 5 之下的 $\hat{w}$

於 (8-24) 式內，我們亦可以發現 *female* 與 *female* · *educ* 的估計參數皆不顯著，不過若使用 F 檢定檢視 $H_0: \delta_0 = \delta_1 = 0$，可得 F 檢定統計量約爲 34.33 [0.00]，隱含著我們無法拒絕上述虛無假設，顯然出現不一致的現象。上述不一致的情況倒是可以解釋：比較 (8-8) 與 (8-24) 二式，可發現前者之 *female* 的估計參數與對應的標準誤分別約爲 −0.297 與 0.036，而後者則分別約爲 −0.227 與 0.168，即後者的估計標準誤幾乎爲前者的 5 倍，隱含著 (8-24) 式可能存在著高度的線性重合問題；換言之，我們發現 *female* 與 *female* · *educ* 觀察值之間的樣本相關係數高達 96%，故 (8-24) 式的結果可信度並不高。反觀 (8-8) 式，因 *female* 的估計參數之對應的 t 檢定統計量約爲 −8.281[0.000]，顯然顯著異於 0；因此，若比較 (8-8) 與 (8-24) 二式，顯然前者較優，隱含著就性別而言，受教育的預期平均時薪差距並不明顯。

最後，值得一提的是，一個變數與該變數搭配虛擬變數所形成的交互作用變數之間的相關程度未必會很顯著，讀者可以檢視看看。

例 1　棒球員的薪資：種族效應

考慮 MLB1(W)檔案內的數據資料，以 OLS 方法估計，可得：

$$\begin{aligned}\log(salary) = {} & \underset{(2.183)}{10.344} + \underset{(0.013)}{0.0673}years + \underset{(0.003)}{0.0089}gamesyr + \underset{(0.002)}{0.0009}bavg + \underset{(0.016)}{0.0146}hrunsyr \\ & + \underset{(0.008)}{0.0045}rbisyr + \underset{(0.005)}{0.0072}runsyr + \underset{(0.002)}{0.0011}fldperc + \underset{(0.003)}{0.0075}allstar - \underset{(0.125)}{0.198}black \\ & - \underset{(0.153)}{0.19}hispan + \underset{(0.005)}{0.0125}black \cdot percblck + \underset{(0.010)}{0.0201}hispan \cdot perchisp \\ n = {} & 330, \bar{R}^2 = 0.624, \hat{\sigma}_0 = 0.713 \end{aligned} \tag{8-25}$$

其中 *percblck* 與 *perchisp* 分別表示所居住的城市內黑人以及西班牙人占的百分比。(8-25) 式可用於評估職業棒球員的薪資是否存在種族效應（race effect）？

於控制職業棒球員薪資的一些基本條件或因素後，於 (8-25) 式內，我們著重於 *black*、*hispan*、*black* · *percblck* 與 *hispan* · *perchisp* 等四個變數的檢視，其中前兩者爲虛擬變數（即 *black* 等於 1 表示黑人，而 *hispan* 等於 1 表示西班牙裔）；換言之，(8-25) 式存在虛擬變數以及該虛擬變數與其他變數所構成的交互作用變數。

首先，我們發現 *black* 與 *hispan* 二變數之估計參數皆不顯著異於 0，不過 *black* · *percblck* 與 *hispan* · *perchisp* 二變數之估計參數卻皆顯著異於 0（於顯著水準爲 5%）；我們進一步計算 *black* 與 *black* · *percblck* 以及 *hispan* 與 *hispan* · *perchisp* 之間的樣本相關係數，其分別約爲 0.69 與 0.73，隱含著 (8-25) 式未必存在著高度線性相關。我們進一步以 F 檢定檢視上述四個變數是否存在聯合顯著性，即對應的 F 檢定統計量與 p 值分別約爲 2.65 與 0.03，表示於顯著水準爲 5% 之下，上述四個變數存在著聯合顯著異於 0，隱含著上述四個變數之估計參數值不容被忽略。

我們檢視上述四個變數之估計參數的意義。首先 *black* 與 *black* · *percblck* 的估計參數分別約為 −0.198 與 0.0125，隱含著於其他情況不變下，若 *percblck* = 0（所居住的城市黑人所占的比重等於 0），則黑人的預期薪資較非黑人（即白人）約低 19.8%；不過，若 *percblck* = 0，則黑人的預期薪資約低 7.3%（−0.198 + 0.0125(10) = −0.073）；同理，若 *percblck* = 20，則黑人的預期薪資反而高約 5.2%。

類似地，我們亦可以分析 *hispan* 與 *hispan* · *perchisp* 的情況。於其他情況不變下，可以檢視 $-0.19 + 0.0201 perchisp = 0$，可得 $perchisp \approx 9.45$，隱含著若 $perchisp < 9.45$，西班牙裔的預期薪資較低；同理，若 $perchisp > 9.45$，反而西班牙裔的預期薪資高於非西班牙裔的白人。

例 2 Star98 **檔案**

考慮模組 (statsmodels) 檔案內的數據資料，以 OLS 方法估計，可得：

$$
\begin{aligned}
\hat{n}_b = &-0.793 - 0.008 lowinc + 0.28 ptratio + 0.028 perminte \\
&\ (0.628)\quad (0.004)\qquad\quad (0.025)\qquad\quad (0.005) \\
&-0.765H - 0.02A + 0.013 lowinc \cdot H \\
&\ (0.256)\quad (0.206)\quad (0.006) \\
n = 303,&\ \bar{R}^2 = 0.463,\ \hat{\sigma}_0 = 0.881
\end{aligned}
\tag{8-26}
$$

其中 $\hat{n}_b = \log(nbelow)$ 以及 *nbelow*、*lowinc*、*ptratio* 與 *perminte* 分別表示數學成績低於全國中位數的學生人數、低所得學生的比重、生師比與少數老師比重；另一方面，H 與 A 皆屬於 0 與 1 之虛擬變數，其分別表示西班牙裔與亞洲裔學生比重低於 20%。(8-26) 式的特色是多考慮了 H 與 *lowinc* 所形成的交互變數對 log(*nbelow*) 的影響。

(8-26) 式內除了 A 之估計參數值並不顯著異於 0 之外，其餘變數之估計參數值皆顯著異於 0（顯著水準為 10%），除了 *lowinc* 之外，*ptratio* 與 *perminte* 的估計參數值倒與我們的直覺相符。例如：於其他情況不變下，*ptratio* 上升 1%，*nbelow* 約會提高 0.29%；其餘變數的解釋可類推。

有意思的是，從 (8-26) 式內可得：

$$
\frac{\partial \hat{n}_b}{\partial H} = -0.765 + 0.013 lowinc
$$

隱含著於其他情況不變下，若 $lowinc = 0$，則 $\partial \hat{n}_b / \partial H = -0.765 < 0$；不過當 $lowinc > 58.85$，反而 $\partial \hat{n}_b / \partial H > 0$。

其次，根據 (8-26) 式，可得：

$$\frac{\partial \hat{n}_b}{\partial lowinc} = -0.008 + 0.013H$$

可知若 $H = 0$，則 $\frac{\partial \hat{n}_b}{\partial lowinc} = -0.008$ 以及若 $H = 1$，則 $\frac{\partial \hat{n}_b}{\partial lowinc} = 0.005$。

習題

(1) 就 (8-26) 式而言，若以 $lowinc \cdot A$ 取代式內的 $lowinc \cdot H$，重新估計，結果為何？*lowinc* 的估計參數值是否顯著且符合我們的預期？$lowinc \cdot A$ 與 *lowinc* 的樣本相關係數為何？其是否影響上述迴歸式之估計？

(2) 考慮 GPA2(W) 檔案內的數據資料，以 OLS 方法估計下列式子：

$$sat = \beta_0 + \beta_1 hsize + \beta_2 hsize^2 + \beta_3 female + \beta_4 black + \beta_5 female \cdot black + u$$

其中 *female* 與 *black* 皆為虛擬變數。試回答下列問題：

(i) 上述估計結果為何？

(ii) 試繪製出 *hsize* 對 *sat* 之散佈圖。

(iii) 試計算並繪製出 *female* 與 *black* 之 *sat* 的預期方程式。

(iv) 試計算並繪製出 *male* 與 *black* 之 *sat* 的預期方程式。

(v) 試計算並繪製出 *male* 與 *white* 之 *sat* 的預期方程式。

(vi) 試計算 *female* 與 $female \cdot black$ 之間的樣本相關係數。

(3) 考慮 401KSUBS(W) 檔案內的數據資料，試回答下列問題：

(i) 以 OLS 方法估計下列式子：

$$nettfa = \beta_0 + \beta_1 e401k + \beta_2 inc + \beta_3 inc^2 + \beta_4 age + \beta_5 age^2 + u$$

結果為何？試解釋 *e401k* 之估計參數值的意義，其是否顯著異於 0？

(ii) 續上題，額外再加進 $e401k(age - 41)$ 與 $e401k(age - 41)^2$ 兩個自變數，結果為何？試解釋 *e401k* 之估計參數值的意義，其是否顯著異於 0？

(iii) 續上題，除去交互作用項，將 *fsize* 虛擬變數分成：*fs_1*、*fs_2*、*fs_3*、*fs_4* 與 *fs_5* 五類虛擬變數，其中 *fs_5* 是指當 $fsize \geq 5$ 則 $fs\_5 = 1$，否則為 0。

(iv) 續上題，將上述虛擬變數加進 (i) 內，重新估計，結果為何？

(4) 再考慮模組 (statsmodels) 檔案內的數據資料，我們如何將 *rate_marriage* 與 *religious* 分別轉換成 $Mi(i = 1, 2, 3, 4, 5)$ 與 $Rk(k = 1, 2, 3, 4)$，其中 Mi 與 Rk 皆是 0 與 1 之虛擬變數。

(5) 續上題，試回答下列問題：

(i) 試以 OLS 方法估計因變數為 *affairs* 而自變數分別為 *age*、$M1$、$R1$、$age \cdot M1$ 與 $age \cdot R1$ 的複線性迴歸式，結果為何？何變數的估計參數值並不顯著？

(ii) 續上題，$age \cdot M1$ 的估計參數值不顯著異於 0，是因何因素造成的？

(iii) 續上題，除去 $age \cdot M1$ 自變數，重新估計，結果為何？

(iv) 續上題，計算 $\partial affairs / \partial R1$ 值，關鍵的 *age* 為何？

8.2.2 跨群差異之檢定（鄒檢定）

雖然 8.2.1 節說明了虛擬變數與其他自變數所搭配的交互作用變數其實是一個不錯的分析工具，即其可用於檢定多個母體、組或群之迴歸式的截距或斜率是否有差異？不過，上述檢定似乎可以延伸，即我們是否可以檢定虛無假設為多個母體、組或群，其皆使用相同的迴歸式，當然上述假設對應的對立假設為使用不同截距或斜率的迴歸式。

我們舉一個例子說明。考慮模組 (linearmodels) 內的 mroz 檔案內的數據資料，以 OLS 方法估計，可得：

$$
\begin{aligned}
\hat{w} = &-6.01 + 0.077 educ + 0.014 exper \\
&(0.811) \quad (0.014) \qquad (0.004) \\
&-0.269\log(huswage) + 0.655\log(faminc) \\
&(0.083) \qquad\qquad (0.095) \\
n = 428,\ &\overline{R}^2 = 0.236,\ \hat{\sigma}_0 = 0.632
\end{aligned}
\tag{8-27}
$$

其中 $w = \log(wage)$ 以及 *wage*、*educ*、*exper*、*faminc* 與 *huswage* 分別表示已婚婦女之時薪、受教育年數、工作經驗年數、家庭所得以及丈夫的工資。我們發現 (8-27) 式的估計參數值皆顯著異於 0；比較意外的是，已婚婦女之時薪竟然與家庭所得以及丈夫的工資有顯著的正關係。

上述檔案若按照 *kidslt*6（6 歲以下小孩數）變數來分類，其中小孩數為 0，可稱為 morz1a 檔案，而小孩數不為 0 則稱為 morz1b 檔案。我們分別以 OLS 方法估計，可得：

$$\begin{aligned}\hat{w} &= -5.96 + 0.068educ + 0.014exper \\ &\quad\ (0.84)\ \ (0.015)\qquad\ (0.004) \\ &\quad -0.247\log(huswage) + 0.657\log(faminc) \\ &\quad\ (0.084)\qquad\qquad\quad (0.098) \\ n &= 375, \bar{R}^2 = 0.242, \hat{\sigma}_0 = 0.606\end{aligned} \tag{8-27a}$$

與

$$\begin{aligned}\hat{w} &= -8.39 + 0.156educ + 0.024exper \\ &\quad\ (0.84)\ \ (0.015)\qquad\ (0.004) \\ &\quad -0.666\log(huswage) + 0.857\log(faminc) \\ &\quad\ (0.084)\qquad\qquad\quad (0.098) \\ n &= 53, \bar{R}^2 = 0.196, \hat{\sigma}_0 = 0.808\end{aligned} \tag{8-27b}$$

其中 (8-27a) 與 (8-27b) 二式分別使用 morz1a 與 morz1b 檔案。我們可以看出 (8-27a) 式內的估計參數值皆顯著異於 0，不過於 (8-27b) 式內 *exper* 的估計參數值並不顯著異於 0，而其餘的估計參數值倒皆顯著異於 0。

面對 (8-27)~(8-27b) 三式，一個有意義的問題：究竟上述三式是否一致？抑或是 (8-27) 式應拆成 (8-27a) 與 (8-27b) 二式來看？當然，(8-27a) 與 (8-27b) 二式可以透過 0 與 1 之虛擬變數合併，即令 K 表示 6 歲小孩以下以及無小孩的虛擬變數，(8-27) 式可改為：

$$\begin{aligned}w &= \beta_0 + \beta_1 educ + \beta_2 exper + \beta_3\log(huswage) + \beta_4\log(faminc) \\ &\quad + \alpha_1 K + \alpha_2 educ\cdot K + \alpha_3 exper\cdot K + \alpha_4\log(huswage)\cdot K + \alpha_5\log(faminc)\cdot K\end{aligned} \tag{8-28}$$

我們可以看出若 $\alpha_1 \neq 0$，表示 (8-27a) 與 (8-27b) 二式的截距有差異，而若拒絕 H_0：$\alpha_i = 0 (i = 2, 3, 4, 5)$，隱含著 (8-27a) 與 (8-27b) 二式的斜率有不同；甚至於考慮下列的假設：

$$H_0: \alpha_i = 0 (i = 1, 2, 3, 4, 5) \tag{8-29}$$

若拒絕 (8-29) 式，隱含著 (8-27a) 與 (8-27b) 二式有可能屬於「結構上」不相同的迴歸式（習題）。

雖說 (8-28) 式頗吸引人，不過其缺點是若 (8-27) 式內的自變數爲 k，則 (8-29) 式內的自變數爲 $2k + 1$，故當 k 較大，(8-29) 式的估計較難掌握；另一方面，(8-29) 式的估計有可能會因高度線性重合而使得估計參數的顯著性失真[⑥]。

於 (8-27) 式內，只有 *educ*、*exper*、*faminc* 與 *huswage* 等四個自變數，故包括交互作用變數的估計如 (8-28) 式，我們倒是仍能處理，不過若存在更多的自變數呢？上述檢定過程可能較爲繁雜。我們改用一種較爲簡單的檢定過程。我們嘗試將檔案資料分組。

假定存在 g 組含常數項之 k 個自變數的線性複迴歸式如：

$$y = \beta_{g,0} + \beta_{g,1}x_1 + \beta_{g,2}x_2 + \cdots + \beta_{g,k}x_k + u \tag{8-30}$$

上述假設的特色是 g 組內迴歸式皆相同；換言之，因每組共有 $k + 1$ 個變數，故不受限制模型存在 $n - g(k + 1)$ 個自由度。上述假設的另一個特色是不受限制模型的 SSR_{ur} 可由每組的 SSR_i 之加總所構成，即 $SSR_{ur} = SSR_1 + \cdots + SSR_g$；另一方面，匯集（pooling）每組（相當於不分組）而得的 SSR，可稱爲 SSR_p，即 SSR_p 相當於不分組之 (8-30) 式的 SSR（其可視爲受限制模型）。是故，可得 F 檢定統計量爲：

$$\begin{aligned} F &= \frac{\left[SSR_p - (SSR_1 + \cdots + SSR_g)\right]/(k+1)}{(SSR_1 + \cdots + SSR_g)/(n - g(k+1))} \\ &= \frac{\left[SSR_p - (SSR_1 + \cdots + SSR_g)\right]}{(SSR_1 + \cdots + SSR_g)} \frac{(n - g(k+1))}{(k+1)} \end{aligned} \tag{8-31}$$

F 檢定統計量如 (8-31) 式可稱爲鄒檢定統計量（Chow statistic）。由於鄒檢定是一種 F 檢定，其必須滿足變異數同質的要求，故 (8-30) 式須符合 NLRM 假定 7。

---

⑥ 例如：就 morz 檔案的數據資料而言，*exper* 與 *exper* · *K* 之間的樣本相關係數高達 92.45%。

我們利用上述 morz 檔案的例子說明如何使用 (8-31) 式。考慮 (8-27) 式，我們相當於欲檢定 (8-27a) 與 (8-27b) 式內預期平均婦女時薪（對數值）是否相同，其中解釋變數爲 *educ*、*exper*、*faminc* 與 *huswage*，即 $k = 4$；因此，相當於將觀察值資料分成小孩 6 歲以下無小孩與有小孩二組，即 $g = 2$。首先，於 mroz 檔案內的，小孩 6 歲以下無小孩與有小孩共有 428 個觀察值，故 $n = 428$，其中無小孩有 375 人而有小孩有 53 人，故 $n_1 = 375$ 與 $n_2 = 53$。

若不分組，以 OLS 方法估計 (8-27) 式，可得對應的 SSR 約爲 169.10，因沒有分組，此可視爲無小孩與有小孩之匯集，故 $SSR_p = 169.1$；同理，若分成無小孩與有小孩二組，再分別以 OLS 方法估計 (8-27a) 與 (8-27b) 二式，可得對應的 SSR_1 與 SSR_2 分別約爲 135.78 與 31.31。因此，將上述結果代入 (8-31) 式內，可得 F 檢定統計量約爲 1.005 [0.416]，此檢定統計量恰等於 (8-28) 式內欲檢定 (8-29) 式的 F 檢定統計量；換言之，我們發現其實 (8-27a) 以及 (8-27b) 二式與 (8-27) 式並無顯著的差異。因此，上述 (8-29) 式的檢定亦可以使用鄒檢定取代[7]。

例 1　結構改變

使用模組 (linearmodels) 內 wage_panel 檔案內 1980 年的數據資料，以 OLS 方法估計，可得：

$$\begin{aligned}\hat{w} = &-0.183 + 0.105educ + 0.133exper - 0.005exper^2 \\ &(0.225) \quad (0.016) \quad\quad (0.043) \quad\quad (0.005) \\ &n = 545, \bar{R}^2 = 0.079, \hat{\sigma}_0 = 0.535\end{aligned} \tag{8-32a}$$

同樣地，取 1987 年的數據資料，以 OLS 方法估計，可得：

$$\begin{aligned}\hat{w} = &1.93 + 0.095educ - 0.217exper + 0.01exper^2 \\ &(0.514) \; (0.014) \quad\quad (0.089) \quad\quad (0.004) \\ &n = 545, \bar{R}^2 = 0.118, \hat{\sigma}_0 = 0.438\end{aligned} \tag{8-32b}$$

合併 1980 與 1987 年的數據資料，以 OLS 方法估計，可得：

[7] 鄒檢定的描述亦可參考《財統》。

$$\hat{w} = = -0.121 + 0.101educ + 0.132exper - 0.005exper^2$$
$$(0.225) \quad (0.016) \qquad (0.043) \qquad (0.005)$$
$$n = 1{,}090,\ \overline{R}^2 = 0.246,\ \hat{\sigma}_0 = 0.491 \tag{8-32}$$

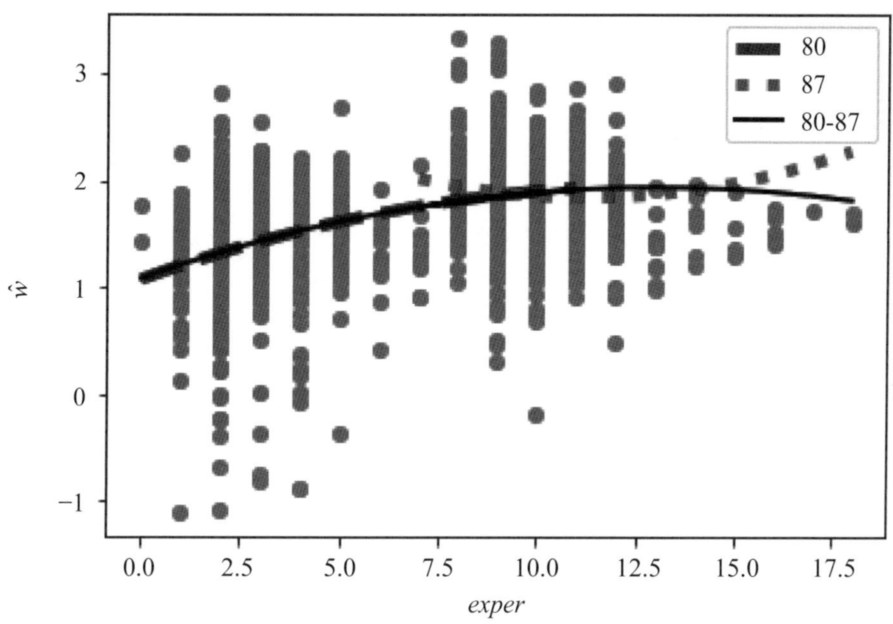

圖 8-4 *exper* **與** $\hat{w}$ **之間的散佈圖**（*educ*0 = 12）

檢視 (8-32)、(8-32a) 與 (8-32b) 三式，應可發現只有 (8-32a) 式內的 $exper^2$ 之估計參數值不顯著異於 0，其餘的估計參數值皆顯著異於 0（顯著水準爲 5%）。值得注意的是，於 (8-32b) 式內，可知：

$$\frac{\partial \hat{w}}{\partial exper} = -0.217 + 0.02exper \tag{8-33}$$

故工作經驗 $exper0 \approx 10.85(0.217 / 0.02)$（年）是一個門檻，即若 $exper < exper0$ 則 $\frac{\partial \hat{w}}{\partial exper} < 0$，而若 $exper > exper0$ 則 $\frac{\partial \hat{w}}{\partial exper} > 0$；另一方面，不像 (8-32a) 與 (8-32) 二式皆隱藏著「報酬遞減」，(8-33) 式竟然隱含著「報酬遞增」的現象，我們從圖 8-4 內亦可看出端倪，其中該圖係假定 $educ = educ0$。

雖然 (8-32a) 與 (8-32b) 二式的結果有異，我們還是希望透過統計檢定的方式判斷，此時鄒檢定就可派上用場；換言之，根據 (8-32)~(8-32b) 三式，使用鄒檢定如 (8-31) 式，可知對應的 F 檢定統計量約為 3.359 [0.01]，故於顯著水準為 5% 之下，拒絕 (8-32a) 與 (8-32b) 二式屬於同一類的結果。

例 2　使用虛擬變數與交互變數

續例 1，我們重新估計 (8-32) 式，可得：

$$\begin{aligned}\hat{w} &= \underset{(0.573)}{1.93} + \underset{(0.015)}{0.095}educ - \underset{(0.1)}{0.217}exper + \underset{(0.004)}{0.01}exper^2 - \underset{(0.609)}{2.113}D80 \\ &\quad + \underset{(0.021)}{0.01}educ \cdot D80 + \underset{(0.107)}{0.351}exper \cdot D80 - \underset{(0.006)}{0.015}exper^2 \cdot D80 \\ n &= 1{,}090,\ \bar{R}^2 = 0.253,\ \hat{\sigma}_0 = 0.489\end{aligned} \tag{8-34}$$

其中 $D80$ 是一個 0 與 1 之虛擬變數（即 $D80 = 1$ 表示 1980）。

我們發現 (8-34) 式內只有 $educ \cdot D80$ 的估計參數值不顯著異於 0，其餘估計參數值皆顯著異於 0（顯著水準為 5%）。(8-34) 式內最明顯的情況是 $D80$ 的估計參數值約為 -2.113，隱含著於其他情況不變下，從 1980 至 1987 年，自發性的（男性）工資（與其他自變數無關）竟然增加了 2.113%！

我們繼續以 F 檢定檢視下列假設：

$$\begin{cases} H_0: \alpha_1 = \alpha_2 = \alpha_3 = \alpha_4 = 0 \\ H_0: \alpha_1 = \alpha_2 = 0 \\ H_0: \alpha_1 = \alpha_2 = \alpha_3 = 0 \\ H_0: \alpha_2 = \alpha_3 = \alpha_4 = 0 \end{cases} \tag{8-35}$$

其中 (8-35) 式係仿照 (8-28) 式的設定方式。我們逐一以 F 檢定 (8-35) 式的假設，發現皆拒絕其內之假設，隱含著 (8-32a) 與 (8-32b) 二式，不僅截距不同，同時斜率也不同。換言之，合併 1980 與 1987 年的資料值得商榷。

因 wage_panel 檔案是一種 panel data，從 (8-35) 式內可看出 panel data 分析的重要性，我們將在未來的章節內介紹 panel data 分析。

習題

(1) 就 (8-28) 式而言，使用 mroz 檔案而以 OLS 方法估計，結果為何？若顯著水準為 10%，何交互變數的估計參數值顯著異於 0？為何有許多交互變數的估計參數值不顯著異於 0？

(2) 續上題，試回答下列問題：

(i) (8-28) 式的估計結果用 F 檢定，結果為何？

(ii) K 的估計參數值是否顯著異於 0？

(iii) 檢定 $H_0 : \alpha_i = 0 (i = 2, 3, 4, 5)$，結果為何？

(iv) 檢定 $H_0 : \alpha_i = 0 (i = 2, 3, 5)$，結果為何？

(3) 使用模組 (linearmodels) 內的 wage 檔案的數據資料，以 OLS 方法估計因變數為 log(*wage*) 而自變數為 *educ*、*exper* 與 *tenure*。若根據已婚與未婚分類，試使用鄒檢定檢視上述兩類是否有差異。

(4) 使用 401KSUBS(W) 檔案內的數據資料，考慮下列的迴歸式：

$$nettfa = \beta_0 + \beta_1 inc + \beta_2 inc^2 + \beta_3 age + \beta_4 age^2 + u$$

若使用 *e*401*k* 分組，則上式之不同組是否相同？試使用鄒檢定，顯著水準為 5%。

(5) 續上題，考慮下列的迴歸式：

$$nettfa = \beta_0 + \beta_1 inc + \beta_2 inc^2 + \beta_3 age + \beta_4 age^2 + \beta_5 e401k + u$$

試使用 *fsize* 分成 5 組，其中第 5 組為 $fsize \geq 5$，則上式之不同組是否相同？試使用鄒檢定，顯著水準為 5%。

(6) 使用 SLEEP75(W) 檔案內的數據資料，考慮下列的迴歸式：

$$sleep = \beta_0 + \beta_1 totwrk + \beta_2 educ + \beta_3 age + \beta_4 age^2 + \beta_5 yngkid + u$$

試回答下列問題：

(i) 使用 OLS 方法估計上式，結果為何？

(ii) 若使用性別分類，則上式之男性估計為何？女性之估計為何？

(iii) 鄒檢定之對應的 F 檢定統計量與 p 值為何？

(iv) 上述鄒檢定是否可用 F 檢定如 (5-20) 式取代？後者為何？

(v) 續上題，若只檢定交互作用項，F 檢定統計量爲何？是否顯著？性別差異表現於何處？

(vi) 續 (i) 題，迴歸式內額外再加上 *male* 變數，估計結果爲何？

(7) 再考慮模組 (statsmodels) 內的 fair 檔案，試回答下列問題：

(i) 以 OLS 方法估計因變數爲 *affairs* 而自變數分別爲 *age*、*occupation* 與 *religious* 的複線性迴歸模型，結果爲何？

(ii) 續上題，除去 *affairs* 之觀察值爲 0 的部分，重新估計，結果爲何？

(iii) 續上題，以 $rate\_marriage = 1$ 與 $rate\_marriage \neq 1$ 分成兩類，再分別以 OLS 方法估計，上述兩類的估計結果爲何？

(iv) 續上題，試以鄒檢定檢視上述兩類的估計結果是否有異？顯著水準爲 5%。

8.3 二元因變數

至今，我們已經學習到不少有關於 MLR 模型的性質與應用。尤其是於 8.2 節內，我們利用二元自變數以檢視解釋變數屬於質性資料的情況，隱含著至目前爲止，我們仍只探討因變數 y 屬於量性資料的型態，那是否有可能 y 亦屬於質性資料型態呢？換言之，是否有可能利用 MLR 模型以解釋質性資料所產生的事件呢？

事實上，我們倒是容易見到質性資料所產生的事件。例如：y 可以爲是否具有高中學歷？或是 y 表示於大學期間內是否有使用禁藥的經驗？抑或是 y 表示於一段期間內，（一家）廠商是否有被其他廠商接管過？我們可以看出於上述例子內，y 不是等於 1，就是等於 0。

8.3.1 何謂線性機率模型？

y 亦可以爲 0 與 1 的虛擬變數，我們是否可以透過迴歸模型解釋或模擬？答案是可以的。考慮一個簡單的線性迴歸模型如：

$$y = \beta_0 + \beta_1 x + \sigma_0 z \tag{8-36}$$

其中 y 爲 0 與 1 的虛擬變數如成績是否有改善，而 x 與 z 則分別表示課業輔導成績以及標準常態分配隨機變數。假定 (8-36) 式符合 NLRM 假定，若 β_0、β_1 與 σ_0 爲已知，則我們是有可能模擬出 y 的觀察值。

我們先試下列指令：

```
n = 50
np.random.seed(111)
X = np.arange(0,101);x = np.random.choice(X,n)
beta = [20,1.2];sigma0 = 10;y0 = 60
z = norm.rvs(0,1,n)
ya = beta[0]+beta[1]*x+sigma0*z
y1 =(ya > y0)*1
data = pd.DataFrame({'y':y1,'ya':ya,'x':x})
model1 = ols('ya~x',data).fit()
model2 = ols('y~x',data).fit()
yfit1 = model1.fittedvalues
yfit2 = model2.fittedvalues
```

上述指令是指我們不難得出虛構的 x 與 y_a 的觀察值，並且令 $y_1 = y_a > y_0 = 60$，故 y_a 已轉換成 y_1，其中後者爲 0 或 1 之虛擬變數觀察值（y_a 的成績大於 60 爲 1，其餘爲 0）。使用 OLS 方法估計 (8-36) 式，圖 8-5 分別繪製出對應的結果，其中 $\hat{y}_1$ 與 $\hat{y}_2$ 分別爲上述之 yfit1 與 yfit2。

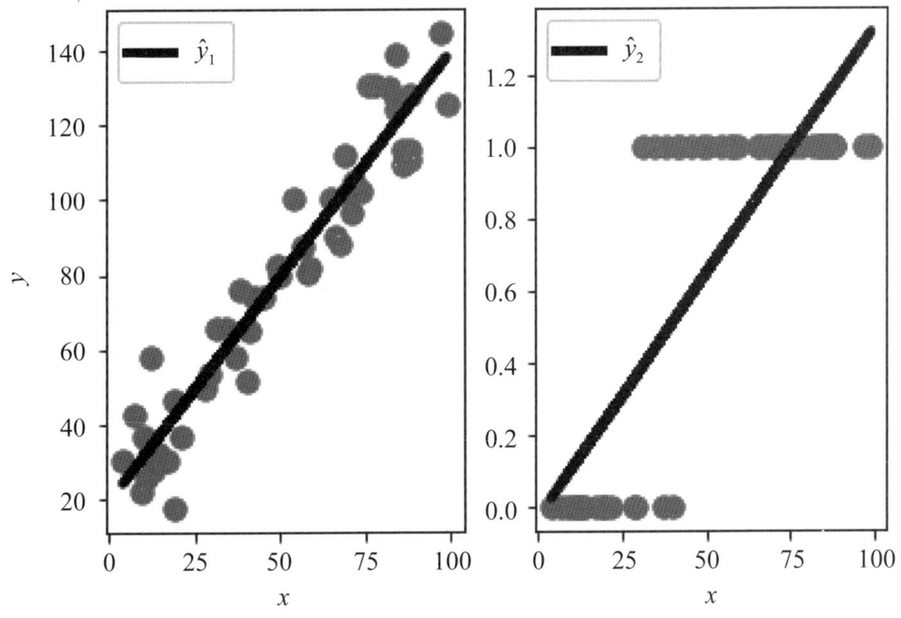

圖 8-5　x 與 y 之間的散佈圖，其中右圖的 y 之觀察值為 0 或 1

從圖 8-5 內可看出迴歸模型如 (8-36) 式可以分別處理因變數爲量化變數與質性變數的情況，而我們仍使用 OLS 方法。上述的特色可以分述如下：

(1) (8-36) 式內的 y 若爲 0 或 1 之虛擬變數，則對應的模型可稱爲線性機率模型（linear probability model, LPM）。我們發現 LPM 仍屬於迴歸模型而且我們依舊使用 OLS 方法估計。

(2) 圖 8-5 的左圖是傳統迴歸模型的估計結果，其特色是上述迴歸模型之因變數 y 屬於量化變數。至於圖 8-5 的右圖是 LPM 的估計結果，其特色是因變數 y 屬於質性變數，而我們已經知道右圖的結果，其實是從左圖轉換而來。雖然左圖的配適度並不差，其對應的 R^2 值約爲 91.7%，不過從右圖內可看出我們的確很難判斷圖內的配適度程度（其對應的 R^2 值約爲 68.1%）；因此，使用 LPM 模型，對應的 R^2 值已不再適用。

(3) 根據假定可知 (8-36) 式內的誤差項具有 $E(u \mid x) = 0$ 的特色，隱含著：

$$E(y \mid x) = \beta_0 + \beta_1 x$$

若屬於 LPM，因 y 屬於 0 或 1 之變數，故上式隱含著[8]：

$$P(y = 1 \mid x) = E(y \mid x) = \beta_0 + \beta_1 x \tag{8-37}$$

其中 $P(\cdot)$ 表示機率。(8-37) 式隱含著 $P(y = 1 \mid x)$ 爲 x 的函數，我們稱前者爲反應機率（response probability）。因機率的加總恆等於 1，故 (8-37) 式隱含著：

$$P(y = 0 \mid x) = 1 - P(y = 1 \mid x) \tag{8-38}$$

換言之，我們應該可以解釋圖 8-5 之右圖的 $\hat{y}_2$（SRF）的意義：其竟然表示於 x 的條件下，出現 $y = 1$ 的機率。此大概是爲何稱爲 LPM 的原因吧！

(4) 於 LPM 之下，因 y 的觀察值不是 0 就是 1，隱含著誤差項 u 的觀察值亦是 0 或 1；換言之，若 u 屬於 IID 隨機變數，隱含著 y 亦是 IID 隨機變數，則單一事件的 u_i 或 y_i 屬於伯努尼機率分配（Bernoulli probability distribution），而「整體」

---

[8] 假定出現 $y = 1$ 的機率爲 p，故 $E(y \mid x) = p(y = 1 \mid x) + (1 - p)(y = 0 \mid x) = p$。

之 u 或 y 則屬於二項式機率分配的隨機變數，隱含著利用圖 8-5 的右圖之 SRF（線上每一點表示機率值）亦可以利用二項式機率分配產生 y 的觀察值[9]，如圖 8-6 的圖 (a) 所示。是故，LPM 違反 NLRM 假定 8，隱含著欲使用 t 或 F 檢定，我們必須使用大樣本數。

(5) 雖說 u 的觀察值不是 0 就是 1，但是估計迴歸式的殘差值 $\hat{u}$ 卻不是，例如：圖 8-6 的圖 (c) 繪製出 model 2（因變數為 0 或 1 虛擬變數），我們可以看出 $\hat{u}$ 介於 -1 與 1 之間。

(6) u 的觀察值不是 0 就是 1，其對應的機率值則分別爲 $1-p$ 與 p。我們從圖 8-5 的右圖可看出 $p_i \neq p_j (i \neq j)$ 或是 p 是 x 的函數，隱含著 $\sigma_u^2 = p(1-p) \neq \sigma_0^2$，故 LPM 屬於變異數異質，違反 NLRM 假定 7。我們已經知道變異數異質雖不影響 OLS 估計式之不偏性或一致性，但是卻會影響 OLS 估計式的有效性（即 OLS 估計式的標準誤較大）。

(7) 若比較圖 8-5 的左圖與圖 8-6 的圖 (a)，可發現二圖 y 的觀察值個數並不一致，其中前者爲 50 而後者只有 37；換言之，使用 LPM 的缺點：得出的機率估計值（SRF 線上之一點）有可能大於 1 或小於 0，以致於有些無法再用後者模擬出 y 的觀察值。

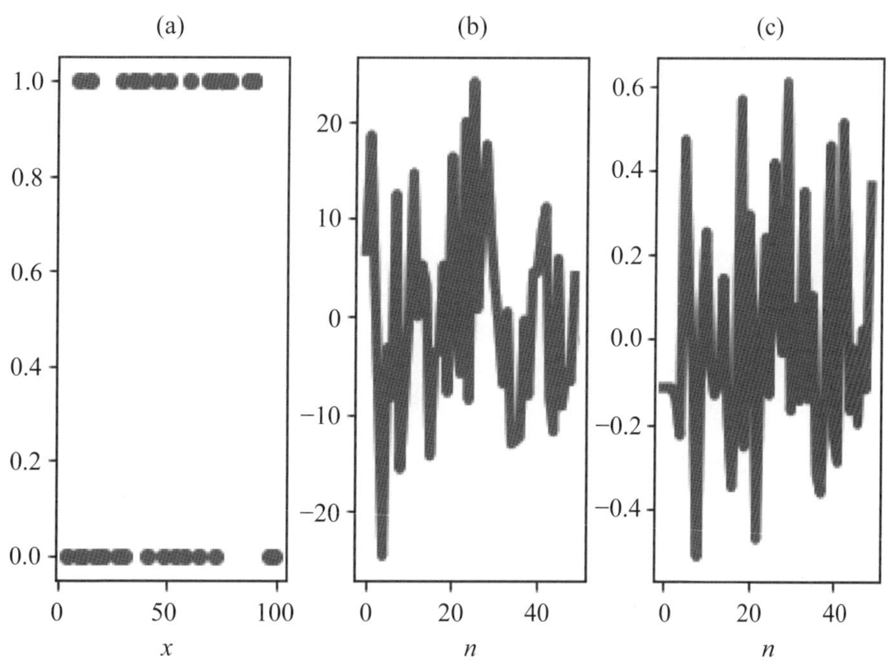

圖 8-6 圖 (a)~(c) 分別為 x 與 y（根據圖 8-5 的右圖之 SRF 所模擬的觀察值）、model 1 的殘差值與 model 2 的殘差值走勢

[9] 我們已經知道二項式機率分配相當於 n 個 IID 之伯努尼機率分配。

我們來看上述 model 1 的估計結果：

$$\hat{y} = 19.26 + 1.19x$$
$$(3.038)\ (0.052)$$
$$n = 50, \overline{R}^2 = 0.917, \hat{\sigma}_0 = 10.57 \tag{8-39}$$

與 model 2 的估計結果：

$$\hat{y} = -0.032 + 0.014x$$
$$(0.079)\quad (0.001)$$
$$n = 50, \overline{R}^2 = 0.681, \hat{\sigma}_0 = 0.273 \tag{8-40}$$

可記得 (8-39) 式內的因變數 y 屬於量化變數（成績）而 (8-40) 式內的因變數 y 則屬於質性變數；換言之，(8-39) 式就是熟悉的迴歸估計結果，例如：圖 8-6 的圖 (b) 繪製出對應的殘差值走勢，可以注意其符合 NLRM 假定 7 與 8。

至於 (8-40) 式的估計結果就應注意了，因 y 只有兩種 0 或 1 結果，故 β_1 不能再解釋成：於其他情況不變下，x 增加一單位，y 會提高 β_1 單位；另外，R^2 與 $\hat{\sigma}_0$ 值的重要性已降低。由於只有使用 $n = 50$ 樣本數，故 $\hat{\beta}_1 \approx 0.014$ 雖然顯著異於 0，不過仍應與大樣本數比較才客觀。

(8-37) 式已經提醒我們 SRF 線上一點可以表示估計的對應機率值，試下列指令：

```
b2hat = model2.params
x0 = 45
yhat0 = b2hat[0]+b2hat[1]*x0 # 0.5822294786348738
x0a = 50
yhat0a = b2hat[0]+b2hat[1]*x0a # 0.65044923421831798
(yhat0a-yhat0)/(x0a-x0)# 0.013643951116688813
```

其恰爲 $\hat{\beta}_1 \approx 0.014$，讀者應能解釋上述指令或 β_1 的意思了。

習題

(1) LPM 有何優缺點？試說明之。

(2) 試敘述如何模擬出因變數爲 0 或 1 之虛擬變數。

(3) 我們已經知道欲模擬出因變數爲 0 或 1 的虛擬變數之觀察值可以透過二項式機率分配，只是事先需要已知的機率值。透過 CDF，我們倒是可以取得機率值。試舉一例說明。

(4) 續上題，利用 CDF，我們可以模擬簡單迴歸之 LPM 的觀察值。試舉一例說明並繪製出其圖形。

(5) 根據模組 (statsmodels) 內的 spector 檔案內的數據資料，我們打算估計下列式子：

$$Grade = \beta_0 + \beta_1 Tuce + \beta_2 Psi + \beta_3 GPA + u$$

其中 *Grade*、*Tuce*、*Psi* 與 *GPA* 分別表示學生分數是否有改善、經濟學成績、是否有參加改善計畫以及 GPA 成績。試回答下列問題：

(i) 試以 OLS 方法估計，結果爲何？

(ii) 續上題，對應的 SRF 內有多少個可用的機率值？

(iii) 續上題，β_2 的意義爲何？若 *Tuce* 與 *GPA* 皆接近於對應的樣本平均數，則有參加改善計畫而成績有改善的機率爲何？沒有參加改善計畫而成績有改善的機率爲何？

(iv) 續上題，試分別繪製出 SRF 皆落於 0 與 1 以及沒有落於 0 與 1 之間的情況。

(v) 續上題，上述估計的迴歸式的缺點爲何？

8.3.2 應用

考慮下列的複迴歸線性模型：

$$y = \beta_0 + \beta_1 x_1 + \beta_2 x_2 + \cdots + \beta_k x_k + u \tag{8-41}$$

當 (8-41) 式內的 y 是一種二元變數（即 y 不是等於 1，就是等於 0），那 (8-41) 式究竟表示何意思？因 y 只有兩種結果，故 (8-41) 式的 β_j 值已經不能再解釋成：於其他情況不變下，x_j 增加一個單位，y 會變動 β_j 個單位了。

直覺而言，若 NLRM 假定 4 存在（即 $E(y \mid \mathbf{x}) = 0$，其中 $\mathbf{x}$ 表示所有的自變數），則 (8-41) 式可寫成：

$$E(y \mid \mathbf{x}) = \beta_0 + \beta_1 x_1 + \beta_2 x_2 + \cdots + \beta_k x_k \tag{8-42}$$

因 y 不是等於 1，就是等於 0，故 (8-42) 式隱含著：

$$P(y = 1 \mid \mathbf{x}) = E(y \mid \mathbf{x}) \tag{8-43}$$

即於 $\mathbf{x}$ 的條件下，$y = 1$ 的機率恰等於 y 的期望值。

是故，根據 (8-42) 與 (8-43) 二式，可知：

$$P(y = 1 \mid \mathbf{x}) = \beta_0 + \beta_1 x_1 + \beta_2 x_2 + \cdots + \beta_k x_k \tag{8-44}$$

即 $P(y = 1 \mid \mathbf{x})$ 爲 $\mathbf{x}$ 的函數，我們稱 $P(y = 1 \mid \mathbf{x})$ 爲反應機率。因機率的加總必爲 1，故：

$$P(y = 0 \mid \mathbf{x}) = 1 - P(y = 1 \mid \mathbf{x}) \tag{8-45}$$

即於 $\mathbf{x}$ 的條件下，$y = 0$ 的機率仍是 $\mathbf{x}$ 的函數。

因反應機率爲 β_j 的線性函數，故上述因變數爲二元變數的複迴歸線性模型亦可稱爲複迴歸之 LPM。因 $P(y = 1 \mid \mathbf{x})$ 是 $\mathbf{x}$ 的函數，隱含著：於其他情況不變下，根據 (8-44) 式，可得：

$$\Delta P(y = 1 \mid \mathbf{x}) = \beta_j \Delta x_j \tag{8-46}$$

是故 β_j 可解釋成：於其他情況不變下，x_j 增加一個單位，$P(y = 1)$ 會變動 β_j 個單位了；因此，β_j 值可表示機率的變動。

我們舉一個實際的例子。考慮 MROZ(W) 檔案內的數據資料[10]，以 OLS 方法估計，可得：

---

[10] 模組 (statsmodels) 內的 mroz 檔案係取自 Wooldridge（2020）。

$$\hat{i} = \underset{(0.154)}{0.586} - \underset{(0.001)}{0.0034}nwifeinc + \underset{(0.007)}{0.038}educ + \underset{(0.006)}{0.0395}exper - \underset{(0.000)}{0.0006}exper^2$$
$$- \underset{(0.002)}{0.0161}age - \underset{(0.034)}{0.2618}kidslt6 + \underset{(0.013)}{0.013}kidsge6$$
$$n = 753, \bar{R}^2 = 0.257, \hat{\sigma}_0 = 0.427 \tag{8-47}$$

其中 $i = inlf$ 而 $inlf$ 是一個二元變數，即 $inlf = 1$ 表示已婚婦女有就業（有參與勞動市場）而 $inlf = 0$ 則表示未就業；另外，*nwifeinc*、*educ*、*exper*、*age*、*kidslt6* 與 *kidsge6* 分別表示家庭所得超過工資所得、受教育年數、工作經驗年數、年齡、小於 6 歲的孩子數以及未成年小孩數（介於 6~18 歲）。我們發現上述估計，除了 *kidsge6* 的估計參數不顯著異於 0 之外，其餘估計參數皆顯著異於 0。

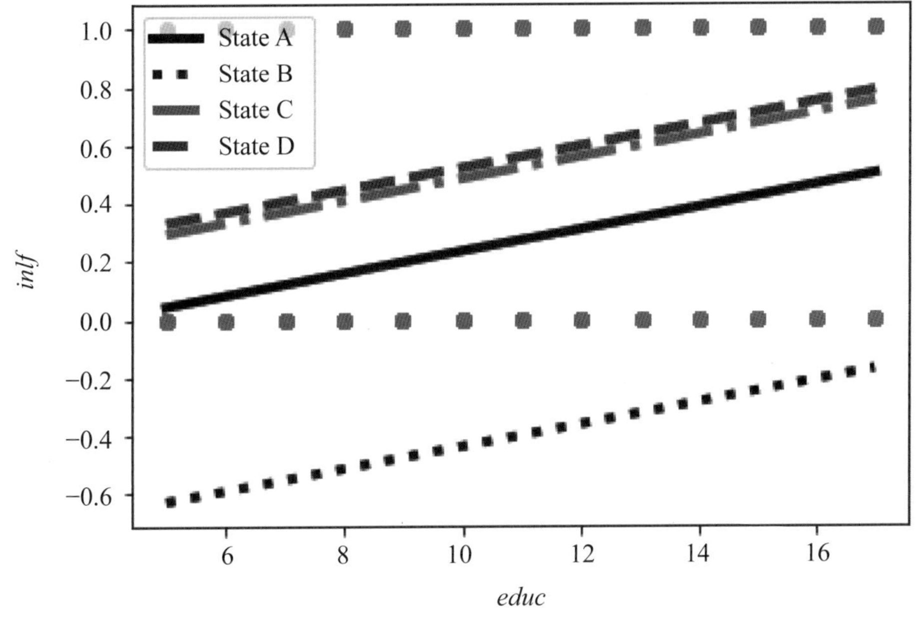

圖 8-7　*educ* 與 *inlf* 的散佈圖

面對 (8-47) 式的估計結果，我們可以檢視狀態 A 的情況：令 $nwifeinc = 50$、$exper = 5$、$age = 30$、$kidslt6 = 1$ 與 $kidsge6 = 0$，我們考慮 $educ = 10$，代入 (8-47) 式內，可得 $\hat{i}$ 約為 0.233，可記得此表示已婚婦女參加就業的機率約為 0.233；同理，於上述狀態 A 下，若 $educ = 11$，亦可得 $\hat{i}$ 約為 0.271。換言之，於上述狀態 A 下，若受教育年限提高 1 年，已婚婦女參加就業的機率約會增加 0.038，此恰為 (8-47)

式內 *educ* 的估計參數。

圖 8-8 繪製出上述狀態 A（State A）之 $\hat{i}$ 的情況（實線），我們發現於 *educ* 約小於 3.868 年，$\hat{i}$ 會出現負數值，不過就 MROZ 檔案內的 *educ* 觀察值而言，其最小值與最大值分別爲 5 與 17 年，故於狀態 A 之下，$\hat{i}$ 值約介於 0.04 與 0.5 之間。類似地，亦可以計算圖 8-8 內之狀態 B 與 C 的 $\hat{i}$ 值，我們發現前者皆爲負數值，而後者則皆爲正數值。

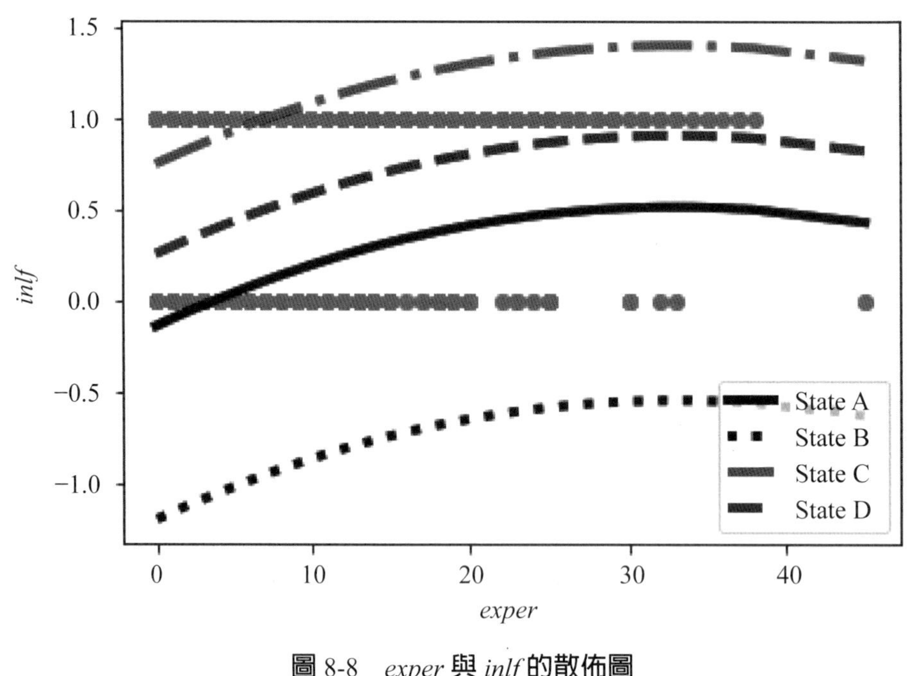

圖 8-8　*exper* 與 *inlf* 的散佈圖

LPM 的估計如 (8-47) 式具有下列的特色：

(1) $\hat{i}$ 線的型態倒未必局限於直線，例如：根據 (8-47) 式的結果，圖 8-8 繪製出 *exper* 與 *inlf* 之間的散佈圖以及 $\hat{i}$ 線，其中後者的型態是一條曲線。
(2) 如前所述，使用 LPM 會遇到令人難堪的情況，即有可能會遇到 $\hat{i}$ 值落於 0 與 1 之外，例如：參考圖 8-7 的狀態 B 或圖 8-8 的狀態 C[11]。

---

[11] 本書爲單色印刷，故圖內的狀態 A~D 型態也許難分辨，可以找出所附檔案，讀者應可重新繪製圖形。圖 8-7 或圖 8-8 的狀態 A~D 的差別，可以參考所附檔案。

(3) LPM 是一種有用的分析工具，其常應用經濟分析上。雖說存在上述機率預測值出現負數值或大於 1 的缺點，不過若觀察值集中於對應的平均數附近，LPM 仍能提供一些有用的資訊。例如：圖 8-7 或圖 8-8 內的狀態 D，其中後者的機率預測值介於 0.25 與 0.91 之間。

(4) (8-47) 式的預測值 $\hat{y}$（表示機率）若落於 0 與 1 之外，當然會產生困擾，不過 $\hat{y}$ 的確可用於預測 y 屬於 0 或 1 的結果，即若 $\hat{y}_i \geq 0.5$，則令 $\tilde{y}_i = 1$；同理，若 $\hat{y}_i < 0.5$，則令 $\tilde{y}_i = 0$。換言之，我們可將 $\hat{y}_i$ 轉換成 $\tilde{y}_i$，其中 $\tilde{y}_i$ 亦是屬於 0 或 1 之二元變數，而 $i = 1, 2, \cdots, n$。用 $\tilde{y}_i$ 預測 y 可得出「正確預測之百分比（percent correctly predicted）」，後者可以用於評估二元因變數模型之配適度。我們以 (8-47) 式的結果說明。例如：圖 8-9 分別繪製出 *educ* 與 $\hat{i}$ 以及 *exper* 與 $\hat{i}$ 之間的散佈圖（其中二圖的 $\hat{i}$ 值應相同），我們可看出有若干 $\hat{i}$ 值落於 0 與 1 之外，不管上述「界外值」（含 *inlf* 等觀察值），我們發現檔案內每一變數觀察值個數為 753，其中 $y = 1$ 與 $y = 0$ 的觀察值個數分別為 428 與 325。我們可以分別計算於 $y = 1$ 與 $y = 0$ 之下，預測正確的比重分別約為 81.78% 與 62.46%，故正確預測之百分比約為 73.44%[12]。

(5) 因 y 屬於二元變數，故 LPM 會破壞高斯－馬可夫假定，即若 y 為因變數二元變數，則於 $\mathbf{x}$ 的條件下，y 的變異數可寫成：

$$Var(y \mid \mathbf{x}) = p(\mathbf{x})[1 - p(\mathbf{x})] \tag{8-48}$$

其中 $p(\mathbf{x}) = \beta_0 + \beta_1 x_1 + \cdots + \beta_k x_k$。顯然，從 (8-48) 式內可看出 y 的條件變異數會受到 $\mathbf{x}$ 的影響，故 (8-48) 式違反 NLRM 假定 7。於習題內，我們要求讀者檢視 (8-47) 式所對應的 y 的條件變異數之估計。換句話說，無法避免地，除非機率估計值不受 $\mathbf{x}$ 的影響，否則 LPM 屬於一種變異數異質的模型，雖說不影響 OLS 估計之偏誤，不過應小心使用 t 或 F 檢定統計量，或甚至於估計參數的估計標準誤。

---

[12] $y = 0$ 與 $\tilde{y} = 0$ 同時存在的觀察值個數為 203，而 $y = 0$ 的觀察值個數為 325，故預測正確的比重為 $203/325 \approx 0.6246$；同理，$y = 1$ 與 $\tilde{y} = 1$ 同時存在的觀察值個數為 350，而 $y = 1$ 的觀察值個數為 428，故預測正確的比重為 $350 / 428 \approx 0.8178$。正確預測之百分比為上述預測正確比重的加權平均，即 $\frac{325}{753}(0.6246) + \frac{428}{753}(0.8178) \approx 0.7344$。

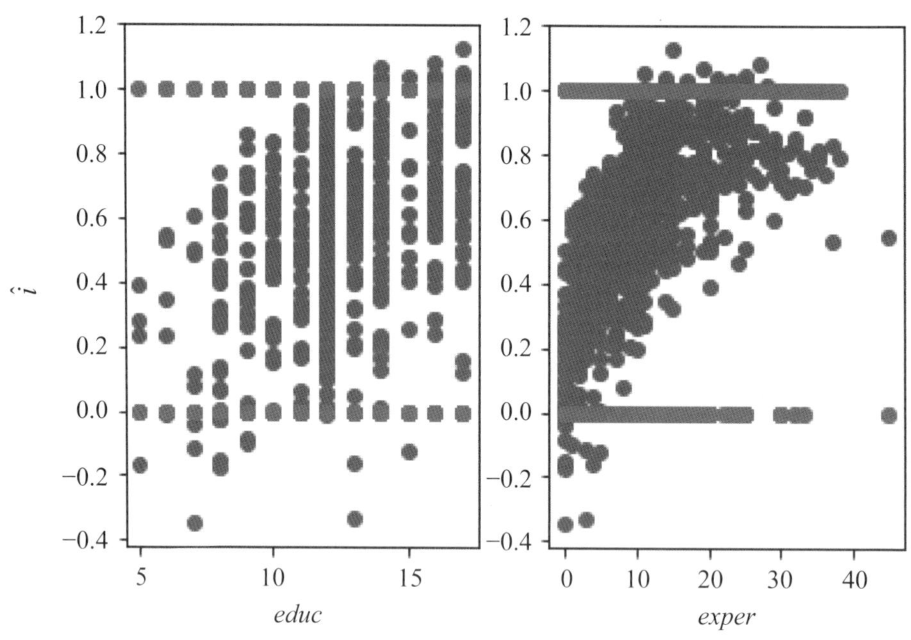

圖 8-9　*educ* 與 $\hat{i}$ 以及 *exper* 與 $\hat{i}$ 的散佈圖

例 1　一種罪犯被逮捕的 LPM

令 *arr*86 是一種二元變數，其等於 1 表示罪犯於 1986 年曾被逮捕過，等於 0 則否。考慮 CRIME1(W) 檔案內的數據資料，以 OLS 方法估計，可得：

$$\begin{aligned}\hat{a} = {} & \underset{(0.017)}{0.441} - \underset{(0.021)}{0.162}pcnv + \underset{(0.006)}{0.006}avgsen - \underset{(0.005)}{0.002}tottime - \underset{(0.005)}{0.022}ptime86 \\ & - \underset{(0.005)}{0.043}qemp86 \\ & n = 2{,}725, \bar{R}^2 = 0.046, \hat{\sigma}_0 = 0.437 \end{aligned} \tag{8-49}$$

其中 $a = arr86$。檢視 (8-49) 式的結果[13]，可發現 *avgsen* 與 *tottime* 的估計參數值皆不顯著異於 0，使用聯合的 F 檢定，其對應的檢定統計量約為 1.06 [0.347]，隱含著上述二估計參數值亦皆不顯著異於 0。

[13] 我們不難從 *narr*86 內取得 *arr*86 的觀察值，參考所附檔案。利用 *narr*86 的觀察值，我們發現約有 7.2% 的人有被逮捕超過一次以上，而 27.7% 的人至少有被逮捕過一次。

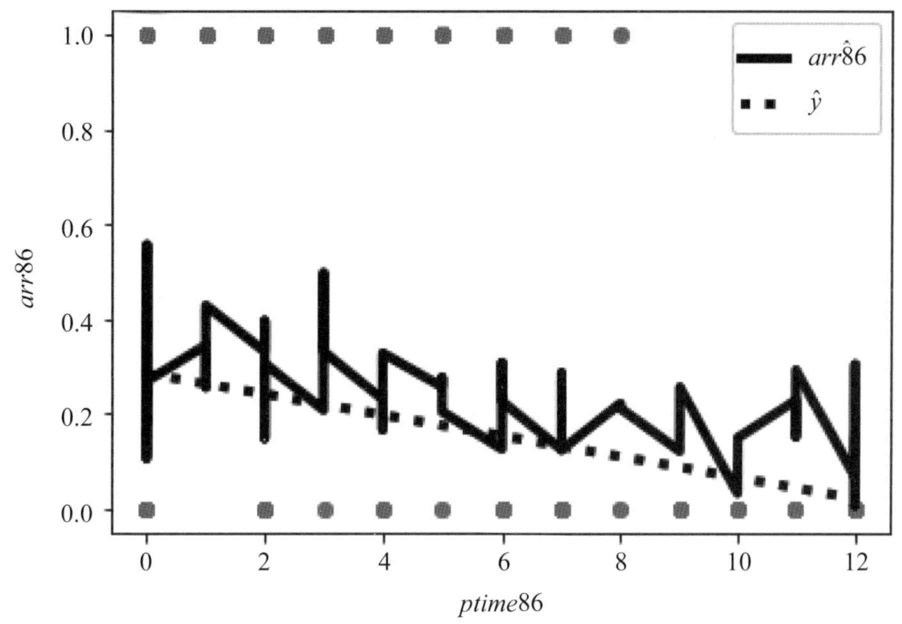

圖 8-10 *arr*86 與 *ptime*86 的散佈圖

可以注意 (8-49) 式內常數項的估計值，其隱含著若自變數皆爲 0，被逮捕的機率預測值竟約爲 0.441；另一方面，(8-44) 式的結果亦顯示出定罪的機率上升的確會降低被逮捕的機率。例如：檢視 *pcnv* 的估計參數值約爲 −0.162，隱含著於其他情況不變下，若 *pcnv* 增加 0.5，被逮捕的機率約會降低 0.081。最後，檢視 *qemp*86 的估計參數約爲 −0.043（顯著異於 0），隱含著於其他情況不變下，有 4 季皆就業的人，被逮捕的機率約會降低 17.2%。

根據 (8-49) 式的結果，我們亦可以進一步繪製出 $\hat{a}$（即 SRF），如圖 8-10 內所示，其中 $\hat{y}$ 表示除了 *ptime*86 之外，其餘自變數皆使用對應的樣本平均數而得出的 *arr*86 之預測值。我們發現 $\hat{a}$ 與 $\hat{y}$ 值大致皆維持於 0 與 1 之間，不過前者的最小值與最大值分別約爲 0.001 與 0.558，而後者則爲 0.022 與 0.286，顯然上述兩者或 (8-49) 式未必能涵蓋所有的自變數範圍。例如：*ptime*86 = 12（即 1986 年整年皆於監獄內，自然不會被逮捕），代入 (8-49) 式內，可得機率預測值約爲 0.177（0.441 − 0.022(12)）並不爲 0。

習題

(1) 使用一種稱爲逆羅吉斯函數（inverse-logit function）可將 x 轉換成 p（機率值），該函數可寫成 $f(x)=\dfrac{e^x}{1+e^x}$。若 x 屬於標準常態隨機變數，試計算 $f(x)$ 並繪製其圖形。

(2) 試計算並繪製 (8-47) 式內 *inlf* 之條件變異數估計值以及 $\hat{\sigma}_0^2$。

(3) 將圖 8-7 改爲 *nwifeinc* 與 *inlf* 的散佈圖。

(4) 考慮 401KSUBS(W) 檔案內的數據資料，試回答下列問題：

(i) 試計算符合 401(k) 資格的家庭比重。

(ii) 試以 OLS 方法估計因變數爲 *e*401*k* 的 LPM，其中自變數爲 *inc*、inc^2、*age*、age^2 與 *male*，結果爲何？

(iii) 續上題，試計算對應的 SRF 之最小值與最大值。

(iv) 續上題，試計算「正確預測之百分比」。

(5) 於 (8-49) 式內，則額外加進 *black* 與 *hispan* 兩個自變數，結果爲何？試繪製出對應的 SRF，其是否有可能出現負數值？

Chapter 9

變異數異質性

於 $x_1, \cdots, x_k$ 的條件下，NLRM 假定 7 係假定（複）迴歸式內的 u 之條件變異數固定不變（變異數具同質性）；不過，於實際上 u 具有變異數之同質性並不容易見到。例如：檢視圖 8-1 的結果，應可發現於其他情況不變下，隨著 *educ* 的提高，估計迴歸式的殘差值（用於估計對應的 u 值）的波動變大了；也就是說，檢視圖 9-1 的結果（該圖分別繪製出圖 8-1 內對應的殘差值走勢），我們發現變異數具有同質性的假定並不容易維持[①]。

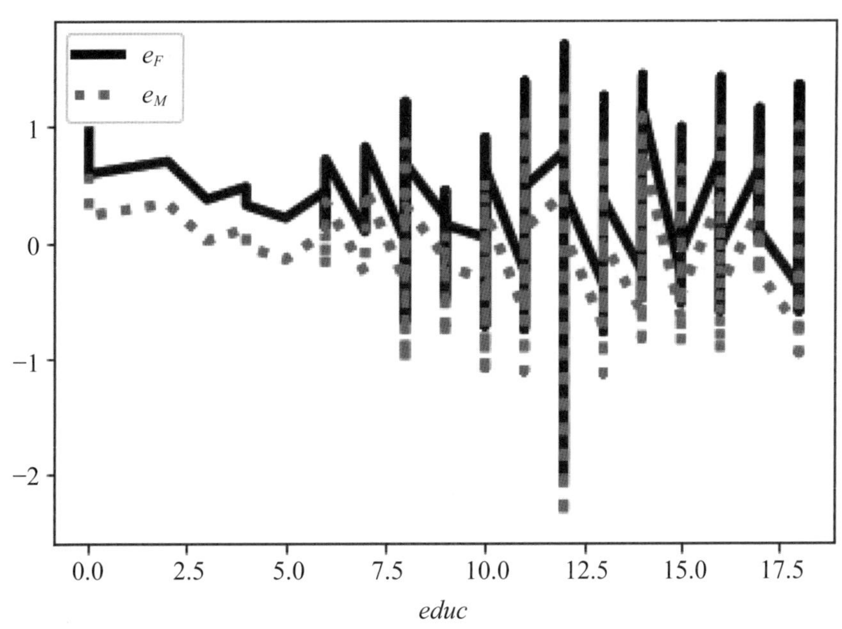

圖 9-1　圖 8-1 對應之殘差值，其中 e_F 與 e_M 分別表示女性與男性之殘差值

---

① 於其他情況不變下，隨著 *educ* 的提高，隱含著可以選擇的範圍變大了，故時薪的波動範圍擴大了；同理，隨著 *educ* 的減少，反而時薪的波動降低或維持一個固定的範圍。

於前面的章節內，我們曾指出尋常的 t 檢定、F 檢定或區間估計亦同時需要 NLRM 假定 7（甚至於大樣本數下）；是故，我們倒是需要知道當 u 之變異數爲異質時，會產生何問題？我們應如何處理？本章將會說明。

9.1 變異數為異質與穩健的標準誤

考慮下列的 MLR 模型：

$$y = \beta_0 + \beta_1 x_1 + \beta_2 x_2 + \cdots + \beta_k x_k + u \tag{9-1}$$

我們可有底下的回顧：

(1) 根據 NLRM 假定 1~5，我們已經知道 OLS 的估計式如 $\hat{\beta}_j$ $(j = 0, 1, \cdots, k)$具有不偏的性質。

(2) 第 6 章亦指出於相同的假定下，$\hat{\beta}_j$ 亦具有一致性的特性。

(3) NLRM 假定 7，即 $Var(u \mid x_1, \cdots, x_k) = \sigma_0^2$，與 OLS的估計式是否具有不偏或一致性的性質無關；換言之，違反 NLRM 假定 7 不像如忽略重要解釋變數會導致 OLS 的估計式具有偏誤或不一致等特性。

(4) R^2 或 $\overline{R}^2$ 的計算亦與 NLRM 假定 7 是否成立無關，即變異數異質並不影響 R^2 或 $\overline{R}^2$ 的估計，原因就在於後者的計算只牽涉到無條件變異數（unconditional variance）的計算，NLRM 假定 7 則與條件變異數有關②。

(5) 既然變異數異質與 OLS 的不偏性或一致性的性質無關，那爲何需要 NLRM 假定 7；或者說，高斯－馬可夫定理需要變異數同質性的假定，即若存在變異數異質，OLS 估計式將不具有 BLUE 的性質③。

---

② 例如：根據 (4-36) 式可知 $\rho^2 = 1 - \dfrac{\sigma_u^2}{\sigma_y^2}$，其中 ρ^2、σ_u^2 與 σ_y^2 分別表示母體 R^2、u 與 y 之母體變異數，而後兩者皆爲無條件變異數。我們不難證明 SSR / n 與 SST / n 分別爲 σ_u^2 與 σ_y^2 之一致性估計式，其與 $Var(u \mid x_1, \cdots, x_k)$ 是否爲固定數值無關；另外，自由度的調整亦與 NLRM 假定 7 無關。

③ 直覺而言，變異數異質，表示 u 的變異數並不是唯一的，那我們如何取得最小的 u 之變異數估計值？

從上述回顧可以看出 NLRM 假定 7 似乎不是一個重要的假定，那究竟違反上述假定會產生何種問題？當存在變異數異質，我們發現尋常的 t（或 F）檢定統計量之抽樣分配，接近於 t（或 F）分配將不復存在，從而無法進一步取得對應的 t（或 F）檢定或信賴區間。我們舉一個例子說明。考慮下列的迴歸式：

$$y = 0.5 + x + u = 0.5 + x + \sigma z \tag{9-2}$$

其中 $\sigma = \sqrt{a + bx^2}$ 而 z 則爲標準常態分配的隨機變數。若 $b \neq 0$，因可看出 u 的變異數（即 σ）與 x 有關，故 (9-2) 式是一種變異數異質的迴歸模型。

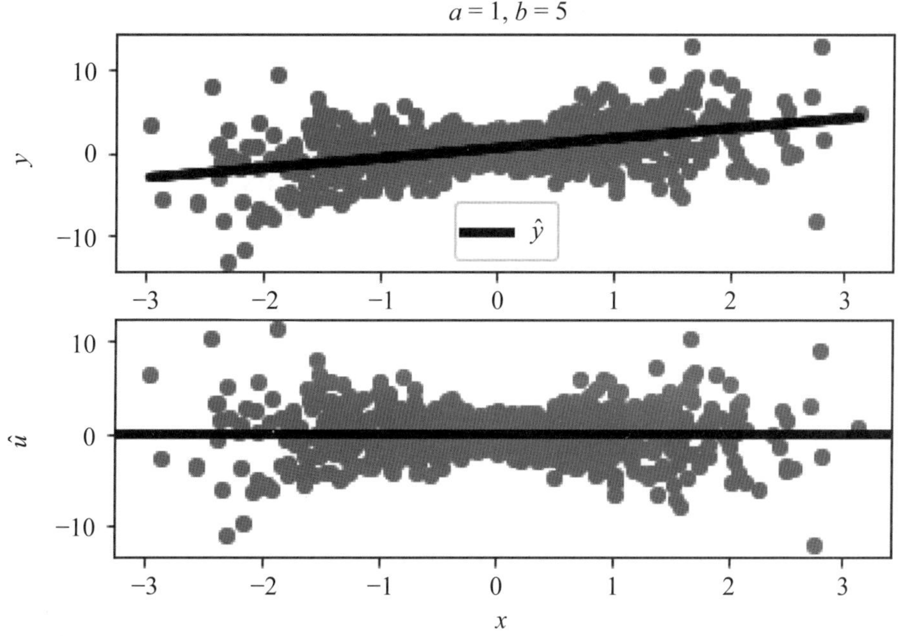

圖 9-2 $u = \sqrt{1 + 5x^2}z$**，其中** z **與** $\hat{u}$ **分別為標準常態分配的隨機變數與殘差值**

根據 (9-2) 式，我們不難於 $a = 1$ 與 $b = 5$ 之下，模擬出 x 與 y 的觀察值，而對應的散佈圖則繪製如圖 9-2 的上圖所示，其中 x 與 $\hat{y}$ 分別爲標準常態分配的隨機變數與迴歸式之 SRF。圖 9-2 的下圖繪製出以 OLS 方法估計 (9-2) 式所得之對應的殘差值 $\hat{u}$ 與 x 之間的散佈圖。我們從圖 9-2 內應可看出 NLRM 假定 7 並不容易維持，其中的關鍵是 b 值。當 $b = 5$，(9-2) 式就是一種變異數異質的模型，而從圖 9-2 的下圖結果可看出變異數異質模型的特色（$\hat{u}$ 的波動不一）。

我們繼續檢視 b 值所扮演的角色，可以參考圖 9-3。於 (9-2) 式與 $a = 1$ 之下，圖 9-3 繪製出 y 與 $\hat{u}$ 之間的兩種散佈圖，其中左與右圖分別可對應至 $b = 5$ 與 $b = 0$，即後者屬於變異數同質而前者則屬於變異數異質模型。圖 9-3 的結果可顯示出變異數異質與變異數同質的差異，可以注意圖 9-3 內縱軸的表示方式，我們發現若屬於變異數異質模型，y 與 $\hat{u}$ 之間的差距變大。

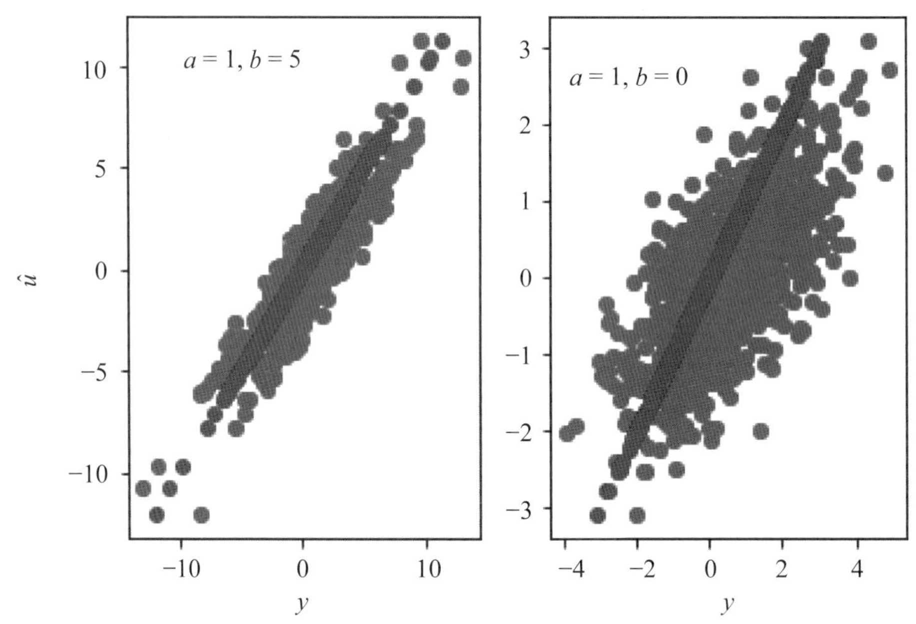

圖 9-3　y 與 $\hat{u}$ 的觀察值，其中 $\hat{u}$ 為殘差值

大概知道如何檢視變異數異質的特徵後，我們再檢視圖 9-4 內的圖 (a) 情況，該圖係根據 (9-2) 式而假定 $u = 5z$，其中 z 爲標準常態分配的隨機變數；換言之，圖 (a) 係根據 (9-2) 式模擬一種變異數同質模型，而我們的興趣在於繪製出 β_1 之 OLS 估計式所對應的 t 檢定統計量的抽樣分配。我們可以看出該抽樣分配接近於自由度爲 $n-2$ 的 t 分配之 PDF。同理，圖 (b) 係根據 (9-2) 式先模擬一種變異數異質模型（即 $u = \sqrt{1+5x^2}z$）後，然後再分別繪製出 β_1 之 OLS 估計式所對應的 t 檢定統計量的抽樣分配，我們發現上述 t 檢定統計量的抽樣分配並不屬於 t 分配，隱含著於變異數異質模型下，我們並無法進行 t 檢定，或甚至於大樣本數下（圖 9-4 的樣本數爲 $n = 1{,}000$）並無法得出對應的信賴區間估計。同理，於變異數異質模型下，我們亦找不到熟悉的 F 分配（見例 1），從而第 5 章內的 F 檢定或第 8 章的鄒檢定等的應用性會降低。

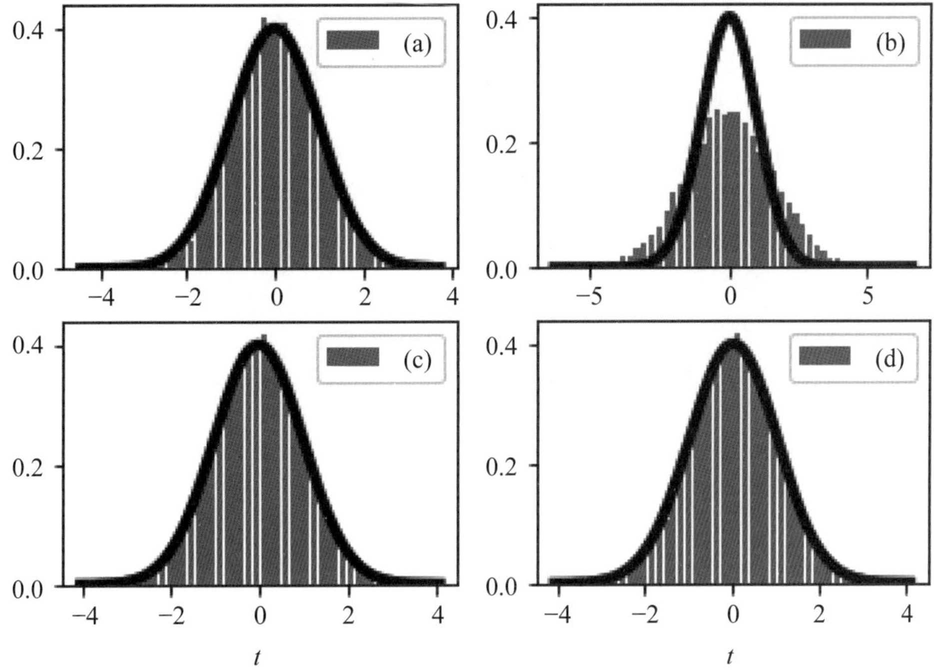

圖 9-4　圖 (a)~(d) 分別表示 $u = 5z$、$u = \sqrt{1+5x^2}z$、於 $u = \sqrt{1+5x^2}z$ 下使用 HC0 以及於 $u = \sqrt{1+5x^2}z$ 下使用 HC1 的 t 檢定統計量之抽樣分配，其中黑色曲線為對應的 t 分配之 PDF 與 $n = 1{,}000$

我們重新檢視圖 9-4 內之圖 (a)~(b) 的情況。根據 (3-15) 式，可知 OLS 的估計式可寫成：

$$\hat{\beta}_1 = \beta_1 + \frac{\sum_{i=1}^{n}(x_i - \overline{x})u_i}{\sum_{i=1}^{n}(x_i - \overline{x})^2} \tag{9-3}$$

於 NLRM 假定 1~5 之下，可得 $\hat{\beta}_1$ 的變異數爲：

$$Var(\hat{\beta}_1) = \beta_1 + \frac{\sum_{i=1}^{n}(x_i - \overline{x})Var(u)}{\sum_{i=1}^{n}(x_i - \overline{x})^2} \tag{9-4}$$

我們發現若符合 NLRM 假定 7，即 $Var(u)=\sigma_0^2>0$ 爲一個固定數値，則 $Var(\hat{\beta}_1)$ 亦是一個固定數値（若 x_i 値爲已知），自然容易計算對應的 t 檢定統計量，如圖 9-4 之圖 (a) 所示。

倘若 NLRM 假定 7 不成立，即 $Var(u)=\sigma_i^2>0$，例如：$u=\sqrt{1+5x^2}z$，顯然 $Var(u)=\sigma_i^2$ 是 x 的函數，即 σ_i 並非是一個固定數値，那如何估計 (9-4) 式呢？White（1980）曾提供一個於變異數異質（甚至於變異數同質）的條件下，估計 $Var(\hat{\beta}_1)$ 的方式，即：

$$Var(\hat{\beta}_1)_{HC0}=\frac{\sum_{i=1}^{n}(x_i-\bar{x})\hat{u}_i^2}{\sum_{i=1}^{n}(x_i-\bar{x})^2} \tag{9-5}$$

(9-5) 式的估計亦可以延伸至複線性迴歸模型的估計。例如：考慮一個複線性迴歸模型如 (9-1) 式，於符合 NLRM 假定 1~5 之下，$Var(\hat{\beta}_j)$ 之估計式可寫成：

$$Var(\hat{\beta}_j)_{HC0}=\frac{\sum_{i=1}^{n}\hat{r}_{ij}^2\hat{u}_i^2}{SSR_j^2} \tag{9-6}$$

其中 $\hat{r}_{ij}$ 與 SSR_j 分別表示其他自變數對 x_j 之迴歸式的殘差値與 SSR。

通常，(9-5) 或 (9-6) 式的「開根號」，我們稱爲變異數異質穩健標準誤（heteroskedasity-robust standard error）或簡稱爲穩健標準誤（robust standard error）。於 Python 之模組 (statsmodels) 內，穩健標準誤的計算倒是容易操作。例如：

```
model2 = ols('y~x',data1).fit(cov_type="HC0")
model3 = ols('y~x',data1).fit(cov_type="HC1")
```

即於本章我們使用兩種穩健標準誤的計算：HC0 與 HC1。文獻上倒是存在不同形式的穩健標準誤計算[④]。於圖 9-4 內的圖 (c) 與 (d) 內，我們於變異數異質的情況下，

④ HC0 亦可稱爲變異數異質一致之共變異數矩陣估計式（heteroskedasity-consistent

分別使用 HC0 與 HC1 取代原先的標準誤計算，可發現「變異數異質穩健 t 檢定統計量（heteroskedasity-robust t test statistic）」接近於 t 分配，其中變異數異質穩健 t 檢定統計量就是於 (3-27) 式內以 (9-6) 式取代原先的標準誤。

從圖 9-4 的結果內，可發現若存在變異數異質，使用穩健標準誤如 (9-6) 式取代原先的標準誤，倒是能校正變異數異質存在的缺點，不過穩健標準誤或穩健 t 檢定統計量較適合用於大樣本數的情況；換言之，於小樣本數下，穩健 t 檢定統計量未必接近於對應的 t 分配。因使用 HC0 與 HC1 的差距不大，故底下我們皆以使用 HC0 如 (9-6) 式爲準。

重新檢視 (9-6) 式，可發現其與 (4-47) 式有些類似，即 $SSR_j = SST_j(1 - R_j^2)$，隱含著若 x_j 的變動較小或 x_j 與其他自變數之間存在高度相關，即使是穩健的標準誤，仍有可能變大。

表 9-1　因變數為 log(*wage*)，WAGE1 檔案

	$\hat{\beta}_j$	$se(\hat{\beta}_j)$	$se(\hat{\beta}_j)_{HC0}$	$se(\hat{\beta}_j)_{HC1}$
Const.	0.321	0.1000	0.1085	0.1095
marrmale	0.213	0.0554	0.0567	0.0571
marrfem	-0.198	0.0578	0.0583	0.0588
singfem	-0.110	0.0557	0.0566	0.0571
educ	0.079	0.0067	0.0074	0.0074
exper	0.027	0.0052	0.0051	0.0051
$exper^2$	-0.001	0.0001	0.0001	0.0001
tenure	0.029	0.0068	0.0069	0.0069
$tenure^2$	-0.001	0.0002	0.0002	0.0002

我們亦舉一個例子說明。考慮 WAGE1(W) 檔案內的數據資料，以 OLS 方法估計，其估計結果列於表 9-1 內的第 2~3 欄，即第 3 欄列出傳統的估計參數標準誤。現在重新估計，只不過分別使用穩健的標準誤如 HC0 與 HC1 取代，其估計結果則分別列於表 9-1 內的第 4~5 欄。表 9-1 內的結果的特色，可以分述如下：

covariance matrix estimator, HC），而 HC1 是於 HC 內再額外考慮自由度。不同形式的穩健標準誤，可以參考 MacKinnon 與 White（1985）。

(1) 如前所述，穩健標準誤的使用與 OLS 之參數估計無關，故 $\hat{\beta}_j$ 值不變。

(2) 通常使用穩健的標準誤如 $se(\hat{\beta}_j)_{HC0}$ 或 $se(\hat{\beta}_j)_{HC1}$，其計算結果大多大於傳統的標準誤 $se(\hat{\beta}_j)$；不過，若上述兩者差距不大，估計參數之顯著性並不受影響。例如：於顯著水準爲 5% 之下，表 9-1 內的結果絕大部分皆顯著異於 0，即尋常的 t 檢定係「統計顯著的」，使用變異數異質穩健 t 檢定統計量亦呈現出統計顯著。

(3) 比較表內 $se(\hat{\beta}_j)_{HC0}$ 與 $se(\hat{\beta}_j)_{HC1}$ 值，兩者的確差距不大，本章將只使用前者。

(4) 於變異數同質與大樣本數下，亦可以使用 (9-6) 式，故以穩健標準誤取代傳統標準誤，其實也沒有錯。

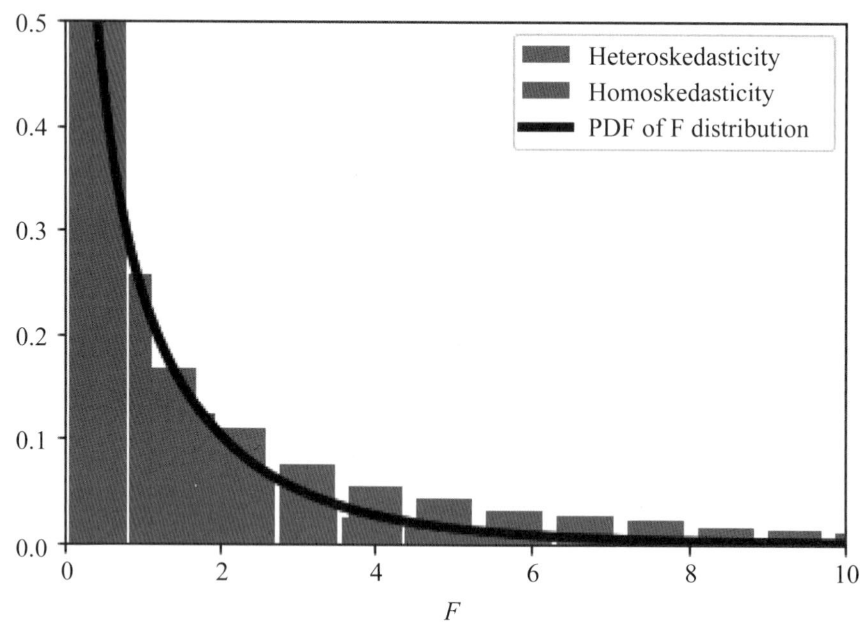

圖 9-5　於變異數同質與變異數異質下，F 檢定統計量之抽樣分配

例 1　變異數異質下之 F 檢定

就 (9-2) 式而言，我們亦可以使用 F 檢定檢視 $H_0: \beta_1 = 0$ 的情況。我們分別考慮 $a = 25$ 與 $b = 0$ 以及 $a = 1$ 與 $b = 5$ 兩種情況，其中前者屬於變異數同質而後者則屬於變異數異質模型。於 $n = 1{,}000$ 與上述虛無假設之下，圖 9-5 分別繪製出變異數同質與變異數異質模型下之 F 檢定統計量之抽樣分配，我們發現前者接近於對應的 F 分配，而後者則無。換句話說，於變異數異質模型下，使用傳統的 F 檢定，可能會失眞。

理論上，於未知的變異數異質形態之下，應有辦法取得穩健的 F 或 LM 檢定統計量，即所謂的「變異數異質 F 檢定統計量（heteroskedasticity-robust F test statistic）」，不過因上述檢定統計量的取得，需要使用更爲深入的矩陣代數操作技巧，本書並未介紹，有興趣的讀者可以參考 Wooldridge（2010）等書。

例 2　變異數異質穩健之 LM 檢定

6.3 節曾經介紹 LM 檢定，其對應的統計量可視爲於變異數同質下的 LM 檢定統計量；換言之，於變異數異質下，亦有穩健之 LM 檢定統計量的計算，我們舉一個例子說明上述檢定統計量計算之步驟，詳細的說明則可參考 Wooldridge（2010）等書。

考慮 (9-1) 式內 $k = 5$ 的情況。假定 $H_0: \beta_4 = \beta_5 = 0$，則穩健之 LM 檢定統計量計算之步驟可爲：

(1) 以 OLS 方法估計 $y \sim x_1, x_2, x_3$ 之迴歸式（受限制的迴歸式），並且取得對應的殘差值 $\hat{u}$。
(2) 以 OLS 方法估計 $x_4 \sim x_1, x_2, x_3$ 之迴歸式，並且取得對應的殘差值 $\hat{r}_1$。
(3) 以 OLS 方法估計 $x_5 \sim x_1, x_2, x_3$ 之迴歸式，並且取得對應的殘差值 $\hat{r}_2$。
(4) 以 OLS 方法估計 $\mathbf{1} \sim \hat{u}\hat{r}_1, \hat{u}\hat{r}_2$（不含常數項）之迴歸式，並且取得對應的 SSR（令其爲 SSR_1），其中因變數 **1** 內之觀察值皆爲 1。
(5) 令 $\chi_r^2 = n - SSR_1$。於 H_0 之下，χ_r^2 會漸近於 χ_q^2，其中 q 爲 H_0 內參數之個數。

上述 χ_r^2 就是穩健的 LM 檢定統計量。上述穩健之 LM 檢定統計量之計算步驟自然可因 k 與 q 之不同而延伸。讀者自然可以用模擬的方式說明或證明上述計算步驟（習題）。

例 3　穩健之 LM 檢定（續）

考慮 CRIME1(W) 檔案內的數據資料，以 OLS 方法估計，可得：

$$\hat{n} = 0.567 - 0.136pcnv + 0.0178avgsen - 0.0005avgsen^2 - 0.0394ptime86$$

(0.0361)	(0.0404)	(0.0097)	(0.0003)	(0.0087)
((0.0402))	((0.0336))	((0.0101))	((0.0002))	((0.0062))

$$-0.0505qemp86 - 0.0015inc86 + 0.3246black + 0.1934hispan$$
$$(0.0144) \quad (0.0003) \quad (0.0454) \quad (0.0397)$$
$$((0.0142)) \quad ((0.0002)) \quad ((0.0584)) \quad ((0.0402))$$
$$n = 2{,}725,\ \overline{R}^2 = 0.07,\ \hat{\sigma}_0 = 0.8284 \tag{9-7}$$

其中 $n = narr86$ 以及雙小括號內之值表示穩健的標準誤。

於 (9-7) 式內，我們可以看出傳統的標準誤與穩健的標準誤之間存在一些差異。例如：檢視 $avgsen^2$ 的估計參數，若使用傳統的標準誤，其對應的 t 檢定統計量約為 −1.738；但是，若使用穩健的標準誤，其對應的穩健 t 檢定統計量則約為 −2.49，即後者的顯著性大為增加。

雖說如此，若使用 LM 檢定檢視 $H_0: \beta_{avgsen} = \beta_{avgsen^2} = 0$，可得對應的 χ^2 檢定統計量約為 3.46 [0.18]；不過，若是使用穩健的 LM 檢定，於相同的 H_0 之下，可得對應的 χ^2 檢定統計量約為 4.00 [0.14]，故兩種檢定皆顯示於其他情況不變下，*avgsen* 對 *narr*86 無顯著的影響。

習題

(1) 何謂變異數異質？若存在變異數異質，會有何結果？試說明之。

(2) 何謂穩健的標準誤？試解釋之。

(3) 試說明穩健的 LM 檢定？試使用一個小型的蒙地卡羅方法說明。

(4) 考慮下列的迴歸式：

$$sleep = \beta_0 + \beta_1 totwrk + \beta_2 educ + \beta_3 age + \beta_4 age^2 + \beta_5 yngkid + \beta_6 male + u$$

試回答下列問題：

(i) 考慮 SLEEP75(W) 檔案內的數據資料，以 OLS 方法估計上式，就 *male* 的估計參數而言，對應的 t 檢定統計量與穩健 t 檢定統計量分別為何？是否顯著？

(ii) 續上題，若以對應的殘差值平方當作 σ_0^2 的估計值，是否存在變異數異質？試說明之。

(iii) 續上題，上述 σ^2 的估計值是否與性別有關？試分別繪製男與女估計值走勢。

(iv) 續上題，上述 σ^2 的估計值是否與性別有顯著的差異？

(5) 使用 HPRICE1(W) 檔案內的數據資料，考慮下列的迴歸式：

$$price = \beta_0 + \beta_1 lotsize + \beta_2 sqrft + \beta_3 bdrms + u$$

試回答下列問題：

(i) 以 OLS 方法估計上式，試分別列出估計參數之傳統標準誤與穩健標準誤，有何特色？

(ii) 上式因變數若改為對數型態，則估計參數之標準誤有何改變？

(6) 於大樣本數下，穩健 t 檢定統計量之抽樣分配會漸近於對應的 t 分配。試舉一個例子說明小樣本數的情況。

(7) 我們說即使存在變異數同質，我們亦可以使用穩健的標準誤。試舉一個例子說明大與小樣本數的情況。

9.2 變異數異質之檢定

雖然，不管是否有存在變異數異質或同質性，我們皆可以使用穩健的標準誤（或穩健的 t 檢定統計量）以取代傳統的標準誤（或傳統的 t 檢定統計量）；不過，我們還是根據直覺的方式操作，即：

(1) 使用統計方法以偵測是否存在變異數異質性。

(2) 若不存在變異數異質性，我們仍使用傳統的標準誤（或傳統的 t 檢定統計量），而若存在變異數異質性，則使用穩健的標準誤（或穩健的 t 檢定統計量），只不過後者須使用大樣本數。

(3) 若存在變異數異質性，OLS 方法未必有效，我們可以尋找其他方法。

因此，我們需要偵測是否存在變異數異質性的統計檢定方法，本節將分成兩部分介紹。

9.2.1 Breusch-Pagan 檢定

考慮 (9-1) 式，於 NLRM 假定 1~5 之下，我們已經知道 OLS 之估計式具有不偏或一致性的性質。假定欲檢定 NLRM 假定 7，即：

$$H_0 : Var(u \mid x_1, \cdots, x_k) = \sigma_0^2 \tag{9-8}$$

因符合 NLRM 假定 4，即 $E(u \mid x_1, \cdots, x_k) = 0$，故 (9-8) 式可再改爲：

$$H_0 : E(u^2 \mid x_1, \cdots, x_k) = E(u^2) = \sigma_0^2 \tag{9-9}$$

是故，根據 (9-9) 式，若拒絕 H_0，豈不是隱含著變異數是 x_j 的函數？或是 u^2 的預期值是 x_j 的函數？

利用 (9-1) 式內的 u，考慮下列的線性方程式：

$$u^2 = \delta_0 + \delta_1 x_1 + \delta_2 x_2 + \cdots + \delta_k x_k + \varepsilon \tag{9-10}$$

是故，(9-9) 式之變異數同質，相當於根據 (9-10) 式之對應的 H_0 爲：

$$H_0 : \delta_1 = \delta_2 = \cdots = \delta_k = 0 \tag{9-11}$$

換言之，若 (9-10) 式符合 NLRM 假定；當然，ε 未必局限於屬於常態分配，於大樣本數下，仍可以使用 F 或 LM 檢定檢視 (9-11) 式。

通常，我們以 (9-1) 式的 OLS 殘差值 $\hat{u}$ 當作 (9-10) 式內 u 之估計值，即 (9-10) 式可再改寫成：

$$\hat{u}^2 = \delta_0 + \delta_1 x_1 + \delta_2 x_2 + \cdots + \delta_k x_k + v \tag{9-12}$$

而根據 (5-28) 式，以 OLS 方法估計 (9-12) 式，可得對應的 F 與 LM 檢定統計量分別爲：

$$F = \frac{R_{\hat{u}^2}^2 / k}{(1 - R_{\hat{u}^2}^2) / (n - k - 1)} \tag{9-13}$$

與

$$LM = n \cdot R_{\hat{u}^2}^2 \tag{9-14}$$

其中 $R^2_{\hat{u}^2}$ 爲 (9-12) 式的 R^2。於 (9-11) 式之下，可得 $F \sim F_{k,\,n-k-1}$ 與 $LM \sim \chi^2_k$。(9-14) 式可稱爲變異數異質之 Breusch-Pagan 檢定（BP test）。

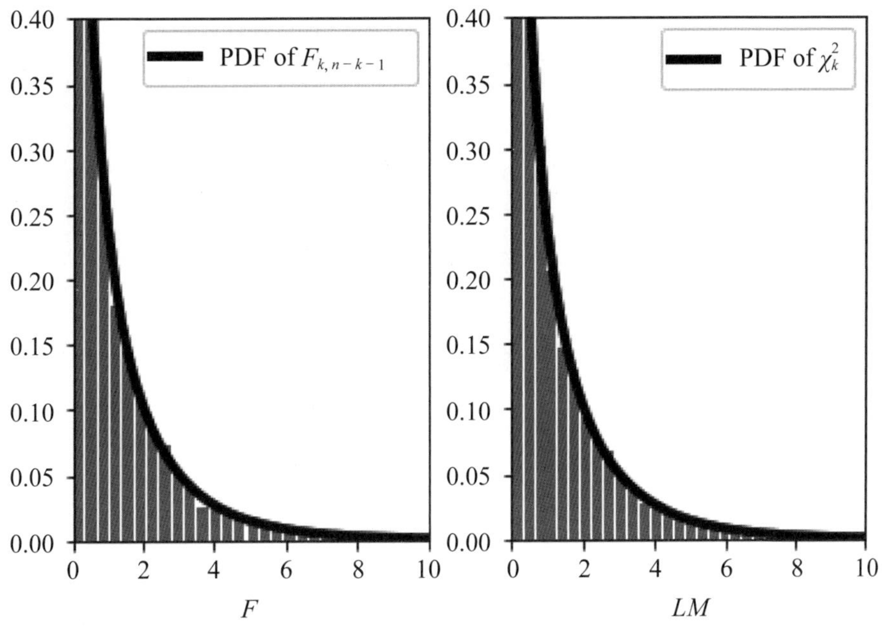

圖 9-6　BP **檢定之模擬，其中** $n = 200$

我們倒是可以利用一個小型的蒙地卡羅模型以說明 (9-13) 與 (9-14) 二式。考慮 (9-2) 式，不過將 u 改爲 $u = 5\sqrt{12}U$，其餘不變，其中 U 爲均等分配（介於 0 與 1 之間）的隨機變數。於 $n = 200$ 之下，圖 9-6 分別繪製出 F 與 LM 檢定統計量之抽樣分配，我們可以看出於變異數同質之虛無假設下，上述抽樣分配接近於對應的機率分配。

我們舉一個實際的例子說明 BP 檢定的應用。考慮 HPRICE1(W) 檔案內的數據資料，以 OLS 方法估計，可得：

$$\begin{aligned}\hat{p} &= -21.77 + 0.0021 lotsize + 0.1228 sqrft + 13.8525 bdrms \\ &\quad\ (29.475)\quad (0.001)\qquad\quad (0.013)\qquad\quad (9.010) \\ n &= 88,\ \overline{R}^2 = 0.661,\ \hat{\sigma}_0 = 59.83 \end{aligned} \tag{9-15}$$

其中 $p = price$。圖 9-7 繪製出 (9-15) 式之殘差值平方 $\hat{u}^2$ 走勢，因 $\hat{u}^2$ 的「參差不齊」，不禁讓人懷疑 (9-15) 式所對應之母體模型的誤差項是否存在變異數異質？我們使用 BP 檢定檢視。

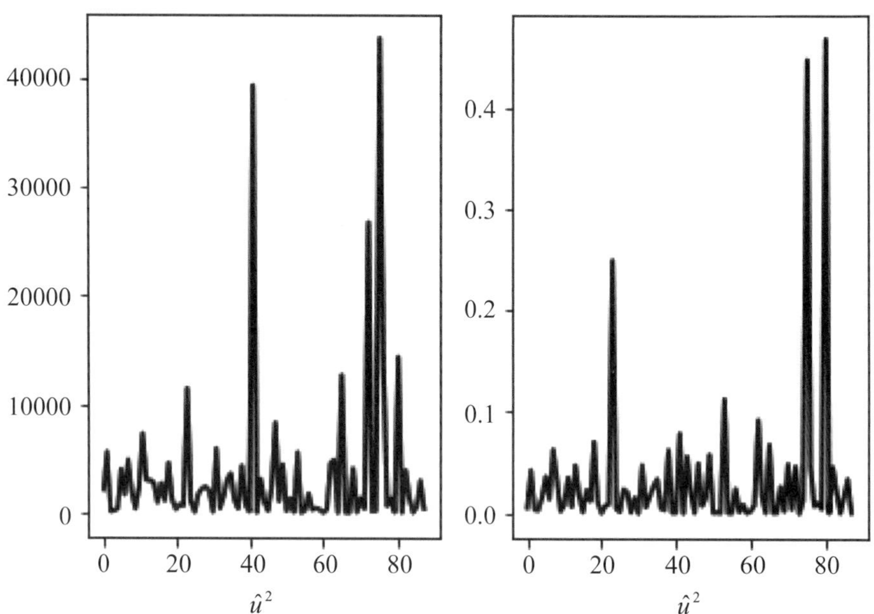

圖 9-7　$\hat{u}^2$ 的走勢，其中左圖可對應至 (9-15) 式而右圖則對應至 (9-16) 式

首先，以 OLS 方法估計 $\hat{u}^2 \sim lotsize, sqrft, bdrms$，可得 $R^2 \approx 0.1601$，於 $n = 88$ 與 $k = 3$ 之下，代入 (9-13) 式內，可得 F 值約為 5.34 [0.002]；另一方面，根據 (9-14) 式，可得 LM 值約為 14.09 [0.003]。換句話說，根據 BP 檢定，可有拒絕虛無假設為變異數同質的結果。

我們再繼續以 OLS 方法估計，可得：

$$\begin{aligned}\hat{P}_1 &= -1.297 + 0.168\log(lotsize) + 0.7\log(sqrft) + 0.037bdrms \\ &\quad\ (0.651)\quad (0.038) \qquad\qquad (0.093) \qquad\qquad (0.028) \\ n &= 88, \overline{R}^2 = 0.63, \hat{\sigma}_0 = 0.1846\end{aligned} \tag{9-16}$$

其中 $p_1 = \log(price)$。圖 9-7 內的右圖繪製出 (9-16) 式所對應的 $\hat{u}$ 走勢，我們可以看出 $\hat{u}$ 的波動已大為降低；其次，根據 (9-16) 式，我們進一步計算 BP 檢定結果，可得 F 與 LM 值分別約為 1.41 [0.25] 與 4.22 [0.29]，顯示出反而不拒絕虛無假設為變異數同質的結果。

比較 (9-15) 與 (9-16) 二式，我們發現使用對數型態可以降低變異數異質程度，我們已經從上述 BP 檢定看出端倪；另一方面，亦可比較圖 9-8 的結果，可發現

log(*sqrft*) 與 log(*price*) 之間的散佈圖（右圖）的波動幅度縮小了。

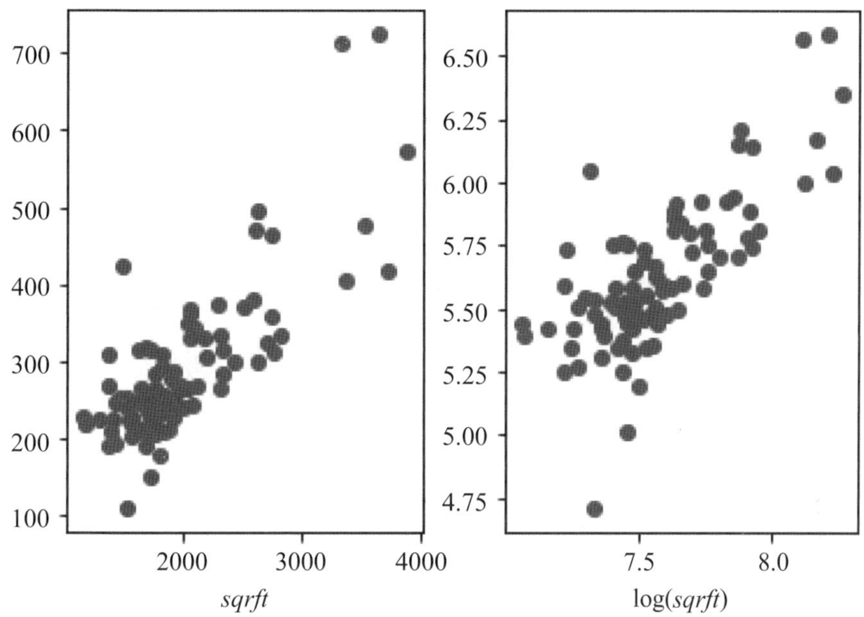

圖 9-8 *sqrft* **與** *price* **（左圖）以及** log(*sqrft*) **與** log(*price*) **（右圖）之間的散佈圖**

例 1 het_breuschpagan(.) **指令**

於模組 (statsmodels) 內亦有提供 BP 檢定，以 (9-6) 式為例，試下列指令：

```
import statsmodels.stats.api as sms
from statsmodels.compat import lzip
# ModelHa.summary()
names = ['LM statistic', 'p-value','F-Stat', 'F p-value']
test_result = sms.het_breuschpagan(ModelHa.resid, ModelHa.model.exog)
lzip(names, test_result)
```

其中 ModelHa 為 (9-6) 式的估計結果，讀者可以檢視上述指令結果。

9.2.2 White 檢定

如前所述，於 $x_1, \cdots, x_k$ 的條件下，NLRM 假定 5 係假定（複）迴歸式內的 u 之變異數固定不變（變異數具同質性），即 $Var(u \mid x_1, \cdots, x_k) = \sigma_0^2$，而 (9-10) 式只是將 $Var(u \mid x_1, \cdots, x_k)$ 以線性化的型態呈現而言，White（1980）認爲自然可將 (9-10) 式擴充至包括交互作用與平方等項。以 $k = 3$ 爲例，(9-10) 式擴充可改寫成：

$$\begin{aligned} u^2 = \delta_0 + \delta_1 x_1 + \delta_2 x_2 + \delta_3 x_3 + \delta_4 x_1^2 + \delta_5 x_2^2 + \delta_6 x_3^2 \\ + \delta_7 x_1 x_2 + \delta_8 x_1 x_3 + \delta_9 x_2 x_3 + \varepsilon \end{aligned} \tag{9-17}$$

故對應的虛無假設爲 $H_0 : \delta_1 = \cdots = \delta_9 = 0$；因此，若與 BP 檢定比較，White 檢定多了 6 個自變數如 (9-17) 式所示。

同理，若 $k = 6$，則 White 之迴歸式將牽涉到 27 個自變數的估計，的確會造成自由度的侵蝕；是故，使用一個取巧的方式，即先使用 OLS 方法估計，可得：

$$\hat{y} = \hat{\beta}_0 + \hat{\beta}_1 x_1 + \hat{\beta}_1 x_2^2 + \cdots + \hat{\beta}_1 x_k^2$$

則 $\hat{y}^2$ 豈不是包括交互作用項與平方項嗎？換言之，爲了保留自由度，White 檢定的輔助迴歸估計式可寫成：

$$\hat{u}^2 = \delta_0 + \delta_1 \hat{y} + \delta_2^2 \hat{y}^2 + \varepsilon \tag{9-18}$$

而對應的虛無假設爲：

$$H_0 : \delta_1 = \delta_2 = 0 \tag{9-19}$$

面對 (9-19) 式，亦可以使用 F 或 LM 檢定檢視。

我們亦舉一個例子說明。就 (9-16) 式而言，可得：

$$\begin{aligned} &\hat{u}^2 = 5.05 - 1.71\hat{y} + 0.15\hat{y}^2 \\ &n = 88, R^2 = 0.039 \end{aligned} \tag{9-20}$$

其中 $\hat{u}$ 與 $\hat{y}$ 分別表示 (9-16) 式的殘差值與 log(*price*)。針對 (9-19) 式，(9-20) 式之對應的 F 與 LM 檢定統計量分別約爲 1.73 [0.18] 與 3.45 [0.18]，故依舊無法拒絕虛無假設爲變異數同質的情況。

例 1 het_white(.) **指令**

於模組 (statsmodels) 內亦有提供 White 檢定指令，仍以 (9-6) 式爲例，試下列指令：

```
from statsmodels.stats.diagnostic import het_white
results = het_white(ModelHa.resid, ModelHa.model.exog)
lzip(names,results)
```

上述指令係估計 (9-17) 式，故其結果與 (9-20) 式的估計結果稍有不同，不過結論卻是一致的。

習題

(1) 考慮 VOTE1(W) 檔案內的數據資料以及下列迴歸式：

$$voteA = \beta_0 + \beta_1 prtystrA + \beta_2 democA + \beta_3 lexpendA + \beta_4 lexpendB + u$$

試回答下列問題：

(i) 以 OLS 方法估計上式並取得對應的殘差值 $\hat{u}$ 後，再以 $\hat{u}$ 取代 *voteA*，重新以 OLS 估計，結果爲何？

(ii) 試計算 $\hat{u}$ 與上式之所有的自變數的相關係數，結果爲何？

(iii) 試使用 BP 檢定是否存在變異數異質。

(iv) 試使用 White 檢定是否存在變異數異質。

(2) 試敘述如何用一個小型的蒙地卡羅方法檢視 White 檢定。

(3) 續上題，於大樣本數下，試使用一個小型的蒙地卡羅方法檢視 White 檢定。

(4) 續上題，於小樣本數下，試使用一個小型的蒙地卡羅方法檢視 White 檢定。

9.3 加權最小平方與一般最小平方估計

即使符合其他 NLRM 假定，不過一旦偵測出存在變異數異質（用 9.2 節的方法），OLS 估計式不再具有 BLUE 的性質，那何估計方法可以取代 OLS 方法？換言之，相對於 OLS 估計式而言，是否存在更有效的估計式？本節將檢視看看。

9.3.1 加權最小平方估計

令 **x** 表示 (9-1) 式內所有的自變數以及假定：

$$Var(u \mid \mathbf{x}) = \sigma^2 h(\mathbf{x}) \tag{9-21}$$

其中 $h(\mathbf{x})$ 表示 **x** 的函數而 σ^2 表示母體未知的變異數。由於變異數不爲負數值，故可知 $h(\mathbf{x}) > 0$。假定 $h(\mathbf{x})$ 爲已知，我們希望能估計到 σ^2 值。

假定 $Var(u \mid \mathbf{x})$ 可以寫成 $\sigma_0^2 h(\mathbf{x})$，其中 σ_0^2 爲固定數值，則第 i 個觀察值之變異數 σ_i^2 可寫成：

$$\sigma_i^2 = Var(u_i \mid \mathbf{x}_i) = \sigma_0^2 h(\mathbf{x}_i) = \sigma_0^2 h_i \tag{9-22}$$

其中 $\mathbf{x}_i$ 表示第 i 個觀察值下之所有的自變數。我們可以舉一個例子說明。考慮一個簡單的迴歸式：

$$\begin{aligned} y_i &= \beta_0 + \beta_1 x_i + u_i \\ Var(u_i \mid x_i) &= \sigma_0^2 x_i \end{aligned} \tag{9-23}$$

(9-23) 式隱含著 $h(x) = x$，即誤差項的變異數隨 x 的增加而遞增，亦隱含著隨著 x 的增加，y 的波動亦會提高。若 $x_i > 0$，(9-23) 式內的變異數亦爲正數值。(9-23) 式亦隱含著誤差項 u_i 的條件標準差爲 $\sigma_0\sqrt{x_i}$。令 $\beta_0 = 2$、$\beta_1 = 5$ 以及 $\sigma_0 = 5$，圖 9-9 繪製出 (9-23) 式的兩種可能結果，我們可以看出上述結果皆屬於一種變異數異質模型。

(9-23) 式的特色是誤差項的變異數型態爲已知，我們將其擴充延伸。考慮一種變異數異質的複迴歸模型，其中誤差項的變異數爲 (9-22) 式，故該模型的第 i 個觀察值可寫成：

$$y_i = \beta_0 + \beta_1 x_{i1} + \beta_2 x_{i2} + \cdots + \beta_k x_{ik} + u_i \tag{9-24}$$

其中 $Var(u_i \mid \mathbf{x}_i) = \sigma_0^2 h_i$。於高斯－馬可夫的假定下，因 h_i 是 $\mathbf{x}_i$ 的函數，故於 $\mathbf{x}_i$ 之下，$u_i / \sqrt{h_i}$ 的（條件）期望值爲 0；同理，因 $Var(u_i \mid h_i) = E(u_i^2 \mid h_i)\, \sigma_0^2 h_i$，隱含著 $u_i / \sqrt{h_i}$ 的（條件）變異數爲 σ_0^2。

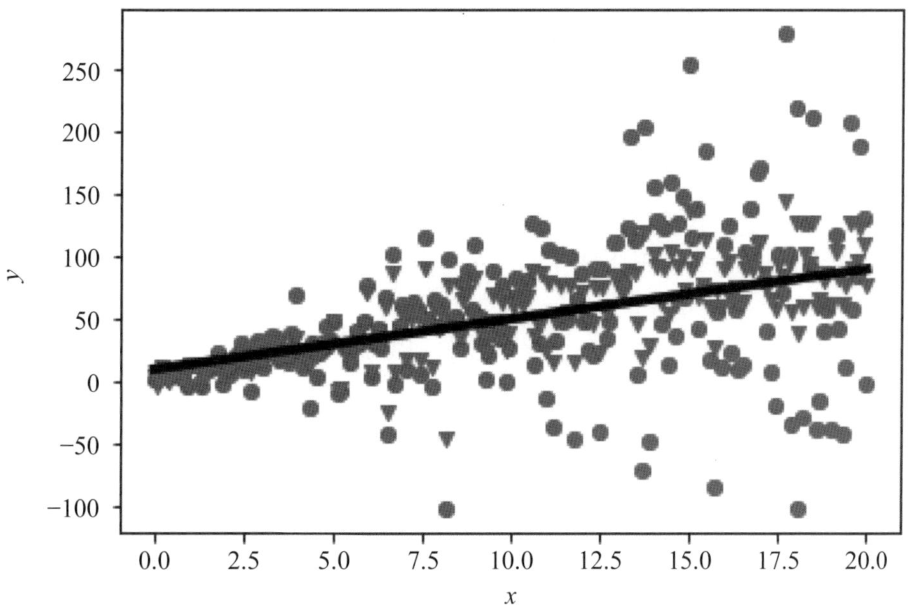

圖 9-9 y **與** x **之間的散佈圖，其中** $y = 2 + 5x + u$ **與** $Var(u) = 25x^2$

若將 (9-24) 式除以 $\sqrt{h_i}$，可得：

$$y_i/\sqrt{h_i} = \beta_0/\sqrt{h_i} + \beta_1(x_{i1}/\sqrt{h_i}) + \beta_2(x_{i2}/\sqrt{h_i}) + \cdots + \beta_k(x_{ik}/\sqrt{h_i}) + (u_i/\sqrt{h_i})$$

或寫成：

$$y_i^* = \beta_0 x_{i0}^* + \beta_1 x_{i1}^* + \beta_2 x_{i2}^* + \cdots + \beta_k x_{ik}^* + u_i^* \tag{9-25}$$

其中 $x_{i0}^* = 1/\sqrt{h_i}$。

雖然 (9-25) 式的表示方式有些奇特，不過其仍符合高斯－馬可夫假定。例如：於 $\mathbf{x}_i^*$ 的條件之下，$\mathbf{x}_i^*$ 的平均數與變異數分別爲 0 與 σ_0^2。因此，若 (9-24) 式皆符合 NLRM 假定（除了 NLRM 假定 7 之外），即 (9-24) 式屬於一種變異數異質模型，經過轉換成 (9-25) 式，反而後者成爲一種符合 NLRM 假定的變異數同質模型[⑤]。

我們已經知道於符合 NLRM 假定之下，OLS 的估計式具有 BLUE 的性質，即 (9-25) 式的 OLS 估計式 $\hat{\beta}^*$ 將比 (9-24) 式的 OLS 估計式 $\hat{\beta}$ 來得有效，故稱 $\hat{\beta}^*$ 是一

⑤ 例如：若 u 屬於常態分配，則 u^* 屬於變異數爲 σ_0^2 的常態分配。

種「一般化最小平方（generalized least square, GLS）」估計式，就上述例子而言，GLS 估計式是針對變異數異質的校正，於後面的章節內，我們會再介紹 GLS 估計式。

其實，校正變異數異質的 GLS 估計式又可稱爲「加權最小平方（weighted least square, WLS）估計式」，原因就在於 β^* 估計式的取得是極小化 (9-25) 式之「加權平方殘差值總和」，其中權數爲 $1/h_i$。換句話說，極小化 (9-26) 式可取得 WLS 估計式，即極小化下列式子：

$$\sum_{i=1}^{n}\left(y_i - b_0 - b_1x_{i1} - b_2x_{i2} - \cdots - b_kx_{ik}\right)^2 / h_i \tag{9-26}$$

可取得對應的 b_i 的估計式，其中 b_i 可稱爲 WLS 估計式；或者說，極小化 $\sum_{i=1}^{n}\left(y_i^* - b_0x_{i0}^* - b_1x_{i1}^* - b_2x_{i2}^* - \cdots - b_kx_{ik}^*\right)^2$ 的 OLS 估計式，就是極小化 (9-26) 式的 WLS 估計式；是故，WLS 估計式其實也是一種 OLS 估計式，只不過前者是透過極小化 (9-26) 式而得。值得注意的是，(9-26) 式的權數是 h_i 而 (9-25) 式的權數則是 $\sqrt{h_i}$。

有關於 OLS 與 WLS 之間的關係，可以分述如下：

(1) 於 (9-25) 式內，可看出 WLS 方法所檢視的迴歸式，其實係一種不含常數項的迴歸式，即若 $h_i \neq 0$，則 $x_{i0}^* = 1/\sqrt{h_i} \neq 1$；或者說，WLS 方法亦是一種 OLS 方法，只不過不含常數項，因此以 WLS 方法所計算的 R^2 或 $\bar{R}^2$ 的「正當性」值得商榷。
(2) 若 $h_i = 1$，則 $x_{i0}^* = 1$，故 OLS 方法，其實是 WLS 方法內的一個特例。
(3) (9-24) 與 (9-25) 二式的因變數分別爲 y_i 與 y_i^*，即後者有經過轉換，使得我們透過 WLS 方法所得到的估計參數之意義，可能較爲模糊，畢竟權數未必只局限於自變數的選取。

我們舉一個例子說明 WLS 估計式優於 OLS 估計式的情況。考慮圖 9-9 內以小三角形表示之 x 與 y 的散佈圖的產生過程[⑥]，我們多次模擬後再分別以 OLS 與 WLS

⑥ 圖 9-9 內 x 與 y 之觀察值係根據 $y = 2 + 5x + u$ 與 $u = \sigma_0 wz$（z 爲標準常態隨機變數）所模擬而得，其中圓形與小三角形所對應的 w 分別爲 x 與 w_0，其中 w_0 之第 1~49 個觀察值皆爲 1 與第 50 個之後的觀察值皆爲 5。

方法估計，圖 9-10 分別繪製出對應的 $\hat{\beta}_0$ 與 $\hat{\beta}_1$ 以及 $\hat{\beta}_0^*$ 與 $\hat{\beta}_1^*$ 的抽樣分配，我們可以看出 OLS 與 WLS 估計式皆屬於不偏的估計式，不過顯然後者較爲有效。例如：根據圖 9-10 的結果，表 9-2 分別列出對應的抽樣分配之平均數與標準誤，我們可以看出 WLS 估計式的確優於對應的 OLS 估計式。

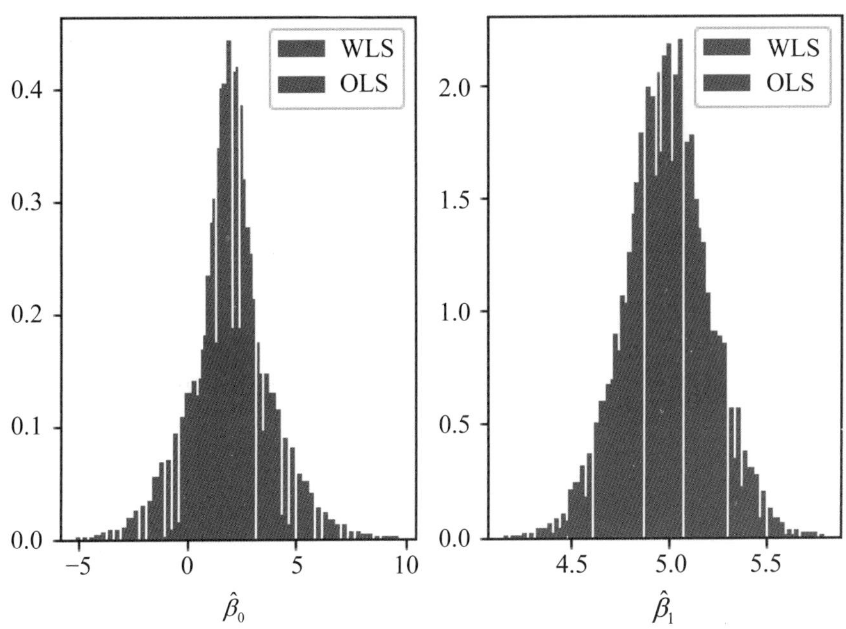

圖 9-10　WLS 估計式與 OLS 估計式之抽樣分配，$n = 200$

表 9-2　WLS 與 OLS 估計式之抽樣分配的平均數與標準誤

	$\hat{\beta}_0^*$	$\hat{\beta}_1^*$	$\hat{\beta}_0$	$\hat{\beta}_1$
mean	2.0164	4.9959	2.0371	4.9951
std	0.9352	0.1823	2.0902	0.2308

說明：$\beta_0 = 2$ 與 $\beta_1 = 5$。

例 1　於 Python 內操作 WLS

若已有資料框如底下的 data（如何產生，可以參考所附檔案），我們不難於 Python 內操作 WLS 方法，即：

```
from statsmodels.formula.api import ols,wls
model = ols('y~x',data).fit()
model.summary()
model1 = wls('y~x',data,weights=1.0/w1**2).fit()
model1.summary()
```

應可以發現 wls(.) 與 ols(.) 兩者的操作方式頗爲類似，不過應注意前者尚需加入權數如 1/w1**2。

例 2 於 Python 內操作 WLS（續）

可以回想 OLS 方法尚有底下的操作方式，即：

```
import statsmodels.api as sm
X = x.reshape(n,1)
X = sm.add_constant(X)
y_true = np.dot(X,beta)
mod_ols = sm.OLS(y,X).fit()
mod_ols.summary()
mod_wls = sm.WLS(y,X,weights=1.0/w1**2).fit()
mod_wls.summary()
```

讀者可以比較檢視看看。

例 3 使用 401KSUBS(W) 檔案

使用 401KSUBS(W) 檔案內之 $fsize = 1$ 的數據資料，我們以 *inc*（以千元計）與其他的自變數如年齡、性別或是否符合 *e*401*k* 退休金計畫等來解釋淨金融財富餘額帳戶（*nettfa*）（以千元計）的情況，其中年齡以超過 25 歲爲主。表 9-3 分別列出以 OLS 與 WLS 方法估計的結果。

表 9-3　因變數為 *nettfa*（401KSUBS 檔案內 *fsize* = 1）

自變數	OLS	WLS	OLS	WLS
Const.	-10.571* (2.529)	-9.581* (1.653)	-20.985* (3.491)	-16.703* (1.958)
inc	0.821* (0.104)	0.787* (0.063)	0.771* (0.099)	0.74* (0.064)
$(age-25)^2$			0.025* (0.004)	0.018* (0.002)
male			2.478 (2.056)	1.841 (1.564)
*e*401*k*			6.886* (2.284)	5.188* (1.703)
n	2,017	2,017	2,017	2,017
R^2	0.083	0.071	0.128	0.112

說明：OLS 方法係使用穩健的標準誤而 WLS 方法之權數爲 1 / *inc*。"*" 表示顯著異於 0（顯著水準爲 5%）。

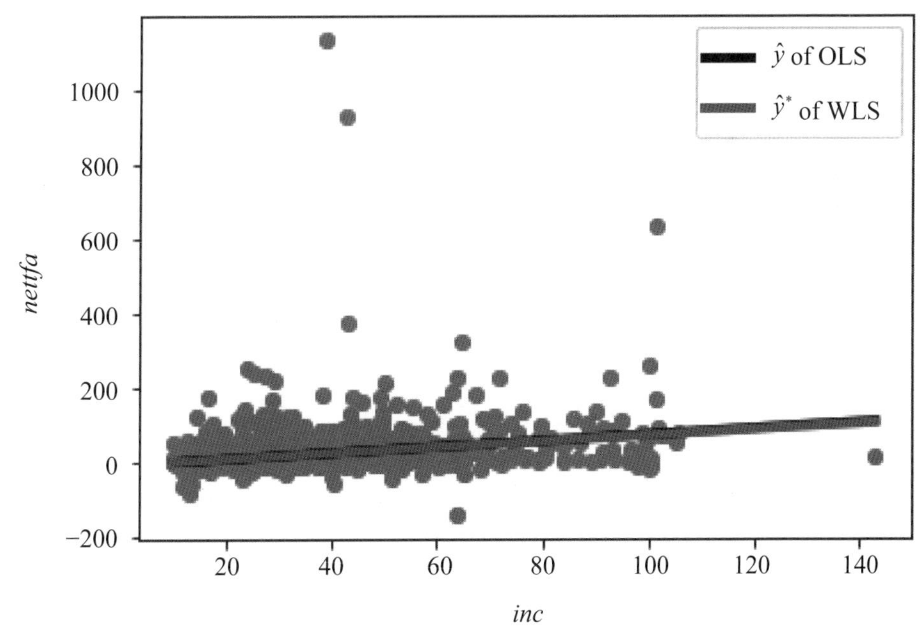

圖 9-11　*inc* 與 *nettfa* 之間的散佈圖（簡單迴歸模型的情況），其中 $\hat{y}$ 就是 *nettfa*

首先檢視簡單迴歸式 $nettfa \sim inc$ 的情況，可以參考圖 9-11 的結果，而於該圖內，我們發現 *nettfa* 值的波動頗大，我們懷疑可能存在變異數異質（於習題內，讀者可以嘗試檢定看看），是故於表 9-3 內，我們使用穩健的標準誤。假定上述變異數異質的型態爲已知，即 $Var(u \mid inc) = \sigma_0^2 inc$，則使用權數爲 $1 / inc$ 的 WLS 方法，其結果則列於表 9-3 內的第 3 欄[7]。相對於 OLS 估計參數而言，我們發現 WLS 的估計參數較小。例如：$\hat{\beta}_1^*$ 與 $\hat{\beta}_1$ 值分別約爲 0.787 與 0.821（兩者皆顯著異於 0），顯然前者約略低於後者。值得注意的是，因因變數不同，上述 $\hat{\beta}_1^*$ 與 $\hat{\beta}_1$ 值以及二模型的 R^2 值其實是不能比較的。

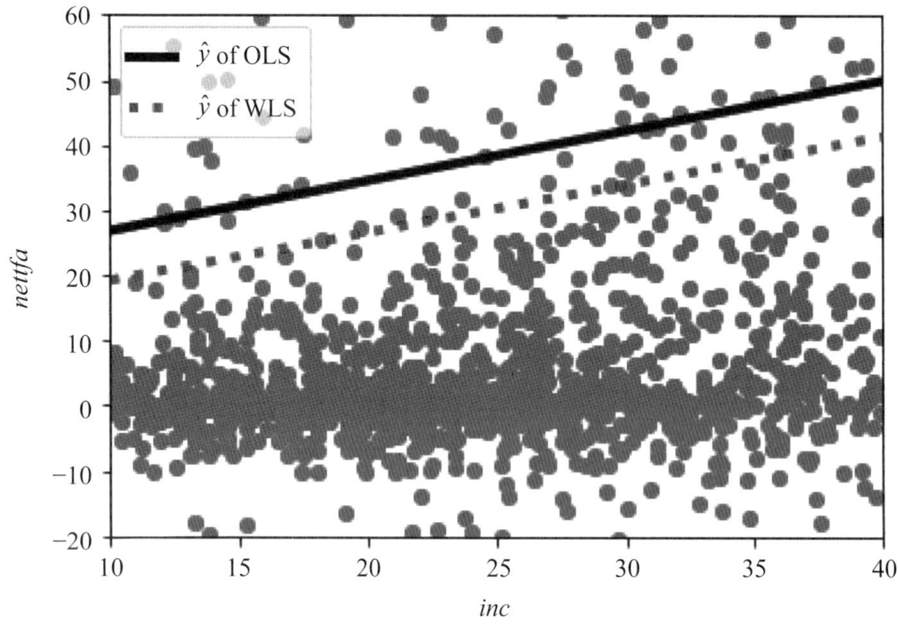

圖 9-12 *inc* **與** *nettfa* **之間的散佈圖（複迴歸模型的情況），其中** $age = 60$、$male = 1$ **與** $e401k = 1$**，其中** $\hat{y}$ **就是** *nettfa*

接下來，檢視複迴歸模型的情況（表 9-3 內的第 4 與 5 欄），而圖 9-12 則繪製出對應的 SRF。我們從圖 9-11 內已經知道二條 SRF 非常接近，故圖 9-12 將其放大，於 $age = 60$、$male = 1$ 與 $e401k = 1$ 的條件下，我們可以看出使用 WLS 方法估計，*nettfa* 的預期值（即 *nettfa*）較低，我們亦可從表 9-3 內的估計參數值，即

[7] 值得注意的是，此處我們是以 $Var(u \mid inc) = \sigma_0^2 inc$ 的表示方式爲主，故對應的權數爲 $1/\sqrt{inc}$，其與 Python 內的權數設定爲 $1 / inc$ 不同，不過只是說明的方式不同而已，即表 9-3 內的結果是使用後者的設定方式。

$\left|\hat{\beta}_j^*\right| < \left|\hat{\beta}_j\right|$，看出端倪。不過因 y_i 與 y_i^* 的表示方式並不相同，故 $\hat{\beta}_j^*$ 與 $\hat{\beta}_j$ 值或上述預期值其實是不能比較的。

利用表 9-3 內的第二個 WLS 方法的估計結果，我們使用 F 檢定檢視下列假設：

$$H_0 : \beta_{(age-25)^2} = \beta_{male} = \beta_{e401k} = 0$$

可得 F 檢定統計量約為 30.67 [0.00]，顯然拒絕上述虛無假設，隱含著複迴歸模型內額外的自變數不能忽略。

習題

(1) 試敘述如何於 Python 內操作 WLS 方法。

(2) 就例3的例子而言，試使用BP檢定與White檢定以偵測是否存在變異數異質。

(3) 使用 401KSUBS(W) 檔案內之 $fsize$ = 1 的數據資料，於表 9-3 內之複迴歸模型內再額外加進交互作用項 $e401k \cdot inc$，試回答下列問題：

(i) 試使用 OLS 方法，分別使用傳統標準誤與穩健標準誤估計新的複迴歸模型，上述交互作用項之估計參數是否顯著異於 0？

(ii) 試使用 WLS 方法（權數為 1 / inc），分別使用傳統標準誤與穩健標準誤估計新的複迴歸模型，上述交互作用項之估計參數是否顯著異於 0？

(iii) 將交互作用項改成 $e401k \cdot (inc - 30)$，重新再以 WLS 方法估計（使用穩健標準誤），結果為何？試解釋之。

(4) 試舉一個例子說明 OLS 與 WLS 之間的互通關係。

9.3.2 可行的一般最小平方估計

9.3.1 節係假定變異數異質的型態是已知的，此自然較不切實際；換句話說，若變異數異質的型態是未知的，我們是否可以估計？通常，我們可以利用實際的樣本資料估計 $h(x)$ 內的參數以取得估計值 $\hat{h}(x)$，再代入 9.3.1 節內的 WLS 估計內。利用上述過程所取得的估計式，可稱為可行的一般最小平方估計式（feasible GLS estimator）或稱為估計的 GLS（estimated GLS, EGLS）。

假定變異數異質的型態為：

$$Var(u \mid \mathbf{x}) = \sigma_0^2 \exp(\delta_0 + \delta_1 x_1 + \delta_2 x_2 + \cdots + \delta_k x_k) \tag{9-27}$$

其中自變數 $x_1, x_2, \cdots, x_k$ 係取自 (9-1) 式。若與 (9-10) 式比較，自然可以知曉 (9-27) 式為何使用指數型態。畢竟係估計變異數，我們希望取得正數值的估計值。若與 9.3.1 節比較，可知 $h(\mathbf{x}) = \exp(\delta_0 + \delta_1 x_1 + \delta_2 x_2 + \cdots + \delta_k x_k)$，即我們需要取得 (9-27) 式內的參數估計值。

那如何取得 (9-27) 式內的參數估計值呢？一個直覺的反應是使用 OLS 方法，即先將 (9-27) 式改成 $u^2 = \sigma_0^2 \exp(\delta_0 + \delta_1 x_1 + \delta_2 x_2 + \cdots + \delta_k x_k)v$，再取對數值如：

$$\log(u^2) = \alpha_0 + \delta_1 x_1 + \delta_2 x_2 + \cdots + \delta_k x_k + \varepsilon \tag{9-28}$$

若假定 ε 與 $x_1, x_2, \cdots, x_k$ 無關，自然可以使用 OLS 方法估計。比較 (9-10)（BP 檢定）與 (9-28) 二式，可知後者使用對數型態的因變數。

我們依舊使用 (9-1) 式的 OLS 之殘差值 $\hat{u}$ 取代 (9-28) 式內的 u，並且使用 OLS 方法估計 (9-28) 式，以取得對應的 SRF 如 $\hat{g}_i$，即 h_i 的估計如 $\hat{h}_i$ 可寫成：

$$\hat{h}_i = \exp(\hat{g}_i) \tag{9-29}$$

故 WLS 方法的權數為 $1/\hat{h}_i$，如此自然可得出可行的一般最小平方估計式。

上述可行的一般最小平方估計式的取得步驟，整理後可為：

(1) 以 OLS 方法估計 (9-1) 式，取得對應的殘差值 $\hat{u}$。
(2) 以 OLS 方法估計 $\log(\hat{u}) \sim x_1, x_2, \cdots, x_k$，取得對應的 SRF 如 $\hat{g}$。
(3) 取得 $\hat{h} = \exp(\hat{g})$。
(4) 以 WLS 方法估計 (9-1) 式，其中權數為 $1/\hat{h}_i$。

我們舉一個例子說明。根據 SMOKE(W) 檔案內的數據資料，使用 OLS 方法，可得：

$$\begin{aligned}
\hat{c} = &-3.64 + 0.88\log(income) - 0.75\log(cigpric) - 0.5educ + 0.77age \\
&(24.079)(0.728) \qquad (5.773) \qquad (0.167) \quad (0.771) \\
&-0.009age^2 - 2.83restaurn \\
&(0.002) \quad (1.112) \\
n = 807,\ &\overline{R}^2 = 0.046,\ \hat{\sigma}_0 = 13.405
\end{aligned} \tag{9-30}$$

其中 $c = cigs$。圖 9-13 的左圖進一步繪製出 (9-30) 式內所對應的殘差值 $\hat{u}$ 走勢，因 $\hat{u}$ 有參差不齊的波動，我們不禁懷疑 $\hat{u}$ 可能存在變異數異質。根據 (9-30) 式，我們分別使用 BP 檢定與 White 檢定檢視是否存在變異數異質，其中前者的 F 與 LM 之檢定統計量分別約爲 5.55 [0.00] 與 32.26 [0.00]，而後者則約爲 13.69 [0.00] 與 26.57 [0.00]，顯然拒絕虛無假設爲變異數同質的情況。

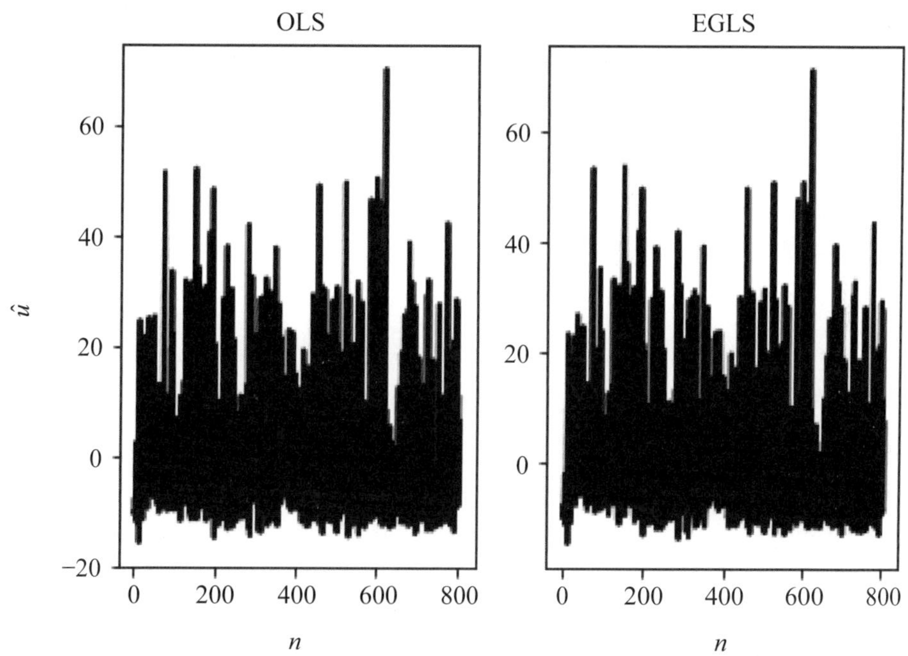

圖 9-13　殘差值的走勢，其中左與右圖分別為 (9-30) 與 (9-31) 二式之殘差值

是故，我們進一步採取可行的 GLS 方法重新估計，其估計結果爲：

$$
\begin{aligned}
\hat{c} &= \underset{\substack{(17.803)\\((37.161))}}{5.64} + \underset{\substack{(0.437)\\((0.533))}}{1.30}\log(income) - \underset{\substack{(4.46)\\((8.931))}}{2.94}\log(cigpric) - \underset{\substack{(0.12)\\((0.148))}}{0.46}educ + \underset{\substack{(0.097)\\((0.114))}}{0.48}age \\
&\quad - \underset{\substack{(0.001)\\((0.001))}}{0.006}age^2 - \underset{\substack{(0.796)\\((0.713))}}{3.46}restaurn \\
& n = 807, \bar{R}^2 = 0.107, \hat{\sigma}_0 = 1.579 \qquad (9\text{-}31)
\end{aligned}
$$

比較 (9-30) 與 (9-31) 二式，應可發現 log(*income*) 的估計參數變化較大，即前者約為 0.88 而後者則約為 1.3。我們發現兩者比較特別的是，上述兩者對應的 t 檢定統計量分別約為 1.12 [0.227] 與 2.96 [0.003]，隱含著使用可行的 GLS 方法估計，香菸消費的所得效果顯著異於 0，而使用 OLS 方法估計，上述所得效果並不顯著[⑧]。

圖 9-13 的右圖繪製出 (9-31) 式對應的殘差值走勢，若與左圖比較，可發現兩者其實差距不大。若使用 BP 檢定檢視 (9-31) 式所對應的殘差值，可得 F 與 LM 檢定統計量分別約為 5.21 [0.00] 與 30.35 [0.00]，明顯拒絕虛無假設為變異數同質的情況，隱含著上述可行的 GLS 方法仍無法完整的過濾變異數異質。於此情況下，我們只好於 (9-31) 式內使用穩健的標準誤。重新檢視 (9-31) 式，雖然 log(*cigpric*) 的穩健標準誤與傳統標準誤之間的變化較大，不過即使使用穩健的 t 檢定統計量，log(*cigpric*) 的估計參數仍不顯著異於 0；另一方面，改使用穩健的標準誤，前述的所得效果仍顯著異於 0，不過其強度略微下降。

綜合上述結果，我們可有下列結論：

(1) (9-31) 式使用權數 $1/\hat{h}_i$，仍無法將變異數異質轉換成變異數同質；是故，(9-28) 式是否是唯一的選擇，有待商榷。

(2) 使用權數 $1/\hat{h}_i$，轉換過的變數如 y^* 或 $\mathbf{x}^*$ 的意義較為模糊。

(3) 使用 WLS 方法，可能尚須搭配使用穩健的標準誤。

9.4 再談線性機率模型

於 9.3 節內，我們已經知道除非迴歸模型的估計參數皆為 0，否則線性機率模型應屬於變異數異質模型；因此，使用線性機率模型，最起碼應使用穩健的標準誤。我們舉一個例子說明。再考慮 MROZ(W) 檔案內的數據資料，以 OLS 方法估計，可得：

$$\hat{i} = \underset{\substack{(0.154)\\((0.151))}}{0.586} - \underset{\substack{(0.001)\\((0.002))}}{0.0034}nwifeinc + \underset{\substack{(0.007)\\((0.007))}}{0.038}educ + \underset{\substack{(0.006)\\((0.006))}}{0.0395}exper - \underset{\substack{(0.000)\\((0.000))}}{0.0006}exper^2$$

---

⑧ 於 (9-30) 與 (9-31) 二式內，我們亦可以看出 log(*cigpric*) 的估計參數變化較大，不過兩者並不顯著異於 0。

$$-0.0161\,age - 0.2618\,kidslt6 + 0.013\,kidsge6$$
$$(0.002) \qquad (0.034) \qquad (0.013)$$
$$((0.002)) \qquad ((0.032)) \qquad ((0.013))$$
$$n = 753,\ R^2 = 0.264 \qquad (9\text{-}32)$$

(9-32) 式相當於重寫 (8-47) 式，只是我們再加入穩健的標準誤（以雙括號內之值表示）。

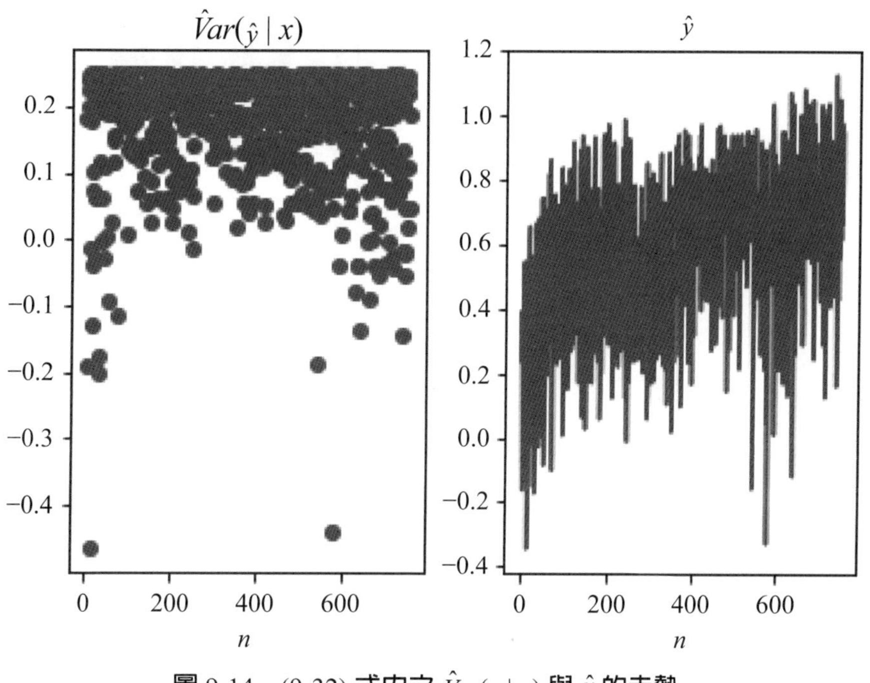

圖 9-14 (9-32) 式內之 $\hat{V}ar(y \mid \mathbf{x})$ 與 $\hat{y}$ 的走勢

我們從 (9-32) 式內可看出傳統標準誤與穩健標準誤之間的差距並不大，故對應的 t 或 F 檢定等結果也差異不大；換言之，除了 *kidsge6* 的估計參數並不顯著異於 0 之外，其餘自變數的估計參數皆顯著異於 0。雖說如此，我們卻可以看出使用穩健標準誤的必要性。例如：圖 9-14 內的右圖繪製出 (9-32) 式內 $\hat{i} = \hat{y}$ 的走勢，其中 $\hat{y} = \hat{p}$ 為機率值，但是從該圖內可看出 $\hat{y}$ 值並非介於 0 與 1 之間；另一方面，根據 8.3.1 節，可知迴歸變異數之估計可為：

$$\hat{V}ar(y \mid \mathbf{x}) = \hat{p}(1 - \hat{p}) \qquad (9\text{-}33)$$

即根據 (9-33) 式，圖 9-14 的左圖繪製出 (9-32) 式內迴歸變異數之估計值走勢，我們發現上述估計值竟然有出現負數值的情況，顯然是不合理的，同時也隱含著無法進一步使用 WLS 方法估計。因此，(9-32) 式內必須加入穩健的標準誤。

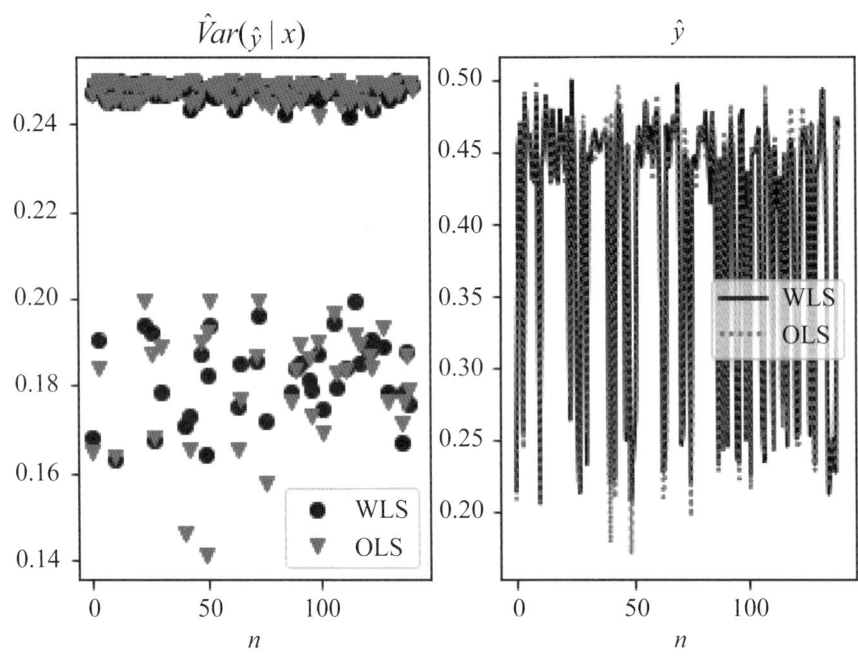

圖 9-15　(9-34) 式內之 $\hat{V}ar(y\mid \mathbf{x})$ 與 $\hat{y}$ 的走勢

我們再舉一個例子說明 WLS 方法應用於線性機率模型的情況。考慮 GPA1(W) 檔案內的數據資料，使用 OLS 方法與穩健標準誤估計，可得：

$$\begin{aligned}\hat{P} &= -0.0004 + 0.0654hsGPA + 0.0006ACT + 0.2211parcoll \\ &\quad ((0.489))\ ((0.139))\qquad ((0.016))\qquad ((0.087)) \\ n &= 141,\ R^2 = 0.042\end{aligned} \tag{9-34}$$

其中 $P = PC$ 而 *parcoll* 表示父母當中至少有一位有上過大學的虛擬變數[9]。(9-34) 式是描述學生是否擁有個人電腦與父母親的學歷有關，反而與學生成績較無關，即 *parcoll* 的估計參數顯著異於 0，而 *hsGPA* 與 *ACT* 的估計參數皆不顯著異於 0。

[9] 於 GPA1 檔案內，有 *fathcoll*（父親上過大學）與 *mothcoll*（母親上過大學）兩個虛擬變數的資料，利用上述二變數的資料，我們不難取得 *parcoll* 的資料。

利用 (9-34) 式，可得對應的 $\hat{y}$ 值（即$\hat{P}$），圖 9-15 內的右圖（即 OLS）繪製出 $\hat{y}$ 值的走勢，我們發現 $\hat{y}$ 值大致介於 0 與 1 之間（其中最小值與最大值分別約為 0.17 與 0.5）；因此，進一步根據 (9-33) 式可得對應的迴歸變異數估計值，如圖 9-15 內的左圖所示。我們發現上述變異數估計值皆大於 0，而且不難看出有可能存在變異數異質。

我們繼續用 (9-33) 式的估計結果，令 $\hat{h} = \hat{V}ar(y \mid x)$，使用 WLS 方法，其中權數為 $1/\hat{h}$，可得：

$$\begin{aligned} &\hat{P} = 0.0262 + 0.0327hsGPA + 0.0043ACT + 0.2152parcoll \\ &\quad (0.477) \quad (0.130) \qquad\quad (0.015) \qquad\quad (0.086) \qquad\qquad (9\text{-}35) \\ &n = 141,\ R^2 = 0.046 \end{aligned}$$

比較 (9-34) 與 (9-35) 二式，可發現二模型的估計結果差距不大，依舊只有 *parcoll* 的估計參數顯著異於 0。

(9-35) 式對應的 $\hat{y}$ 與 $\hat{V}ar(y \mid \mathbf{x})$ 亦繪製於圖 9-15 上（即 WLS），我們發現前者亦介於 0 與 1 之間，而後者則略小於對應的 OLS 估計結果；換言之，(9-35) 式的估計結果可能仍無法消除變異數異質，即 (9-35) 式應改成用穩健的標準誤取代，讀者可以試試。

因 (9-35) 式的因變數預期值（即 $\hat{y}$）仍表示機率，故於解釋上並不如 9.3.2 節的模糊，如此來看，似乎 WLS 方法較適合用於線性機率模型。

習題

(1) 試敘述如何於線性機率模型內使用 WLS 方法。

(2) 考慮 PNTSPRD(W) 檔案的數據資料，試回答下列問題：

(i) *sprdcvr* 是一個二元的虛擬變數（若大學的籃球比賽得分超過拉斯維加斯的預期得分，則 *sprdcvr* = 1，否則為 0）。令 *sprdcvr* 的預期值為 μ，則 μ 的意義為何？試檢定 $H_0: \mu = 0.5$，顯著水準為 10%。

(ii) 有多少場比賽是在中立的場地舉辦？

(iii) 以 OLS 方法估計下列式子（含穩健的標準誤）：

$$sprdcvr = \beta_0 + \beta_1 favhome + \beta_2 neutral + \beta_3 fav25 + \beta_4 und25 + u$$

何自變數最爲顯著？

(iv) 令 $H_0: \beta_1 = \beta_2 = \beta_3 = \beta_4 = 0$，爲何於 H_0 之下不存在變異數異質？試使用 F 檢定檢視上述 H_0。

(v) 根據上述分析，我們是否可以利用過去的一些資訊預測大學的籃球比賽得分超過拉斯維加斯的預期得分？

(3) 於 (9-49) 式內，我們曾估計下列式子：

$$arr86 = \beta_0 + \beta_1 pcnv + \beta_2 avgsen + \beta_3 tottime + \beta_4 ptime86 + \beta_5 qemp86 + u$$

試回答下列問題：

(i) 再以 OLS 方法重新估計並取得 *arr*86。*arr*86 的最小值與最大值爲何？

(ii) 試以 WLS 方法估計上式。

(iii) 利用上述 WLS 方法的估計結果，檢定 *avgsen* 與 *tottime* 的估計參數皆爲 0，顯著水準爲 5%。

(4) 考慮 LOANAPP(W) 內的數據資料，試回答下列問題：

(i) 以 OLS 方法估計 *approve* ~ *white*，*white* 的估計參數爲何？其是否顯著異於 0？*approve* 的最大值與最小值爲何？

(ii) 於 (i) 內的簡單迴歸式內，額外再加入 *hrat*、*obrat*、*loanprc*、*unem*、*male*、*married*、*dep*、*sch*、*cosign*、*chist*、*pubrec*、*mortlat1*、*mortlat2* 與 *vr* 等自變數，再使用 OLS 方法估計（含穩健的標準誤），*white* 的估計參數爲何？其是否顯著異於 0？*approve* 的最大值與最小值分別爲何？是否可使用 WLS 方法？有多少資料不符合要求？

(5) 考慮 401KSUBS(W) 檔案內的數據資料，試回答下列問題：

(i) 使用 OLS 方法估計，其中因變數爲 *e*401*k*，而自變數爲 inc、inc^2、age、age^2 與 *male*，傳統 OLS 的標準誤與穩健標準誤的結果有差異嗎？

(ii) 使用 White 檢定，如以 OLS 估計 $\hat{u}^2 \sim \hat{y}, y^2$，其中 $\hat{u}$ 與 $\hat{y}$ 分別表示 (i) 內估計迴歸式內的殘差值與迴歸預期值，則 β_1 與 β_2 的估計值爲何？

(iii) 使用 White 檢定檢視 (i)，結果爲何？

模型設定的問題

NLRM 的最後一個假定，即 NLRM 假定 9，是指迴歸模型的設定無誤。若模型的設定有誤，則隱含著遭遇到模型設置誤差或模型的設定有偏差。本章檢視一些有關於模型設定誤差的問題。

10.1 模型設定誤差

我們討論一些模型設定誤差的型態、產生的結果以及如何處理或診斷的情況；雖然未必可以得到完整的答案，但是總可以提醒我們注意。

10.1.1 函數型態誤設

我們已經知道遺漏重要的解釋變數將會導致頗爲嚴重的估計問題，而若是忽略解釋變數的函數型態，則有可能出現遺漏變數爲解釋變數的函數，此可稱爲函數型態誤設（functional form misspecification）。考慮一個複線性迴歸模型如：

$$\log(y) = \beta_0 + \beta_1 x_1 + \beta_2 x_2 + \beta_3 x_2^2 + \beta_4 fem + \beta_5 fem \cdot x_1 + u \tag{10-1}$$

其中 fem 爲 0 或 1 虛擬變數。假定 (10-1) 式符合 NLRM 假定，我們發現可能會出現下列的情況：

(1) 模型 1：遺漏 $fem \cdot x_1$ 項。
(2) 模型 2：遺漏 x_2^2 項。

(3) 模型 3：同時遺漏 $fem \cdot x_1$ 與 x_2^2 項。

(4) 模型 4：多包括了 x_3。

表 10-1　因變數為 log(y)

	模型 0	模型 1	模型 2	模型 3	模型 4
Const.	1.66*	2.35*	3.04*	3.51*	1.13
	(0.56)	(0.62)	(0.54)	(0.59)	(0.86)
x_1	1.62*	4.92*	2.34*	5.32*	1.65*
	(0.66)	(0.56)	(0.70)	(0.58)	(0.67)
x_2	5.53*	5.36*	5.27*	5.15*	5.53*
	(0.47)	(0.53)	(0.51)	(0.56)	(0.47)
x_3					0.98
					(1.20)
fem	1.82*	1.25	1.82*	1.29	1.82*
	(0.70)	(0.78)	(0.75)	(0.82)	(0.70)
x_2^2	1.36*	1.18*			1.39*
	(0.23)	(0.26)			(0.24)
$fem \cdot x_1$	5.63*		5.18*		5.56*
	(0.75)		(0.80)		(0.75)
n	200	200	200	200	200
$\bar{R}^2$	0.80	0.74	0.77	0.72	0.80
$\hat{\sigma}_0$	4.87	5.53	5.27	5.79	4.88

說明：

(1) 眞實的 $\beta = [1, 2, 5, 1, 3, 6]$、$\sigma_0 = 5$、$\rho_{12} = 0.7$ 與 $u = \sigma_0 z$，其中 ρ_{12} 爲 x_1 與 x_2 的相關係數以及 z 爲標準常態隨機變數。

(2) 以 OLS 方法估計 (10-1) 式。

(3) 使用虛構模擬的觀察值。

(4) “*” 表示顯著異於 0（顯著水準爲 5%）。

當然，我們可以進一步檢視忽略 x_1、x_2 或 fem 的情況，或甚至於考慮因變數只使用 y 的情況，不過顯然上述模型 1~3 屬於「乏適（underfitting）」的例子（即忽略包括重要的解釋變數），或是屬於函數型態誤設的一環。至於模型 4，則屬於「過適（overfitting）」的情況，即迴歸式包括多餘的解釋變數。

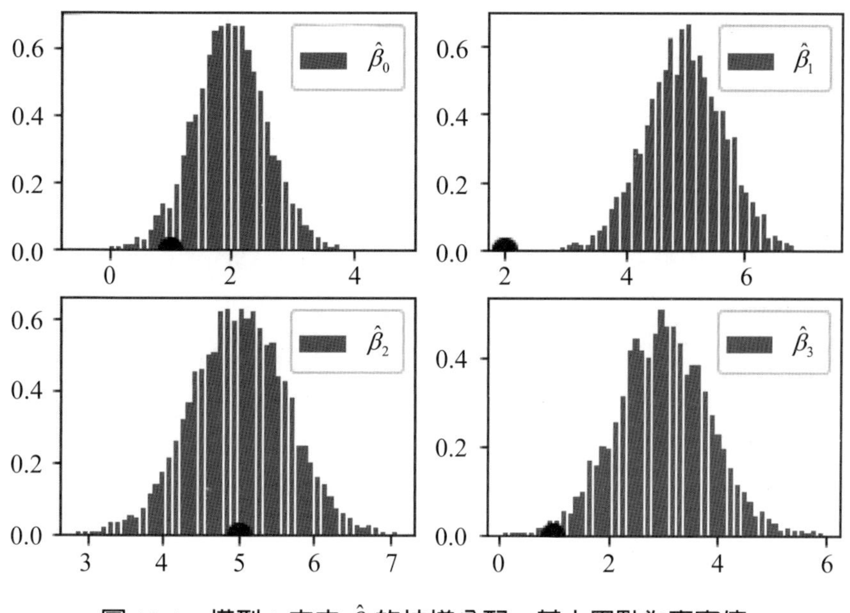

圖 10-1　模型 3 內之 $\hat{\beta}_j$ 的抽樣分配，其中黑點為真實值

我們不難利用模擬的方式說明。例如：表 10-1 只列出一種以 OLS 方法估計模型 0~4 的結果，如圖 10-1 所示，讀者當然可以檢視全部的結果。圖 10-1 分別繪製出模型 3 內 $\hat{\beta}_j$ 的抽樣分配，我們可以看出 $\hat{\beta}_1$ 與 $\hat{\beta}_3$ 皆爲偏的估計式，畢竟其遺漏了 $fem \cdot x_1$ 交互變數；至於 $\hat{\beta}_2$，雖說忽略了包括 x_2^2，$\hat{\beta}_2$ 卻依舊屬於不偏的估計式。

上述模擬結果頗具意義，可以分述如下：

(1) 通常眞實的模型如 (10-1) 式，我們是不知道的，我們只能事先根據經驗或理論判斷，也許使用模型 0 是合理的，畢竟模型 0 包括較多的自變數，同時各自變數的估計參數值皆顯著異於 0。
(2) 若 y 屬於總成本支出，故模型 0 顯然忽略了包括 x_j^3 自變數；還好，通常包括 x_j^2 自變數應該已足夠了。
(3) 顯然，模型 3 忽略了包括一些自變數的函數型態，即若眞實模型爲 (10-1) 式，β_j 的估計顯然有偏差。
(4) 通常我們只能得到表 10-1 的結果，也許檢視不同模型的估計結果仍能得到一些資訊，例如：檢視表 10-1 內 x_1 與 fem 的估計參數，我們發現不同模型之間的差距頗大，隱含著似乎有再斟酌的可能。

我們舉一個例子。考慮下列迴歸式：

$$\log(wage) = \beta_0 + \beta_1 educ + \beta_2 exper + \beta_3 exper^2 + \beta_4 female + \beta_5 female \cdot educ + u \quad (10\text{-}2)$$

其中 *female* 表示二元的虛擬變數。若忽略包括 *female* · *educ* 項，依舊會產生函數型態誤設。

忽略變數的函數型態未必只有出現於自變數的情況。例如：若 (10-2) 式符合 NLRM 假定 1~5，不過我們誤選 *wage* 而非 log(*wage*) 爲因變數，恐怕產生的偏誤或不一致的估計會更嚴重。

其實，就目前而言，我們已經有一些工具可以偵測函數型態誤設的情況。例如：考慮 CRIME1(W) 檔案內的數據資料，表 10-2 分別列出因變數爲 *narr*86 的兩個模型，其中模型 1 不含而模型 2 則含變數的平方項，即後者有含平方項是因其對應的估計參數顯著異於 0 [①]。我們可以使用 *F* 之聯合檢定檢視模型 2 內所有變數之平方項的估計參數是否皆爲 0，結果發現 *F* 之檢定統計量約爲 31.40 [0.00]，隱含著模型 2 內的平方項無法捨棄。或者說模型 1 忽略了「非線性」的考慮，即其存在有函數型態誤設的問題。

表 10-2　因變數為 *narr*86，CRIME1(W) 檔案

自變數	模型 **1**	模型 **2**
Const.	0.5687* (0.036)	0.5046* (0.037)
pcnv	-0.1332* (0.040)	0.5525* (0.154)
$\boldsymbol{pcnv^2}$		-0.7302* (0.156)
avgsen	-0.0113 (0.012)	-0.017 (0.012)
tottime	0.012 (0.009)	0.012 (0.009)
***ptime*86**	-0.0408* (0.009)	0.2874* (0.044)
$\boldsymbol{ptime86^2}$		-0.0296* (0.004)

① 模型 2 不考慮其他變數的平方項，是因其並不顯著異於 0；另一方面，若包括 *black* 或 *hispan* 的平方項，則會出現完全的線性重合。

自變數	模型 1	模型 2
***qemp*86**	-0.0505* (0.014)	-0.0141 (0.017)
***inc*86**	-0.0015* (0.000)	-0.0034* (0.001)
$inc86^2$		-0.000007* (0.000003)
black	0.3265* (0.045)	0.2923* (0.045)
hispan	0.1939* (0.040)	0.1636* (0.039)
n	2,725	2,725
R^2	0.072	0.103
$\hat{\sigma}_0$	0.8286	0.8151

說明："*" 表示顯著異於 0，顯著水準爲 5%。

面對表 10-2 的結果，讓人不禁想到是否應考慮變數的平方項以上，如 $pcnv^3$ 或 $pcnv^4$ 等，讀者可以嘗試看看。還好我們發現考慮現有的資料，使用對數型態或平方項似乎已足夠解釋非線性的問題了。

10.1.2 RESET 檢定

有關於函數型態誤設的檢定並不算少，不過其中卻以 Ramsey（1969）的迴歸設定誤差檢定（regression specification error test, RESET）讓人印象深刻。RESET 的原理可謂相當直接，考慮一個符合 NLRM 假定 4 的複線性迴歸式：

$$y = \beta_0 + \beta_1 x_1 + \beta_2 x_2 + \cdots + \beta_k x_k + u \tag{10-3}$$

如表 10-1 與 10-2 所示，爲了避免忽略非線性關係，(10-3) 式內可再考慮顯著的自變數平方項或其他非線性項，只是若 k 值相當大，自然會侵蝕自由度②。

爲了能偵測 (10-3) 式所包括的非線性，Ramsey 建議採取加入 (10-3) 式的預期值之多項式次方，即：

② 直覺而言，若樣本資料固定，當迴歸內的自變數過多，自然迴歸式估計的可信度會降低。

$$y = \beta_0 + \beta_1 x_1 + \beta_2 x_2 + \cdots + \beta_k x_k + \delta_1 \hat{y}^2 + \delta_2 \hat{y}^3 + \varepsilon \qquad (10\text{-}4)$$

其中 $\hat{y}$ 表示以 OLS 估計 (10-3) 式所得之預期值（SRF）。直覺而言，(10-4) 式內應可再考慮其他的非線性項，不過似乎包括 $\hat{y}$ 的二次方或三次方項就足夠了。

面對 (10-4) 式，我們並不在意式內參數的估計，反而著重於下列的檢定：

$$H_0 : \delta_1 = \delta_2 = 0$$

即上述假定可以使用 F 或 LM 檢定檢視。我們舉一個例子說明，考慮下列的式子：

$$price = \beta_0 + \beta_1 lotsize + \beta_2 sqrft + \beta_3 bdrms + u \qquad (10\text{-}5)$$

與

$$\log(price) = \beta_0 + \beta_1 \log(lotsize) + \beta_2 \log(sqrft) + \beta_3 bdrms + u \qquad (10\text{-}6)$$

我們當然懷疑 (10-5) 與 (10-6) 二式是否存在非線性關係？

考慮 HPRICE1(W) 檔案內的數據資料，其中樣本數 n = 88。使用上述的 RESET（檢定），我們先檢視 (10-5) 式，可得 F 檢定統計量約爲 4.67 [0.012]，其中 F 分配的分子自由度與分母自由度分別爲 2 與 82。再使用 RESET（檢定）檢視 (10-6) 式，可得 F 檢定統計量約爲 2.57 [0.083]；因此，於顯著水準爲 5% 之下，(10-5) 式顯然忽略非線性的考慮，而 (10-6) 式內的非線性問題較不嚴重。

雖然上述 RESET（檢定）的過程不難操作，不過使用模組 (statsmodels)，倒是更能快速得到結果。例如：前述 RESET（檢定）的結果可利用下列方式取得：

```
import statsmodels.stats.outliers_influence as oi
oi.reset_ramsey(ModelH,degree=3)
oi.reset_ramsey(ModelH1,degree=3)
```

其中 ModelH 與 ModelH1 分別表示以 OLS 估計 (10-5) 與 (10-6) 二式的結果。

上述 RESET（檢定）也並非沒有缺點，考慮模組 (linearmodels) 內的 wage 檔案，我們分別打算估計：

$$\log(wage) = \beta_0 + \beta_1 educ + \beta_2 exper + \beta_3 tenure + \beta_4 exper^2 + u \quad \text{(10-7a)}$$

與

$$\log(wage) = \alpha_0 + \alpha_1 educ + \alpha_2 exper + \alpha_3 tenure + \varepsilon \quad \text{(10-7b)}$$

讀者可以嘗試估計看看。使用 RESET（檢定），可得 (10-7a) 與 (10-7b) 二式的 F 檢定統計量分別約爲 0.058 [0.943] 與 0.093 [0.911]，隱含著上述二式並無忽略非線性變數。讀者若有估計，應可發現 β_4 的 OLS 估計值並不顯著異於 0。

再考慮模組 (linearmodels) 內的 mroz 檔案[③]，以 OLS 方法估計，可得：

$$\begin{aligned}\log(wage) = &-4.41 + 0.076educ + 0.037exper + 0.432\log(faminc) - 0.001exper^2 \\ &(0.645)\ (0.014) \qquad (0.013) \qquad (0.068) \qquad\qquad (0.0004) \\ n = 428&, \overline{R}^2 = 0.222, \hat{\sigma}_0 = 0.638 \end{aligned} \quad \text{(10-8)}$$

我們發現 (10-8) 式內的估計參數值皆顯著異於 0（顯著水準爲 10%）。有意思的是，若除去 (10-8) 式內的 $exper^2$ 自變數，重新估計並使用 RESET（檢定），可得對應的 F 檢定統計量約爲 0.947 [0.389]；換言之，若根據上述 RESET（檢定）的結果，我們應該不會考慮 (10-8) 式；也就是說，(10-8) 式若除去 $exper^2$ 自變數，對應的 $exper$ 的估計參數值約爲 0.016(0.004)，明顯低估。

習題

(1) 使用 CEOSAL2(W) 檔案內的數據資料，令因變數爲 $\log(salary)$ 以及自變數分別爲 $\log(sales)$、$\log(mktval)$、$profmarg$、$ceoten$ 與 $comten$ 的複線性迴歸模型，則上述模型是否存在函數型態誤設的情況？若上述模型額外再加入 $ceoten^2$ 與 $comten^2$ 兩個自變數，是否仍存在函數型態誤設的情況？若再額外加進 $profmarg^2$ 自變數呢？

(2) 考慮 CEOSAL1(W) 檔案內的數據資料，試以 OLS 估計下列式子：

$$\log(salary) = \beta_0 + \beta_1 \log(sales) + \beta_2 roe + \beta_3 rosneg + u$$

③ 該檔案係取自 Wooldridge（2020）內之 MROZ 檔案。

其中 *rosneg* 是一個二元的虛擬變數（即 $ros < 0$，則 $rosneg = 1$，否則爲 0）。我們如何解釋β_3估計值的意義？β_3的估計值是否顯著異於 0？上式使用 RESET（檢定），結果爲何？

(3) 就表 10-1 而言，試檢視模型 1、2 與 4 的結果，其分別有何特色？

(4) 就 (10-8) 式而言，是否存在線性重合問題？

(5) 續上題，其是否可以加進檔案內其他的自變數？需要加進交互變數嗎？

10.1.3 非包含模型之檢定

考慮下列的模型 A 與 B：

$$y = \beta_0 + \beta_1 x_1 + \beta_2 x_2 + u \text{（模型 A）}$$

與

$$y = \beta_0 + \beta_1 \log(x_1) + \beta_2 \log(x_2) + u \text{（模型 B）}$$

顯然模型 A 與 B 屬於非包含模型，故我們無法使用傳統的 F 檢定檢視模型 A 與 B，孰優孰劣？

雖說如此，考慮模型 C：

$$y = \gamma_0 + \gamma_1 x_1 + \gamma_2 x_2 + \gamma_3 \log(x_1) + \gamma_4 \log(x_2) + u \text{（模型 C）}$$

則使用 $H_0 : \gamma_3 = \gamma_4 = 0$ 之檢定，豈不是可用於懷疑模型 B 的適當性？同理，檢定 $H_0 : \gamma_1 = \gamma_2 = 0$，可用於檢視模型 A 是否恰當。上述方法是由 Mizon 與 Richard（1986）所提出。

Davidson 與 MacKinnon（1981）曾提出另外一種檢定方式（可稱爲 Davidson-MacKinnon 檢定），即若上述模型 A 存在且 $E(u \mid x_1, x_2) = 0$，則根據模型 B 所得到的預期值加入模型 A 內應不顯著；換言之，若模型 A 爲眞，則先以 OLS 方法估計模型 B，可得對應的預期值爲 $\breve{y}$，則再使用 OLS 方法估計下列的輔助迴歸式：

$$y = \beta_0 + \beta_1 x_1 + \beta_2 x_2 + \theta_1 \breve{y} + \varepsilon \text{（模型 D）}$$

因 $\breve{y}$ 爲 x_1 與 x_2 的非線性函數，故若模型 A 爲眞，則 θ_1 估計值所對應的 t 檢定統計量應不顯著；相反地，若上述 t 檢定統計量顯著，則會拒絕模型 A 爲眞。

同理，令 $\hat{y}$ 表示以 OLS 方法估計模型 A 之預期值，則以 OLS 方法估計下列輔助迴歸式：

$$y = \beta_0 + \beta_1 \log(x_1) + \beta_2 \log(x_2) + \theta_1 \hat{y} + v \text{（模型 E）}$$

則若是 θ_1 估計值所對應的 t 檢定統計量顯著，則拒絕模型 B 爲眞。可以注意的是，模型 D 與 E 皆使用相同的因變數。

上述非包含模型之檢定有下列兩點值得注意：

(1) 有可能出現模型 A 與 B 皆被拒絕或皆不被拒絕的情況，就後者而言，我們可以使用 $\overline{R}^2$ 作爲選擇模型的依據，不過若是前者則隱含著仍需「加把勁」考慮其他的選擇。

(2) 使用 Davidson-MacKinnon 檢定，拒絕其中一個模型並不隱含著接受另一個模型，畢竟存在有多種不同的函數型態，故 Davidson-MacKinnon 檢定可視爲一種函數型態誤設檢定。

10.2 代理變數

通常，我們可能會因（樣本）資料的無法取得（或無法觀察到）而遺漏了重要的解釋變數，爲了降低估計上的偏誤，我們會以上述無法觀察到變數的代理變數（proxy variable）取代。比較特別的是，因變數的遞延落後項竟然是一種代理變數。

10.2.1 無法觀察到的解釋變數

通常因資料的無法取得，使得我們無法避免地會遭遇到遺漏掉重要解釋變數的困擾。例如：考慮一個工資方程式如：

$$\log(wage) = \beta_0 + \beta_1 educ + \beta_2 exper + \beta_3 abil + u \tag{10-9}$$

我們希望能直接掌握於 *abil*（能力）不變下，*educ*（教育程度）或 *exper*（工作經驗）的報酬。不過因 *abil* 的概念較爲模糊，其對應的實際資料未必能取得，故 (10-9) 式

未必有包括 *abil*。直覺而言，若 *educ* 與 *abil* 有關，遺漏 *abil*，自然會造成 β_1 或 β_2 估計上的偏誤。

那如何能降低遺漏無法觀察到的變數如 *abil* 所造成的偏誤？其中一種解決方法是找出上述遺漏變數的代理變數。顧名思義，代理變數是一個與遺漏變數有關的變數，就 (10-9) 式而言，也許可以使用智商（*IQ*）或「工作領域內的知識（knowledge of world work score, *KWW*）[4]」當作是 *abil* 的代理變數；當然，*IQ* 或 *KWW* 未必等於 *abil*，不過上述兩者可能與 *abil* 有關。

上述觀念可以寫成較一般的情況，即考慮一個三個自變數模型：

$$y = \beta_0 + \beta_1 x_1 + \beta_2 x_2 + \beta_3 x_3^* + u \tag{10-10}$$

其中 y、x_1 與 x_2 變數可以觀察到，但是 x_3^* 變數卻不行；換言之，x_3^* 變數無法觀察到，假定 x_3^* 的代理變數爲 x_3，即：

$$x_3^* = \delta_0 + \delta_3 x_3 + v_3 \tag{10-11}$$

其中存在 v_3 表示 x_3^* 與 x_3 未必完全相關。顯然，若 x_3 與 x_3^* 有關，則 $\delta_3 > 0$；另一方面，存在 $\delta_0 \neq 0$，表示 x_3 與 x_3^* 的計算方式（或衡量單位）未必相同。

若 x_3 是 x_3^* 的代理變數，理所當然，於 (10-10) 式內以 x_3 取代 x_3^*，只是如此，如何使 β_1 或 β_2 的估計式達到滿足不偏或一致性的要求，我們檢視下列的考慮：

(1) 根據 (10-10) 式，基本的假定爲 x_1、x_2 以及 x_3^* 與 u 無關；不過，因 x_3 是 x_3^* 的代理變數，故 x_3 亦與 u 無關。
(2) 若 x_3 是 x_3^* 的合理的代理變數，則 v_3 與 x_1、x_2 以及 x_3 無關。將 (10-11) 式代入 (10-10) 式內，可得：

$$\begin{aligned} y &= \beta_0 + \beta_1 x_1 + \beta_2 x_2 + \beta_3(\delta_0 + \delta_3 x_3 + v_3) + u \\ &= \alpha_0 + \beta_1 x_1 + \beta_2 x_2 + \alpha_3 x_3 + \varepsilon \end{aligned}$$

其中 $\alpha_0 = \beta_0 + \beta_3\delta_0$、$\alpha_3 = \beta_3\delta_3$ 與 $\varepsilon = u + \beta_3 v_3$。於上述的推論中，雖說無法得到 β_0

[4] *KWW* 的意義可參考 Kohen 與 Breinich（1975）。

與 β_3 的不偏（或一致性）估計式，不過只要能找到 x_3^* 的合理代理變數，自然可以取得 α_0、β_1、β_2 與 α_3 的不偏（或一致性）估計式，即最重要的是，可以得到 β_1 與 β_2 的良好估計式。

(3) (10-11) 式亦有可能爲：

$$x_3^* = \delta_0 + \delta_1 x_1 + \delta_2 x_2 + \delta_3 x_3 + v_3 \tag{10-12}$$

代入 (10-10) 式內，可得：

$$\begin{aligned} y &= \beta_0 + \beta_1 x_1 + \beta_2 x_2 + \beta_3(\delta_0 + \delta_1 x_1 + \delta_2 x_2 + \delta_3 x_3 + v_3) + u \\ &= (\beta_0 + \beta_3\delta_0) + (\beta_1 + \beta_3\delta_1)x_1 + (\beta_2 + \beta_3\delta_2)x_2 + \beta_3\delta_3 x_3 + u + \beta_3 v_3 \end{aligned}$$

只要 $u + \beta_3 v_3$ 與 u 無關，隱含著 $plim(\hat{\beta}_1) = \beta_1 + \beta_3\delta_1$ 與 $plim(\hat{\beta}_2) = \beta_2 + \beta_3\delta_2$，即若 $\beta_3, \delta_1 > 0$，β_1 的估計有高估的偏誤；同理，可以檢視 β_2 的估計。

我們舉一個例子說明。考慮模組 (linearmodels) 內的 wage 檔案，以 OLS 方法估計，可得：

$$\begin{aligned} \hat{w} = &\, 5.304 + 0.06educ + 0.017exper + 0.01tenure + 0.187married \\ &\, (0.125)\ (0.007) \quad (0.004) \quad (0.003) \quad (0.043) \\ &\, -0.167black + 0.184urban + 0.012feduc \\ &\, (0.048) \quad (0.03) \quad (0.005) \\ n = &\, 740, \bar{R}^2 = 0.225, \hat{\sigma}_0 = 0.368 \end{aligned} \tag{10-13}$$

其中 w = log(*wage*) 以及 *married*、*black*、*urban* 與 *feduc* 分別表示已婚、黑人、居住都市與父親受教育年數。(10-13) 式可說是 (10-7) 式的擴充。我們發現 (10-13) 式內各估計參數値皆顯著異於 0。若使用 RESET（檢定），應可發現 (10-13) 式並不需要考慮自變數的平方項。

因工資與能力有關，而後者又無法量化，故我們考慮使用代理變數 *KWW*，重新以 OLS 方法估計，可得：

$$\begin{aligned} \hat{w} = &\, 6.216 - 0.02educ + 0.015exper + 0.009tenure + 0.182married - 0.153black \\ &\, (0.418)\ (0.031) \quad (0.004) \quad (0.003) \quad (0.043) \quad (0.049) \end{aligned}$$

$$+0.179urban + 0.012feduc - 0.02KWW + 0.002educ \cdot KWW$$
$$(0.03) \qquad (0.005) \qquad (0.011) \qquad (0.001)$$
$$n = 740, \bar{R}^2 = 0.236, \hat{\sigma}_0 = 0.365 \tag{10-14}$$

其中 $w = \log(wage)$。出乎意料之外，於 (10-14) 式內，可以注意 *educ* 的估計參數值並不顯著異於 0，而其他的估計參數值卻皆顯著異於 0（顯著水準為 10%）。與 (10-14) 式比較，可發現除了 *educ* 的估計參數值之外，(10-13) 與 (10-14) 二式的其餘估計參數值頗為接近。

有意思的是，我們發現 (10-14) 式內有可能存在高度的線性重合，例如：$educ \cdot KWW$ 與 *educ* 以及 $educ \cdot KWW$ 與 *KWW* 之間的樣本相關係數分別約為 0.79 與 0.86，不過因 (10-14) 式內只有 *educ* 的估計參數值不顯著異於 0，故上述線性重合並未嚴重扭曲估計參數的顯著性，反而從 (10-14) 式分別可得：

$$\frac{\partial \hat{w}}{\partial educ} = -0.02 + 0.02KWW \text{ 與 } \frac{\partial \hat{w}}{\partial KWW} = -0.02 + 0.02educ$$

隱含著：

若 $KWW, educ < 10$，則 $\frac{\partial \hat{w}}{\partial KWW}, \frac{\partial \hat{w}}{\partial educ} < 0$；但是，若 $KWW, educ > 10$，

則 $\frac{\partial \hat{w}}{\partial KWW}, \frac{\partial \hat{w}}{\partial educ} > 0$。

換句話說，*KWW* 若為 *abil* 的合理代理變數，則於 $KWW, educ > 10$ 之下，不僅 $\frac{\partial \hat{w}}{\partial KWW} > 0$，同時 $\frac{\partial \hat{w}}{\partial educ} > 0$，即學歷愈高，有可能能力愈大，工資愈高（或者能力愈大，有可能學歷愈高，工資愈高）。

上述 *KWW* 亦與 *IQ* 有關，例如：圖 10-2 分別繪製出 *IQ* 與 *educ* 以及 *KWW* 與 *educ* 之間的散佈圖，我們發現上述兩者之間皆為正關係，隱含著 *KWW* 與 *IQ* 之間亦為正關係。事實上，若計算 *IQ* 與 *educ*、*KWW* 與 *educ* 以及 *KWW* 與 *IQ* 之間的樣本相關係數，其分別約為 0.52、0.39 與 0.41。因此，讀者可以檢視以 *IQ* 取代 *KWW* 的情況。

直覺而言，於 (10-13) 式內，我們是懷疑有可能存在無法觀察到的 *abil* 變數，而於 (10-14) 式內，我們以 *KWW* 取代 *abil*，其結果自然可降低標準誤，不過因 (10-14) 式內又因存在高度的線性重合，此又會拉高標準誤；是故，若比較 (10-13)

與 (10-14) 二式，可看出後者的 $\hat{\sigma}_0$ 值略低於前者，隱含著代理變數的效果大於線性重合效果。最後，值得一提的是，RESET（檢定）並無法偵測迴歸式內是否應該包括交互變數。

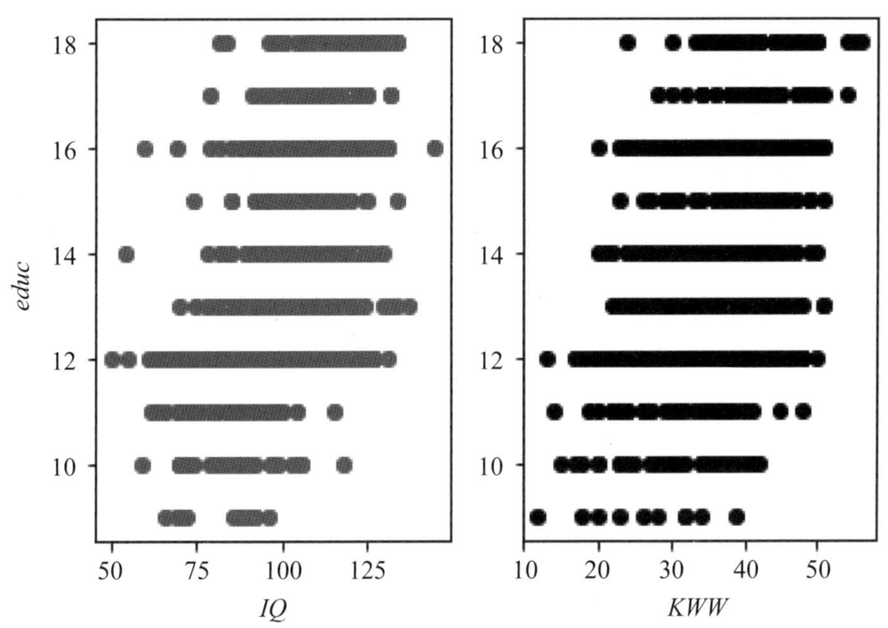

圖 10-2　*IQ* 與 *educ* 以及 *KWW* 與 *educ* 之間的散佈圖

10.2.2 遞延落後項

於 10.2.1 節內，我們至少對於無法觀察到的解釋變數有一些模糊的概念，但是有些時候，我們懷疑誤差項（存在遺漏的解釋變數）可能與若干自變數有關，可是卻無法找出適當的代理變數。於此情況下，也許我們可以使用因變數的遞延落後項（即因變數的過去紀錄資料）當作適當的代理變數，此種作法倒是容易於評估政策或計畫時看到。

於橫斷面資料內，使用因變數的遞延落後項，當然會增加對資料蒐集的困難度，不過其卻可以提供一個簡單的方式以取代一些無法觀察到的解釋因子。例如：某些城市現在與過去皆有較高的犯罪率，而其原因幾乎皆相同，是故利用過去的犯罪率資料，反而可以取代一些無法觀察到的解釋因子資料。又例如：某些大學過去與現在的風評其實不分軒輊，利用過去的風評以評估現在反而較為方便。換句話說，「慣性效應（inertial effects）」容易被因變數的遞延落後項抓到。

還好，若已經有 panel data 檔案，欲取得因變數的遞延落後項並不是一件難事。考慮模組 (linearmodels) 內的 wage_panel 檔案，我們已經知道該檔案是由 1980~1987 年的數據資料所構成；因此，若欲估計 1981 年的工資方程式（因變數爲工資），1980 年的工資豈不就是因變數的遞延落後項嗎？同理，若欲估計 1987 年的工資方程式（因變數爲工資），則1987年之前的工資皆是因變數的遞延落後項。

考慮下列的迴歸式：

$$\log(wage) = \beta_0 + \beta_1 educ + \beta_2 exper + \beta_3 married + \beta_4 union + u \tag{10-15}$$

使用 1981 年的數據資料，以 OLS 方法估計，其結果則列於表 10-3 的 M81A 內，我們發現各自變數的估計參數值皆顯著異於 0，不過其 $\bar{R}^2$ 值約只有 0.111。如前所述，也許存在一些無法觀察到的因素，故我們使用因變數之過去一年的觀察值資料，即於 (10-15) 式內額外再加進 $\log(wage)_{-1}$ 自變數，重新估計，可得表 10-3 的 M81B。

檢視 M81B 的估計結果，可發現只有 *exper* 的估計參數值並不顯著異於 0，其餘估計參數值皆顯著異於 0，其中 $\log(wage)_{80}$ 的估計參數值約爲 0.369，隱含著「慣性效應」超過其他自變數對因變數的影響。若與 M81A 比較，我們發現不考慮「慣性效應」，單獨只估計 (10-15) 式，其對應的估計參數值有高估的傾向；另一方面，(10-15) 式明顯存在無法觀察到的因素，以致於加進 $\log(wage)_{80}$ 自變數後，M81B 內的標準誤降低。另外，我們亦可以比較上述二模型的 $\bar{R}^2$ 值，可發現從 M81A 至 M81B 的 $\bar{R}^2$ 值竟然增加了一倍！橫斷面迴歸模型的因變數之遞延落後項的影響效果的確不容忽視。

表 10-3　因變數為 log(*wage*)

	M81A	M81B	M87A	M87B	M87C	M87D
Const.	0.07	0.151	0.823**	1.008**	1.037**	0.558**
	(0.222)	(0.205)	(0.262)	(0.255)	(0.237)	(0.182)
educ	0.098**	0.06**	0.086**	0.063	0.414**	0.013
	(0.015)	(0.014)	(0.013)	(0.013)	(0.013)	(0.01)
exper	0.05**	0.02	-0.005	-0.024	-0.034**	-0.021**
	(0.016)	(0.015)	(0.014)	(0.014)	(0.013)	(0.01)
married	0.109**	0.079*	0.112**	0.08	0.07**	0.003
	(0.048)	(0.045)	(0.039)	(0.038)	(0.035)	(0.027)

	M81A	M81B	M87A	M87B	M87C	M87D
union	0.211** (0.05)	0.145** (0.046)	0.09** (0.042)	0.056 (0.041)	0.023 (0.039)	0.001 (0.029)
***lwage*80**		0.369** (0.038)		0.213 (0.035)	0.085** (0.035)	0.003 (0.027)
***lwage*81**					0.341** (0.036)	0.134** (0.03)
***lwage*86**						0.362** (0.033)
***lwage*85**						0.289** (0.033)
n	545	545	545	545	545	545
$\bar{R}^2$	0.111	0.244	0.129	0.185	0.298	0.594
$\hat{\sigma}_0$	0.5	0.461	0.436	0.422	0.391	0.298

說明："**" 表示顯著異於 0（顯著水準爲 5%）而 "*" 則表示顯著異於 0（顯著水準爲 10%）。

我們繼續檢視表 10-3 內的 M87A 結果，該結果是使用 1987 年的觀察值資料以估計 (10-15) 式。我們發現 *exper* 的估計參數值並不顯著異於 0，而其餘估計參數值皆顯著異於 0。於 (10-15) 式內，我們額外再加進 $\log(wage)_{80}$ 自變數，重新估計，其估計結果稱爲 M87B；換言之，使用 1987 年的觀察值資料，M87B 卻使用 $\log(wage)_{80}$ 自變數，我們依舊發現後者對 $\log(wage)_{87}$ 的預期值有影響力。於 M87C 內，除了 $\log(wage)_{80}$ 自變數之外，我們額外再考慮 $\log(wage)_{81}$ 自變數，我們亦發現 $\log(wage)_{80}$ 與 $\log(wage)_{81}$ 的估計參數值皆顯著異於 0。是故，從 M87B 與 M87C 內，可看出即使使用多年之前的因變數落後項，對於因變數的影響依舊。

最後，檢視 M87D 的估計結果。M87D 是於 (10-15) 式內多額外加進 $\log(wage)_{80}$、$\log(wage)_{81}$、$\log(wage)_{85}$ 與 $\log(wage)_{86}$ 等四個自變數，我們發現 $\log(wage)_{80}$ 的估計參數值已不顯著異於 0，而其餘三個自變數皆顯著異於 0。比較意外的是，於 M87D 內，*educ*、*married* 與 *union* 等三個自變數皆顯著異於 0，*exper* 的估計參數值雖顯著異於 0，但是因其爲負數值卻與我們的直覺不符。從 M87D 內，若與其他模型比較，應可看出模型或估計參數的標準誤已明顯下降，而對應的 $\bar{R}^2$ 值也已上升至約爲 0.594。讀者倒是可以再加進 $\log(wage)_{84}$、$\log(wage)_{83}$

與 $\log(wage)_{82}$ 等自變數，重新檢視看看[5]。

習題

(1) 表 10-3 內的 M87D 是否存在線性重合問題？試檢視之。

(2) 根據 Cigar(Ecdat) 檔案，試回答下列問題：

(i) 使用合併 1963~1992 年的數據資料，考慮下列的迴歸式：

$$\log(sales) = \beta_0 + \beta_1 \log(price) + \beta_2 \log(cpi) + \beta_3 \log(ndi) + \beta_4 \log(pop) + u$$

以 OLS 方法估計上式，結果爲何？是否存在線性重合問題？

(ii) 續上題，試檢定 $H_0 : \beta_1 = -\beta_2$，結果爲何？

(iii) 續上題，就上式而言，改成實質價格與實質人均可支配所得，重新估計，結果爲何？

(3) 續上題，使用 1992 年的數據資料，試回答下列問題：

(i) 重做題 (2) 之 (i)~(iii)，結果爲何？

(ii) 迴歸式內額外再加進 1991 年之 $\log(sales)$ 自變數，結果爲何？

(4) 就 (10-14) 式而言，以 IQ 取代 KWW，重新估計，結果爲何？

(5) 續上題，KWW 與 IQ 之間的（樣本）相關係數爲何？若 KWW 與 IQ 皆視爲 $abil$ 的代理變數，則 $educ$ 的報酬爲何？

(6) 令 $math10$ 表示 408 所密西根高中的數學通過成績，我們有興趣的是下列的迴歸式：

$$math10 = \beta_0 + \beta_1 \log(expend) + \beta_2 \log(enroll) + \beta_3 proverty + u$$

其中 $expend$、$enroll$ 與 $proverty$ 分別表示每位學生的支出、學校註冊人數與學生屬於「貧窮」的比重。使用 MEAP93(W) 檔案，試回答下列問題：

(i) 顯然 $proverty$ 並不容易觀察到，忽略 $proverty$ 試以 OLS 方法估計上式，即自變數若只有 $\log(expend)$ 與 $\log(enroll)$。β_1 與 β_2 的估計值是否合乎直覺？

(ii) $lnchprg$ 表示聯邦營養午餐補貼比重，其可視爲 $proverty$ 的代理變數，試計

---

[5] 其實，表 10-3 內的 M87D 已逐漸接近於時間序列分析內的自我迴歸（autoregression AR）模型。未來章節，我們會介紹 AR 模型，或可以參考《財統》、《財時》或《財計》等書。

算 log(*expend*)、log(*enroll*) 與 *lnchprg* 之間的樣本相關係數。

(iii) 若控制 *lnchprg*（即以 *lnchprg* 取代 *proverty*），β_1 與 β_2 的估計呈現高估或低估？

(7) 考慮 JTRAIN(W) 檔案內的數據資料，試回答下列問題：

(i) 考慮下列的簡單迴歸式：

$$\log(scrap) = \beta_0 + \beta_1 grant + u$$

其中 *scrap* 與 *grant* 分別表示耗損率與就業訓練補助津貼，即後者是一個二元虛擬變數（即 *grant* = 1 表示廠商有收到員工就業訓練補助津貼）。我們可以想像 *u* 與 *grant* 有關嗎？

(ii) 利用 1988 年的資料，試以 OLS 方法估計上述簡單迴歸式，就業訓練補助津貼是否有助於降低廠商的耗損率？

(iii) 續 (ii)，於上述簡單迴歸式內額外加入 $\log(scrap_{87})$ 自變數，則 R^2 與 $\hat{\sigma}_0$ 值變化爲何？$\hat{\beta}_{grant}$ 爲何？是否合乎直覺判斷？試檢定 $H_0: \beta_{grant} \geq 0$ (α = 0.05)。

(iv) 續上題，試檢定 $H_0: \beta_{\log(scrap_{87})} = 1$ ($\alpha = 0.05$)。

(v) 續上題，試使用穩健的標準誤估計，結果爲何？

10.2.3 隨機斜率模型

至目前爲止，我們大多假定迴歸式的（斜率）參數固定，即其並不受到單一觀察值的影響；或者，若有變動，仍只受到可以觀察到因素的影響[⑥]。此處我們檢視另外一種情況。假定模型內只有一個自變數，其可寫成：

$$y_i = a_i + b_i x_i \tag{10-16}$$

其中 a_i 與 b_i 分別表示第 i 個觀察值的截距與斜率值。若與 (2-1) 式比較，簡單迴歸式是 (10-16) 式內的一個特例，即 (2-1) 式相當於假定 $\beta_0 = 0$、$b_i = \beta_1$ 與 $a_i = u_i$。

於 (10-16) 式內，我們可以看出可觀察的 (x_i, y_i) 資料內，竟然出現無法觀察到

⑥ 例如：前面章節檢視虛擬變數之交互作用變數的情況，即 log(*wage*) 與 *educ* 之間的關係會因性別而有差異，此時可看到參數（斜率值）會因不同觀察值而改變。

的截距與斜率值，故 (10-16) 式是一種隨機係數模型（random coefficient model）或稱爲隨機斜率模型（random slope model）。上述隨機係數模型倒也容易合理化，即令 $y_i = \log(wage_i)$ 與 $x_i = educ_i$，故受教育年限的報酬（薪資）與個人的能力有關。

面對 a_i 與 b_i 皆爲隨機變數，即使有了 (x_i, y_i) 觀察值資料，我們並無法估計出個別的 a_i 與 b_i 值，故只能退而求其次，嘗試估計平均截距與斜率值。令 $\beta_0 = E(a_i)$ 與 $\beta_1 = E(b_i)$，即 β_1 可稱爲平均部分效果（average partial effect, APE）或平均邊際效果（average marginal effect, AME）；換言之，就前述受教育年限報酬的例子而言，β_1 可以表示受教育年限的平均報酬。

若寫成 $a_i = \beta_0 + c_i$ 與 $b_i = \beta_1 + d_i$，其中 d_i 表示個別觀察值與 APE 之間的差距；另外，假定 $E(c_i) = 0$ 與 $E(d_i) = 0$。上述代入 (10-16) 式內，可得：

$$y_i = \beta_0 + c_i + (\beta_1 + d_i)x_i = \beta_0 + \beta_1 x_i + u_i \tag{10-17}$$

其中 $u_i = c_i + d_i x_i$。換句話說，隨機係數模型如 (10-16) 式可寫成一種係數固定模型，不過後者的誤差項包括無法觀察到的 d_i 與可觀察到的解釋變數 x_i 之乘積。

根據 (10-17) 式，我們已經知道若 $E(u_i \mid x_i) = 0$，則 β_0 與 β_1 的 OLS 估計式具有不偏的性質；不過，當 $u_i = c_i + d_i x_i$，我們額外需要 $E(c_i \mid x_i) = E(c_i) = 0$ 與 $E(d_i \mid x_i) = E(d_i) = 0$ 的假定，即：

$$E(a_i \mid x_i) = E(a_i) \text{ 與 } E(b_i \mid x_i) = E(b_i) \tag{10-18}$$

隱含著 a_i 與 b_i 值之平均數與 x_i 無關。上述結果提供一個有用的參考：若允許存在個別斜率值（即斜率因不同觀察值而異），只要 (10-18) 式成立，OLS 估計式仍具有一致性的性質。

無法避免地，(10-17) 式會產生變異數異質的情況，即若 $Var(c_i \mid x_i) = \sigma_c^2$、$Var(d_i \mid x_i) = \sigma_d^2$ 以及 $Cov(c_i, d_i \mid x_i) = 0$，則：

$$Var(u_i \mid x_i) = \sigma_c^2 + \sigma_d^2 x_i^2 \tag{10-19}$$

隱含著若 $\sigma_d^2 = 0$，則 $b_i = \beta_1$。是故，我們可以使用穩健的標準誤以估計 (10-17) 式。(10-19) 式的結果也許會讓人覺得變異數異質來自於隨機係數模型，不過我們應該知道變異數異質的形成有多種可能，隨機係數模型只是其中一種可能。

隨機係數模型的複迴歸模型的分析頗爲類似，即 (10-16) 式可擴充寫成：

$$y_i = a_i + b_{i1}x_{i1} + b_{i2}x_{i2} + \cdots + b_{ik}x_{ik} \tag{10-20a}$$

而令 $a_i = \beta_0 + c_i$ 與 $b_{ij} = \beta_j + d_{ij}$，故 (10-20a) 式可再改寫成：

$$y_i = \beta_0 + \beta_1 x_{i1} + \beta_2 x_{i2} + \cdots + \beta_k x_{ik} + u_i \tag{10-20b}$$

因此，只要存在平均數獨立假定，即：

$$E(a_i \mid \mathbf{x}_i) = E(a_i) \text{ 與 } E(b_{ij} \mid \mathbf{x}_i) = E(b_{ij}) \tag{10-20c}$$

其中 $j = 1, 2, \cdots, k$，則 $E(y_i \mid \mathbf{x}_i) = \beta_0 + \beta_1 x_{i1} + \cdots + \beta_k x_{ik}$，故 β_0 與 β_j 的 OLS 估計式仍具有不偏的性質。雖說如此，仍應注意 $Var(u_i \mid \mathbf{x}_i)$ 幾乎屬於變異數異質。

例 1　隨機係數模型下的 x 與 y 的模擬

就 (10-16) 式而言，我們不難透過 Python 模擬出 x 與 y 的觀察值。令 a_i、b_i 與 x_i 分別表示平均數與標準差分別爲 3 與 2、5 與 6 以及 0 與 1 的常態分配隨機變數，圖 10-3 分別繪製出 4 種 x 與 y 的觀察值之間的散佈圖，利用 OLS 方法，讀者可以嘗試估計對應的 y 之預期值。

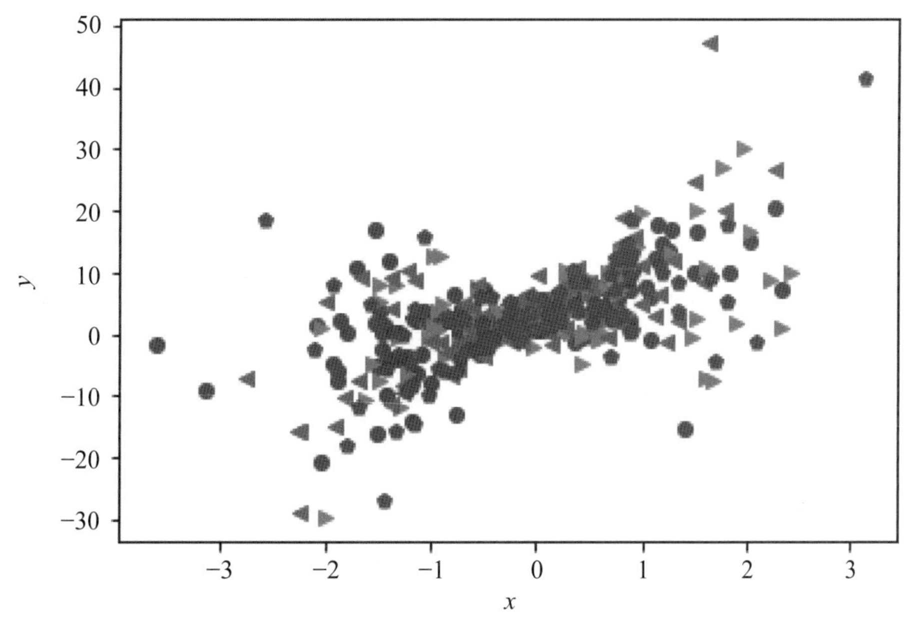

圖 10-3　隨機係數模型下的 x 與 y 之間的散佈圖

例 2 β_0 與 β_1 之估計

續例 1，有了 x 與 y 的觀察值，自然可以使用 OLS 方法估計對應的 $\hat{\beta}_0$ 與 $\hat{\beta}_1$ 值。例如：根據圖 10-3 的假定，圖 10-4 分別繪製出於不同 n 之下，$\bar{\hat{\beta}}_0 - \beta_0$ 與 $\bar{\hat{\beta}}_1 - \beta_1$ 的結果，其中 $\bar{\hat{\beta}}_0$ 與 $\bar{\hat{\beta}}_1$ 分別表示 $\hat{\beta}_0$ 與 $\hat{\beta}_1$ 的平均數。我們可以看出隨著 n 的提高，$\bar{\hat{\beta}}_0 - \beta_0$ 與 $\bar{\hat{\beta}}_1 - \beta_1$ 逐漸縮小，隱含著 $\hat{\beta}_0$ 與 $\hat{\beta}_1$ 具有的不偏性的特性。讀者可以嘗試繪製出 $\hat{\beta}_0$ 與 $\hat{\beta}_1$ 的抽樣分配。

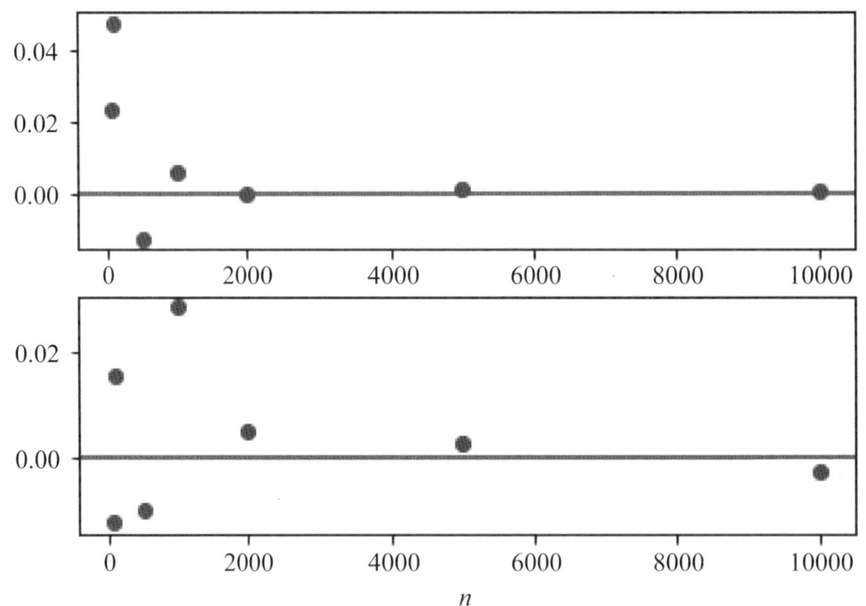

圖 10-4　不同 n 之下，$\bar{\hat{\beta}}_0 - \beta_0$（上圖）與 $\bar{\hat{\beta}}_1 - \beta_1$（下圖），其中 $\beta_0 = 3$ 與 $\beta_1 = 5$

習題

(1) 試繪製出圖 10-2 內所對應的 y 之預期值。

(2) 試繪製出圖 10-2 內所對應的殘差值，有何涵義？

(3) 試繪製出圖 10-3 內其中之 $\hat{\beta}_0$ 與 $\hat{\beta}_1$ 的抽樣分配。

10.3 衡量誤差

於經濟的應用上，影響經濟行爲的經濟變數，我們未必可以蒐集到對應的資料。例如：影響一個家庭選擇決策的邊際所得稅率（marginal income tax rate）就是一個簡單的例子，即「邊際稅率」並不容易觀察到。通常，是以所得與租稅支出所計算的「平均稅率」取代。

一般而言，迴歸模型若包括不正確衡量的經濟變數，則會牽涉到所謂的「衡量誤差（measurement error）」。本節將檢視於衡量誤差下，OLS 估計的性質。我們發現於某些情況（或假定）下，OLS 方法仍具有一致性估計式的性質；當然，亦有可能出現不一致估計式的情況，即我們進一步可檢視漸近偏誤的大小。

迴歸模型包括衡量誤差的分析有些類似 10.2 節的代理變數問題，不過兩者還是有些差異，即代理變數問題牽涉到無法觀察到的變數，而衡量誤差則是因無法正確觀察到「定義的變數」。例如：「公告的年度國民所得」係用於估計「眞實的年度國民所得」，其中後者未必可用前者取代；另一方面，如前所述，IQ（變數）只是表示「能力」的代理變數。

10.3.1 因變數存在衡量誤差

我們先檢視因變數存在衡量誤差的情況。令 y^* 表示於母體內我們想要解釋的變數，而對應的迴歸式爲：

$$y^* = \beta_0 + \beta_1 x_1 + \cdots + \beta_k x_k + u \tag{10-21}$$

假定 (10-13) 式符合高斯－馬可夫假定。令 y 表示欲衡量 y^* 的可觀察到的變數。y 與 y^* 之間的關係，倒是容易見到。例如：公告的年度所得未必能眞實反應眞實的年度所得，而公告的儲蓄總額與眞實的儲蓄總額之間亦存在著差距。

衡量誤差可定義爲可觀察到的變數與眞實的變數之間的差距，即：

$$e_0 = y - y^* \tag{10-22}$$

而從母體內抽取第 i 個觀察值則可寫成 $e_{i0} = y_i - y_i^*$。因此，令 $y^* = y - e_0$ 代入 (10-21) 式內，可得：

$$y = \beta_0 + \beta_1 x_1 + \cdots + \beta_k x_k + u + e_0 \tag{10-23}$$

我們可以看出 (10-23) 式的誤差項爲 $u + e_0$；不過，因 y 與 $x_1, \cdots, x_k$ 等皆爲可觀察到的變數，故可使用 OLS 方法估計 (10-23) 式。

換句話說，以y取代y^*，以OLS方法估計(10-23)式，則β_j的估計式性質爲何？因 (10-21) 式滿足高斯－馬可夫假定，故可知 u 的平均數爲 0，且 u 與 $x_1, \cdots, x_k$ 等自變數無關；同理，若假定衡量誤差 e_0 亦具有平均數爲 0 而且 e_0 亦與 $x_1, \cdots, x_k$ 等自變數無關，則 OLS 估計式豈不是仍具有不偏或一致性的性質嗎？換言之，重要的假定爲衡量誤差 e_0 與 x_j 無關。

通常，我們亦假定 u 與 e_0 無關，故 $Var(u + e_0) = \sigma_u^2 + \sigma_{e_0}^2 > \sigma_u^2$，隱含著因變數存在衡量誤差的迴歸式之變異數較大，即 OLS 估計式的標準誤較大。

例 1　存在衡量誤差的儲蓄函數

考慮一個儲蓄函數：

$$sav^* = \beta_0 + \beta_1 inc + \beta_2 size + \beta_3 educ + \beta_4 age + u$$

其中眞實儲蓄額（sav^*）與公告的儲蓄額（sav）之間可能存在衡量誤差。我們關心的是上述衡量誤差是否與其他變數有關？換句話說，也許我們會假定上述衡量誤差與 *inc*, *size*, *educ*, *age* 等變數無關，不過有可能所得愈高，其所公布的儲蓄額愈準確；或者說，上述衡量誤差有可能與 *inc* 或 *educ* 有關。這些的確値得商榷。

例 2　存在衡量誤差的損耗率

考慮 JTRAIN(W) 檔案內的數據資料（1988 年），以 OLS 方法估計，可得：

$$\begin{aligned}
\hat{s} &= -3.26 - 0.18 grant + 0.27\log(sales) - 0.26\log(employ) \\
&\quad\ (1.821)(0.163) \qquad (0.147) \qquad\qquad (0.148) \\
&\quad + 0.86\log(scrap_{87}) \\
&\quad\ (0.051) \\
n &= 50, \bar{R}^2 = 0.86, \hat{\sigma}_0 = 0.522
\end{aligned} \tag{10-24}$$

其中 $s = \log(scrap)$ 以及 *scrap* 與 *grant* 分別表示廠商之耗損率與就業訓練補助津貼，即後者是一個二元虛擬變數（即 $grant = 1$ 表示廠商有收到員工就業訓練補助津貼）。

面對 (10-24) 式的估計結果（即使該式的配適度 $\bar{R}^2$ 値頗高），我們可能仍會懷疑 *scrap* 的觀察値之估計有誤（即有些廠商甚至於不公告對應的耗損率）；是故，若假定衡量誤差爲：

$$\log(scrap) = \log(scrap^*) + e_0 \qquad (10\text{-}24a)$$

其中 $scrap^*$ 表示廠商眞實的耗損率，則 (10-24) 式的母體迴歸式可爲：

$$\log(scrap) = \beta_0 + \beta_1 grant + \beta_2 \log(sales) + \beta_3 \log(employ) + \beta_4 \log(scrap_{-1}) + u + e_0 \qquad (10\text{-}24b)$$

就 (10-24b) 而言，e_0 是否與 *grant* 無關？廠商有可能會爲了多得到員工就業訓練補助而故意少報耗損率，以強調上述補助效果，故 e_0 可能與 *grant* 呈現負相關，使得 β_1 有高估的可能。

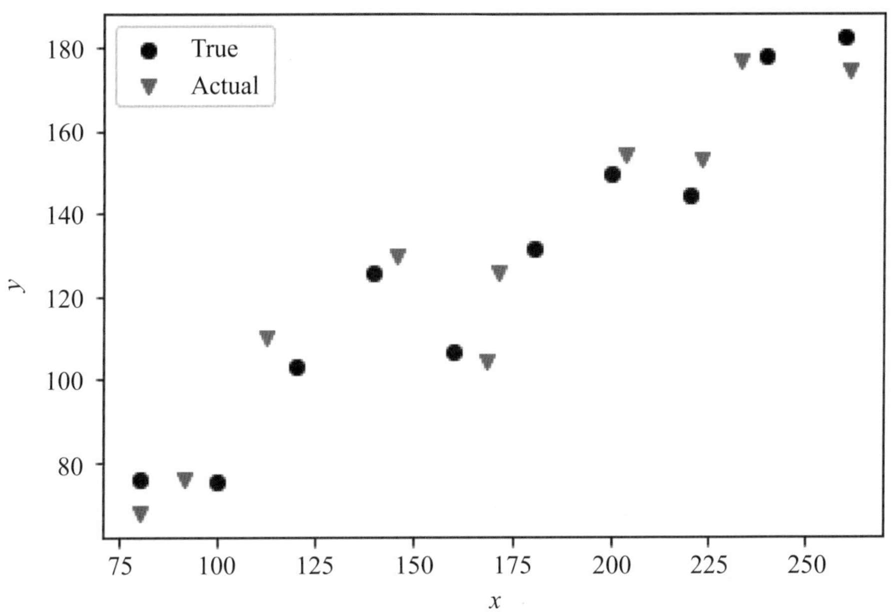

圖 10-5　x 與 y 之間的散佈圖，其中圓點與三角形分別表示真實值與實際值

例 3　一個虛構的例子

畢竟眞實值是觀察不到的，我們只能訴諸於使用虛構或模擬資料，可以參考圖 10-5。圖 10-5 分別繪製出眞實的 x^* 與 y^* 以及實際的 x 與 y 之間的散佈圖[7]，我們是

[7] 圖 10-5 的觀察值資料取自 Gujarati 與 Porter（2009）內的表 13-2，該表的資料是虛構的。

以後者取代前者；換言之，以 OLS 方法估計，可得：

$$\hat{y}^* = 25 + 0.6x^*$$
$$(10.48)(0.06)$$
$$n = 10, R^2 = 0.93, \hat{\sigma}_0 = 10.61 \tag{10-25a}$$

因 y^* 觀察不到，故以 y 取代，以 OLS 方法估計，可得：

$$\hat{y} = 25 + 0.6x^*$$
$$(12.22)(0.07)$$
$$n = 10, R^2 = 0.91, \hat{\sigma}_0 = 12.37 \tag{10-25b}$$

比較 (10-25a) 與 (10-25b) 二式，可發現估計參數值幾乎相同，有差異的是，(10-25b) 式之 $\hat{\sigma}_0$ 較大，使得估計參數值的標準誤稍高，此頗符合我們的直覺。

10.3.2 解釋變數存在衡量誤差

一般而言，解釋變數存在衡量誤差所導致的問題比因變數存在衡量誤差嚴重，我們看看。考慮一個簡單的迴歸模型：

$$y = \beta_0 + \beta_1 x_1^* + u \tag{10-26}$$

假定 (10-26) 式符合高斯－馬可夫假定，隱含著以 OLS 方法估計 (10-26) 式，可得 β_0 與 β_1 的不偏或一致性估計式。不過，(10-26) 式內的 x_1^* 表示眞實的變數，但是我們卻無法觀察到，只能用 x_1 取代 x_1^*。

因此，衡量誤差可定義爲：

$$e_1 = x_1 - x_1^* \tag{10-27}$$

面對 (10-27) 式，自然的假定爲：

(1) $E(e_1) = 0$。
(2) $Cov(u, x_1^*) = 0$ 或 $Cov(u, x_1) = 0$，隱含著 $Cov(u, e_1) = 0$。

(3) $E(y \mid x_1^*, x_1) = E(y \mid x_1^*)$。上述假定頗符合直覺判斷，畢竟經過 x_1^* 過濾後，x_1 已無能力影響 y。

將 (10-27) 式代入 (10-26) 式內，可得：

$$y = \beta_0 + \beta_1 x_1 + u - \beta_1 e_1 \tag{10-28}$$

合理的假定當然是：

(4) $Cov(x_1, e_1) = 0$。根據 (10-27) 式，也許我們無法合理化上述假定，不過 (10-27) 式若改成 $x_1^* = x_1 - e_1$，自然可以看出 x_1 與 e_1 無關。

(5) $u - \beta_1 e_1$ 之平均數爲 0 而變異數 $\sigma_u^2 + \beta_1^2 \sigma_{e_1}^2$。

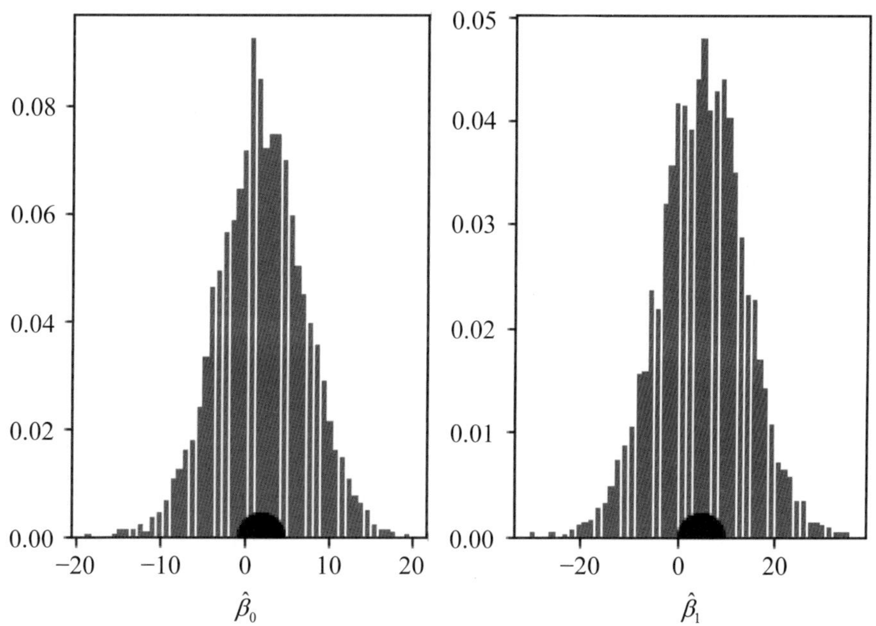

圖 10-6 $\hat{\beta}_0$ 與 $\hat{\beta}_1$ 的抽樣分配，其中黑點表示真實值

我們可以發現若符合上述假定，OLS 估計式的性質並不受影響；不過，除非 $\beta_1 = 0$，否則（自變數）存在衡量誤差亦會提高迴歸的變異數。我們舉一個例子說明，可以參考圖 10-6。根據 (10-28) 式，圖 10-6 係繪製出於 $x_1^* = x_1 - e_1$ 的假定下（$n = 100$），$\hat{\beta}_0$ 與 $\hat{\beta}_1$ 的抽樣分配，讀者可以檢視 $\hat{\beta}_0$ 與 $\hat{\beta}_1$ 不僅是不偏同時亦是一致性的估計式。

我們也未必只有上述的分析方式。古典的變量誤差（classical error-in-variables, CEV）假定衡量誤差與無法觀察到的變量之間並不相關，即：

$$Cov(x_1^*, e_1) = 0 \tag{10-29}$$

(10-29) 式的假定係根據 $x_1 = x_1^* + e_1$ 而來。若 (10-29) 式為眞，則 x_1 與 e_1 必然相關，即：

$$Cov(x_1, e_1) = E(x_1 e_1) = E(x_1^* e_1) + E(e_1^2) = \sigma_{e_1}^2 \tag{10-30}$$

換言之，於 CEV 的假定下，x_1 與 e_1 之間的共變異數恰等於衡量誤差的變異數。

根據 (10-28) 式，我們可以看出於 CEV 的假定下，OLS 的估計會產生偏誤，即因 x_1 與 u 之間無關，x_1 與 $u - \beta_1 e_1$ 之間的共變異數為：

$$Cov(x_1, u - \beta_1 e_1) = -\beta_1 Cov(x_1 e_1) = -\beta_1 \sigma_{e_1}^2 \tag{10-31}$$

因此，除非 e_1 的變異數為 0，否則於 CEV 的假定下，OLS 的估計不僅具有偏誤同時亦具不一致性。

根據第 5 章，我們亦可以計算 OLS 的估計式與眞實值之間不一致的差距，即：

$$\begin{aligned} plim(\hat{\beta}_1) &= \beta_1 + \frac{Cov(x_1, u - \beta_1 e_1)}{Var(x_1)} = \beta_1 - \beta_1 \frac{\sigma_{e_1}^2}{\sigma_{x_1^*}^2 + \sigma_{e_1}^2} \\ &= \beta_1 \left(1 - \frac{\sigma_{e_1}^2}{\sigma_{x_1^*}^2 + \sigma_{e_1}^2} \right) = \frac{\beta_1 \sigma_{x_1^*}^2}{\sigma_{x_1^*}^2 + \sigma_{e_1}^2} \end{aligned} \tag{10-32}$$

其中 $Var(x_1) = Var(x_1^*) + Var(e_1) = \sigma_{x_1^*}^2 + \sigma_{e_1}^2$。

(10-32) 式的結果頗有意思，因 $Var(x_1^*)/Var(x_1) < 1$，故 $plim(\hat{\beta}_1) < \beta_1$；換句話說，於 CEV 的假定下，即使 $\beta_1 \neq 0$，$plim(\hat{\beta}_1)$ 値仍容易接近於 0，此種現象可稱為 OLS 的「減弱偏誤（attenuation bias）」，即若 $\beta_1 > 0$，CEV 的 OLS 估計卻有低估的可能。當然，根據 (10-32) 式，若 $\sigma_{x_1^*}^2 > \sigma_{e_1}^2$，上述 $plim(\hat{\beta}_1)$ 與 β_1 不一致的差距自然可以降低。

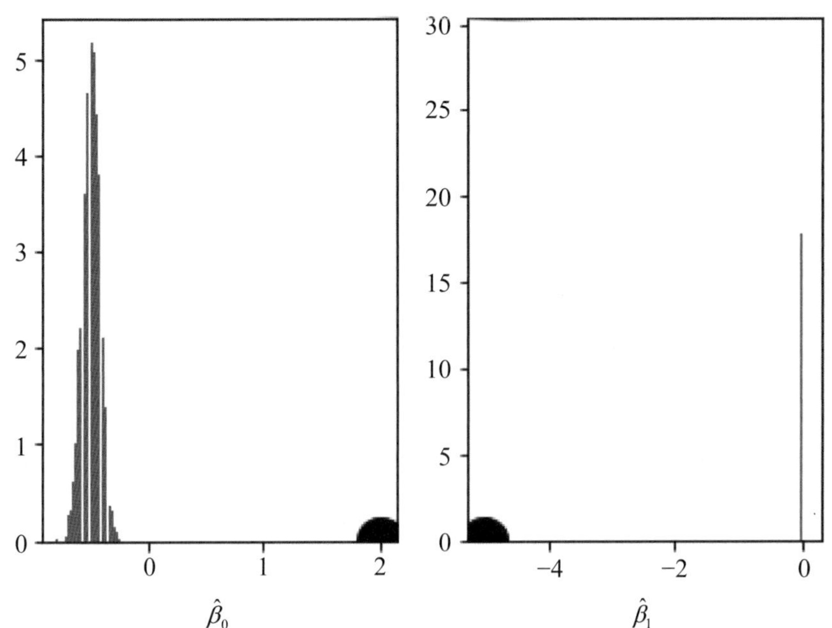

圖 10-7 **於** CEV **下，**$\hat{\beta}_0$ **與** $\hat{\beta}_1$ **的抽樣分配，其中黑點表示真實值**

我們亦舉一個例子說明 CEV 的情況。根據 $x_1 = x_1^* + e_1$ 與 (10-28) 式，圖 10-7 繪製出（$n = 1{,}000$）於 CEV 的假定下，$\hat{\beta}_0$ 與 $\hat{\beta}_1$ 的抽樣分配。我們可以看出 $\hat{\beta}_0$ 與 $\hat{\beta}_1$ 應皆不是不一致的估計式，尤其後者竟接近於 0（眞實值爲 $\beta_1 = -5$）。讀者可以嘗試比較圖 10-6 與圖 10-7 的差異。

若多考慮自變數，模型自然趨向於複雜。例如：考慮下列模型：

$$y = \beta_0 + \beta_1 x_1^* + \beta_2 x_2 + \beta_3 x_3 + u \tag{10-33}$$

其中第一個自變數存在衡量誤差，而其餘自變數並不存在衡量誤差。面對 (10-33) 式，我們仍假定 u 與 (10-33) 式內的自變數 x_1^*、x_2、x_3 或甚至於 x_1 無關；不過，重要的是，有關於衡量誤差 e_1 的假定。

若 e_1 與 x_1 無關，則迴歸式 $y \sim x_1, x_2, x_3$ 的 OLS 估計式仍具有一致性的性質，即：

$$y = \beta_0 + \beta_1 x_1 + \beta_2 x_2 + \beta_3 x_3 + u - \beta_1 e_1 \tag{10-34}$$

不過若 e_1 與 x_1 有關如 CEV 的假定，則 OLS 估計式 $\hat{\beta}_j$ ($j = 1, 2, 3$) 具有偏誤或不一

致的性質；至於 $\hat{\beta}_j\,(j=2,3)$ 等估計式則仍可能保有一致性的性質。例如：於 x_1 有衡量誤差而且 x_1 分別與 x_2 以及 x_3 無關之下，圖 9-6 分別繪製出 $\hat{\beta}_j\,(j=0,1,2,3)$ 的抽樣分配，我們可以看出 $\hat{\beta}_1$ 仍具有「減弱偏誤」的特性（即 $\hat{\beta}_1$ 仍屬於不一致的估計式），但是其餘 $\hat{\beta}_j\,(j=0,2,3)$ 則屬於一致性的估計式。

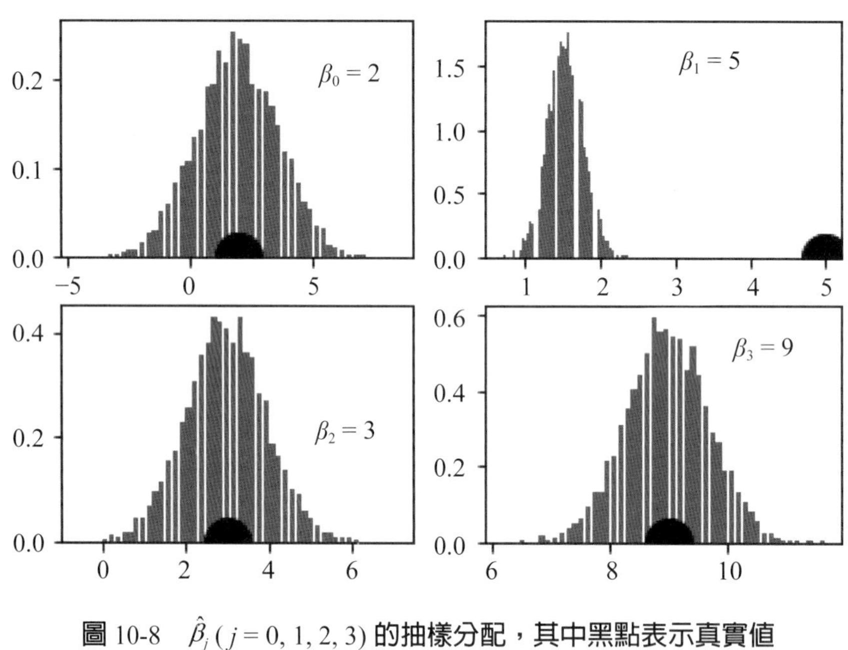

圖 10-8　$\hat{\beta}_j\,(j=0,1,2,3)$ 的抽樣分配，其中黑點表示真實值

情況也許不是那麼樂觀，畢竟 x_1^* 有可能與 x_2 以及 x_3 有關，此時即使只有 x_1^* 存在衡量誤差，$\hat{\beta}_j\,(j=0,1,2,3)$ 有可能皆屬於不一致的估計式，可以參考圖 10-9 的結果，讀者倒是可以猜測該圖的假設爲何以及上述假設的更改（參考所附檔案）。一般而言，於 (10-34) 式之下，$plim(\hat{\beta}_1)$ 可以寫成：

$$plim(\hat{\beta}_1) = \beta_1\left(\frac{\sigma_{r_1^*}^2}{\sigma_{r_1^*}^2 + \sigma_{e_1}^2}\right) \tag{10-35}$$

其中 $\sigma_{r_1^*}^2$ 爲迴歸式 $x_1^* \sim x_2, x_3$ 的誤差項之變異數。(10-35) 式當然可以擴充至，於 x_1^* 有衡量誤差之下，尚有 k 個自變數的情況。

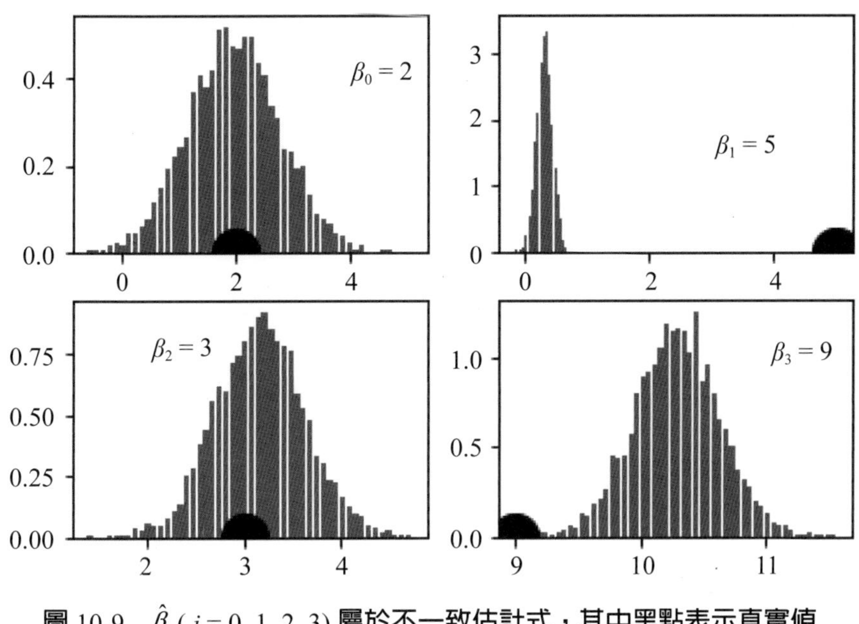

圖 10-9 $\hat{\beta}_j\ (j = 0, 1, 2, 3)$ 屬於不一致估計式，其中黑點表示真實值

例 1 續 (10-25a) 與 (10-25b) 二式

續使用 (10-25a) 與 (10-25b) 二式內的觀察值資料，以 OLS 方法估計，可得：

$$\hat{y}^* = 28.46 + 0.58x$$
$$(11.28)\ \ (0.06)$$
$$n = 10, R^2 = 0.91, \hat{\sigma}_0 = 11.69 \tag{10-36a}$$

與

$$\hat{y} = 28.30 + 0.58x$$
$$(12.68)\ \ (0.07)$$
$$n = 10, R^2 = 0.90, \hat{\sigma}_0 = 13.14 \tag{10-36b}$$

若與 (10-25a) 與 (10-25b) 二式比較，可發現 (10-36a) 與 (10-36b) 二式內的 β_1 的估計可能存在著偏誤；另一方面，(10-36b) 式內的 $\hat{\sigma}_0$ 值最大。

習題

(1) 試說明圖 10-6 與 10-7 的差異。

(2) 於圖 10-7 內，試舉一例說明 $\sigma^2_{x_1^*} > \sigma^2_{e_1}$ 的情況。

(3) 試以模擬的方式說明 (10-35) 式。

(4) 考慮下列的迴歸式：

$$colGPA = \beta_0 + \beta_1 faminc^* + \beta_2 hsGPA + \beta_3 SAT + u$$

上式是想要瞭解：於控制 *hsGPA* 與 *SAT* 等因素不變之下，家庭所得（*faminc*）與大學 GPA 成績（*colGPA*）是否有關？因眞實所得（$faminc^*$）未必與學生所列的家庭所得（*faminc*）一致，故 $faminc^*$ 存在衡量誤差，此時若以 *faminc* 取代 $faminc^*$，則 $\beta_j(j = 0, 1, 2, 3)$ 之估計式的性質爲何？試說明之。

10.4 離群值與最小絕對估計

本節將分兩部分介紹，其中第一部分將介紹離群值所扮演的角色以及對 OLS 估計的影響。第二部分則簡單介紹另外一種可以取代 OLS 的估計方法。

10.4.1 離群值與有影響力的觀察值

一般而言，尤其是使用小樣本時，OLS 的估計值是頗敏感的，即上述估計值可能會受到一些觀察值的影響。顧名思義，有影響力的觀察值（influential observations）或稱爲離群值是指：若除去上述觀察值後，OLS 的估計值會有大幅度的變動。當然，上述離群值的定義是模糊的，畢竟離群值若與現有的其餘觀察值比較，可能較爲突出，不過當樣本蒐集的空間或範圍擴大，那就不一定了。

我們有興趣檢視離群值，主要是它們會影響 OLS 的估計。畢竟離群值會取得較大的殘差值，於極小化殘差值平方和過程內占有較大的比重，故 OLS 的估計當然會受到是否有包括離群值而有不同。

就實際應用而言，離群值亦有可能是「誤植」的結果，故我們應習慣事前檢視我們的樣本資料。比較麻煩的是：就統計學或計量經濟學的觀點而言，通常樣本資料可視爲從一種特殊的機率分配的隨機抽樣結果，而該特殊的機率分配有可能會產生極端的觀察值；或者說，離群值有可能來自於不同的母體機率分配之抽樣結果，故其實離群值的分析是頗爲複雜的。

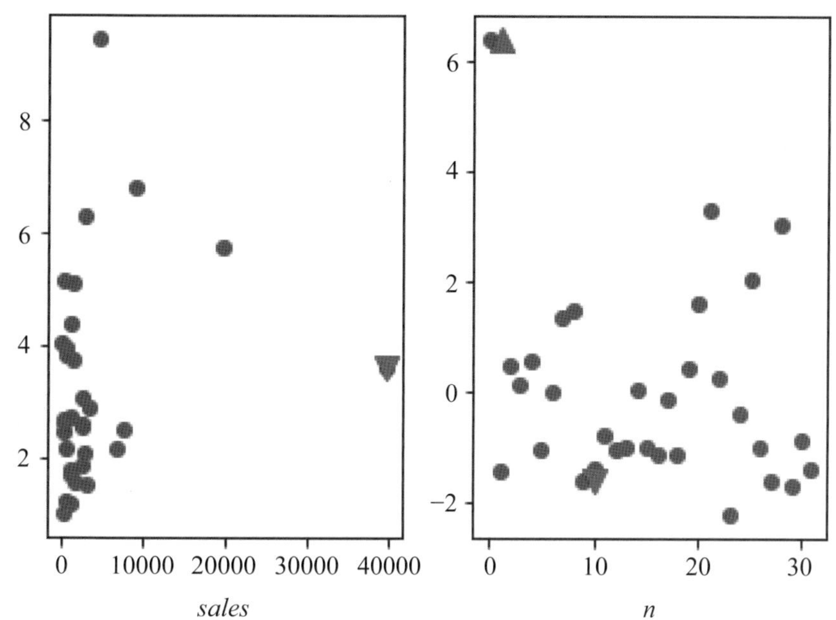

圖 10-10 左圖為 *sales* 與 *rdintens* 的散佈圖而右圖則是 (9-35) 式內殘差值的走勢

舉一個例子說明。考慮 RDCHEM(W) 檔案內的數據資料，以 OLS 方法估計可得：

$$\hat{r} = 2.625 + 0.000053 sales + 0.0446 profmarg$$
$$(0.586)\ (0.000044) \qquad (0.046)$$
$$n = 32, \bar{R}^2 = 0.012, \hat{\sigma}_0 = 1.862 \tag{10-37}$$

其中 $r = rdintens$ 以及 *rdintens*、*sales* 與 *profmarg* 分別表示 R&D 支出占銷售額比重、銷售額以及利潤占銷售額比重。從 (10-37) 式的結果可看出 *sales* 與 *profmarg* 的估計值皆不顯著異於 0（顯著水準爲 10%）。

(10-37) 式內的變數資料各皆有 32 個觀察值，不過我們懷疑 *sales* 的觀察值內可能存在一個離群值，可以參考圖 10-10 內的左圖。從該圖內可看出 *sales* 的第 10 個觀察值（點倒三角形）明顯與其他的觀察值有差距[8]，是故我們考慮除去上述第 10 個觀察值，重新利用其餘的觀察值估計，可得：

---

[8] 即第 10 個觀察值約爲 39,709（百萬美元），而其餘 31 個觀察值的平均值則約爲 2,638.56（百萬美元）。

$$\hat{r} = 2.297 + 0.000186 sales + 0.0478 profmarg$$
$$(0.592)(0.000084) \qquad (0.044)$$
$$n = 31, \bar{R}^2 = 0.114, \hat{\sigma}_0 = 1.792 \tag{10-38}$$

我們可以看出 (10-38) 式內的 *sales* 的參數估計值顯著異於 0（顯著水準爲 5%），而該結果明顯與 (10-37) 式的結果不同。

通常，也許我們可以透過檢視迴歸估計的殘差值結果（利用所有的觀察值資料）以判斷是否存在離群值，不過顯然此種判斷方式並不適用於上述 (10-37) 與 (10-38) 二式的例子。例如：圖 10-10 的右圖繪製出 (10-37) 式所對應的殘差值走勢，其中第 10 個殘差值（點倒三角形，可對應至最大銷售額）並不大（約爲 −1.62），上述殘差值的絕對值甚至於低於 (10-37) 式的 $\hat{\sigma}_0$ 值。

利用「t 標準化殘差值（studentized residuals）」的大小來判斷也許是一個可考慮的方式。t 標準化殘差值的計算可以使用下列的技巧：假定欲計算第 h 個觀察值的 t 標準化殘差值，我們事先使用除去第 h 個觀察值的其餘觀察值資料，以取得對應的 SRF，再利用上述 SRF 取得第 h 個觀察值所對應的殘差值。例如：就上述 (10-37) 與 (10-38) 二式的例子而言，若我們欲計算第 $h = 10$ 個觀察值的 t 標準化殘差值，首先須找出第 $h = 10$ 個觀察值所對應的 *rdintens*、*sales* 與 *profmarg* 值分別約爲 3.5962、39,709 與 10.4611，再代入 (10-38) 式內，可得對應的（t 標準化）殘差值約爲 −6.5717。

上述 t 標準化殘差值的計算過程稍嫌麻煩，我們可以使用一個簡單的方式取代，即使用虛擬變數方法。令 D_h 表示一個虛擬變數（即第 h 個觀察值爲 $D_h = 1$，而其餘的觀察值爲 $D_h = 0$），再將 D_h 視爲額外的解釋變數，此時 D_h 的估計參數就是 t 標準化殘差值。就 (10-37) 式的例子而言，我們懷疑第 $h = 10$ 個觀察值有可能屬於離群值，故使用所有的樣本數而以 OLS 方法估計，可得：

$$\hat{r} = 2.297 + 0.0002 sales + 0.0478 profmarg - 6.5717 D_{10}$$
$$(0.592)(0.000084) \qquad (0.044) \qquad\qquad (3.615)$$
$$n = 32, \bar{R}^2 = 0.085, \hat{\sigma}_0 = 1.792 \tag{10-39}$$

其中 D_{10} 爲上述第 $h = 10$ 個觀察值的虛擬變數。從上述 (10-39) 式的結果內可發現 D_{10} 的估計參數恰等於 −6.5717。利用上述虛擬變數方法如 (10-39) 式計算有一個優點，就是可以計算對應的 t 標準化殘差值的 t 檢定統計量，後者約爲 −1.818 [0.08]，故於顯著水準爲 10% 之下，D_{10} 的估計參數顯著異於 0，隱含著第 $h = 10$ 個觀察值有可能屬於離群值。是故，使用虛擬變數方法的優點是不僅可以計算出 t 標準化殘差值，同時亦可以檢定 t 標準化殘差值是否顯著。

原則上，我們應該可以計算每一個觀察值所對應的 t 標準化殘差值。例如：於圖 10-10 的左圖內，我們發現第 1 個觀察值所對應的殘差值最大（點正三角形），故倒是可以嘗試計算該點的 t 標準化殘差值，即：

$$\begin{aligned}\hat{r} &= 2.193 + 0.00005sales + 0.0683profmarg + 6.718D_1 \\ &\quad (0.592)(0.000084) \qquad (0.044) \qquad\qquad (3.615) \\ n &= 32, \overline{R}^2 = 0.412, \hat{\sigma}_0 = 1.436 \end{aligned} \tag{10-40}$$

其中 D_1 爲第 1 個觀察值的虛擬變數。於 (10-40) 式內，可發現 D_1 的估計參數約爲 6.718，而對應的 t 檢定統計量則約爲 4.555，顯然顯著異於 0；換句話說，比較 (10-39) 與 (10-40) 二式，透過 t 標準化殘差值的估計，我們發現第 1 個觀察值反而較第 10 個觀察值更可能屬於離群值。

有意思的是，若於 (10-37) 式額外再加上 D_1 與 D_{10} 自變數，以 OLS 方法估計，可得：

$$\begin{aligned}rdintens &= 1.939 + 0.0002sales + 0.0701profmarg + 6.4669D_1 - 5.4143D_{10} \\ &\quad (0.459)(0.00006) \qquad (0.034) \qquad\qquad (1.412) \qquad (2.773) \\ n &= 32, \overline{R}^2 = 0.466, \hat{\sigma}_0 = 1.369 \end{aligned} \tag{10-41}$$

我們不僅發現上述自變數之估計參數皆顯著異於 0（顯著水準爲 10%）；另一方面，若剔除第 1 與第 10 個觀察值後，再重新估計，可得：

$$\begin{aligned}rdintens &= 1.939 + 0.0002sales + 0.0701profmarg \\ &\quad (0.459)(0.00006) \qquad (0.034) \\ n &= 30, \overline{R}^2 = 0.217, \hat{\sigma}_0 = 1.369 \end{aligned} \tag{10-42}$$

比較 (10-41) 與 (10-42) 二式，我們發現二式之 *sales* 與 *profmarg* 的估計參數值竟然完全相同，隱含著後者其實是刪除兩個觀察值的結果，無怪乎 (10-41) 式的 $\overline{R}^2$ 值較大。

上述過程似乎可以延伸，即我們應該可以繼續透過虛擬變數找出可能的離群值。例如：延續 (10-37) 式以及利用虛擬變數方法，圖 10-11 的左圖與右圖分別繪製出每一個觀察值所對應的 t 標準化殘差值與 p 值，若以顯著水準 10% 爲準（右圖的水平虛線），我們發現除了第 1 與第 10 個觀察值之外，另外第 22 與第 29 個觀察值亦有可能屬於離群值。於習題內，我們要求讀者估計包括上述 4 個虛擬變數的結果。

如前所述，使用虛擬變數如 (10-41) 式，相當於刪除極端的觀察值，迴歸式的配適度當然愈佳，不過刪除愈多極端的觀察值，當然會影響原本迴歸式估計參數值的估計，是故欲刪除多少數量的極端觀察值，反而變成研究者必須考量的部分。

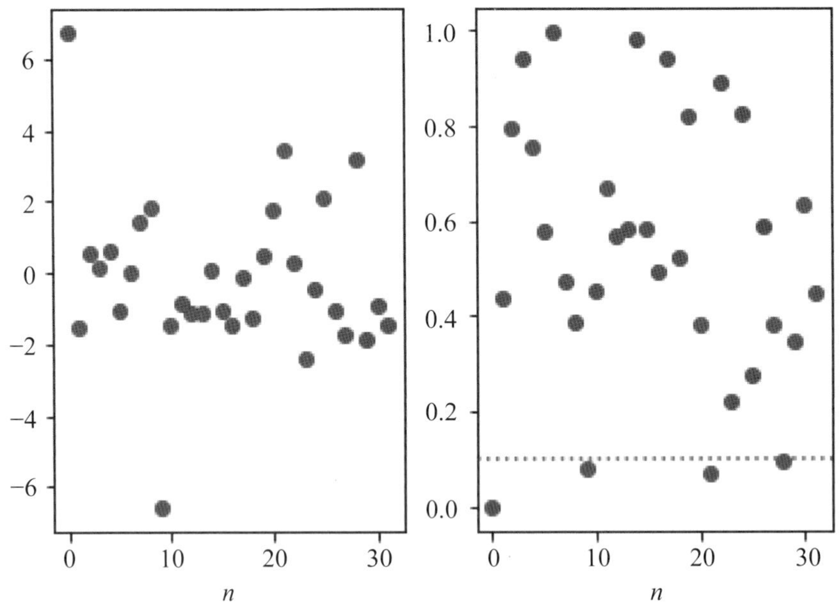

圖 10-11　每一個觀察值所對應的 t 標準化殘差值（左圖）以及對應的 p 值，其中水平虛線表示顯著水準 10%

例 1　對數型態

如前所述，變數若以對數的型態呈現可以縮短資料的範圍，故以對數的型態表示可以降低離群值的干擾。持續使用 RDCHEM 檔案內的數據資料，我們考慮下列的母體型態：

$$rd = sales^{\beta_1}\exp\left(\beta_0 + \beta_2 profmarg + u\right)$$

將上式取對數，並以 OLS 方法估計，可得：

$$\hat{r}_d = -4.378 + 1.0842\log(sales) + 0.0217\,profmarg$$
$$(0.468)\quad (0.060)\qquad\qquad (0.013)$$
$$n = 32, \bar{R}^2 = 0.912, \hat{\sigma}_0 = 0.5136 \tag{10-43}$$

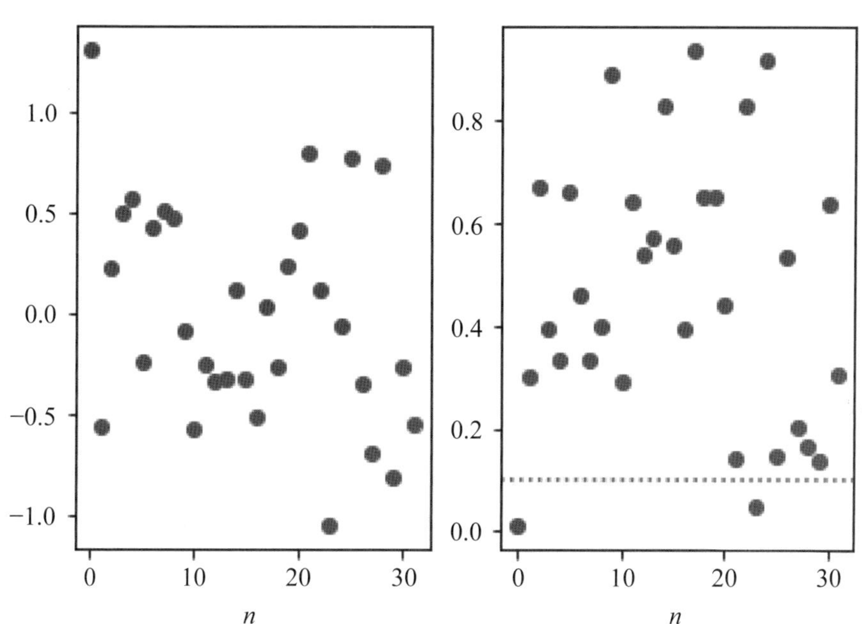

圖 10-12 (10-43) **式所對應的** t **標準化殘差值（左圖）以及** p **值，其中水平虛線表示顯著水準** 10%

其中 $r_d = \log(rd)$。

類似於圖 10-11 的製作方式，根據 (10-43) 式，我們找出每一個觀察值所對應的 t 標準化殘差值與 p 值，並且繪製如圖 10-12 所示。於圖 10-12 的右圖內，我們發現第 1 與第 24 個觀察值有可能屬於離群值。令 $D24$ 表示第 24 個觀察值的虛擬變數，重新估計可得：

$$\hat{r}_d = -4.3007 + 1.0601\log(sales) + 0.0305\,profmarg + 1.3071D_1 - 1.0411D_{24}$$
$$(0.394)\quad (0.051)\qquad\qquad (0.011)\qquad\qquad (0.448)\qquad (0.447)$$
$$n = 32, \bar{R}^2 = 0.938, \hat{\sigma}_0 = 0.4321 \tag{10-44}$$

可看出於顯著水準爲 5% 之下，上述參數估計值皆顯著異於 0；另一方面，若與

(10-43) 式比較，於 (10-44) 式內可看出對應的 $\bar{R}^2$ 值較大（或 $\hat{\sigma}_0$ 值較小），隱含著似乎 (10-44) 式的結果較佳。

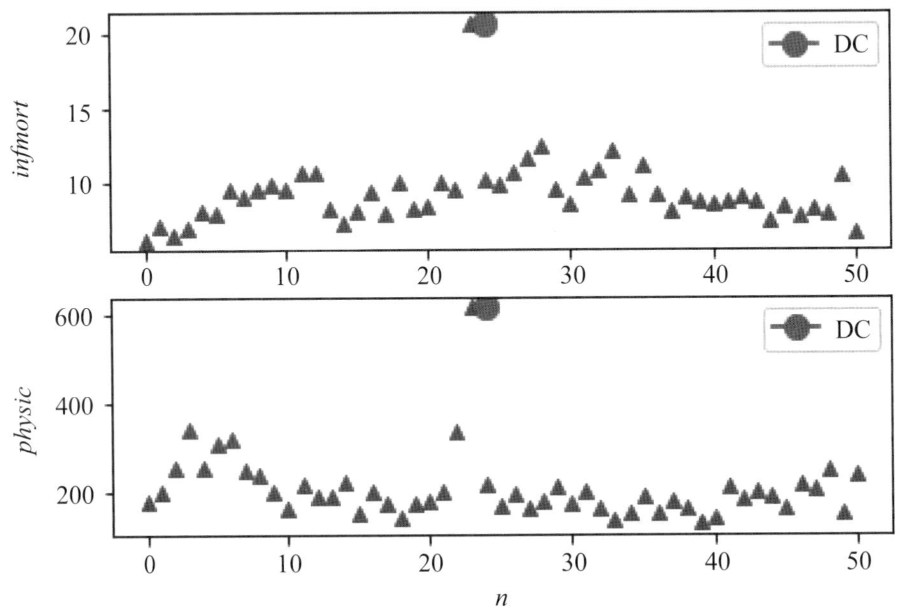

圖 10-13　美國 51 州的嬰兒死亡數與醫生人數

例 2　州嬰兒死亡率

使用 1990 年 INFMRT(W) 檔案內的數據資料，以 OLS 方法估計，可得：

$$\hat{i}_n = 33.8593 - 4.6847\log(pcinc) + 4.1533\log(physic) - 0.0878\log(popul)$$
$$(20.428)\quad(2.604)\qquad\qquad(1.513)\qquad\qquad(0.287)$$
$$n = 51, \bar{R}^2 = 0.084, \hat{\sigma}_0 = 2.0581 \tag{10-45}$$

其中 $i_n = infmort$ 以及 *infmort*、*pcinc*、*physic* 與 *popul* 分別表示嬰兒死亡數（每千人）、個人所得、醫生人數（每十萬人）以及人口數（單位：千人）。於顯著水準爲 10% 之下，我們發現 log(*pcinc*) 與 log(*physic*) 的估計參數值皆顯著異於 0，而 log(*popul*) 的估計參數卻不顯著異於 0；不過，*physic* 的估計參數值卻與我們的直覺不符。

圖 10-13 分別繪製出美國 51 州的 *infmort* 與 *physic* 的觀察資料走勢，即 (10-45) 式內所使用的樣本資料走勢，我們發現哥倫比亞特區（D.C.）的確較爲突

出。例如：於 D.C. 內，*infmort* 與 *physic* 的觀察值分別約為 20.7 與 615，而其他地區的 *infmort* 與 *physic* 觀察值的平均數則分別約為 9.06 與 197，顯然幾乎可將 D.C. 視為離群值。

若除去 D.C. 的資料，重新估計可得：

$$\hat{i}_n = 23.9548 - 0.5669\log(pcinc) - 2.7418\log(physic) + 0.6292\log(popul)$$
$$(12.419)\quad(1.641)\qquad\qquad(1.191)\qquad\qquad(0.191)$$
$$n = 50, \overline{R}^2 = 0.226, \hat{\sigma}_0 = 1.2464 \qquad (10\text{-}46)$$

我們發現除了 log(*pcinc*) 的估計參數值不顯著異於 0 之外，(10-46) 式內的其餘估計參數值皆顯著異於 0。重要的是，(10-46) 式內的估計參數值頗符合我們的直覺判斷。例如：醫生人數愈高應可以降低嬰兒死亡數以及人口數與嬰兒死亡數呈現顯著的正相關。

比較 (10-45) 與 (10-46) 二式，可發現離群值的確會影響 OLS 的估計。

例 3 虛擬變數法

續例 2，我們亦可以使用虛擬變數法以計算對應的 t 標準化殘差值，即使用虛擬變數 DC，重新估計可得：

$$\hat{i}_n = 23.9548 - 0.5669\log(pcinc) - 2.7418\log(physic) + 0.6292\log(popul)$$
$$(12.419)\quad(1.641)\qquad\qquad(1.191)\qquad\qquad(0.191)$$
$$+ 16.035DC$$
$$(1.769)$$
$$n = 51, \overline{R}^2 = 0.664, \hat{\sigma}_0 = 1.2464 \qquad (10\text{-}47)$$

可發現 (10-46) 與 (10-47) 二式的估計參數幾乎完全相同；另一方面，DC 的估計參數值亦顯著異於 0，同時拉高了 $\overline{R}^2$ 值至 0.664。

習題

(1) 何謂 t 標準化殘差值？試解釋之。

(2) 就圖 10-11 而言，我們發現有 4 個觀察值的 t 標準化殘差值顯著異於 0，試將上述 4 個觀察值以虛擬變數表示，並且包括上述 4 個虛擬變數重新估計 (10-37)

式，結果為何？

(3) 利用 1990 年 INFMRT(W) 檔案內 log($pcinc$) 的數據資料，試建立根據 log($pcinc$) 的每一個觀察值的虛擬變數後，再合併至 1990 年 INFMRT 的檔案內，此時，何虛擬變數可對應至 D.C.？

(4) 續上題，類似於圖 10-11 或 10-12 的製作方式，試找出每一個觀察值的 t 標準化殘差值，若以顯著水準 10% 為準，共有多少個觀察值之 t 標準化殘差值顯著異於 0？何者最顯著？

(5) 續上題，若重新估計 (10-45) 式，讀者認為應包括多少個虛擬變數？

10.4.2 最小絕對估計

10.4.1 節敘述了 OLS 估計值容易受到離群值的影響，那是否存在一種可以取代 OLS 估計的方法，而該方法較不易受到離群值的干擾？答案是有的，那就是於應用計量經濟學內普遍被使用的最小絕對離差值（least absolute deviation, LAD）估計方法。

顧名思義，於線性迴歸式內 β_j 的 LAD 估計式的導出係根據極小化絕對殘差值和，即：

$$\min_{b_0, b_1, \cdots, b_k} \sum_{i=1}^{n} \left| y_i - b_0 - b_1 x_{i1} - \cdots - b_k x_{ik} \right| \tag{10-48}$$

讀者可以與 (4-6) 式比較。不像 OLS 估計式，迴歸之 LAD 估計式並無法用完整的數學式表示，不過還好利用 Python，LAD 的估計倒也容易使用。

圖 10-14 繪製出 OLS 與 LAD 的目標函數，我們可以看出後者係為線性，隱含著正（負）殘差值增加的幅度與目標函數一致，但是就前者而言，OLS 的目標函數卻隨正（負）殘差值增加的幅度遞增；是故，OLS 的估計較 LAD 的估計易受離群值的影響。

換句話說，就 LAD 的估計而言，因較大的殘差值之權數並沒有像 OLS 估計以平方的權數遞增，故 LAD 的估計較不易受到極端值的影響。事實上，於 $x_1, x_2, \cdots, x_k$ 的條件下，LAD 方法係估計 y 的條件中位數而非條件平均數，故相對上針對極端值而言，LAD 的估計值較具彈性。

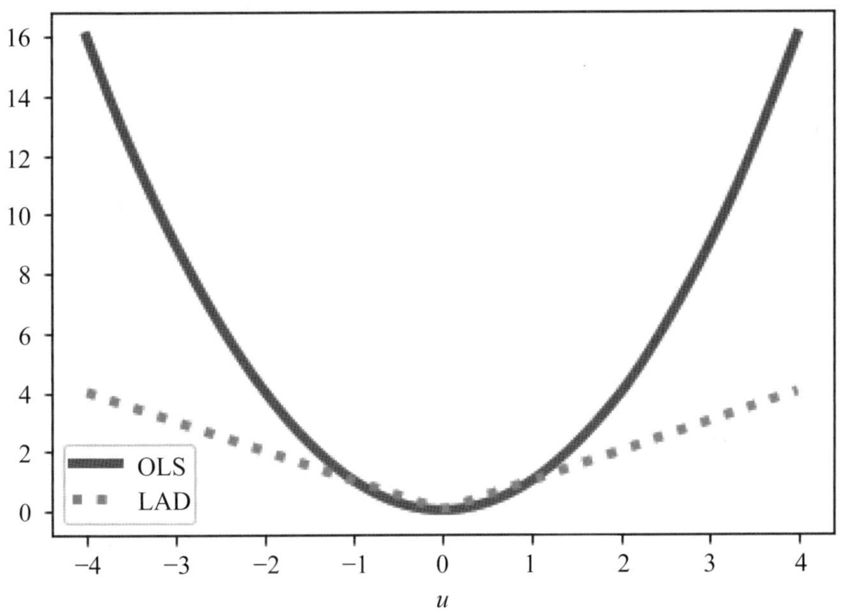

圖 10-14　OLS 與 LAD 之目標函數

LAD 的估計具有下列特色：

(1) 相對於 OLS 估計而言，LAD 的估計需要密集的計算過程，不過因大多數計量軟體皆有提供估計指令，Python 也不例外。
(2) 若符合高斯－馬可夫假定，OLS 的 t 或 F 統計量可以用 t 或 F 分配表示，但是 LAD 的估計只適用於大樣本，即 LAD 的 t 或 F 統計量只能使用漸近的 t 或 F 分配表示。
(3) 如前所述，LAD 欲估計條件中位數，故 LAD 並不是條件平均數 $E(y \mid x_1, \cdots, x_k)$ 的一致性估計。若 u 屬於對稱型分配，LAD 與 OLS 的估計頗為接近；但是，若 u 屬於不對稱型分配，LAD 與 OLS 的估計可能會南轅北轍。
(4) 於 OLS 的估計內，通常假定 u 與 $(x_1, \cdots, x_k)$ 相互獨立，不過當應用 LAD 估計時（如 u 屬於不對稱分配），上述假定並不易成立。
(5) 因 LAD 係估計中位數，故可以透過單調轉換取得對應的結果或預期值，此可視為 LAD 估計優於 OLS 估計的部分。例如：考慮下列的迴歸式：

$$\log(y) = \beta_0 + \mathbf{x\beta} + u \tag{10-49}$$

其中

$$Med(u \mid \mathbf{x}) = 0 \tag{10-50}$$

(10-49) 式的表示方式，可以參考附錄 F，而 (10-50) 式係指 u 的中位數爲 0。(10-49) 與 (10-50) 二式隱含著：

$$Med[\log(y) \mid \mathbf{x}] = \beta_0 + \mathbf{x}\boldsymbol{\beta} \tag{10-51}$$

而 (10-51) 式亦隱含著條件中位數可以透過一個遞增函數轉換，即：

$$Med[y \mid \mathbf{x}] = \exp(\beta_0 + \mathbf{x}\boldsymbol{\beta}) \tag{10-52}$$

上述特色可以參考 Wooldridge（2010）。

(6) LAD 可視爲分量迴歸（quantile regression）的一個特例，後者強調估計未必局限於條件平均數或條件中位數，可以參考圖 10-15。

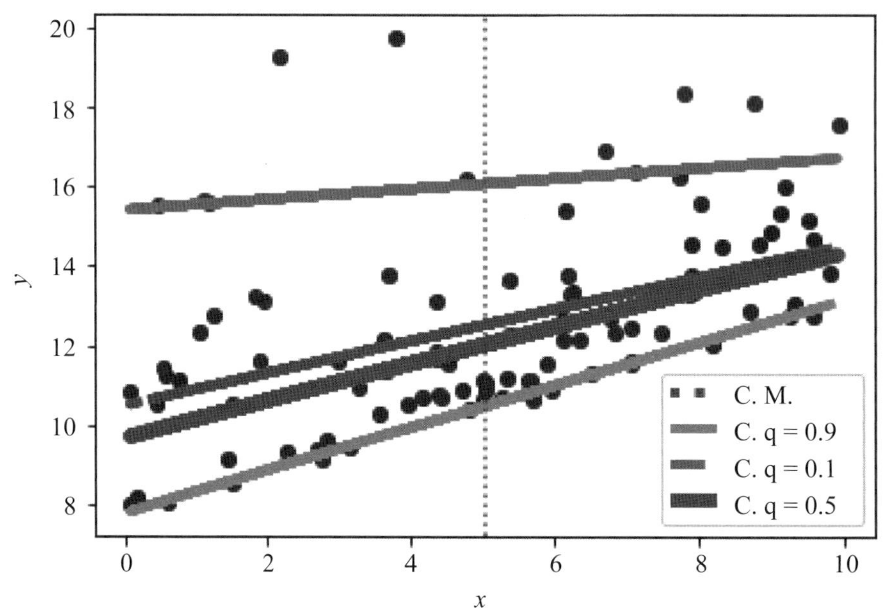

圖 10-15　分量迴歸之估計，其中 C. M. 表示條件平均數而 C. q = 0.5 則表示條件中位數，其餘可類推

如前所述，LAD 可視爲分量迴歸的一個特例，既然 LAD 係估計條件中位數（寫成 C. q = 0.5），那應該也可以估計 C. q = r，其中 r 爲介於 0 與 1 之值。例如：於 x 與 y 的觀察值之下，使用分量迴歸技巧[9]，圖 10-15 除了繪製出條件平均數（C. M.）的 SRF 之外，亦繪製出 C. q = r 之 SRF，其中 r = 0.1, 0.5, 0.9。我們知道 r = 0.5 就是 LAD 的估計。於圖 10-15 內，我們發現若使用 C. M. 之 SRF 估計，可能不如其他如 C. q = r 之 SRF 估計來得準確，其中 $r \geq 0.5$。

於 Python 內，分量迴歸的估計並不難，試下列指令：

```
import statsmodels.formula.api as smf
data = pd.DataFrame({'y':y,'x':x})
model4 = smf.quantreg('y~x',data).fit(q=0.5)
model4.summary()
```

即可以使用模組 (statsmodels) 內的函數指令估計[10]。

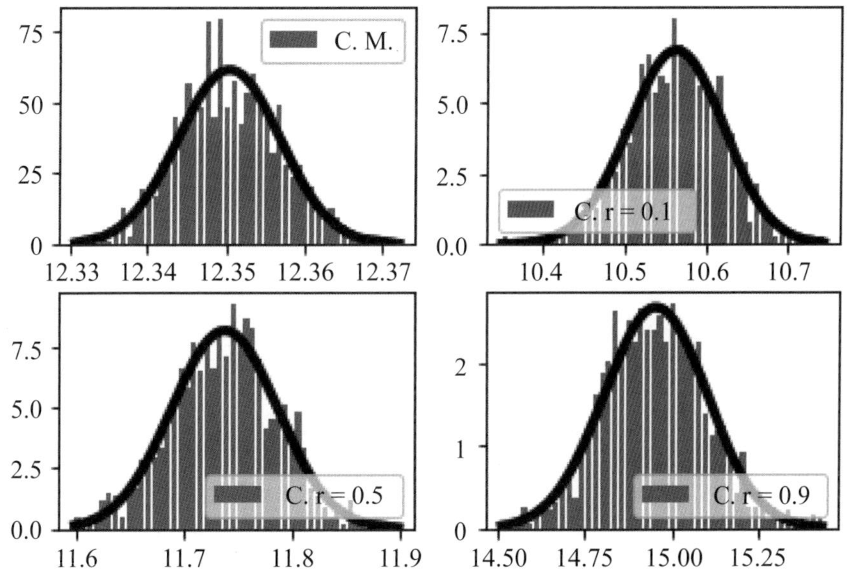

圖 10-16　於 x 之第 50 個觀察值下，C. M. 與 C. q 之抽樣分配，其中曲線為常態分配

[9] 有關於分量迴歸的介紹，可以參考 Koenker（2005）或 Wooldridge（2010）等文獻。
[10] 可惜的是，本書所使用的 Spyer IDE (5.4.3) 並未提供分量迴歸之穩健標準誤估計。

我們可以多多練習上述分量迴歸的估計，可以參考圖 10-16。假定我們欲繪製出圖 10-15 內垂直虛線（即 x 爲固定值）的條件（抽樣）分配，其實有多種可能，即除了條件平均數（C. M.）與條件中位數（C. q = 0.5）之外，不是仍有 C. q = r 嗎？假定 $u = v - \bar{v}$（v 是自由度爲 2 的卡方分配隨機變數），圖 10-16 分別繪製出以 u 爲誤差項，於 $x = x_0$ 之下，C. M. 與 C. q 之抽樣分配，我們發現即使於 u 不屬於對稱型分配之下，C. M. 與 C. q 之抽樣分配仍偏向於常態分配[11]。

表 10-4　淨總金融財富之 OLS 與分量迴歸之估計

因變數	***nettfa*** **(1)**	**(2)**	**(3)**	**(4)**	**(5)**	**(6)**
自變數	平均數（OLS）	$q = 0.1$	$q = 0.25$	中位數（LAD）	$q = 0.75$	$q = 0.9$
inc	0.783* (0.062)	-0.0179 (0.015)	0.0713* (0.008)	0.3244* (0.012)	0.7977* (0.024)	1.2911* (0.045)
age	-1.568* (0.770)	-0.0663 (0.203)	0.0336 (0.100)	-0.2446* (0.147)	-1.3856* (0.277)	-3.5788* (0.466)
age^2	0.028* (0.009)	0.0024 (0.002)	0.0004 (0.001)	0.0048* (0.002)	0.0242* (0.003)	0.0605* (0.005)
e401k	6.837* (2.131)	0.9494* (0.535)	1.2810* (0.274)	2.5925* (0.407)	4.4600* (0.776)	6.0015* (1.35)
n	2,017	2,017	2,017	2,017	2,017	2,017

說明：

(1) “*” 表示顯著異於 0（顯著水準爲 10%）。

(2) 本表係估計 Wooldridge（2010）內之表 12.1，不過後者係使用穩健的標準誤估計。

(3) 使用 401KSUBS 檔案內之 $fsize = 1$ 的資料。

我們舉一個實際的例子，可以參考表 10-4。表 10-4 係使用 401KSUBS(W) 檔案內之 $fsize = 1$ 的資料以估計淨金融財富餘額帳戶（*nettfa*）之條件分位數，其中解釋變數分別爲 *inc*、*age*、age^2 與 *e401k*，該檔案資料亦可參考 9.3.1 節的例 3。如前所述，我們並沒有使用穩健的標準誤估計，故表 10-4 的標準誤結果與 Wooldridge（2010）內之表 12.1 稍有不同，即表 10-4 係估計 Wooldridge（2010）內之表 12.1；換句話說，根據表 10-4 的結果，於顯著水準爲 10% 之下，表內的估計參數

[11] 當然，若 x 爲隨機變數，結果自然不同。

幾乎皆顯著異於 0。

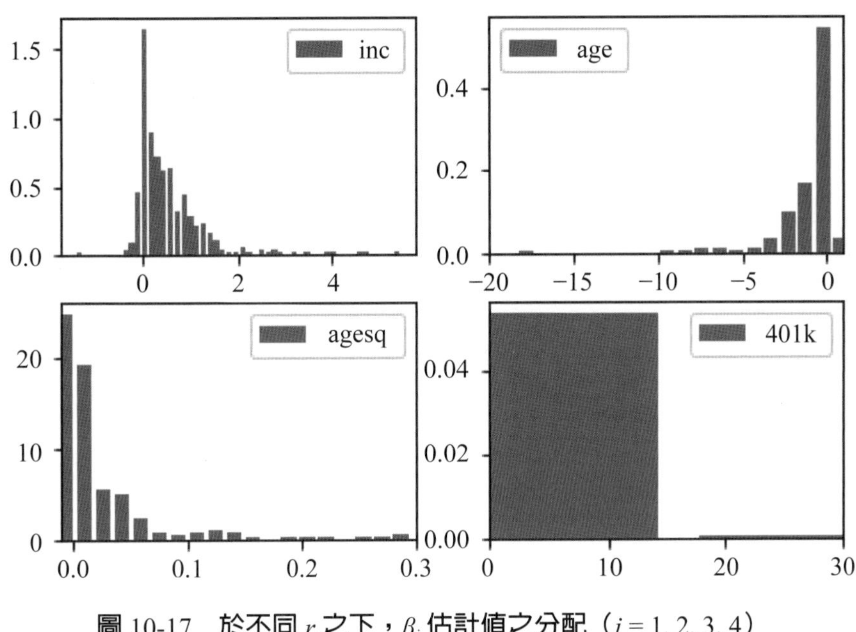

圖 10-17　**於不同** r **之下，**β_j **估計值之分配**（$j = 1, 2, 3, 4$）

首先，我們檢視表 10-4 內的 OLS 估計結果（即表內的 (1) 欄），我們發現 *inc* 與 *e*401*k* 的估計參數頗符合我們的預期，即於其他情況不變下，*inc* 或 *e*401*k* 對 *nettfa* 的條件平均數有正的效果。例如：若 *inc* 提高 1,000（元），於其他情況不變下，*nettfa* 的條件平均數會增加 783（千元）。讀者亦可以解釋 *e*401*k* 的估計參數之意義。比較意外的是 *age* 估計的參數，可記得 *age* 之觀察值介於 25~64（歲）之間，我們發現 *age* 的提高，於其他情況不變下，*nettfa* 的條件平均數反而會下降。

畢竟 OLS 只提供一個預測值 $\hat{\beta}_j$ $(j = 1, 2, 3, 4)$，使用分量迴歸估計竟然可以估計到 *nettfa* 反應的條件分配，即 $\tilde{\beta}_j$ 分配（$\tilde{\beta}_j$ 爲分量迴歸估計）。例如：於 $0 < r < 1$ 之下，我們可以使用分量迴歸方法估計表 10-4 內模型之不同 r 的情況，其結果則繪製如圖 10-17 所示，我們不僅可以看到 $\tilde{\beta}_j$ 分配，同時亦可看出 *e*401*k* 對 *nettfa* 的影響最大。事實上，圖 10-17 的結果係來自於圖 10-18，其中後者繪製出不同 r 之 $\tilde{\beta}_j$ 結果。圖 10-18 的結果頗耐人尋味，即隨 r 的提高，*inc* 與 *e*401*k* 對 *nettfa* 的影響竟然上升，而 *age* 對 *nettfa* 的影響竟然下跌，此結果應該不易利用 OLS 方法發覺。

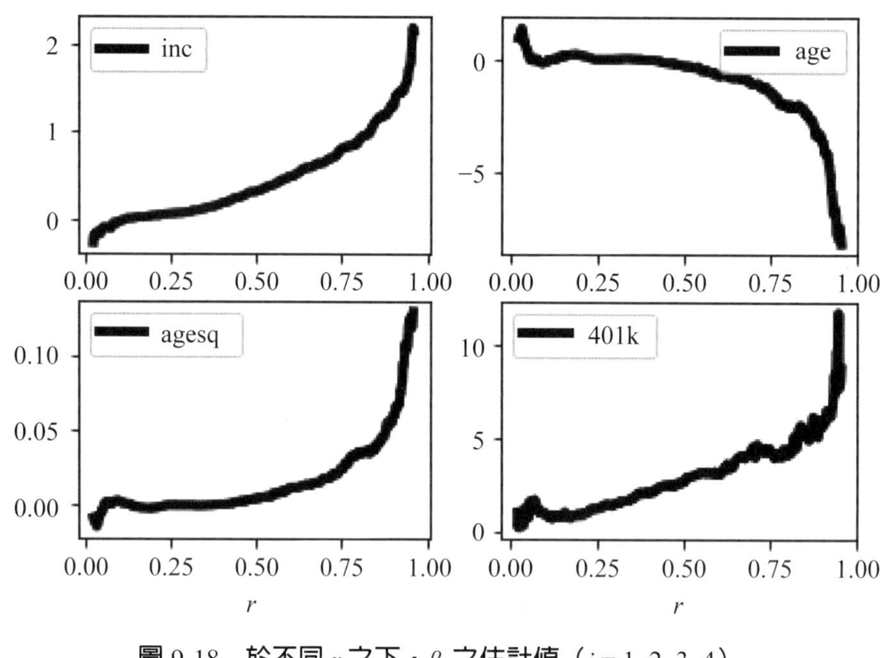

圖 9-18　於不同 r 之下，β_j 之估計值（$j = 1, 2, 3, 4$）

例 1 **其他估計方法**

我們亦可以使用下列方式估計：

```
from statsmodels.regression.quantile_regression import QuantReg
ModelK1 = QuantReg('nettfa~inc+age+agesq+e401k',K401a).fit(0.1)
ModelK1.summary()
```

讀者可以試試。

習題

(1) 根據 RDCHEM(W) 檔案內的數據資料，考慮下列的迴歸式：

$$rdintens = \beta_0 + \beta_1 sales + \beta_2 sales^2 + \beta_3 profmarg + u$$

試回答下列問題（提示：可將 $sales$ 轉換成用 10 億美元表示）：

(i) 以 OLS 方法估計含與不含最大銷售額廠商之迴歸式，試比較其結果。

(ii) 以 LAD方法估計含與不含最大銷售額廠商之迴歸式，試比較其結果。

(iii) 最大銷售額廠商是否可視爲離群值？試評論之。

(2) 續上題，何觀察值可視爲離群值？

(3) 續上題，以 (2) 之離群值取代最大銷售額廠商，重作 (1)。OLS 與 LAD 方法，何者比較不受上述離群值的影響？

Appendix A Python 導論

如序言所述，本書是使用 Python 當作輔助工具來學習計量經濟學。本章將複習一些本書會使用的 Python 語法或指令，若有不足可以參考《資處》、《統計》、其他介紹 Python 的書籍或直接上網查詢。本書所有內容皆是於 Spyder 5.4.3 IDE 下操作[①]。換句話說，本書仍沿襲作者之前書籍的特色，即全書只要可以用 Python 操作，本書皆附有完整的 Python 指令或程式碼供讀者參考，希望讀者能多練習，多實際操作。

A.1 本書的操作方式

進入 Spyder 5.4.3 IDE 視窗內，若讀者於左視窗內看到下列指令：

```
print((1+1)*5) # 10
print('16**0.5\n') # 16**0.5
re1 = 16**0.5
print(f'result1:{re1}\n') # result1:4.0
re2 = 5*(4-1)**2
print(f'result2:{re2}\n') # result2:45
re3 = [re1,re2]
print(f'result3:{re3}\n') # result3:[4.0, 45]
```

① 可於 https://www.anaconda.com/products/distribution 處下載。

按執行鍵（整體視窗最上面一行內「run 下拉鍵」之 run 鍵），於右下視窗內應會看到下列的結果，即：

```
runfile('C:/all3/Econ/appA/appA.py', wdir='C:/all3/Econ/appA')
10
16**0.5

result1:4.0

result2:45

result3:[4.0, 45]
```

我們亦可使用下列方式取代上述之執行鍵，即輕按上述之 print((1+1)*5) # 10 指令不放，直至 print(f'result3:{re3}\n') # result3:[4.0, 45] 指令爲止，此時左視窗應會出現深藍的區塊，將滑鼠移至上述區塊後，再輕按滑鼠的右鍵，選「run selection or current line」鍵後，右下視窗應會出現同樣的結果。因此，後者的執行方式不僅較爲簡易，同時亦隨時可以檢視指令或程式碼是否有誤。再試下列指令：

```
import numpy as np
import matplotlib.pyplot as plt
from scipy.stats import norm
n = np.arange(10,100000,1000)
xbar = np.zeros(len(n))
s2 = np.zeros(len(n))
mu = 2;sigma = 5
np.random.seed(1234)
for j in range(len(n)):
    x = norm.rvs(mu,sigma,n[j])
    xbar[j] = np.mean(x)
    s2[j] = np.var(x)
fig = plt.figure()
```

```
fig.add_subplot(2,1,1)
plt.scatter(n,xbar,color='red',label=r'$\barx$')
plt.axhline(y=mu,lw=4)
plt.xlabel('n')
plt.legend()
fig.add_subplot(2,1,2)
plt.scatter(n,s2,color='red',label=r'$s^2$')
plt.axhline(y=sigma**2,lw=4)
plt.xlabel('n')
plt.legend()
```

讀者不用太在意上述指令的意思，畢竟我們尚未詳加解釋。讀者可以使用「run selection⋯」的方式執行上述指令看看，如此可感受到上述「run selection⋯」指令的用處，同時亦可以將不同的程式碼置於同一個檔案內。本書全書皆是使用此種方式檢視。

A.2 使用模組

試下列指令：

```
pip install wooldridge
```

初次使用可用上述指令下載。模組 (module) wooldridge 內含 Wooldridge（2016）的檔案資料，其使用方式為（記得可用「run selection⋯」的方式檢視）：

```
import wooldridge as woo
woo.data()
# J.M. Wooldridge (2016) Introductory Econometrics: A Modern Approach,
# Cengage Learning, 6th edition.
```

即模組 (wooldridge) 簡稱為 woo。例如：我們檢視 woo 內 wage1 檔案以及叫出其中 wage 變數的樣本資料：

```
woo.data('wage1',description=True)
# name of dataset: wage1
# no of variables: 24
# no of observations: 526
wage1 = woo.data('wage1')
wage1['wage']
```

可以參考（本書）第 1 章。

於本書，我們會經常使用模組，例如：

```
import numpy as np
r1 = np.sqrt(64) # 8.0
r2 = np.pi # 3.141592653589793
r3 = np.e # 2.718281828459045
```

上述模組 (numpy) 簡寫成 np，讀者可以猜 r1、r2 與 r3 爲何？上述指令或底下的所有指令皆可用「run selection…」的方式檢視。值得注意的是，"#" 後的文字用於注解（電腦並不讀取），可用於註明指令的結果。

A.3 物件

Python 可以處理數字、串列（lists）、陣列（arrays）、文字列（texts）、檔案資料、圖形、函數或其他等型態。本節將整理本書易使用的觀念或語法。

A.3.1 變數

我們已經看到一些基本的數學運算或操作如上述 re1、re2、re3、r1、r2 或 r3 等變數。re1 等變數是我們隨意命名的；或者，讀者亦可檢視右上視窗的「Variable Explorer」知道該變數的意義。我們可以看出變數使用的用處，試下列指令：

```
r1+r2 # 11.141592653589793
r1*r2 # 25.132741228718345
r1/r3 # 2.9430355293715387
```

```
r2-r3 # 0.423310825130748
F = r1 < r2 # False
F1 = r1 >= r2 # True
F2 = r1 == r2 # False
F3 = F or F1 # True
F4 = F and F1 # False
F5 = F3 != F4 # True
F6 = not F5 # False
```

讀者可以逐一檢視上述結果，我們發現變數的使用相當普遍且多元。

A.3.2 Python 內的物件

Python 內的物件（objects）。試下列指令：

```
type(re1) # float
type(1+3) # int
type('To be a teacher!') # str
type(F5) # numpy.bool_
type(re3) # list
```

其中

float：如 2.0 或 3.012 等實數。

int：如 1 或 102 等整數。

str：字串。

bool：如 True 或 False 等布爾值（Boolean value）。

list：串列。

從上述串列內可看出包括多個元素，我們可叫出其內之元素如：

```
A = [1,3,5,9.1,13.0]
type(A) # list
A[0] # 1
A[:3] # [1, 3, 5]
```

```
A[1:3] # [3, 5]
A[:] # [1, 3, 5, 9.1, 13.0]
A[-1] # 13.0
A[-3:-1] # [5, 9.1]
```

讀者可以驗證看看。我們可以增減 A 內之元素如：

```
A.append(' 合輯 ') # [1, 3, 5, 9.1, 13.0, ' 合輯 ']
A.remove(3)
A # [1, 5, 9.1, 13.0, ' 合輯 ']
```

除了串列，Python 的物件亦可包括字典（dictionary，簡寫成 dict）。我們有兩種方式可以建立字典如：

```
v1 = [' 計量經濟導論 ',' 上冊 ']
v2 = ['Using Python','Using R']
v3 = ['True','False']
e1 = dict(book=v1,instrument=v2,passed=v3)
# {'book': [' 計量經濟導論 ', ' 上冊 '],
#   'instrument': ['Using Python', 'Using R'],
#   'passed': ['True', 'False']}
type(e1) # dict
```

或使用下列指令：

```
e2 = {'book':v1,'instrument':v2,'passed':v3}
```

讀者可以檢視 e2 與 e1 的結果完全相同。類似於串列，我們叫出 e1 內的元素如：

```
e1['book'] # [' 計量經濟導論 ', ' 上冊 ']
e1['instrument'][1] # 'Using R'
```

```
e1['book'][0]+e1['instrument'][0]+' is '+e1['passed'][0]
# ' 計量經濟導論 Using Python is True'
```

上述 type(.) 或 dict(.) 皆屬於 Python 的內建函數指令，亦可試下列指令：

```
A.remove(' 合輯 ')
min(A) # 1
max(A) # 13.0
```

A.3.3 模組 (numpy) 內的物件

模組 (numpy)（通常簡寫爲 np）內有許多指令我們會經常使用，尤其是多元陣列（multidimensional array）的資料型態，更是經常碰到。試下列指令：

```
a = np.array([A])
A1 = [' 基隆 ',' 台北 ',' 台中 ',' 高雄 ']
A2 = ['G','H',"I",'Y']
mA = np.array([A,A1,A2])
a
# array([[ 1. , 5. , 9.1, 13. ]])
mA
# array([['1', '5', '9.1', '13.0'],
#          [' 基隆 ', ' 台北 ', ' 台中 ', ' 高雄 '],
#          ['G', 'H', 'I', 'Y']], dtype='<U32')
```

可以回想上述 A 是一個串列。因此，陣列的建立是串列與 np.array(.) 函數的同時使用；也就是說，多元陣列是指多個串列用 np.array(.) 函數表示。

我們進一步檢視上述 a 與 mA 的維度（dimension），即：

```
a.shape # (1, 4)
mA.shape # (3,4)
```

換句話說，原來陣列（array）或多元陣列就是熟悉的向量（vector）與矩陣（matrix）；也就是說，上述 a 是一個 4 個元素（寫成 1×4）的列向量（row vector），而 mA 則是一個 1×4 的矩陣。

除了向量與矩陣之外，尚有：

```
b = np.array([1,2,3,4])
# array([1, 2, 3, 4])
b.shape # (4,)
mb = np.zeros([3,2,2])
# array([[[0., 0.],
#         [0., 0.]],
#
#        [[0., 0.],
#         [0., 0.]],
#
#        [[0., 0.],
#         [0., 0.]]])
mb.shape # (3, 2, 2)
```

可以注意 b 並不是向量，因其只有一個維度，而向量與矩陣卻屬於二元維度；另外，顧名思義，mb 是由 3 個 2×2 的矩陣所組成，其中每一矩陣內的元素皆為 0，故 mb 的維度是 (3, 2, 2)。直覺而言，mb 的維度可以繼續擴大，故大量的資料可用 mb 的型態儲存。

為何要將串列改成陣列如 b 所示呢？原來透過陣列可以進行簡單的算術運算或函數的轉換。例如：

```
b1 = np.array([5,6,7,8])
b*b1 # array([ 5, 12, 21, 32])
b-b1 # array([-4, -4, -4, -4])
b/b1 # array([0.2        , 0.33333333, 0.42857143, 0.5       ])
b+b1 # array([ 6,  8, 10, 12])
np.log(b) # array([0.        , 0.69314718, 1.09861229, 1.38629436])
```

```
np.sqrt(b) # array([1.        , 1.41421356, 1.73205081, 2.        ])
np.exp(b) # array([ 2.71828183,  7.3890561 , 20.08553692, 54.59815003])
```

可以注意上述運算或轉換係針對陣列的元素或「元素對元素」而言。

底下我們介紹兩個常用的指令：

```
c = np.arange(1,13,1)
# array([ 1,  2,  3,  4,  5,  6,  7,  8,  9, 10, 11, 12])
c1 = np.linspace(1,12,12)
# array([ 1.,  2.,  3.,  4.,  5.,  6.,  7.,  8.,  9., 10., 11., 12.])
```

即 c 與 c1 皆是 1 個維度的陣列，其中前者的元素由 1 至 13（不含 13），逐一增加 1，故 c 內的元素屬於整數，而後者卻將 1 至 12（含 12）分成 12 份，故 c1 內的元素屬於實數。

我們嘗試叫出陣列內的元素，試下列指令：

```
B = np.array([c])
# array([[ 1,  2,  3,  4,  5,  6,  7,  8,  9, 10, 11, 12]])
B1 = B.reshape(4,3)
# array([[ 1,  2,  3],
#        [ 4,  5,  6],
#        [ 7,  8,  9],
#        [10, 11, 12]])
B.shape # (1, 12)
B1
# array([[ 1,  2,  3],
#        [ 4,  5,  6],
#        [ 7,  8,  9],
#        [10, 11, 12]])
B1.shape # (4, 3)
#
B[0]
```

```
# array([ 1, 2, 3, 4, 5, 6, 7, 8, 9, 10, 11, 12])
B[0][2] # 3
#
B1[0,2] # 3
B1[1] # array([4, 5, 6])
B1[2][0] # 7
B1[2,0] # 7
```

讀者可以練習看看。

再試下列指令：

```
x = np.zeros(6) # array([0., 0., 0., 0., 0., 0.])
Y = np.ones([4,5])
# array([[1., 1., 1., 1., 1.],
#        [1., 1., 1., 1., 1.],
#        [1., 1., 1., 1., 1.],
#        [1., 1., 1., 1., 1.]])
```

讀者應能一目了然。

A.3.4 模組 (pandas) 內的物件

先試下列指令：

```
import pandas as pd
```

即模組 (pandas) 簡稱爲 pd。模組 (pandas) 可用於處理重要的資料型態：資料框（data frame）。例如：Wooldridge（2016）的檔案資料就是以資料框的型態顯示。先試下列指令：

```
woo.data('phillips',description=True)
```

讀者可以檢視 phillips 檔案內變數之定義，然後再檢視下列 Excel 檔案內容：

```
phillips = woo.data('phillips')
phillips.to_excel('C:\\all3\\Econ\\appA\\TA1.xlsx')
```

我們繼續檢視 phillips 檔案內變數名稱與索引欄，即：

```
phillips.columns
# Index(['year', 'unem', 'inf', 'inf_1', 'unem_1', 'cinf', 'cunem'], dtype='object')
phillips.index
# RangeIndex(start=0, stop=56, step=1)
```

接著，叫出通貨膨脹率與失業率變數之樣本資料與更改索引欄如：

```
ph1 = phillips[['inf','unem']]
ph1.index = phillips['year']
ph1.head(2)
#         inf  unem
# year
# 1948   8.1    3.8
# 1949  -1.2    5.9
ph1.tail(2)
#         inf  unem
# year
# 2002   1.6    5.8
# 2003   2.3    6.0
```

即將通貨膨脹率與失業率變數之樣本資料合併成另一個稱爲 ph1 的資料框；另外，以變數 year 內的資料當作 ph1 的索引欄。我們嘗試使用 .loc[.] 與 .iloc[.] 指令找出其內元素：

```
ph1.loc[2002]
# inf       1.6
# unem      5.8
```

```
# Name: 2002, dtype: float64
ph1.iloc[54]
# inf      1.6
# unem    5.8
# Name: 2002, dtype: float64
ph1.loc[2002:,:]
ph1.loc[2002:]
#          inf  unem
# year
# 2002    1.6    5.8
# 2003    2.3    6.0
```

接下來，我們來看資料框之間的合併。試下列指令：

```
ph2 = phillips[['cinf','cunem']]
ph2.index = phillips['year']
ph3 = pd.concat([ph1,ph2],axis=1)
ph3.head(2)
#          inf  unem  cinf   cunem
# year
# 1948    8.1    3.8    NaN    NaN
# 1949   -1.2    5.9   -9.3    2.1
ph4 = ph3.dropna()
ph4.head(1)
#          inf  unem  cinf   cunem
# year
# 1949 -1.2   5.9  -9.3    2.1
ph4.loc[2002:,['inf','cinf']]
#          inf  cinf
# year
# 2002   1.6   -1.2
# 2003   2.3    0.7
```

讀者可以逐一檢視。

我們繼續擴充上述的資料框 ph4 的內容，例如：我們欲加進 cinf 變數（即通貨膨脹率）大於等於 0 的虛擬變數（dummy variable），即：

```
x1 = ph4['cinf'] >= 0
x1.head(2)
# year
# 1949    False
# 1950    True
# Name: cinf, dtype: bool
```

或者轉成用 0 或 1 表示：

```
x2 = x1*1
x2.head(2)
# year
# 1949    0
# 1950    1
# Name: cinf, dtype: int32
type(x1) # pandas.core.series.Series
type(x2) # pandas.core.series.Series
```

此時 x1 與 x2 變數皆屬於模組 (pandas) 內的序列（series）。合併 ph4 與 x2，可得：

```
ph5 = pd.concat([ph4,x2],axis=1)
ph5.columns # Index(['inf', 'unem', 'cinf', 'cunem', 'cinf'], dtype='object')
```

即 ph5 爲合併的結果，不過 x2 變數名稱卻仍是 cinf。我們想辦法改變：先將 ph4 的變數名稱轉換成用串列表示，再加入 cinfg0 變數名稱。即：

```
Names = ph4.columns.to_list() # ['inf', 'unem', 'cinf', 'cunem']
Names.append('cinfg0') # ['inf', 'unem', 'cinf', 'cunem', 'cinfg0']
```

資料框如 ph5 其實可以轉換成用陣列或矩陣的型態表示，試下列指令：

```
ph6 = ph5.to_numpy()
ph6.shape # (55, 5)
type(ph6) # numpy.ndarray
```

即 ph6 可視爲一個 55×5 的矩陣。我們重新將 ph6 轉換成資料框如：

```
ph7 = pd.DataFrame(ph6,columns=Names,index=ph5.index)
ph7.head(2)
#        inf unem cinf cunem cinfg0
# year
# 1949  -1.2   5.9  -9.3   2.1    0.0
# 1950   1.3   5.3   2.5  -0.6    1.0
```

cinfg0 變數就是前述的 x2 變數。

cinfg0 變數亦是一種類別變數（categorical variable），即根據 cinfg0 變數可將 ph6 分成通貨膨脹率大於等於 0 與通貨膨脹率小於 0 兩類。試下列指令：

```
H = []
for group in ph7.groupby('cinfg0'):
 H.append(group)
H0 = H[0][1]
H0.head(2)
#        inf unem cinf cunem cinfg0
# year
# 1949  -1.2   5.9  -9.3   2.1    0.0
# 1952   1.9   3.0  -6.0  -0.3    0.0
H1 = H[1][1]
H1.head(2)
#        inf unem cinf cunem cinfg0
# year
```

```
# 950   1.3  5.3  2.5  -0.6   1.0
# 1951  7.9  3.3  6.6  -2.0   1.0
```

讀者可分別上述 H0 與 H1 的區別或直接檢視 H 的內容看看。

A.4 迴圈、函數與條件指令

電腦程式語言如 Python 等的特色是：遇到重複的動作，我們可以使用迴圈（loop）的指令取代；另一方面，亦可以依我們的需要自設函數以及使用條件指令。本節介紹上述三個特色。

A.4.1 自設函數

雖說 Python 亦有內設函數指令以及模組有提供特殊的函數指令，不過於實際運用上可能我們仍嫌不足，此時我們使用自設函數的方式因應。例如：

```
def arith(a,b):
    result = {'a+b':a+b,'a-b':a-b,'ab':a*b,'a/b':a/b}
    return result
```

即我們自設一個稱爲 arith(.) 函數指令，其可用於計算四則算術。我們來看如何使用：

```
m = arith(3,5)
m['a+b'] # 8
m['a/b'] # 0.6
m['a-b'] # -2
m['ab'] # 15
```

再試下列指令：

```
def Q13(x):
    q = np.quantile(x,[0.25,0.75])
    return abs(q[0]-q[1])
```

即 Q13(.) 函數可用於計算 x 內 Q1（第 1 個四分位數）與 Q3（第 3 個四分位數）的絕對值差距；換言之，試下列指令：

```
np.random.seed(2356)
x = np.random.normal(loc=10,scale=10,size=100)
Q13(x) # 13.074181234710116
```

讀者應會瞭解上述指令的意思。再試一個：

```
def det(A):
    return np.linalg.det(A)
A = np.array([[1, 2], [3, 4]])
# array([[1, 2],
#        [3, 4]])
A.shape # (2, 2)
det(A) # -2.0000000000000004
```

即 det(.) 函數可用於計算行列式（determinant）之值；也就是說，$\mathbf{A} = \begin{bmatrix} 1 & 2 \\ 3 & 4 \end{bmatrix}$ 是一個 2×2 矩陣，其對應的行列式之值爲 $|\mathbf{A}| = 2$。

讀者可以比較上述 arith(.)、Q13(.) 與 det(.) 的設定方式，以瞭解如何設定自己需要的函數。

A.4.2 迴圈與條件指令

如前所述，迴圈可以用以取代重複的動作，而顧名思義，條件指令是指依「條件」而設。試下列指令：

```
x1 = [];x2 = [];x3 = []
np.random.seed(2528)
x = np.random.normal(0,1,size=100)
for i in range(len(x)):
    if x[i] > 0:
```

```
        x1.append(x[i])
    elif x[i] == 0:
        x2.append(x[i])
    else:
        x3.append(x[i])
```

上述指令的意思是從標準常態分配內抽取 100 個觀察值並令之爲 x。我們逐一從 x 內抽取觀察值，並檢視該觀察值大於 0、等於 0 與小於 0 等三種結果，並且將結果分別置於 x1、x2 與 x3 處。因此，上述指令有牽涉到「重複」的動作：從 x 內逐一抽取 100 次；另外，抽取的觀察值依條件分類。

因 len(x) 爲 100，故上述重複動作的指令爲：

```
for i in range(len(x)):
    ...
```

相當於令 i = 0, 1, ..., 99，然後逐一執行……指令。條件指令爲：

```
if...:
  ...
elif...:
  ...
else...:
  ...
```

其可解釋成：若……則……，又若……則……，否則……。讀者可再解釋上述指令看看。

再試下列指令：

```
y1 = [];y2 = []
for i in range(len(x)):
    if x[i] >= 0:
        y1.append(x[i])
    else:
        y2.append(x[i])
```

或者：

```
z1 = [];z2 = [];z3 = [];z4 = []
for i in range(len(x)):
    if x[i] >= 0:
        z1.append(x[i])
    elif (x[i] < 0) and (x[i] >= -1):
        z2.append(x[i])
    elif (x[i] < -1) and (x[i] >= -2):
        z3.append(x[i])
    else:
        z4.append(x[i])
```

讀者可以檢視或猜猜 z1~z4 的內容爲何？

條件指令亦可以使用 while... 指令如：

```
i = 1
while i <= 3:
  print(i)
  i += 1
# 1
# 2
# 3
```

即令 i = 1，只要 i 小於等於 3，就列出 i 的結果；有意思的是，while 指令有點迴圈與條件指令結合的味道。再試下列指令：

```
i = 1
while i <= 4:
  print(i)
  if i == 3:
    break
```

```
    i += 1
# 1
# 2
# 3
```

即 while 指令內可再入 break 指令（終止）或 continue 指令（連續）如：

```
i = 0
while i <= 4:
    i += 1
    if i == 3:
        continue
    print(i)
# 1
# 2
# 4
# 5
```

讀者猜猜，若改成 while i <= 14:，結果爲何？

A.5 圖形的繪製

Python 能繪製多種圖形，我們只介紹本書會用到的部分。先試下列指令：

```
import matplotlib.pyplot as plt
```

利用模組 (matplotlib.pyplot) 的指令可以繪製多種圖形，而上述模組可以簡稱爲 plt。

我們介紹若干圖形的繪製。欲繪製圖形，通常我們會打開一個繪圖視窗如使用下列指令：

```
fig = plt.figure() # 開一個圖形的視窗
```

當有太多圖形同時存在，使用上述指令可以避免許多圖形重疊；其次，我們考慮欲包括多少子圖形的繪製，例如：

```
fig.add_subplot(2,1,1) # 2 by 1
...
fig.add_subplot(2,1,2) # 2 by 1
...
```

即子圖形的排列是根據 2 列 1 行的順序，或是以 2 列 2 行的方式呈現如：

```
fig.add_subplot(2,2,1) # 2 by 2
...
fig.add_subplot(2,2,2) # 2 by 2
...
fig.add_subplot(2,2,3) # 2 by 2
...
fig.add_subplot(2,2,4) # 2 by 2
...
```

故總共繪製 4 個子圖形。

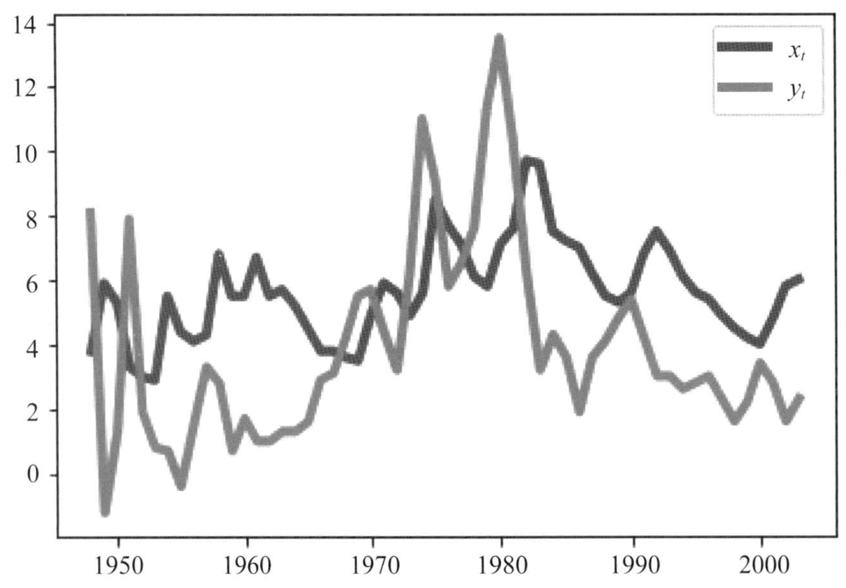

圖 A-1　x_t 與 y_t 之時間序列走勢圖，其中 x_t 與 y_t 分別表示 unem 與 inf 觀察值

走勢圖

當遇到時間序列資料如 phillips 檔案內之 inf 與 unem 變數的樣本資料，我們大概會先繪製上述資料的走勢圖，如圖 A-1 所示。繪製圖 A-1 的指令爲：

```
x = phillips['unem']
y = phillips['inf']
years = phillips['year']
fig = plt.figure()
plt.plot(years,x,lw=4,label=r'$x_t$')
plt.plot(years,y,lw=4,label=r'$y_t$')
plt.legend()
```

可以注意圖內數學的表示方式[②]。

長條圖、直方圖與曲線圖

當我們遇到一堆樣本數據資料，我們應該會先檢視該資料的形狀，此時可以繪製上述資料的長條圖（bar graph）與直方圖（histogram）。例如：圖 A-2 繪製出上述 inf 變數的樣本資料的次數分配圖（左圖）與直方圖（右圖）；顯然，圖 A-2 的繪製忽略「時間」因素。

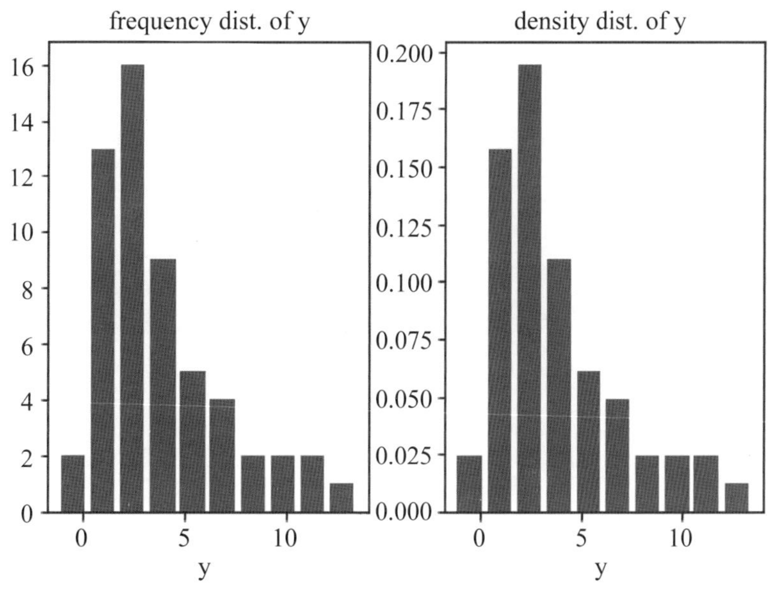

圖 A-2　通貨膨脹率（y）之次數分配圖與直方圖

② 即可上網查詢例如 Matplotlib 3.6.2 使用手冊內之 "mathematical expressions" 部分。

繪製圖 A-2 的指令為：

```
fig = plt.figure()
fig.add_subplot(1,2,1)
plt.hist(y,bins=10,rwidth=0.8)
plt.xlabel('y')
plt.title('frequency dist. of y')
fig.add_subplot(1,2,2)
plt.hist(y,bins=10,density=True,rwidth=0.8)
plt.xlabel('y')
plt.title('density dist. of y')
```

讀者可以比較上述次數分配圖與直方圖的不同，尤其是後者是以機率密度（probability density）的型態呈現。讀者可以留意 plt.hist(.) 指令的使用。

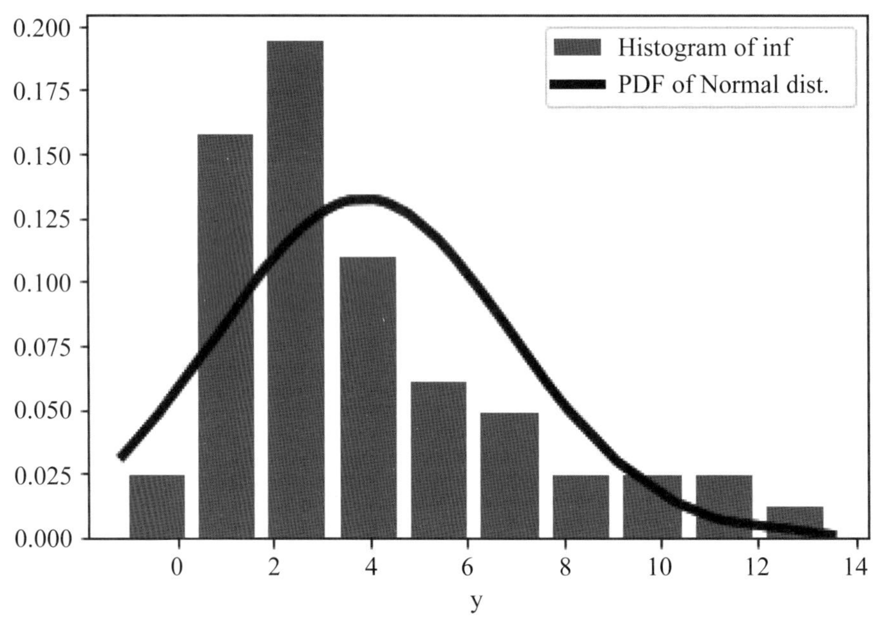

圖 A-3　通貨膨脹率（y）之直方圖與常態分配的 PDF 曲線

曲線圖

根據圖 A-2 內的直方圖，我們當然會懷疑 inf 的觀察值分配是否與常態分配有關？也就是說，圖 A-2 內的直方圖結果，是否有可能是由常態分配所產生？因此，有必要繪製出常態分配的 PDF 曲線與上述直方圖比較；換言之，圖 A-3 除了保留圖 A-2 內的直方圖之外，我們額外加入常態分配 PDF 曲線的繪製，其中後者的平均數與標準差係根據 inf 觀察值的樣本平均數與樣本標準差而得。

散佈圖

遇到兩個變數的觀察值，通常我們會繪製上述觀察值之間的散佈圖（scatter plot）以瞭解上述兩個變數之間的關係。例如：圖 A-4 繪製出 x 與 y 之間的散佈圖，其中 x 與 y 分別表示 unem 與 inf 觀察值。我們發現上述 x 與 y 之間大致維持正的關係。散佈圖的繪製可用下列指令：

```
fig = plt.figure()
plt.scatter(x,y)
```

當然，圖 A-4 的完整指令可參考所附檔案，其內許多指令自然會於其他的地方介紹。

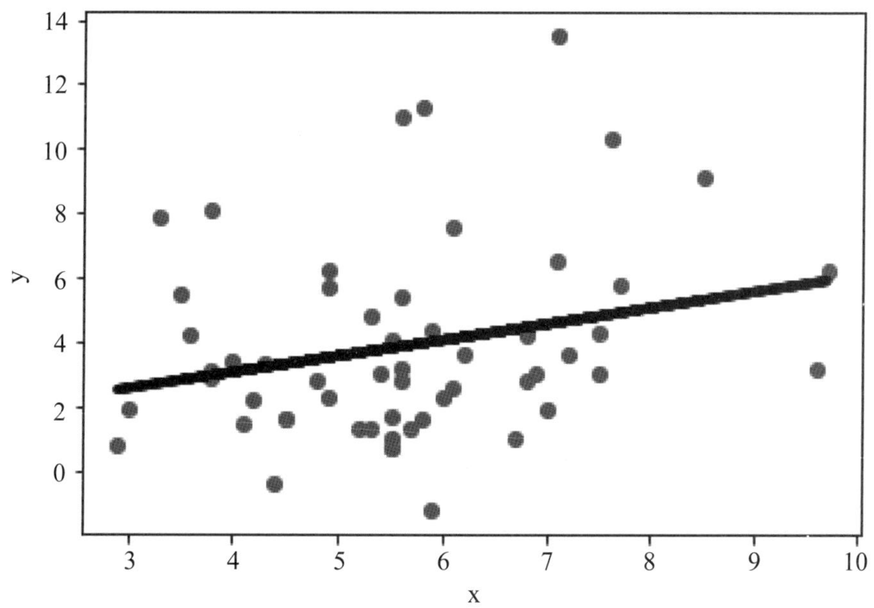

圖 A-4　x 與 y 之間的散佈圖，其中 x 與 y 分別表示 unem 與 inf 觀察值

以上簡單介紹本書會使用的圖形之繪製，當然亦存在其他圖形的繪製，我們會在其他地方介紹。

本附錄簡單介紹 Python 的操作，底下或本書之主要內容會在適當的地方，再介紹 Python 的使用。

Appendix B

基本數學與模擬

本附錄將介紹於計量經濟學內會使用到的基本數學工具或運算，我們仍以 Python 爲輔助工具。如序言所述，本書較少使用數學上的證明，取代的是，我們將用模擬的方式說明，故讀者可以多練習或熟悉 Python，並且多實際操作。

B.1 加總操作式與敘述統計量

於統計學或計量經濟學內，加總操作式（summation operator）常扮演著重要的角色。若 $\{x_i: i = 1, 2, \cdots, n\}$ 表示一系列的 n 個數字或數據資料，則：

$$\sum_{i=1}^{n} x_i = x_1 + x_2 + \cdots + x_n \tag{B-1}$$

當然，我們亦可以用其他變數如 y 或 z 表示。於 Python 內，我們不難產生一些數據資料如：

```
x = np.linspace(0,10000,100)
len(x) # 100
y = range(100)
len(y) #
```

讀者可以檢視上述 x 與 y 值爲何？

於 Python 內，我們有多種方式計算 (B-1) 式。例如：

```
sum(y) # 4950
np.sum(y) # 4950
sum(x) # 500000.0
np.sum(x) # 500000.0
```

或者合併上述 x 與 y 值成爲一個資料框，再分別計算對應的加總如：

```
df = pd.DataFrame({'y':y,'x':x})
df.head(2)
#    y        x
# 0  0   0.000000
# 1  1  101.010101
df.tail(2)
#     y          x
# 98  98   9898.989899
# 99  99  10000.000000
df.sum()
# y     4950.0
# x   500000.0
# dtype: float64
np.sum(df,axis=0)
# y     4950.0
# x   500000.0
# dtype: float64
```

讀者可否解釋上述指令？試試看。

(B-1) 式具有下列性質：

(1) $\sum_{i=1}^{n} c = nc$，其中 c 爲常數項。

(2) $\sum_{i=1}^{n} cx_i = c\sum_{i=1}^{n} x_i$，其中 c 爲常數項。

(3) $\sum_{i=1}^{n}(ax_i \pm by_i) = a\sum_{i=1}^{n} x_i \pm b\sum_{i=1}^{n} y_i$，其中 $\{(x_i, y_i): i = 1, 2, \cdots, n\}$ 爲 n 組成對的數據資料，而 a 與 b 皆爲常數項。

上述性質並不難證明，讀者可以試試。我們用 Python 說明性質 (1) 與 (3)，性質 (2) 留給讀者練習。試下列指令：

```
c = 5
z = np.ones(100)
sum(c*z) # 500.0
a = 3;b = 10
(a*df['y']+b*df['x']).sum() # 5014850.000000001
a*df.sum().loc['y']+b*df.sum().loc['x'] # 5014850.0
```

值得注意的是，上述加總操作式並無法延伸至：

$$\sum_{i=1}^{n}\left(\frac{x_i}{y_i}\right) \neq \frac{\left(\sum_{i=1}^{n} x_i\right)}{\left(\sum_{i=1}^{n} y_i\right)} \tag{B-2}$$

換言之，$x_1 / y_1 + x_2 / y_2 \neq (x_1 + x_2) / (y_1 + y_2)$。同理：

$$\sum_{i=1}^{n} x_i^2 \neq \left(\sum_{i=1}^{n} x_i\right)^2 \tag{B-3}$$

即我們已經知道 $(x_1 + x_2)^2 = x_1^2 + x_2^2 + 2x_1x_2$。

(B-2) 與 (B-3) 二式亦可用 Python 說明，即：

```
sum(x/y) # nan
sum(x)/sum(y) # 101.01010101010101
sum(x**2) # 3350168350.16835
sum(x)**2 # 250000000000.0
```

讀者可以嘗試解釋看看。

若一系列的 n 個數字以 $\{x_i: i = 1, 2, \cdots, n\}$ 表示，則可以計算平均數為：

$$\bar{x} = (1/n)\sum_{i=1}^{n} x_i \tag{B-4}$$

若我們強調 x_i 從何而來（即 x_i 的產生過程），則 $\bar{x}$ 可稱為樣本平均數，畢竟上述 x_i 只是部分的結果。使用電腦語言如 Python 的優點是，我們立即可以分別出母體平均數與樣本平均數的不同，試下列指令：

```
np.random.seed(1234) # 設定抽樣之根部
x1 = np.random.normal(loc=10,scale=5,size=100)
xbar1 = np.mean(x1) # 10.17556141562718
s1 = np.std(x1) # 4.978424251677015
```

上述「設定抽樣之根部」是指可以透過 Python 幫忙抽取樣本資料，如根部為 1234，然後利用例如 np.random.normal(.) 指令抽取常態分配的觀察值，其中 loc 與 scale 分別表示平均數與標準差；換言之，上述指令的意思為：設定抽樣的根部為 1234，我們從平均數與標準差分別為 10 與 5 的常態分配內抽取 100 個樣本並另之為 x1。我們進一步計算 x1 的平均數與標準差分別約為 10.18 與 4.98。

再試下列指令：

```
np.random.seed(5678) # 設定抽樣之根部
x2 = np.random.normal(loc=10,scale=5,size=100)
xbar2 = np.mean(x2) # 9.804730639656478
s2 = np.std(x2) # 4.896536246527082
```

讀者應該知道上述指令的意思；因此，若每次想要得到相同的 x1 與 x2，我們必須加上相同 np.random.seed(.) 指令。再試下列指令：

```
np.random.seed(3333)
X = np.random.normal(loc=5,scale=10,size=5000).reshape(1000,5)
X.shape # (1000, 5)
```

```
names = ['A','B','C','D','E']
dfX = pd.DataFrame(X,columns=names)
dfX.mean()
# A   5.674318
# B   4.541017
# C   4.205370
# D   5.183314
# E   4.875240
# dtype: float64
dfX.std()
# A   10.142071
# B   10.159626
# C   10.324868
# D   10.278151
# E    9.959438
# dtype: float64
```

讀者可以嘗試解釋上述指令。上述指令係指我們可以容易地產生 5 種樣本平均數與樣本標準差 s_x，隱含著不僅可將 x 視爲隨機變數，同時 $\overline{x}$ 與 s_x 亦屬於隨機變數。

有關於加總操作式的應用，可有令 $d_i = x_i - \overline{x}$ 表示 x_i 觀察值與樣本平均數之差異，可得：

$$\sum_{i=1}^{n} d_i = \sum_{i=1}^{n}(x_i - \overline{x}) = \sum_{i=1}^{n} x_i - \sum_{i=1}^{n} \overline{x} = 0 \quad \text{(B-5)}$$

顯然 (B-5) 式的證明有使用到上述性質 (1)，即 $\sum_{i=1}^{n} \overline{x} = n\overline{x}$。

上述樣本標準差 s_x 可寫成：

$$s_x^2 = \frac{\sum_{i=1}^{n}\left(x_i - \overline{x}\right)^2}{n-1} \quad \text{(B-6)}$$

其中我們稱 s_x^2 爲 x 的樣本變異數，而 $n - 1$ 爲自由度（degree of freedom）。直覺而言，於小樣本下，自由度的考量頗爲重要；也就是說，我們計算另外一種樣本變異數：

$$s_a^2 = \frac{\sum_{i=1}^{n}\left(x_i - \bar{x}\right)^2}{n} \tag{B-7}$$

即 s_a^2 並無考慮自由度[①]。

我們使用模擬方法以說明 (B-6) 與 (B-7) 二式的差異。此處我們介紹一種普遍使用於計量經濟學內的模擬方法，該方法稱爲蒙地卡羅模擬方法（Monte Carlo simulation, MCs）。本書會大量使用 MCs。其實 MCs 的使用頗爲簡易，即既然我們有辦法模擬出許多樣本平均數與樣本標準差的觀察值，自然可以得到樣本平均數與樣本標準差的抽樣分配（sampling distribution），進一步取得該分配的特徵；也就是說，從平均數與標準差分別爲 μ 與 σ 的常態分配內抽取 n 個樣本，分別可計算對應的 $\bar{x}$ 與 s_x，此時 $\bar{x}$ 與 μ 以及 s_x 與 σ 之間的關係爲何？尤其是，若 n 值較小呢？

上述 MCs 的步驟爲：

步驟 1：從平均數與標準差分別爲 μ 與 σ 的常態分配內抽取 n 個樣本，此時 μ、σ 與 n 爲已知數值。

步驟 2：分別計算 s_x^2 與 s_a^2。

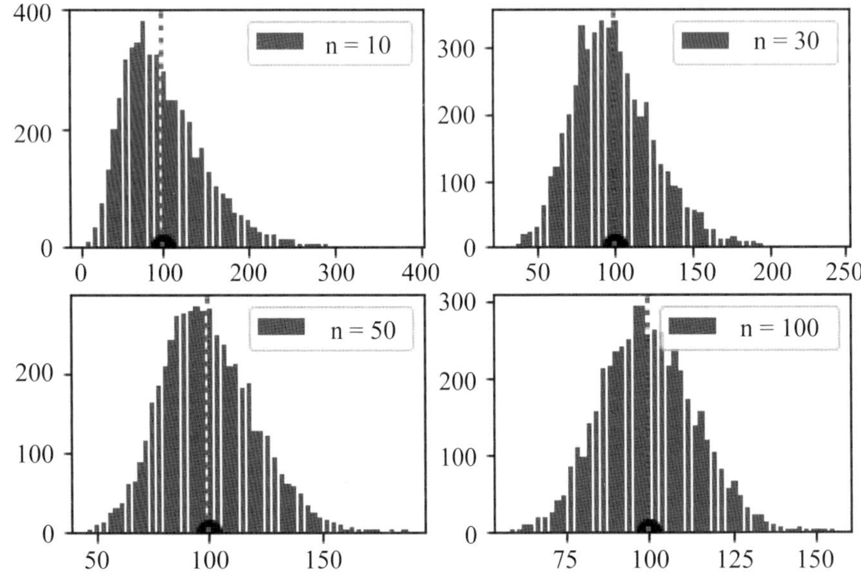

圖 B-1　s^2 的抽樣分配（$\sigma^2 = 100$），其中垂直虛線與黑點分別表示樣本平均數與真實值

① 顯然樣本變異數的計算必須先計算 $\bar{x}$，即 s_x^2 與 s_a^2 是於 (B-4) 式的限制下計算，故自由度爲 $n-1$ 而不是 n。

步驟 3：重複 N 次步驟 1 與 2，同時分別儲存 N 次的 s_x^2 與 s_a^2。

步驟 4：分別計算 N 次的 s_x^2 與 s_a^2 所對應的樣本平均數。

我們舉一個例子說明。令 $\mu = 3$、$\sigma = 10$ 以及考慮 4 種 n 個觀察值與 $N = 5{,}000$，其中 N 可稱爲 MCs 次數。上述 MCs 步驟的指令爲：

```
N = 5000
n = [10,30,50,100]
len(n) # 4
mu = 3;sigma = 10
s2 = np.zeros([N,len(n)])
s2a = np.zeros([N,len(n)])
np.random.seed(999)
for j in range(len(n)):
    for i in range(N):
        x = np.random.normal(loc=mu,scale=sigma,size=n[j])
        xbar = np.mean(x)
        s2[i,j] = np.sum((x-xbar)**2)/(n[j]-1)
        s2a[i,j] = np.var(x)
```

即 np.var(.) 指令相當於計算 s_a^2。上述 s_x^2 與 s_a^2 的結果可繪製成對應的我們進一步計算 s_x^2 與 s_a^2 所對應的樣本平均數並編製成一個資料框如：

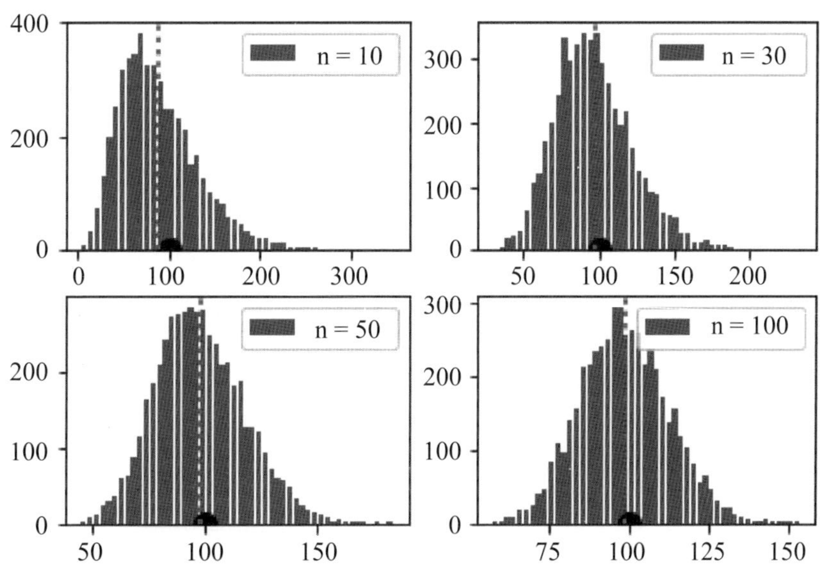

圖 B-2 s^2 的抽樣分配（$\sigma^2 = 100$），其中垂直虛線與黑點分別表示樣本平均數與真實值

```
a = np.mean(s2,axis=0)
b = np.mean(s2a,axis=0)
dfs2 = pd.DataFrame({'s2':a,'s2a':b},index=n)
dfs2a = np.round(dfs2,4)
#          s2        s2a
# 10   99.6352   89.6717
# 30   99.8432   96.5151
# 50   99.9968   97.9969
# 100  99.5752   98.5795
```

我們可以看出無論使用何 n 值，s_x^2 的樣本平均數皆接近於眞實値，但是於樣本數較小的情況下，s_a^2 的樣本平均數會偏離眞實値，如此可看出自由度的重要性。

從上述例子內可看出 MCs 的重要性或其所扮演的角色。於本書，我們將使用 MCs 以取代繁瑣的數學證明，我們會經常遇到。雖說繁瑣的數學證明我們較少使用，不過一些簡單的證明仍不容忽略。例如：檢視 (B-6) 或 (B-7) 式的分子部分，可得：

$$\begin{aligned}\sum_{i=1}^{n}\left(x_i-\overline{x}\right)^2 &= \sum_{i=1}^{n}\left(x_i^2-2x_i\overline{x}+\overline{x}^2\right)\\ &= \sum_{i=1}^{n}x_i^2-2\overline{x}\sum_{i=1}^{n}x_i+n\overline{x}^2\\ &= \sum_{i=1}^{n}x_i^2-2n\overline{x}^2+n\overline{x}^2=\sum_{i=1}^{n}x_i^2-n\overline{x}^2 \qquad \text{(B-8)}\end{aligned}$$

或者：

$$\begin{aligned}\sum_{i=1}^{n}\left(x_i-\overline{x}\right)\left(y_i-\overline{y}\right) &= \sum_{i=1}^{n}x_i\left(y_i-\overline{y}\right)\\ &= \sum_{i=1}^{n}y_i\left(x_i-\overline{x}\right)=\sum_{i=1}^{n}x_iy_i-n\overline{x}\cdot\overline{y} \qquad \text{(B-9)}\end{aligned}$$

可注意 $\overline{x}$ 或 $\overline{y}$ 並無下標値，故可視爲常數；另外，$\sum x = n\overline{x}$。

上述 $\overline{x}$ 與 s_x^2 的計算皆是屬於樣本資料如 x 的基本敘述統計量，於基本統計學內尙有其他的敘述統計量，透過 Python，倒是容易計算。例如：

```
np.random.seed(8888)
x = norm.rvs(loc=10,scale=20,size=1000)
df2 = pd.DataFrame(x)
df2a = df2.describe()
#                0
# count  1000.000000
# mean      9.805140
# std      20.265449
# min     -59.872181
# 25%      -3.539764
# 50%      10.616487
# 75%      23.482942
# max      69.111657
```

其中 x 爲平均數與標準差分別爲 10 與 20 之常態分配的觀察值，可以注意上述觀察值可以用 norm.rvs(.) 函數指令取得（模組，scipy.stats）。除了上述敘述統計量之外，亦可以計算樣本偏態係數與樣本峰態係數如：

```
df2.skew()
# 0  -0.134883
df2.kurtosis()
# 0   0.188675
```

因爲常態分配的峰態係數等於 3，故上述樣本峰態係數的計算係指「超額峰態係數」。

表 B-1　x 之基本敘述統計量

n	mean	std	min	25%	50%	75%	max	skew	kurt
1000	9.8051	20.2654	-59.8722	-3.5398	10.6165	23.4829	69.1117	-0.1349	0.1887

說明：x 爲平均數與標準差分別爲 10 與 20 之常態分配的觀察值。第 1~10 欄分別表示樣本數、樣本平均數、樣本標準差、最小值、第 25 個百分位數、第 50 個百分位數、第 75 個百分位數、最大值、樣本偏態係數與樣本峰態係數。

我們可以將上述結果合併用一個函數表示如：

```
def stats(x):
    df = pd.DataFrame(x)
    df1 = df.describe()
    a = pd.concat([df.skew(),df.kurtosis()])
    a.index = ['skew','kurt']
    df2 = pd.concat([df1,a])
    return df2
df2b = np.round(stats(x),4)
df2c = df2b.T # tranpose
df2c.to_excel('C:\\all3\\Econ\\appB\\TB1.xlsx')
```

其中 df2b.T 係將 df2b 的結果「轉置」，於後面的矩陣介紹內，我們會再說明。讀者可以參考所附之 TB1.xlsx 檔案或參考表 B-1。

B.2 線性函數、二次式函數與特殊的函數

於計量經濟學內，我們會遇到一些數學函數型態，例如：線性函數（linear functions）、二次式函數（quadratic functions）或其他的特殊函數。透過 Python，上述函數不僅不難處理，同時亦容易用 Python 繪製圖形，我們看看。

B.2.1 線性函數

由於容易解釋與操作，簡單的線性函數於計量經濟學常扮演重要的角色。例如：

$$y = \beta_0 + \beta_1 x \quad \text{(B-10)}$$

其中 β_0 與 β_1 分別爲截距（intercept）與斜率（slope）。線性函數的特徵是 β_1 值固定不變或 y 值的變動量固定不變（隨著相同 x 值的變動下），即：

$$\Delta y = \beta_1 \Delta x \quad \text{(B-11)}$$

其中 Δ 表示變動量；換言之，(B-10) 或 (B-11) 式隱含著 x 對 y 的邊際效果（marginal effect）固定且等於 β_1。

我們舉一個例子說明。假定 $\beta_0 = 164$ 與 $\beta_1 = 0.27$ 以及 x 與 y 表示所得與家計支出，試下列指令：

```
beta0 = 164;beta1 = 0.27
income = np.arange(0,8000,100)
housing = beta0+beta1*income
x1 = income[30];y1 = housing[30]
x2 = income[50];y2 = housing[50]
x2-x1 # 2000
y2-y1 # 540.0
```

即所得增加 2,000，家計支出會提高 540，隱含著邊際消費傾向（MPC）爲 0.27；當然，讀者亦可以計算平均消費傾向（APC）。圖 B-3 進一步繪製對應的消費函數；雖說該圖頗爲簡易，我們可以練習 Python 的操作。

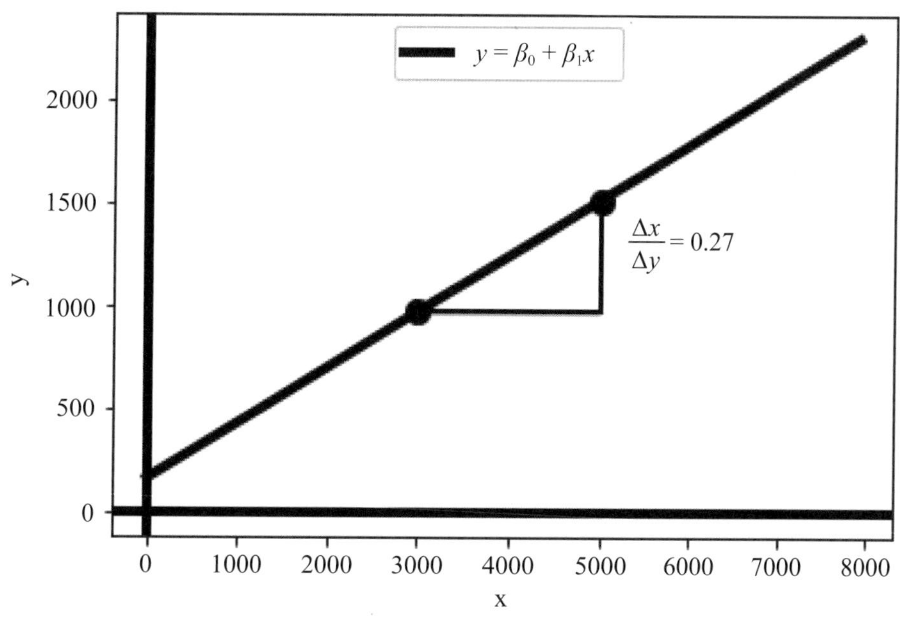

圖 B-3　$y = \beta_0 + \beta_1 x$，**其中** $\beta_0 = 164$ **與** $\beta_1 = 0.27$

(B-10) 式的變數型態似乎可以延伸，即該式可轉換成：

$$\log(y) = \alpha_0 + \alpha_1 \log(x) \tag{B-12}$$

換言之，令 $w_2 = \log(y)$ 與 $w_1 = \log(x)$ 代回 (B-12) 式內[②]，其不是可視爲一種線性函數嗎？不過，還是有差異，可以參考圖 B-4。

圖 B-4 係根據圖 B-3 內的 y 與 x 資料所繪製而成，故 w_2 vs. w_1 其實是一個非線性關係；也就是說，畢竟 y 係根據線性函數如 (B-10) 式所產生，而如今 y 與 x 已轉換以 w_2 與 w_1 表示，故後兩者實際的關係爲非線性，如圖 B-4 所示。(B-12) 式的特色是屬於一種固定彈性模型（constant elasticity model）或稱爲對數－對數模型（log-log model），即 α_1 值表示彈性。

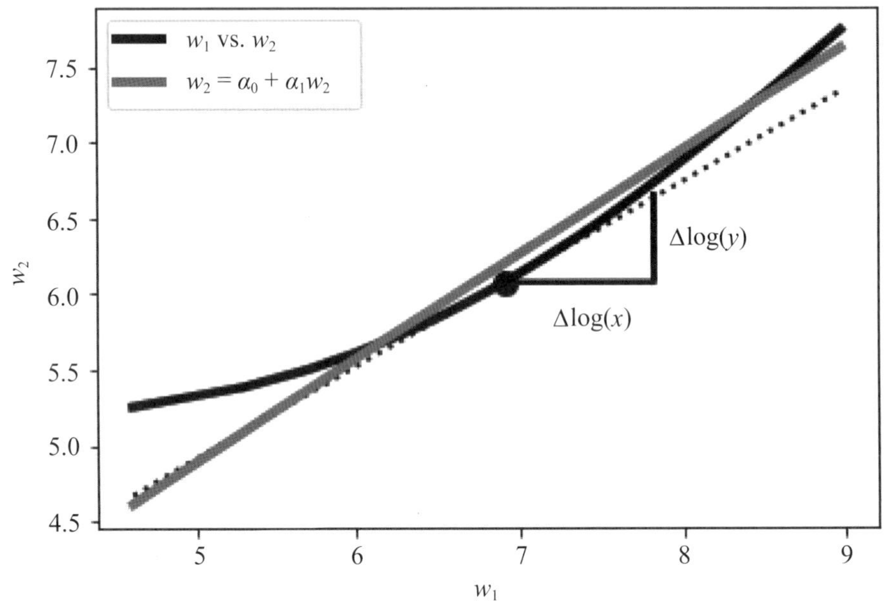

圖 B-4　w_1 vs. w_2 **以及** $w_2 = \alpha_0 + \alpha_1 w_1$**，其中** $\alpha_0 = 1.44$ **與** $\alpha_1 = 0.69$

我們嘗試以計算圖 B-4 內的黑點說明。該點的斜率值可寫成：

$$\frac{\Delta\log(y)}{\Delta\log(x)} = \frac{\Delta y}{\Delta x}\frac{x}{y} = \frac{\Delta y / y}{\Delta x / x} \tag{B-13}$$

② 本書所用到的對數皆指自然對數（natural logarithm）。

例如：我們檢視點 $(w_{11}, w_{21}) = (6.91, 6.07)$ 與點 $(w_{12}, w_{22}) = (6.8, 6.01)$ 點之間的斜率值，此相當於檢視 $(x_1, y_1) = (1000, 434)$ 與點 $(x_2, y_2) = (900, 407)$ 之間的斜率值，是故根據(B-13)式，可得上述斜率值約爲0.91，此可用弧彈性（arc elasticity）計算[③]。於第 2 章，我們會介紹如何估計圖 B-4 內的直線，其中 α_0 與 α_1 的估計值分別約爲 1.44 與 0.69。

例 1 其他情況不變

考慮下列線性方程式：

$$y = \beta_0 + \beta_1 x_1 + \beta_2 x_2 \tag{B-14}$$

其中 $\beta_i (i = 0, 1, 2)$ 表示常數。若 (B-14) 式有變動，可得：

$$\Delta y = \beta_1 \Delta x_1 + \beta_2 \Delta x_2$$

故當 $\Delta x_2 = 0$，可得 $\beta_1 = \dfrac{\Delta y}{\Delta x_1}$，其可解釋成：於其他情況不變下（ceteris paribus），x_1 變動 1 單位，y 會變動 β_1 單位。類似地，我們可以解釋 β_2 的意思：於其他情況不變下，x_2 變動 1 單位，y 會變動 β_2 單位。

B.2.2 二次式函數

考慮下列的二次式函數（quadratic function）：

$$y = \beta_0 + \beta_1 x + \beta_2 x^2 \tag{B-15}$$

我們發現參數 $\beta_i (i = 0, 1, 2)$ 值會影響上述二次函數的形狀。例如：圖 B-5 繪製出

---

③ 即試下列指令：

```
a = (434-407)/(1000-900)
b = (1000+900)/(434+407)
a*b # 0.6099881093935791
```

可得弧彈性約爲 0.61。

(B-15) 式的兩個特例，即若 $\beta_1 > 0$ 與 $\beta_2 < 0$，則 y 會出現極大值；同理，若 $\beta_1 < 0$ 與 $\beta_2 > 0$，則 y 會出現極小值。

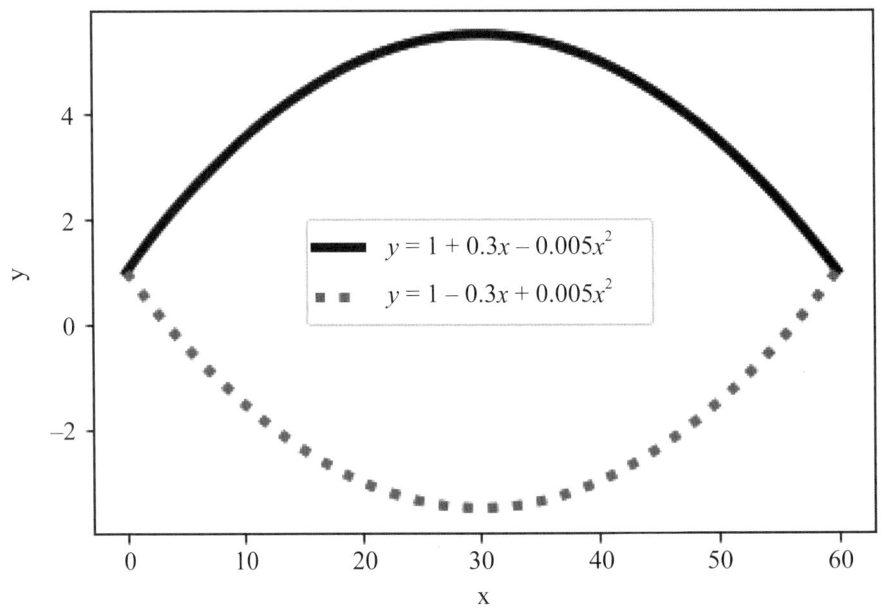

圖 B-5　$y = \beta_0 + \beta_1 x + \beta_2 x^2$ **的兩個特例**

透過《財數》或微積分，可知：

$$\frac{\Delta y}{\Delta x} \approx \beta_1 + 2\beta_2 x \tag{B-16}$$

其中極值出現於 $x^* = -\dfrac{\beta_1}{2\beta_2}$ 處，而 β_1 與 β_2 值扮演著重要的角色，即若 $\beta_1 > 0$ 與 $\beta_2 < 0$，則於 $x < x^*$ 區間內有出現正邊際效果以及邊際效果遞減的現象。同理，我們可以解釋其他的情況。

我們舉一個例子說明。考慮 wage1 檔案內的 wage 與 exper 變數的樣本資料，可得[4]：

$$wage = 3.7254 + 0.2981exper - 0.0061exper^2 \tag{B-17}$$

[4] 第 3 章會說明如何估計。

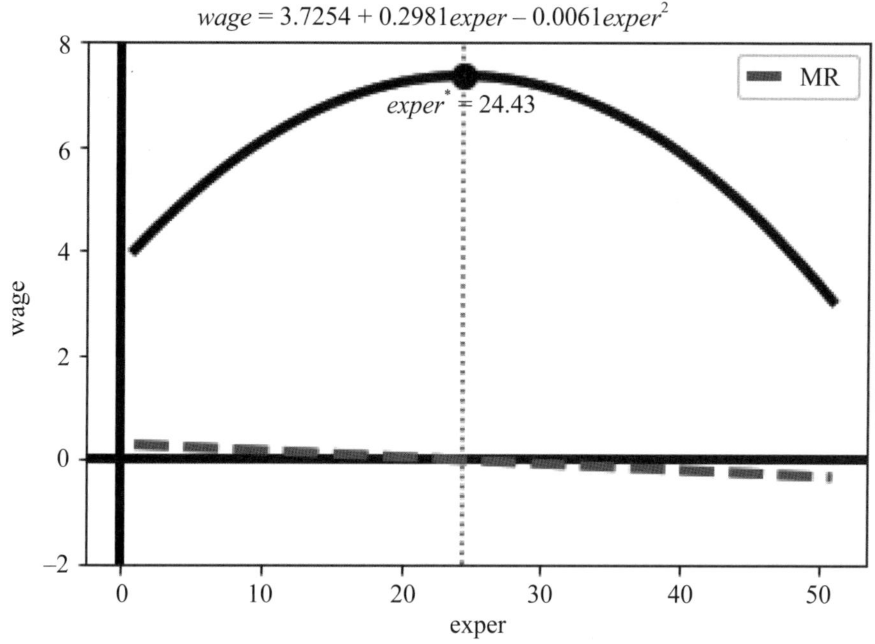

圖 B-6 wage 與 exper 之間的關係

是故極值出現於 $exper^* \approx 24.43$ 處，可以參考圖 B-6。根據 (B-16) 與 (B-17) 二式，可知工作經驗（exper）的增加所導致的工資提高的幅度會遞減。例如：可檢視圖 B-6 內的 MR 虛線。有意思的是，(B-17) 式顯示工作經驗超過 24.43 年，工資增加的幅度竟然爲負值。

上述例子雖說有些不切實際，不過透過二次式函數，我們卻可解釋邊際效果遞減現象，顯示出並非只有 (B-10) 或 (B-15) 式是唯一的考量或選擇。

B.2.3 特殊的函數

於計量經濟分析內，我們常使用或遭遇到非線性函數（nonlinear function）。此處我們介紹兩種容易遭遇到的非線性函數：對數函數（log function）與指數函數（exponential function）。本節簡單介紹對數函數與指數函數的操作與性質。

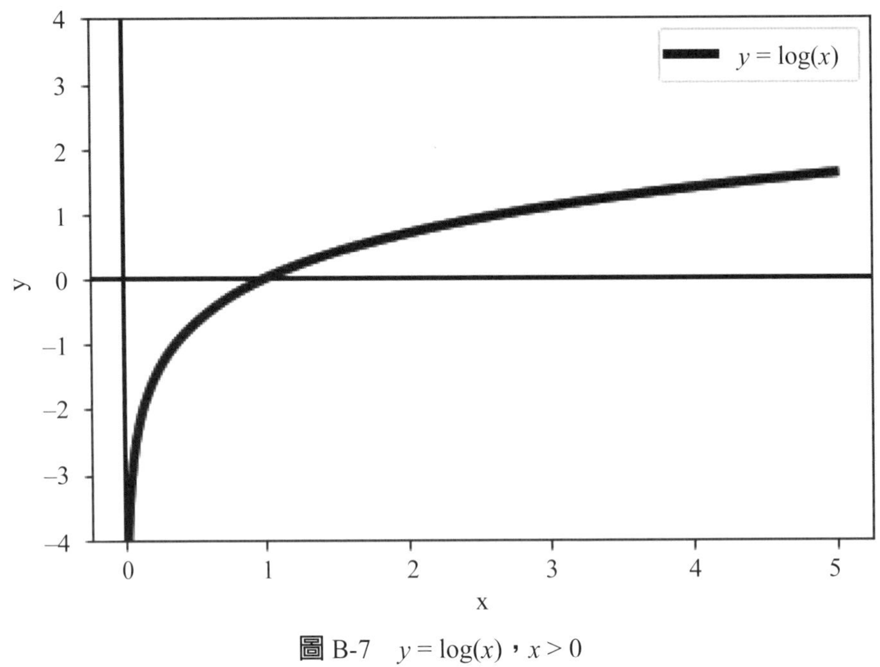

圖 B-7　$y = \log(x)$，$x > 0$

B.2.3.1 對數函數

對數函數我們曾遇過如 (B-12) 式所示。如前所述，本書的對數函數指的是自然對數，圖 B-7 繪製出 $y = \log(x)$ 的圖形，其特色爲 $x > 0$；換言之，我們無法找出 $\log(x < 0)$ 之値。於圖 B-7 內，可看出 $0 = \log(1)$ 以及 $\log(x < 1) < 0$ 的性質。利用 Python，我們可以輕易地看出 $\log(x)$ 的特色，即：

```
np.log(100) # 4.60517018598809
np.log(1) # 0.0
np.log(0.5) # -0.6931471805599453
np.log(0) # -inf
np.log(-0.5) # nan
```

是故，可以整理出：

(1) 就 $0 < x < 1$ 而言，$\log(x) < 0$；
(2) $\log(1) = 0$；
(3) 就 $x > 1$ 而言，$\log(x) > 0$。

對數函數的代數操作爲：

(1) $\log(x_1x_2)=\log(x_1)+\log(x_2)$；
(2) $\log(x_1/x_2)=\log(x_1)-\log(x_2)$；
(3) $\log(x^c)=c\log(x)$，其中 c 爲常數。
(4) $\log(x_1)-\log(x_0)\approx(x_1-x_0)/x_0=\Delta x/x_0$。

上述代數的操作，我們應不陌生。

比較特別的是，上述代數操作 (4)，可用於計算變動率、成長率或報酬率等方式[5]，試下列指令：

```
x0 = np.array([10.0,10.0,10.0]);x1 = np.array([10.1,10.5,11.0])
np.log(x1)-np.log(x0) # array([0.00995033, 0.04879016, 0.09531018])
(x1-x0)/x0 # array([0.01, 0.05, 0.1 ])
```

故可知 Δ 愈小，$\log(x_1)-\log(x_0)$ 愈接近 $\Delta x/x_0$。

除了對數－對數模型如 (B-12) 式以及對應的參數值 α_1 表示彈性之外，其實尚有半（semi-）對數模型如：

$$\log(y)=\delta_0+\delta_1 x \tag{B-18}$$

與

$$y=\lambda_0+\lambda_1\log(x) \tag{B-19}$$

其中 δ_1 與 λ_1 可稱爲半彈性（semi-elasticity）參數，其中：

$$\frac{1}{y}\Delta y=\delta_1\Delta x\Rightarrow\delta_1=\frac{1}{y}\frac{\Delta y}{\Delta x} \tag{B-20}$$

與

[5]《財計》有提供一些於 Python 內計算上述變動率等的方法。

$$\Delta y = \lambda_1 \frac{1}{x} \Delta x \Rightarrow \lambda_1 = x \frac{\Delta y}{\Delta x} \tag{B-21}$$

即若 $\Delta x = 1$，則 $\delta_1 = \Delta y / y$ 可解釋成 y 的成長率或變動率；另一方面，根據 (B-21) 式，可知 x 的成長率或變動率乘上 λ_1 值可得 y 的變量（即 Δy）。其次，從 (B-20) 與 (B-21) 二式可看出 $x\delta_1$ 與 λ_1 / y 可得出對應的彈性。

我們舉兩個例子說明。利用前述之 wage 與 exper 變數資料可得：

$$\log(wage) = 1.549 + 0.004 exper \tag{B-22}$$

隱含著工作經驗每增加 1 年，工資的成長率約爲 0.004；接著，假定有 hours 變數（每週工作時數）的資料，可得：

$$hours = 33 + 45.1 \log(wage)$$

隱含著若工資的上漲率爲 10%，則工作時數會提高 4.51(45.1×0.1) 小時。讀者可以練習計算對應的彈性值。

B.2.3.2 指數函數

與對數函數對應的是指數函數；換言之，若 $x > 0$，因 $e^{\log(x)} = \exp[\log(x)] = x$，故指數函數可說是對數函數的逆函數（inverse function）。例如：圖 B-8 繪製出 $y = \exp(x)$ 與 $\log(y) = x$ 之間的關係，我們不僅可看出 $y = \exp(x) > 0$，而且 y 是一個 x 的遞增函數。

我們來檢視如何於 Python 內操作，試下列指令：

```
np.exp(0) # 1.0
np.exp(1.5) # 4.4816890703380645
np.exp(-1.5) # 0.22313016014842982
```

除了上述 $\exp[\log(x)] = x$ 性質之外，$\exp(x)$ 尚具有下列的性質：

(1) $\exp(0) = 1$。

(2) $\exp(x_1 + x_2) = \exp(x_1) + \exp(x_2)$。

(3) $\exp[c\log(x)] = x^c$。

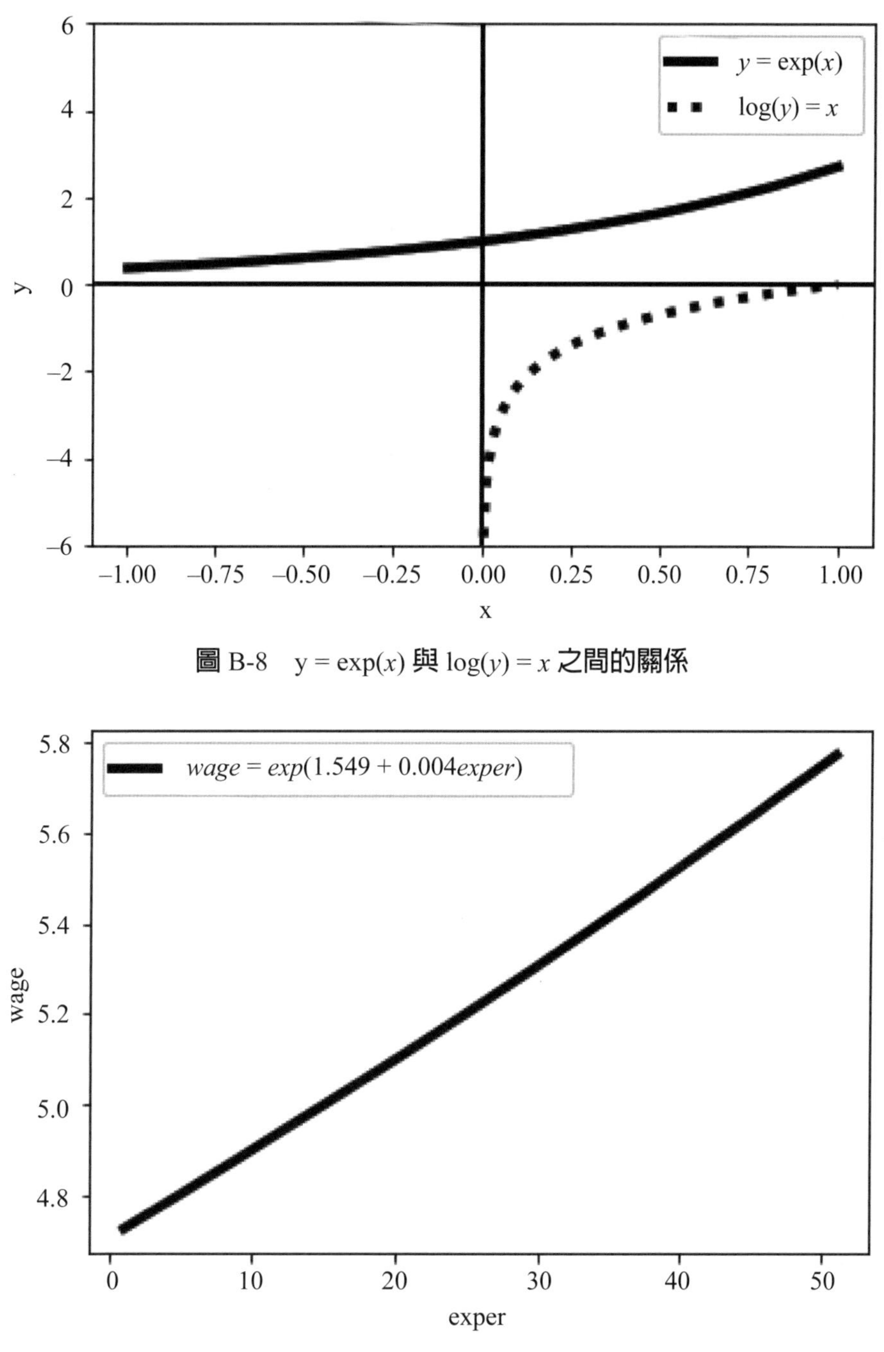

圖 B-8　y = exp(x) **與** log(y) = x **之間的關係**

圖 B-9　$wage = e^{1.549 + 0.004exper}$

換句話說，還原 (B-22) 式，可得 $wage$ = exp(1.549 + 0.004$exper$) 的結果，隱含著工資增加的幅度呈現遞增的速度，如圖 B-9 所示。例如：

```
np.exp(1.549+0.004*8)-np.exp(1.549+0.004*7) # 0.019400426061991993
np.exp(1.549+0.004*14)-np.exp(1.549+0.004*13) # 0.019871668578251622
```

即就工作經驗為 7 與 13 年而言，提高工作經驗所導致工資上升的幅度並不相同，後者稍微較高。

B.3 微分

令 $y=f(x)$，若 x 只有微幅的變動，可得：

$$\lim_{\Delta\to 0}\frac{\Delta y}{\Delta x}=\frac{dy}{dx} \tag{B-23}$$

隱含著 $\frac{\Delta y}{\Delta x}\approx\frac{dy}{dx}$。(B-23) 式就是熟悉的 x 對 y 的第一階（次）微分；類似地，x 對 y 的第二階微分可寫成 $\frac{d^2y}{dx^2}$；更高階微分，依此類推。

$$\begin{aligned}
&y=\beta_0+\beta_1 x+\beta_2 x^2; dy/dx=\beta_1+2\beta_2 x\\
&y=\beta_0+\beta_1/x; dy/dx=-\beta_1/x^2\\
&y=\beta_0+\beta_1\sqrt{x}; dy/dx=(\beta_1/2)x^{-1/2}\\
&y=\beta_0+\beta_1\log(x); dy/dx=\beta_1/x\\
&y=\exp(\beta_0+\beta_1 x); dy/dx=\beta_1\exp(\beta_0+\beta_1 x)
\end{aligned} \tag{B-24}$$

有意思的是，(B-24) 式內的所有結果皆可以用 Python 表示，即先定義下列變數與參數之「代號（symbol）」：

```
import sympy
# Defining Symbols
x = sympy.Symbol("x")
beta0 = sympy.Symbol('beta0')
beta1 = sympy.Symbol('beta1')
beta2 = sympy.Symbol('beta2')
```

定義被微分之函數後，再取微分：

```
f0 = beta0+beta1*x+beta2*x**2
df0_dx = sympy.diff(f0,x)
# beta1 + 2*beta2*x
f1 = beta0+beta1/x
df1_dx = sympy.diff(f1,x)
# -beta1/x**2
f2 = beta0+beta1*x**(1/2)
df2_dx = sympy.diff(f2,x)
# 0.5*beta1/x**0.5
f3 = beta0+beta1*sympy.log(x)
df3_dx = sympy.diff(f3,x)
# beta1/x
f4 = sympy.exp(beta0+beta1*x)
df4_dx = sympy.diff(f4,x)
# beta1*exp(beta0 + beta1*x)
```

即可取得 (B-24) 式的結果，值得注意的是，上述結果皆使用「代號」表示。

利用 (B-24) 式的結果，我們重新檢視 (B-12) 式，可得：

$$\begin{aligned}&\log(y)=\alpha_0+\alpha_1\log(x)\\&\Rightarrow y=\exp[\alpha_0+\alpha_1\log(x)]=\exp(\alpha_0)\exp[\log(x^{\alpha_1})]=\exp(\alpha_0)x^{\alpha_1}\end{aligned}$$

故可得 $\dfrac{dy}{dx}=\alpha_1\exp(\alpha_0)x^{\alpha_1-1}\Rightarrow\dfrac{dy}{dx}\dfrac{x}{y}=\alpha_1$，隱含著 α_1 為彈性。

當 y 為多元變數如 $y=f(x_1,x_2)$，此時對應的偏微分（partial derivative）觀念非常重要，即：

於 x_2 固定不變下，可得 $\Delta y\approx\dfrac{\partial f}{\partial x_1}\Delta x_1$；或是，於 x_1 固定不變下，可得 $\Delta y\approx\dfrac{\partial f}{\partial x_2}\Delta x_2$。例如：$y=\beta_0+\beta_1x_1+\beta_2x_2$，可得 $\dfrac{\partial f}{\partial x_1}=\beta_1$ 與 $\dfrac{\partial f}{\partial x_2}=\beta_2$，其解釋與 B.2.1 節的例 1 類似。

利用 Python，我們也可以計算偏微分如：

```
y = sympy.Symbol("y")
f5 = x*y + x**2 + sympy.sin(2*x)
df5_dx = sympy.diff(f5,x)
# 2*x + y + 2*cos(2*x)
```

讀者可以解釋看看。

基本的機率觀念

於附錄 A 或 B 內，我們已經使用 Wooldridge（2016, 2020）所提供的檔案資料，一個有意思的問題是：若重新再編製上述檔案資料，結果爲何？其結果未必與上述 Wooldridge 的資料相同吧！或者說，相同變數抽取的樣本資料未必相同？爲何會如此？也許是眞實値我們觀察不到，或者是我們只能檢視到母體的部分結果。我們如何處理上述問題？本書是使用統計學內的統計推論方法，不過要從事統計推論之前，無法避免地，我們必須具備基本的機率觀念。

附錄 C、D 與 E 分別複習本書會使用的機率與統計觀念（或操作）；當然，我們仍輔以 Python 的操作說明，若有不足，可以參考《統計》、《財計》或《財時》等書。

C.1 隨機變數

本節說明隨機變數的意思，其中隨機變數可以分成間斷的隨機變數（discrete random variable）與連續的隨機變數（continue random variable）兩種，我們將一併介紹。

C.1.1 間斷的隨機變數

假定我們檢視 wage1 檔案內的 female 變數，想要知道出現女性的機率爲何？我們如何計算上述機率？直覺而言，可用下列指令：

```
wage1 = woo.data('wage1')
female = wage1['female']
female.sum() # 252
female.sum()/len(female) # 0.4790874524714829
```

因於 female 內，女性與男性分別用 1 與 0 表示，故女性共有 252 位，而 female 內總共有 526 個觀察值，因此出現女性的機率約爲 0.479。爲何我們會用上述方式計算機率值呢？

假定隨機抽取 N 人，我們想要知道出現 n 位女性的結果，則上述過程可稱爲從事一種實驗（experiment）[①]；另外，我們可以定義「樣本空間（sample space）」等於 0 或 1，其中女性與男性分別用 1 與 0 表示[②]。上述實驗的定義雖說簡單，但是並不易達成，尤其是如何做到「隨機抽取」或稱爲「隨機抽樣」？還好透過 Python，其實並不難，試下列指令：

```
S = [0,1]
np.random.seed(5689)
x1 = np.random.choice(S,size=10,replace=True)
# array([0, 0, 1, 0, 1, 0, 1, 1, 0, 1])
```

即 S 爲樣本空間，而 np.random.choice(.) 表示抽出放回之重複抽樣函數指令，可以注意的是，若要有相同的結果，必須搭配 np.random.seed(.) 指令。再試一次：

```
np.random.seed(1235)
x2 = np.random.choice(S,size=10,replace=True)
# array([1, 0, 0, 1, 1, 1, 1, 0, 1, 0])
```

即上述兩種抽樣結果皆是從 S 內以抽出放回的方式抽取 10 人，然後分別記錄其性別。

利用上述 x1 與 x2 的抽樣結果，我們計算對應的機率估計值，即：

① 實驗爲事先可以知道會出現何種結果，其中包括 $N=\infty$ 以及上述單一結果會重複出現。
② 即樣本空間係實驗的所有結果所形成的集合。

```
df1 = pd.DataFrame({'x1':x1,'x2':x2})
df1.sum()/10
# x1   0.5
# x2   0.6
```

故對應的機率估計值分別爲 0.5 與 0.6。上述機率估計值的計算係根據計算「相對次數（relative frequency）」而得；換言之，若屬於隨機抽樣，則出現 n 的機率值可寫成：

$$P(n) = \lim_{N \to \infty} \frac{n}{N} \tag{C-1}$$

其中 $P(n)$ 爲眞實機率值。通常，我們稱 (C-1) 式爲「大數法則（law of large numbers, LLN）」，隱含著 N 愈大，機率估計值（或稱爲樣本機率）$\hat{P}(n) = n / N$ 會接近於 $P(n)$。

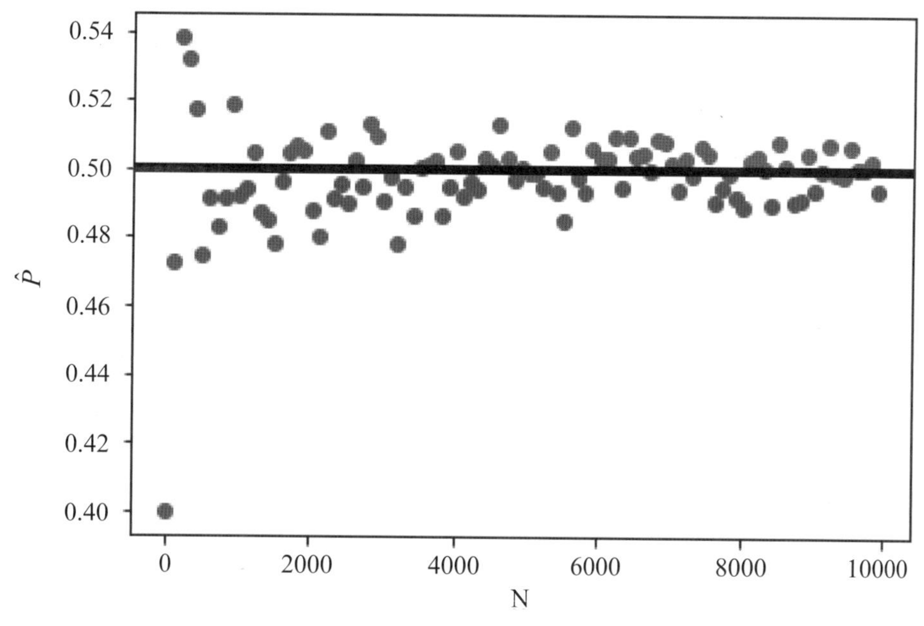

圖 C-1　性別機率之估計

直覺而言，隨機抽樣是指女性與男性被抽中的機率皆相同（即不偏袒女性或男性），顯然上述抽出放回方式符合隨機抽樣的想法。我們嘗試用模擬的方式「證明」(C-1) 式。例如：圖 C-1 繪製出隨 N 變化的樣本機率走勢圖，我們發現隨著 N 值的變大，樣本機率值會逐漸接近於眞實機率值 0.5；因此，圖 C-1 或 (C-1) 式提醒我們應盡可能使用大樣本計算樣本機率。

表 C-1　educ 變數內觀察值之分類，其中 educ 變數內觀察值的個數為 526

n	educn	phat
0	2	0.0038
1	0	0
---	---	---
11	29	0.0551
12	198	0.3764
---	---	---
18	19	0.0361

說明：第 1~3 欄分別表示受教育年數、單一種受教育年數的個數與樣本機率。

上述例子可看出 N 與 n 之間的關係，其中 N 可稱爲隨機變數，而 n 爲 N 的觀察值或實現值，即 $n = 0, 1, 2, \cdots, N$。例如：若 $N = 100$，而 $n = 60$，表示抽取 100 人，其中有 60 位是女性。上述觀念可以延伸，即視 female 爲隨機變數，而 female 內的數值爲對應的觀察值；或者，令 X 爲常態分配的隨機變數，而 $x = x_0$ 則爲 X 的觀察值。因此，隨機變數的特色是未看隨機變數的實際結果之前，我們的確不知該結果爲何？換句話說，幾乎本書所有的變數如 educ（受教育的年數）或 exper 等皆可視爲隨機變數。

上述樣本空間內只有 2 個元素，我們考慮樣本空間內有多個元素的情況，試下列指令：

```
educ = wage1['educ']
n = np.arange(educ.min(),educ.max()+1,1)
educn = []
for i in n:
    educ0 = (educ == i)*1
    educn.append(educ0.sum())
phat1 = np.array(educn)/len(educ)
np.sum(phat1) # 1.0
```

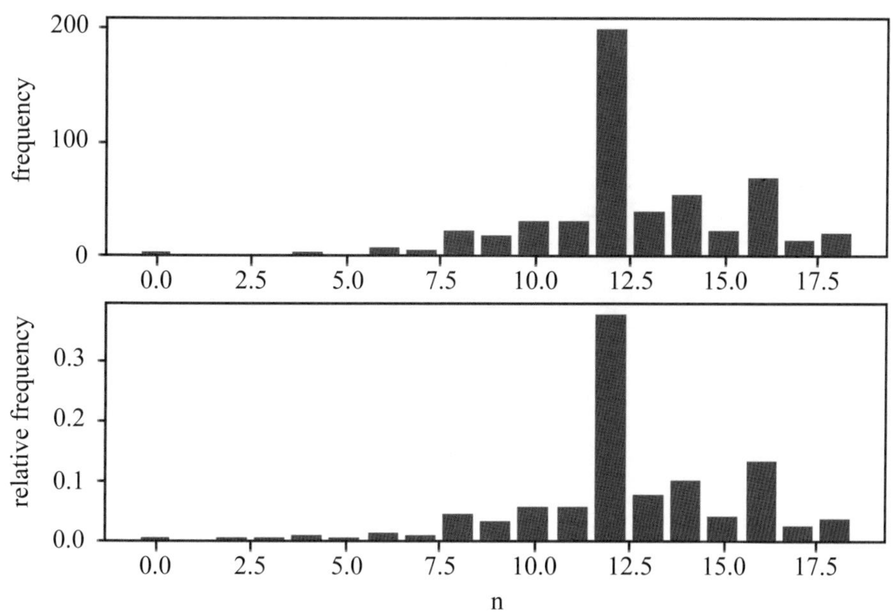

圖 C-2　educ 變數內觀察值之分類，其中上與下圖分別為次數分配與相對次數分配圖

也就是說，educ 變數內有 0~18 等 19 種結果，其中 educ 變數內觀察值的總個數爲 526。上述指令係計算單一種結果的個數與對應的樣本機率，其分別用 educn 與 phat1 表示，完整的結果則列表如表 C-1 所示。例如：受教育年數爲 12 年的個數爲 198，故對應的樣本機率爲 198/526，其餘的結果可類推。讀者可參考所附檔案。

上述樣本空間內的元素因屬於整數，故對應的隨機變數屬於間斷（型）的隨機變數，其特色是：例如 0 與 1 之間不存在任何結果。我們可以進一步將間斷（型）的隨機變數的結果用圖形表示。換言之，圖 C-2 繪製出表 C-1 的結果，其中上與下圖分別稱爲次數分配（frequency distribution）與相對次數分配（relative frequency distribution）。顧名思義，相對次數分配就是樣本機率分配，因爲根據 (C-1) 式，樣本機率就是利用相對次數計算而得。

至目前爲止，我們所計算的機率皆屬於樣本機率，那對應的母體機率或眞實機率呢？我們是否可以觀察到？統計學內存在一些特殊的機率分配，倒是可以讓我們觀察到母體機率。

例 1 伯努尼分配

若 X 之值不是 $x = 0$ 就是 $x = 1$，則對應的機率質量函數（probability mass function, PMF）可寫成：

$$f_X(x) = \theta^x (1-\theta)^{1-x}, x = 0, 1 \tag{C-2}$$

其中 X 稱爲伯努尼分配（Bernoulli distribution）的隨機變數。上述 PMF 其實就是間斷型的機率：

$$f_X(x=0) = 1-\theta \text{ 與 } f_X(x=1) = \theta \tag{C-3}$$

即 $x = 0$ 與 $x = 1$ 的機率值分別是 $1-\theta$ 與 θ。可以注意的是，$1-\theta$ 與 θ 是母體機率值。

根據上述抽出放回的抽樣方式，我們豈不是可以看到母體機率所對應的樣本空間嗎？例如：θ 爲 0.25 與 0.75 所對應的樣本空間分別爲 {0, 0, 0, 1} 與 {0, 1, 1, 1}，就前述檢視性別的例子而言，前者女性出現的機率爲 0.25，而後者女性出現的機率爲 0.75。試下列指令：

```
Sa = [0,1,1]
np.random.seed(5689)
pa = np.random.choice(Sa,size=10,replace=True)
# array([0, 1, 1, 1, 0, 1, 1, 0, 0, 0])
```

即 $\theta = 2/3$ 與 $\hat{P} = 1/2$，故上述指令的母體機率與樣本機率分別爲 2/3 與 1/2。

例 2 IID

現在，我們可以解釋前述抽出放回的抽樣方式，即其屬於一種獨立同分配（independent and identically distributed, IID）的抽樣。就前述檢視性別的例子而言，從樣本空間以抽出放回的方式抽取觀察值，不就是相當於從 IID 的伯努尼分配內抽取觀察值嗎？當然，未必只有 IID 之伯努尼分配，試下列指令：

```
np.random.seed(564)
np.random.normal(0,1,5)
# array([-0.77571644, -1.64572977,  0.31208165, -0.78100609, -0.59031316])
np.random.seed(564)
```

```
norm.rvs(0,1,5)
# array([-0.77571644, -1.64572977,  0.31208165, -0.78100609, -0.59031316])
```

上述指令可視爲從 IID 之標準常態分配抽取 5 個觀察值，其中標準常態分配隨機變數的指令有兩種，本書習慣用後者。

例 3 次數與相對次數分配的編製

我們可以透過 pd.crosstab(.) 函數指令的使用以編製次數與相對次數分配。例如：下列指令可用於編製表 C-1 的結果，即：

```
TC1F = pd.crosstab(index=wage1['educ'],columns="count",margins=True)
TC1RF = TC1F/TC1F['count'].iloc[-1]
TC1 = pd.concat([TC1F['count'],TC1RF['count']],axis=1)
TC1.columns = ['educn','phat']
TC1.head(3)
#      educn    phat
# educ
# 0       2    0.003802
# 2       1    0.001901
# 3       1    0.001901
```

讀者可以逐一檢視。

C.1.2 連續的隨機變數

C.1.1 節所介紹的間斷型隨機變數雖說符合直覺想法，不過顯然應用的範圍較狹隘。例如：計算 $P(-3 < x \leq 2)$（x 介於 -3 與 2 之間的機率），若是用間斷型隨機變數的機率計算，恐怕誤差頗大。本節介紹連續型隨機變數的機率計算，其特色爲連續型隨機變數的觀察值爲實數，而且對應的機率值用面積表示[3]，可以參考圖 C-3。

---

[3] 於圖 C-2 內可看出間斷型隨機變數的機率值用縱軸的高度表示。

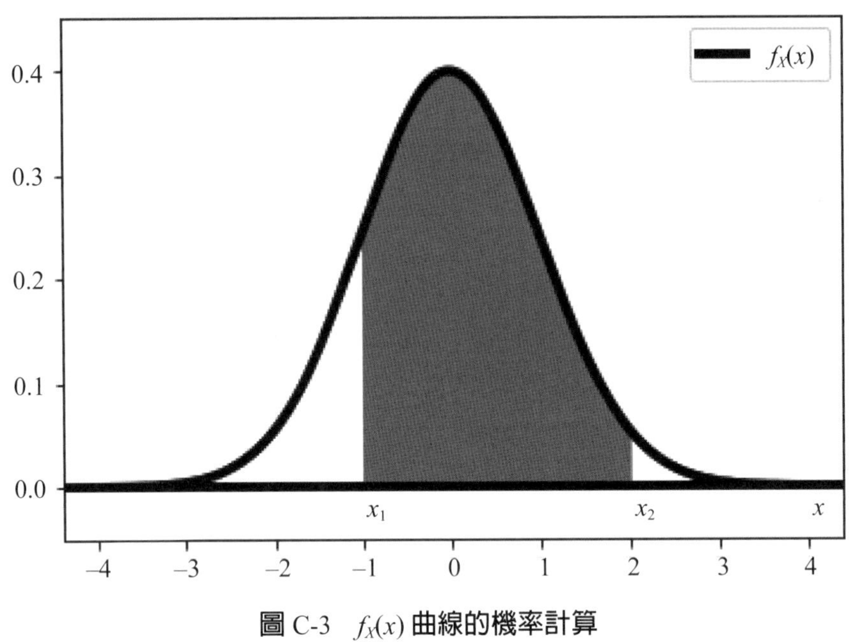

圖 C-3　$f_X(x)$ **曲線的機率計算**

微積分已經提醒我們面積可用積分表示，而 Python 亦可處理積分。例如：圖 C-3 內的 $f_X(x)$ 就是標準常態分配的機率密度函數（probability density function, PDF）；當然，標準常態分配的隨機變數是屬於連續的。上述 PDF 可以自設函數的方式表示，即：

```
def fx(x):
    a = np.sqrt(2*np.pi)
    b = np.exp(-x**2/2)
    return b/a
```

對應的數學型態爲：

$$f_X(x) = \frac{1}{\sqrt{2\pi}\sigma}\exp\left(-\frac{(x-\mu)^2}{2\sigma^2}\right), -\infty < x < \infty \tag{C-4}$$

其中 μ 與 σ 爲常態分配的參數，而於標準常態分配下，$\mu = 0$ 與 $\sigma = 1$。

假定我們欲計算 $P(-1 \le x \le 2) = f_X(-1 \le x \le 2)$，如圖 C-3 所示，其可寫成：

$$P(-1 \le x \le 2) = f_X(-1 \le x \le 2) = \int_{-1}^{2} f_X(x)dx \tag{C-5}$$

上述機率值不難用 Python 表示，即：

```
import scipy.integrate as integrate
p3 = integrate.quad(fx,-1,2)
# (0.8185946141203638, 9.088225884305732e-15)
```

換言之，透過模組(scipy)的積分指令，可得$P(-1 \le x \le 2) \approx 0.82$[④]。當然，所有機率的加總等於 1，即：

$$P(-\infty \le x \le \infty) = \int_{-\infty}^{\infty} f_X(x)dx = 1$$

而對應的 Python 指令為：

```
inf = float("inf")
p1 = integrate.quad(fx,-inf,inf)
# (0.9999999999999998, 1.0178191320905743e-08)
```

由於機率值已用面積表示，隱含著單一結果的機率值等於 0，故於連續隨機變數的環境下，可得：

$$P(-1 \le x \le 2) = P(-1 < x < 2) = P(-1 \le x < 2) = P(-1 < x \le 2)$$

即有無包含「端點」並不影響機率值的計算。再試下列指令：

```
p2 = integrate.quad(fx,-inf,-1)
# (0.15865525393145707, 2.202484247842546e-10)
p5 = integrate.quad(fx,-inf,2)
# (0.977249868051821, 3.901177787959926e-09)
p5[0]-p2[0] # 0.8185946141203639
```

④ p3 內的第 1 與 2 個元素分別為機率與誤差。

即 $P(-1 \le x \le 2) \approx 0.82$ 亦可用上述指令計算，其中：

$$F_X(x_0) = P(X \le x_0) = \int_{-\infty}^{x_0} f_X(x)dx \tag{C-6}$$

$F_X(x_0)$ 稱爲累積分配函數（cumulative distribution function, CDF），其是表示 X 之觀察值至多至 x_0 的機率[⑤]。

C.2 聯合分配、條件分配與獨立性

於經濟學內，通常我們會有興趣想要知道兩種以上隨機變數所發生的事件與其對應的機率。例如：就前述 wage1 檔案內之變數資料而言，我們想要知道員工屬於女性且已婚的機率爲何？或是已知員工屬於女性後，其已婚的機率爲何？我們可以編製聯合分配（joint distributions）與條件分配（conditional distributions）以回答上述問題；因此，本節將複習聯合分配、條件分配與獨立性（independence）等觀念。

C.2.1 聯合機率分配與獨立性

我們先以 wage1 檔案內 married 與 female 變數資料爲例。於 C.1.1 節的例 3 內，我們已知如何編製次數與相對次數分配。我們再試試。例如：

```
wagemf = wage1[['married','female']]
n = len(wagemf['married']) # 526
```

即從 wage1 內找出 married 與 female 變數資料並稱爲 wagemf 資料框，上述變數資料的個數皆爲 526。

因已婚與女性皆用 1 以及未婚與男性皆用 0 表示，故可知對應的個數爲：

```
nc1 = wagemf.sum()
# married    320
# female     252
```

⑤ 根據微積分，可知 $\frac{dF_X}{dx} = f_X(x)$。

```
nc0 = n-nc1
# married   206
# female    274
```

即，例如：已婚與女性的個數分別為 320 與 252；同理，可知未婚與男性的個數分別為 206 與 274。利用模組 (pandas) 內的 crosstab(.) 函數指令，我們可得：

```
tablemF = pd.crosstab(index=wagemf['married'],columns="count",margins=True)
# col_0   count  All
# married
# 0        206   206
# 1        320   320
# All      526   526
tablemRF = tablemF/n
# col_0      count      All
# married
# 0       0.391635   0.391635
# 1       0.608365   0.608365
# All     1.000000   1.000000
```

即 tablemF 與 tablemRF 分別為單因子之次數與相對次數分配。

接下來，我們編製雙因子之次數與相對次數分配如：

```
tablemf = pd.crosstab(index=wagemf['married'],columns=wagemf['female'],
                      margins=True)
# female    0    1  All
# married
# 0        86  120  206
# 1       188  132  320
# All     274  252  526
tablemfR = tablemf/n
tablemfR1 = np.round(tablemfR,4)
```

```
# female      0       1     All
# married
# 0       0.1635  0.2281  0.3916
# 1       0.3574  0.2510  0.6084
# All     0.5209  0.4791  1.0000
```

表 C-2　已婚與女性的聯合相對次數分配，資料來源：取自 wage1 檔案

		女性 Y, m		
		0	1	$f(y)$
已婚 X, n	0	0.1635	0.2284	0.3916
	1	0.3574	0.2510	0.6084
	$f(x)$	0.5209	0.4791	1

說明：已婚與未婚分別爲 1 與 0，而女性與男性分別爲 1 與 0。

表 C-2 列出已婚與女性的聯合相對次數分配，讀者可以編製對應的次數分配。如前所述，相對次數可視爲樣本機率，故表 C-2 可視爲一種間斷型的聯合機率分配。寫成較一般的情況爲：

$$f_{XY}(x, y) = P(X = x, Y = y) \tag{C-7}$$

(C-7) 式隱含著 $X = x_0$ 與 $Y = y_0$ 二事件同時出現的機率。例如：表 C-2 內 $f_{XY}(0, 0) = 0.1635$，表示已婚且女性的機率爲 0.1635，其餘可類推。因所有機率的加總等於 1，故可得：

$$\sum_{i=1}^{n}\sum_{j=1}^{m} f_{XY}(X = x_i, Y = y_j) = 1 \tag{C-8}$$

透過 (C-7) 式，我們可以判斷二事件之獨立性，即 $X = x_0$ 事件出現與否與 $Y = y_0$ 事件之出現無關，可寫成：

$$f_{XY}(x, y) = f_X(x)f_Y(y) \tag{C-9}$$

相反地，若 (C-9) 式不成立，則表示 X 與 Y 爲相依（dependent）。試下列指令：

```
tablemfR[0].loc[0] # 0.1634980988593156
fy0 = tablemfR[0].iloc[2] # 0.5209125475285171
fx0 = tablemfR['All'].loc[0] # 0.3916349809885932
fx0*fy0 # 0.20400757564805044
```

可看出婚姻與性別是有關的；也就是說，從表 C-2 內，可看出邊際機率分配（marginal probability distribution）分別可寫成；

$$f_X(x) = \sum_{j=1}^{m} f_{XY}(x_i, y_j) \text{ 與 } f_Y(y) = \sum_{i=1}^{n} f_{XY}(x_i, y_j) \tag{C-10}$$

(C-8) 與 (C-10) 二式皆可延伸至檢視連續型機率分配的情況，即：

$$\int_{-\infty}^{\infty}\int_{-\infty}^{\infty} f_{XY}(x, y)dxdy = 1 \tag{C-11}$$

以及

$$f_X(x) = \int_{-\infty}^{\infty} f_{XY}(x, y)dy \text{ 與 } f_Y(y) = \int_{-\infty}^{\infty} f_{XY}(x, y)dx \tag{C-12}$$

或者說，(C-6) 式可以擴充而寫成：

$$F_{XY}(x, y) = \int_{-\infty}^{x}\int_{-\infty}^{y} f_{XY}(w_1, w_2)dw_1dw_2 \tag{C-13}$$

其中 $F_{XY}(x, y)$ 與 $f_{XY}(x, y)$ 分別爲 (x, y) 之 CDF 與 PDF，兩者之間的關係可寫成：

$$\frac{\partial^2 F_{XY}(x, y)}{\partial x \partial y} = f_{XY}(x, y)$$

我們舉一個例子說明。令：

$$f_{XY}(x, y) = \begin{cases} 4xye^{-(x^2+y^2)}, x > 0, y > 0 \\ 0, elsewhere \end{cases} \tag{C-14}$$

假定欲計算：

$$P\left(X>\frac{\sqrt{2}}{2},Y>\frac{\sqrt{2}}{2}\right)=\int_{\sqrt{2}/2}^{\infty}\int_{\sqrt{2}/2}^{\infty}4xye^{-(x^2+y^2)}dxdy$$

我們仍使用 Python 計算，即：

```
p_inf = float('inf')
fxy = lambda y, x: 4*x*y*np.exp(-x**2-y**2)
integrate.dblquad(fxy,np.sqrt(0.5),p_inf,lambda x:np.sqrt(0.5),lambda x:p_inf)
# (0.3678794411714013, 1.3408960585473898e-08)
```

即上述積分值約為 0.37。因此，只要適當使用 Python 指令，即使欲計算聯合機率值仍不是問題。除了計算機率值之外，透過 Python，我們亦可以繪製 (C-14) 式之 3D 立體圖，如圖 C-4 所示[6]。

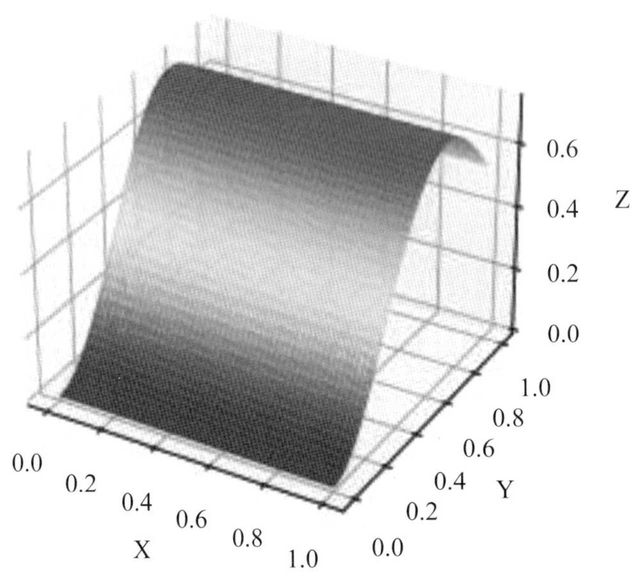

圖 C-4　$f_{XY}(x,y)=4xye^{-(x^2+y^2)}$ 之 3D 立體圖

[6] 於《財計》內，其亦有提供 3 個隨機變數所形成的聯合機率密度函數以及計算對應的機率值。

例 1 邊際機率分配的推導

利用 (C-12) 式，就 (C-14) 式而言，可得對應的邊際機率分配 $f_X(x)$ 與 $f_Y(y)$ 爲：

$$f_X(x) = \int_0^\infty 4xye^{-(x^2+y^2)}dy = 2xe^{-x^2}\int_0^\infty e^{-w}dw = 2xe^{-x^2}$$

與

$$f_Y(y) = \int_0^\infty 4xye^{-(x^2+y^2)}dx = 2ye^{-y^2}\int_0^\infty e^{-w}dw = 2ye^{-y^2}$$

即「積分 y 可得 x 之邊際機率」與「積分 x 可得 y 之邊際機率」。面對上述 $f_X(x)$ 與 $f_Y(y)$，我們仍可以使用 Python 計算。例如：

```
mfx = lambda x: 2*x*np.exp(-x**2)
integrate.quad(mfx,0,0.83)
# (0.4978718936931531, 5.527488396918668e-15)
```

即 $\int_0^{0.83} f_X(x)dx \approx 0.5$。讀者可以練習計算 $f_Y(y)$ 的機率。

例 2 X 與 Y 相互獨立

考慮一個聯合 PDF：

$$f_{X,Y}(x,y) = \begin{cases} \frac{1}{12}, -2 < x < 2, -1.5 < y < 1.5 \\ 0, otherwise \end{cases}$$

首先，我們可以驗證 $f_{XY}(x, y)$ 是否是一個聯合 PDF，即：

```
f1xy = lambda x,y: (1/12)
integrate.dblquad(f1xy,-1.5,1.5,lambda x:-2,lambda x:2)
# (1.0, 1.1102230246251565e-14)
```

接下來，再分別驗證對應的條件 PDF 爲：

```
mf1x = lambda y: 0.25
integrate.quad(mf1x,-2,2)
# (1.0, 1.1102230246251565e-14)
mf1y = lambda x: 1/3
integrate.quad(mf1y,-1.5,1.5)
# (1.0, 1.1102230246251565e-14)
```

即 $f_X(x) = 0.25$ 與 $f_Y(y) = 1/3$，讀者可以證明 $f_{XY}(x, y) = f_X(x)f_Y(y)$。

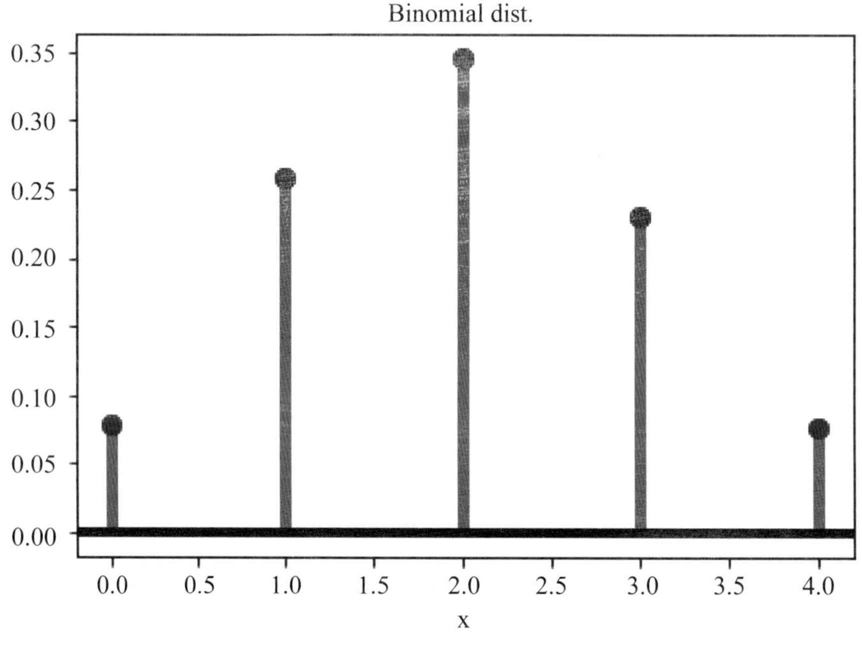

圖 C-5　二項式機率分配的 PMF

例 3　二項式機率分配

讀者可以回想二項式機率分配（binomial probability distribution）的 PMF 可寫成：

$$f_X(x) = \frac{n!}{x!(n-x)!}\theta^x(1-\theta)^{n-x}, x = 0, 1, 2, \cdots, n \tag{C-15}$$

(C-15) 式若與 (C-2) 式比較，不就是 n 個伯努尼機率分配之 PMF 乘積嗎？換言之，試下列指令：

```
import math
math.factorial(5) # 120
n, p = 5, 0.4
x = 2
a = math.factorial(n);b = math.factorial(x);c = math.factorial(n-x)
(a/(b*c))*p**x*(1-p)**(n-x) # 0.3456
binom.pmf(x,n,p) # 0.34559999999999974
```

圖 C-5 進一步繪製出二項式機率分配的 PMF，讀者可以練習看看。

C.2.2 條件機率分配

前述之聯合機率分配不僅可以計算出對應的邊際機率分配，同時亦可計算對應的條件機率分配。我們對後者並不陌生，畢竟其取自條件機率[7]；換言之，假定我們有興趣的是 Y，而且已知 X 會影響 Y，則就 $f_X(x) > 0$ 的條件下，對應的條件機率分配可寫成：

$$f_{Y|X}(y \mid x) = \frac{f_{XY}(x, y)}{f_X(x)} \tag{C-16}$$

因此，若 X 與 Y 皆屬於間斷的隨機變數，則 (C-16) 式亦可寫成：

$$f_{Y|X}(y \mid x) = P(Y = y \mid X = x)$$

其中 $P(Y = y \mid X = x)$ 表示條件機率。

[7] 條件機率分配內的「機率」指的是條件機率如 $P(B \mid A)$（於 A 出現的條件下 B 再出現的機率）等。

表 C-3　表 C-2 之 $f_{Y|X}(y \mid x)$

		已婚 X, n	
		0	1
女性 Y, m	0	0.4175	0.5875
	1	0.5825	0.4125
		1	1

我們舉一個例子說明。就表 C-2 的結果而言，我們可以計算對應的 $f_{Y|X}(y \mid x)$，其結果則列表，如表 C-3 所示[⑧]；同理，我們亦可以檢視 $f_{X|Y}(x \mid y)$ 的結果，可以參考表 C-4。讀者可以參考所附檔案得知如何編製表 C-3 與 C-4 的結果。

表 C-4　表 C-2 之 $f_{X|Y}(x \mid y)$

		女性 Y, m	
		0	1
已婚 X, n	0	0.3139	0.4762
	1	0.6861	0.5238
		1	1

(C-16) 式亦可用於判斷 X 與 Y 之間是否獨立或是相依，即 X 與 Y 之間若是屬於獨立，則：

$$f_{Y|X}(y \mid x) = f_Y(y) \text{ 或 } f_{X|Y}(x \mid y) = f_X(x) \tag{C-17}$$

即 X 出現與否並不影響 Y 的出現。例如：從表 C-2 內可知 $P(y = 0) = 0.5209$，但是於表 C-3 內可看出 $P(y = 0 \mid x = 0) = 0.4175$ 與 $P(y = 0 \mid x = 1) = 0.5875$，顯然 Y 的出現會受到 X 出現與否的影響，故 X 與 Y 之間應該有關係。讀者可以解釋表 C-3 的其餘情況或表 C-4 的結果。

⑧ 例如：$f(y=0 \mid x=1) = \dfrac{f(y=0, x=1)}{f(x=1)} \approx 0.5874$，其餘可類推。

例 1 條件分配圖

利用圖 C-4 內的 $f_{XY}(x,y)=4xye^{-(x^2+y^2)}$，我們可以先固定 X 值，再計算對應的條件機率分配 $f_{Y|X}(y\mid x_0)$。圖 C-6 進一步繪製出上述條件機率分配 $f_{Y|X}(y\mid x_0)$ 圖；換言之，上述 $f_{XY}(x,y)=4xye^{-(x^2+y^2)}$ 屬於二元連續 PDF，我們亦可以計算對應的條件機率分配，可以參考《財計》。

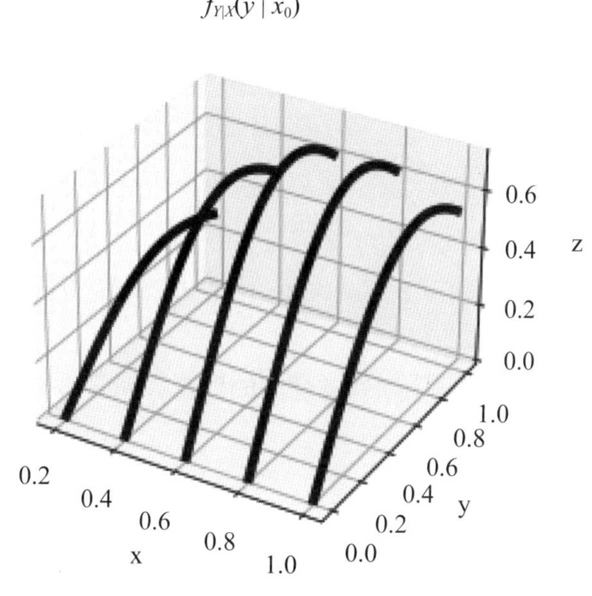

圖 C-6 條件機率分配 $f_{Y|X}(y\mid x_0)$

C.3 機率分配的特徵

前述由樣本資料所編製的相對次數分配如表 C-1 或 C-2 的目的，當然是欲估計對應的母體機率分配；換言之，我們如何描述母體？也許用一種機率分配來描述是頗恰當的方式。通常，機率分配的特徵可用第 1~4 級動差（moments）描述。例如：前述之二項式機率分配之前 4 級動差可有：

```
n, p = 5, 0.4
mean, var, skew, kurt = binom.stats(n, p, moments='mvsk')
mean # array(2.)
var # array(1.2)
```

```
skew # array(0.18257419)
kurt # array(-0.36666667)
mean.item() # 2.0
```

其中 mean、var、skew 與 kurt 分別表示平均數、變異數、偏態與峰態係數；另外，.item() 指令可得純數字。

上述第 1~4 級動差的計算可說是期望值操作式（expected value operator or expectation operator）的應用。本節介紹或複習單變量與多變量機率分配之期望值操作式的應用。

C.3.1 單變量機率分配

若 X 是一個隨機變數，則 X 的期望值可寫成 $E(X)$ 或 μ，即其爲 X 之所有不同結果的加權平均值，其中權數爲上述結果所對應的機率值。因此，我們如何描述母體平均數，原來就是 X 的期望值。

$E(X)$ 的計算可因 X 是一個間斷或連續型隨機變數而有所不同，即若 X 是一個間斷型隨機變數，則 $E(X)$ 可爲：

$$E(X)=\sum_{i=1}^{n}x_i f_X(x_i) \tag{C-18}$$

其中 $f_X(x_i)$ 爲 x_i 所對應的機率（PMF）。又若 X 是一個連續型隨機變數則 $E(X)$ 可爲：

$$E(X)=\int_{-\infty}^{\infty}x_i f_X(x)dx \tag{C-19}$$

其中 $f_X(x)$ 爲 X 所對應的 PDF。我們可以看出後者是以積分取代 (C-18) 式內的加總。

我們不難用 Python 計算 (C-18) 與 (C-19) 二式。例如：

```
xa = np.array([-1,0,2])
px = np.array([1/8,1/2,3/8])
Ex = np.sum(xa*px) # 0.625
mu = 0;sigma = 1
def nfx(x):
    return norm.pdf(x,loc=mu,scale=sigma)
```

```
x = np.linspace(-10,10,500)
def nfx1(x):
    return x*norm.pdf(x,loc=mu,scale=sigma)
integrate.quad(nfx1,-inf,inf)
# (0.0, 0.0)
```

其中 norm.pdf(.) 爲常態分配的 PDF（底下會介紹）。

我們稱 $E(.)$ 爲期望值操作式，是表示 (C-18) 與 (C-19) 二式的計算方式可以推廣，即令 $g(X)$ 爲 X 的函數，隱含著 $g(X)$ 亦是一個隨機變數；是故，我們可以計算 $g(X)$ 的期望值爲：

$$E\left[g(X)\right]=\sum_{i=1}^{n}g(x_i)f_X(x_i) \tag{C-20}$$

與

$$E\left[g(X)\right]=\int_{-\infty}^{\infty}g(x_i)f_X(x)dx \tag{C-21}$$

因此：

```
Ex2 = np.sum(xa**2*px) # 1.625
Ex3 = np.sum(xa**3*px) # 2.875
Ex4 = np.sum(xa**4*px) # 6.125
def nfx2(x):
    return x**2*norm.pdf(x,loc=mu,scale=sigma)
integrate.quad(nfx2,-inf,inf)
# (1.000000000000001, 5.274099954078797e-09)
def nfx3(x):
    return x**3*norm.pdf(x,loc=mu,scale=sigma)
integrate.quad(nfx3,-inf,inf)
# (0.0, 0.0)
def nfx4(x):
    return x**4*norm.pdf(x,loc=mu,scale=sigma)
```

```
integrate.quad(nfx4,-inf,inf)
# (3.0000000000000053, 1.2043244026618655e-08)
```

即透過 (C-20) 與 (C-21) 二式，我們可以輕易地計算 X^2、X^3 與 X^4 的動差。通常我們稱 $E(X^j)$ 為 X 的第 j 級的原動差（raw moment），而稱 $E[(X-\mu)^j]$ 為 X 的第 j 級的主動差或中央動差（central moment）。

再試下列指令：

```
mu = 5;sigma = 10
def nfx2mu(x):
    return (x-mu)**2*norm.pdf(x,loc=mu,scale=sigma)
integrate.quad(nfx2mu,-inf,inf)
# (99.99999999999999, 5.582934041308416e-07)
def nfx3mu(x):
    return (x-mu)**3*norm.pdf(x,loc=mu,scale=sigma)
integrate.quad(nfx3mu,-inf,inf)
# (-6.793393972359674e-15, 1.0007422332963504e-08)
def nfx4mu(x):
    return (x-mu)**4*norm.pdf(x,loc=mu,scale=sigma)
integrate.quad(nfx4mu,-inf,inf)
# (30000.000000000004, 5.112401772232973e-05)
integrate.quad(nfx3mu,-inf,inf)[0]/sigma**3
integrate.quad(nfx4mu,-inf,inf)[0]/sigma**4
# 3.000000000000004
```

也就是說，機率分配的變異數可寫成：

$$E[(X-\mu)^2]=\sigma^2 \tag{C-22}$$

以及偏態係數與峰態係數分別可寫成：

$$E(Z^3)=\frac{E\left[(X-\mu)^3\right]}{\sigma^3} \text{ 與 } E(Z^4)=\frac{E\left[(X-\mu)^4\right]}{\sigma^4} \tag{C-23}$$

其中 σ 爲標準差，而 $Z=\dfrac{X-\mu}{\sigma}$ 則表示將 X 標準化（standardizing）（即稱 Z 爲標準化隨機變數）。我們知道 Z 的平均數與標準差分別爲 0 與 1，即 $E(Z)=0$ 與 $E(Z^2)=1$。從上述指令可以看出標準常態分配的前 4 級動差分別爲 0、1、0 與 3 以及常態分配的特徵；值得注意的是，後者須經過標準化後峰態係數才等於 3。

上述例子可看出期望值操作式的用處，我們繼續檢視期望值操作式的性質，即：

性質 1：若 c 爲常數，則 $E(c)=c$。

性質 2：若 a 與 b 爲常數，則 $E(aX+b)=aE(X)+b$。

性質 3：若 $\{a_1, a_2, \cdots, a_n\}$ 爲常數以及 $\{X_1, X_2, \cdots, X_n\}$ 爲隨機變數，則：

$$E\left(\sum_{i=1}^{n} a_i X_i\right)=\sum_{i=1}^{n} a_i X_i \tag{C-24}$$

上述性質頗符合直覺判斷，讀者可以嘗試證明上述性質。

我們再練習期望值操作式。檢視 (C-22) 式，可發現變異數尚有另外一種計算方式，即：

$$Var(X)=\sigma^2=E(X^2-2X\mu+\mu^2)=E(X^2)-2\mu^2+\mu^2=E(X^2)-\mu^2 \tag{C-25}$$

其中 $E(X)=\mu$。σ^2 與 σ 的性質可有：

(1) 若 $P(X=c)=1$，則 $Var(X)=0$，其中 c 爲常數。

(2) $Var(aX+b)=a^2Var(X)$，其中 a 與 b 爲常數。

(3) 若 $P(X=c)=1$，則 $\sigma(X)=0$，其中 c 爲常數。

(4) $\sigma(aX+b)=|a|\sigma(X)$，其中 a 與 b 爲常數。

C.3.2 聯合機率分配的特徵

聯合機率分配的隨機變數之間若是不爲獨立而是屬於相依的關係，我們可以用共變異數（covariance）或相關係數（correlation coefficient）衡量。底下，我們以 X 與 Y 兩個隨機變數爲例，對應的平均數與標準差分別以 $\mu(X)$ 與 $\sigma(X)$ 以及 $\mu(Y)$ 與 $\sigma(Y)$ 表示[9]，我們自然可以將其推廣至檢視多個隨機變數的情況。

---

[9] $\mu(X)$、$\sigma(X)$ 與 $\sigma(XY)$ 亦可用 μ_X、σ_Y 與 σ_{XY} 表示。

X 與 Y 之間的共變異數可寫成：

$$\sigma(XY) = Cov(X, Y) = E[(X - \mu_X)(Y - \mu_Y)] \tag{C-26}$$

以及相關係數可寫成

$$\rho(XY) = Corr(X, Y) = \frac{\sigma_{XY}}{\sigma_X \sigma_Y} \tag{C-27}$$

當然 $\sigma(XY)$ 與 $\rho(XY)$ 是觀察不到的，我們只能用對應的樣本共變異數與樣本相關係數取代。我們舉一個例子說明。試下列指令：

```
np.random.seed(1234)
z = norm.rvs(0,1,1000)
np.random.seed(2222)
x = norm.rvs(0,1,1000)
np.corrcoef(z,x,rowvar=0)
# array([[1.          , 0.02307052],
#        [0.02307052, 1.          ]])
np.cov(z,x,rowvar=0)
# array([[0.94780563, 0.02196691],
#        [0.02196691, 0.95654124]])
```

即 z 與 x 皆是標準常態分配的觀察值，我們發現 z 與 x 之間的樣本共變異數與樣本相關係數皆約爲 0.02，可以注意如何計算出上述樣本數。

圖 C-7 繪製出上述 z 與 x 之間的散佈圖，我們可以看出 z 與 x 之間並無關係。除了利用上述指令外，我們亦可將 z 與 x 合併成一個資料框，然後用下列指令計算：

```
dfzx = pd.DataFrame({'z':z,'x':x})
dfzx.corr()['z'].iloc[1] # 0.02307052057819413
dfzx.cov()['z'].iloc[1] # 0.02196690579801454
```

可以注意如何叫出資料框內之元素。

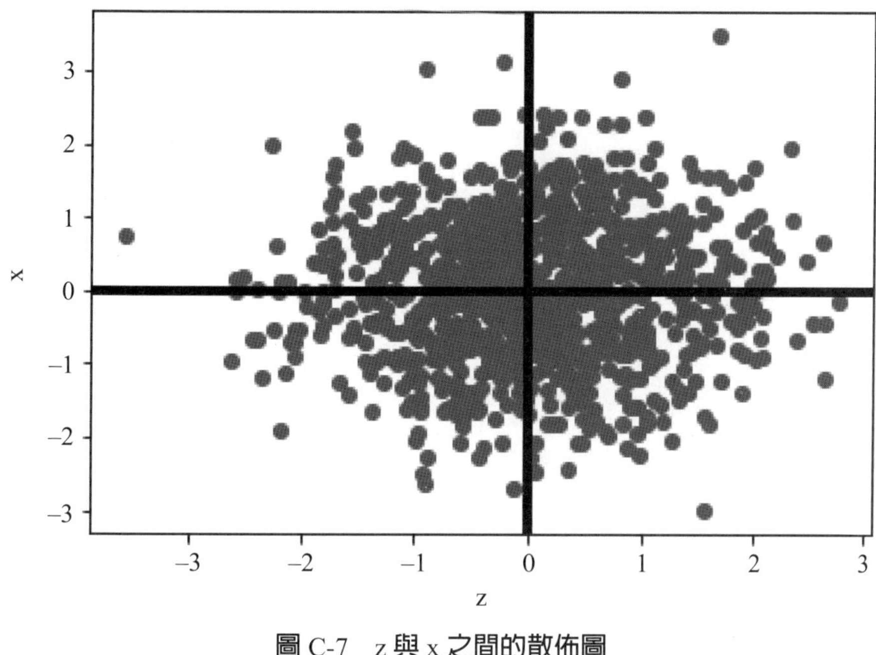

圖 C-7 z 與 x 之間的散佈圖

從上述指令可看出我們只能模擬出接近於相互獨立的觀察值，那如何抽取具有相關程度的觀察值呢？根據《衍商》，我們可以使用下列式子：

$$Y = \rho X + \sqrt{1-\rho^2} Z \tag{C-28}$$

其中 X 與 Z 分別表示相互獨立的標準常態分配隨機變數。根據 (C-28) 式，可知 X 與 Y 之間的相關係數就是 ρ 值；可以注意的是，上述變數因皆屬於標準常態分配之隨機變數，故 ρ 值亦可視爲共變異數。例如：圖 C-8 分別繪製出具有不同相關程度的觀察值，讀者可以參考所附檔案得知如何繪製圖 C-8。

從圖 C-8 內可看出若 $\rho > 0$（或共變異數大於 0），表示 X 與 Y 之間屬於正向的線性相關；同理，若 $\rho < 0$（或共變異數小於 0），表示 X 與 Y 之間屬於負向的線性相關[10]。我們進一步檢視共變異數與相關係數的性質：

[10] 相關係數或共變異數只能衡量變數間的線性關係。

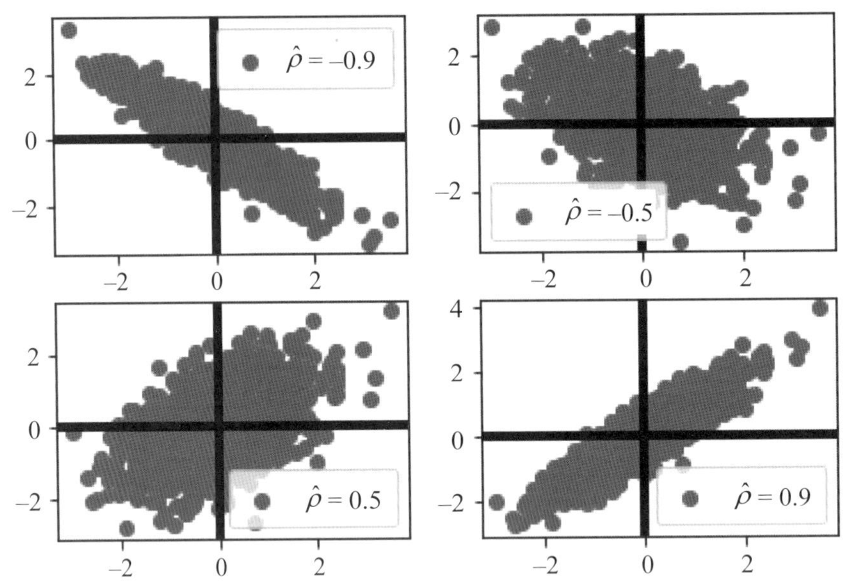

圖 C-8　具有相關的觀察值，其中橫軸與縱軸分別表示 x 與 y

(1) 讀者不難證明 (C-29) 式，即：

$$Cov(X, Y) = E(XY) - \mu(X)\mu(Y) \tag{C-29}$$

根據 (C-29) 式，可知若 $\mu(X) = 0$ 或 $\mu(Y) = 0$，則 $Cov(X, Y) = E(XY)$。

(2) 若 X 與 Y 之間相互獨立，則 $Cov(X, Y) = 0$ 或 $Corr(X, Y) = 0$；不過，若 $Cov(X, Y) = 0$ 或 $Corr(X, Y) = 0$，未必隱含著 X 與 Y 之間相互獨立，即 $Cov(X, Y) = 0$ 或 $Corr(X, Y) = 0$ 只用於衡量線性關係。

(3) 令 a_1、a_2、b_1 與 b_2 皆爲常數，則：

$$Cov(a_1X + b_1, a_2Y + b_2) = a_1a_2Cov(X, Y) \tag{C-30}$$

不過，相關係數的計算可爲：

$$\begin{cases} Corr(a_1X + b_1, a_2Y + b_2) = a_1a_2Corr(X, Y), a_1a_2 > 0 \\ Corr(a_1X + b_1, a_2Y + b_2) = -a_1a_2Corr(X, Y), a_1a_2 < 0 \end{cases} \tag{C-31}$$

我們嘗試用模擬的方式說明 (C-30) 與 (C-31) 二式。試下列指令：

```
a1 = a2 = 0.3
b1 = b2 = 0.8
rho1 = 0.65
y1 = rho1*x+np.sqrt(1-rho1**2)*z
np.cov(a1*x+b1,a2*y1+b2,rowvar=0)[0,1] # 0.05746006906219872
a1*a2*np.cov(x,y1,rowvar=0)[0,1] # 0.05746006906219872
np.corrcoef(a1*x+b1,a2*y1+b2,rowvar=0)[0,1] # 0.6617153553501701
np.corrcoef(x,y1,rowvar=0)[0,1] # 0.66171535535017
```

讀者可以檢視 $a_1a_2 < 0$ 的情況。

(4) 因 $|\rho(X, Y)| \leq 1$，故隱含著 $|Cov(X, Y)| \leq \sigma(X)\sigma(Y)$。

瞭解共變異數的計算後，我們就可以繼續檢視隨機變數加總之變異數，即：

$$Var(aX + bY) = a^2Var(X) + b^2Var(Y) + 2abCov(X, Y) \tag{C-32}$$

其中 a 與 b 為常數。根據 (C-32) 式，可知若 X 與 Y 之間不相關，則 $Cov(X, Y) = 0$，隱含著：

$$Var(X + Y) = Var(X) + Var(Y) \tag{C-33}$$

與

$$Var(X - Y) = Var(X) + Var(Y) \tag{C-34}$$

即：即使兩個隨機變數相減，其對應的變異數仍是兩個隨機變數之變異數相加。

(C-33) 與 (C-34) 二式可以推廣至多個隨機變數的情況。只不過，我們可以定義成對的不相關隨機變數（pairwise uncorrelated random variables）為：若 $X_i (i = 1, 2, \cdots, n)$ 屬於成對的不相關隨機變數，則 $Cov(X_i, Y_j) = 0\ (i \neq j)$；換言之，於成對的不相關隨機變數的假定下，可得：

$$Var\left(\sum_{i=1}^{n} a_i X_i\right) = \sum_{i=1}^{n} a_i^2 Var(X_i) \tag{C-35}$$

其中 $a_i (i = 1, 2, \cdots, n)$ 表示常數。

我們舉一個例子看看：

```
mu = 0;sigma = 5
np.random.seed(1258)
ai = uniform.rvs(0,1,size=5)
np.random.seed(1111)
X = norm.rvs(mu,sigma,5000).reshape(1000,5)
X1 = ai*X
dfX = pd.DataFrame(X)
ai**2*dfX.var()
dfX1 = pd.DataFrame(X1)
dfX1.var()
```

讀者可以解釋上述指令。

C.3.3 條件機率分配的特徵

如前所述，共變異數與相關係數只能衡量兩個隨機變數之間的線性關係，可惜的是，共變異數與相關係數卻無法用於衡量兩個隨機變數之間的因果關係。通常我們可以透過直覺或理論幫我們釐清上述的因果關係。假定我們有興趣檢視隨機變數 Y，我們希望能找到一個隨機變數 X 能用於解釋 Y，即 Y 可用 X 來表示，此時 X 可以稱爲解釋變數，而 Y 爲被解釋變數。我們可以透過前述的 wage1 檔案內的 wage 與 educ 變數說明；換言之，wage 與 educ 二變數之間的關係可爲：後者爲解釋變數而前者可視爲被解釋變數，即我們希望透過 educ 來預測或解釋 wage。

上述 Y 與 X 之間的不對稱關係可以利用前述的條件機率分配如 $f_{Y|X}(y \mid x)$ 掌握，不過顯然上述條件機率分配受到 X 的影響，畢竟當 $x = x_0, x_1, \cdots$ 所對應的條件機率分配並不同。雖說如此，我們還是希望能用一種簡單的方式來表示 X 對 Y 的影響。我們考慮於 X 的結果下，Y 的條件期望值（或稱爲條件平均數）之計算如：

$$E(Y \mid X) = \sum_{j=1}^{m} y_j f_{Y|X}(y_j \mid x) \tag{C-36}$$

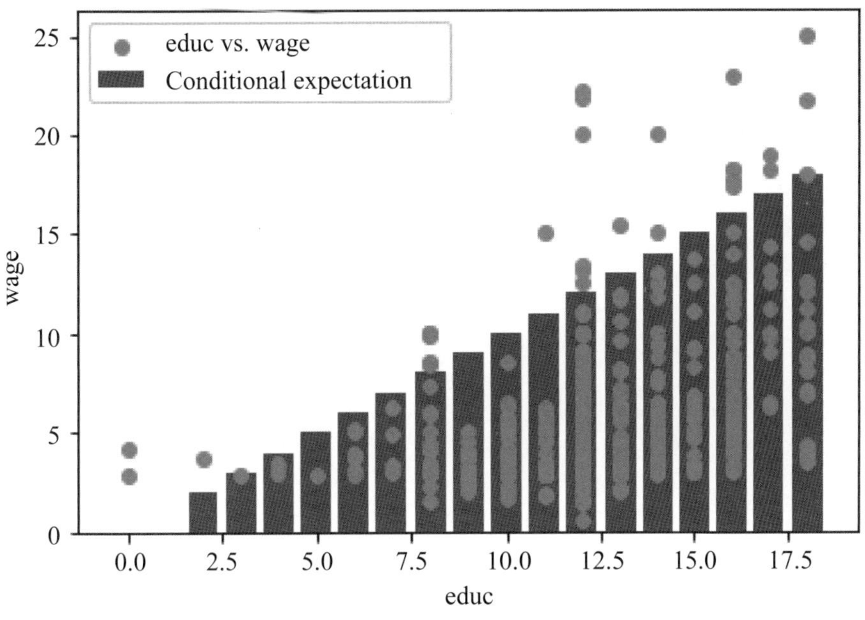

圖 C-9 $E(wage \mid educ)$ 的繪製

即 (C-36) 式係假定 Y 屬於間斷型的隨機變數且 Y 有 m 種結果。(C-36) 式的計算類似於 (C-18) 式，只不過因計算條件期望值，故用條件機率取代；當然，若 Y 屬於連續型的隨機變數，則以積分取代 (C-36) 式內的加總。換言之，(C-36) 式隱含著條件期望值亦是 Y 的結果之加權平均數；比較特別的是，上述條件期望值是 X 的函數。

我們仍使用 wage1 檔案內的 wage 與 educ 變數資料說明，圖 C-9 分別繪製出於不同 educ 的條件下，wage 的條件期望值（可以參考第 2 章的計算）與實際值，我們發現前者實際上就是條件機率分配的平均數。圖 C-9 內的條件期望值接近於一條直線，其實其亦有可能是一條非線性的曲線，如圖 C-10 所示。我們發現圖 C-9 與 C-10 類似於圖 2-2。

接下來，我們檢視條件期望值的性質，即：

(1) 就任何函數如 $c(X)$ 而言，可得 $E[c(X) \mid X] = c(X)$。例如：$E[X^2 \mid X] = X^2$，即一旦 X 為已知數，就知 X^2（即 X^2 不再是一個隨機變數），故 X 對 $c(X)$ 無條件上的限制。

(2) 就任何函數如 $a(X)$ 與 $b(X)$ 而言，可得：

$$E[a(X)Y + b(X) \mid X] = a(X)E(Y \mid X) + b(X)$$

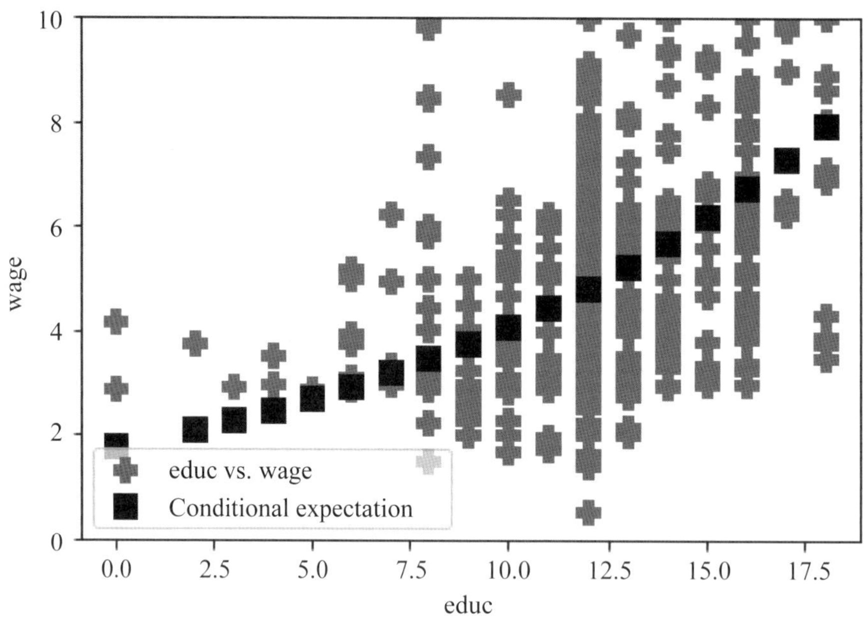

圖 C-10　$E(wage \mid educ)$ 的繪製

因 $a(X)$ 與 $b(X)$ 皆為 X 的函數，故前兩者不受 X 的影響；但是 Y 就不同了，其值可能受到不同 X 的影響而有不同。

(3) 若 X 與 Y 相互獨立，則 $E(Y \mid X) = E(Y)$。此處可以分別出條件期望值如 $E(Y \mid X)$ 與非條件期望值（就是期望值）如 $E(Y)$ 之不同；顯然，(C-18) 式就是計算非條件期望值。

(4) 若 X 與 U 相互獨立以及 $E(U) = 0$，則 $E(U \mid X) = E(U) = 0$。

(5) $E[E(Y \mid X)] = E(Y)$。若 X 與 Y 有關，可寫成 $E(Y \mid X) = \mu(X)$，即 Y 的條件期望值是 X 的函數，故 $E[\mu(X)] = E(Y)$，此屬於「重複期望值定理（law of iterated expectations）」的應用[11]。$E[E(Y \mid X)] = E(Y)$ 的應用是頗直接的，即根據圖 C-9，

---

[11] 重複期望值定理是指 $E_X[E(y \mid X)] = E(y)$。假定 X 屬於間斷的隨機變數，其共有 m 個結果，則：

$$E_X[E(y \mid X)] = p_1 E(y \mid X = x_{1i}) + p_2 E(y \mid X = x_{2i}) + \cdots + p_m E(y \mid X = x_{mi})$$

其中 p_i 表示對應之機率。舉一個簡單的例子說明：假定共有 50 位學生，期中考成績可以分成前 10 位同學之平均分數為 90，後 40 位同學之平均分數為 60；因此，同學之成績可以分成 $X = 1$ 與 $X = 2$ 兩種可能，即：

$$E(y \mid X = 1) = \frac{1}{10}\sum_{i=1}^{10} y_i = 90 \text{ 與 } E(y \mid X = 2) = \frac{1}{40}\sum_{i=11}^{50} y_i = 60$$

是故：

可得估計值如 $E(Y \mid X) = -0.9 + 0.54X$ 與 $E(X) = 12.56$，故：

$E[E(Y \mid X)] = E(-0.9 + 0.54X) = -0.9 + 0.54E(X) \approx 5.88$

其中 Y 與 X 分別表示 wage 與 educ。

(6) $E(Y \mid X) = E[E(Y \mid X, Z) \mid X]$。$E(Y \mid X)$ 的取得可分成兩個步驟，即先取得 $E(Y \mid X, Z)$（顯然 Z 與 X 無關），然後再取 $E(Y \mid X, Z)$ 的條件期望值（於 X 的條件下）。

(7) 若 $E(Y \mid X) = E(Y)$，則 $Cov(X, Y) = 0$ 或 $Corr(X, Y) = 0$；反之，若 $Cov(X, Y) = 0$，則 $E(Y \mid X)$ 未必等於 $E(Y)$。我們舉一個例子說明：

```
np.random.seed(2123)
x = norm.rvs(0,1,1000)
y = x**2
np.corrcoef(x,y,rowvar=0)[0,1] # -0.02703656754354114
```

即 x 為標準常態分配的觀察值，而 y 與 x 之間的樣本相關係數幾乎接近於 0；但是，實際上 y 與 x 卻是有關的，如圖 C-11 所示。此例顯示相關係數或共變異數的計算無法適用於檢視非線性關係。

(8) 就一些函數如 $g(X)$ 而言，若 $E(Y^2) < \infty$ 與 $E[g(X)^2] < \infty$，則：

$E\{[Y - \mu(X)]^2 \mid X\} \le E\{[Y - g(X)]^2 \mid X\}$

與

$E\{[Y - \mu(X)]^2\} \le E\{[Y - g(X)]^2\}$

其中 $E(Y \mid X) = \mu(X)$。上述式子說明了若使用預期平方誤差當作衡量預期誤差的指標，則就 Y 的條件預期值與非條件預期值而言，條件期望值如 $\mu(X)$ 優於其他的預期值如 $g(X)$。

除了條件期望值如 (C-36) 式之外，我們亦可以計算條件變異數，即：

$$Var(Y \mid X) = E\{[Y - E(Y \mid X)]^2 \mid X\} = E(Y^2 \mid X) - [E(Y \mid X)]^2 \qquad \text{(C-37)}$$

$E(y) = \frac{1}{5} \cdot 90 + \frac{4}{5} \cdot 60 = 18 + 48 = 66$

即班上平均成績為 66（分）。

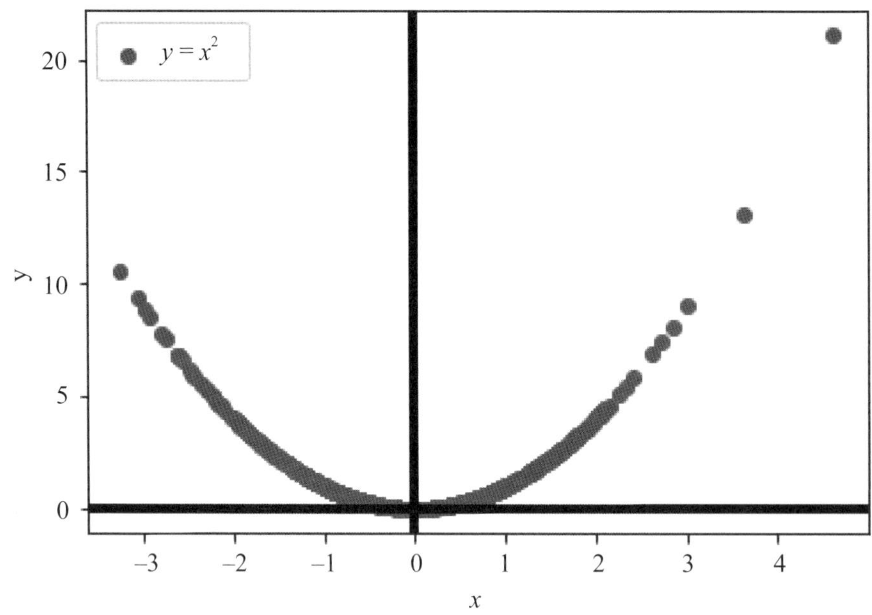

圖 C-11　$y = x^2$，其中 x 為標準常態分配的觀察值

顯然 (C-37) 的計算有用到 (C-25) 式。有關於條件變異數的性質可有：

(1) 若 X 與 Y 相互獨立，則 $Var(Y \mid X) = Var(Y)$。
(2) 根據 (C-37) 式，我們可以將非條件變異數 $Var(Y)$ 拆成兩部分，即：

$$Var(Y) = Var[E(Y \mid X)] + E[Var(Y \mid X)] \tag{C-38}$$

即 $Var(Y)$ 可以拆成「條件平均數的變異數與條件變異數的平均數」兩部分。(C-38) 式可稱爲變異數的拆解（decomposition of variance），明顯從 (C-38) 式可得：

$$Var(Y) \geq Var[E(Y \mid X)] \tag{C-39}$$

即條件期望值的變異數小於非條件期望值的變異數[12]。

⑫ (C-38) 式的證明、(C-39) 式的模擬說明以及 (C-39) 式的應用，可以參考《財時》內的附錄 2。

機率分配

於前面的附錄內，我們已經多次使用 Python 以抽取出常態分配的觀察值，本節將更進一步做完整的說明；換言之，本節將繼續介紹容易見到的特殊機率分配。先試下列指令：

```
from scipy.stats import norm,binom,uniform,t,chi2,f
X1 = norm.rvs(0,1,100)
X2 = binom.rvs(10,0.3,size=100)
X3 = uniform.rvs(0,1,100)
X4 = t.rvs(df=4,size=100)
X5 = chi2.rvs(size=100,df=6)
X6 = f.rvs(size=100,dfn=5,dfd=10)
```

即上述指令幾乎可視爲對應機率分配的隨機變數。利用模組 (scipy.stats)，我們可以看到上述指令的相似與相異處，讀者可以逐一檢視看看。底下，我們皆使用模組 (scipy.stats) 內的指令。

本附錄將分成單變量與多變量機率分配說明，其中前者包括統計學內的四種機率分配：常態、t、卡方與 F 分配，我們發現後三者皆與常態分配有關。至於多變量機率分配則包括多變量常態分配與多變量 t 分配的介紹，上述分配的特色是我們容易透過上述分配取得具有相關的觀察值。

上述分配皆屬於連續的機率分配，其特色是具有唯一的 PDF 與 CDF；換言之，若懷疑觀察到的樣本資料是由上述機率分配所產生，我們可以透過樣本的 PDF（或

CDF）與上述機率分配的 PDF（或 CDF）比較得知。或者說，上述機率分配亦可視爲母體的機率分配。

D.1 單變量機率分配

本節介紹基本統計學內的四種機率分配：常態、t、卡方與 F 分配；當然，上述四種機率分配皆屬於單變量機率分配。

D.1.1 常態分配

常態分配可說是統計學或計量經濟學內最普遍或最容易見到的連續型機率分配。如前所述，每一種機率分配有其對應的唯一 PDF（或 PMF）①，即令 X 爲常態分配的隨機變數，則 X 的 PDF 可寫成：

$$f_X(x) = \frac{1}{\sigma\sqrt{2\pi}} \exp\left[-\frac{(x-\mu)^2}{2\sigma^2}\right], -\infty < x < \infty \tag{D-1}$$

其中 $\mu = E(X)$ 與 $\sigma^2 = Var(X)$ 分別爲未知的平均數與變異數參數。(D-1) 式亦可簡寫成 $X\sim N(\mu, \sigma^2)$。先試下列指令：

```
mean, var, skew, kurt = norm.stats(moments='mvsk')
# (array(0.), array(1.), array(0.), array(0.))
```

顯然上述指令是於 $\mu = 0$ 與 $\sigma = 1$ 之下計算常態分配（即標準常態分配）的前 4 級動差；値得注意的是，上述指令內的峰態係數的計算指的是「超額峰態」，因爲標準常態分配的峰態係數等於 3。

通常，每一種機率分配存在 4 種「指令」可用於計算或描述該機率分配的特徵，我們以常態分配爲例做說明。就模組 (scipy.stats) 的指令而言，除了前述之 norm.rvs(.) 指令可稱充當隨機變數之外，norm.pdf(.) 指令可用於繪製對應的 PDF，norm.cdf(.) 指令除了可用於計算累積機率外，亦可用於繪製對應的 CDF。另外，尙可利用 norm.ppf(.) 指令②找出累積機率所對應的分位數。例如：讀者可以思考如何

① 當然有些機率分配的 PDF 並不存在，於此情況下我們可以找對應的特性函數（characteristic function）取代，可以參考《歐選》。

② 百分比點函數（percent point function, PPF），其中「百分比點」就是百分位數（percentile），簡稱分位數（quantile）。

繪製圖 D-1 的 PDF 以及找出至 $x_1 = 10$ 的累積機率；或者，利用上述累積機率找出對應的分位數（即 x_1）。最後，讀者可以嘗試解釋圖 D-2 內各小圖的意思以及思考如何繪製。

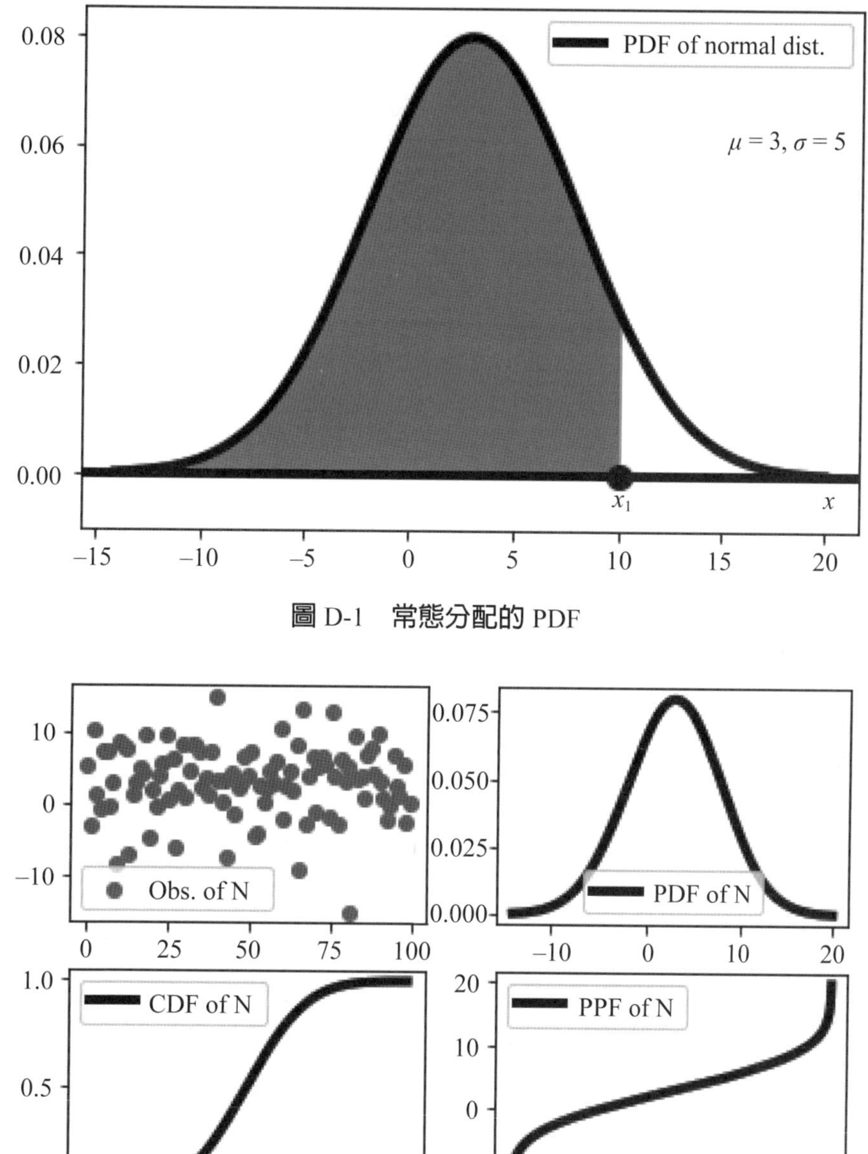

圖 D-1　常態分配的 PDF

圖 D-2　norm.rvs(.)、norm.pdf(.)、norm.cdf(.) 與 norm.ppf(.) 指令的使用

在統計學與計量經濟學內應用最為廣泛的分配，當首推常態分配[③]以及其所衍生的分配。若有興趣的標的（隨機變數）假定屬於常態分配，不僅可以簡化機率的計算，同時亦可以進一步進行統計推論。根據 (D-1) 式或使用上述指令，應可知常態分配內有兩個參數值 μ 與 σ，圖 D-3 分別繪製上述不同參數值所對應的 PDF，透過該圖應可知上述參數值所扮演的角色[④]。

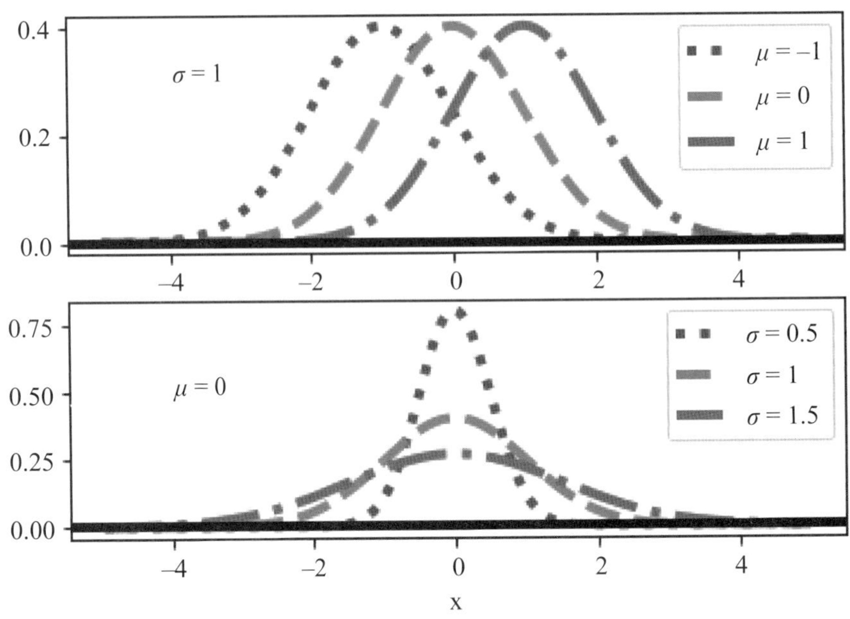

圖 D-3　不同參數值之常態分配

雖說許多變數的觀察值未必屬於常態分配，不過因常態分配較為簡易，故常態分配仍普遍被使用。那我們如何判斷觀察值是否屬於常態分配呢？圖 D-4 分別繪製出 wage 變數觀察值（wage1 檔案）（上圖）與其對數值（下圖）之直方圖（histogram），為了比較起見，圖 D-4 亦繪製出對應的常態分配 PDF，其中對應的參數值以 wage 與 log(wage) 的樣本平均數與樣本標準差取代。我們可以看出 wage 絕非屬於常態分配，不過 log(wage) 卻有可能屬於常態分配。

---

③ 常態分配又稱為高斯分配（Gaussian distribution），因其 PDF 形狀像鐘（bell），故又稱為鐘形分配。

④ 於 Python 或模組 (scipy.stats) 內，μ 與 σ（平均數與標準差）分別用 loc 與 scale 表示。

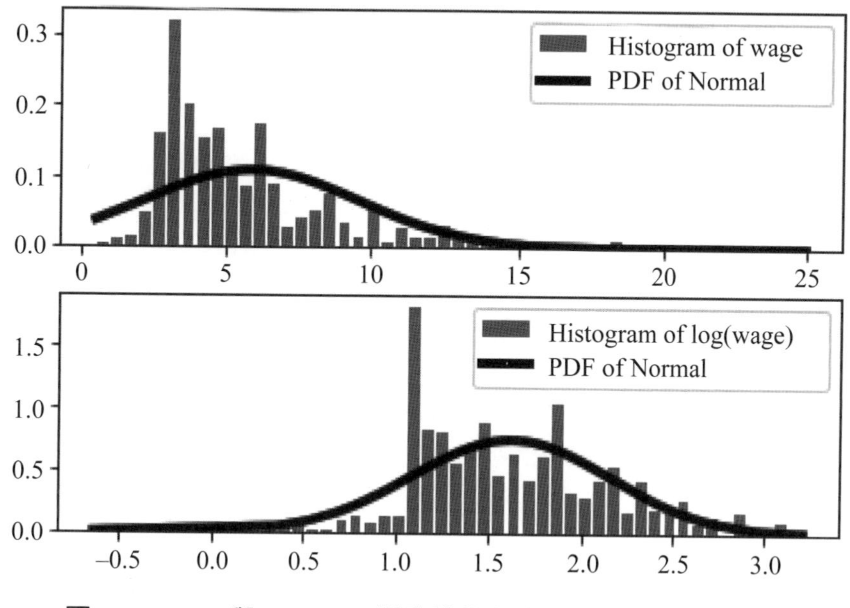

圖 D-4 wage 與 log(wage) 觀察值的直方圖與常態分配的比較

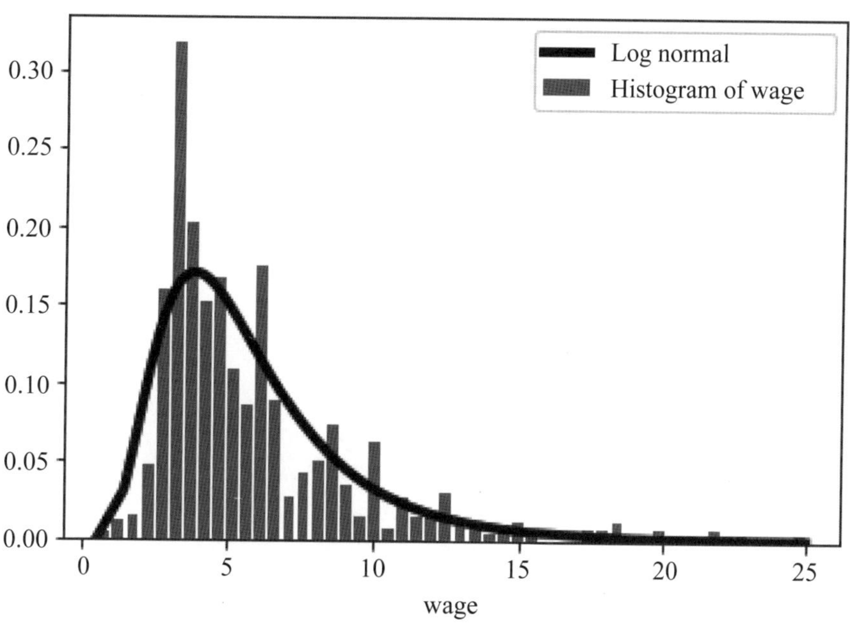

圖 D-5 wage 與對數常態分配

直覺而言，圖 D-4 的結果並不意外，因爲 wage 的樣本資料絕非負數值（即工資或時薪不爲負數值），但是 log(wage) 的觀察值卻有可能存在負數值；是故，前者有可能偏向於屬於對數常態分配（log normal distribution）而後者卻有可能接近於常態分配。圖 D-5 進一步繪製出 wage 的直方圖與對數常態分配的 PDF，我們發現前者竟然接近於後者。圖 D-5 的對應指令爲：

```
from scipy.stats import lognorm
wbar = np.mean(lxw) # xw = np.sort(wage)
sw = np.std(lxw) # lxw = np.sort(lwage)
fig = plt.figure()
plt.plot(xw,lognorm.pdf(xw,s=sw,scale=np.exp(wbar)),
            lw=4,color='black',label='Log normal')
plt.hist(wage,bins=50,density=True,rwidth=0.8,label='Histogram of wage')
plt.xlabel('wage')
plt.legend()
```

其中 lwage 爲 log(wage)。模組 (scipy.stats) 內亦有提供對數常態分配的四種特徵指令，不過應注意其內參數之使用方式[5]，可以參考模組 (scipy.stats) 的使用手冊以及《統計》、《財計》或《選擇》等書介紹如何應用對數常態分配。

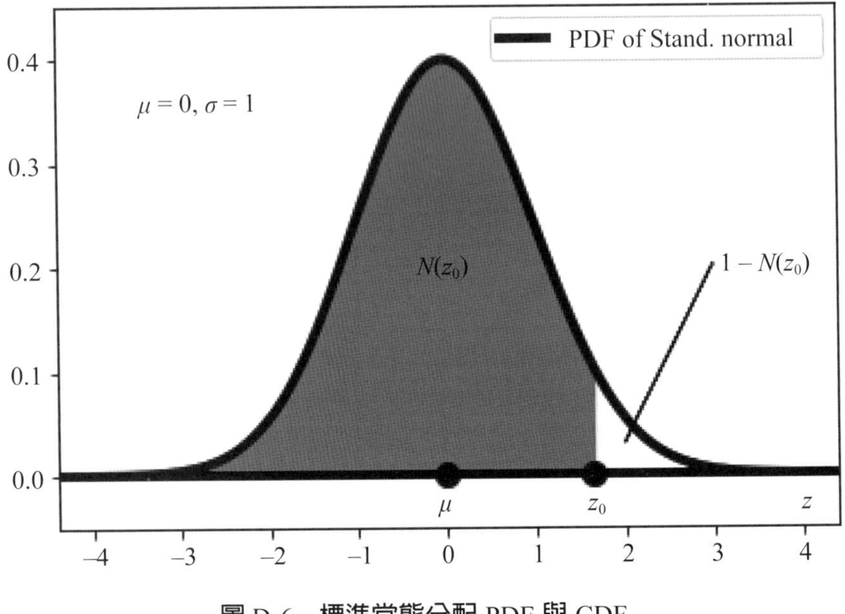

圖 D-6　標準常態分配 PDF 與 CDF

[5] 對數常態分配內的參數分別爲 $s = \sigma$ 與 $scale = e^{\mu}$，其中 μ 與 σ 爲對應常態分配的參數。

我們先檢視 $Z \sim N(0, 1)$，即 Z 屬於標準常態分配的情況。令對應的 CDF 爲：

$$N(Z = z_0) = \int_{-\infty}^{z_0} f_Z(z)dz$$

其中 $f_Z(z)$ 爲標準常態分配的 PDF。圖 D-6 繪製出上述 $f_Z(z)$ 與 $N(z_0)$ 的結果。我們知道具有下列兩個特色：

$$P(Z > z_0) = 1 - N(z_0) \tag{D-2}$$

與

$$P(Z < -z_0) = P(Z > z_0) = 1 - N(z_0) \tag{D-3}$$

(D-2) 式是描述所有的機率加總恆等於 1，故圖 D-6 內右尾的機率可用 $1 - N(z_0)$ 表示；另一方面，因常態分配屬於左右對稱的分配，故左尾的機率可透過右尾的機率得知，如圖 D-7 所示。

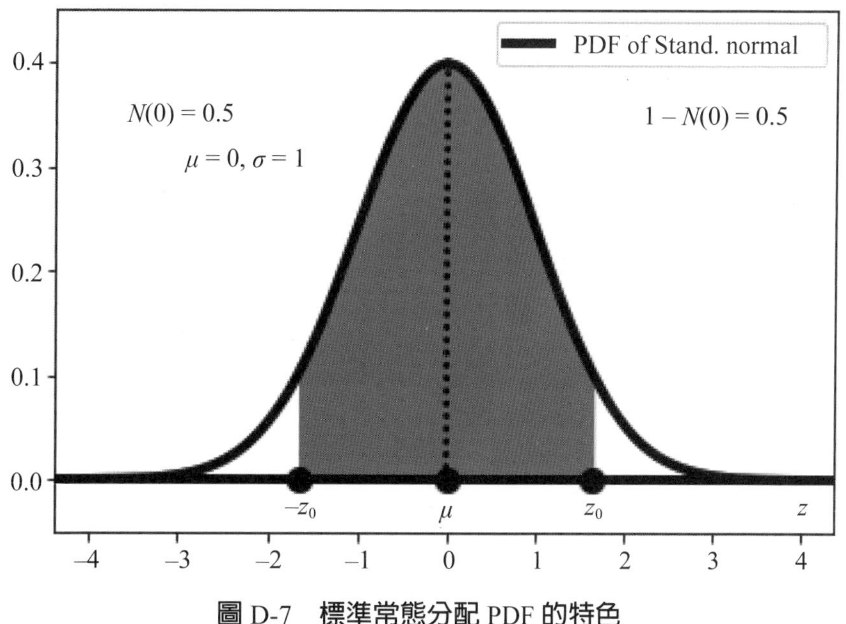

圖 D-7　標準常態分配 PDF 的特色

利用 (D-2) 與 (D-3) 二式，我們可以計算：

$$P(a \leq Z \leq b) = N(b) - N(a) \tag{D-4}$$

與

$$\begin{aligned} P(|Z| > c) &= P(Z > c) + P(Z < -c) \\ &= 2P(Z > c) = [1 - N(c)] \end{aligned} \tag{D-5}$$

我們以圖 D-7 內的 z_0 約爲 1.645 爲例，試下列指令：

```
mu = 0;sigma = 1
z0 = norm.ppf(0.95,mu,sigma) # 1.6448536269514722
norm.cdf(z0,mu,sigma)-norm.cdf(-z0,mu,sigma) # 0.8999999999999999
2*norm.cdf(-z0,mu,sigma) # 0.1000000000000009
2*(1-norm.cdf(z0,mu,sigma)) # 0.1000000000000009
```

即 Z 值介於 1.645 與 –1.645 之間的機率值約爲 90%，而左與右尾的機率約爲 5%。

接下來，我們檢視常態分配的性質，其有：

性質 1：若 $X \sim N(\mu, \sigma^2)$，則 $Z = \dfrac{X - \mu}{\sigma} \sim N(0,1)$，即任何常態分配可以透過標準化過程，轉換成標準常態分配。

性質 2：若 $X \sim N(\mu, \sigma^2)$，則 $aX + b \sim N(a\mu + b, a^2\sigma^2)$。

性質 3：若 X 與 Y 屬於不相關的常態分配隨機變數，則 X 與 Y 之間彼此獨立。

性質 4：IID 之常態分配隨機變數的線性組合仍爲常態分配。例如：$X_i (i = 1, 2, 3)$ 皆屬於 $N(\mu, \sigma^2)$，則其線性組合如 $W = X_1 + 2X_2 - 3X_3$ 亦屬於常態分配，其中平均數與變異數分別爲：

$$E(W) = E(X_1) + 2E(X_2) - 3E(X_3) = 0$$

與

$$Var(W) = Var(X_1) + 4Var(X_2) + 9Var(X_3) = 14\sigma^2$$

其中 $E(X_1) = E(X_2) = E(X_3) = \mu$ 與 $Var(X_1) = Var(X_2) = Var(X_3) = \sigma^2$。

其實，上述性質 4 的結果我們並不陌生，因為熟悉的中央極限定理（central limit theorem, CLT），可說是性質 4 的延伸；換言之，CLT 可以分成兩部分來看：

(1) 小樣本的情況（$n < 30$），若 $X_i(i = 1, 2, \cdots, n)$ 皆屬於 IID $N(\mu, \sigma^2)$，則：

$$\bar{X} \sim N\left(\mu, \frac{\sigma^2}{n}\right) \tag{D-6}$$

可以參考圖 D-8。

(2) 大樣本的情況（$n \geq 30$），若 $X_i(i = 1, 2, \cdots, n)$ 皆屬於 IID 過程，則 $\bar{X}$ 的抽樣分配仍為 (D-6) 式，可以參考圖 D-9[⑥]。

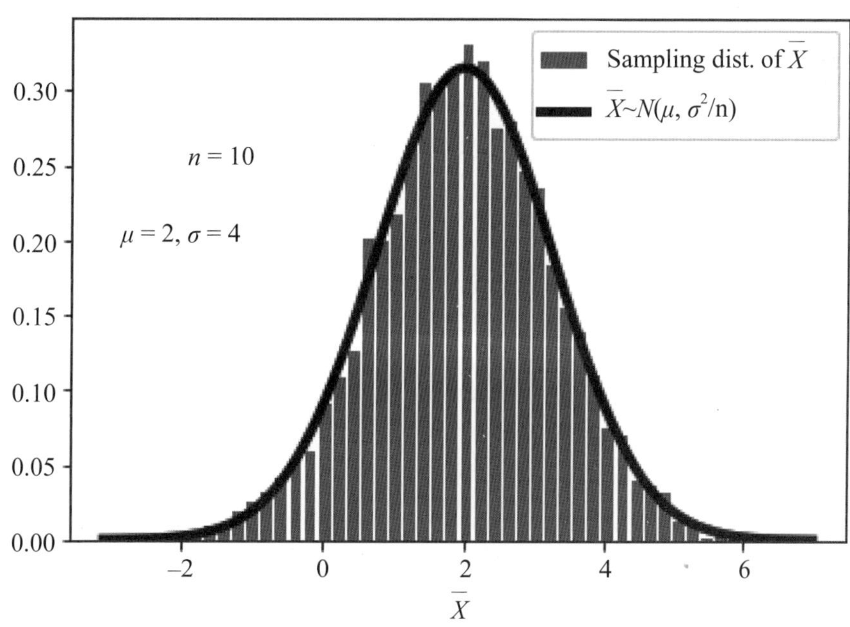

圖 D-8　小樣本下的 CLT，其中 X~IID $N(\mu, \sigma^2)$

因此，CLT 說明了於小樣本的情況下，X_i 須屬於常態分配，然而於大樣本的情況下，X_i 則未必須屬於常態分配，不過上述兩種情況必須符合 X_i 須屬於 IID 過程。從圖 D-8 與 D-9 內可看出 CLT 的確成立。讀者可以檢視所附檔案得知如何繪製上述兩圖。

---

⑥ X 屬於均等分配，則對應之 PDF、平均數與變異數分別為 $f_X(x) = \frac{1}{b-a}$、$E(X) = \frac{1}{2}(b+a)$ 與 $Var(X) = \frac{1}{12}(b-a)^2$。

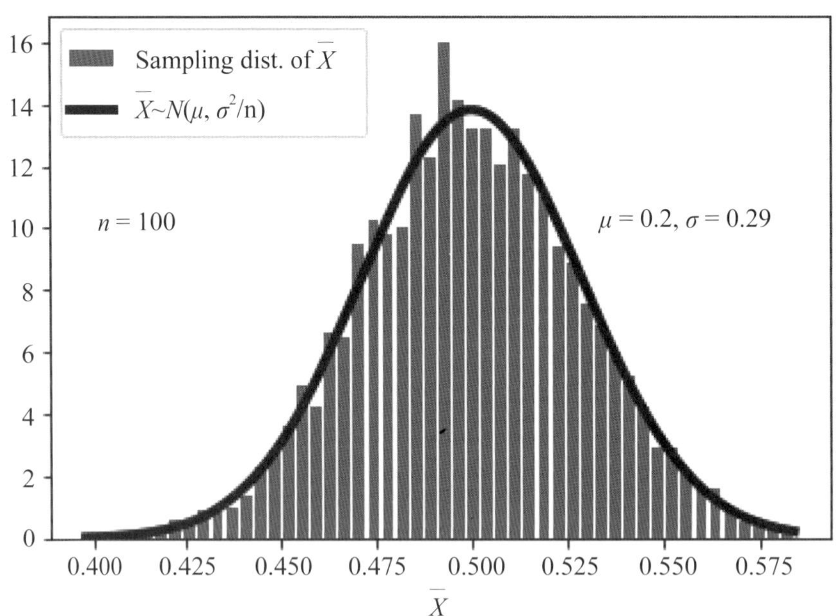

圖 D-9　大樣本下的 CLT，其中 X 屬於 IID 之均等分配（介於 0 與 1 之間）

D.1.2 卡方分配

若 $Z_i(i = 1, 2, \cdots, n)$ 皆屬於 IID 之標準常態分配的隨機變數，則卡方分配（chi-square distribution）的隨機變數 χ^2 可寫成：

$$\chi^2 = \sum_{i=1}^{n} Z_i^2 \tag{D-7}$$

爲自由度 n 的卡方分配，寫成 $\chi^2 \sim \chi^2(n)$。(D-7) 式的結果亦可以用模擬的方式說明，可以參考圖 D-10。

於圖 D-10 內，我們考慮 $n = 20, 50$ 兩種情況，可以看出根據 (D-7) 式所模擬出的卡方值抽樣分配之直方圖接近於自由度爲 n 的卡方分配 PDF；換言之，我們發現卡方值皆大於 0，而且卡方分配 PDF 並不屬於對稱型的分配，反而是屬於右偏的分配。另一方面，讀者亦可證明或說明卡方分配的平均數與變異數分別爲 n 與 $2n$。

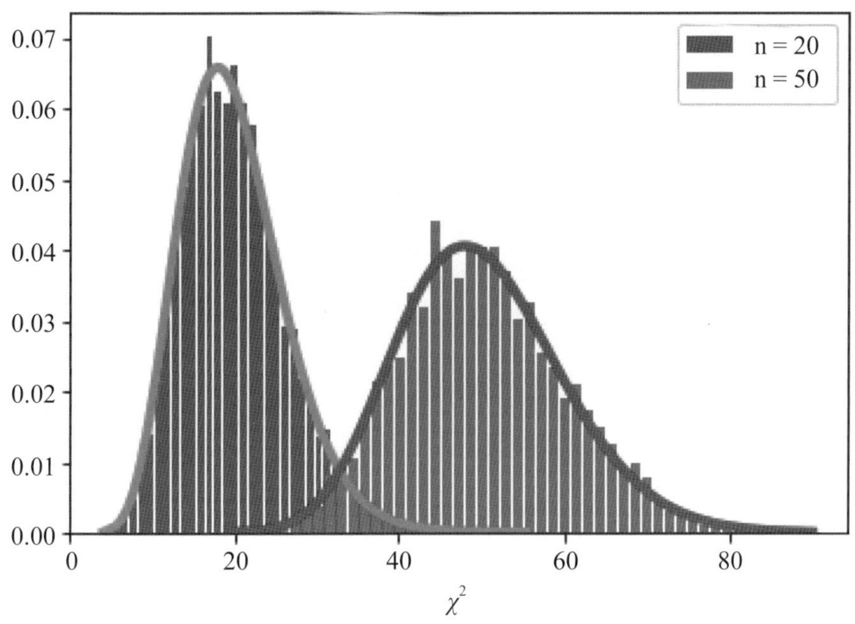

圖 D-10 χ^2 **抽樣分配的直方圖，其中曲線為對應的卡方分配的** PDF

我們繼續檢視卡方分配的特徵。令自由度等於 20，我們想要找出右尾與左尾的機率分別爲 $\alpha = 0.05$ 所對應的卡方值（分位數），如圖 D-11 所示。試下列指令：

```
c2 = chi2.ppf(0.95,df=20) # 31.410432844230918
p2 = chi2.cdf(c2,df=20) # 0.95
c1 = chi2.ppf(0.05,df=20) # 10.85081139418259
p1 = chi2.cdf(c1,df=20) # 0.05000000000000044
p2-p1 # 0.8999999999999999
```

即圖 D-11 內的 χ_1^2 與 χ_2^2 值分別約爲 31.41 與 10.85，而上述兩者之間的機率值則爲 90%；或者說，我們亦可以計算上述 χ_1^2 與 χ_2^2 值所對應的機率值分別爲 5% 與 95%。

於圖 D-10 內，我們是使用標準常態分配的觀察值，若改用常態分配的觀察值呢？令 $X_i(i = 1, 2, \cdots, n)$ 皆屬於 IID 之常態分配 $N(\mu, \sigma^2)$ 的隨機變數，則：

$$\sum_{i=1}^{n}\left(x_i - \overline{x}\right)^2 \sim \sigma^2 \chi_{n-1}^2 \Rightarrow \chi^2 = \frac{(n-1)s^2}{\sigma^2} \sim \chi_{n-1}^2 \tag{D-8}$$

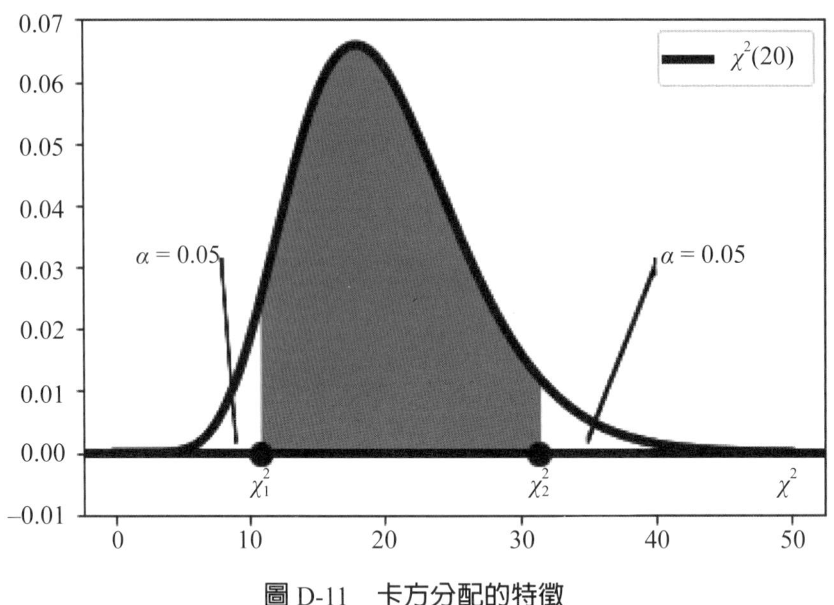

圖 D-11　卡方分配的特徵

其中 $s^2 = \dfrac{\sum_{i=1}^{n}\left(x_i - \overline{x}\right)^2}{n-1}$。我們用兩種方式說明 (D-8) 式。先從標準常態分配抽取 526 個觀察值並令之爲 x。從 x 內以抽出放回的方式抽取 $n = 20$ 個觀察值，再計算對應的 s^2。重複上述動作 $N = 5{,}000$ 次，自然可以得到 N 個 χ^2 值，再編製成直方圖，如圖 D-12 的上圖所示。我們可以看出上述直方圖與自由度爲 $n-1$ 的卡方分配 PDF 頗爲接近；是故，圖 D-12 的特色是我們以抽出放回的方式「取樣」。

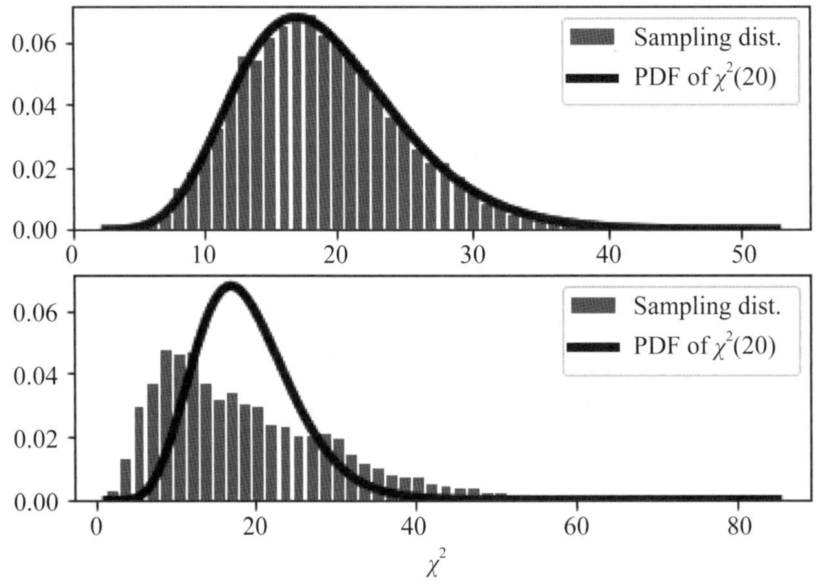

圖 D-12　(D-8) 式的模擬，其中曲線為對應的卡方分配的 PDF

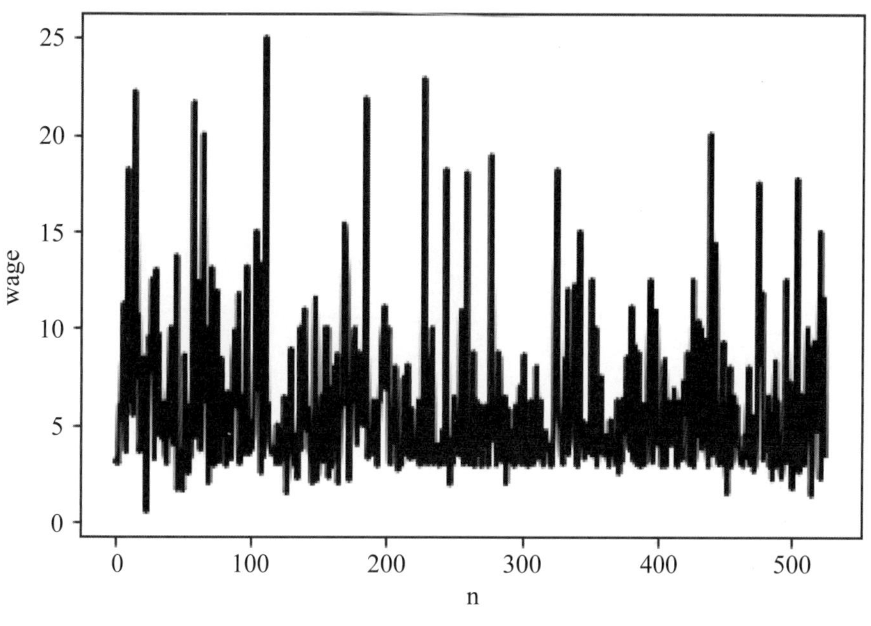

圖 D-13　wage 之實現值走勢

第二種方法是令 x 表示前述 wage1 檔案內的 wage 變數之觀察值（共有 526 個觀察值）；換言之，我們仍使用繪製圖 D-12 內上圖的繪製方式，只不過以 wage 變數之觀察值取代 x，其結果則繪製如圖 D-12 內的下圖所示。我們發現所繪製出的直方圖與卡方分配的 PDF 之間存在一些差異，我們知道爲何會如此，原因就在於 wage 變數之觀察值並不是 IID 之常態分配隨機變數的實現值。圖 D-13 繪製出 wage 變數之觀察值走勢，我們發現其不大可能由相同的單一種機率分配所產生；或者說，wage 變數每一個觀察值所對應的變異數不大可能爲固定值。

D.1.3 t 分配

接著，我們介紹 t 分配。我們已經知道（統計學），t 分配非常類似常態分配，只不過前者與小樣本數有關，而後者則與樣本數無關。事實上，我們發現 t 分配來自於標準常態分配與卡方分配。令 Z 與 X 分別表示相互獨立的標準常態與自由度爲 $n-1$ 的卡方分配的隨機變數，則隨機變數 T：

$$T = \frac{Z}{\sqrt{\frac{X}{n}}} \tag{D-9}$$

屬於自由度爲 $n-1$ 的 t 分配。(D-9) 式亦不難用模擬的方式說明，試下列指令：

```
n = 20
np.random.seed(9999)
Z = norm.rvs(0,1,5000)
np.random.seed(9999)
X = chi2.rvs(size=5000,df=n-1)
xt = Z/np.sqrt((X/n))
```

即 xt 爲自由度爲 19 的 t 分配的觀察值。圖 D-14 繪製出 xt 的直方圖與自由度爲 19 的 t 分配的 PDF 曲線，我們可以看出上述兩者頗爲接近。

再試下列指令：

```
df = 5
mean, var, skew, kurt = t.stats(df, moments='mvsk')
# (array(0.), array(1.66666667), array(0.), array(6.))
```

可以發現 t 分配亦屬於左右對稱型的分配；值得注意的是，上述變異數不爲 1 以及峰態係數大於 3，故 t 分配於自由度較低時屬於高狹峰（leptokurtic）[7]。

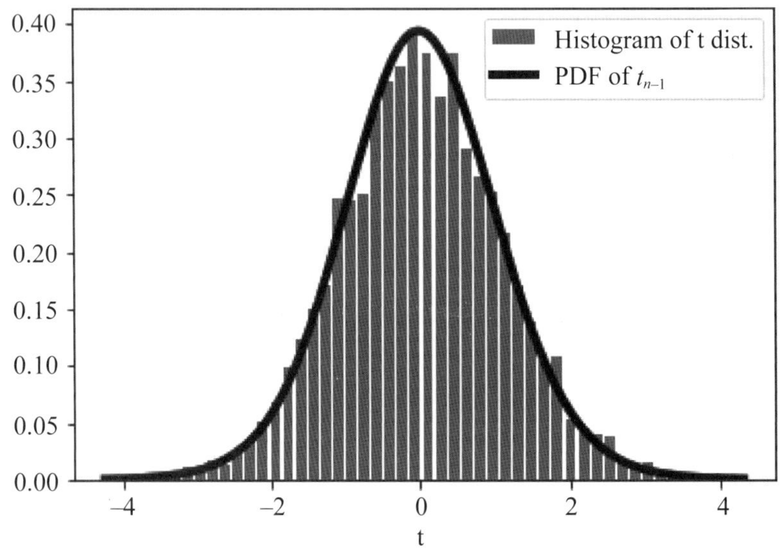

圖 D-14　(D-9) **式的模擬，其中曲線為自由度為** 19 **的** t **分配** PDF

---

[7] PDF 之峰態係數小於 3，則屬於低闊峰（platykurtic）；其次，峰態係數等於 3 爲常態峰。

我們來看如何計算 t 分配的分位數，即：

```
alpha = 0.05
t1 = t.ppf(1-alpha,df=5) # 2.015048372669157
p1 = t.cdf(t1,df=5) # 0.9499999999576474
n1 = norm.ppf(1-alpha,0,1) # 1.6448536269514722
```

例如：自由度等於 5 而右尾面積等於 $\alpha = 0.05$ 所對應的分位數 t_1 值約為 2.015，而因 t 分配屬於對稱分配，故知左尾面積為 0.05 的分位數為 $-t_1 \approx 2.015$。我們可以回想標準常態分配右尾面積等於 5% 的分位數約為 1.645，故可知 t 分配較易產生極端值。於統計檢定內，上述分位數可稱為臨界點（值）（critical point），表 D-1 進一步列出不同自由度下 t 分配與標準常態分配右尾面積等於 α 的臨界值，我們發現自由度愈小（大），上述二臨界值的差距愈大（小）。我們知道當自由度趨向於無窮大時，t 分配會接近於標準常態分配。

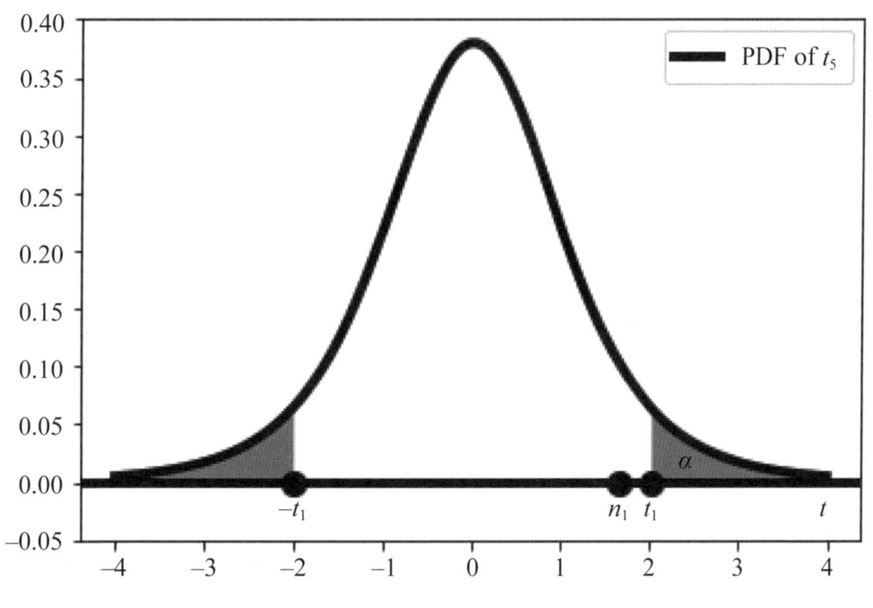

圖 D-15　t 分配分位數（臨界點）的計算

表 D-1　t 分配與標準常態分配右尾面積等於 $\alpha = 0.05$ 所對應的臨界點比較

alpha	tc(5)	tc(15)	tc(30)	nc
0.1	1.4759	1.3406	1.3104	1.2816
0.05	2.015	1.7531	1.6973	1.6449
0.01	3.3649	2.6025	2.4573	2.3263

說明：alpha 表示 α、tc(n) 表示自由度為 n 之右尾臨界值與 nc 表示標準常態分配右尾臨界值。

上述介紹 t 分配於統計推論上的應用，該 t 分配可稱爲「古典 t 分配」，有別於強調資料產生過程的「標準 t 分配」，即前者只有一個未知參數（自由度），而後者卻有三個未知參數（平均數、尺度與自由度），可以參考《財統》、《統計》或《財計》等書。

D.1.4 F 分配

除了上述三種機率分配之外，另外一個於統計學與計量經濟學內亦占有重要角色的是 F 分配。令 $X_1 \sim \chi^2(k_1)$ 與 $X_2 \sim \chi^2(k_2)$，其中 X_1 與 X_2 相互獨立，則 F 分配可以定義爲：

$$F = \frac{X_1 / k_1}{X_2 / k_2} \tag{D-10}$$

其中 F 爲分子與分母自由度分別爲 k_1 與 k_2 的 F 分配隨機變數。

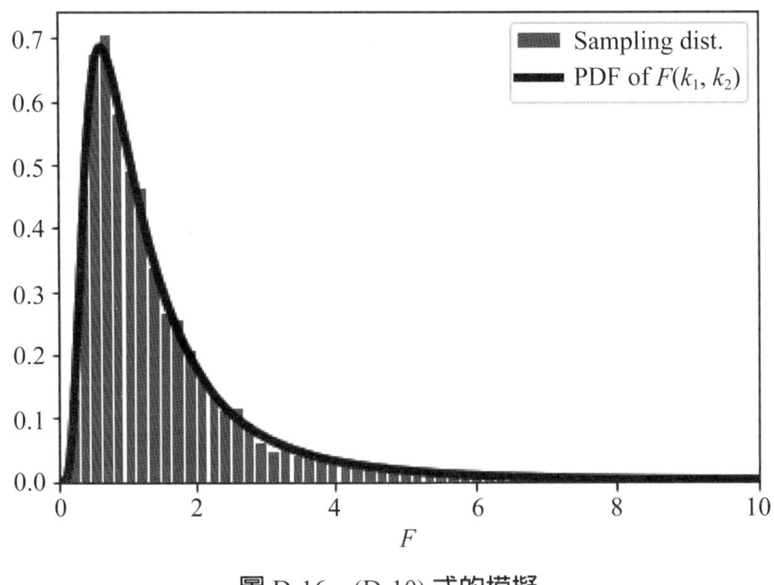

圖 D-16　(D-10) 式的模擬

透過模擬，我們亦可以解釋 (D-10) 式。例如：圖 D-16 繪製出隨機變數 F 之抽樣分配的直方圖，我們可以看出該直方圖頗接近於對應的 F 分配之 PDF 曲線，如此說明了 F 分配是由兩個相互獨立的卡方分配所產生；也就是說，F 分配分別有分子與分母自由度。

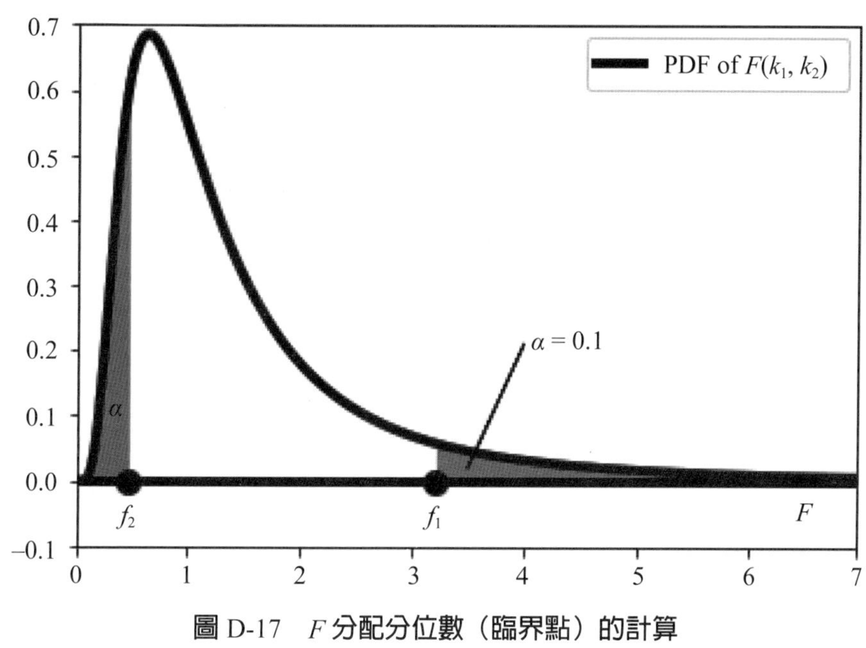

圖 D-17　F 分配分位數（臨界點）的計算

接下來，我們來看如何計算 F 分配的特徵，可以參考圖 D-17，其中該圖之左尾與右尾面積皆為 $\alpha = 0.1$。試下列指令：

```
k1 = 20;k2 = 5
alpha = 0.2
fc1 = f.ppf(1-alpha/2,dfn=k1,dfd=k2) # 3.206650347114972
fc2 = f.ppf(alpha/2,dfn=k1,dfd=k2) # 0.4633432433133528
p1 = f.cdf(fc1,dfn=k1,dfd=k2) # 0.9
p2 = f.cdf(fc2,dfn=k1,dfd=k2) # 0.1
```

即相當於圖 D-17 內的 f_1 與 f_2 值分別約為 3.21 與 0.46，其中分子與分母自由度分別為 20 與 5。

F 分配有一個重要的性質，即：

$$X\sim F(k_1, k_2) \Rightarrow X^{-1}\sim F(k_2, k_1) \tag{D-11}$$

其中 $F(k_1, k_2)$ 表示分子與分母自由度分別爲 k_1 與 k_2 的 F 分配。(D-11) 的意思頗爲直接，即既然有分子與分母自由度，則 F 分配的倒數，分子與分母自由度不是要「顚倒」嗎？試下列指令：

```
1/(f.ppf(1-alpha/2,dfn=k2,dfd=k1)) # 0.4633432433133528
```

其結果就是圖 D-17 內的 f_2 值。

D.2 多變量機率分配

本節簡單介紹多變量機率分配，其目的是透過上述分配可以抽取具有相關的觀察值。我們將分別介紹多變量常態分配與多變量 t 分配，不過因變數爲多變量，故會牽涉到向量與矩陣的使用，不熟悉的讀者可以參考《資處》或《財計》等書。有關於多變量機率分配的介紹，可以參考《財計》。

D.2.1 多變量常態分配

利用模組 (scipy.stats) 內的 "multivariate_normal" 指令，我們不僅可以取得雙變量或甚至於多變量常態分配的基本性質；換言之，令 $\mathbf{X} = (X_1, \cdots, X_n)$ 是一個內有 n 個隨機變數的 $n\times 1$ 向量，則 $\mathbf{X}$ 之常態分配的聯合 PDF 可寫成：

$$f_{\mathbf{X}}(\mathbf{x}) = \frac{1}{2\pi \det\left(\boldsymbol{\Sigma}\right)^{1/2}} \exp\left[-\frac{1}{2}\left(\mathbf{x}-\boldsymbol{\mu}\right)^{-1}\boldsymbol{\Sigma}^{-1}\left(\mathbf{x}-\boldsymbol{\mu}\right)\right] \tag{D-12}$$

其中 $\boldsymbol{\mu}$ 是一個 $n\times 1$ 之平均數向量，而 $\boldsymbol{\Sigma}$ 則是一個 $n\times n$ 的共變異數矩陣；另外，det(.) 則是表示行列式。

就 (D-12) 式而言，$\boldsymbol{\mu}$ 與 $\boldsymbol{\Sigma}$ 爲未知參數向量或矩陣，即我們必須預設 $\boldsymbol{\mu}$ 與 $\boldsymbol{\Sigma}$ 內的元素值，才能使用 (D-12) 式，其中 $\boldsymbol{\Sigma}$ 的設定較爲麻煩，即 $\boldsymbol{\Sigma}$ 必須符合半正定矩陣（positive semi-definite matrix）的要求。此處，我們使用一個「取巧」的方式，即使用若干股價、股票 ETF 或股價指數的標準化日報酬率歷史資料，再估計對應的共變異數矩陣或相關係數矩陣，並利用上述矩陣爲 $\boldsymbol{\Sigma}$ 以模擬出具相關的觀察值。例如：試下列指令：

```
import yfinance as yf
# pip install yfinance
ticker = ['0050.tw','0051.tw','0052.tw']
Three = yf.download(ticker,start='2000-1-1',end='2022-8-31')['Adj Close']
Xr = 100*np.log(Three/Three.shift(1)).dropna()
sXr = (Xr-Xr.mean())/Xr.std()
r1 = sXr.corr()
v1 = sXr.cov()
#             0050.TW    0051.TW    0052.TW
# 0050.TW    1.000000    0.633526    0.646049
# 0051.TW    0.633526    1.000000    0.577602
# 0052.TW    0.646049    0.577602    1.000000
```

利用模組 (yfinance) 內的指令[8]，我們可以下載 Yahoo 內國內外股市的歷史資料，即上述 Three 變數內爲 3 檔臺灣 ETF 之日調整後收盤價資料（2000/1/1~2022/8/29）。我們可以轉換成日報酬率序列資料，再標準化後可得 sXr。計算 sXr 的共變異數矩陣或相關係數矩陣（二矩陣應相同）。

將上述 v1 轉換成矩陣，再使用模組 (scipy.stats) 內的指令如：

```
from scipy.stats import multivariate_normal as mvn
v1a = v1.to_numpy()
M1 = np.zeros(3)
np.random.seed(1234)
XY = mvn.rvs(mean=M1,cov=v1a,size=1000)
XY.shape # (1000, 3)
np.round(np.corrcoef(XY,rowvar=0),4)
# array([[1.      , 0.6459, 0.6509],
#        [0.6459, 1.      , 0.5882],
#        [0.6509, 0.5882, 1.      ]])
```

[8] 第一次使用可用 pip install yfinance 指令下載模組 (yfinance)。

其中 mvn.rvs(.) 爲多變量常態分配隨機變數指令；換言之，XY 爲一個 3 種變量之標準常態分配觀察值矩陣（1,000×3），而各變量之間的相關係數如上所示。因此，簡單地說，我們用估計的共變異數矩陣取代 **Σ**。

我們繼續考慮較多種變量的情況。試下列指令：

```
ticker3 = ["^GSPC","TSLA","AAPL",'^DJI',"GOOGL","TSM",'^IXIC']
Sev = yf.download(ticker3,start='2020-1-1',end='2022-8-31')['Adj Close']
Yr = 100*np.log(Sev/Sev.shift(1)).dropna()
sYr = (Yr-Yr.mean())/Yr.std()
R3 = sYr.corr()
V3 = sYr.cov()
V3a = V3.to_numpy()
M3a = np.zeros(7)
np.random.seed(1234)
XYc = mvn.rvs(mean=M3a,cov=V3a,size=1000)
XYc.shape # (1000, 7)
```

我們使用 7 種資產的標準化日報酬率之樣本共變異數矩陣爲 **Σ**，模擬出一個 7 種變量觀察值矩陣（即 XYc），每種變量各有 1,000 個觀察值。

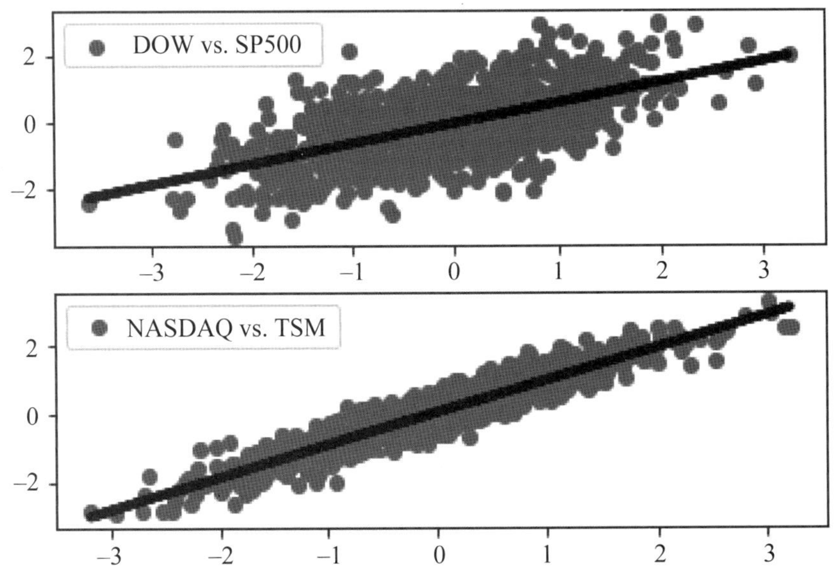

圖 D-18　**模擬的日報酬率如 DOW vs. SP500 以及 NASDAQ vs. TSM 之間的散佈圖**

將上述 XYc 矩陣的樣本相關係數矩陣轉換成資料框，可得：

```
df7 = pd.DataFrame(np.round(np.corrcoef(XYc,rowvar=0),4))
names = ['SP500','TESLA','APPLE','DOW','GOOGLE','TSM','NASDAQ']
df7.columns = names
df7.index = names
df7
#           SP500   TESLA   APPLE   DOW     GOOGLE  TSM     NASDAQ
# SP500     1.0000  0.7325  0.5572  0.6024  0.7450  0.8307  0.8769
# TESLA     0.7325  1.0000  0.4873  0.5600  0.7302  0.8215  0.8591
# APPLE     0.5572  0.4873  1.0000  0.4854  0.4502  0.5373  0.6580
# DOW       0.6024  0.5600  0.4854  1.0000  0.5853  0.6467  0.6991
# GOOGLE    0.7450  0.7302  0.4502  0.5853  1.0000  0.9673  0.8499
# TSM       0.8307  0.8215  0.5373  0.6467  0.9673  1.0000  0.9447
# NASDAQ    0.8769  0.8591  0.6580  0.6991  0.8499  0.9447  1.0000
```

因此，上述 7 種資產的標準化日報酬率若假定屬於多變量常態分配，則上述 XYc 可視爲 7 種資產的模擬觀察值矩陣，其中對應的相關係數矩陣爲 df7。

我們進一步建立一種資料框如：

```
df8 = pd.DataFrame({'DOW':XYc[:,3],'SP500':XYc[:,0],
                    'NASDAQ':XYc[:,6],'TSM':XYc[:,5]})
```

例如：圖 D-18 利用上述 df8 分別繪製出模擬的日報酬率如 DOW vs. SP500 以及 NASDAQ vs. TSM 之間的散佈圖，其中前者的相關係數約爲 0.6，而後者的相關係數則約爲 0.94。

D.2.2 多變量 *t* 分配

本節將介紹多變量 *t* 分配的特色。根據模組 (scipy.stats)，多變量 *t* 分配的 PDF 可寫成：

$$f(\mathbf{x}) = \frac{\Gamma(\nu+p)/2}{\Gamma\left(\frac{\nu}{2}\right)\nu^{p/2}\pi^{p/2}}\left[1+\frac{1}{\nu}(\mathbf{x}-\boldsymbol{\mu})^T\boldsymbol{\Sigma}^{-1}(\mathbf{x}-\boldsymbol{\mu})\right]^{-(\nu+p)/2} \tag{D-13}$$

其中 p、v、$\boldsymbol{\mu}$ 與 $\boldsymbol{\Sigma}$ 分別表示 $\mathbf{x}$ 之維度、自由度、平均數向量與尺度矩陣，即最後兩者分別爲 $p \times 1$ 向量與 $p \times p$ 矩陣。值得注意的是，(D-13) 式內的 $\boldsymbol{\Sigma}$ 並不是共變異數矩陣。因此，我們必須將 $\boldsymbol{\Sigma}$ 轉換成共變異數矩陣。

根據例如《財計》，尺度矩陣 $\boldsymbol{\Sigma}$ 與共變異數矩陣 $\mathbf{V}$ 之間的關係可寫成：

$$\mathbf{V} = \frac{v}{v-2}\boldsymbol{\Sigma} \tag{D-14}$$

我們舉一個例子說明。試下列指令：

```
S = np.array([[2.1, 0.3], [0.3, 1.5]])
# array([[2.1, 0.3],
#        [0.3, 1.5]])
V = S.dot(S.T)
df = 3
Var = (df/(df-2))*V
Var
# array([[13.5 ,  3.24],
#        [3.24,  7.02]])
```

其中自由度用 df 表示。上述指令係指 V 是一個尺度矩陣，透過 (D-14) 式將 V 轉換成共變異數矩陣 Var。接下來，使用模組 (scipy.stats) 內的指令：

```
from scipy.stats import multivariate_t as mvt
n = 10000
mt = mvt([0.0, 0.0], V, df=3)
np.random.seed(1234)
X = mt.rvs(size=n)
X.shape # (10000, 2)
```

即 X 是一個 10,000×2 的矩陣。可以注意 mvt(.) 指令的使用方式，其實其亦可使用 mvt.rvs(.) 指令表示。我們來看 X 的樣本共變異數矩陣與相關係數矩陣，即：

```
np.cov(X,rowvar=0)
# array([[13.36991216,  2.49650647],
#        [2.49650647,  6.98687409]])
np.corrcoef(X,rowvar=0)
# array([[1.        , 0.25830152],
#        [0.25830152, 1.        ]])
```

即 X 內兩個變量的觀察值具有相關。

我們繼續練習：

```
# shape to Var
def StV(V,df):
    return (df/(df-2))*V
# Var to shape
def VtS(Var,df):
    return (df-2)*Var/df
rho = np.array([1,0.5,0.5,1]).reshape(2,2)
VtS(rho,3)
# array([[0.33333333, 0.16666667],
#        [0.16666667, 0.33333333]])
```

根據 (D-14) 式，我們可以分別設置 StV(.) 與 VtS(.) 函數以建立尺度矩陣 **Σ** 與共變異數矩陣 **V** 之間的互換；然後利用一個小型的蒙地卡羅模擬說明：

```
rhohat = np.zeros([1000,2,2])
np.random.seed(5678)
for i in range(1000):
    V = VtS(rho,3)
    mt = mvt([0.0, 0.0],V,df=3)
    y = mt.rvs(size=n)
    rhohat[i,:,:] = np.corrcoef(y,rowvar=0)
np.mean(rhohat[:,0,0]) # 1.0
np.mean(rhohat[:,0,1]) # 0.4991551589200463
```

即的確可以產生具有相關的二元變量 t 分配觀察值。

最後，利用前述之臺灣 ETF 資訊，可得：

```
r1 = sXr.corr()
#              0050.TW   0051.TW   0052.TW
# 0050.TW   1.000000   0.633526   0.646049
# 0051.TW   0.633526   1.000000   0.577602
# 0052.TW   0.646049   0.577602   1.000000
V1 = VtS(r1,3)
mt1 = mvt([0.0,0.0,0.0],V1,df=3)
np.random.seed(3423)
Y = pd.DataFrame(mt1.rvs(size=n),columns=Xr.columns)
Y.corr()
#              0050.TW   0051.TW   0052.TW
# 0050.TW   1.000000   0.649531   0.645772
# 0051.TW   0.649531   1.000000   0.562044
# 0052.TW   0.645772   0.562044   1.000000
```

讀者可以檢視 Y 的結果。

估計式

本附錄與下一個附錄將複習與統計推論（statistical inference）有關的一些基本觀念；或者說，本書屬於統計學的延伸，故我們將擴大檢視基本統計學如《統計》內有關於統計推論的範圍。本附錄將介紹估計式的特徵與取得估計式的方法。

E.1 估計式的特徵

本節分成 4 部分，其中第 1 部分先定義統計推論內一些重要的觀念。第 2 部分則介紹於有限樣本（finite sample）下，判斷估計式（estimators）特徵的方式；第 3 部分則說明於漸近（asymptotic）或大樣本（large number）下，估計式的特徵；第 4 部分則介紹漸近常態分配（asymptotic normality）。

E.1.1 母體、參數值與隨機抽樣分配

簡單地說，統計推論就是檢視如何由樣本（sample）推測母體（population）。母體表示全部而樣本則爲母體的部分；或者說，我們看到樣本，應該會思考該樣本從何而來？例如：檢視 wage1 檔案內 wage（工資）變數，該變數共有 N = 526 個觀察值。顯然，wage 內的觀察值係從未知母體 WAGE 抽樣來的。一個有趣的事實是，若從 wage 內抽取 n 個觀察值稱爲 X，則從 wage 推估 WAGE 不是類似於，從 X 推估 wage 嗎？因此，由樣本推測母體的方法，其實事先可以評估。

上述的例子可以想像成較一般化的情況。令 Y 表示母體，其爲一個隨機變數，而 Y 對應的 PDF（或 PMF）爲 $f(y; \theta)$，其中 θ 爲未知參數。我們可以定義隨機抽樣（random sampling）或隨機樣本（random sample）爲：

隨機抽樣與隨機樣本

若 $Y_1, Y_2, \cdots, Y_n$ 爲獨立的隨機變數且其皆有共同的 $f(y;\theta)$，則稱 $\{Y_1, Y_2, \cdots, Y_n\}$ 爲 $f(y;\theta)$ 的隨機樣本。

若 $\{Y_1, Y_2, \cdots, Y_n\}$ 爲 $f(y;\theta)$ 的隨機樣本，隱含著 Y_i 爲 $f(y;\theta)$ 的 IID 隨機變數。$f(y;\theta)$ 的 IID 隨機變數的觀察值於 Python 內倒是容易檢視。例如：

```
wage = wage1['wage']
np.random.seed(555)
np.round(np.random.choice(wage,5,replace=True),2)
# array([4.  , 5.  , 3.26, 2.92, 6.76])
np.random.seed(8888)
np.round(np.random.choice(wage,5,replace=True),2)
# array([2.87, 3.  , 4.91, 3.85, 3.28])
```

即可以從 wage 內以抽出放回的方式抽取 5 個觀察值；或者，檢視圖 E-1 的結果，該圖是從 wage 內以抽出放回的方式抽取 200 個觀察值（令之爲 X）。換句話說，IID 隨機變數的觀察值，於實際上，我們可以用抽出放回的方式取得。

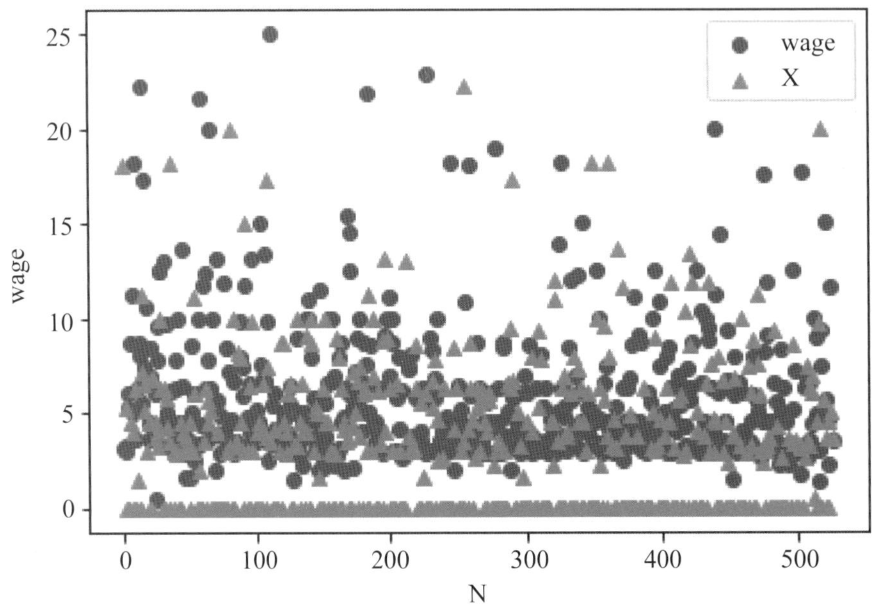

圖 E-1　從 wage 內以抽出放回的方式

另外一個容易取得 IID 隨機變數觀察值的方式是使用特殊的機率分配取樣，例如：

```
mu = 2;sigma = 3
n = 200
np.random.seed(999)
X1 = norm.rvs(mu,sigma,5000*n).reshape(5000,n)
X1.shape # (5000, 200)
```

即假定 $f(y;\theta)$ 爲常態分配，其中 $\theta = (\mu, \sigma) = (2, 3)$。我們發現竟然可以輕易地取得 5,000 組隨機樣本，其中每組隨機樣本的個數爲 200。

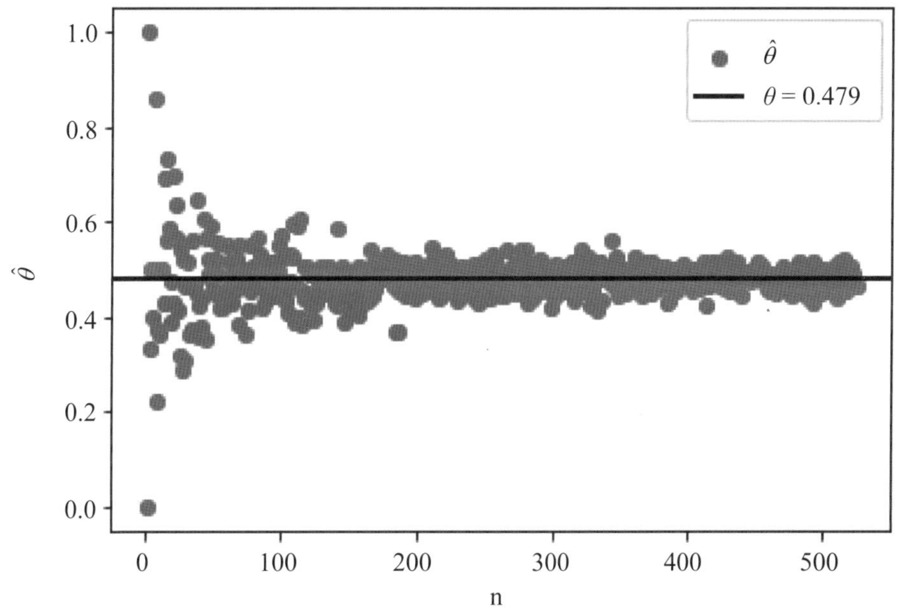

圖 E-2　出現女性的機率為 $\theta = 0.479$，其中 $\hat{\theta}$ 為 θ 的估計值與 n 為抽取的樣本數

上述 $f(y;\theta)$ 的型態有可能爲已知，不過參數 θ 值則通常爲未知，透過抽出放回的方法，事先有可能讓我們評估估計式的優劣。例如：$Y_1, Y_2, \cdots, Y_n$ 爲 IID 隨機變數，其中 $Y_i(i = 1, 2, \cdots, n)$ 皆屬於伯努尼分配，即 $P(Y_i = 1) = \theta$ 與 $P(Y_i = 0) = 1 - \theta$，故 $\{Y_1, Y_2, \cdots, Y_n\}$ 爲伯努尼分配的隨機樣本。我們有興趣估計未知參數 θ 值。考慮 wage1 檔案內 female 變數的觀察值資料（個數亦爲 526）。若將 female 變數的觀察值資料視為母體，其中對應的出現女性的機率為 $\theta = 0.479$（即 female 的樣本平均數）呢？

我們可以從 female 內使用抽出放回的方法抽取樣本數 n，同時計算對應的 θ 估計值，其結果繪製如圖 E-2 所示。我們發現隨著 n 的提高，最終終究會估計到 θ 值。是故，圖 E-2 的結果顯示出有辦法得出 θ 估計值與 θ 值之間的關係；雖說如此，圖 E-2 的結果只是一種模擬抽樣的結果，倘若於相同的樣本數下，多抽幾次呢？例如：於 n 等於 100 與 300 的情況下，圖 E-3 繪製出抽出 5,000 次，θ 估計值的直方圖，而該直方圖亦可以稱為 θ 估計值（以 $\hat{\theta}$ 表示）的抽樣分配（sampling distribution），我們發現 n 值愈大，對應的抽樣分配較為集中，此結果倒也符合直覺的判斷。

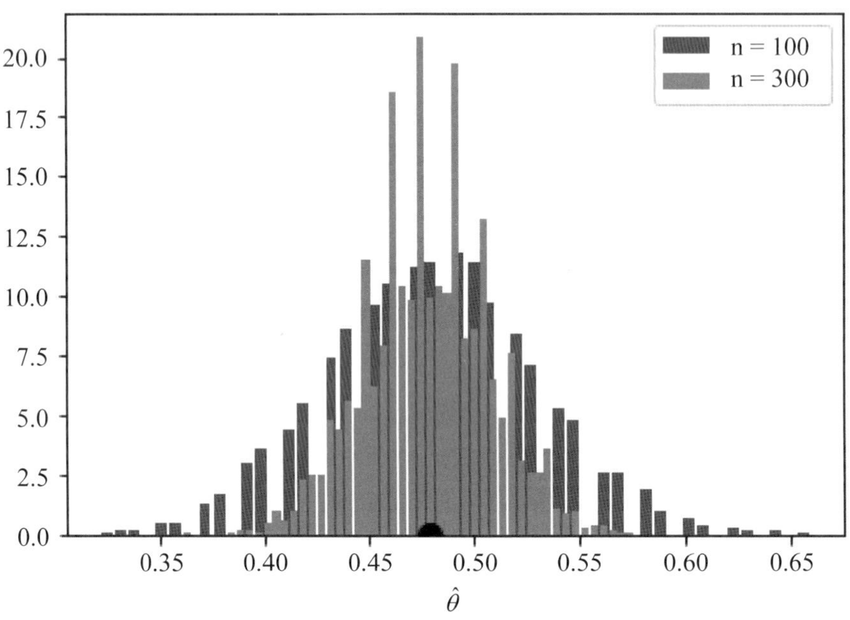

圖 E-3　$\hat{\theta}$ 的抽樣分配，其中黑點為真實值

E.1.2 估計式的有限樣本特徵

本小節檢視估計式的有限樣本特徵。顧名思義，此處「有限樣本」特徵，是指該特徵於大或小樣本下皆存在。E.1.3 節是介紹估計式的「大樣本或漸近」特徵是指樣本數趨向於無窮大；因此，若與後者比較，估計式的「有限樣本」特徵又可稱為估計式的「小樣本」特徵。

首先我們當然須分別出估計式與估計值（estimates）的差異，試下列指令：

```
married = wage1['married']
theta = np.mean(married) # 0.6083650190114068
np.random.seed(2547)
X = np.random.choice(married,[5000,10],replace=True)
Xbar = np.mean(X,axis=0)
# array([0.6016, 0.606 , 0.6128, 0.6136, 0.6082, 0.6132, 0.615 , 0.608 ,
#            0.6066, 0.609 ])
Xbar1 = np.mean(X,axis=1)
# array([0.4, 0.7, 0.7, ..., 0.7, 0.8, 0.5])
len(Xbar1) # 5000
```

我們應該可以看出 wage1 檔案內 married 變數（已婚）的機率值約為 0.61，其中：

$$\bar{X} = \frac{\sum_{i=1}^{n} X_i}{n} \tag{E-1}$$

即$\bar{X}$爲計算樣本平均數的估計式，而上述指令內的 Xbar 與 Xbar1 則分別爲估計值，其中前者係抽取 10 組的隨機樣本而每組個數爲 5,000，後者則抽取 5,000 組隨機樣本而每組個數爲 10。因此，估計式與估計值的差別，在於前者是一個「公式」，而後者則爲數值，即抽取隨機樣本代入估計式內可得估計值。

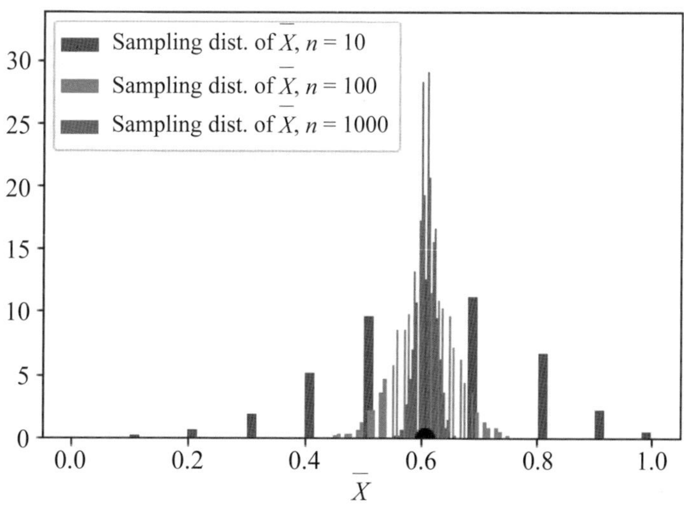

圖 E-4　$\bar{X}$的抽樣分配，其中黑點為真實值

有意思的是，若我們進一步繪製上述 Xbar1 的直方圖呢？圖 E-4 繪製出上述結果，我們稱上述直方圖爲 $\overline{X}$ 的抽樣分配，畢竟該圖是利用 (E-1) 式所計算而得；換言之，就 (E-1) 式而言，$\overline{X}$ 本身就是一個隨機變數，而圖 E-4 的 $\overline{X}$ 的抽樣分配顯示出 $\overline{X}$ 有許多實現值的結果。值得注意的是，檢視圖 E-4，可發現 n 值愈大，$\overline{X}$ 的抽樣分配竟愈集中於眞實值附近；不過，從圖 E-4 內，我們發現無論 n 值爲何，$\overline{X}$ 的抽樣分配的平均數竟接近於眞實值，即 $\overline{X}$ 的抽樣分配竟以眞實值爲中心，我們稱此種現象爲：$\overline{X}$ 爲眞實值的不偏估計式（unbiased estimator）。

不偏估計式

若 W 爲 θ 的不偏估計式，則：

$$E(W) = \theta \tag{E-2}$$

若不使用電腦模擬，不偏估計式的觀念應該是頗抽象的，但是應用電腦模擬，例如：想像圖 E-4 的繪製過程，應會降低上述抽象內涵；換言之，我們重新思考如何得出圖 E-4 的結果。首先，我們是使用樣本平均數如 (E-1) 式的方式計算出 married 變數之眞實值；接下來，視 married 變數之觀察值爲母體，而從上述母體內以抽出放回的方式抽取 n 個觀察值後計算對應的樣本平均數，重複上述動作 N 次，則 N 個樣本平均數的平均數就是眞實值。上述計算過程的確需要電腦幫我們計算。

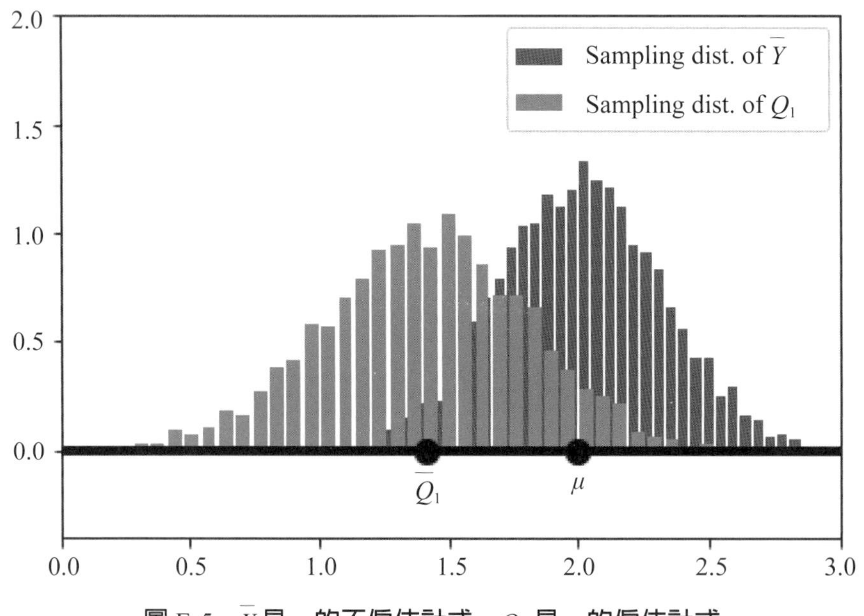

圖 E-5　$\overline{Y}$ 是 μ 的不偏估計式，Q_1 是 μ 的偏估計式

我們另舉一個例子說明。試下列指令：

```
mu = 2;sigma = 1
N = 5000;n = 10
np.random.seed(888)
Y = norm.rvs(mu,sigma,size=[N,n])
Ybar = np.mean(Y,axis=1)
np.mean(Ybar) # 2.001009645850224
Q1 = np.quantile(Y,0.25,axis=1)
len(Q1) # 5000
q1 = norm.ppf(0.25,mu,sigma)
np.mean(Q1) # 1.4099774889830088
```

上述指令是指 Y 是 $\mu = 2$ 與 $\sigma = 1$ 的常態分配的隨機變數，若從後者抽取 $N = 5{,}000$ 次樣本數爲 $n = 10$ 的觀察值，則 $\bar{\bar{Y}} = \frac{\bar{Y}}{N}$ 接近於 $\mu = 2$，其中 $\bar{Y} = \frac{\sum Y}{n}$，隱含著即使抽取較小樣本數如 $n = 10$，$\bar{Y}$ 仍是 μ 的不偏估計式。考慮另外一個估計式 Q_1（第一個四分位數），理所當然，$\overline{Q}_1$ 是 μ 的偏估計式，可以參考圖 E-5。其實圖 E-5 的結果並不意外，因爲直覺而言，用 Q_1 估計 μ（母體平均數），當然不恰當，即使使用 $\overline{Q}_1$ 仍舊無法估計到 μ 值。

估計式之估計偏誤

若 W 爲 θ 的偏估計式，則：

$$Bias(W) = E(W) - \theta \tag{E-3}$$

因此，就圖 E-5 的結果而言，用 Q_1 估計 μ 會產生低估的情況，即對應的估計偏誤爲負數值。

圖 E-5 內的用樣本平均數估計母體平均數的例子，當然合乎直覺判斷；不過，此種合乎直覺的例子畢竟少見，例如：

$$s^2 = \frac{\sum_{i=1}^{n}(Y_i - \bar{Y})^2}{n-1} \text{ 與 } s_a^2 = \frac{\sum_{i=1}^{n}(Y_i - \bar{Y})^2}{n} \tag{E-4}$$

其中 $n-1$ 爲自由度（degree of freedom）；換言之，s^2 爲熟悉的樣本變異數，而 s_a^2 爲不考慮自由度的樣本變異數計算方式[①]。

我們知道 s^2 爲對應的母體變異數 σ^2 的不偏估計式，而 s_a^2 卻是 σ^2 的偏估計式，上述結果亦不難用模擬的方式說明。延續上述指令，可得：

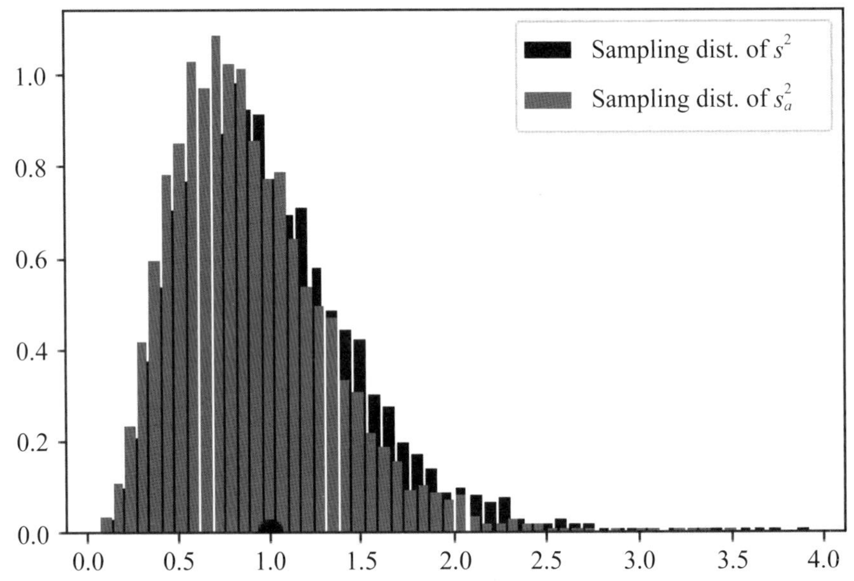

圖 E-6　s^2 為對應的母體變異數 σ^2 的不偏估計式，而 s_a^2 卻是 σ^2 的偏估計式

```
s2 = np.var(Y,axis=1)*(n/(n-1))
s2a = np.var(Y,axis=1)
np.mean(s2) # 1.0001117082996838
np.mean(s2a) # 0.9001005374697153
```

可看出 $E(s^2)=\sigma^2$ 但是 $E(s_a^2)\neq\sigma^2$，其中 np.var(.) 指令係使用 n 而非使用 $n-1$。雖然 s_a^2 是 σ^2 的偏估計式，不過當 n 變大，上述估計偏誤漸消失，即：

```
(n/(n-1)) # 1.1111111111111112
(100/99) # 1.0101010101010102
```

① s^2 的計算必須先計算 $\bar{Y}$，相當於有一個限制式，故自由度不爲 n，反而爲 $n-1$。

換言之，當 $n = 100$，上述估計偏誤已微不足道。

考慮下列的簡單線性迴歸式：

$$y = \beta_0 + \beta_1 x + u \tag{E-5}$$

其中 β_0 與 β_1，尤其是後者是我們有興趣欲估計的參數值，我們如何取得 β_1 的不偏估計式？顯然單靠直覺是判斷不出來的。

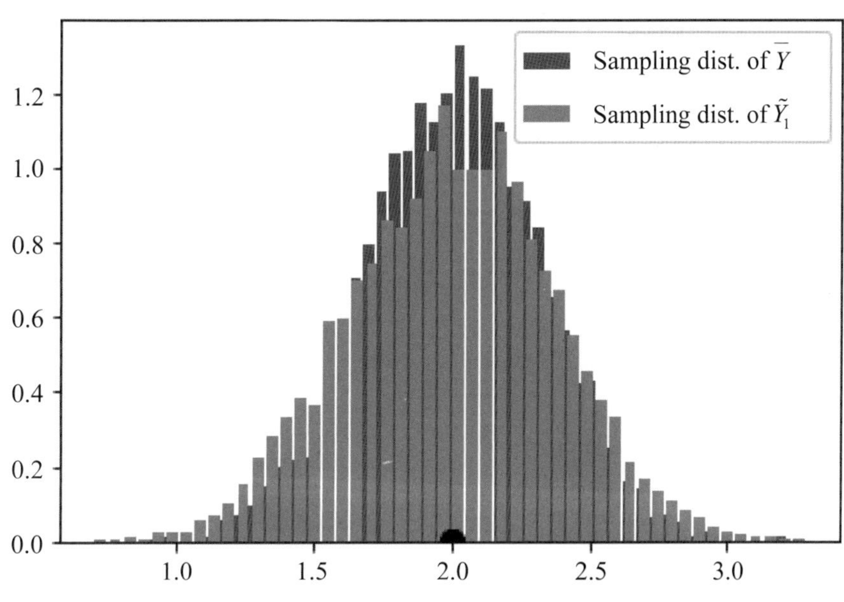

圖 E-7　$\bar{Y}$ 與 $\tilde{Y}_1$ 皆是 μ 的不偏估計式，不過前者來得有效

相對有效性

若 W_1 與 W_2 皆是 θ 的不偏估計式，當 $Var(W_1) \leq Var(W_2)$，則相對於 W_2 而言，W_1 來得有效。

仍使用圖 E-6 的例子，試下列指令：

```
Ytilde = np.quantile(Y,0.5,axis=1)
np.mean(Ytilde) # 2.000473480937847
np.var(Ybar) # 0.10034060509900765
np.var(Ytilde) # 0.13912035035385464
```

Ytilde 係計算前述 Y 之中位數，我們發現 Ytilde 亦是 $\mu = 2$ 的不偏估計式，不過相對於 Ybar 而言，Ytilde 的變異數較大，故 Ybar 較為有效。上述結果可繪製如圖 E-7 所示；換言之，就圖 E-7 的結果而言（$\tilde{Y}_1$ 就是 Ytilde 而 $\bar{Y}$ 為 Ybar），Ybar 的抽樣分配的變異數約為 0.1 而 Ytilde 的變異數則約為 0.14。

通常我們可以利用計算「均方誤差（mean squared error, MSE）」以評估估計式的優劣，其中估計式未必皆局限為不偏的估計式。若 W 為 θ 的估計式，則 W 的均方誤差可寫成：

$$MSE(W) = E[(W - \theta)^2] = Var(W) + [Bias(W)]^2 \tag{E-6}$$

是故，$MSE(W)$ 不僅決定於 $Var(W)$，同時亦取決於 $Bias(W)$。

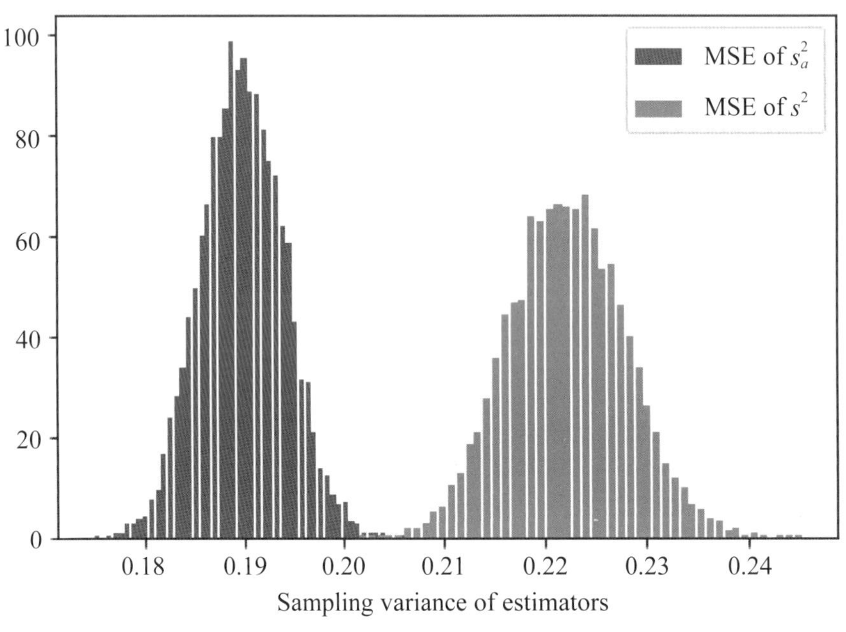

圖 E-8　s_a^2 與 s^2 的 MSE 分配

直覺而言，(E-6) 式內的 MSE 可用於評估多個估計式的優劣。例如：雖然 s^2 是 σ^2 的不偏估計式，但是 s^2 抽樣分配的變異數，相對上卻比 s_a^2 大（即就圖 E-6 的結果而言，s^2 與 s_a^2 抽樣分配的變異數分別約為 0.22 與 0.17），我們進一步計算 s^2 與 s_a^2 的 MSE，則分別約為 0.22 與 0.18；是故，s_a^2 雖是 σ^2 的偏估計式，但是就 MSE 而言，反倒 s^2 比 s_a^2 差。

圖 E-6 的結果只能計算單次的 MSE，我們應該也可以計算多次的 MSE，或甚至於找出 MSE 的抽樣分配，其結果則繪製如圖 E-8 所示。我們發現絕大部分的 s^2 的 MSE 幾乎皆大於 s_a^2 的 MSE，隱含著「不偏性」只是其中一個評估估計式的方式，即若是使用其他指標 s^2 未必仍較佳。

E.1.3 估計式的大樣本特徵

估計式的大樣本或漸近特徵是指當樣本數逐漸變大或甚至變成無窮大，參數估計式與參數值之間的差距爲何？例如：檢視圖 E-9 的結果，其中 Y_1 表示只使用第一個觀察值。出乎意料之外，從圖 E-9 內，我們發現 Y_1 竟然是 $\mu = 3$ 的不偏估計式；不過，可惜的是，當樣本數變大，Y_1 抽樣分配的變異數仍相當大。反觀樣本平均數 $\overline{Y}$ 抽樣分配的情況，我們發現隨著樣本數的變大，不僅 $\overline{Y}$ 仍是 $\mu = 3$ 的不偏估計式，同時 $\overline{Y}$ 抽樣分配的變異數竟然縮小接近於 0。

從圖 E-9 的例子可看出，就 μ 的估計而言，我們不會使用估計式 Y_1，但是有可能會使用估計式 $\overline{Y}$，畢竟前者浪費許多樣本資訊，即使我們可以取得大樣本數的觀察值。另外一個不想浪費樣本資訊的要求是估計式必須滿足一致性（consistency）。

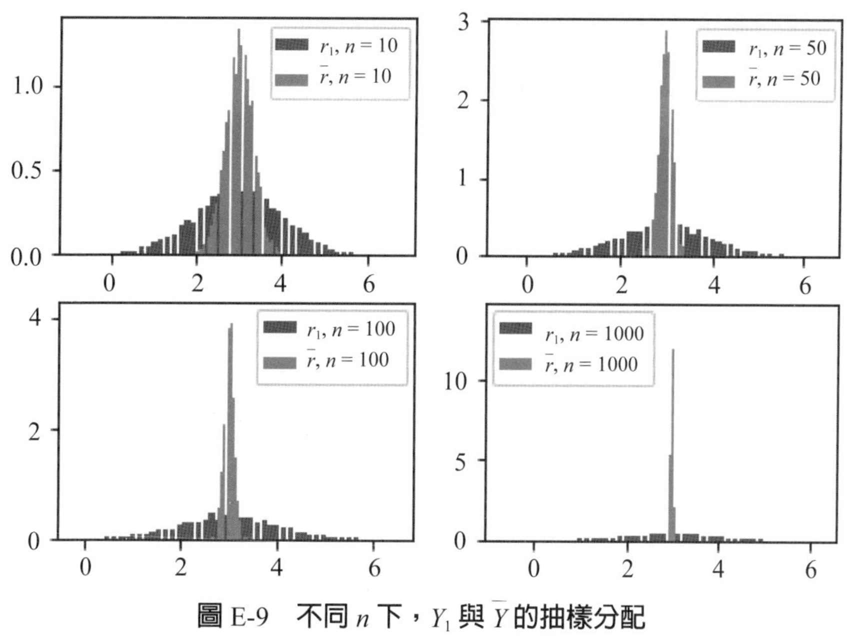

圖 E-9　不同 n 下，Y_1 與 $\overline{Y}$ 的抽樣分配

一致性

若 W_n 爲根據 $Y_i (i = 1, 2, \cdots, n)$ 的資訊而爲參數 θ 值的估計式，其中樣本數爲 n。就每個 $\varepsilon > 0$ 而言，若 W_n 爲 θ 值的一致性估計式（consistent estimator），則：

$$\text{當 } n \to \infty，P(|W_n - \theta| > \varepsilon) \to 0 \tag{E-7}$$

讀者可以檢視圖 E-9 的結果，其中 $W_n = \bar{Y}$ 與 $\theta = \mu$，自然可以知道 (E-7) 式的意思；換言之，若 W_n 爲 θ 值的一致性估計式，隱含著隨著 n 的變大，W_n 的分配幾乎集中於 θ 值附近。通常，我們可以使用「機率極限（probability limit）」來表示 W_n 爲 θ 值的一致性估計式，即：

$$plim(W_n) = \theta \tag{E-8}$$

當然，若 W_n 不爲 θ 值的一致性估計式，即 $plim(W_n) \neq \theta$，隱含著即使使用大樣本數，使用 W_n 仍估計不到 θ 值，我們當然就不需再費工夫檢視大樣本數內的 W_n 了；因此，於統計學或計量經濟學內，估計式最起碼應滿足一致性的要求。我們倒見過 W_n 不爲 θ 值的一致性估計式的例子。例如：於圖 E-5 內，Q_1 不僅是 μ 的偏估計式，同時 Q_1 亦不是 μ 的一致性估計式。

於圖 E-9 內，我們發現隨著樣本數 n 的變大，$\bar{Y}$ 抽樣分配的變異數趨近於 0，透過下列式子的證明，倒是可以讓我們知道爲何會如此，即 $Y_i(i = 1, 2, \cdots, n)$ 皆屬於 IID 之隨機變數，其中 $E(Y_i) = \mu$ 與 $Var(Y_i) = \sigma^2$，則：

$$\begin{aligned} E(\bar{Y}_n) &= E\left[\left(\frac{1}{n}\right)\sum_{i=1}^{n} Y_i\right] = \frac{1}{n}E\left(\sum_{i=1}^{n} Y_i\right) = \frac{1}{n}\left(\sum_{i=1}^{n} E(Y_i)\right) \\ &= \frac{1}{n}\left(\sum_{i=1}^{n}\mu\right) = \frac{1}{n}\left(n\mu\right) = \mu \end{aligned} \tag{E-9}$$

與

$$\begin{aligned} Var(\bar{Y}_n) &= Var\left[\left(\frac{1}{n}\right)\sum_{i=1}^{n} Y_i\right] = \frac{1}{n^2}Var\left(\sum_{i=1}^{n} Y_i\right) = \frac{1}{n^2}\left(\sum_{i=1}^{n} Var(Y_i)\right) \\ &= \frac{1}{n^2}\left(\sum_{i=1}^{n}\sigma^2\right) = \frac{1}{n^2}\left(n\sigma^2\right) = \frac{\sigma^2}{n} \end{aligned} \tag{E-10}$$

其中 $\bar{Y}_n$ 有加上下標 n 表示對應的樣本數。(E-9) 與 (E-10) 二式的證明頗爲直接，讀者可以練習看看。其實從上述證明過程中亦可看出 Y_1 的平均數與變異數分別爲 $E(Y_1) = \mu$ 與 $Var(Y_1) = \sigma^2$；是故，我們可以得到 $Var(Y_1) = \sigma^2$ 與 $Var(\bar{Y}) = \sigma^2/n$ 的結論，自然可以解釋圖 E-9 內的結果。

事實上，(E-9) 與 (E-10) 二式的結果可以讓我們聯想到「大數法則（law of

large number, LLN）」。

LLN

若 $Y_i(i = 1, 2, \cdots, n)$ 皆屬於 IID 之隨機變數，其中 $E(Y_i) = \mu$，則：

$$plim(\overline{Y}_n) = \mu \tag{E-11}$$

LLN 隱含著若估計的標的爲 μ，則隨著樣本數 n 的變大，終究樣本平均數會估計到 μ 值。

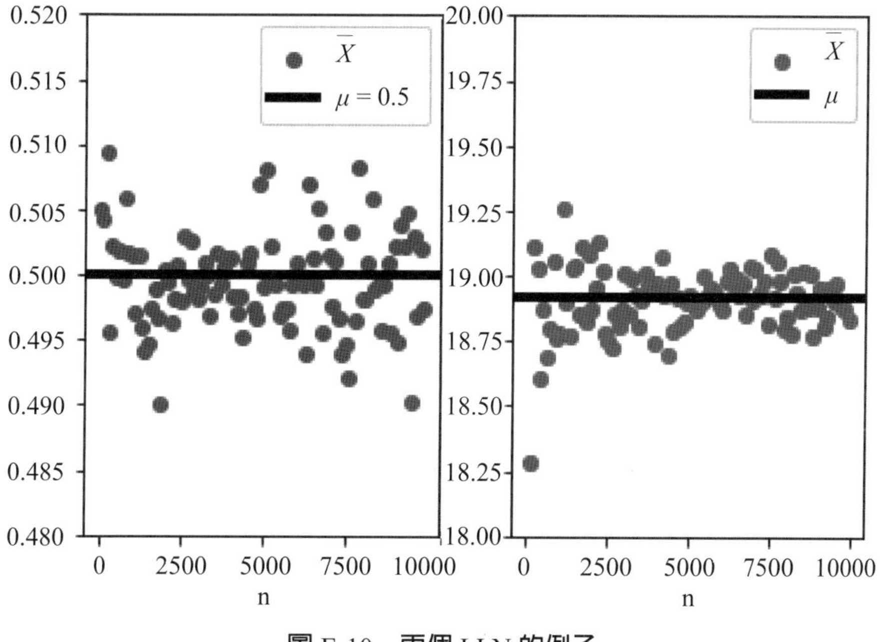

圖 E-10　兩個 LLN 的例子

我們舉三個例子說明 LLN，可以參考圖 E-10。圖 E-10 的左圖繪製出從均等分配（從 0 與 1 之間）內抽取 n 個樣本後，再計算對應的 $\overline{X}$ 值，我們發現隨著 n 值的變大，$\overline{X}$ 終究會逼近於 $\mu = 0.5$ 值。另外一個例子是以 driving 檔案的 totfatrate（每 10 萬人的酒駕致死人數）變數觀察值爲母體，其對應的平均數約爲 $\mu = 18.92$。若從上述觀察值以抽出放回的方式，抽取 n 個樣本數並計算對應的平均數 $\overline{X}$，圖 E-10 的右圖則繪製出上述 $\overline{X}$ 與對應的 n 值之間的散佈圖，我們發現隨著 n 值的變大，上述 $\overline{X}$ 亦逐漸接近 μ 值。

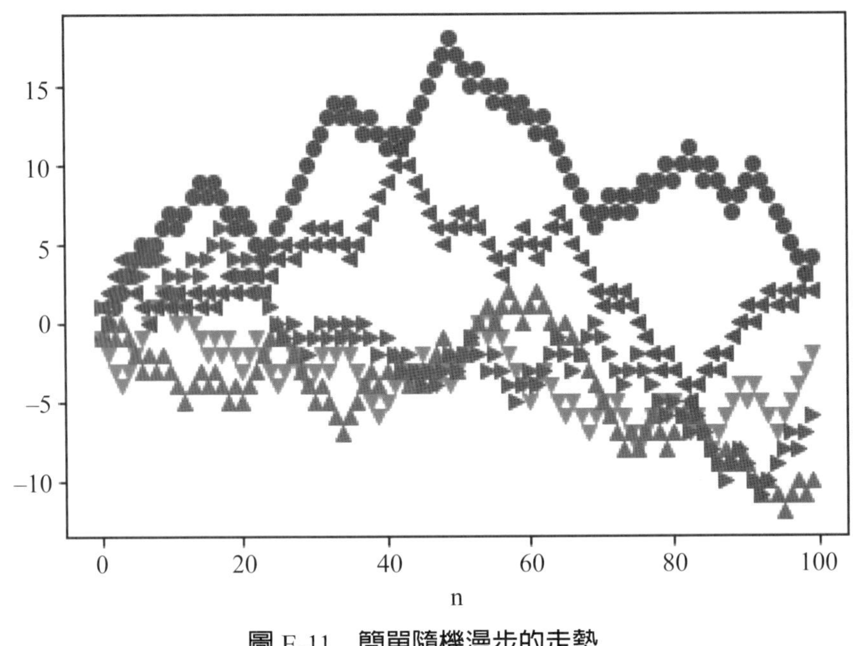

圖 E-11　簡單隨機漫步的走勢

第三個例子是想像一種簡單隨機漫步（random walk）的走勢，試下列指令：

```
S = [-1,1]
np.random.seed(1258)
w = np.random.choice(S,5,replace=True)
np.cumsum(w) # array([1, 0, 1, 2, 1], dtype=int32)
```

想像「漫不經心」的「向前 1 步與向後 1 步，隨便亂走」，則走 5 步後，總共向前走幾步？上述指令的答案是向前 1 步。圖 E-11 分別繪製出「隨機漫步」走 100 步的結果，我們預期平均會向前走幾步？直覺而言，簡單隨機漫步的平均數 $\mu = 0$ 而變異數則爲無窮大[②]，那我們是否有辦法估計 $\mu = 0$ 的結果？

圖 E-12 繪製出從 $S = [-1, 1]$ 以抽出放回方式抽取 n 個觀察値 X，並進一步計算對應的 $\bar{X}$ 値的走勢圖，我們發現 $\bar{X}$ 値竟然皆接近於 $\mu = 0$，尤其是 n 値趨向於較大的情況；換言之，圖 E-12 的結果顯示出簡單隨機漫步的預期値接近於 0，即使其缺乏變異數或變異數爲無窮大。事實上，圖 E-12 說明了 LLN 的普及性。

② 假定原點爲 0，變異數爲無窮大的證明可參考，例如：《財統》。

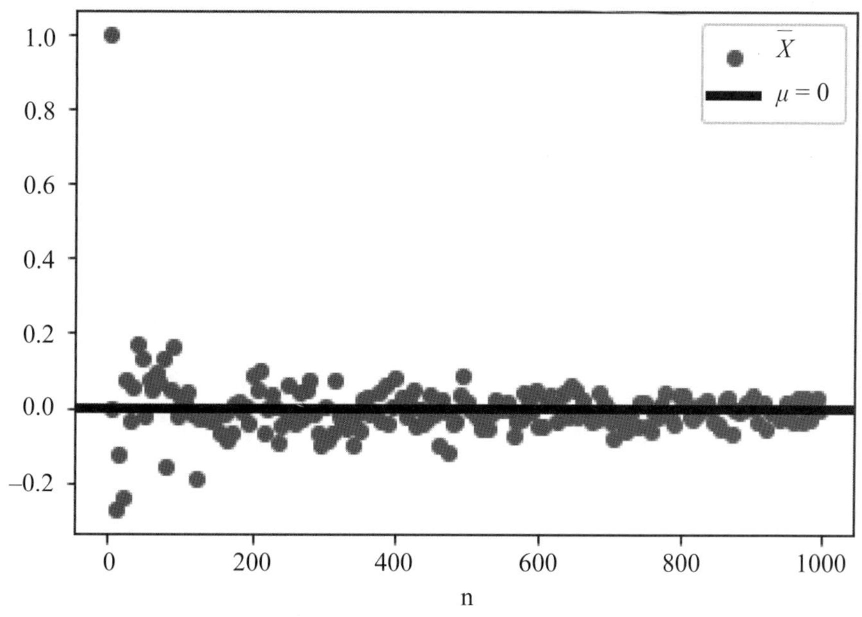

圖 E-12　簡單隨機漫步平均數之估計

一致性估計式寫成用機率極限如 (E-11) 式型態的優點是可以進一步分析複雜的估計式；換言之，一致性估計式具有下列的性質：

(1) 令 θ 表示欲估計的參數值而「新」參數 $\gamma = g(\theta)$，其中 $g(.)$ 為連續函數，例如：$g(\theta) = a + b\theta$、$g(\theta) = \theta^2$、$g(\theta) = 1/\theta$、$g(\theta) = \sqrt{\theta}$ 或 $g(\theta) = \exp(\theta)$ 等皆屬之。若 $plim(W_n) = \theta$ 而參數 γ 可由 $G_n = g(W_n)$ 估計，則：

$$plim(G_n) = \gamma \tag{E-12}$$

顯然 (E-12) 式隱含著：

$$plim(W_n) = g[plim(W_n)] \tag{E-13}$$

底下我們自然會說明 (E-13) 式。

(2) 若 $plim(T_n) = \alpha$ 與 $plim(U_n) = \beta$，則：

(i) $plim(T_n + U_n) = \alpha + \beta$；

(ii) $plim(T_nU_n) = \alpha\beta$；

(iii) $plim(T_n / U_n) = \alpha / \beta$。

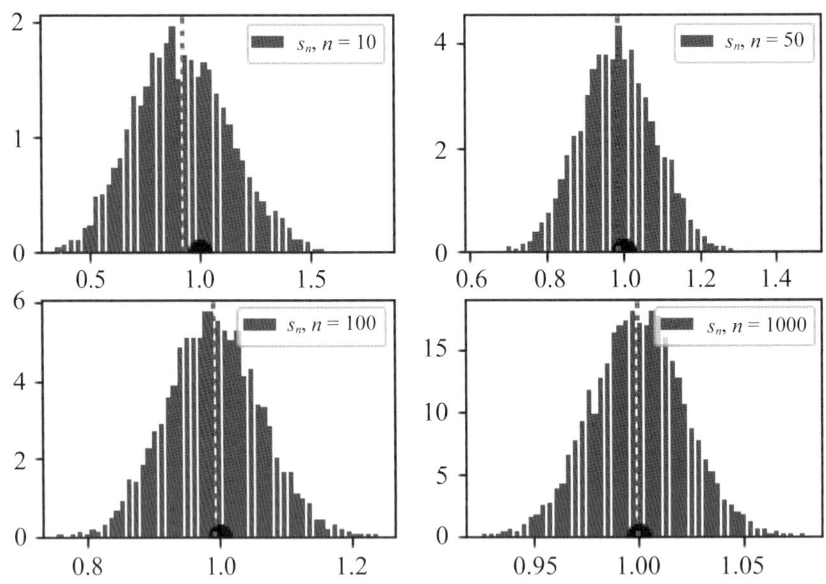

圖 E-13　s_n 為 σ 的偏估計式，但是 s_n 卻是 σ 的一致性估計式，其中黑點與垂直虛線分別為真實值與 s_n 的平均數

我們舉一個例子說明 (E-13) 式。根據 (E-4) 式，我們已經知道 s^2 是 σ^2 的不偏估計式，自然隱含著 s^2 是 σ^2 的一致性估計式（不偏估計式的性質與樣本數無關），可寫成：

$$plim(s_n^2) = \sigma^2 \tag{E-14}$$

其中 s^2 有下標 n 係強調對應的樣本數。就 (E-14) 式而言，那 s_n 呢？根據 (E-13) 式，可知：

$$plim(s_n) = \sqrt{plim(s_n^2)} = \sqrt{\sigma^2} = \sigma \tag{E-15}$$

隱含著樣本標準差 s_n 是 σ 的一致性估計式。

我們亦舉一個例子說明 (E-15) 式，可以參考圖 E-13。於圖 E-13 內（詳細的設定與模擬方式可參考所附檔案），我們發現 s_n 並不是 σ 的不偏估計式，但是卻是 σ 的一致性估計式。例如：就圖 E-13 而言，$\sigma = 1$，而根據圖內的樣本數（由小至大），s_n 的樣本平均數分別約爲 0.9232、0.9870、0.9929 與 0.9997；換言之，樣本數超過 50，s_n 的樣本平均數已接近於 1。

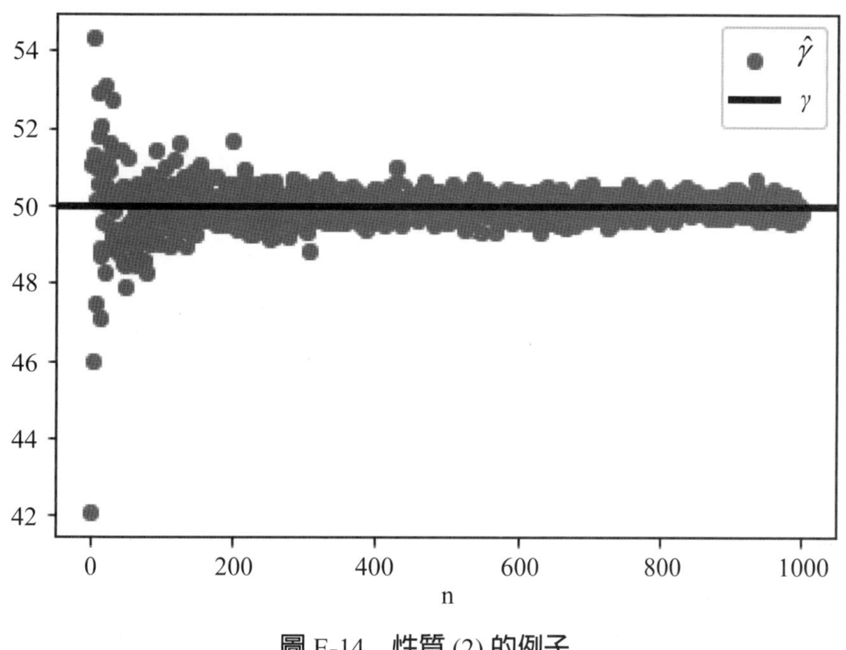

圖 E-14　性質 (2) 的例子

上述性質 (2) 亦可以取一個例子說明。試下列指令：

```
muy = 400;sigmay = 10
muz = 600;sigmaz = 20
gamma = 100*(muz-muy)/muy # 50
n = np.arange(1,1000)
gammahat = np.zeros(len(n))
np.random.seed(1258)
for i in range(len(n)):
    Y = norm.rvs(muy,sigmay,n[i])
    Ybar = np.mean(Y)
    Z = norm.rvs(muz,sigmaz,n[i])
    Zbar = np.mean(Z)
    gammahat[i] = 100*(Zbar-Ybar)/Ybar
```

上述指令說明了 Y_i 與 $Z_i(i = 1, 2, \cdots, n)$ 皆爲 n 個隨機樣本，其對應的平均數分別爲 μ_Y 與 μ_Z。假定我們希望估計：

$$\gamma = 100\frac{(\mu_Z - \mu_Y)}{\mu_Y}$$

因 $\bar{Y}$ 與 $\bar{Z}$ 分別爲 μ_Y 與 μ_Z 的一致性估計式，故透過上述的性質 (2) 可知：

$$\hat{\gamma} = 100\frac{(\bar{Z} - \bar{Y})}{\bar{Y}}$$

即 $\hat{\gamma}$ 爲 γ 的一致性估計式，圖 E-14 繪製出上述指令的結果，我們發現 $\hat{\gamma}$ 雖不是 γ 的不偏估計式，但是卻是 γ 的一致性估計式。

E.1.4 漸近常態

點估計式的特徵是一致性。雖說一致性的性質提醒我們當樣本數趨向於無窮大，一致性估計式會趨向於參數值，不過上述性質卻無法提供於既定的樣本數下，估計式的分配，此對於後續的區間估計或假設檢定並無助益。其實，於大樣本數下，許多計量經濟學的估計式分配可用常態分配估計，因此有漸近常態的性質。

漸近常態

令 $Z_i(i = 1, 2, \cdots, n)$ 爲一系列 IID 隨機變數。就所有的 z 值而言，可得：

$$P(Z_n \leq z \rightarrow \Phi(z), n \rightarrow \infty) \quad \text{(E-16)}$$

其中 $\Phi(z)$ 爲標準常態分配之 CDF。

(E-16) 式內的 Z_n 可稱爲漸近標準常態分配的隨機變數，其可寫成：

$$Z_n \overset{a}{\sim} N(0,1)$$

其中 "a" 可稱爲漸近（asymptotically）或「大概（approximately）」。(E-16) 式的意義爲當 n 逐漸變大，Z_n 逐漸接近標準常態分配，故用後者估計前者的機率值。

(E-16) 式的結果頗接近於熟悉的中央極限定理（central limit theorem, CLT），即：

CLT

令 $Y_i(i = 1, 2, \cdots, n)$ 爲一系列 IID 隨機變數，其中 $E(Y_i) = \mu$ 與 $Var(Y_i) = \sigma^2$ 爲有限值，則：

$$Z_n = \frac{\bar{Y} - \mu}{\sigma / \sqrt{n}} \tag{E-17}$$

其中 Z_n 為漸近常態分配的隨機變數。

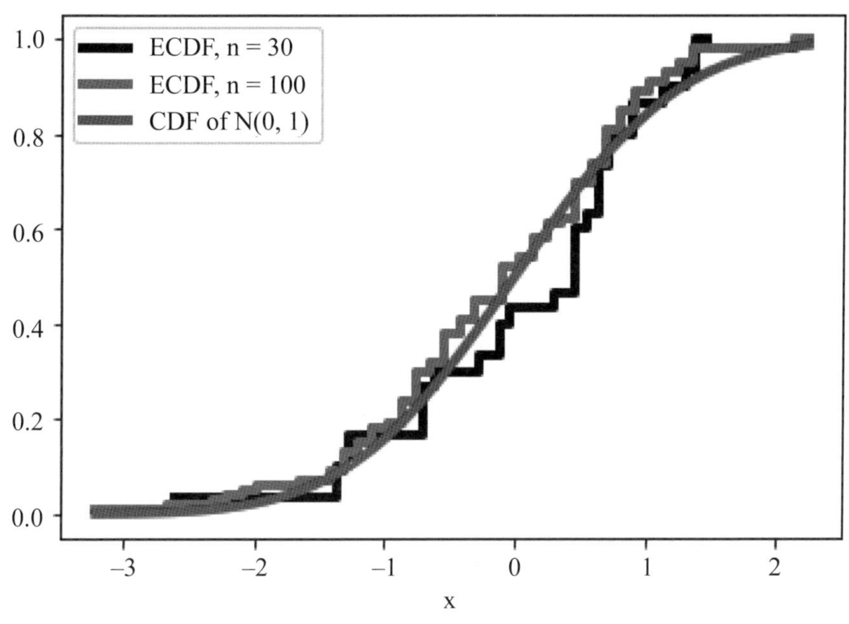

圖 E-15　**標準常態之** ECDF **與** CDF

我們亦可以使用模擬的方式說明 (E-17) 式，不過我們可以先檢視於 Python 下，如何計算實證的 CDF（empirical CDF, ECDF）。試下列指令：

```
from statsmodels.distributions.empirical_distribution import ECDF
def ecdf(x):
    ecdf = ECDF(x)
    x1 = np.linspace(min(x), max(x))
    y = ecdf(x1)
    return x1,y
```

即我們利用上述模組內的 ECDF 指令，自設一個 ecdf(.) 函數指令，圖 E-15 繪製出分別從標準常態分配內抽取 30 與 100 個觀察值的 ECDF，我們可以看出後者較為接近標準常態分配的 CDF，讀者可以檢視所附檔案得知如何使用上述 ecdf(.) 函數指令。

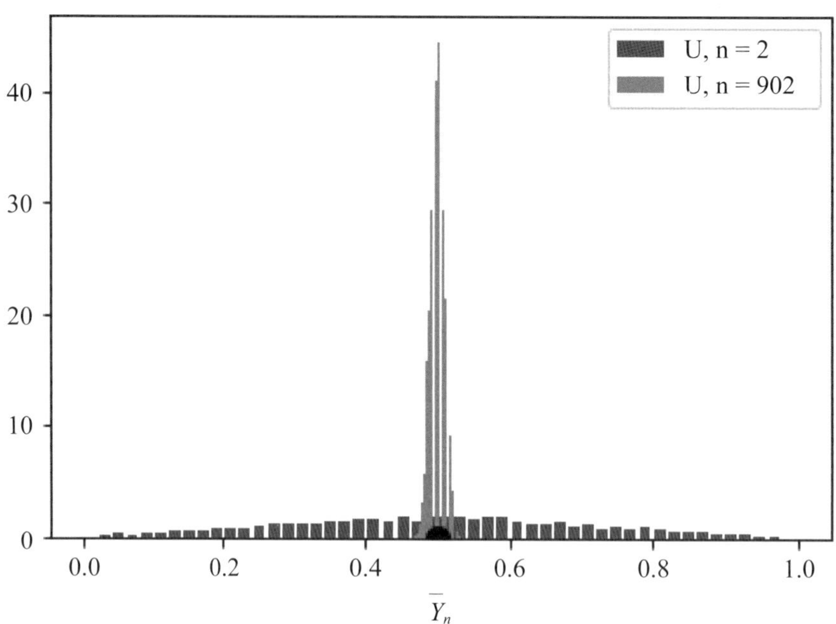

圖 E-16　$\bar{Y}_n$ 的抽樣分配，其中 U 表示均等分配的隨機變數（介於 0 與 1 之間）與黑點表示 μ 值

除了評估 ECDF 與 CDF 之間的關係之外，我們亦可以評估觀察值之直方圖與 PDF 之間的關係，不過因一致性的關係，使得我們必須將估計式轉換成 (E-17) 式的型態。例如：我們檢視 $\bar{Y}_n$ 的抽樣分配。假定 $Y_i(i = 1, 2, \cdots, n)$ 爲一系列 IID 之均等分配隨機變數（介於 0 與 1 之間）或常態分配[3]，圖 E-16 分別繪製出 $n = 2$ 與 $n = 902$ 的 $\bar{Y}_n$ 的抽樣分配，我們發現若 $\bar{Y}_n$ 爲母體平均數 μ 值的一致性估計式，顯然隨著樣本數 n 的提高，$\bar{Y}_n$ 值會逼近於 μ 值，即可以想像當 $n \to \infty$，$\bar{Y}_n \to \mu$，我們並無法找到 $\bar{Y}_n$ 的「漸近分配」。圖 E-16 繪製出 Y_i 屬於均等分配的情況，讀者亦可以檢視 Y_i 屬於常態分配的結果。

爲了找出 $\bar{Y}_n$ 的漸近分配，我們可以將 $\bar{Y}_n$ 值標準化如 (E-17) 式所示，其中後者可以改寫成：

$$Z_n = \frac{\sqrt{n}(\bar{Y} - \mu)}{\sigma} \tag{E-18}$$

[3] 均等分配的平均數與標準差分別約爲 0.5 與 0.29，而常態分配的平均數與標準差分別爲 3 與 10。

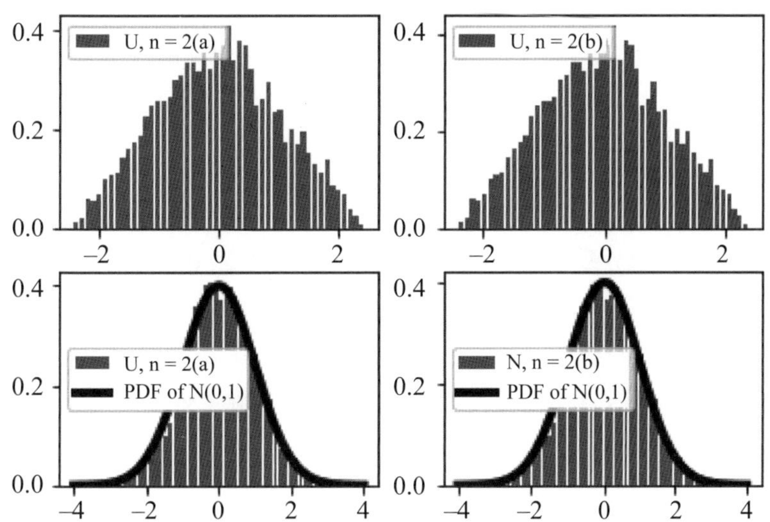

圖 E-17 (E-18) 與 (E-19) 二式的模擬，其中 U 與 N 分別表示均等分配與常態分配，而 (a) 與 (b) 分別表示 (E-18) 與 (E-19) 式

當然 $\sigma / \sqrt{n}$ 亦可用 $\bar{Y}_n$ 的標準誤 $s(\bar{Y}_n)$ 取代[4]，即 (E-17) 式又可寫成：

$$Z_n = \frac{\bar{Y} - \mu}{s(\bar{Y}_n)} \tag{E-19}$$

(E-18) 與 (E-19) 二式的結果並不相同，畢竟後者是用 $s(\bar{Y}_n)$ 估計 $\sigma / \sqrt{n}$。

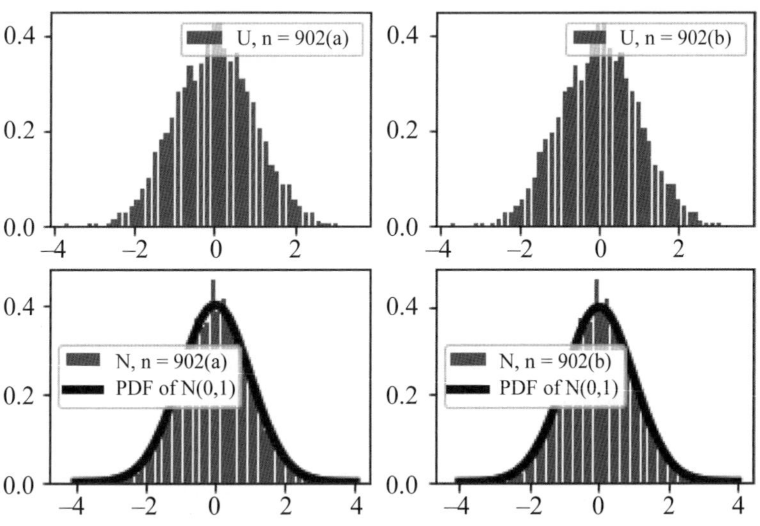

圖 E-18 (E-18) 與 (E-19) 二式的模擬，其中 U 與 N 分別表示均等分配與常態分配，而 (a) 與 (b) 分別表示 (E-18) 與 (E-19) 式

[4] 可以回想 $\bar{Y}_n$ 的變異數為 σ^2/n。

我們仍用模擬的方式說明 (E-18) 與 (E-19) 二式，其結果可爲：

(1) 只要樣本數 n 夠大，我們發現 (E-18) 與 (E-19) 二式的結果皆接近於標準常態分配，可以檢視圖 E-17 與 E-18，其中前者使用 $n = 2$ 而後者使用 $n = 902$。
(2) 於圖 E-17 內可發現若 Y_i 屬於均等分配，則 n 較小，(E-18) 與 (E-19) 二式的 Z_n 並不屬於標準常態分配，讀者可以檢視當 $n \geq 30$，Z_n 會接近於標準常態分配。
(3) 於圖 E-17 內可發現若 Y_i 屬於常態分配，則不管 n 爲何，Z_n 會接近於標準常態分配。
(4) 只要樣本數 n 夠大，(E-18) 與 (E-19) 二式的結果雖有差異，不過上述差異並不大，即上述兩者皆接近於標準常態分配。
(5) 檢視 (E-18) 式，若不包括 $\sqrt{n}$，則 $n \to \infty$，$Z_n \to 0$；相反地，有包括 $\sqrt{n}$，則 $n \to \infty$，$Z_n \to N(0,1)$。

從上述結果可發現，相對上，(E-18) 式比 (E-19) 式重要，因爲可看出 $n^{1/2}$ 扮演著重要角色[⑤]；或者說，只要 n 夠大（$n \geq 30$），我們發現不管 n 值爲何，Z_n 皆接近於標準常態分配，故 Z_n 的漸近分配可用標準常態分配取代。因此，CLT 的最大貢獻是我們可以找到 Z_n 的漸近分配。

E.2 參數估計的一般方法

其實，至目前爲止，我們只熟悉樣本平均數的有限樣本與大樣本特徵，我們自然希望能擴充至較爲一般的情況；換言之，是否存在一般的方法能幫我們找出具有不偏、一致性與有效性等性質的估計式？答案是肯定的。本節將簡單介紹上述一般的方法。

E.2.1 動差法

簡單地說，動差法（method of moments）係以樣本的動差估計對應的母體動差。我們可以有下列的定義：

(1) $E(X^k)(k = 1, 2, \cdots)$ 是機率分配的 k 級針對 $\mu = 0$ 值的理論動差，其中 $E(X^k)$ 可稱

⑤ $n^{1/2}$ 可稱爲收斂率（rate of convergence），可以參考《財時》。

爲 k 級之非中央型或原始動差。

(2) $E[(X^k - \mu)](k = 1, 2, \cdots)$ 是機率分配的 k 級針對 $\mu \neq 0$ 值的理論動差，其中 $E[(X^k - \mu)]$ 可稱爲 k 級之中央型動差。

(3) $M_k = \frac{1}{n}\sum_{i=1}^{n} X_i^k \ (k = 1, 2, \cdots)$ 是機率分配的 k 級針對 $\mu = 0$ 值的樣本動差。

(4) $M_k^* = \frac{1}{n}\sum_{i=1}^{n} (X_i - \bar{X})^k \ (k = 1, 2, \cdots)$ 是機率分配的 k 級針對 $\mu \neq 0$ 值樣本動差。

根據上述定義，我們不難瞭解動差法的意思。例如：

(1) $M_1 = \frac{1}{n}\sum_{i=1}^{n} X_i = \bar{X} = E(X)$；

(2) $M_2 = \frac{1}{n}\sum_{i=1}^{n} X_i^2 = E(X^2)$；

(3) $M_3 = \frac{1}{n}\sum_{i=1}^{n} X_i^3 = E(X^3)$；

(4) ……

(5) 解 (1)~(4) 內之參數值。

上述結果可稱爲動差法估計式。動差法估計式的使用其實頗爲直接，即其所認爲樣本分配終究會收斂至母體分配，故上述估計式具有良好的性質。

我們舉一個例子說明。令 $X_i(i = 1, 2, \cdots, n)$ 爲一系列 IID 隨機變數，其中 $E(X_i) = \mu$ 與 $Var(X_i) = \sigma^2$ 爲有限値。因 $E(X_i) = \mu$ 與 $E(X_i^2) = \sigma^2 + \mu^2$。我們可以思考 $E(X_i)$ 與 $E(X_i^2)$ 所對應的樣本動差分別爲 M_1 與 M_2 並取得下列式子：

$$M_1 = \bar{X} = \mu \text{ 與 } M_2 = \frac{1}{n}\sum_{i=1}^{n} X_i^2 = \sigma^2 + \mu^2$$

故可得 $\hat{\mu}_{MM} = \bar{X}$ 以及 $\sigma_{MM}^2 = \frac{1}{n}\sum_{i=1}^{n} X_i^2 - \bar{X}^2 = \frac{1}{n}\sum_{i=1}^{n} (X_i - \bar{X})^2$，其中下標 MM 表示動差法估計式。我們可以看出 σ_{MM}^2 其實就是 (E-4) 式內的 s_a^2。

上述 k 級之中央型動差的應用可類推，或參考《財數》與《財時》等書。動差法的實際應用爲例如欲估計隨機變數 X_i 與 Y_i 的共變異數與相關係數如：

$$\sigma_{XY} = E[(X-\mu_X)(Y-\mu_Y)] \text{ 與 } \rho_{XY} = \frac{\sigma_{XY}}{\sigma_X \sigma_Y}$$

我們的直覺反應爲：

$$s_{XY} = \frac{1}{n-1}\sum_{i=1}^{n}\left(X_i - \bar{X}\right)\left(Y_i - \bar{Y}\right)$$

與

$$r_{XY} = \frac{s_{XY}}{s_X s_Y} = \frac{\sum_{i=1}^{n}\left(X_i - \bar{X}\right)\left(Y_i - \bar{Y}\right)}{\left(\sum_{i=1}^{n}\left(X_i - \bar{X}\right)^2\right)^{1/2}\left(\sum_{i=1}^{n}\left(Y_i - \bar{Y}\right)^2\right)^{1/2}}$$

其中樣本共變異數 s_{XY} 與樣本相關係數 r_{XY} 皆與動差法的使用有關。

E.2.2 最小平方法

於第 2 章內，我們有考慮簡單的母體線性迴歸模型如：

$$\text{（母體）} y = \beta_0 + \beta_1 x + u \tag{E-20}$$

與對應的簡單的樣本線性迴歸模型爲：

$$\text{（樣本）} \hat{y} = \hat{\beta}_0 + \hat{\beta}_1 x + \hat{u} \tag{E-21}$$

其中 $\hat{u}$ 爲殘差值可用於估計誤差項 u，而稱 $\hat{\beta}_0$ 與 $\hat{\beta}_1$ 爲未知參數 β_0 與 β_1 之 OLS 估計式；換言之，$\hat{\beta}_0$ 與 $\hat{\beta}_1$ 能取得殘差值平方總和之最小，即：

$$\min_{b_0, b_1} L(b_0, b_1) = \min_{b_0, b_1}\sum_{i=1}^{n}\hat{u}_i^2 = \min_{b_0, b_1}\sum_{i=1}^{n}\left(y_i - b_0 - b_1 x_i\right)^2 \tag{E-22}$$

其中 b_0 與 b_1 之最適解爲：

$$b_0^* = \hat{\beta}_0 = \bar{y} - \hat{\beta}_1 \bar{x} \tag{E-23}$$

與

$$b_1^* = \hat{\beta}_1 = \frac{\sum_{i=1}^{n}(x_i - \bar{x})(y_i - \bar{y})}{\sum_{i=1}^{n}(x_i - \bar{x})^2} \tag{E-24}$$

(E-23) 與 (E-24) 二式可透過極小化 $L(b_0, b_1)$ 取得，即後者的必要條件爲[⑥]：

$$\frac{\partial L(b_0, b_1)}{\partial b_0} = -2\sum_{i=1}^{n}\left(y_i - \hat{\beta}_0 - \hat{\beta}_1 x_i\right) = 0 \Rightarrow \sum_{i=1}^{n}\left(y_i - \hat{\beta}_0 - \hat{\beta}_1 x_i\right) = 0 \tag{E-25}$$

與

$$\frac{\partial L(b_0, b_1)}{\partial b_1} = -2\sum_{i=1}^{n} x_i\left(y_i - \hat{\beta}_0 - \hat{\beta}_1 x_i\right) = 0 \Rightarrow \sum_{i=1}^{n} x_i\left(y_i - \hat{\beta}_0 - \hat{\beta}_1 x_i\right) = 0 \tag{E-26}$$

求解 (E-25) 與 (E-26) 二式，自然可得出 (E-23) 與 (E-24) 二式。

我們已經使用 Python，因此 (E-23) 與 (E-24) 二式的計算可利用 Python 求得，即：

```
x = np.array([1,2,3,4,5])
beta1 = 2;beta2 = 5;n = 5
np.random.seed(1234)
u = norm.rvs(0,10,n)
y = beta1+beta2*x+u
data1 = pd.DataFrame({'x':x,'y':y})
result1 = ols('y~x',data1).fit()
betahat = result1.params
# Intercept    5.877024
# x            3.494276
b1 = np.sum((x-np.mean(x))*(y-np.mean(y)))/ \
    np.sum((x-np.mean(x))**2) # 3.494276004419741
b0 = np.mean(y)-b1*np.mean(x) # 5.877023602731576
```

⑥ 可以參考《財數》。

讀者可以比較看看。

上述 (E-20)~(E-22) 式可以推廣至包括 k 個解釋變數，即母體複線性迴歸模型的一般式可寫成：

$$（母體）\ y = \beta_0 + \beta_1 x_1 + \beta_2 x_2 + \cdots + \beta_k x_k + u \tag{E-27}$$

其中 $\beta_i (i = 0, 1, \cdots, k)$ 表示固定的未知參數，而 u 仍表示誤差項或干擾項。對應的樣本複線性迴歸模型則為：

$$（樣本）\ y = \hat{\beta}_0 + \hat{\beta}_1 x_1 + \hat{\beta}_2 x_2 + \cdots + \hat{\beta}_k x_k + \hat{u} \tag{E-28}$$

其中 $\hat{\beta}_i\ (i = 0, 1, \cdots, k)$ 為未知參數 β_i 之 OLS 估計式，而 $\hat{u}$ 仍表示殘差值。

(E-22) 式可以進一步擴充為：

$$\begin{aligned} \min_{b_0, b_1, \cdots, b_k} L(b_0, b_1, \cdots, b_k) &= \min_{b_0, b_1, \cdots, b_k} \sum_{i=1}^{n} \hat{u}_i^2 \\ &= \min_{b_0, b_1, \cdots, b_k} \sum_{i=1}^{n} \left(y_i - b_0 - b_1 x_{i1} - \cdots - b_k x_{ik} \right)^2 \end{aligned} \tag{E-29}$$

是故，求解 $L(b_0, b_1, \cdots, b_k)$ 之最小值的必要條件為：

$$\frac{\partial L}{\partial b_0} = 0 \Rightarrow \sum_{i=1}^{n} \left(y_i - \hat{\beta}_0 - \hat{\beta}_1 x_{i1} - \cdots - \hat{\beta}_k x_{ik} \right) = 0 \tag{E-30}$$

與

$$\begin{aligned} &\frac{\partial L}{\partial b_1} = 0 \Rightarrow \sum_{i=1}^{n} x_{i1} \left(y_i - \hat{\beta}_0 - \hat{\beta}_1 x_{i1} - \cdots - \hat{\beta}_k x_{ik} \right) = 0 \\ &\vdots \\ &\frac{\partial L}{\partial b_k} = 0 \Rightarrow \sum_{i=1}^{n} x_{ik} \left(y_i - \hat{\beta}_0 - \hat{\beta}_1 x_{i1} - \cdots - \hat{\beta}_k x_{ik} \right) = 0 \end{aligned} \tag{E-31}$$

求解 (E-30) 與 (E-31) 式，自然可以得出 $\hat{\beta}_i\ (i = 0, 1, \cdots, k)$。讀者可以檢視第 3 或 4 章得知如何於 Python 內估計複迴歸模型內的參數值。

矩陣代數

本附錄介紹迴歸模型會使用到的矩陣代數（matrix algebra），我們仍著重於 Python 內的操作。若有不足，讀者亦可以檢視《財統》、《資處》、《財時》、《財計》或 Greene（2012）等書。

F.1 基本定義

我們介紹一些關於矩陣的基本定義。

定義 F.1（矩陣）

矩陣是一個含數字元素的長方形陣列。**A** 可寫成 $m \times n$ 矩陣，其中對應的維度（dimension）爲 m 列（row）與 n 行（column）。

$$\mathbf{A} = \left[a_{ij} \right] = \begin{bmatrix} a_{11} & a_{12} & a_{13} & \cdots & a_{1n} \\ a_{21} & a_{22} & a_{23} & \cdots & a_{2n} \\ \vdots & \vdots & \vdots & \ddots & \vdots \\ a_{m1} & a_{m2} & a_{m3} & \cdots & a_{mn} \end{bmatrix}$$

試下列指令：

```
A = np.array([[2,-4,7],[-4,5,0]])
# array([[ 2, -4,  7],
#         [-4,  5,  0]])
A.shape # (2, 3)
```

利用模組 (numpy) 的指令，我們可以建立一個矩陣。例如上述指令內的 A 是一個 2×3 矩陣。

接下來，我們叫出 A 矩陣內的元素如：

```
A[0,1] # -4
A[1,2] # 0
A[:,0] # array([ 2, -4])
A[1,:] # array([-4,  5,  0])
```

定義 F.2（方矩陣）

一個 $m \times n$ 矩陣 **B** 可稱爲方矩陣（square matrix）是指 **B** 內的列數等於行數，即 $m = n$。

定義 F.3（向量）

一個 $1 \times m$ 矩陣 **x** 可稱爲列向量（row vector），其可寫成 $\mathbf{x} = (x_1, x_2, \cdots, x_m)$；另外，一個 $n \times 1$ 矩陣 **y** 可稱爲行向量（column vector），**y** 可寫成：

$$\mathbf{y} = \begin{bmatrix} y_1 \\ y_2 \\ \vdots \\ y_n \end{bmatrix}$$

例如：

```
x = np.array([[1,2,3]])
x.shape # (1,3)
y = np.array([[4],[5],[6],[7]])
y.shape # (4, 1)
```

可以注意 **x** 與 **y** 如何設定。

定義 F.4（對角矩陣）

方矩陣 **B** 是一個對角矩陣（diagonal matrix）是指 **B** 內對角元素不爲 0，而其餘的元素皆爲 0。例如：

```
B = np.diag([2,-1,3,1])
# array([[ 2,  0,  0,  0],
#         [ 0, -1,  0,  0],
#         [ 0,  0,  3,  0],
#         [ 0,  0,  0,  1]])
```

定義 F.5（單位矩陣）

$\mathbf{I}_n$ 是一個單位矩陣（identity matrix）是指 $\mathbf{I}_n$ 是一個對角元素皆為 1 的對角矩陣，其中 n 表示 $\mathbf{I}$ 之維度。例如：

```
I3 = np.identity(3)
# array([[1., 0., 0.],
#         [0., 1., 0.],
#         [0., 0., 1.]])
I2 = np.eye(2)
# array([[1., 0.],
#         [0., 1.]])
```

定義 F.6（0 矩陣或 1 向量）

顧名思義，0 矩陣或 1 向量是指對應的元素皆為 0 或 1。下列的指令於本書內常用：

```
x1 = np.zeros([2,4])
x2 = np.ones(3)
```

讀者可以檢視看看。

F.2 矩陣的操作

矩陣或向量於 Python 內亦可以進行基本的算術運算。例如：

```
C = np.array([[-4,-1,8],[2,3,4]])
D = np.array([[3,-2,5],[-1,3,-4]])
C+D
# array([[-1, -3, 13],
#        [ 1,  6,  0]])
C-D
#array([[-7,  1,  3],
#        [ 3,  0,  8]])
C*D
# array([[-12,  2,  40],
#        [ -2,  9, -16]])
C/D
b = 3
b*C
# array([[-12, -3, 24],
#        [  6,  9, 12]])
C+y
# operands could not be broadcast together with shapes (2,3) (4,1)
D+x
# array([[ 4,  0,  8],
#        [ 0,  5, -1]])
```

讀者應該可以解釋上述指令的意思，可以注意上述指令大部分是「元素對元素」。

比較特別的是矩陣（或向量）之間的乘法，例如：

```
D.shape # (2, 3)
z = np.array([[5],[6],[4]])
z.shape # (3, 1)
Dz = np.dot(D,z)
# array([[23],
#        [-3]])
D.dot(z)
```

```
# array([[23],
#          [-3]])
Dz.shape # (2, 1)
n,k = D.shape
E = np.ones([k,n])
DE = D.dot(E)
# array([[ 6., 6.],
#          [-2., -2.]])
```

讀者逐一檢視看看，注意矩陣（或向量）之間的相乘可用 np.dot(.) 或 .dot(.) 指令。

矩陣（或向量）之間的操作具有下列的性質：(1) $(\alpha + \beta)\mathbf{A} = \alpha\mathbf{A} + \beta\mathbf{A}$；(2) $\alpha(\mathbf{A} + \mathbf{B}) = \alpha\mathbf{A} + \alpha\mathbf{A}$；(3) $(\alpha\beta)\mathbf{A} = \alpha(\beta\mathbf{A})$；(4) $(\alpha\mathbf{AB}) = (\alpha\mathbf{A})\mathbf{B}$；(5) $\mathbf{A} + \mathbf{B} = \mathbf{B} + \mathbf{A}$；(6) $(\mathbf{A} + \mathbf{B}) + \mathbf{C} = \mathbf{A} + (\mathbf{B} + \mathbf{C})$；(7) $(\mathbf{AB})\mathbf{C} = \mathbf{A}(\mathbf{BC})$；(8) $\mathbf{A}(\mathbf{B} + \mathbf{C}) = \mathbf{AB} + \mathbf{AC}$；(9) $(\mathbf{A} + \mathbf{B})\mathbf{C} = \mathbf{AC} + \mathbf{BC}$；(10) $\mathbf{AI} = \mathbf{IA}$；(11) 令 $\mathbf{0}$ 表示矩陣內元素皆爲 0，則 $\mathbf{A} + \mathbf{0} = \mathbf{0} + \mathbf{A} = \mathbf{A}$；(12) $\mathbf{AB} \neq \mathbf{BA}$。讀者可以練習以 Python 說明上述性質。

定義 F.7（轉置矩陣）

令 $\mathbf{A} = [a_{ij}]$ 是一個 $n \times m$ 的矩陣，則 $\mathbf{A}^T = [a_{ji}]$ 爲 $\mathbf{A}$ 的轉置矩陣（transpose matrix）。例如：

```
D
# array([[ 3, -2, 5],
#          [-1, 3, -4]])
D.T
# array([[ 3, -1],
#          [-2, 3],
#          [ 5, -4]])
```

即列與行對調。

轉置矩陣具有下列性質：(1) $(\mathbf{A}^T)^T = \mathbf{A}$；(2) $(\alpha\mathbf{A})^T = \alpha\mathbf{A}^T$，其中 α 是一個純量（scalar）；(3) $(\mathbf{A} + \mathbf{B})^T = \mathbf{A}^T + \mathbf{B}^T$；(4) $(\mathbf{AB})^T = \mathbf{B}^T\mathbf{A}^T$；(5) $\mathbf{x}^T\mathbf{x} = \sum_{i=1}^{n} x_i^2$；(6) 若 $\mathbf{A}$ 是一個 $n \times k$ 矩陣而 $\mathbf{a}_i (i = 1, 2, \cdots, n)$ 爲對應的 $1 \times k$ 列向量，則 $\mathbf{A}$ 亦可寫成：

$$\mathbf{A} = \begin{bmatrix} \mathbf{a}_1 \\ \mathbf{a}_2 \\ \vdots \\ \mathbf{a}_n \end{bmatrix}$$

故 $\mathbf{A}^T = [\mathbf{a}_1^T \quad \mathbf{a}_2^T \cdots \mathbf{a}_n^T]$。

我們倒是可以利用 Python 說明上述性質 (4)~(6)。例如：

```
A.shape # (2, 3)
D.shape # (2, 3)
B1 = D.T
B1.shape # (3, 2)
(A.dot(B1)).T
# array([[ 49, -22],
#        [-42,  19]])
B1.T.dot(A.T)
# array([[ 49, -22],
#        [-42,  19]])
A
# array([[ 2, -4,  7],
#        [-4,  5,  0]])
a1 = np.array([A[0,:]])
a1.shape # (1,3)
a2 = np.array([A[1,:]])
a1.dot(a2.T) # array([[-28]])
a1.dot(a2.T).item() # -28
np.sum(a1*a2) # -28
np.concatenate([a1,a2])
# array([[ 2, -4,  7],
#        [-4,  5,  0]])
A.T
# array([[ 2, -4],
```

```
#            [-4,  5],
#            [ 7,  0]])
np.concatenate([a1,a2]).T
```

讀者可以仔細逐一檢視上述指令，其中 np.concatenate(.) 表示列向量的合併。

定義 F.8（對稱矩陣）

方矩陣 $\mathbf{V}$ 若是一個對稱矩陣（symmetric matrix），則 $\mathbf{V}^T = \mathbf{V}$。若 $\mathbf{X}$ 是一個 $n \times k$ 矩陣，則 $\mathbf{X}^T\mathbf{X}$ 是一個 $k \times k$ 的對稱矩陣。例如：

```
V = np.array([[1,0.5,0.5,1]]).reshape(2,2)
# array([[1. , 0.5],
#            [0.5, 1. ]])
V.T
from scipy.stats import norm
X = np.round(norm.rvs(0,1,size=[4,2]),4)
# array([[ 0.1627,  1.9812],
#            [-0.1043,  1.3767],
#            [ 0.4245,  0.2279],
#            [-0.2357, -0.2768]])
H = X.T.dot(X)
# array([[0.27310452, 0.34073674],
#            [0.34073674, 5.94901298]])
H.T
# array([[0.27310452, 0.34073674],
#            [0.34073674, 5.94901298]])
```

定義 F.9（逆矩陣）

一個 $n \times n$ 的矩陣 $\mathbf{A}$ 存在對應的 $\mathbf{A}^{-1}$，使得 $\mathbf{A}\mathbf{A}^{-1} = \mathbf{A}^{-1}\mathbf{A} = \mathbf{I}_n$，則稱 $\mathbf{A}^{-1}$ 為 $\mathbf{A}$ 之逆矩陣（inverse matrix），其中 $\mathbf{A}$ 稱為可轉換矩陣（invertible matrix）或非奇異矩陣（nonsingular matrix）；同理，若不存在 $\mathbf{A}^{-1}$，則稱 $\mathbf{A}$ 為一個奇異矩陣（singular matrix）或無法轉換矩陣（noninvertible matrix）。

例如：

```
def inv(A):
    return np.linalg.inv(A)
inv(H)
# array([[ 3.94339771, -0.22586276],
#        [-0.22586276,  0.18103167]])
H.dot(inv(H))
# array([[ 1.00000000e+00, -5.70439310e-17],
#        [ 4.14680457e-18,  1.00000000e+00]])
H1 = np.array([1,2,2,4]).reshape(2,2)
inv(H1)
# Singular matrix
```

逆矩陣具有下列性質：(1) 若存在逆矩陣，其爲唯一；(2) 若 $\alpha \neq 0$ 且 $\mathbf{A}$ 是一個非奇異矩陣，則 $(\alpha\mathbf{A})^{-1} = (1/\alpha)\mathbf{A}^{-1}$；(3) $(\mathbf{AB})^{-1} = \mathbf{B}^{-1}\mathbf{A}^{-1}$；(4) $(\mathbf{A}^{T})^{-1} = (\mathbf{A}^{-1})^{T}$。讀者可以驗證上述性質。

F.3 線性獨立與矩陣的秩

定義 F.10（線性獨立）

令 $\mathbf{x}_j (j = 1, 2, \cdots, r)$ 是一個 $n \times 1$ 行向量，$\mathbf{x}_j$ 所形成的線性組合可寫成 $\sum_{j=1}^{r}\alpha_j\mathbf{x}_j$。若 $\mathbf{x}_j$ 爲線性獨立（linear independent），則 $\sum_{j=1}^{r}\alpha_j\mathbf{x}_j = \mathbf{0}$，隱含著 $\alpha_1 = \alpha_2 = \cdots = \alpha_r = 0$；相反地，若 $\alpha_j \neq 0$，則稱 $\mathbf{x}_j$ 屬於線性相依（linear dependent），隱含著其中一個 x_i 爲其他 $x_j (i \neq j)$ 的線性組合，其中 $\alpha_i \neq 0$。

定義 F.11（矩陣的秩）

(1) $\mathbf{A}$ 是一個 $n \times m$ 矩陣，$Rank(\mathbf{A})$ 表示 $\mathbf{A}$ 的秩（rank），其是指 $\mathbf{A}$ 內線性獨立的行向量個數。
(2) $\mathbf{A}$ 是一個 $n \times m$ 矩陣，若 $Rank(\mathbf{A}) = m$，則稱 $\mathbf{A}$ 存在滿秩（full rank）。

例如：

```
def rank(A):
    return np.linalg.matrix_rank(A)
J = np.array([[1,3,2,6,0,0]]).reshape(3,2)
# array([[1, 3],
#        [2, 6],
#        [0, 0]])
J1 = np.array([[1,3,2,6,-1,0]]).reshape(3,2)
# array([[ 1,  3],
#        [ 2,  6],
#        [-1,  0]])
rank(J) # 1
rank(J1) # 2
```

F.4 迴歸模型與 OLS

一般的 MLR 模型可寫成：

$$y_i = \beta_0 + \beta_1 x_{i1} + \beta_2 x_{i2} + \cdots + \beta_k x_{ik} + u_i \tag{f-1}$$

其中 $i = 1, 2, \cdots, n$。就每一 i 而言，令 $\mathbf{x}_i(1, x_{i1}, x_{i2}, \cdots, x_{ik})$ 是一個 $1\times(k+1)$ 向量，另外令 $\boldsymbol{\beta} = (\beta_0, \beta_1, \cdots, \beta_k)^T$ 是一個 $(k+1)\times 1$ 向量，則 (f-1) 式可改寫成：

$$y_i = \mathbf{x}_i \boldsymbol{\beta} + u_i \tag{f-2}$$

(f-2) 式亦可改為用向量矩陣的型態表示，即令 $\mathbf{y}_i$ 與 $\mathbf{u}_i$ 皆為一個 $n\times 1$ 向量，而 $\mathbf{X}$ 是一個 $n\times(k+1)$ 矩陣，其可寫成：

$$\mathbf{X} = \begin{bmatrix} \mathbf{x}_1 \\ \mathbf{x}_2 \\ \vdots \\ \mathbf{x}_n \end{bmatrix} = \begin{bmatrix} 1 & x_{11} & x_{12} & \cdots & x_{1k} \\ 1 & x_{21} & x_{22} & \cdots & x_{2k} \\ \vdots & \vdots & \vdots & \ddots & \vdots \\ 1 & x_{n1} & x_{n2} & \cdots & x_{nk} \end{bmatrix}$$

故 (f-2) 式隱含著：

$$y = \mathbf{X\beta} + \mathbf{u} \tag{f-3}$$

我們知道 OLS 估計式可寫成：

$$\hat{\boldsymbol{\beta}} = (\mathbf{X}^T\mathbf{X})^{-1}\mathbf{X}^T\mathbf{y} \tag{f-4}$$

我們舉一個例子說明：

```
n = 100;sigma0 = 5
beta = np.array([[2,4,6]]).reshape(3,1)
np.random.seed(1234)
X1 = norm.rvs(0,1,size=[n,2])
constant = np.ones([n,1])
X = np.concatenate([constant,X1],axis=1)
z = norm.rvs(0,1,size=[n,1])
u = sigma0*z
y = X.dot(beta)+u
betahat = inv(X.T.dot(X)).dot(X.T).dot(y)
# array([[2.80036711],
#        [3.54647781],
#        [5.91561318]])
import statsmodels.api as sm
model = sm.OLS(y,X).fit()
model.params
# array([2.80036711, 3.54647781, 5.91561318])
```

有興趣的讀者可以繼續鑽研下去，可以參考《財統》、《財時》或 Greene（2012）等書。

参考文獻

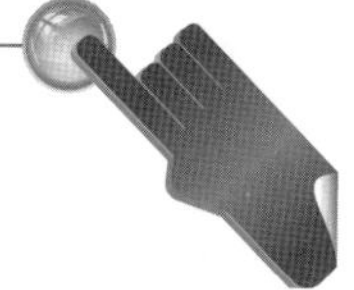

Acemoglu, D., S. Johnson, and J. A. Robinson (2001), "The colonial origins of comparative development: an empirical investigation", *American Economic Review*, 91(5), 1369-1401.

Baltagi, B. H. (2002), *Econometrics*, 3rd ed. Berlin, Springer.

Davidson, R., and J. G. MacKinnon (1981), "Several tests of model specification in the presence of alternative hypotheses", *Econometrica* 49, 781-793.

Duan, N. (1983), "Smearing estimate: a nonparametric re-transformation method", *Journal of the American Statistical Association* 78, 605-610.

Enders, W. (2014), *Applied Econometric Time Series*, 4th edition, Wiley.

Fair, Ray (1978), "A theory of extramarital affairs," *Journal of Political Economy*, 86(1) February, 45-61.

Frees, E. W. (2010), *Regression Modeling with Actuarial and Financial Applications*, Cambridge University Press.

Frisch, R. and F. V. Waugh (1933), "Partial time regressions as compared with individual trends", *Econometrica*, 387-401.

Greene, William H. (2012), *Econometric Analysis*, 7th ed., Pearson Education, Inc.

Gujarati, D. N. and D. C. Porter (2009), *Basic Econometrics*, fifth edition, McGraw-Hill/Irwin.

Hill, R. C., W. E. Griffiths, and G. C. Lim (2011), *Principle of Econometrics*, fourth edition, Wiley.

Koenker, R. (2005), *Quantile Regression*, Cambridge University Press.

Kohen, A. I. and S. C. Breinich (1975), "Knowledge of the world of work: a test of occupational information for young men", *Journal of Vocational Behavior, 6*(1), 133-144.

Lovell, Michael C. (1963), "Seasonal adjustment of economic time series and multiple regression analysis", *Journal of the American Statistical Association*, 58, 993-1010.

MacKinnon, J. G. and H. White (1985), "Some heteroskedasticity consistent covariance matrix estimators with improved finite sample properties", *Journal of Econometrics* 29, 305-325.

Mizon, G. E., and J. F. Richard (1986), "The encompassing principle and its application to testing nonnested hypotheses", *Econometrica* 54, 657-678.

Ramsey, J. B. (1969), "Tests for specification errors in classical linear least-squares analysis", *Journal of the Royal Statistical Association*, 71, 350-371.

Ruud, Paul A. (2000), *An Introduction to Classical Econometric Theory*, Oxford University Press, New York.

Stock, J. H. and M. W. Watson (2020), *Introduction to Econometrics*, fourth edition, Pearson.

Vella, F. and M. Verbeek (1998), "Whose wages do unions raise? A dynamic model of unionism and wage rate determination for young men", *Journal of Applied Econometrics* 13, 163-183.

White, H. (1980), "A heteroskedasticity-consistent covariance matrix estimator and a direct test for heteroskedasticity", *Econometrica* 48, 817-838.

Wooldridge, J. M. (2010), *Econometric Analysis of Cross Section and Panel Data*, 2nd ed. Cambridge, MA: MIT Press.

Wooldridge, J. M. (2016), *Introductory Econometrics: A modern approach*, sixth edition, Cengage.

Wooldridge, J. M. (2020), *Introductory Econometrics: A modern approach*, seventh edition, Cengage.

中文索引

九筆

十筆

十一筆

十二筆

十三筆

十四筆

十五筆

十六筆

十七筆

十八筆

十九筆

二十三筆

英文索引

H

I

J

L

M

N

O

P

Q

R

S

國家圖書館出版品預行編目(CIP)資料

計量經濟學導論. I，橫斷面篇：使用Python語言／林進益著. ——初版. ——臺北市：五南圖書出版股份有限公司，2025.02
面； 公分
ISBN 978-626-423-139-8(平裝附光碟片)

1.CST: 計量經濟學 2.CST: Python(電腦程式語言)

550.19 114000301

1MC9

計量經濟學導論I橫斷面篇：使用Python語言

作　　者 — 林進益
編輯主編 — 侯家嵐
責任編輯 — 吳瑀芳
文字校對 — 陳俐君
封面設計 — 封怡彤
出 版 者 — 五南圖書出版股份有限公司
發 行 人 — 楊榮川
總 經 理 — 楊士清
總 編 輯 — 楊秀麗
地　　址：106臺北市大安區和平東路二段339號4樓
電　　話：(02)2705-5066　　傳　　真：(02)2706-6100
網　　址：https://www.wunan.com.tw
電子郵件：wunan@wunan.com.tw
劃撥帳號：01068953
戶　　名：五南圖書出版股份有限公司
法律顧問：林勝安律師
出版日期：2025年 2月初版一刷
定　　價：新臺幣690元